W0353288

IMMOBILIEN KAUFLEUTE 1

Manuela Lengwinat
Dr. Dirk Wenzel
Manfred Wünsche

unter Mitarbeit der
Verlagsredaktion

Cornelsen

Vorwort

Wir freuen uns, dass Sie sich für den Ausbildungsberuf „Immobilienkaufmann/-frau" entschieden haben. In Ihrer nun folgenden Ausbildung werden Sie sich mit den sehr komplexen und anspruchsvollen Leistungsprozessen immobilienwirtschaftlicher Unternehmen auseinandersetzen und sich z. B. Kenntnisse hinsichtlich der Vermietung von Wohn- und Gewerberäumen, der Begleitung von Bauprojekten sowie der Durchführung von Markt-, Standort- und Objektanalysen aneignen können. Sie sehen also, das Aufgabenfeld von Immobilienkaufleuten ist heute umfangreicher und spannender denn je.

Um den Erfordernissen der Branche gerecht zu werden und auch in Zukunft auf qualifizierte Mitarbeiter zurückgreifen zu können, wurde es erforderlich, die Ausbildung neu zu strukturieren. Dies begann mit der Überarbeitung der Ausbildungsinhalte für die Immobilienkaufleute und mündete in die seit 2006 geltende „Ausbildungsverordnung Immobilienkaufmann/ Immobilienkauffrau". In diesem Zusammenhang erschien bereits 2006 die 1. Auflage der Lehrwerksreihe „Immobilienkaufleute" im Cornelsen Verlag. Vom ersten Erscheinungstermin bis heute sind einige Jahre vergangen und alle Beteiligten sind um viele Erfahrungen reicher. Der konsequenten Arbeit der Schüler, Lehrer und betrieblichen Ausbilder mit den Lehrwerken haben wir eine Reihe von Anregungen zu verdanken, die in die Neuauflage eingeflossen sind.

Die Autoren, Praktiker und zugleich erfahrene Lehrer in der immobilienwirtschaftlichen Ausbildung, legen mit dieser Neuauflage Materialien vor, die uneingeschränkt dem Lernfeldkonzept folgen und für das jeweilige Ausbildungsjahr die erforderlichen Grundkenntnisse vermitteln.

Zugleich finden Sie als Auszubildende zu jedem Lernfeld eine umfangreiche Aufgabensammlung, die sich an den Prüfungsfragen Ihrer Abschlussprüfung orientiert. Neben Single- und Multiple-Choice-Aufgaben werden offene Aufgaben und Situationsbeschreibungen angeboten, für die Sie praxisorientierte Lösungen finden sollen.

Mit der überarbeiteten dreibändigen Lehrwerksreihe „Immobilienkaufleute" möchten wir Ihnen ein guter Begleiter auf dem Weg bis hin zur Abschlussprüfung sein. Wir wünschen Ihnen viel Spaß bei der Arbeit mit den neuen Büchern und eine erfolgreiche, zukunftsweisende Ausbildung.

Berlin, Februar 2012

Manuela Lengwinat
Dr. Dirk Wenzel
Manfred Wünsche

Inhaltsverzeichnis

Lernfeld 1 Die Berufsausbildung selbstständig mitgestalten

1 Lern- und Arbeitstechniken

In der Ausbildung zum Immobilienkaufmann bzw. zur Immobilienkauffrau sind Sie mit zwei Lernzielen konfrontiert, die eng miteinander verknüpft sind. Zum einen haben Sie sich als Ziel gesetzt, berufspraktische Fähigkeiten und Fertigkeiten zu erwerben, d. h. Fachkompetenz. Zum anderen arbeiten Sie auf Ihre IHK-Abschlussprüfung hin, in der Sie über einen umfangreichen Wissensschatz verfügen müssen, der zu einem großen Teil aus Begriffswissen besteht.

Der Begriff **Fachkompetenz** bezeichnet die Fähigkeit, auf der Grundlage fachlichen Wissens und Könnens Aufgaben und Probleme zielorientiert, sachgerecht, methodengeleitet und selbstständig zu lösen und das Ergebnis zu beurteilen. Dazu ist zum einen Methodenkompetenz erforderlich, d. h. zielgerichtetes, planmäßiges Vorgehen bei der Bearbeitung von Aufgaben und Problemen, und zum anderen kommunikative Kompetenz, d. h. die Fähigkeit, kommunikative Situationen zu verstehen und zu gestalten, eigene Absichten und Bedürfnisse sowie die der Partner wahrzunehmen, zu verstehen und darzustellen.

Damit Sie zudem effektiv lernen können, sollten Sie auch stets Ihre eigene Lernkompetenz erweitern. Unter **Lernkompetenz** versteht man die Fähigkeit, Informationen über Sachverhalte und Zusammenhänge selbstständig und gemeinsam mit anderen zu verstehen, auszuwerten und in gedankliche Strukturen einzuordnen.

Den beiden Lernzielen entsprechend setzen Sie geeignete Lerntechniken ein, um sich das geforderte Wissen effizient, zügig und tiefgehend anzueignen. Folgen Sie dabei in erster Linie Ihrer Intuition und arbeiten Sie in Gruppen zusammen, vor allem denken Sie daran: Lernen kann und soll **Spaß** machen.

1.1 Denken, Lernen, Vergessen

Das menschliche Gehirn lässt sich in drei Bereiche einteilen, die alle für den Lernprozess eine wichtige Bedeutung haben. Der entwicklungsgeschichtlich älteste Teil ist der **Hirnstamm**, der für Atmung, Herzschlag, Nahrungsaufnahme, Darmtätigkeit und Gesichtsausdruck verantwortlich ist. Die Regel „Voller Bauch studiert nicht gern." müssen Sie hier ebenso beachten wie den Aspekt, dass Hunger oder Durst von der Lernkonzentration gut ablenken können.

Der entwicklungsgeschichtlich zweitälteste Teil ist das **Limbische System**, das für die gesamte Gefühlswelt zuständig ist. Beachten Sie, dass jede Information, die über ihre fünf Sinne auf Sie einwirkt, zunächst an das Limbische System geleitet wird, d. h. immer zuerst emotional verarbeitet wird, bevor es an den Verstand weitergeleitet wird.

Wenn Sie daher unter **Stress** stehen, Zeitdruck oder einfach nur schlechte Laune haben, lernt es sich nicht so leicht. Fühlen Sie sich durch den Lernstoff überfordert, dann blockiert dies Ihre Lernfähigkeit. Auch Streitigkeiten und persönliche Konflikte bremsen die Lernfähigkeit aus. Bei einem Stressereignis wie z. B. einem Unfall oder einer besonders schwierigen Aufgabenstellung wird Ihr Gehirn mit dem Hormon Cortisol überschüttet, Sie fühlen sich gleichzeitig unruhig und gelähmt. Die Wirkung dauert etwa zwei Stunden an. In dieser Zeit sind Sie nicht in der Lage, Wissen aufzunehmen. Gehen Sie spazieren oder treiben Sie Sport!

Der für das Lernen wichtigste Gehirnteil ist das **Großhirn**, auch Neokortex genannt. Es besteht aus zwei Hemisphären (Gehirnhälften), die miteinander verbunden sind. Die linke Hemisphäre ist in der Regel für das logische Denken, das Rechnen und die gesprochene Sprache zuständig, die rechte Hemisphäre für die Kreativität, das Denken in Zusammenhängen und Bildern.

Wenden Sie daher beim Lernen Methoden an, die beide Gehirnhälften gleichzeitig in Anspruch nehmen, wie z. B. die weiter unten beschriebene Methode des **Mind-Mapping**. Sie müssen nicht zeichnerisch begabt sein, um sich Lernstoff zu visualisieren, d. h. bildlich darzustellen. Rollenspiele prägen Lernstoff ebenfalls gut ein, da daran die rechte Gehirnhälfte beteiligt ist. Auch die **Brainstorming**-Methode spricht beide Gehirnhälften gut an.

Wichtig beim Lesen von Fachtexten, Gesetzen und Lehrbüchern ist, dass Sie den Text nicht nur überfliegen nach der Strategie „möglichst viele Seiten pro Stunde", sondern sich Satz für Satz in Ruhe anschauen und Ihnen unbekannte und unklare Begriffe in Lexika oder im Internet nachschauen. Da Sie für Ihre Prüfung sehr viel Begriffswissen parat haben müssen, empfiehlt es sich, ein „**Vokabelheft**" mit Begriffen und Definitionen anzulegen, alternativ auf **Karteikarten**. Wenn notwendig, formulieren Sie die Definition so um, dass Sie sie gut verstehen können. Eine Definition enthält nichts weiter als die wesentlichen Merkmale oder Eigenschaften eines Begriffs.

Wichtig für ein Verständnis des Lernprozesses sind ferner die vier Gedächtnisarten:

Gedächtnisarten	
Ultrakurzzeitgedächtnis	Es nimmt sämtliche Sinneseindrücke und Informationen aus unserer Umwelt auf. Die meisten davon nehmen wir bewusst gar nicht wahr und vergessen sie daher nach einigen Sekunden oder Sekundenbruchteilen.
Kurzzeitgedächtnis	Es speichert alle Informationen, die wir durch gesteigertes Interesse und kurze intensive Beobachtung als wichtig erkennen. Hier setzt ein bewusster Auswahlvorgang ein, währenddessen man über Nutzen und Dauer des Merkens entscheidet.
Mittelzeitgedächtnis	Es erhält die Informationen aus dem Kurzzeitspeicher. Diese werden jetzt sorgfältig geprüft und in Zusammenhang mit einem mittelfristigen Ziel gebracht, für dessen Erreichen sie notwendig sind.
Langzeitgedächtnis	Es wird vom Mittelzeitspeicher gespeist. Wiederholtes, genaues Beobachten, Klären aller Zusammenhänge und des konkreten Nutzens, Anreicherung mit eigenen Ideen und Festigung durch Üben und Anwenden sind die dafür erforderlichen Lerntechniken.

Wissenschaftlichen Untersuchungen zufolge ist die **Behaltensquote** des Menschen abhängig davon, wie er das Wissen vermittelt bekommt. Nur durch Zuhören bleiben gerade mal 20 Prozent der Inhalte im Gedächtnis, durch reines Sehen 30 Prozent. Wenn Sie etwas hören und sehen in Kombination, z. B. ein Vortrag mit Tafelbild oder PowerPoint-Präsentation, merken Sie sich 50 Prozent, und wenn Sie etwas selber tun, merken Sie sich 90 Prozent.

Sie werden also im Laufe Ihres Lernprozesses eine Menge von dem, was Sie gehört, gelesen und getan haben, wieder vergessen. Wichtig ist daher, für die heiße Phase Ihrer Prüfungsvorbereitung gute, knappe und übersichtliche Lernunterlagen zur Verfügung zu haben.

Beginnen Sie daher rechtzeitig mit der Vorbereitung der Unterlagen, damit Sie kurz vor der Prüfung das Kurzzeitgedächtnis gut vollstopfen können. Lernen Sie stetig und konsequent, verschaffen Sie sich eine angenehme, entspannte Lernatmosphäre. Experimentieren Sie z. B. damit, ob Sie besser bei absoluter Ruhe oder mit Musik im Hintergrund lernen können.

1.2 Mind-Mapping

Mind-Map lässt sich übersetzen mit **„Gedankenkarte“** oder **„Verstandkarte“**. Mit Mind-Maps können Sie hervorragend Lehr- und Lernstoff aufbereiten und sich auf Prüfungen vorbereiten.

Sie können Mind-Maps auch zur Vorbereitung und Planung von Veranstaltungen, Reisen oder Terminen verwenden oder zur Ideensuche. Ferner können Sie Mind-Maps in Präsentationen, Vorträgen und Referaten einsetzen.

Im Folgenden sind die allgemeinen **Regeln** zur Erstellung von Mind-Maps dargestellt. Wichtig dabei ist, dass Sie Ihre Mind-Maps so zeichnen, wie Sie es für richtig halten, damit Sie mit Mind-Maps besser und effektiver arbeiten können. Denn nur das Ergebnis zählt, nicht die ordentlichen Äste oder die wunderschönen Zeichnungen.

Mind-Map-Spielregeln	
Papier	Legen Sie ein unliniertes Blatt Papier (DIN A4 oder größer) quer vor sich hin und schreiben oder zeichnen Sie Ihr Hauptthema in die Mitte, z. B. Thema Miete. Lassen Sie das Blatt bei der weiteren Bearbeitung so liegen, drehen Sie es nicht hin und her. Sie behalten so einen besseren Überblick.
Äste	Zeichnen Sie von der Mitte ausgehend mit durchgehenden Linien stärkere Äste und daran dann feinere Zweige.
Wörter	Verwenden Sie Schlüsselwörter und schreiben Sie immer nur ein Wort auf jede Linie, z. B. Pflichten des Mieters, Vertragsinhalte etc. Passen Sie die Linienlänge der Wortlänge an und schreiben Sie lesbar, am besten in Blockschrift.
Farben	Farben können Themen in Ihrer Mind-Map betonen, hervorheben oder ausschmücken. Wie bunt Sie Ihre Mind-Maps gestalten, bleibt Ihnen überlassen.
Bilder	Kombinieren Sie Wörter mit Bildern oder Symbolen, z. B. Farbeimer und Pinsel zum Thema Schönheitsreparaturen. Sofern Sie die Mind-Map nicht in einer Präsentation verwenden, müssen Sie sich über die Qualität Ihrer Zeichnungen keine Gedanken machen, solange Sie selbst noch erkennen können, was Ihre Zeichnung zu bedeuten hat.
Musik	Legen Sie beim Erstellen von Mind-Maps Ihre Lieblingsmusik auf. So verbinden Sie Lernen mit angenehmen Gefühlen. Gehen Sie spielerisch an die Erstellung von Mind-Maps heran. Das erhöht die Merkfähigkeit.

Mind-Maps stellen eine **gehirngerechte Lern- und Arbeitsmethode** dar, da durch das Zeichnen und die nichtlineare Darstellung beide Gehirnhälften angesprochen werden, was die Merkfähigkeit von Lerninhalten deutlich erhöht.

Wenn Sie Ihre Mind-Map zur Aufbereitung von Lernstoff verwenden, können Sie später gut Wichtiges und weniger Wichtiges unterscheiden. Sie können Ihre Mind-Map jederzeit ergänzen oder ändern. Themen, die miteinander in Beziehung stehen, können durch Hinweispfeile verbunden werden.

Eine weitere Einsatzmöglichkeit ist, in Kombination mit der im folgenden Abschnitt beschriebenen Brainstorming-Methode, aus dem Gedächtnis Mind-Maps über den bereits gelernten Stoff zu erstellen und anschließend anhand der Lernunterlagen die fehlenden Informationen zu ergänzen.

1.3 Brainstorming

Brainstorming („using the brain to storm a problem") ist eine **Problemlösetechnik**, die Sie gedanklich (z. B. auf einem Spaziergang), mündlich oder schriftlich (z. B. als Mind-Map), allein oder in einer Gruppe durchführen können.

Es geht darum, zu einem Thema oder Problem in kurzer Zeit möglichst viele Gedanken, Ideen und Lösungsalternativen zu sammeln. Lassen Sie in der Phase des Sammelns Ihren inneren Zensor außen vor, das gilt besonders dann, wenn Sie Brainstorming in einer Gruppe durchführen. Jede Kritik oder unpassende Bemerkung ist verboten! Heben Sie sich Bewertungen wie „Das ist doch Unsinn!" oder „Das geht bestimmt nicht!" (sogenannte Killerphrasen) für die Auswertungsphase auf. Greifen Sie Ideen, die von anderen Teilnehmern geäußert werden, auf und entwickeln Sie sie weiter.

Brainstorming-Regeln
Jede Kritik ist verboten!
Jede Idee ist willkommen!
So viele Ideen wie möglich!
Weiterentwickeln von Ideen ist wichtig!

Die schriftliche Variante des Brainstormings wird auch als **Brainwriting** bezeichnet. Sammeln Sie alle Gedanken und Ideen schriftlich und nehmen Sie sich dafür fünf bis zehn Minuten Zeit. Anschließend können Sie die Gedanken und Ideen diskutieren, ergänzen, beurteilen und weitere Informationen einholen.

Als **Lernmethode** ist Brainstorming gut geeignet, wenn Sie sich kurz vor der Prüfung die wichtigsten Lerninhalte aus dem Gedächtnis rufen möchten, um Wissenslücken aufzudecken und Unklarheiten zu beseitigen.

In der Praxis wird Brainstorming auch als **Kreativitätstechnik**, z. B. in Werbeagenturen, beim Produktdesign oder bei der Gestaltung eines Internetauftritts, eingesetzt. In der Immobilienbranche eignet es sich z. B. für die Gestaltung eines Mieterfestes zur besseren Mieterbindung.

1.4 Selbstorganisation

Das kompetente Handeln in der konkreten Arbeitssituation ist das Ziel Ihrer Ausbildung. Dazu gehört insbesondere auch **selbstständiges Planen, Durchführen und Kontrollieren** im betrieblichen Zusammenhang. Sie kombinieren Ihr fachliches Wissen und die erworbenen Kenntnisse über die methodische Vorgehensweise zur Bewältigung Ihrer Arbeitsaufgaben und arbeiten dabei kundenorientiert im Team zusammen. Machen Sie sich Ihre methodische Vorgehensweise anhand eines Phasenmodells (vgl. z. B. folgende Seite) bewusst.

Sie können dieses Phasenmodell auch in Ihrem Lernprozess einsetzen. Wichtig ist ferner das Setzen von **Prioritäten** bei Ihrer Arbeit: Wichtige Aufgaben sollten Sie sofort und selbst erledigen. Für weniger wichtige Aufgaben können Sie Termine setzen oder sie delegieren, d. h. ganz oder teilweise an jemand anderen abgeben. Unwichtiges sollten Sie ignorieren.

Vielfach können Sie in Ihrem Arbeitsprozess Formulare, Vorlagen und Checklisten verwenden, insbesondere bei solchen Arbeitsabläufen, die sich immer gleich oder annähernd gleich wiederholen. Nutzen Sie dazu die Möglichkeiten der Textverarbeitungssoftware.

Phasenmodell der Arbeitsorganisation
Was ist das eigentliche Problem?
Worin liegen die Ursachen des Problems?
Welche Alternativen zur Lösung des Problems gibt es?
Welche Alternative ist die beste?
Welche Maßnahmen sind konkret und wie zu ergreifen?
Was ist besonders bei der Problemlösung zu beachten?
Wurde das Problem durch die Maßnahmen tatsächlich gelöst?

Beispiel:
Die Berliner Wohnungsbau GmbH erhält ein Exemplar einer monatlich erscheinenden Fachzeitschrift. Diese Zeitschrift ist für die Abteilungen Hausbewirtschaftung, Mieterbetreuung und Rechnungswesen vorgesehen. Wie organisieren Sie die Verteilung dieser Zeitschrift effektiv?

Lösung: Sie gestalten einen Vordruck für den Umlauf der Zeitschrift.

Halten Sie Ihre Checklisten, Formulare und Vordrucke immer griffbereit bzw. speichern Sie sie so ab, dass Sie nicht lange danach suchen müssen. Wählen Sie aussagekräftige Dateinamen und nutzen Sie in den Datei-Eigenschaften das Kommentarfeld. Überprüfen Sie die Unterlagen gelegentlich daraufhin, ob sie nicht verbesserungsfähig sind. Bei neuen Aufgaben überlegen Sie sich, inwieweit Sie sie so rationeller gestalten können. Zum Beispiel können auch Textbausteine das Erstellen von Standardbriefen vereinfachen.

Verfallen Sie jedoch nicht in eine „Checklisteritis", dass Sie für alles und jeden ein vorgefertigtes Lösungsschema parat halten. Manche Arbeitsaufgaben lassen sich eben nicht in ein vorgefertigtes Schema pressen.

Achten Sie bei der Bewältigung von Aufgaben auf Ihr **Zeitmanagement**. Beobachten Sie, wie lange Sie für eine Tätigkeit brauchen, und überlegen Sie sich, ob Sie Zeitdiebe identifizieren können. So sollten Sie z.B. ein Mietergespräch zwar nicht zu einer bloßen Abfertigung verkürzen, aber wenn jemand anfängt, Ihnen seine Lebensgeschichte zu erzählen, müssen Sie Mittel und Wege finden, dem zu entgehen.

1.5 Kommunikation

Unter Kommunikation versteht man den **Austausch von Informationen**. Sie ist die entscheidende Voraussetzung für die erfolgreiche Bewältigung von Aufgaben in Beruf und Alltag, bei der Lösung von Problemen, der Sammlung von Informationen sowie beim Umgang mit Kollegen, Mitarbeitern, Vorgesetzten und Kunden.

Durch das Beachten von einfachen Regeln der Kommunikation werden schriftliche und mündliche Informationen leichter aufgenommen und besser behalten. Auch für den Lernerfolg sind die folgenden Kommunikationsregeln wichtig.

Kommunikationsregeln	
Einfachheit	einfache und anschauliche Darstellung, kurze Sätze, verständliche Wörter, einfache Erklärung von Fachbegriffen
Gliederung	folgerichtige Darstellung, Wesentliches herausstellen, kurze und übersichtliche Einheiten
Treffsicherheit	klare, deutliche und knappe Aussagen, Kerninformationen herausstellen, kurze Zusammenfassungen
Anreize	interessante, farbige, lebendige partnerorientierte Darstellung
Engagement	Mimik, Gestik, Haltung, Blick (Körpersprache), aber auch Kleidung
Sprechweise	angemessene Lautstärke und Sprechgeschwindigkeit, Deutlichkeit, klare Betonung und Gliederung

Kommunikation hat neben der Sachebene der Informationsvermittlung immer auch eine **emotionale Ebene**, die Aspekte wie Sympathie und Antipathie und die Gesprächssituation allgemein betrifft, z. B. ist das Gespräch in der mündlichen Prüfung auf der emotionalen Ebene durch mehr oder minder starke Prüfungsangst begleitet. Je mehr man sich der emotionalen Ebene der Kommunikation bewusst ist, umso weniger kann sie die Sachebene negativ beeinflussen.

Eine wichtige Kommunikationssituation an Ihrem Arbeitsplatz ist das Führen und Entgegennehmen von Telefonaten. Gewöhnen Sie sich an, bei eingehenden Telefonaten die wichtigen Informationen zu notieren. Erstellen Sie sich auf Basis der folgenden Liste einen Vordruck für ein Gesprächsprotokoll.

Rationelles Telefonieren	
Wer hat angerufen?	Name der Firma und des Anrufers (auf die richtige Schreibweise achten, eventuell nachfragen)
Wann wurde angerufen?	Datum und Uhrzeit des Anrufs
Weshalb wurde angerufen?	Grund des Anrufs
Wie ist der Anrufer erreichbar?	Telefon-, Handy-, Faxnummer, E-Mail-Adresse des Anrufers
Wann ist der Anrufer erreichbar?	z. B. Geschäftszeiten, Arbeitszeiten, zu Hause
Was wurde vereinbart?	Information, die dem Anrufer gegeben wurde, Problem, das geklärt werden muss etc.

In der **DIN 5008** sind die Schreib- und Gestaltungsregeln[1] für Geschäftsbriefe normiert. Denken Sie jedoch außerdem daran, dass ein Geschäftsbrief Ihr Unternehmen repräsentiert und daher optisch ansprechend aussehen sollte und keine Rechtschreibfehler enthalten darf. Er stellt immer auch Marketing dar und sollte auch freundlich und höflich formuliert sein.

[1] Einen guten Überblick bietet hier „Schreib- und Gestaltungsregeln für die Textverarbeitung", herausgegeben vom Deutschen Institut für Normung (DIN), erschienen im Beuth Verlag (ISBN 978-3-410-21367-3).

In der Geschäftspraxis wird mehr und mehr von der Möglichkeit der **E-Mail-Kommunikation** Gebrauch gemacht. Die Vorteile gegenüber Briefpost, Fax und Telex sind, dass E-Mails kostengünstig und schnell sind, der gleichzeitige Versand an eine Gruppe von Empfängern möglich ist (z. B. bei Werbemails oder Einladungen), die Abfrage des Postfaches von beliebigen Orten aus erfolgen kann, was insbesondere für Außendienstmitarbeiter interessant ist, und mit E-Mails sehr verschiedene Arten von Daten (z. B. auch Software oder weiter zu bearbeitende Dateien in elektronischer Form) versandt werden können. Die Nachteile von E-Mails liegen darin, dass die Empfängeradresse exakt bekannt sein muss, dass die Anzeige von Formatierungen abhängig von der Mail-Software recht unterschiedlich ausfallen kann, dass die Größe von Anhängen beschränkt ist und dass unverschlüsselte E-Mails von Unberechtigten mitgelesen oder gar manipuliert werden können (Sicherheitsproblematik). Ferner kann – im Gegensatz z. B. zum Fax – keine Original-Unterschrift direkt mit übertragen werden (es sei denn, man schickt ein eingescanntes Schreiben im Anhang mit). Seit der Novelle des Signaturgesetzes wird immer häufiger eine digitale Signatur benutzt. Hierbei handelt es sich um einen verschlüsselten Datensatz, der mit dem gesendeten Dokument verbunden ist und den Empfänger informiert, ob das Dokument auch tatsächlich vom Absender stammt und nicht verändert wurde.

1.6 Teamarbeit

Bei der Teamarbeit (Gruppenarbeit) arbeiten **mehrere Personen an der Lösung eines Problems** zielorientiert zusammen. Ein Teamleiter (Moderator) übernimmt die Koordination der Arbeit, jedes Teammitglied trägt seine Fähigkeiten und Kenntnisse und die von ihm beschafften oder noch zu beschaffenden Informationen vorbehaltlos bei.

Der wichtigste Vorteil der Teamarbeit gegenüber dem Einzelkämpfertum liegt darin, dass jedes Teammitglied **unterschiedliche** Kenntnisse und Fähigkeiten hat und damit jeder seine spezifische Problemlösefähigkeit einbringt. Wichtig ist, dass sich ein „Wir"-Gefühl herausbildet und die Bereitschaft zur Zusammenarbeit, was die Motivation der Teammitglieder und damit die Effizienz des Teams erhöht.

Die Gruppengröße sollte überschaubar bleiben, und bei der Zusammensetzung des Teams muss neben den fachlichen Kenntnissen und Fähigkeiten auch auf die Teamfähigkeit Wert gelegt werden. Dazu gehören: Sozialverhalten, Integrationsfähigkeit, Kommunikations- und Kooperationsfähigkeit.

In der Teamarbeit lassen sich vier Phasen unterscheiden:

Phasen der Teamarbeit	
Orientierungsphase	Die Gruppe lernt sich kennen, die Rahmenbedingungen und Ziele der Zusammenarbeit werden festgelegt und verinnerlicht. Das „Wir"-Gefühl wird aufgebaut.
Organisationsphase	Konflikte werden ausgetragen und gefühlsgeladene Diskussionen geführt. Die gewählte Vorgehensweise und die Kompetenz des Teamleiters werden in Frage gestellt. In dieser Phase kommt es besonders auf die sozialen Fähigkeiten des Teamleiters an, die Gruppe zusammenzuhalten.
Ordnungsphase	Gegenseitiges Vertrauen und Akzeptanz wachsen, die Meinungen der Einzelnen werden akzeptiert. Der Teamleiter muss nun darauf achten, dass der Arbeitplan eingehalten und das gemeinsame Ziel nicht aus den Augen verloren wird.
Leistungsphase	Es werden gemeinsam Entscheidungen getroffen. Ziele, Aufgaben und Rollenverteilung werden fest verankert. Auf neue Anforderungen kann nun flexibel reagiert werden. Bei den einzelnen Teammitgliedern bilden sich Kompetenzgefühl und Leistungsbereitschaft.

Teamarbeit wird seit vielen Jahren in den Unternehmen zur Ideenfindung, zur Lösung und Optimierung von Problemen eingesetzt. Der gemeinsame Erfahrungs- und Ideenaustausch hat sich als kaufmännisch vorteilhaft herausgestellt, da schneller bessere Lösungen gefunden werden. Ob Teamarbeit gelingt oder nicht, hängt viel von den **Qualitäten des Teamleiters** ab, der daher gute soziale Fähigkeiten und Konfliktlösestrategien mitbringen sollte.

1.7 Der Arbeitsplatz

Die Gestaltung des Arbeitsplatzes selbst trägt ebenfalls zu zielorientiertem und erfolgreichem Lernen und Arbeiten bei. Zwei wichtige Kriterien bei der Gestaltung des Arbeitsplatzes sind der Sehraum und der Greifraum. Als **Sehraum** wird der Bereich bezeichnet, in dem Objekte durch Augen- und Kopfbewegungen wahrgenommen werden.

- Objekte, die häufig oder lange beobachtet werden, sind im bevorzugten Sehraum anzuordnen, z. B. der Computerbildschirm.
- Seltene oder kurzfristige Betrachtungen dürfen über die Grenzen des Sehraums hinaus erfolgen, z. B. ein Wandkalender.
- Seitliche Überschreitungen des Sehraums sind weniger belastend als in der Höhe, vor allem wenn der Stuhl drehbar ist. Der Bildschirm sollte also in Augenhöhe stehen.

Die Abmessungen für den **Greifraum** werden in der DIN 33 402 bestimmt aus den Maßen für die „Reichweite nach vorn“ und die „Schulterbreite“. Dabei wird zwischen horizontalem und vertikalem Greifraum unterschieden. Gegenstände, die man beim Arbeiten häufig braucht, z. B. ein Taschenrechner, sollten im bevorzugten Greifraum liegen. Die Tischplatte sollte in Ellenbogenhöhe sein. Durch einen drehbaren Bürostuhl wird der Greifraum entsprechend ausgeweitet.

Achten Sie darauf, ob beim aufrechten Sitzen Ihre Füße ganz auf dem Boden stehen. Andernfalls sollten Sie Ihren Arbeitgeber um eine Fußstütze bitten. Verfügt Ihr Bürostuhl zudem über Rollen (es sollten fünf sein, um die Kippgefahr zu reduzieren), erweitert dies den Greifraum, sollte Sie jedoch nicht davon abhalten, öfters aufzustehen und sich Bewegung zu verschaffen.

Das **Arbeitsschutzgesetz** verpflichtet den Arbeitgeber dazu, Maßnahmen zur Verhütung von Unfällen bei der Arbeit und von arbeitsbedingten Gesundheitsgefahren zu ergreifen. Dazu gehören auch Maßnahmen zur menschengerechten Gestaltung der Arbeit und des Arbeitsplatzes. Dies ist auch aus wirtschaftlicher Sicht sinnvoll, denn Ergonomie am Arbeitsplatz, d. h. die Arbeitsbedingungen und Arbeitsgeräte so einzurichten, dass optimale Arbeitsergebnisse erzielt werden können und der Arbeitnehmer auch über Jahre hinweg dabei möglichst wenig Schäden erleidet, trägt auch zum Erfolg des Unternehmens bei und damit auch zur Sicherung des Arbeitsplatzes. Zudem werden die volkswirtschaftlichen Kosten von Gesundheitsschädigungen und Frühverrentung reduziert.

Überprüfen Sie Ihren Arbeitsplatz anhand der folgenden Sicherheitsregeln. Stellen Sie fest, ob Sie an Ihrem Arbeitsplatz schnell müde werden oder über Rückenschmerzen klagen oder häufig die Sitzposition ändern. Schaffen Sie Abhilfe.

Sicherheitsregeln für Büro- und Bildschirmarbeitsplätze werden von den Trägern der gesetzlichen Unfallversicherung erlassen, vor allem von der Verwaltungs-Berufsgenossenschaft (VBG). Geregelt werden die Gestaltung und Anordnung der Arbeitsmittel (z. B. Bildschirm), die Gestaltung der Arbeitsplatzausstattung (Tische, Stühle usw.), der Flächenbedarf, die Beleuchtung und das Raumklima.

Der Anhang der Bildschirmarbeitsplatzverordnung enthält die folgenden Anforderungen an Bildschirmarbeitsplätze (hier in gekürzter Form):

Übersicht Anforderungen an Bildschirmarbeitsplätze	
Bildschirmgeräte und Tastatur	
1.	Die Zeichen müssen scharf, deutlich und ausreichend groß dargestellt werden.
2.	Das Bild muss stabil, flimmerfrei und ohne Verzerrungen sein.
3.	Helligkeit und Kontrast müssen leicht der Umgebung angepasst werden können.
4.	Der Bildschirm muss frei von störenden Reflexionen und Blendungen sein.
5.	Das Bildschirmgerät muss frei drehbar und neigbar sein.
6.	Die Tastatur muss vom Bildschirmgerät getrennt neigbar sein.
7.	Die Tastatur muss variabel angeordnet werden können. Ein Auflegen der Hände muss möglich sein.
8.	Die Tastatur muss eine reflexionsarme Oberfläche besitzen.
9.	Form und Anschlag der Tasten müssen eine ergonomische Bedienung der Tastatur ermöglichen.
Sonstige Arbeitsmittel	
10.	Der Arbeitstisch muss eine ausreichend große und reflexionsfreie Oberfläche besitzen. Es muss ein ausreichender Raum für eine ergonomisch günstige Arbeitshaltung vorhanden sein.
11.	Der Arbeitsstuhl muss ergonomisch gestaltet und standsicher sein.
12.	Der Vorlagenhalter muss stabil und verstellbar angeordnet werden können.
13.	Eine Fußstütze muss auf Wunsch zur Verfügung gestellt werden.
Arbeitsumgebung	
14.	Für wechselnde Arbeitshaltungen und Bewegungen muss ausreichender Raum vorhanden sein.
15.	Die Beleuchtung muss der Sehaufgabe und an das Sehvermögen angepasst werden können.
16.	Blendungen und Reflexionen müssen durch Lichtschutzvorrichtungen verhindert werden.
17.	Lärm durch Arbeitsmittel ist zu vermeiden.
18.	Die Arbeitsmittel dürfen nicht zu einer erhöhten Wärmebelastung führen.
19.	Die Strahlung muss so niedrig gehalten werden, dass sie für die Sicherheit und Gesundheit der Benutzer unerheblich ist.
Zusammenwirken Mensch – Arbeitsmittel	
20.	Grundsätze der Ergonomie sind bei der Informationsverarbeitung anzuwenden.
21.	Die vorhandene Software muss benutzerfreundlich sein.
22.	Ohne Wissen der Benutzer darf keine Vorrichtung zur qualitativen oder quantitativen Kontrolle verwendet werden.

1.8 Präsentationstechniken

In Ihrem Berufsleben kann es in vielfältigen Situationen erforderlich sein, einen Sachverhalt oder ein Produkt zu präsentieren. Präsentieren bedeutet, Informationen **adressatengerecht** und **zielorientiert** aufzubereiten und zu visualisieren. Eine adressatengerechte Präsentation verlangt, sich mit dem Informationsgehalt und der Wortwahl auf Ihre Zielgruppe einzustellen (z. B. kein Fachchinesisch, wenn die Zielgruppe aus Laien besteht), geeignete Präsentationsmedien zur bildlichen Gestaltung Ihrer Präsentation auszuwählen und die folgenden Phasen der Präsentation zu beachten:

<table>
<tr><th colspan="3">Phasen einer Präsentation</th></tr>
<tr><td>Vorbereitungs-phase</td><td colspan="2">Klären Sie die folgenden Fragen:
Was soll erreicht werden?
Vor wem spreche ich?
Wie viel Zeit steht mir zur Verfügung?
Welche Inhalte sollen vermittelt werden?
Wie visualisiere ich?
Welche Arbeitsmittel setze ich ein?
Wie gehe ich dabei methodisch vor?
Wie gliedere ich die Präsentation?
Was muss ich organisatorisch erledigen?</td></tr>
<tr><td rowspan="3">Durch-führungs-phase</td><td>Eröffnung</td><td>Begrüßung und Vorstellung der eigenen Person, des Themas und des Ablaufs</td></tr>
<tr><td>Hauptteil</td><td>Fakten nennen, z. B. Analyse der derzeitigen Situation und Beschreibung der Ziele
Folgerungen aus den Fakten ableiten
Lösungsvorschläge unterbreiten, Alternativen aufzeigen, Vorteilhaftigkeit der Lösung herausstellen
Fazit ziehen, evtl. Handlungsempfehlung aussprechen</td></tr>
<tr><td>Schluss</td><td>das Wesentliche zusammenfassen, das gemeinsam Erarbeitete herausstellen, zur Diskussion überleiten, Fragen beantworten</td></tr>
<tr><td>Auswertungs-phase</td><td colspan="2">Wichtig ist, im Nachhinein Ihre Präsentation auszuwerten:
Was ist gut, was nicht so gut gelaufen?
Wie kam ich bei den Zuhörern an?
Wie waren meine Zeiteinteilung, mein Sprechverhalten, meine Unterlagen?
Wie waren die organisatorischen Bedingungen?
Was kann ich beim nächsten Mal besser machen?</td></tr>
</table>

In der **Vorbereitungsphase** tragen Sie möglichst viele Informationen zusammen und wählen daraus das für die Präsentation wirklich Wichtige aus. Für die **Durchführungsphase** legen Sie sich entsprechende Unterlagen bereit. Wenn Sie Präsentationsmedien wie z. B. ein Flipchart, einen Overhead-Projektor mit Folien oder Laptop und Beamer mit einer Präsentationssoftware verwenden, haben Sie anhand Ihrer vorbereiteten Präsentation einen Leitfaden für Ihren Vortrag. Rechnen Sie etwa mit einer Minute pro Folie und machen Sie sich gut mit den technischen Gegebenheiten vertraut. Die **Auswertungsphase** ermöglicht es Ihnen, zu lernen und Ihre Präsentationsfähigkeiten nach und nach zu verbessern.

Achten Sie bei der Gestaltung der Folien auf einen einheitlichen Aufbau, ausgerichtet an der Corporate Identity (= Unternehmenspersönlichkeit) des Unternehmens, z. B. in den Unternehmensfarben. Verwenden Sie keine Sätze, sondern Stichpunkte, die das Wesentliche ausdrücken. Wählen Sie eine lesbare Schriftgröße, insbesondere auch bei allen grafischen Darstellungen, und achten Sie auf eine einheitliche Farbgestaltung mit nicht zu vielen Farben. Widerstehen Sie dem Reiz, die Animationsmöglichkeiten der verwendeten Software auszuschöpfen. Wenn Sie Zahlentabellen verwenden wollen, überlegen Sie, ob Sie diese grafisch aufbereiten können.

Grafiken sollten den Blick auf das Wesentliche lenken und nicht zu viele Details enthalten. Zahlen nach dem Komma sind meist uninteressant. Überlegen Sie sich, wann Sie Säulen-, Balken-, Kuchen- oder Liniendiagramme einsetzen. Säulendiagramme und Liniendiagramme eignen sich, um mehrere Größen im Zeitablauf darzustellen. Balkendiagramme können den Verlauf eines Projekts, z. B. mehrere Bauabschnittsphasen, visualisieren. Kreis- und Kuchendiagramme dienen dazu, Anteile an einem Ganzen, z. B. die verschiedenen Finanzierungsquellen bei einer Baufinanzierung, darzustellen.

1.9 Internetrecherche

Das **World Wide Web** (WWW) ist ein Internet-Dienst, mit dem multimediale Dokumente übertragen werden können: Texte, Grafiken, Tabellen, Ton- und Videoaufnahmen. Dies geschieht per Datenfernübertragung (DFÜ), sie wird in der Praxis eingesetzt, um Daten von einem Rechner zu einem anderen über das Internet zu übertragen, z. B. wenn Ihr Unternehmen mehrere Standorte hat und zwischen diesen Daten übertragen werden sollen, oder wenn Ihr Unternehmen eine Website hat, die aktualisiert werden soll. Auch ein Modem wird über eine DFÜ-Verbindung konfiguriert.

E-Commerce bedeutet „Kaufen und Verkaufen über das Internet", d. h. ein Kunde kann über einen Online-Shop per Warenkorb Bestellungen aufgeben und dort auch die gewünschte Zahlungsweise festlegen, z. B. per Kreditkarte oder per Kontoabbuchung. Persönliche Daten werden bei einer Online-Bestellung über eine SSL-Verbindung abgewickelt, das ist eine verschlüsselte Internet-Verbindung. SSL steht für Secure Socket Layer (= sichere Sockelschicht). E-Commerce wird auch auf der Lieferantenseite eingesetzt, in Form von elektronischen Marktplätzen und Online-Auktionen. Dies sind Internet-Dienste, die durch Provider zur Verfügung gestellt werden.

Ein **Provider** ist ein Anbieter von Internet-Diensten. Weitere Internet-Dienste sind E-Mail, Chatrooms, Foren, FTP und soziale Netzwerke. **E-Mail** ist elektronische Post, Chatroom und Foren sind elektronische Kommunikationseinrichtungen über das Internet. **FTP** steht für File Transfer Protocol (Dateiübertragungsprotokoll) und stellt einen Internet-Dienst dar, über den von einem Rechner zu einem anderen Dateien übertragen werden können. Bei **sozialen Netzwerken** wie z. B. Facebook erstellt jeder Benutzer ein Profil mit Texten, Fotos oder auch Videos, Besucher dieser Profilseite können Nachrichten hinterlassen, chatten und vieles mehr. Bedenken Sie stets, dass auch Ihr Chef lesen kann, was dort steht. Beliebt ist auch Blogging, d. h. das Führen eines öffentlichen Tagebuchs, z. B. über Twitter, den Mikro-Blogging-Dienst für Textnachrichten (sog. tweets von engl. zwitschern) mit maximal 140 Zeichen. Ein weiteres soziales Netzwerk vorrangig für die berufliche und geschäftliche Kontaktsuche ist z. B. XING. Überlegen Sie stets ganz genau, welche Informationen Sie über sich preisgeben wollen.

Für Immobilienunternehmen stellt das Internet eine Möglichkeit dar, potenzielle Mieter oder Käufer mit Informationen über die im Angebot befindlichen Objekte zu versorgen und dadurch Interesse zu wecken: Beschreibungen von Wohnungen und Häusern, Fotos, Grundrisse oder sogar Animationen, bei denen sich der Interessent virtuell durch die Wohnung bewegen kann.

1.9.1 Voraussetzungen für die Internetrecherche

Um Ihren PC für den Internet-Zugang einzurichten, benötigen Sie die erforderliche Hardware-Ausstattung sowie einen Internet-Provider.

Hardware für den Internet-Zugang	
Modem für analoges Telefonnetz	wandelt die digitalen Daten des Rechners in analoge um und eingehende analoge Daten in digitale, vom Rechner lesbare Daten, maximale Datenübertragungsgeschwindigkeit: 56 KBit/s
ISDN-Karte	für ISDN-Anschluss (digitaler Telefonanschluss), maximale Datenübertragungsgeschwindigkeit: 64 KBit/s, bei Kanalbündelung das Doppelte
DSL-Modem bzw. Router	benötigt einen Splitter, der die eingehenden Signale in Sprach- und Datenfrequenzen aufteilt, damit Telefonie und Datenübertragung gleichzeitig möglich sind, Datenübertragungsgeschwindigkeit: z. B. 50 MBit/s

Als Software benötigen Sie einen **Browser** wie z. B. den Internet-Explorer oder Firefox. Mit einem **E-Mail-Programm**, z. B. Thunderbird, können Sie E-Mails aus dem Internet abrufen und auf ihrem Rechner speichern sowie zu versendende E-Mails offline schreiben und dann erst abschicken. Als Alternative stellen die Provider im Internet E-Mail-Programme zur Verfügung. Dabei bleiben Ihre E-Mails im Internet und sind evtl. nach einem Ablaufdatum oder bei Volumenüberschreitung gelöscht.

Unterwegs lässt sich das Internet inzwischen per Laptop mit UMTS-Karte oder per iPod mit Datenübertragungsraten von bis zu 14,4 Mbit/s mit HSDPA nutzen. Die Qualität der Übertragung hängt von der Netzdichte (Entfernung zur nächsten Sendestation) und der Display-Größe ab. W-LAN-Hotspots (drahtlose Internetzugriffspunkte), z. B. in Cafés oder öffentlichen Gebäuden, lassen sich per Laptop mit eingebautem W-LAN-Modul nutzen.

Die Kosten der Internet-Anbindung können je nach gewähltem Tarif unterschiedlich ausfallen. Bei der Nutzung von Hochgeschwindigkeits-Internetanschlüssen wird zwischen Flatrate, Zeittarif und Volumentarif unterschieden.

Internet-Tarife	
Flatrate	Für eine monatliche Grundgebühr kann man das Internet so viel und so lange nutzen, wie man möchte, ohne weitere Kosten.
Zeittarif	Die Internetnutzung ist auf eine festgelegte Stundenzahl zeitlich begrenzt, z. B. 90 Stunden pro Monat. Wird das Internet darüber hinaus genutzt, fallen zusätzliche Nutzungsgebühren an.
Volumentarif	Der Datentransfer ist auf ein bestimmtes Volumen (z. B. 5 GByte) monatlich begrenzt, für darüber hinausgehende Datentransfers muss pro MByte ein bestimmter Betrag gezahlt werden.

Das Internet kann auch durch **„Internet by Call"** genutzt werden. Dazu wählt eine zu installierende Software (least cost router) jeweils den günstigsten Anbieter für den Internet-Zugang. Abgerechnet wird über die Telefonrechnung. Im Gegensatz zu einer Vertragslösung bezahlt man bei Internet by Call nur die tatsächlich genutzten Internetzeiten.

1.9.2 Suchmaschinen und Suchstrategien

Es gibt eine Vielzahl von **Suchmaschinen**, die das Auffinden von Inhalten im Internet erleichtern. Darüber hinaus gibt es sogenannte Meta-Suchmaschinen, das sind Internetdienste, die die Suche in einer Vielzahl von Suchmaschinen zusammenfassen. Die bekannteste Suchmaschine ist wohl Google (www.google.de), eine andere bedeutende ist die vom Hochschulrechenzentrum Hannover angebotene Meta-Suchmaschine Metager (www.metager.de).

Um eine Suche durchzuführen, geben Sie einfach einige zum gesuchten Sachverhalt passende Begriffe in das Feld für den Suchbegriff ein und klicken auf den Such-Button (oder betätigen die Eingabetaste). Sie erhalten dann eine Liste von Suchergebnissen, die mehr oder weniger gut passen. Bei Metager gaben früher Sterne (vier rote für Volltreffer) die Qualität des Suchergebnisses an.

In der Regel führen Suchmaschinen eine automatische AND-Suche durch, d. h. wenn sie mehrere Begriffe eingeben, wird nach Dokumenten gesucht, in denen alle Begriffe vorkommen. Sie können die Suche präziser durchführen, wenn Sie weitere logische Operatoren wie OR, NOT, NEAR oder AND NOT verwenden. Je nach Suchmaschine müssen Sie diese Verknüpfungen unterschiedlich eingeben. Soll nach mehreren Wörtern oder ganzen Sätzen gesucht werden, so müssen Sie diese in Anführungszeichen („Gänsefüßchen") einschließen.

Gehen Sie bei der Suche nach Informationen im Internet systematisch vor. Der große Vorteil des Informationsumfangs im Internet ist mit dem Nachteil verbunden, dass das Internet wenig strukturiert ist. Achten Sie vor allem auf die Aktualität der Informationen und überprüfen Sie Begriffsdefinitionen stets in mehreren Quellen.

Nehmen Sie gute und aussagekräftige Seiten in ihre **Favoriten** (Bookmarks) auf. Dies empfiehlt sich insbesondere für die verschiedenen Lexika und Gesetzestexte, die im Internet zu finden sind, oder die Website des Deutschen Mieterbundes. Besonders empfehlenswert ist die Online-Enzyklopädie Wikipedia (www.wikipedia.de), das wohl größte Lexikon der Welt. Bei www.buzer.de finden Sie alle Gesetzestexte mit ihren letzten Änderungen.

Viele Immobilienunternehmen wie Architekten, Baubetreuer, Wohnungsbaugenossenschaften und institutionelle Vermieter betreiben eigene Websites im Internet, um auf ihre Angebote und Leistungen aufmerksam zu machen. Der Vorteil für Sie bei dem Besuch solcher Seiten liegt vor allem darin, dass Sie das in Ihrer Ausbildung zu erwerbende Fachvokabular dort in praktischer Anwendung finden.

Informationsbeschaffung
Wie viel Zeit steht mir für die Recherche zur Verfügung?
Welche Informationen benötige ich genau?
Was will ich mit diesen Informationen erreichen?
Welche guten Quellen für Informationen kenne ich bereits?
Welche Informationen sind besonders wichtig, weniger wichtig, nur interessant?

1.9.3 Gefahren im Internet

Bei der Nutzung des Internets besteht die Gefahr, dass Internetseiten oder E-Mails Viren, Würmer, Wanzen, Trojaner, Hoaxes, Spam oder Dialer enthalten, das sind **unerwünschte Software-Komponenten oder E-Mails**, die sich auf Ihrem Rechner selbstständig installieren und dort Schaden anrichten, Daten ausspionieren oder „nur“ die Arbeit beeinträchtigen können. Speicherinhalte, Betriebssysteme, aber auch Hardwarekomponenten können Infiltrationsziele sein. Die Schädigungen können zeitlich begrenzt, aber auch dauerhaft sein. Von manipulierten Bildschirmausgaben bis zur Zerstörung von Chips, Festplatten und Monitoren kann die Wirkung reichen.

Gefahren im Internet	
Viren	Programmteile, meistens angehängt an Dateien oder versteckt inmitten von Software-Produkten, schädigen den Rechner z. B. durch die Zerstörung von Datenbeständen, aber auch von Anwendungs- und Betriebssoftware, kopieren sich teilweise und pflanzen sich in einem PC-Netzwerk fort
Wanzen	fehlerhafte Programmabschnitte, die absichtlich während des Erstellungsprozesses der Software eingebaut wurden, können Software manipulieren und auch Betriebssysteme zerstören, Wirkung lokal begrenzt, breiten sie sich nicht aus
Würmer	werden bei der Weitergabe von Daten in Rechnernetzen auf die angeschlossenen Rechner übertragen Durch ihre Aktivierung werden meistens ungefährliche Meldungen in den befallenen Rechner ausgegeben. Selten kommt es zu massiven Funktionsbeeinträchtigungen.
Trojaner	auch: Trojanische Pferde, funktionsfähige Programme, die eine schädigende Aufgabe kontrolliert ausführen, vor allem Übermittlung von Kreditkartendaten und Zugangs-Codes
Hoaxes	auch: Enten, Falschmeldungen vor allem in E-Mails, die den Nutzer z. B. zur Löschung von wichtigen Systemdateien veranlassen sollen
Dialer	Software, die sich selbstständig auf dem Rechner installiert und teure 0900-Nummern anwählt
Spam	unerwünschte Werbemails, die von spezieller Software bei öffentlich bekannten E-Mail-Adressen automatisch versandt werden
Rootkits	Sammlung von Softwarewerkzeugen, die nach dem Einbruch in ein Computersystem installiert wird, um von dort aus Schaden anzurichten, z. B. Spam zu versenden.

Es gibt eine Vielzahl von Viren, die recht unterschiedlich ausgestaltet sein können. Gefährlich bei über das Internet versendeten Office-Dokumenten (z. B. Word-Dateien) sind die sogenannten **Makro-Viren**, die sich als ausführbarer Programm-Code in einem Office-Dokument verstecken können.

Wichtig ist daher der Schutz Ihres Rechners durch ständig aktualisierte **Anti-Virensoftware**. Eine solche Software ist in der Lage, Viren auf Ihrem Rechner aufzuspüren und meist auch zu beseitigen. Ferner bietet sie i. d. R. einen Viren-Guard, der auf Ihrem Rechner ständig im Hintergrund läuft. Wichtig ist ferner die Installation einer **Firewall**, die von vielen Providern für den Internet-Zugang als Software-Lösung mit angeboten wird. Eine Firewall kontrolliert, welche Programme von Ihrem Rechner aus auf das Internet zugreifen. Sie können selbst entsprechende Einstellungen vornehmen. Schließlich ist eine **Antispy-Software** empfehlenswert, die vor allem nach Trojanern sucht. Viele Anbieter von Anti-Virensoftware haben eine solche integriert. Es gibt auch spezielle **Dialer-Controll-Software**, die jedoch mit einer guten Firewall nicht unbedingt erforderlich ist. Für die Belästigung durch Spam bieten die E-Mail-Provider inzwischen gute **Spam-Filter** auf ihren Systemen an.

Die wichtigste Sicherheitsregel ist jedoch **Ihr persönliches Verhalten**: Gehen Sie nicht auf Internet-Seiten, von denen allgemein bekannt ist, dass sie nicht sicher sind. Nehmen Sie keine Veränderungen am Rechner vor, wenn Sie sich nicht sicher sind. Installieren Sie keine von irgendjemandem mitgebrachte Software und betreiben Sie regelmäßig Datensicherung auf Laufwerken oder Datenträgern, die nicht permanent mit dem Rechner verbunden sein sollten.

Beispiel:
Angesichts der Bedrohungen durch Viren erhalten Sie die Aufgabe, für Ihren Betrieb ein Virenschutzkonzept zu erarbeiten. Beschreiben Sie drei Möglichkeiten, die Gefahr von Infektionen durch Computerviren zu reduzieren.

Lösung:
- Mitarbeiterschulung über die Arten von und Gefahren durch Viren
- Verbot des Einspielens von mitgebrachter Software
- Verbot der Verwendung eigener USB-Sticks oder des Anschlusses von MP3-Playern
- Ausbau bzw. Sperrung der Disketten-/CD-/DVD-Laufwerke
- Definition und Vergabe von Zugriffsberechtigungen
- regelmäßig aktualisierte Anti-Viren-Software
- Firewall mit Protokollierung aller Internet-Zugriffe

Gefährlich sind auch sogenannte „**Phishing**"-Seiten, die die Website z. B. einer Bank simulieren und Sie dazu bringen, Ihre Kontozugangsdaten zum Missbrauch freizugeben.

Ferner gibt es **Hacker-Angriffe** und **DoS-Angriffe**. Hacker „hacken" sich in die Internetverbindung und fangen E-Mails ab, um sie zu manipulieren oder um Informationen auszuspionieren. Verschlüsseln Sie daher wichtige E-Mails und versehen Sie sie mit einer elektronischen Signatur. DoS steht für Denial of Service: Wenn über Trojaner auf vielen Rechnern gleichzeitig Zugriffe auf eine Firmen-Website erfolgen, so wird diese überlastet und ist im Internet nicht mehr verfügbar. Viele Informationen über PC-Sicherheit finden Sie auf der Website des Bundesamts für Sicherheit in der Informationstechnik (www.bsi.de).

2 Rechtsgrundlagen

2.1 Rechtsgebiete

Die Tätigkeit als Immobilienkaufmann/-frau verlangt von Ihnen gute Kenntnisse des Rechtssystems der Bundesrepublik Deutschland.

Das Recht der Bundesrepublik Deutschland lässt sich grundsätzlich in **privates Recht** und **öffentliches Recht** unterscheiden. Privatrecht regelt die Rechtsverhältnisse der Bürger untereinander. Öffentliches Recht regelt die Rechtsverhältnisse der Bürger zum Staat als hoheitliche (Zwang ausübende) Gewalt. Das wichtigste privatrechtliche Gesetz ist das Bürgerliche Gesetzbuch (BGB), das wichtigste öffentlich-rechtliche Gesetz ist das Grundgesetz (GG).

Beispiel:
Das Recht ist in der Bundesrepublik Deutschland in einer Vielzahl von Gesetzen geregelt. Die folgenden fünf Beispiele ordnen den dargestellten Sachverhalten die zuständige Rechtsgrundlage zu.

1. Die Tarifparteien berufen sich bei ihren Verhandlungen auf die Tarifautonomie.	**Grundgesetz (GG)**
2. Das Finanzamt kauft Bleistifte und Papier zur Bearbeitung von Steuererklärungen.	**Bürgerliches Gesetzbuch (BGB)**
3. Zwei Unternehmen schließen miteinander einen Kommissionsvertrag ab.	**Handelsgesetzbuch (HGB)**
4. Das Finanzamt versendet Steuerbescheide.	**Abgabenordnung (AO)**
5. Die Staatsanwaltschaft klagt den Geschäftsführer einer GmbH wegen Untreue und Betrug an.	**Strafgesetzbuch (StGB)**

Die Tarifautonomie ist im **Grundgesetz** in den Grundrechten geregelt: Sie beruht auf der in Artikel 9 GG geregelten Koalitionsfreiheit (Vereinigungsfreiheit).

Wenn der Staat als Teilnehmer am Markt auftritt, hat er keine hoheitliche Gewalt, sondern unterliegt den dort geltenden Rechtsvorschriften, hier den Regelungen zum Kaufvertrag im **BGB**.

Der Kommissionsvertrag ist im **HGB** geregelt, das auf dem BGB aufbaut.

Die **Abgabenordnung** ist das Grundlagengesetz zu vielen Steuergesetzen und enthält viele im Steuerrecht wichtige Begriffsdefinitionen und das Steuerverfahrensrecht (Steuerbescheide etc.).

Untreue und Betrug sind im **Strafgesetzbuch** geregelte Straftatbestände. Hier wie auch im Steuerrecht tritt der Staat als hoheitliche Gewalt auf.

Die Bundesrepublik Deutschland ist ein **föderaler Staat**. Er besteht aus Bund, Ländern und Gemeinden mit jeweils eigener hoheitlicher Gewalt. Die Abgrenzung der Verantwortlichkeiten ist im Grundgesetz geregelt. Auch die Gemeinden können gem. Artikel 28 (2) Grundgesetz in ihren Bereichen eigene Verordnungen erlassen. Sie können daher Bundesrecht, Landesrecht und Gemeinderecht unterscheiden.

Die Bundesrepublik Deutschland ist ein **Rechtsstaat**, d. h. staatliches Handeln darf nicht ohne Gesetzesgrundlage erfolgen. Die folgende Übersicht zeigt Ihnen das Prinzip der einzelnen Schritte des Gesetzgebungsverfahrens. Beachten Sie dabei, dass wir neben dem Bundestag als gesetzgebendes Organ eine zweite Kammer, den Bundesrat, haben, der in bestimmten Bereichen den vom Bundestag beschlossenen Gesetzen zustimmen muss.

Gesetzgebungsverfahren
1. Die Bundesregierung leitet dem Bundestag einen Gesetzentwurf zu.
2. Der Bundestag verweist den Gesetzentwurf an die Ausschüsse.
3. Der Bundestag verabschiedet das Gesetz in zweiter und dritter Lesung.
4. Der Bundesrat ruft den Vermittlungsausschuss an.
5. Der Bundestag stimmt den Änderungen des Vermittlungsausschusses zu.
6. Der Bundespräsident unterzeichnet das Gesetz.
7. Das Gesetz wird im Bundesgesetzblatt veröffentlicht.

Die vorstehende Übersicht stellt das Gesetzgebungsverfahren vereinfacht dar, damit es leichter lernbar ist. Tatsächlich hat nicht nur die Bundesregierung das sogenannte „**Gesetzesinitiativrecht**", sondern auch der Bundesrat und ebenso die Abgeordneten und Fraktionen des Bundestags. Die meisten Gesetzentwürfe kommen jedoch von der Bundesregierung als Exekutivorgan (ausführende Gewalt), und sie muss ihre Entwürfe zunächst dem Bundesrat zur Stellungnahme vorlegen, bevor sie im Bundestag diskutiert werden können. Gesetzesvorschläge des Bundesrats gehen umgekehrt zunächst an die Bundesregierung, bevor sie in den Bundestag eingebracht werden. So kann der Verwaltungsapparat der Bundesregierung den notwendigen Feinschliff der Formulierung vornehmen und durch den Bundesrat werden die Interessen der Länder vorab geklärt, bevor der Bundestag als beschlussfassendes Organ in die Diskussion geht.

In den **Ausschüssen** des Bundestags findet die eigentliche Arbeit statt und es werden verschiedene Interessengruppen und von dem neuen Gesetz Betroffene angehört (Anhörungen). Nachdem das Gesetz vom Bundestag verabschiedet wurde, wird es an den Bundesrat weitergeleitet. Hierbei ist zu unterscheiden zwischen Zustimmungsgesetzen und Einspruchsgesetzen.

In bestimmten Rechtsbereichen, vor allem wenn Länderinteressen deutlich betroffen sind, muss der **Bundesrat** für das Wirksamwerden des Gesetzes zustimmen, er kann den Vermittlungsausschuss (zwischen Bundestag und Bundesrat) anrufen. Tut er dies nicht oder gelingt dort keine Einigung, scheitert das Gesetz, es wird nicht wirksam.

Welche Rechtsbereiche zustimmungspflichtig sind, steht im Grundgesetz und ist an der Formulierung „mit Zustimmung des Bundesrats" zu erkennen, die Zustimmungspflicht kann sich aber auch aus dem Sachverhalt ergeben. Streitigkeiten zwischen Bundestag und Bundesrat wie auch zwischen anderen Staatsorganen werden vom **Bundesverfassungsgericht** geklärt.

Bei Einspruchsgesetzen kann der Bundesrat gegen das Gesetz Einspruch einlegen und der Vermittlungsausschuss wird angerufen. Legt der Bundesrat keinen Einspruch ein, gilt das Gesetz als zustande gekommen, muss aber für das Wirksamwerden noch vom Bundespräsidenten unterzeichnet und dann veröffentlicht werden. Informationen zu ausstehenden Gesetzesvorhaben finden Sie unter www.bundesrat.de und www.bundestag.de. Dort ist insbesondere die Mediathek interessant.

Nehmen Sie ein Grundgesetz zur Hand und lesen Sie den ersten Satz von Artikel 70: „Die Länder haben das Recht zur Gesetzgebung …“ Sofern ein Bereich, der bisher von den Ländern alleine (und unterschiedlich) geregelt wurde, vom Bund übernommen wird, kommt es zu einer bundeseinheitlichen Regelung (Bundesrecht bricht Landesrecht).

Für welche Bereiche der Bund und für welche die Länder zuständig sind, finden Sie in den dem Artikel 70 folgenden Artikeln. Seit Herbst 2006 dürfen die Ländern in bestimmten Bereichen auch von der Bundesgesetzgebung abweichende Regelungen schaffen.

2.2 Gerichtsbarkeit

Das Rechtssystem der Bundesrepublik Deutschland ist nach dem **Prinzip der Gewaltenteilung** aufgebaut. Bundestag und Bundesrat, aber auch die Landtage der Bundesländer und die Gemeindevertretungen (Gemeinderat, Stadtrat etc.) nennt man die **gesetzgebende Gewalt** (Legislative), da sie Gesetze erlassen.

Die Bundesregierung sowie die Landesregierungen mit dem gesamten anhängenden Apparat staatlicher Verwaltung bis hinunter zum Bürgeramt werden als **ausführende Gewalt** (Exekutive) bezeichnet, da sie für die Umsetzung bzw. Einhaltung der Gesetze Sorge tragen.

Bei rechtlichen Auseinandersetzungen von Bürgern untereinander oder mit staatlichen Institutionen gibt es als dritte Gewalt die **rechtsprechende Gewalt** (Jurisdiktion oder Judikative).

Das System der Gerichtsbarkeit beantwortet die Frage, bei welchem Sachverhalt welches Gericht zuständig ist. Die folgende Übersicht zeigt Ihnen das System der Gerichtsbarkeit in der Bundesrepublik Deutschland.

Lesen Sie die Übersicht von oben nach unten. Gegen ein Urteil der ersten Instanz kann bei der zweiten Instanz vorgegangen werden usw. Das Bundesverfassungsgericht ist für alle Gerichtsbarkeiten die letzte Instanz. Es entscheidet über Grundsatzfragen unseres Rechtssystems.

Mehr Informationen über die Ausgestaltung der Gerichtsbarkeit in Deutschland finden Sie im Grundgesetz ab Artikel 92.

<table>
<tr><th colspan="6">Gerichtsbarkeit in der Bundesrepublik Deutschland</th></tr>
<tr><th>Zivilgerichtsbarkeit</th><th>Strafgerichtsbarkeit</th><th>Arbeitsgerichtsbarkeit</th><th>Verwaltungsgerichtsbarkeit</th><th>Sozialgerichtsbarkeit</th><th>Finanzgerichtsbarkeit</th></tr>
<tr><td colspan="2">Amtsgerichte</td><td>Arbeitsgericht</td><td>Verwaltungsgerichte</td><td>Sozialgerichte</td><td rowspan="3">Finanzgerichte</td></tr>
<tr><td colspan="2">Landgerichte</td><td rowspan="2">Landesarbeitsgerichte</td><td rowspan="2">Oberverwaltungsgerichte</td><td rowspan="2">Landessozialgerichte</td></tr>
<tr><td colspan="2">Oberlandesgerichte</td></tr>
<tr><td colspan="2">Bundesgerichtshof</td><td>Bundesarbeitsgericht</td><td>Bundesverwaltungsgericht</td><td>Bundessozialgericht</td><td>Bundesfinanzhof</td></tr>
<tr><td colspan="6">Bundesverfassungsgericht</td></tr>
</table>

Beispiel:
Je nach Art des Rechtsstreits ist ein anderes Gericht zuständig. Den folgenden sechs Beispielen von Sachverhalten sind die zuständigen Gerichte zugeordnet.

1. Eine Krankenkasse lehnt es ab, einer Mutter die durchgeführte Muttergenesungskur zu bezahlen.	**Sozialgericht**
2. Einem Arbeitnehmer wird vom Arbeitgeber die Vergütung des im letzten Jahr nicht genommenen Urlaubs verweigert.	**Arbeitsgericht**
3. Der Einspruch gegen den Einkommensteuerbescheid ist abgelehnt worden.	**Finanzgericht**
4. Einem privaten Bauherrn wurde der Antrag auf Baugenehmigung abgelehnt.	**Verwaltungsgericht**
5. Ein Kleingärtner kann sich mit seinem Nachbarn nicht über die Höhe der Hecke auf der Grundstücksgrenze einigen.	**Amts- bzw. Landgericht**
6. Ein GmbH-Geschäftsführer wird von der Staatsanwaltschaft wegen Betrugs und Untreue angeklagt.	**Amts- bzw. Landgericht**

Die **Sozialgerichte** sind für alle Streitigkeiten im Zusammenhang mit den Sozialgesetzbüchern (SGB) zuständig, z. B. auch bei Rentenangelegenheiten.

Die **Arbeitsgerichte** beschäftigen sich mit allen Streitigkeiten im Zusammenhang mit Arbeitsverträgen, insbesondere auch mit ungerechtfertigten Kündigungen.

Die Arbeit der **Finanzgerichte** ist in der Finanzgerichtsordnung (FGO) geregelt; sie sollen den Bürger vor ungerechter Behandlung durch das Finanzamt schützen.

Alle Streitigkeiten in Bezug auf Verwaltungsakte des Staates werden vor den **Verwaltungsgerichten** verhandelt. Sie haben wie die Finanzgerichte eine Bürgerschutzfunktion, d. h. sie sollen den Bürger vor ungerechter Behandlung durch eine staatliche Verwaltungsstelle schützen.

Für Streitigkeiten zwischen zwei Bürgern, die sich nicht außergerichtlich beilegen lassen, ist je nach Höhe des Streitwerts das **Amtsgericht** bzw. als nächste Instanz das **Landgericht** zuständig, geregelt in der Zivilprozessordnung (ZPO). Auch die Strafgerichtsbarkeit wird von den Amts- bzw. Landgerichten betreut.

2.3 Rechtsfähigkeit und Geschäftsfähigkeit

Die **Rechtsfähigkeit** ist die Fähigkeit, Träger von Rechten und Pflichten zu sein. Sie beginnt bei natürlichen Personen mit Vollendung der Geburt, bei juristischen Personen (Unternehmen) mit der Eintragung in das Handelsregister.

Beispiel:
Nach erfolgreichem Abschluss Ihrer Ausbildung beschließen Sie, gemeinsam mit Freunden ein Unternehmen in der Rechtsform einer GmbH zu gründen. Zu welchem Zeitpunkt erlangt Ihr Unternehmen als juristische Person eigene Rechtsfähigkeit?

Lösung: Mit Eintragung der GmbH in das Handelsregister.

Das Handelsregister wird beim Amtsgericht geführt und genießt **öffentlichen Glauben**. Es sorgt für mehr Sicherheit im Geschäftsverkehr. Daher kann eine GmbH erst dann Trägerin von Rechten und Pflichten sein, wenn dies amtlich registriert ist.

Die **Geschäftsfähigkeit** ist die Fähigkeit, Willenserklärungen rechtswirksam abzugeben und entgegenzunehmen. Beachten Sie den Unterschied zur Rechtsfähigkeit. Ein kleines Kind kann zwar Träger von Rechten und Pflichten sein, z. B. Erbe, aber es darf keine rechtswirksamen Verträge eingehen. Wichtig für Sie ist die Kenntnis der beschränkten Geschäftsfähigkeit.

Beispiel:
Der siebzehnjährige Hans Bersig arbeitet mit Zustimmung der Eltern als Aushilfe in der Berliner Wohnungsbau GmbH. Er tritt, ohne die Zustimmung seiner Eltern einzuholen, in die Betriebskrankenkasse des Unternehmens ein. Die Eltern erfahren davon und sind nicht einverstanden. Wie ist die Rechtslage?

Lösung: Der Eintritt in die Betriebskrankenkasse ist rechtswirksam, da Rechtsgeschäfte im Zusammenhang mit einer Erwerbstätigkeit der Zustimmung der Eltern nicht bedürfen.

Beschränkt geschäftsfähig ist ein Minderjähriger ab Vollendung des siebten Lebensjahres (bis zur Volljährigkeit). Die Rechtsgeschäfte, die ein beschränkt Geschäftsfähiger mit sofortiger voller Wirksamkeit abschließen kann, finden Sie in der folgenden Übersicht:

Beschränkte Geschäftsfähigkeit	
Vorteil	Rechtsgeschäfte, die dem Minderjährigen lediglich einen rechtlichen Vorteil bringen, z. B. Schenkung (ohne Auflagen).
Taschengeld	Rechtsgeschäfte, die der Minderjährige mit eigenen Mitteln bewirken kann (nur sofortige Barzahlung).
Erwerbsgeschäft	Rechtsgeschäfte im Zusammenhang mit einer selbstständigen Erwerbstätigkeit (eigene Firma). Die Aufnahme einer solchen Tätigkeit bedarf der Genehmigung des Betreuungsgerichts (früher Vormundschaftsgericht).
Beschäftigung	Rechtsgeschäfte im Zusammenhang mit einem Dienst- oder Arbeitsverhältnis (auch Ausbildung).

Alle anderen Rechtsgeschäfte beschränkt Geschäftsfähiger sind **schwebend unwirksam**, bis die Genehmigung der Eltern vorliegt. Wird diese verweigert, ist das Rechtsgeschäft von Anfang an ungültig (nichtig).

Die Wahl der Krankenversicherung gehört zu dem Eingehen eines Arbeitsverhältnisses oder Ausbildungsverhältnisses. Beachten Sie, dass für den Abschluss eines Ausbildungsvertrags mit beschränkt Geschäftsfähigen die Zustimmung der gesetzlichen Vertreter erforderlich ist.

2.4 Rechtsgeschäfte

Um ein Rechtsgeschäft vorzunehmen, muss man eine **Willenserklärung** abgeben und auch dazu in der Lage sein. Die verschiedenen **Arten von Rechtsgeschäften** können Sie der folgenden Übersicht entnehmen.

<table>
<tr><th colspan="3">Arten von Rechtsgeschäften</th></tr>
<tr><th colspan="2">einseitige</th><th>zweiseitige</th></tr>
<tr><td>empfangsbedürftige</td><td>nicht empfangsbedürftige</td><td rowspan="2">alle Verträge</td></tr>
<tr><td>Kündigung</td><td>Testament</td></tr>
</table>

Wenn ein Arbeitgeber oder ein Arbeitnehmer sein Arbeitsverhältnis (den Arbeitsvertrag) kündigt, so ist dazu nur seine Willenserklärung notwendig; sie muss jedoch der anderen Vertragsseite **zugehen, um wirksam werden zu können**.

Ob ein Testament wirksam ist oder nicht, kann jedoch nicht davon abhängig gemacht werden, ob man die Betroffenen erreicht. Sie erkennen die Logik dieser Unterscheidung. **Zweiseitige Rechtsgeschäfte** (Verträge) sind notwendigerweise empfangsbedürftig.

Beispiel:
In welchem der im Folgenden dargestellten Sachverhalte handelt es sich um ein einseitiges Rechtsgeschäft?

1. Die Berliner Wohnungsbau GmbH least Computer.
2. Ein Mieter kündigt den Mietvertrag.
3. Ein Immobilienmakler vermittelt ein Einfamilienhaus am Stadtrand.
4. Ein Frührentner kauft eine Parzelle in einer Kleingartenanlage.
5. Ein Fabrikarbeiter schließt mündlich einen Arbeitsvertrag ab.

Lösung: Die Kündigung des Mietvertrags (Aussage 2) ist ein einseitiges, empfangsbedürftiges Rechtsgeschäft. Alle anderen genannten Sachverhalte stellen zweiseitige Rechtsgeschäfte (Verträge) dar.

Leasing (Aussage 1) ist rechtlich ein Mietvertrag. Der Makler (Aussage 3) hat einen Vertrag mit dem bisherigen Eigentümer des Hauses geschlossen und erhält eine Provision für die erfolgreiche Vermittlung. Die Parzelle in der Kleingartenanlage (Aussage 4) kann nur gepachtet, nicht gekauft werden, auch an einem darauf errichteten Haus kann daher kein Eigentum erworben werden. Ein Arbeitsvertrag (Aussage 5) kann mündlich abgeschlossen werden, im Gegensatz zu einem Ausbildungsvertrag, für den die Schriftform gesetzlich vorgeschrieben ist.

Etwas gewöhnungsbedürftig ist das im BGB angewandte **Abstraktionsprinzip**. Dort werden die Rechtsgeschäfte (bzw. Willenserklärungen) unterschieden in Verpflichtungsgeschäfte und Erfüllungsgeschäfte. Dies soll am Beispiel des Wohnraum-Mietvertrags erläutert werden:

Abstraktionsprinzip	
Verpflichtungsgeschäfte	**Erfüllungsgeschäfte**
Bei Abschluss des Mietvertrags verpflichtet sich der Vermieter (durch Willenserklärung), dem Mieter den Gebrauch der Mietsache zu überlassen.	Die Übergabe der Schlüssel an den Mieter ist ein Erfüllungsgeschäft, eine Willenserklärung des Vermieters durch Handeln.
Bei Abschluss des Mietvertrags verpflichtet sich der Mieter (durch Willenserklärung), die Miete zu zahlen und am Ende der Mietzeit die Sache zurückzugeben.	Die Überweisung der Miete an den Vermieter ist ein Erfüllungsgeschäft, eine Willenserklärung des Mieters durch Handeln.

Daher wird im BGB von **Schuldrecht** gesprochen, da sich aus der Verpflichtung eine Schuld gegenüber der anderen Seite ergibt. Jeder Schuld (i.S.v. Verpflichtung, nicht Verursachung = Verschulden) steht ein Anspruch gegenüber. Der Anspruch auf Erfüllung einer Verpflichtung verjährt im Regelfall in drei Jahren. Gerechnet wird vom Ende des Kalenderjahres an, in dem die Verpflichtung eingegangen wurde. Besonders wichtige Ansprüche (siehe § 197 BGB) verjähren in 30 Jahren.

2.5 Verträge

2.5.1 Antrag und Annahme

Ein Vertrag stellt zunächst ein **Verpflichtungsgeschäft** dar. Er entsteht durch zwei verbindliche und übereinstimmende Willenserklärungen: Antrag und Annahme. Bei der Frage, ob ein Vertrag rechtswirksam zustande gekommen ist, ist daher zu prüfen, ob ein verbindlicher **Antrag** vorliegt und ob dieser Antrag mit einer rechtzeitigen übereinstimmenden Willenserklärung **angenommen** wurde.

Beispiel:
Bei welchem der folgenden Sachverhalte ist ein Kaufvertrag durch zwei übereinstimmende Willenserklärungen zustande gekommen?

1. Ein Kunde sieht im Schaufenster eines Fernsehfachgeschäfts einen DVD-Rekorder, der mit 125 Euro ausgepreist ist. Er betritt das Geschäft und verlangt konkret das Gerät aus dem Schaufenster zum genannten Preis.
2. Ein Kunde bestellt am 15. Mai aufgrund eines schriftlichen Angebots Waren mit Liefertermin spätestens zum 31. Mai. In dem Angebot ist eine Lieferzeit von vier Wochen ab Eingang der Bestellung angegeben, da das Unternehmen die Ware nicht vorrätig hat.
3. Ein Kunde erhält ein verbindliches Angebot, in dem der Preis je Stück mit 9,95 Euro, bei Abnahme von mindestens 12 Stück mit 8,50 Euro je Stück angegeben ist. Er bestellt daraufhin 14 Stück zum Preis von 8,50 Euro je Stück.
4. Ein Kunde fragt bei einem Hersteller an, ob eine bestimmte Ware zum Preis von maximal 320 Euro erhältlich ist. Der Hersteller sendet ihm ein schriftliches Angebot zu, in dem der Preis für die Ware mit 290 Euro angegeben ist.
5. Ein Kunde hat ein verbindliches telefonisches Angebot erhalten, konnte sich während des Telefonats jedoch noch nicht entschließen. Er bestellt am nächsten Tag schriftlich das angebotene Produkt zu dem im Telefonat genannten Preis.

Lösung: Nur in Sachverhalt 3 kommt es zum Abschluss des Vertrags. Die Willenserklärungen stimmen überein.

Ein in einem Schaufenster, einer Zeitungsanzeige oder einer Werbebroschüre gemachtes Angebot ist kein Antrag, da diese Willenserklärung an eine konkrete Person gerichtet sein muss. Daher liegt in Sachverhalt 1 erst ein Antrag vor, als der Kunde den Laden betritt und seinen Wunsch äußert. Wenn nun der Verkäufer den DVD-Rekorder aus dem Schaufenster nimmt und dem Kunden verkauft, kommt der Vertrag zustande. Beachten Sie den Unterschied zwischen Angebot und Antrag.

In Sachverhalt 2 kommt kein Vertrag zustande, da die beiden Willenserklärungen nicht übereinstimmen. Die Willenserklärung im Angebot besagt „Lieferzeit vier Wochen ab Bestellung", die Willenserklärung des Kunden besagt „Lieferung binnen zwei Wochen". Beachten Sie in Sachverhalt 4, dass eine Anfrage (wie in Sachverhalt 1 das Angebot) kein Antrag ist. Erst das zugesandte, verbindliche Angebot stellt den Antrag dar, den der Kunde freudig annehmen wird. Die Besonderheit an Sachverhalt 5 ist das telefonische Angebot.

Das BGB unterscheidet den Antrag unter Anwesenden und den Antrag unter Abwesenden:

Annahmefrist	
Antrag unter Anwesenden	**Antrag unter Abwesenden**
Telefonat oder persönliches Gespräch	schriftlich oder per Fax
Die Annahme muss innerhalb des Gesprächs (sofort) erfolgen.	Die Annahme muss binnen der Zeit erfolgen, in der der Antragende eine Antwort (unter regelmäßigen Umständen) erwarten darf.

In Sachverhalt 5 stellt die schriftliche Bestellung des Kunden am nächsten Tag einen neuen Antrag dar. Der Kunde hat keinen Anspruch darauf, dass das im Telefonat Gesagte noch gültig ist. Die verspätete Annahme eines Antrags gilt als neuer Antrag.

Um das Problem zu umgehen, wie bei schriftlichen Anträgen „**unter regelmäßigen Umständen**" interpretiert werden soll, empfiehlt es sich, im Antrag eine **Annahmefrist** festzulegen, z. B. durch „Angebot gültig bis".

2.5.2 Arten von Verträgen

Ein wichtiger Grundsatz im Privatrecht ist die **Vertragsfreiheit**. Sie ist in § 311 BGB geregelt und bedeutet, dass zum einen eine weitgehende inhaltliche Gestaltungsfreiheit von Verträgen besteht, sie dürfen nur nicht gegen ein gesetzliches Verbot (§ 134 BGB) oder gegen die guten Sitten (§ 138 BGB) verstoßen, zum anderen jeder auch darin frei ist, mit wem er einen Vertrag schließen möchte oder nicht. So können Sie z. B. als Vermieter auch Mieter ablehnen.

Wichtige Vertragsarten			
Vertrag	**Definition**	**Pflichten**	
Kauf	Übereignung gegen Entgelt	**Verkäufer**	Sache übergeben, Eigentum verschaffen
		Käufer	Sache annehmen, Kaufpreis zahlen

Miete	Gebrauchsüberlassung gegen Entgelt	**Vermieter**	Sache überlassen, Gebrauch gewähren
		Mieter	Miete entrichten, Sache zurückgeben
Pacht	Gebrauchsüberlassung mit Fruchtgenuss gegen Entgelt	**Verpächter**	Sache überlassen, Gebrauch und Fruchtgenuss gewähren
		Pächter	Pacht entrichten, Sache zurückgeben

Wichtige Vertragsarten			
Vertrag	**Definition**	**Pflichten**	
Dienst	Erbringung von Diensten gegen Entgelt (= Arbeitsvertrag); Erfolg wird nicht geschuldet	**Arbeitgeber**	Vergütung gewähren
		Arbeitnehmer	versprochene Dienste leisten
Werk	Erstellung eines Werkes gegen Entgelt (Erfolg wird geschuldet)	**Besteller**	Entrichtung der Vergütung
		Unternehmer	Herstellung des Werkes
Leihe	Unentgeltliche Gebrauchsüberlassung (Rückgabe derselben Sache)	**Verleiher**	Sache überlassen, Gebrauch gewähren
		Entleiher	Sache zurückgeben
Darlehen	Überlassung von Geld oder vertretbaren Sachen (Rückgabe in gleicher Art, Güte und Menge)	**Darlehensgeber**	Sache überlassen, Gebrauch gewähren
		Darlehensnehmer	vergleichbare Sache zurückgeben, evtl. Entgelt entrichten

Den **Werklieferungsvertrag** gibt es als Fachbegriff seit der Schuldrechtsreform 2002 nicht mehr. Er ist heute eine **Kombination aus Kaufvertrag und Werkvertrag**. Der Unternehmer (Hersteller des Werks) besorgt das Ausgangsmaterial selbst und verkauft es an den Besteller.

Beispiel:

1. Der siebzehnjährige Auszubildende Ernst Lernig gönnt sich von seiner Ausbildungsvergütung einen MP3-Player.	**Kaufvertrag**

Lernig erwirbt das Eigentum an dem MP3-Player und muss dafür den Kaufpreis entrichten. Lassen Sie sich nicht dadurch irritieren, dass Lernig noch beschränkt geschäftsfähig ist. Ein MP3-Player bewegt sich im Rahmen des Taschengeldes.

2. Herr Meier von der Brosch GmbH stellt sein Fahrzeug auf einem gebührenpflichtigen Parkplatz ab, um einen Kunden zu besuchen.	**Mietvertrag**

Herrn Meier wird der Stellplatz zum Gebrauch, d. h. zum Abstellen seines Fahrzeugs überlassen und er entrichtet die Miete in Form der Parkgebühr.

3. Rentner Hurtig „erwirbt“ eine Parzelle in einer Kleingartenanlage, um dort u. a. Kartoffeln anzubauen.	**Pachtvertrag**

Dem Rentner Hurtig wird die Parzelle zum Gebrauch mit Fruchtgenuss überlassen. Er zahlt die Pacht. Das Ernten und Essen der Kartoffeln stellt den Fruchtgenuss dar.

4. An einem werkseigenen Fahrzeug des Fuhrparks lassen Sie die fällige Hauptuntersuchung durchführen.	**Dienstvertrag**

Der Unterschied zwischen Dienstvertrag und Werkvertrag ist, dass beim Werkvertrag der Erfolg geschuldet wird. Bei schlechten Abgasmesswerten z. B. kann die Prüfplakette verweigert werden. Daher wird ein Dienst geleistet, d. h. der Erfolg wird nicht geschuldet.

5. Im Großraumbüro der Verwaltung wird von einem Fachbetrieb eine neu angeschaffte Klimaanlage installiert.	**Werkvertrag**

Der Fachbetrieb schuldet den Erfolg, d. h. das einwandfreie Funktionieren der Klimaanlage. Auch die Wartung einer solchen Anlage ist ein Werkvertrag, da auch hier das einwandfreie Funktionieren geschuldet wird.

6. Frida Lustig fährt mit dem Auto ihres Freundes zum Baden. Sie weiß, dass er nichts dagegen hat.	**Leihvertrag**

Es liegt eine unentgeltliche Gebrauchsüberlassung vor, und der Freund erwartet, dasselbe Auto zurückzuerhalten.

7. Erwine Müller borgt sich von ihrer Nachbarin sechs Eier, um einen Kuchen zu backen. Am nächsten Tag nach ihrem Einkauf gibt sie der Nachbarin sechs Eier zurück.	**Darlehens-vertrag**

Eine Rückgabe derselben Sache ist nicht möglich, da die Eier im Kuchen verbacken sind. Daher liegt ein Sachdarlehen vor. Ein Darlehen kann entgeltlich oder unentgeltlich sein.

2.5.3 Nichtigkeit und Anfechtbarkeit

Willenserklärungen und damit Rechtsgeschäfte können nichtig oder anfechtbar sein. **Nichtigkeit** bedeutet, dass das Rechtsgeschäft von Anfang an unwirksam ist. Anfechtbarkeit bedeutet, dass ein Rechtsgeschäft durch Anfechtung nachträglich unwirksam gemacht werden kann. Die folgende Übersicht zeigt Ihnen alle Fälle, in denen Rechtsgeschäfte nichtig bzw. anfechtbar sind.

Nichtigkeit und Anfechtbarkeit	
Nichtigkeit	**Anfechtbarkeit**
• Geschäfte Geschäftsunfähiger (Kind, Betrunkener, geistig Verwirrter) • Verstoß gegen gesetzliches Verbot oder gute Sitten • Scherz- und Scheingeschäfte • Verstoß gegen Formvorschrift	• Inhaltsirrtum: falsch gewählte Worte • Erklärungsirrtum: versprechen, verschreiben, vergreifen • Eigenschaftsirrtum: falsche Vorstellungen von der Sache • arglistige Täuschung und widerrechtliche Drohung

Beispiel:
Die im Folgenden dargestellten Beispiele zeigen Ihnen, welche Vertragsinhalte nichtig, anfechtbar oder rechtswirksam sind:

1. Sie kaufen in einem Fahrradgeschäft ein neues Mountainbike und sehen noch am gleichen Tag in einem anderen Geschäft das gleiche Bike 200 Euro billiger angeboten.	**rechtswirksam**

Für den Geschäftsverkehr wäre es schwierig, wenn einmal rechtens geschlossene Verträge einfach so wieder aufgelöst werden könnten.

2. Sie bestellen bei einem Versandhaus eine neue Musikanlage in der Erwartung, dass diese auch MP3-Dateien abspielen kann, was jedoch nicht der Fall ist.	**anfechtbar**

Hier liegt ein **Eigenschaftsirrtum** vor, eine falsche Vorstellung von der Sache. Der Kauf bei Versandhäusern ist aber i. d. R. ein Kauf auf Probe.

3. Sie schließen eine Krankenzusatzversicherung ab, um spezielle Leistungen in Anspruch nehmen zu können, und stellen danach fest, dass die Leistungen in Ihrer normalen Krankenversicherung enthalten sind.	**rechtswirksam**

Die einzige Möglichkeit, die bleibt, ist, den Vertrag baldmöglichst wieder zu **kündigen**. Hier geht es auch um Rechtssicherheit für den Anbieter.

4. Sie kaufen von einem Landwirt ein kleines Waldgrundstück in Hanglage. Es wird ein Schriftstück aufgesetzt und unterschrieben, das Sie als Eigentümer ausweist.	**nichtig**

Für einen **Grundstückskauf** reicht die Schriftform nicht aus, er muss **notariell beurkundet** werden und der neue Eigentümer muss ins **Grundbuch** eingetragen werden.

5. Einem Freund, der sich in einem finanziellen Engpass befindet, leihen Sie einen Geldbetrag. Dann erfahren Sie, dass er sie belogen hat und mit Ihrem Geld in Urlaub gefahren ist.	**anfechtbar**

Dies ist eindeutig ein Fall von **arglistiger Täuschung**.

6. Für die Einweihung einer neuen Wohnung von Freunden haben Sie ein Geschenk gekauft. Sie erhalten keine Einladung und möchten den Kauf rückgängig machen.	**rechtswirksam**

Wie bei Nr. 1 geht die Sicherheit im Geschäftsverkehr vor.

7. Im Scherz bieten Sie einem Freund an, ihm Ihr teures Fahrrad für 10 Euro zu verkaufen. Er willigt ein, gibt Ihnen 10 Euro und will das Fahrrad tatsächlich mitnehmen.	**nichtig**

Hier handelt es sich eindeutig um ein **Scherzgeschäft**.

8. Sie wollen für das Büro 20 Rollen Faxpapier bestellen, schreiben aber 20 Packungen, wobei laut Bestellkatalog jede Packung 10 Rollen Faxpapier enthält.	**anfechtbar**

Ein **Inhaltsirrtum**, Sie wollten Rollen schreiben, haben aber Packungen geschrieben.

Sie bemerken insbesondere bei der Anfechtbarkeit, wie sehr sich die **juristische Regelung** eines Sachverhalts von der kaufmännischen Praxis unterscheidet, denn aus Kulanzgründen oder aufgrund der guten Kundenbindung wird mancher Vertrag rückgängig gemacht, der eigentlich rechtswirksam ist.

2.6 Eigentum und Besitz

Besitz ist die tatsächliche Herrschaft über eine Sache. **Eigentum** ist die rechtliche Herrschaft über eine Sache. Besitz und Eigentum können getrennt werden, wie es in einigen Vertragsarten geschieht.

Beispiel:
Bei einem Mietobjekt ist der Vermieter Eigentümer, der Mieter Besitzer der Sache. Mit Abschluss des Mietvertrags verpflichtet sich der Vermieter, dem Mieter den Besitz an dem Mietobjekt zu verschaffen. Gleiches gilt für den Leihvertrag.

Bei einer Sicherungsübereignung wird die Bank (der Sicherungsnehmer) Eigentümer, der Kreditnehmer (Sicherungsgeber) bleibt Besitzer. Bei Kraftfahrzeugen wird der Fahrzeugbrief (Zulassungsbescheinigung Teil II), der das Eigentum am Fahrzeug nachweist (induziert), der Bank übergeben.

Bei einer Verpfändung (z. B. von Wertpapieren) wird die Bank (der Pfandnehmer) Besitzer, der Pfandgeber hingegen bleibt Eigentümer. Eine sicherungsweise Verpfändung eines neu gekauften Pkw macht daher wenig Sinn.

Die **Eigentumsübertragung** an beweglichen Sachen erfolgt durch Einigung und Übergabe. Ist der Erwerber bereits im Besitz der Sache, so ist nur noch die Einigung über den Eigentumsübergang erforderlich, die Übergabe erübrigt sich.

Grundsätzlich gilt nach dem Gesetz die Vermutung, dass der Besitzer einer Sache auch Eigentümer der Sache ist. Diese Regelung ist für die Rechtssicherheit im Geschäftsverkehr notwendig. An **gestohlenen Sachen** kann jedoch kein Eigentum erworben werden. Hier stellt der Gesetzgeber den Schutz des bisherigen Eigentümers vor den Schutz des Erwerbers. Der Käufer einer gestohlenen Sache kann damit nicht Eigentümer der Sache werden, auch wenn er **gutgläubig** ist, d. h. wenn er in dem Glauben ist, dass der Verkäufer der Sache auch rechtmäßiger Eigentümer ist. Der ursprüngliche Eigentümer hat gegenüber dem Käufer einen Herausgabeanspruch. Diese gesetzliche Regelung gilt allerdings nicht für gestohlene Geldbeträge.

Wird im Kaufvertrag ein **Eigentumsvorbehalt** vereinbart, bedeutet dies, dass der Verkäufer bis zur vollständigen Bezahlung Eigentümer der Sache bleibt, auch wenn die Sache bereits in den Besitz des Käufers übergegangen ist. Verkauft der Besitzer die Sache an einen Dritten, erlischt der einfache Eigentumsvorbehalt, da im Sinne der Sicherheit des Geschäftsverkehrs der gute Glaube Vorrang hat.

Bei **unbeweglichen Sachen** (Immobilien, d. h. Grundstücken und darauf befindlichen Gebäuden) muss die Einigung über den Eigentumsübergang (Auflassung) gemäß § 925 BGB vor einem Notar erfolgen. Die Übergabe wird ersetzt durch die Eintragung des neuen Eigentümers ins Grundbuch. Das Grundbuch genießt öffentlichen Glauben, d. h. was dort eingetragen ist, gilt als richtig, es sei denn, man weiß, dass es nicht richtig ist.

3 Arbeitsrecht

3.1 Die Ausbildungsordnung

Die Ausbildung zum/r Immobilienkaufmann/-frau ist gesetzlich geregelt in der **Ausbildungsordnung**, die am 14. Februar 2006 durch das Bundesministerium für Wirtschaft und Technologie im Einvernehmen mit dem Bundesministerium für Bildung und Forschung verordnet wurde.

Die Ausbildungsordnung dient dazu, dem Ausbildungsberuf eine **rechtsverbindliche inhaltliche Grundlage** zu geben, sowohl für die Berufsschulen als auch für die ausbildenden Betriebe. Sie sichert eine bundeseinheitliche Ausbildung und einheitliche Prüfungsanforderungen.

Inhalte der Ausbildungsordnung
1. Berufsbezeichnung
2. Ausbildungsdauer
3. Ausbildungsberufsbild
4. Ausbildungsrahmenplan (sachliche und zeitliche Gliederung)
5. Prüfungsanforderungen

Die Bundesländer übernehmen den **Rahmenlehrplan** unmittelbar oder setzen ihn in eigene Lehrpläne um, die dann maßgeblich für die **Ausbildung im dualen System** sind. Die Berufsschule ist neben Ihrem Ausbildungsbetrieb ein eigenständiger Lernort. Sie hat die Aufgabe, Ihnen berufliche und allgemeine Lerninhalte unter besonderer Berücksichtigung der Anforderungen der Berufsausbildung zu vermitteln, und erweitert Ihre vorher erworbene allgemeine Bildung. Damit will sie zur Erfüllung der Aufgaben im Beruf sowie zur Mitgestaltung der Arbeitswelt und Gesellschaft in sozialer und ökologischer Verantwortung befähigen.

Die Berufsschule hat zum Ziel,
- eine Berufsfähigkeit zu vermitteln, die Fachkompetenz mit allgemeinen Fähigkeiten humaner und sozialer Art verbindet,
- berufliche Flexibilität zur Bewältigung der sich wandelnden Anforderungen in Arbeitswelt und Gesellschaft auch im Hinblick auf das Zusammenwachsen Europas zu entwickeln,
- die Bereitschaft zur beruflichen Fort- und Weiterbildung zu wecken,
- die Fähigkeit und Bereitschaft zu fördern, bei der individuellen Lebensgestaltung und im öffentlichen Leben verantwortungsbewusst zu handeln.

Zur Erreichung dieser Ziele muss die Berufsschule
- den Unterricht handlungsorientiert gestalten,
- die berufs- und berufsfeldübergreifenden Qualifikationen vermitteln,
- ein differenziertes und flexibles Bildungsangebot gewährleisten,
- Einblicke in unterschiedliche Beschäftigungsformen sowie Selbstständigkeit vermitteln,
- Behinderte und Benachteiligte umfassend stützen und fördern,
- auf Umweltbedrohungen und Unfallgefahren hinweisen und Möglichkeiten zu ihrer Vermeidung bzw. Verminderung aufzeigen.

Die Berufsschule soll darüber hinaus auf Kernprobleme unserer Zeit wie zum Beispiel
- Arbeit und Arbeitslosigkeit,
- friedliches Zusammenleben von Menschen, Völkern und Kulturen in einer Welt,
- Erhaltung der natürlichen Lebensgrundlage sowie
- Gewährleistung der Menschenrechte eingehen.

Die aufgeführten Ziele sind auf die Entwicklung von **Handlungskompetenz** gerichtet. Das ist die Bereitschaft und Befähigung des Einzelnen, sich in beruflichen, gesellschaftlichen und privaten Situationen sachgerecht durchdacht sowie individuell und sozial verantwortlich zu verhalten. Handlungskompetenz umfasst Fachkompetenz, Humankompetenz und Sozialkompetenz.

Bestandteile von Fachkompetenz, Humankompetenz und Sozialkompetenz sind Methodenkompetenz, kommunikative Kompetenz und Lernkompetenz.

Handlungskompetenz	
Fachkompetenz	• auf der Grundlage fachlichen Wissens und Könnens Aufgaben und Probleme zielorientiert, sachgerecht, methodengeleitet und selbstständig lösen und das Ergebnis beurteilen
Humankompetenz	• als individuelle Persönlichkeit die Entwicklungschancen, Anforderungen und Einschränkungen in Familie, Beruf und öffentlichem Leben klären, durchdenken und beurteilen, eigene Begabungen entfalten sowie Lebenspläne fassen und fortentwickeln • Selbstständigkeit, Kritikfähigkeit, Selbstvertrauen, Zuverlässigkeit, Verantwortungs- und Pflichtbewusstsein • Entwicklung durchdachter Wertvorstellungen und die selbstbestimmte Bindung an Werte
Sozialkompetenz	• soziale Beziehungen leben und gestalten, Zuwendungen und Spannungen erfassen und verstehen sowie sich mit anderen rational und verantwortungsbewusst auseinandersetzen und verständigen • Entwicklung sozialer Verantwortung und Solidarität
Methodenkompetenz	• zielgerichtetes, planmäßiges Vorgehen bei der Bearbeitung von Aufgaben und Problemen
Kommunikative Kompetenz	• kommunikative Situationen verstehen und gestalten, eigene Absichten und Bedürfnisse sowie die der Partner wahrnehmen, verstehen und darstellen
Lernkompetenz	• Informationen über Sachverhalte und Zusammenhänge selbstständig und gemeinsam mit anderen verstehen, auswerten und in gedankliche Strukturen einordnen • im Beruf und über den Berufsbereich hinaus Lerntechniken und Lernstrategien entwickeln und diese für lebenslanges Lernen nutzen

3.2 Der Ausbildungsvertrag

Am Anfang jeder Berufsausbildung steht der **Berufsausbildungsvertrag**. Wie jeder Vertrag kommt auch ein Ausbildungsvertrag (Dienstvertrag) zustande durch zwei übereinstimmende Willenserklärungen, Antrag und Annahme. Während es für einen Arbeitsvertrag keine Formvorschriften gibt, muss gemäß Berufsbildungsgesetz (BBiG) der Ausbildungsvertrag schriftlich geschlossen werden und festgelegte Angaben enthalten.

Der Ausbildungsvertrag wird bei der **Industrie- und Handelskammer** (IHK) zur Prüfung und Registrierung eingereicht.

Mit dem Bezug auf den **Tarifvertrag** im Ausbildungsvertrag wird dieser Bestandteil der Vereinbarungen. Es können im Ausbildungsvertrag vom Tarifvertrag abweichende Regelungen vereinbart werden, sofern sie den Auszubildenden nicht schlechter stellen.

Inhalte des Ausbildungsvertrags	
Ausbildungsbetrieb	Name und Anschrift
Auszubildende(r)	Name, Anschrift, Geburtsdatum, Staatsangehörigkeit bei Minderjährigkeit: Name und Adresse der gesetzlichen Vertreter (Eltern, Vater, Mutter, Vormund)
Ausbildungsberuf	evtl. mit Angabe der Fachrichtung
Ausbildungszeit	gemäß Ausbildungsordnung bei anerkannter Vorbildung verkürzte Ausbildungszeit Datum Beginn und Datum Ende der Ausbildung (tatsächlich endet die Ausbildung mit Ablauf des Tages, an dem die Prüfung erfolgreich abgelegt wurde), regelmäßige tägliche bzw. wöchentliche Ausbildungszeit
Probezeit	mindestens einen Monat, maximal vier Monate
Ort der Ausbildung	Finden Ausbildungszeiten an einem anderen Ort statt, muss dies mit Zeitraumangabe eingetragen werden.
Ausbildungsvergütung	brutto für alle Ausbildungsjahre (i. d. R. gem. Tarifvertrag)
Urlaubsanspruch	für alle Ausbildungsjahre (i. d. R. gem. Manteltarifvertrag)
Hinweis	auf Tarifvertrag bzw. Betriebsvereinbarungen
Unterschriften	des Auszubildenden und des Ausbilders bei Minderjährigkeit: der gesetzlichen Vertreter des Auszubildenden
Weitere Unterlagen	Dem Berufsausbildungsvertrag ist der Ausbildungsplan des Ausbildungsbetriebs beizulegen.

Der Ausbildungsvertrag selbst stellt die beiden **Verpflichtungsgeschäfte** dar, Ihre tägliche Arbeitsleistung sowie die Ausbildungsleistung und die Entlohnung, die **Erfüllungsgeschäfte**. Die folgende **Übersicht** enthält die **Pflichten** aus dem Ausbildungsvertrag:

Pflichten aus dem Ausbildungsvertrag	
Pflichten des Auszubildenden	**Pflichten des Ausbildenden**
• Erfüllung der Leistungen aus dem Ausbildungsvertrag • Wahrung von Geschäftsgeheimnissen • Wettbewerbsverbot • Führen des Berichtsheftes	• Erbringung der Ausbildungsleistung • Freistellung für die Berufsschule • Fürsorgepflicht • Entgeltfortzahlung • Urlaubsgewährung • Zeugniserteilung

Das Ausüben einer **Nebentätigkeit** im gleichen Geschäftszweig stellt einen Verstoß gegen das Wettbewerbsverbot dar. Die Pflichten des Auszubildenden und des Ausbilders sind im Berufsbildungsgesetz (BBiG) genau festgelegt. Dort finden Sie auch gesetzliche Regelungen über die **Probezeit**: Sie muss mindestens einen Monat und darf maximal vier Monate betragen.

Es besteht die Möglichkeit, das Berufsausbildungsverhältnis zu kündigen: Während der Probezeit kann es jederzeit ohne Einhalten einer Kündigungsfrist gekündigt werden, nach der Probezeit nur:
- aus einem wichtigen Grund ohne Einhalten einer Kündigungsfrist, z. B. bei grobem Fehlverhalten (einer der beiden Vertragsparteien),
- von Auszubildenden mit einer Kündigungsfrist von vier Wochen, wenn sie die Berufsausbildung aufgeben oder sich für eine andere Berufstätigkeit ausbilden lassen wollen.

Die Kündigung muss schriftlich und unter Angabe der Kündigungsgründe erfolgen. Eine Kündigung aus einem wichtigen Grund ist unwirksam, wenn die ihr zugrunde liegenden Tatsachen dem zur Kündigung Berechtigten länger als zwei Wochen bekannt sind.

Beispiel:
Die Berliner Wohnungsbau GmbH möchte die neunzehnjährige Isabella Grünlich als Auszubildende einstellen. Die folgenden Vereinbarungen sollen in den Berufsausbildungsvertrag aufgenommen werden. Welche zwei Vereinbarungen sind gesetzlich nicht zulässig?

1. Die Ausbildungszeit wird aufgrund von Isabellas Hochschulreife um sechs Monate verkürzt.
2. Zur Gültigkeit des Ausbildungsvertrags ist zwingend die Unterschrift der Eltern von Isabella Grünlich als ihre gesetzlichen Vertreter erforderlich.
3. Im Eintrittsjahr wird der tarifliche Urlaubsanspruch anteilig auf die Anzahl der Monate der Unternehmenszugehörigkeit berechnet.
4. Isabella Grünlich erhält eine übertarifliche Ausbildungsvergütung.
5. Die Probezeit beträgt fünf Monate.
6. Die Ausbildungsvergütung wird spätestens am letzten Arbeitstag des Monats überwiesen.

Lösung: Aussage 2 und Aussage 5 sind mit den gesetzlichen Regelungen nicht vereinbar. Da Isabella volljährig ist, sind die Eltern am Zustandekommen des Vertrags nicht mehr beteiligt. Die Probezeit darf nicht länger als vier Monate dauern.

Die Ausbildung endet mit **Bestehen der mündlichen Prüfung**, auch wenn im Ausbildungsvertrag ein anderes Datum für das Ende der Ausbildung vereinbart wird. Zum Zeitpunkt des Vertragsschlusses ist der Termin der mündlichen Prüfung noch nicht bekannt. Werden Sie nach Bestehen Ihrer mündlichen Prüfung stillschweigend weiterbeschäftigt, kommt (konkludent) ein unbefristeter Arbeitsvertrag zustande.

3.3 Das Arbeitsverhältnis

Während im Berufsbildungsgesetz strenge gesetzliche Regelungen für das Ausbildungsverhältnis festgeschrieben sind, vor allem um die Auszubildenden zu schützen, ist das Arbeitsverhältnis vor allem im BGB und weiteren arbeitsrechtlichen Vorschriften geregelt.

Der Arbeitsvertrag ist ein **Dienstvertrag**. Der Arbeitnehmer verpflichtet sich zur Erbringung von Diensten gegen Entgelt, der Erfolg wird – anders als beim Werkvertrag – nicht geschuldet. Der Arbeitgeber verpflichtet sich, die versprochene Vergütung zu gewähren. Für den Vertragsschluss sieht das Gesetz **keine Formvorschrift** vor. Ein Arbeitsvertrag kann daher auch mündlich oder konkludent geschlossen werden.

Anders als beim Ausbildungsvertrag gilt also für das Vorstellungsgespräch, dass mit der Äußerung des Personalchefs „Sie haben den Job!“ ein Arbeitsvertrag wirksam zustande kommt, sofern Sie zustimmen. Der Beweis der mündlichen Zusage im dem Falle, dass es sich der potenzielle Arbeitgeber später anders überlegt, ist jedoch schwierig.

Die **Pflichten** aus dem Arbeitsvertrag sind weitgehend identisch mit den Pflichten aus dem Ausbildungsvertrag, es fehlen nur die sich auf die Ausbildung beziehenden Themen:

Pflichten aus dem Arbeitsvertrag	
Pflichten des Arbeitnehmers	**Pflichten des Arbeitgebers**
• Erfüllung der Leistungen aus dem Arbeitsvertrag • Wahrung von Geschäftsgeheimnissen • Wettbewerbsverbot	• Fürsorgepflicht • Entgeltfortzahlung • Urlaubsgewährung • Zeugniserteilung

Für die **Probezeit** gibt es anders als beim Ausbildungsverhältnis **keine Mindestdauer**, die Höchstdauer beträgt sechs Monate. Die gesetzliche Regelung der Kündigungsfristen sind „Kann“-Bestimmungen, die einzelvertraglich oder durch Tarifvertrag abgeändert werden können, wobei der Arbeitnehmer nicht schlechter gestellt sein darf als der Arbeitgeber. Die gesetzlichen Kündigungsfristen sind § 622 BGB zu entnehmen:

§ 622 BGB [Kündigungsfristen bei Arbeitsverhältnissen]

(1) Das Arbeitsverhältnis eines Arbeiters oder eines Angestellten (Arbeitnehmers) kann mit einer Frist von vier Wochen zum Fünfzehnten oder zum Ende eines Kalendermonats gekündigt werden.

(2) Für eine Kündigung durch den Arbeitgeber beträgt die Kündigungsfrist, wenn das Arbeitsverhältnis in dem Betrieb oder Unternehmen

1. *zwei Jahre bestanden hat, einen Monat zum Ende eines Kalendermonats,*
2. *fünf Jahre bestanden hat, zwei Monate zum Ende eines Kalendermonats,*
3. *acht Jahre bestanden hat, drei Monate zum Ende eines Kalendermonats,*
4. *zehn Jahre bestanden hat, vier Monate zum Ende eines Kalendermonats,*
5. *zwölf Jahre bestanden hat, fünf Monate zum Ende eines Kalendermonats,*
6. *fünfzehn Jahre bestanden hat, sechs Monate zum Ende eines Kalendermonats,*
7. *zwanzig Jahre bestanden hat, sieben Monate zum Ende eines Kalendermonats.*

Bei der Berechnung der Beschäftigungsdauer werden Zeiten, die vor der Vollendung des fünfundzwanzigsten Lebensjahres des Arbeitnehmers liegen, nicht berücksichtigt.

Beispiel:
Hansbert Fischer, 29 Jahre alt, ist seit sechs Jahren Mitarbeiter der Berliner Wohnungsbau GmbH. Wegen häufiger unentschuldigter Fehlzeiten hat er bereits mehrere Abmahnungen erhalten. Am 17. August 2010 wird daher beschlossen, das Arbeitsverhältnis mit Herrn Fischer zu kündigen.

a) Ermitteln Sie, zu welchem Datum Herrn Fischer unter Einhaltung der gesetzlichen Kündigungsfrist frühestens gekündigt werden kann.

b) Was muss hinsichtlich der Formvorschriften bei der Kündigung beachtet werden?

c) Wie muss der Betriebsrat bei der Kündigung einbezogen werden?

d) Hat Fischer einen Anspruch auf ein Arbeitszeugnis?

e) Fischer erhält am 18. August 2010 die Kündigung zugestellt. Er hält sie für sozial ungerechtfertigt. Zu welchem Datum muss Fischer spätestens Klage beim Arbeitsgericht erheben?

f) Hansbert Fischer war schon länger unzufrieden mit seiner Tätigkeit bei der Berliner Wohnungsbau GmbH und hatte überlegt, sein Arbeitsverhältnis zu kündigen. Stellen Sie fest, zu welchem Zeitpunkt Fischer selbst kündigen könnte, wenn er am 16. August 2010 den Entschluss dazu fasst.

Lösung:

a) Fischer ist 29 Jahre alt und seit sechs Jahren bei der Berliner Wohnungsbau GmbH beschäftigt. Sie dürfen jedoch nur die Zeit ab dem 25. Lebensjahr berücksichtigen. Dies steht ganz am Ende von § 622 Abs. 2 BGB. Damit sind vier Jahre (zwei Jahre und mehr, aber keine fünf Jahre) zu rechnen und die Kündigungsfrist beträgt gem. § 622 (2) Nr. 1 BGB einen Monat zum Ende des Kalendermonats. Die Kündigung kann zum 30.09.2010 ausgesprochen werden.

b) Die Kündigung ist ein einseitiges, empfangsbedürftiges Rechtsgeschäft. Sie bedarf gemäß § 623 BGB der Schriftform, sonst ist sie nichtig.

c) Der Betriebsrat hat ein Anhörungsrecht zur Kündigung von Arbeitnehmern. Anhörung bedeutet, dass dem Betriebsrat die Gründe für die Kündigung dargelegt werden und er sich dazu äußern kann. Wichtig ist, dass diese Anhörung vor der Kündigung erfolgt, damit der Betriebsrat die Chance hat, auf den Arbeitgeber einzuwirken und den Konflikt zu klären.

d) Ein Arbeitnehmer hat bei Beendigung des Arbeitsverhältnisses Anspruch auf ein schriftliches Zeugnis, das Angaben zu Art und Dauer der Tätigkeit enthält. Dies bezeichnet man als einfaches Zeugnis. Ein qualifiziertes Zeugnis enthält zusätzlich eine Leistungs- und Verhaltensbewertung, z. B. „Herr Fischer hat die ihm übertragenen Aufgaben stets zur vollsten Zufriedenheit erfüllt.“ Wenn der Arbeitnehmer ein qualifiziertes Zeugnis verlangt, muss der Arbeitgeber dies auch ausstellen.

e) Im Kündigungsschutzgesetz ist geregelt, dass ein Arbeitnehmer, der seine Kündigung für sozial ungerechtfertigt hält, innerhalb von drei Wochen nach Zugang der Kündigung Klage beim Arbeitsgericht erheben kann. Inhaltlich bedeutet die Klage, dass vom Arbeitsgericht festgestellt werden soll, dass das Arbeitsverhältnis durch die Kündigung nicht aufgelöst ist. Rechnen Sie auf den 18. August 21 Tage, damit ist der letztmögliche Termin für die Klageerhebung der 8. September 2010.

f) Da der August 31 Tage hat, kann Fischer gem. § 622 (1) BGB zum 15. September 2010 kündigen. Vier Wochen sind 28 Tage. Die Kündigung muss am 18. August 2010 bei der Berliner Wohnungsbau GmbH eingegangen sein, damit er die Frist von vier Wochen wahren kann.

Bestimmte Personenkreise genießen einen **besonderen Kündigungsschutz**. Aufgrund des Betriebsverfassungsgesetzes stehen Betriebsratsmitglieder und Jugend- und Auszubildendenvertreter unter besonderem Kündigungsschutz. Aufgrund des Mutterschutzgesetzes sind schwangere Mitarbeiterinnen geschützt. Im neunten Buch des Sozialgesetzbuches (SGB IX) ist der Kündigungsschutz für Schwerbehinderte geregelt.

3.4 Jugendarbeitsschutz, Mutterschutz, Kündigungsschutz

Es gibt eine große Vielfalt gesetzlicher Regelungen zum Arbeitsrecht, die darauf abzielen, besonders schutzbedürftigen Arbeitnehmern Rechtssicherheit in ihrem Arbeitsverhältnis zu geben.

Das **Jugendarbeitsschutzgesetz** (JArbSchG, nicht zu verwechseln mit dem Jugendschutzgesetz) verbietet vor allem zu lange Arbeitszeiten für Jugendliche: Sie dürfen grundsätzlich nicht am Wochenende beschäftigt werden und maximal acht Stunden am Tag und 40 Stunden in der Woche; ferner dürfen sie keine Akkordarbeit leisten und es gilt grundsätzlich ein Nachtarbeitsverbot (zwischen 20 Uhr und 6 Uhr). Der Mindesturlaubsanspruch von Jugendlichen liegt höher als die gemäß Bundesurlaubsgesetz festgelegten 24 Tage und ist nach Alter gestaffelt.

Für Kinder gilt ein **Beschäftigungsverbot**. Erste Ausnahmen gibt es für Kinder ab 13 Jahren, soweit die Beschäftigung leicht und für Kinder geeignet ist. Jugendliche über 16 Jahren dürfen in bestimmten Branchen, z. B. im Gaststättengewerbe oder in Bäckereien, auch nach 20 Uhr oder vor 6 Uhr arbeiten.

Ziel des Jugendarbeitsschutzgesetzes ist es, die Jugendlichen nach und nach an die **Belastungen der Arbeitswelt** heranzuführen. So ist es für Arbeitgeber, die Jugendliche beschäftigen wollen, auch vorgeschrieben, dass eine ärztliche Untersuchung (Erstuntersuchung und Nachuntersuchungen) die Arbeitsfähigkeit bescheinigt.

Das **Mutterschutzgesetz** (MuSchG) regelt die Beschäftigung von Schwangeren und stillenden Müttern. Der Arbeitsplatz muss so beschaffen sein, dass er den besonderen Belastungen gerecht wird. Die Arbeitszeit muss so flexibel gestaltet sein, dass ärztliche Untersuchungen und Stillzeiten möglich sind. Verboten sind schwere körperliche und gesundheitsgefährdende Arbeiten. Ferner gilt ein Überstunden- und Nachtarbeitsverbot. Ebenso wenig dürfen werdende und stillende Mütter am Wochenende beschäftigt werden.

Sechs Wochen vor und acht Wochen nach der Entbindung gilt ein generelles Beschäftigungsverbot, wobei der Arbeitgeber das Entgelt weiterzahlen muss. Die wichtigste Regelung des Mutterschutzgesetzes jedoch ist der **Kündigungsschutz**. Gemäß § 9 MuSchG darf einer Frau während der Schwangerschaft und bis zum Ablauf von vier Monaten nach der Entbindung nicht gekündigt werden. War dem Arbeitgeber die Schwangerschaft nicht bekannt, so wird eine Kündigung unwirksam, wenn die Schwangere binnen zwei Wochen nach Zugang der Kündigung dem Arbeitgeber ihren körperlichen Zustand mitteilt.

Die sogenannte **Elternzeit** (früher Mutterschaftsurlaub oder Erziehungsurlaub) ist im **Bundeserziehungsgeldgesetz** (BErzGG) geregelt. Der Anspruch auf Elternzeit besteht bis zur Vollendung des dritten Lebensjahres des Kindes. Die Elternzeit kann auch anteilig von beiden Elternteilen in Anspruch genommen werden, eine zeitlich begrenzte Beschäftigung ist zulässig.

Das **Entgeltfortzahlungsgesetz** (EntgeltfortzahlungsG) regelt die Fortzahlung des Arbeitsentgeltes, wenn der Arbeitnehmer arbeitsunfähig ist und diese Arbeitsunfähigkeit nicht selbst verschuldet hat, für längstens sechs Wochen. Der Arbeitnehmer ist verpflichtet, seine Arbeitsunfähigkeit dem Arbeitgeber sofort mitzuteilen. Dauert die Arbeitsunfähigkeit länger als drei Tage, muss der Arbeitnehmer dem Arbeitgeber eine ärztliche Bescheinigung vorlegen. Tut er dies nicht, kann der Arbeitgeber die Entgeltfortzahlung verweigern.

Die wichtigste Regelung im **Bundesurlaubsgesetz** (BUrlG) ist der Anspruch auf mindestens 24 Tage bezahlten Erholungsurlaub pro Jahr. Die Urlaubsregelungen in den Tarifverträgen gehen meist über diesen Zeitraum hinaus. Wenn ein Arbeitnehmer erst im Laufe eines Jahres eingestellt wurde, hat er einen anteiligen Anspruch: ein Zwölftel des Jahresurlaubs für jeden vollen Monat. Erkrankt ein Arbeitnehmer während des Urlaubs, so werden die durch ärztliches Zeugnis nachgewiesenen Tage der Arbeitunfähigkeit auf den Jahresurlaub nicht angerechnet.

Das **Arbeitsschutzgesetz** (ArbSchG) betrifft den technischen Arbeitsschutz (Arbeitssicherheit). Zweck des Gesetzes ist es, die Sicherheit und den Gesundheitsschutz der Arbeitnehmer bei der Arbeitszeitgestaltung zu gewährleisten und Rahmenbedingungen für flexible Arbeitszeiten zu verbessern sowie den Sonntag und die staatlich anerkannten Feiertage als Tage der Arbeitsruhe und der seelischen Erhebung der Arbeitnehmer zu schützen.

Das **Kündigungsschutzgesetz** (KSchG) erweitert die Fristenregelungen des § 622 BGB um den Schutz bestimmter Personenkreise und um die Regelung, wie eine Kündigung gerechtfertigt werden muss. Eine Kündigung ist **sozial ungerechtfertigt**, wenn sie nicht durch Gründe, die in der Person oder in dem Verhalten des Arbeitnehmers liegen, oder durch dringende betriebliche Erfordernisse bedingt ist. Daher spricht man auch von der betriebsbedingten Kündigung. Dies gilt nur für Arbeitnehmer, die länger als sechs Monate im Unternehmen beschäftigt sind. Der gekündigte Arbeitnehmer hat bei betriebsbedingter Kündigung einen Abfindungsanspruch. Bei einer Änderungskündigung bietet der Arbeitgeber dem Arbeitnehmer die Weiterbeschäftigung unter anderen Bedingungen an. Der Arbeitnehmer kann dies annehmen, sofern die Änderung der Arbeitsbedingungen nicht sozial ungerechtfertigt ist.

Hält ein Arbeitnehmer seine Kündigung für sozial ungerechtfertigt, kann er binnen einer Woche Einspruch beim Betriebsrat einlegen. Der Betriebsrat versucht dann, eine Verständigung herbeizuführen. Um gerichtlich gegen die Kündigung vorzugehen, muss der Arbeitnehmer binnen drei Wochen nach Zugang der Kündigung beim Arbeitsgericht Klage erheben. Das Arbeitsgericht stellt daraufhin fest, ob die Kündigung sozial ungerechtfertigt ist (Klage auf Feststellung).

Die Kündigung eines Mitglieds eines **Betriebsrats** oder einer **Jugend- und Auszubildendenvertretung** ist unzulässig. Nach Beendigung der Amtszeit ist die Kündigung eines Mitglieds eines Betriebsrats oder einer Jugend- und Auszubildendenvertretung innerhalb eines Jahres unzulässig, es sei denn, dass Tatsachen vorliegen, die den Arbeitgeber zur Kündigung aus wichtigem Grund ohne Einhaltung einer Kündigungsfrist berechtigen.

Das Kündigungsschutzgesetz schreibt ferner vor, dass Arbeitgeber, die größere Entlassungen vorhaben, dies der Agentur für Arbeit anzeigen müssen. Die Agentur für Arbeit muss den Entlassungen zustimmen.

Das **Betriebsverfassungsgesetz** (BetrVerfG) schreibt vor, dass der Betriebsrat bei einer Kündigung angehört werden muss. Er kann der Kündigung widersprechen, wenn sie aus seiner Sicht nicht gerechtfertigt ist. Dies stärkt die Position des gekündigten Arbeitnehmers bei einer Klage vor dem Arbeitsgericht.

Beispiel:
Der Gesetzgeber hat zahlreiche Gesetze des Arbeitsrechts erlassen, die dem Schutz des Arbeitnehmers dienen. Die folgende Auflistung enthält dazu einige Beispiele.

Der Arbeitgeber ist verpflichtet, für die Sicherheit und Gesundheit der Beschäftigten bei der Arbeit Sorge zu tragen.	**ArbSchG**
Die Probezeit muss mindestens einen Monat und darf höchstens vier Monate betragen.	**BBiG**
Ein Auszubildender kann nach der Probezeit aus wichtigem Grund kündigen.	**BBiG**
Eine Kündigung durch den Arbeitgeber ist ohne Anhörung des Betriebsrats unwirksam.	**BetrVerfG**
In Betrieben mit mindestens 5 jugendlichen Arbeitnehmern unter 18 Jahren wird eine Jugendvertretung gewählt.	**BetrVerfG**
Die Jugend- und Ausbildungsvertretung entsendet einen Vertreter zur Betriebsratssitzung.	**BetrVerfG**
Erkrankt ein Arbeitnehmer während des Urlaubs, so werden die durch ärztliches Zeugnis nachgewiesenen Tage der Arbeitsunfähigkeit auf den Jahresurlaub nicht angerechnet.	**BUrlG**
Jeder Arbeitnehmer hat Anspruch auf jährlich mindestens 24 Werktage bezahlten Erholungsurlaub, erstmalig nach sechsmonatigem Bestehen des Arbeitsverhältnisses.	**BUrlG**
Bei unverschuldeter Arbeitsunfähigkeit erhält der Arbeitnehmer vom Arbeitgeber für sechs Wochen den Lohn bzw. das Gehalt fortgezahlt.	**EntgeltfortzahlungsG**
Bei einer Arbeitszeit von mehr als 4,5 Stunden sind Pausen von mindestens 30 Minuten, bei mehr als 6 Stunden von mindestens 60 Minuten vorgesehen.	**JArbSchG**
Die wöchentliche Arbeitszeit für Jugendliche beträgt höchstens 40 Stunden.	**JArbSchG**
Für Auszubildende unter 18 Jahren ist bei einer Einstellung eine ärztliche Erstuntersuchung vorgeschrieben.	**JArbSchG**
Einer Frau darf während der Schwangerschaft und bis zum Ablauf von vier Monaten nach der Entbindung nicht gekündigt werden.	**MuSchG**
Der Arbeitsplatz muss so gestaltet sein, dass Leben und Gesundheit von werdenden und stillenden Müttern geschützt sind.	**MuSchG**
Einer werdenden Mutter darf nicht deshalb gekündigt werden, weil sie keine schwere Arbeit verrichten darf.	**MuSchG**
Die Kündigung eines Arbeitnehmers ist rechtsunwirksam, wenn sie sozial ungerechtfertigt ist.	**KSchG**
Die regelmäßige wöchentliche Arbeitszeit der Branche beträgt 37,5 Stunden.	**Tarifvertrag**

3.5 Brutto-/Nettoentgelt

Die im Ausbildungsvertrag vereinbarte Ausbildungsvergütung bzw. das im Arbeitsvertrag vereinbarte Arbeitsentgelt (Lohn oder Gehalt) wird als **Bruttoentgelt** bezeichnet. Es kann um vom Arbeitgeber gewährten Zuschuss zu vermögenswirksamen Leistungen erhöht werden. Abgezogen werden Steuern und Sozialversicherungsbeiträge. Ausgezahlt wird das **Nettoentgelt** abzüglich der gesamten eventuell vereinbarten vermögenswirksamen Leistungen, die vom Arbeitgeber direkt in die vom Arbeitnehmer gewählte Sparform überwiesen werden. Folgende Übersicht stellt die Lohnabrechnung schematisch dar.

Lohnabrechnung	
+	Zuschläge für Überstunden
+	Arbeitgeberzuschuss zu den vermögenswirksamen Leistungen
=	**Bruttogehalt**
–	Lohnsteuer
–	Solidaritätszuschlag
–	Kirchensteuer
–	Arbeitnehmeranteil der Beiträge zur Sozialversicherung
=	**Nettogehalt**
–	(gesamte) vermögenswirksame Leistungen
=	**Auszahlung**

3.5.1 Der Steuerabzug

Lohnsteuer und Solidaritätszuschlag sind Erhebungsformen der Einkommensteuer. Man bezeichnet sie als **Quellenabzugssteuern**, da sie von der Quelle der Einkommensentstehung, d. h. direkt vom Arbeitgeber an das Finanzamt abgeführt werden. Die eventuell zu zahlende und je nach Religionszugehörigkeit unterschiedlich hoch festgelegte Kirchensteuer wird auf die Lohnsteuer berechnet. Sie ist eine Steuer von der Steuer, kann aber bei der Einkommensteuererklärung (siehe unten) als Sonderausgabe abgezogen werden.

Die Einkommensteuer ist eine Jahressteuer, d. h. der Steuerpflichtige muss grundsätzlich nach Ablauf des Kalenderjahres eine Steuererklärung abgeben und vierteljährlich die vom Finanzamt festgesetzten Einkommensteuer-Vorauszahlungen leisten. In der jährlichen Steuererklärung können Angaben gemacht werden, die aufgrund der persönlichen Verhältnisse des Steuerpflichtigen die Steuerlast reduzieren. Dazu zählen vor allem die Werbungskosten und die **Sonderausgaben**.

Die Einkommensteuer ist eine **direkte Personensteuer**. Sie wird auf genau bestimmte, im Einkommensteuergesetz aufgezählte Einkünfte erhoben. Bei der Berechnung der Steuerschuld werden die persönlichen Verhältnisse des Steuerpflichtigen berücksichtigt: Auf Einkünfte unter einer bestimmten Grenze, dem Grundfreibetrag, wird keine Steuer berechnet. Es folgt eine Progressionszone, d. h. mit zunehmenden Einkünften steigt der Steuersatz. Ab einer bestimmten Einkunftshöhe wird der Steuersatz wieder proportional. Diese Einkunftsgrenzen werden jedes Jahr (im Jahressteuergesetz) neu festgelegt.

Die folgende vereinfachte Übersicht stellt die sieben Einkunftsarten und die grundsätzliche Berechnung der Einkommensteuerschuld dar:

Ermittlung der Einkommensteuer	
Gewinneinkünfte = Einkünfte aus • Land- und Forstwirtschaft • Gewerbebetrieb • selbstständiger Arbeit	**Überschusseinkünfte = Einkünfte aus** • nichtselbstständiger Arbeit • Kapitalvermögen • Vermietung und Verpachtung • sonstigen Einkunftsquellen
Betriebseinnahmen ./. Betriebsausgaben	**Einnahmen ./. Werbungskosten**
./. Freibeträge	
= Gesamtbetrag der Einkünfte	
./. Sonderausgaben, außergewöhnliche Belastungen etc.	
= Einkommen	
./. Freibeträge	
= zu versteuerndes Einkommen	
x Steuersatz	**= tarifliche Einkommensteuer**
	./. Steuerermäßigungen + Steuerzurechnungen
	= festzusetzende Einkommensteuer

Bei den **Gewinneinkunftsarten** wird der Gewinn als Differenz zwischen Betriebseinnahmen und Betriebsausgaben besteuert, bei den Überschusseinkunftsarten der Überschuss der Einnahmen über die Werbungskosten. Dies sind nur unterschiedliche Begriffe für dieselben Sachverhalte: Kauft z. B. ein Vermieter einen Computer, sind dies Werbungskosten, bei einem Gewerbebetrieb Betriebsausgaben.

Die **Lohnsteuer** ist eine besondere Erhebungsform der Einkommensteuer für Einkünfte aus nichtselbstständiger Arbeit. Bei Arbeitnehmern führt der Arbeitgeber die Einkommensteuer monatlich bei der Lohnabrechnung an das zuständige Finanzamt (Wohnsitzfinanzamt) des Arbeitnehmers ab (Quellenabzugssteuer).

Auch Arbeitnehmer können nach Ablauf des Kalenderjahres eine Einkommensteuererklärung abgeben (früher: Lohnsteuerjahresausgleich), um zusätzliche Belastungen, z. B. Fahrtkosten, berücksichtigt zu bekommen. Sofern ein Arbeitnehmer auch Einkünfte aus anderen Quellen erzielt, z. B. aus der Vermietung einer Eigentumswohnung, muss er eine Einkommensteuererklärung abgeben.

Die Pflicht zur Abgabe einer Einkommensteuererklärung wird im Sprachgebrauch des Finanzamts als „zur Einkommensteuer veranlagt“ bezeichnet. Ehegatten können sich gemeinsam zur Einkommensteuer veranlagen lassen (Ehegatten-Splitting). Daraus ergeben sich Steuersparеffekte.

Der Arbeitgeber führt in der monatlichen Lohnabrechnung die Lohnsteuer und die Sozialversicherungsbeiträge für den Arbeitnehmer ab. Der Lohnsteuerabzug sowie der Abzug des Solidaritätszuschlags und eventuell der Kirchensteuer richtete sich nach der bis 2010 auf der **Lohnsteuerkarte** eingetragenen **Lohnsteuerklasse**. Ab 2013 wurden die Lohnsteuerkarten durch ein elektronisches Verfahren (ELStAM) ersetzt, eine Datenbank beim Bundeszentralamt für Steuern, aus der der Arbeitgeber die Lohnsteuerabzugsmerkmale mittels Steuer-Identifikationsnummer sowie Tag der Geburt des Arbeitnehmers abruft. Für 2011 und 2012 galt die 2010 ausgestellte Lohnsteuerkarte weiter.

Früher wurde in der sog. Lohnsteuertabelle für jede Lohnsteuerklasse und Lohnstufe die Lohnsteuer abgelesen. Diese Vorgehensweise wurde inzwischen durch entsprechende Lohnsteuerberechnungs-Software abgelöst und die Lohnstufen (Intervalle) wurden damit überflüssig und abgeschafft.

Lohnsteuerklassen	
I	Ledige
II	Alleinerziehende
III	Verheiratete
IV	Verheiratete, wenn der Ehegatte ebenfalls Arbeitslohn bezieht
V	Verheiratete, wenn der Ehepartner Lohnsteuerklasse III hat
VI	für ein zweites oder weiteres Dienstverhältnis

In der ELStAM-Datenbank (Elektronische Lohnsteuer-Abzugs-Merkmale) ist zudem die **Anzahl der Kinderfreibeträge** eingetragen. Bei der Entscheidung, ob Kinderfreibeträge eingetragen werden oder der Arbeitnehmer Kindergeld bezieht, darf die jeweils vorteilhaftere Lösung gewählt werden. Kinderfreibeträge machen dann Sinn, wenn die Steuerersparnis höher ist als das Kindergeld. Bei getrennt lebenden, unverheirateten oder geschiedenen Eltern darf jeder nur einen halben Kinderfreibetrag pro Kind ansetzen.

Beispiel:

Lohnabrechnung

Elvira Sandmann arbeitet in der Personalabteilung der Berliner Wohnungsbau GmbH. Sie verdient monatlich brutto 2.453 Euro. Sie ist alleinerziehende Mutter mit einem Kind und gehört keiner Religionsgemeinschaft an.

a) In welche Lohnsteuerklasse wird sie eingeordnet?

b) Ermitteln Sie die Summe der monatlichen Steuerabzüge für Elvira Sandmann mithilfe des nachfolgenden Auszuges aus der Lohnsteuerberechnungs-Software.

c) Frau Sandmann fährt mit ihrem Auto zur Arbeit. Wie kann sie die Fahrtkosten steuerlich geltend machen?

Auszug aus der Lohnsteuerberechnungs-Software

2.453 Euro		StKl.	I	II	III	IV	V	VI
Kinder-freibetrag	0,0	LSt	335,08	305,41	123,00	335,08	599,50	632,00
		SolZ	18,42	16,79	0,00	18,42	32,97	34,76
		KiSt 8 %	26,80	24,43	9,84	26,80	47,96	50,56
		KiSt 9 %	30,15	27,48	11,07	30,15	53,95	56,88
Kinder-freibetrag	0,5	LSt	336,91	305,41	123,00	336,91	–	–
		SolZ	13,97	12,34	0,00	16,22	–	–
		KiSt 8 %	20,32	17,95	5,17	23,59	–	–
		KiSt 9 %	22,86	20,19	5,81	26,54	–	–
Kinder-freibetrag	1,0	LSt	336,91	305,41	123,00	336,91	–	–
		SolZ	9,68	8,14	0,00	13,97	–	–
		KiSt 8 %	14,08	11,84	1,25	20,32	–	–
		KiSt 9 %	15,84	13,32	1,40	22,86	–	–

Lösung:

a) Steuerklasse II. Als alleinerziehender Mutter steht ihr bei der monatlichen Lohnabrechnung der volle Kinderfreibetrag zur Verfügung. Halbe Kinderfreibeträge können von getrennt Lebenden oder Geschiedenen in Anspruch genommen werden, die beide für den Unterhalt des Kindes sorgen.

b) 313,55 Euro. Lesen Sie für Steuerklasse II bei 1,00 Kinderfreibetrag die Steuer in Höhe von 305,41 Euro ab und rechnen Sie den Solidaritätszuschlag in Höhe von 8,14 Euro hinzu.

c) Im Rahmen der Einkommensteuererklärung nach Ablauf des Kalenderjahres kann Frau Sandmann die Fahrtkosten als Werbungskosten abziehen. Sie kann sich allerdings auch einen Freibetrag für erhöhte Werbungskosten eintragen lassen. Dies führt bei der Lohnabrechnung zu einem niedrigeren monatlichen Lohnsteuerabzug und damit zu einem höheren Auszahlungsbetrag. Sinn macht dies, wenn dadurch auf die jährliche Einkommensteuererklärung verzichtet werden kann, da sonst keine über die Arbeitnehmer-Pauschale hinausgehenden Werbungskosten anfallen.

Als **Werbungskosten** sind alle nachweisbaren Aufwendungen, die zur Erwerbung, Sicherung und Erhaltung der Einnahmen gemacht werden, von der jeweiligen Einkunftsart abziehbar, vor allem Gewerkschaftsbeiträge, Fachliteratur und Fachzeitschriften, Kosten für berufliche Fortbildung und Bewerbungskosten. Das Einkommensteuergesetz nennt beispielhaft folgende Werbungskosten:

- Schuldzinsen, Renten und dauernde Lasten, soweit sie mit einer Einkunftsart in wirtschaftlichem Zusammenhang stehen;
- Steuern vom Grundbesitz, sonstige öffentliche Abgaben und Versicherungsbeiträge, soweit solche Ausgaben sich auf Gebäude oder auf Gegenstände beziehen, die dem Steuerpflichtigen zur Einnahmeerzielung dienen;
- Beiträge zu Berufsständen und sonstigen Berufsverbänden, deren Zweck nicht auf einen wirtschaftlichen Geschäftsbetrieb gerichtet ist;
- Aufwendungen für die Wege zwischen Wohnung und Arbeitsstätte;
- Mehraufwendungen, die einem Arbeitnehmer wegen einer aus beruflichem Anlass begründeten doppelten Haushaltsführung entstehen;
- Aufwendungen für Arbeitsmittel, z. B. für Werkzeuge und typische Berufskleidung;
- Absetzungen für Abnutzung und für Substanzverringerung.

Zur Vereinfachung des Besteuerungsverfahrens sieht das Einkommensteuergesetz Pauschalen für den **Werbungskostenabzug** vor, die ohne weiteren Nachweis abgezogen werden können: Bei Einkünften aus nichtselbstständiger Arbeit gilt seit Dezember 2011 ein Arbeitnehmer-Pauschbetrag in Höhe von 1000 Euro, sofern nicht höhere Werbungskosten nachgewiesen werden. Seit 2009 beträgt bei Einkünften aus Kapitalvermögen der sog. Sparer-Pauschbetrag 801 Euro bzw. 1602 Euro bei zusammen veranlagten Ehegatten. Höhere Werbungskosten sind seither nicht mehr abziehbar, da solche Einkünfte, sofern sie ins Privatvermögen fließen, mit der Abgeltungssteuer von 25 % besteuert werden, unabhängig vom individuellen Steuersatz des Einkünfteempfängers. Hat jemand einen niedrigeren individuellen Steuersatz, kann er Veranlagung beantragen, d. h. die Kapitaleinkünfte werden dann individuell besteuert.

Erhöhte Werbungskosten, z. B. Fahrtkosten bei größerer Entfernung, können vorab in die ELStAM eingetragen werden und führen bei der Lohnabrechnung sofort zu einer Minderung der Lohnsteuer und nicht erst bei Abgabe der Einkommensteuererklärung.

Beispiel:
Frau Sandmann hat an insgesamt 220 Arbeitstagen die Fahrtstrecke von ihrer Wohnung zu ihrem Arbeitsplatz mit ihrem eigenen Pkw zurückgelegt. Die Entfernung beträgt 69 km. Ermitteln Sie anhand des folgenden Auszugs aus dem Einkommensteuergesetz, wie viel Euro als Fahrtkosten absetzbar sind.

Auszug aus § 9 EStG
Aufwendungen des Arbeitnehmers für die Wege zwischen Wohnung und Arbeitsstätte: Zur Abgeltung dieser Aufwendungen ist für jeden Arbeitstag, an dem der Arbeitnehmer die regelmäßige Arbeitsstätte aufsucht, eine Entfernungspauschale für jeden vollen Kilometer der Entfernung zwischen Wohnung und Arbeitsstätte von 0,30 Euro anzusetzen, höchstens jedoch 4.500 Euro im Kalenderjahr; ein höherer Betrag als 4.500 Euro ist anzusetzen, soweit der Arbeitnehmer einen eigenen oder ihm zur Nutzung überlassenen Kraftwagen benutzt.

Lösung: 4.554 Euro
Sie rechnen 220 Arbeitstage mal 69 km mal 0,30 Euro. Beachten Sie, dass die Entfernung und nicht die gefahrene Strecke als Bemessungsgrundlage gilt und dass die Grenze von 4.500 Euro nicht gilt, wenn der Arbeitnehmer den eigenen Pkw benutzt.

Nachdem für jede Einkunftsart der Überschuss bzw. Gewinn durch Abzug der Werbungskosten bzw. Betriebsausgaben von den Einnahmen ermittelt wurde, können vom **Gesamtbetrag der Einkünfte** im Einkommensteuergesetz genau bestimmte Kosten der Lebensführung als Sonderausgaben abgezogen werden (vereinfacht):

- Unterhaltsleistungen an den geschiedenen oder getrennt lebenden Ehegatten bis zu 13.805 Euro;
- Beiträge zu den gesetzlichen Rentenversicherungen, zu berufsständischen Versorgungseinrichtungen und zum Aufbau einer eigenen kapitalgedeckten Altersversorgung;
- Beiträge zu Versicherungen gegen Arbeitslosigkeit, zu Erwerbs- und Berufsunfähigkeitsversicherungen, zu Krankenversicherungen, Pflegeversicherungen, Unfallversicherungen und Haftpflichtversicherungen sowie zu Risikoversicherungen, die nur für den Todesfall eine Leistung vorsehen;
- gezahlte Kirchensteuer;
- Aufwendungen für die Berufsausbildung bis zu 4.000 Euro im Kalenderjahr;
- 30 Prozent des Schulgeldes für eine vom Kind besuchte Ersatz- oder Ergänzungsschule.

Für jeden Steuerpflichtigen werden 36 Euro als Sonderausgaben abgezogen, es sei denn, er weist höhere Kosten nach (**Sonderausgabenpauschbetrag**).

Eine dritte Art von Aufwendungen, die bei der Einkommensteuererklärung berücksichtigt werden können, sind die **außergewöhnlichen Belastungen**. Bei sehr hohen und unvorhergesehenen Kosten der Lebensführung ist ein Abzug vom Gesamtbetrag der Einkünfte in der Einkommensteuererklärung möglich. Dabei handelt es sich z. B. um Ausbildungskosten der Kinder, Krankheitskosten, Unfallkosten oder auch Prozesskosten.

3.5.2 Die Sozialversicherung

Die Sozialversicherung ist eine **staatlich streng geregelte Fürsorge** für wichtige Risiken und wird von selbstverwalteten Versicherungsträgern organisiert. Es werden die folgenden fünf Säulen der Sozialversicherung unterschieden:

Säulen der Sozialversicherung				
Kranken-versicherung	**Pflege-versicherung**	**Renten-versicherung**	**Unfall-versicherung**	**Arbeitslosen-versicherung**
Kranken-kassen, Knappschaft (Beitragssatz seit 2011 einheitlich 15,5 %)[1]	**Pflegekassen** (bei den Krankenkassen geführt; seit 2013 2,05 %)[2]	**Deutsche Renten-versicherung** (früher LVA, BfA; 18,9 %)[3]	**Berufsgenossenschaften** (finanziert der Arbeitgeber alleine) [4]	**Agenturen für Arbeit** (3,0 %)[5]
• Heilmittel • Krankenpflege • Vorsorge- und Rehabilitationsmaßnahmen • Mutterschaftsgeld • Familienhilfe	je nach Pflegestufe: Leistungen zur häuslichen und zur stationären Pflege	• Rente • Altersruhegeld • Rehabilitationsleistungen	• Unfallverhütung • Heilbehandlung • Berufshilfe • Verletztengeld • Hinterbliebenenrente	• Arbeitslosengeld • Arbeitsförderung • Wintergeld • Winterausfallgeld • Kurzarbeitergeld

[1] Seit dem Inkrafttreten des Gesundheitsfonds sind die Beitragssätze für alle Krankenkassen gleich hoch. Reichen die Beitragseinnahmen einer Krankenkasse nicht aus, muss sie einen einkommensunabhänigen Zusatzbeitrag erheben. Überschüsse kann sie als Prämien an die Mitglieder ausschütten.

[2] Hinzu kommen 0,25 Prozentpunkte für Kinderlose. In Sachsen gilt eine Sonderregel. Auf die Streichung des Buß- und Bettages wurde verzichtet. Dafür tragen die Arbeitnehmer den Beitragssatz mit 1, 0 % alleine.

[3] in der knappschaftlichen Rentenversicherung 25,10 %

[4] Die Höhe der Beiträge richtet sich nach Gefahrenklassen und nach der Arbeitsentgeltsumme.

[5] seit dem 1. Januar 2011, in 2009 und 2010 betrug der Beitragssatz 2,8 %, 2006 lag er noch bei 6,5 %

(Stand: März 2014)

Zweck der Sozialversicherung ist es, auch den Beziehern niedriger Einkommen einen Versicherungsschutz zu gewähren. Aus dem jährlichen Beitragsaufkommen sollen die Ausgaben desselben Jahres gedeckt werden. Daher besteht zur Sicherung der Einnahmen für sehr weite Bevölkerungskreise Versicherungspflicht. Durch die Versicherungspflicht wird auch eine Unterscheidung von Personen mit hohen und niedrigen Risiken verhindert.

Die **Leistungen** der Sozialversicherungsträger werden als Sachleistungen oder als Geldleistungen erbracht. Sachleistungen sind für alle Versicherten anforderungsgerecht, unabhängig von der Höhe ihrer erbrachten Beitragszahlungen. Geldleistungen wie Rente oder Krankentagegeld richten sich in ihrer Höhe nach den erbrachten Beiträgen.

Zu den **Aufgaben der Sozialversicherung** gehört auch die Finanzierung von Maßnahmen zur Vorsorge (Prävention) und zur Wiederherstellung der Arbeitsfähigkeit (Rehabilitation).

Die **Beiträge** werden als Prozentsätze der Bruttolöhne bzw. -gehälter berechnet. Der Grundsatz, dass dabei Arbeitgeber und Arbeitnehmer jeweils die Hälfte des Beitrags entrichten, wird an mehreren Stellen durchbrochen. So trägt der Arbeitgeber die Beitragszahlung für die Unfallversicherung an die Berufsgenossenschaft alleine.

Arbeitnehmer zahlen an die Krankenversicherung 0,9 Prozent ihres Einkommens Zusatzbeitrag. Die Arbeitgeber werden dadurch um 0,45 Prozent entlastet und tragen daher 7,3 Prozent, während der Arbeitnehmer 8,2 Prozent trägt.

Kinderlose Arbeitnehmer entrichten ab einem Alter von 23 Jahren einen um 0,25 Prozentpunkte höheren Pflegeversicherungsbeitrag, sofern sie nicht vor 1940 geboren sind. Damit sollen Kindererziehungszeiten beim Pflegeversicherungsbeitrag berücksichtigt werden.

Den Beitrag zur **Unfallversicherung** zahlt der Arbeitgeber alleine. Träger der Unfallversicherung ist die jeweilige Berufsgenossenschaft. Die Höhe des Beitrags richtet sich nach der Risikoklasse. Betriebe mit erhöhter Unfallgefahr müssen höhere Beiträge entrichten.

Die gesetzliche Unfallversicherung schützt alle Arbeitnehmer, die einen Arbeitsunfall erleiden, der in einem ursächlichen Zusammenhang mit ihrem Arbeitsverhältnis steht. Bilden Arbeitnehmer eine Fahrgemeinschaft, so ist der notwendige Umweg, um Arbeitskollegen abzuholen, auch von der Unfallversicherung als Wegeunfall abgedeckt.

Der Arbeitgeber muss Arbeitsunfälle **der Berufsgenossenschaft** unverzüglich anzeigen, weil sie später zu Erwerbs- bzw. Berufsunfähigkeit führen können und damit Rentenansprüche des geschädigten Arbeitnehmers bewirken.

Beispiel:

Übernahme der Operationskosten für eine Herzoperation	**Krankenversicherung**

Krankheits- und Heilbehandlungskosten werden von den Krankenkassen übernommen. Ist die Verletzung im Zusammenhang mit der Erwerbstätigkeit, z. B. auf dem Weg zur Arbeit, geschehen, ist die Unfallversicherung zuständig.

Gewährung eines Zuschusses für Kosten der Heimunterbringung	**Pflegeversicherung**

Die **Pflegeversicherung** wurde 1995 als fünfter Zweig der Sozialversicherung eingeführt, um eine Vorsorge für eventuell anfallende Pflegekosten zu erzwingen. Sie deckt nicht die gesamten Pflegekosten ab, sondern soll nur unterstützend wirken. Der Leistungsumfang richtet sich nach dem Grad der Pflegebedürftigkeit. Es werden drei Pflegebedürftigkeitsstufen unterschieden: erhebliche (I), schwere (II) und schwerste (III) Pflegebedürftigkeit.

Rente wegen Erwerbsunfähigkeit aufgrund eines Herzinfarkts	**Rentenversicherung**

Bei einer Rente wegen Erwerbsunfähigkeit hängt es von dem Grund für die Erwerbsunfähigkeit ab, ob die Rentenversicherung oder die Berufsgenossenschaft zahlt. Die Bundesversicherungsanstalt für Angestellte (BfA) und die Landesversicherungsanstalten (LVA), die bisher für Arbeiter zuständig waren, wurden 2005 unter dem neuen Namen „Deutsche Rentenversicherung" zu einem Träger zusammengefasst, um mehr Wirtschaftlichkeit, Effektivität und Bürgernähe zu erreichen.

↓

Rente wegen Minderung der Erwerbsfähigkeit durch einen Arbeitsunfall	**Unfallversicherung**

Alle Leistungen, die im Zusammenhang mit einem **Arbeitsunfall** entstehen, werden von der Berufsgenossenschaft, dem Träger der Unfallversicherung, gezahlt. Einem Arbeitsunfall gleichgestellt ist ein Unfall auf dem Weg zur Arbeit oder von der Arbeit nach Hause (Wegeunfall).

Berufsberatung und Vermittlung von Ausbildungsstellen	**Arbeitslosenversicherung**

Die örtlichen **Agenturen für Arbeit** (früher Arbeitsämter) bieten Leistungen an und ergreifen Maßnahmen, um Arbeitsuchende wieder in Arbeit zu bringen, aber auch um jungen Menschen den Berufsstart zu erleichtern.

Die **Beitragsbemessungsgrenze** ist die Einkommenshöhe, bis zu der die Beiträge zur Sozialversicherung maximal berechnet werden. Sie ist für die einzelnen Versicherungszweige nicht einheitlich hoch und wird jährlich vom Gesetzgeber angepasst. In der **Rentenversicherung** beträgt sie für 2014 monatlich 5.950 Euro (West) bzw. 5.000 Euro (Ost). Die Beitragsbemessungsgrenze der Kranken- und Pflegeversicherung beträgt für 2014 bundeseinheitlich 4.050,00 Euro. Die Beitragsbemessungsgrenzen in der Arbeitslosenversicherung entsprechen denen der Rentenversicherung.

Ein Arbeitnehmer, der ein Bruttoeinkommen oberhalb der Versicherungspflichtgrenze (Jahresarbeitsentgeltgrenze) erhält, ist in der Krankenversicherung nicht mehr pflichtversichert und kann sich daher freiwillig privat versichern. Die Versicherungspflichtgrenze wird ebenfalls vom Gesetzgeber jährlich neu festgelegt und beträgt für 2014 bundeseinheitlich 53.550 Euro Jahreseinkommen.

3.6 Betriebliche Mitbestimmung

Die betriebliche Mitbestimmung ist umfassend im **Betriebsverfassungsgesetz** geregelt. Das wichtigste Organ der betrieblichen Mitbestimmung ist der **Betriebsrat.** Er kann in jedem Betrieb gebildet werden, in dem mindestens fünf wahlberechtigte Arbeitnehmer ständig beschäftigt sind. Der Betriebsrat wird alle vier Jahre im Zeitraum März bis Mai gewählt.

Aus dem Betriebsrat ausgegliedert ist die **Jugend- und Auszubildendenvertretung** (JAV). Sie wird alle zwei Jahre im Zeitraum Oktober bis November gewählt und vertritt nicht nur die nicht volljährigen Arbeitnehmer, sondern auch Auszubildende und Praktikanten bis zum 25. Lebensjahr. Eine JAV kann in jedem Betrieb gebildet werden, in dem mindestens fünf wahlberechtigte Arbeitnehmer beschäftigt sind.

Unterscheiden Sie bei der Wahl zum Betriebsrat und zur JAV das aktive Wahlrecht (wer darf wählen) und das passive Wahlrecht (wer darf gewählt werden).

Leitende Angestellte werden der Arbeitgeberseite zugerechnet und dürfen deshalb nicht an den Wahlen zur betrieblichen Arbeitnehmervertretung teilnehmen. Während ein Arbeitnehmer dem Betrieb mindestens sechs Monate angehören muss, um in den Betriebsrat gewählt werden zu können, gibt es eine solche Sechs-Monats-Frist bei der JAV-Wahl nicht. Ein Mitarbeiter kann nicht gleichzeitig Mitglied des Betriebsrats und der Jugend- und Auszubildendenvertretung sein.

Wahl von Betriebsrat und JAV		
	Betriebsrat	**Jugend- und Auszubildendenvertretung (JAV)**
aktives Wahlrecht	Wahlberechtigt sind alle Arbeitnehmer, die das 18. Lebensjahr vollendet haben.	Wahlberechtigt sind alle Arbeitnehmer, die das 18. Lebensjahr noch nicht vollendet haben, und alle Auszubildenden, Umschüler, Praktikanten unter 25 Jahren.
passives Wahlrecht	Wählbar ist jeder Arbeitnehmer, der das 18. Lebensjahr vollendet hat und sechs Monate dem Betrieb angehört.	Wählbar ist jeder Arbeitnehmer, der das 25. Lebensjahr noch nicht vollendet hat und nicht bereits dem Betriebsrat angehört.
Amtszeit	vier Jahre (Wahl März bis Mai)	zwei Jahre (Wahl Oktober bis November)

Beispiel:
Die Belegschaft der Berliner Wohnungsbau GmbH (ohne leitende Angestellte) setzt sich wie folgt zusammen:

Alter	Anzahl Arbeitnehmer	Anzahl Auszubildende, Umschüler, Praktikanten	weniger als sechs Monate Betriebszugehörigkeit
unter 18	12	6	4
18 bis 25	53	8	2
25 und älter	161	4	12
Gesamt	226	16	18

Wie viele Personen haben
a) das aktive Wahlrecht zum Betriebsrat?
b) das aktive Wahlrecht zur Jugend- und Auszubildendenvertretung?
c) das passive Wahlrecht zum Betriebsrat?
d) das passive Wahlrecht zur Jugend- und Auszubildendenvertretung?

Lösung:
a) 214 Personen haben das aktive Wahlrecht zum Betriebsrat. Ziehen Sie von den 226 Mitarbeitern die 12 Mitarbeiter ab, die unter 18 sind.
b) 20 Personen haben das aktive Wahlrecht zur Jugend- und Auszubildendenvertretung. Zu den 12 Mitarbeitern unter 18 kommen 8 Auszubildende, Umschüler und Praktikanten hinzu, die das 25. Lebensjahr noch nicht vollendet haben.
c) 200 Personen können zum Betriebsrat gewählt werden (passives Wahlrecht). Von den 214 Personen über 18 Jahre ziehen Sie die insgesamt 14 Erwachsenen (2+12) ab, die weniger als sechs Monate Betriebszugehörigkeit haben.
d) 65 Personen können zur Jugend- und Auszubildendenvertretung gewählt werden (passives Wahlrecht). Das sind alle Arbeitnehmer (d. h. nicht nur Auszubildende, Umschüler, Praktikanten), die das 25. Lebensjahr noch nicht vollendet haben, d. h. 12 + 53.

In § 9 BetrVerfG ist festgelegt, wie viele Mitglieder der Betriebsrat in Abhängigkeit von der Belegschaftszahl haben muss. Für die Jugend- und Auszubildendenvertretung finden Sie die entsprechende Regelung in § 62 BetrVerfG. In unserem Beispiel besteht der Betriebsrat aus neun Mitgliedern, die JAV aus einer Person.

Die **Rechte des Betriebsrats** lassen sich unterscheiden in Mitbestimmungsrechte, Mitwirkungsrechte und Informationsrechte. Mitbestimmungsrechte bedeuten, dass der Arbeitgeber den Betriebsrat zur Entscheidung mit hinzuziehen muss. Bei den Mitwirkungsrechten muss der Betriebsrat angehört werden und seine Vorschläge sollen in die Entscheidung mit einbezogen werden. Informationsrechte betreffen betriebliche Vorgänge und Entwicklungen, über die der Betriebsrat zu informieren ist. Die folgende Übersicht zeigt Ihnen die wichtigsten Bereiche, die von den Rechten des Betriebsrats betroffen sind.

Rechte des Betriebsrats	
Mitbestimmung	Beginn und Ende der täglichen Arbeitszeit, Pausenregelung, Aufstellung des Urlaubsplans, Entscheidung über Betriebsferien, Maßnahmen der Unfallverhütung und der Arbeitssicherheit, Entscheidungen zur betrieblichen Lohngestaltung, Betriebliche Ordnung: Stechuhren, Überwachungskameras etc., Grundsätze der Personalbeurteilung
Mitwirkung	Stilllegung oder Verlegung von Betriebsteilen, Sozialplan, Einstellung, Gruppierung und Versetzung von Mitarbeitern, Einführung neuer Arbeitsmethoden, Anhörung bei Kündigung
Information	wirtschaftliche Lage: Produktion, Absatz, geplante Investitionen, gegenwärtige und zukünftige Personalbedarfsplanung, Anhörung in persönlichen Angelegenheiten der Mitarbeiter, Einsichtnahme in Personalakten, Überprüfung der Eintragungen

Beispiel:

Zur Verbesserung der Arbeitssicherheit sollen in der Produktionshalle alle Arbeitsplätze durch Überwachungskameras erfasst werden.

Mitbestimmungsrecht in Fragen der betrieblichen Ordnung. Hier geht es wohl eher darum, die Mitarbeiter und ihr Arbeitsverhalten zu überwachen. Die Pflicht zur Einholung der Zustimmung des Betriebsrats soll verhindern, dass Überwachungseinrichtungen missbräuchlich zum Nachteil der Arbeitnehmer eingesetzt werden.

Ein älteres Bürogebäude soll grundsaniert werden. Dabei sollen einige Zwischenwände entfernt werden, um mehrere kleine Büros zu einem Großraumbüro zusammenzufassen.

Informationsrecht bei Neu-, Um- und Erweiterungsbauten von Fabrikations-, Verwaltungs- und sonstigen betrieblichen Räumen. Hier zeigt sich die Schwierigkeit, das Informationsrecht vom Mitwirkungsrecht abzugrenzen, denn auf Basis der Information über solche Vorhaben hat der Betriebsrat auch das Recht, Vorschläge und Bedenken einzubringen.

In einem Nebengebäude sollen zusätzliche Werkplätze für Auszubildende in technischen Berufen eingerichtet werden, damit die Qualität der Ausbildung gehoben werden kann.

↓

Mitwirkungsrecht bei Einrichtungen und Maßnahmen der Berufsbildung. Hat der Arbeitgeber bereits Maßnahmen ergriffen und der Betriebsrat sieht darin eine Beeinträchtigung der Mitarbeiter, so gesteht ihm das Gesetz ein Mitbestimmungsrecht zu, d. h. ein Widerspruchsrecht.

Zwischen zwei Mitarbeitern der Abteilung Rechnungswesen kommt es häufiger zu Streitigkeiten, was der Geschäftsführung nicht verborgen geblieben ist.

Informationsrecht in persönlichen Angelegenheiten, d. h. der Betriebsrat wird sich mit um eine Lösung des Konfliktes bemühen, um den sozialen Frieden wiederherzustellen.

Das System der flexiblen Arbeitszeit soll wieder abgeschafft werden, da in mehreren wichtigen Entscheidungssituationen die benötigten Mitarbeiter nicht mehr erreichbar waren.

Mitbestimmungsrecht in Bezug auf Beginn und Ende der täglichen Arbeitszeit. Eine allgemeine Aufgabe des Betriebsrats ist es, die Vereinbarkeit von Familie und Erwerbstätigkeit zu fördern. Auch die Gleichberechtigung von Mann und Frau sowie die Überwachung der Einhaltung von Gesetzen obliegt ihm. Ferner soll er als Mittler zwischen Arbeitnehmer und Arbeitgeber dienen.

Das Betriebsverfassungsgesetz ist ein **Schutzgesetz**, es soll den Arbeitnehmer schützen. Je nach Stärke des Eingriffs in die Belange des Arbeitnehmers ist der Betriebsrat entweder nur zu informieren, ist seine beratende Mitwirkung erforderlich oder er muss zustimmen. Kommt es nicht zu einer Einigung zwischen Arbeitgeber und Betriebsrat, ist die **Einigungsstelle** anzurufen. Wird auch über die Einigungsstelle keine Einigung erzielt, entscheidet das **Arbeitsgericht**.

Weitere Einrichtungen gemäß BetrVerfG	
Einigungsstelle	Wird hälftig aus Betriebsratsmitgliedern und Arbeitgebervertretern gebildet. Ein unparteiischer Vorsitzender soll bei Streitigkeiten schlichten. Gelingt dies nicht, erfolgt die Schlichtung durch das Arbeitsgericht.
Wirtschaftsausschuss	Ist ab 100 Mitarbeitern zu bilden, berät wirtschaftliche Angelegenheiten mit dem Arbeitgeber und unterrichtet (informiert) den Betriebsrat.
Betriebsversammlung	Wird vom Betriebsrat vierteljährlich einberufen. Alle Arbeitnehmer des Betriebs sind teilnahmeberechtigt. Der Arbeitgeber ist einzuladen und hat (einmal jährlich) über das Personal- und Sozialwesen sowie über wirtschaftliche Fragen zu berichten.

Um die Mitbestimmung bzw. Zustimmung des Betriebsrats zu Maßnahmen der Geschäftsleitung zu vereinfachen, sieht das Betriebsverfassungsgesetz zusätzlich das Instrument der freiwilligen **Betriebsvereinbarung** vor, durch das vorab betriebliche Regelungen in bestimmten Bereichen getroffen werden können, die über **die tarifvertraglichen Regelungen** hinausgehen.

Inhalte von Betriebsvereinbarungen
Maßnahmen zur Verhütung von Arbeitsunfällen und Gesundheitsschädigungen
Maßnahmen des betrieblichen Umweltschutzes
Errichtung von betrieblichen Sozialeinrichtungen
Maßnahmen zur Förderung der Vermögensbildung
Maßnahmen zur Integration ausländischer Arbeitnehmer sowie zur Bekämpfung von Rassismus und Fremdenfeindlichkeit im Betrieb

Im Prinzip kann jeder Bereich, bei dem der Betriebsrat Mitbestimmungs- oder Mitwirkungsrechte hat, zum Gegenstand einer Betriebsvereinbarung werden. Tarifvertragliche Regelungen fallen jedoch nicht in den Zuständigkeitsbereich des einzelnen Arbeitgebers und des Betriebsrats, weil damit die überbetriebliche Ebene angesprochen wird.

Unterscheiden Sie die betriebliche Ebene von der überbetrieblichen Ebene. Arbeitgeber schließen sich auf der überbetrieblichen Ebene zu Arbeitgeberverbänden zusammen. Arbeitnehmer organisieren sich auf der überbetrieblichen Ebene zu Gewerkschaften.

Zwischen Arbeitgeberverbänden und Gewerkschaften finden Vertragsverhandlungen statt, in denen allgemeine Regelungen über Löhne und Gehälter, Arbeitszeit, Urlaub, Kündigungsfristen usw. getroffen werden (Tarifverträge).

Unterscheiden Sie **Manteltarifverträge** und **Lohn- und Gehaltstarifverträge**. Mantel- oder Rahmentarifverträge sind in der Regel längerfristig und regeln allgemeine Arbeitsbedingungen wie Kündigungsfristen, Urlaubsanspruch, Arbeitzeit etc. Lohn- und Gehaltstarifverträge enthalten Lohn- und Gehaltssätze für die unterschiedlichen Lohn- und Gehaltsgruppen auf Basis eines Eck- oder Grundlohns. Ihre Laufzeit ist meist ein oder zwei Jahre.

Das **Zustandekommen der Tarifverträge** geschieht durch Verhandlungen zwischen den Sozialpartnern, d. h. zwischen Arbeitgeberverband und Gewerkschaft. Um den Forderungen Nachdruck zu verleihen, hat jede der beiden Seiten anerkannte Arbeitskampfmittel zur Verfügung.

Das Bundesarbeitsgericht hat diese Regeln in einer Reihe von Grundsatzurteilen konkretisiert. Die folgende Übersicht zeigt die wesentlichen Schritte, die bei Tarifauseinandersetzungen eine Rolle spielen können.

Zustandekommen eines Lohn- und Gehaltstarifvertrags	
1. Kündigung	fristgemäße Kündigung des bisherigen Tarifvertrags durch eine der Vertragsseiten (i. d. R. die Gewerkschaften)
2. Verhandlungen	Aufnahme der Verhandlungen durch die Tarifpartner (Beide Seiten haben dazu Tarifkommissionen mit Experten.)
3. Scheitern	Erklärung des Scheiterns der Tarifverhandlungen durch eine der beiden Vertragsseiten, Anrufung der Schlichtungsstelle
4. Schlichtung	Wird das Scheitern der Verhandlungen erklärt, ist vor einer Urabstimmung über einen Arbeitskampf ein Schlichtungsverfahren mit einem neutralen Schlichter möglich.
5. Urabstimmung	Scheitert das Schlichtungsverfahren, dann ist die Friedenspflicht aufgehoben, die Gewerkschaft führt unter ihren Mitgliedern eine Urabstimmung durch.

6. **Streik**	Stimmen mehr als 75 % der abstimmungsberechtigten Gewerkschaftsmitglieder für einen Streik, dann wird dieser beschlossen und durchgeführt.
7. **Aussperrung**	Von Arbeitgeberseite können daraufhin Aussperrungen der Arbeitnehmer von ihren Arbeitsplätzen erfolgen. Die Aussperrung als Arbeitskampfmittel ist rechtlich sehr umstritten.
8. **Verhandlungen**	Unter dem Druck der Arbeitskampfmaßnahmen finden neue Tarifverhandlungen statt. Arbeitskampfmaßnahmen führen nicht nur betrieblich zu Gewinneinbußen, sondern richten auch volkswirtschaftlich Schaden an.
9. **Einigung**	Die Neuverhandlungen führen zu einer Einigung.
10. **Urabstimmung**	Die Gewerkschaftsmitglieder stimmen in einer Urabstimmung über den Einigungsvorschlag ab. Mindestens 25 % der abstimmenden Gewerkschaftsmitglieder müssen dem Ergebnis zustimmen, um den Streik beenden zu können.
11. **Neuer Vertrag**	Zwischen den Sozialpartnern wird ein neuer Tarifvertrag beschlossen und eingeführt. Nun gilt wieder die Friedenspflicht bis zum nächsten Scheitern der Verhandlungen.

Die in Artikel 9 Grundgesetz (Vereinigungs- bzw. Koalitionsfreiheit) geregelte **Tarifautonomie** besagt, dass der Staat sich in Tarifverhandlungen nicht einmischen darf. Ferner darf er keine Lohnhöhen festsetzen, sondern er hat nur dafür Sorge zu tragen, dass keine der beiden Vertragsparteien benachteiligt wird. Dies entspricht dem **Prinzip der sozialen Marktwirtschaft**, dass sich Preise (und damit auch Löhne) frei durch Angebot und Nachfrage bilden sollen. Die nachfolgende Übersicht erläutert Ihnen abschließend wichtige Begriffe des Arbeitskampfes.

Wichtige Begriffe des Arbeitskampfes	
Friedenspflicht	Verpflichtung der Sozialpartner, während der Laufzeit des Tarifvertrags keine Kampfmaßnahmen zu ergreifen
Schlichtungsstelle	besteht aus Arbeitnehmervertretern und Arbeitgebervertretern und eventuell einem unparteiischen Vorsitzenden
wilder Streik	rechtswidrige befristete Arbeitsniederlegung in einem Unternehmen ohne Abstimmung mit der Gewerkschaft während der Laufzeit des Tarifvertrags, um Forderungen durchzusetzen
Schwerpunktstreik	In einzelnen Betrieben der Branche wird die Arbeit befristet niedergelegt, um Druck auszuüben und die Kosten gering zu halten.
Warnstreik	Während der Tarifverhandlungen wird auf Betreiben der Gewerkschaft in allen Unternehmungen einer Branche die Arbeit für eine Stunde niedergelegt.
Aussperrung	Während eines Streiks werden die Arbeitsverhältnisse aller Arbeitnehmer bestimmter Betriebe vorübergehend aufgehoben.
Bummelstreik	bewusst langsameres Arbeiten (Dienst nach Vorschrift), vor allem im öffentlichen Dienst beliebt

Aufgaben

Aufgaben Kapitel 2

1 Das Recht der Bundesrepublik Deutschland lässt sich in privates Recht und öffentliches Recht unterscheiden. In welcher Zeile der folgenden Tabelle sind die Gesetze den beiden Rechtsgebieten richtig zugeordnet?

	Privates Recht	Öffentliches Recht
1.	Umsatzsteuergesetz (UStG)	Straßenverkehrsordnung (StVO)
2.	Grundgesetz (GG)	Zivilprozessordnung (ZPO)
3.	Bürgerliches Gesetzbuch (BGB)	Abgabenordnung (AO)
4.	Strafgesetzbuch (StGB)	Einkommensteuergesetz (EStG)
5.	Handelsgesetzbuch (HGB)	GmbH-Gesetz (GmbHG)
6.	Aktiengesetz (AktG)	Handelsgesetzbuch (HGB)

2 Die Bundesrepublik Deutschland ist ein Rechtsstaat, d. h. staatliches Handeln darf nicht ohne Gesetzesgrundlage erfolgen. Gesetze werden durch den Bundestag verabschiedet. In Bereichen, die die Länder mit betreffen, besteht zudem das Zustimmungserfordernis des Bundesrates. Bringen Sie die nachfolgenden Schritte des Gesetzgebungsverfahrens in die richtige Reihenfolge, indem Sie in die Kästchen die Ziffern 1 bis 7 eintragen.

Der Bundesrat ruft den Vermittlungsausschuss an.	
Der Bundespräsident unterzeichnet das Gesetz.	
Der Bundestag verweist den Gesetzentwurf an die Ausschüsse.	
Das Gesetz wird im Bundesgesetzblatt veröffentlicht.	
Die Bundesregierung leitet dem Bundestag einen Gesetzentwurf zu.	
Der Bundestag stimmt den Änderungen des Vermittlungsausschusses zu.	
Der Bundestag verabschiedet das Gesetz in zweiter und dritter Lesung.	

3 Der Kleingärtner Heinz Hörnig hat seinen gebrauchten, sieben Jahre alten Komfort-Rasenmäher für 350 Euro an seinen Nachbarn Fritz Klumpig verkauft. Dieser zahlt nicht und weigert sich auch, den Rasenmäher wieder herauszugeben. An welches Gericht kann sich Heinz Hörnig wenden?

1. Landesgericht
2. Sozialgericht
3. Arbeitsgericht
4. Verwaltungsgericht
5. Amtsgericht
6. Finanzgericht

4 In der täglichen Korrespondenz haben Sie es mit den verschiedensten Personen, Firmen und Institutionen zu tun. Bei welchen zwei der genannten Adressaten handelt es sich um juristische Personen?

1. Frantz & Söhne OHG
2. Prall Druckmaschinen GmbH
3. Notar Picheldorf
4. Richter beim Amtsgericht
5. Berliner Wohnungsbau GmbH

5 Welches der folgenden Rechtsgeschäfte kann ein 17-jähriger Auszubildender ohne Zustimmung seiner Eltern als gesetzliche Vertreter rechtswirksam abschließen?

Er darf …

1. keinerlei Verträge abschließen, weil er noch keine Geschäftsfähigkeit erlangt hat.
2. jeden beliebigen Vertrag abschließen, da seine Ausbildungsvergütung ihm zu seiner freien Verfügung steht.
3. eine Lebensversicherung abschließen, die seiner späteren Altersvorsorge dient.
4. eine Schenkung annehmen, die ihm nur rechtliche Vorteile bringt.
5. einen Pkw auf Raten kaufen, auch wenn er noch nicht fahren darf.

6 Bei welchem der nachfolgend genannten Rechtsgeschäfte handelt es sich um ein einseitiges, nicht empfangsbedürftiges Rechtsgeschäft?

1. Kündigung
2. Schenkung
3. Testament
4. Kommission
5. Darlehen

7 In welchen der folgenden Fälle handelt es sich bei den dargestellten Willenserklärungen

1. um einen Antrag,
2. um die Annahme eines Antrags,
3. weder um einen Antrag noch um die Annahme eines Antrags?

<u>Fall 1</u>	1a)	Ein Händler für Bürobedarf sendet einer Bankfiliale gegen Rechnung Aktenordner und Stifte zu, ohne dass die Bank diese vorher bestellt hat.
	1b)	Die Mitarbeiter der Bank verwenden die Aktenordner und Stifte für ihre Arbeit.
<u>Fall 2</u>	2a)	Ein Verkaufsmitarbeiter eines Großhandelsunternehmens unterbreitet einem Einzelhändler telefonisch ein Angebot.
	2b)	Der Einzelhändler überlegt sich das Angebot ein paar Tage und bestellt daraufhin per Fax.
<u>Fall 3</u>	3a)	Ein Hersteller von Büromaschinen sendet einem Händler für Bürobedarf ein schriftliches Angebot zu.
	3b)	Der Händler für Bürobedarf schickt am nächsten Tag die Bestellung ab, in der er jedoch veränderte Lieferungs- und Zahlungsbedingungen angibt.
<u>Fall 4</u>	4a)	Ein Händler für Bürobedarf verschickt an seine Stammkunden Werbebroschüren, in denen er aktuelle Sonderposten angibt.
	4b)	Ein Stammkunde bestellt aufgrund der Werbebroschüre zehn Tage später Bürobedarf.

8 Am 16. Mai 2014 stellt die Müller Heiztechnik GmbH eine Anfrage über die Lieferung von elektronischen Bauteilen für Heizkesselanlagen an die Brosch AG.

Am 19. Mai 2014 erhält sie von der Brosch AG ein verbindliches, schriftliches Angebot.

Am 20. Mai 2014 erfolgt per Telefax die Bestellung der elektronischen Bauteile.

Am 26 Mai 2014 geht die Auftragsbestätigung der Brosch AG ein.

Am 5. Juni 2014 geht die Lieferung bei der Müller Heiztechnik GmbH ordnungsgemäß ein.

Zu welchem Zeitpunkt ist der Kaufvertrag über die Lieferung von elektronischen Bauteilen zustande gekommen?

9 Die Berliner Wohnungsbau GmbH benötigt für die Mitarbeiter der Abteilung Rechnungswesen zehn neue Computer und schickt daher eine detaillierte schriftliche Anfrage an die PC-Belt GmbH. Einige Tage später geht ein ausführliches, verbindliches Angebot ein. Daraufhin bestellt die Berliner Wohnungsbau GmbH einen PC, um ihn in der Praxis zu testen, und stellt die Bestellung von weiteren neun PCs in Aussicht, sofern der gelieferte PC den Erwartungen entspricht. Wann kommt ein rechtsgültiger Kaufvertrag zustande?

1. Mit Eingang des verbindlichen schriftlichen Angebotes der PC-Belt GmbH.
2. Mit Eingang der ersten Bestellung bei der PC-Belt GmbH.
3. Mit Lieferung des ersten PCs.
4. Mit erfolgreicher Prüfung des ersten PCs.
5. Mit Bestellung der neun weiteren PCs.

10 In einer Diskussion hören Sie verschiedene Meinungen über die Formvorschriften beim Kaufvertrag. Welche der folgenden Meinungen ist richtig?

1. Für den Abschluss von Kaufverträgen über bewegliche Güter ist keine bestimmte Form vorgeschrieben.
2. Kaufverträge über Beträge ab 10.000 Euro müssen schriftlich abgeschlossen werden.
3. Mündlich abgeschlossene Kaufverträge sind nur verbindlich, wenn der Käufer die Ware sofort in Empfang nimmt und bezahlt.
4. Telefonisch abgeschlossene Kaufverträge sind nur verbindlich, wenn sie schriftlich bestätigt werden.
5. Ein beschränkt Geschäftsfähiger darf Kaufverträge nur schriftlich abschließen, es sei denn, der gesetzliche Vertreter stimmt einem mündlichen Abschluss zu.

11 Die Berliner Wohnungsbau GmbH hat einem Kunden ein schriftliches Angebot gemacht und stellt fest, dass ihr darin ein schwerwiegender Irrtum unterlaufen ist. Sie will daher das Angebot widerrufen. Welche der folgenden Aussagen stellt die rechtliche Regelung zum Widerruf eines Angebots richtig dar?

1. Die Berliner Wohnungsbau GmbH hat drei Tage Zeit, das Angebot zu widerrufen.
2. Der Widerruf des Angebots muss dem Kunden spätestens bis zum Eintreffen des Angebots zugehen.
3. Die Berliner Wohnungsbau GmbH kann ihr Angebot jederzeit widerrufen. Der Widerruf muss jedoch schriftlich erfolgen.
4. Der Widerruf muss dem Kunden binnen einer Woche nach dem Eintreffen des Angebots zugegangen sein.
5. Ein einmal abgegebenes Angebot kann nicht widerrufen werden. Da jedoch in dem Angebot ein schwerwiegender Irrtum enthalten ist, gilt das Angebot von vornherein als nichtig.

12 Beurteilen Sie die Rechtsgültigkeit der folgenden Rechtsgeschäfte, indem Sie die Ziffern richtig zuordnen. Das Rechtsgeschäft ist

1. nichtig 2. anfechtbar 3. weder nichtig noch anfechtbar

a) Der Verkäufer eines Hauses verschweigt, dass bei Regen die Kellerwände feucht werden.
b) Um Grunderwerbsteuer zu sparen, wird im Grundstückskaufvertrag ein niedrigerer Kaufpreis beurkundet als tatsächlich vereinbart und gezahlt.
c) Es wurden versehentlich 100 statt 10 Kartons Kopierpapier bestellt.
d) Der Rechnungsbetrag für die Reparatur eines Pkw ist höher als der Kostenvoranschlag.

e) Einem sechsjährigen Kind wird ein MP3-Player im Wert von 99 Euro verkauft.
f) Durch eine technische Störung des Faxgeräts wird eine Bestellung fehlerhaft übermittelt.
g) Ein unbefristeter Wohnungsmietvertrag wird mündlich vereinbart.

13 Welche Vertragsarten liegen in den dargestellten Sachverhalten vor?

1. Darlehensvertrag
2. Leihvertrag
3. Mietvertrag
4. Werkvertrag
5. Dienstvertrag
6. Kaufvertrag
7. Pachtvertrag

Sachverhalte

a) Die Auszubildende Jasmine Bergner bekommt von einem Freund Lehrbücher zur Verfügung gestellt, um für die Prüfung zu lernen. Nach erfolgreich bestandener Prüfung gibt sie ihm die Bücher zurück.
b) Jasmine lässt ihr Fahrrad, mit dem sie jeden Morgen zu ihrem Betrieb fährt, in einer Fahrradwerkstatt reparieren. Das Licht funktionierte nicht mehr.
c) Am Wochenende geht Jasmine gerne in der nahe gelegenen Eissporthalle Schlittschuh laufen. Da sie keine eigenen Schlittschuhe hat, muss sie etwas mehr bezahlen und bekommt dann passende Schlittschuhe gestellt.
d) Jasmine überlegt, sich bei einer Schneiderin ein Kleid nähen zu lassen. Als sie dorthin kommt, sieht sie ein wunderschönes Kleid, das eine andere Kundin nicht haben wollte. Sie bittet die Schneiderin, es ihr zu überlassen. Die Schneiderin berechnet Materialkosten und Arbeitslohn sowie einen kleinen Gewinnaufschlag.
e) Da Jasmine nicht genügend Geld dabeihat, bittet sie eine Freundin, die mitgekommen ist, ihr etwas Geld zu borgen, und verspricht, es ihr am nächsten Tag zurückzugeben.
f) Jasmine erhält eine Ausbildungsvergütung, mit der sie zufrieden ist. Dafür muss sie den Anweisungen ihrer Ausbilder und Chefs folgen und auch unangenehmere Arbeiten erledigen.
g) Im Sommer jobbt Jasmine am Wochenende zusätzlich als mobile Eisverkäuferin. Sie bekommt das Spezialfahrrad von einem ortsansässigen italienischen Eiscafé gestellt; den Gewinn, den sie erwirtschaftet, darf sie behalten.

14 Welche der folgenden Aussagen stellt die Regelungen des Bürgerlichen Gesetzbuches (BGB) über Besitz bzw. Eigentum richtig dar?

1. Eigentum ist die tatsächliche, Besitz die rechtliche Verfügungsgewalt über eine Sache.
2. Die Eigentumsübertragung an beweglichen Sachen erfolgt durch zwei übereinstimmende Willenserklärungen.
3. Die Eigentumsübertragung an beweglichen Sachen erfolgt grundsätzlich durch Einigung über den Eigentumsübergang und Übergabe der Sache.
4. Ein gutgläubiger Käufer einer gestohlenen Sache wird mit Zahlung des Kaufpreises Eigentümer der Sache.
5. Eigentumsvorbehalt bedeutet, dass der Verkäufer bis zur vollständigen Bezahlung Besitzer der Sache bleibt.

15 Welche der folgenden Aussagen beschreibt Eigentum und Besitz richtig?

1. Der Besitz an einem Grundstück wird im Grundbuch verbrieft. Der vertraglich vereinbarte Besitzübergang muss notariell beurkundet werden.
2. Durch einen Wohnungsmietvertrag wird der Mieter Besitzer der Wohnung. Dadurch werden die Eigentumsrechte des Vermieters eingeschränkt.
3. Wird zur Kreditbesicherung ein Pkw verpfändet, gibt der Pfandgeber (Kreditnehmer) sein Eigentum an dem Pkw auf, bleibt aber Besitzer des Pkw.

4. Wird zur Kreditbesicherung ein Pkw sicherungsübereignet, bleibt der Kreditnehmer (Sicherungsgeber) Eigentümer des Pkw, der Kreditgeber (Sicherungsnehmer) wird Besitzer.
5. Die Begriffe Eigentum und Besitz werden im allgemeinen Sprachgebrauch wie auch in der juristischen Fachsprache einheitlich (synonym) verwendet.

Aufgaben Kapitel 3

16 Zahlreiche gesetzliche Regelungen des Arbeitsrechts dienen dazu, den Arbeitnehmer zu schützen. Ordnen Sie die folgenden Gesetze den dargestellten Sachverhalten zu.

1. Berufsbildungsgesetz
2. Betriebsverfassungsgesetz
3. Jugendarbeitsschutzgesetz
4. Kündigungsschutzgesetz
5. Arbeitsschutzgesetz
6. Mitbestimmungsgesetz

a) Der Arbeitgeber hat Maßnahmen zu treffen, damit nur Beschäftigte Zugang zu besonders gefährlichen Arbeitsbereichen haben, die zuvor geeignete Anweisungen erhalten haben.
b) Der Betriebsrat ist vor jeder Kündigung zu hören. Eine ausgesprochene Kündigung ist ohne Anhörung des Betriebsrats unwirksam.
c) Die Höchstarbeitszeit für Jugendliche beträgt 40 Stunden pro Woche.
d) Ein Auszubildender kann das Ausbildungsverhältnis nach der Probezeit aus wichtigem Grund kündigen.
e) Ein Unternehmen darf einen 17-Jährigen ohne vorherige ärztliche Untersuchung grundsätzlich nicht beschäftigten.
f) Eine betriebsbedingte Kündigung ist unwirksam, wenn sie sozial ungerechtfertigt ist.
g) Eine Kündigung ohne Anhörung des Betriebsrats ist unwirksam.
h) Nach Ablauf der Probezeit kann das Ausbildungsverhältnis vom Ausbildenden nur aus einem wichtigen Grund gekündigt werden.
i) Bei Stimmengleichheit im Aufsichtsrat entscheidet der Aufsichtsratsvorsitzende.

17 Welche der folgenden Aussagen widerspricht den Bestimmungen des Jugendarbeitsschutzgesetzes?

1. Jugendlichen müssen im Voraus feststehende Ruhepausen von angemessener Dauer gewährt werden. Die Ruhepausen müssen bei einer Arbeitszeit von mehr als 6 Stunden mindestens 60 Minuten betragen.
2. Das Jugendarbeitsschutzgesetz gilt auch für Jungarbeiter und Jungangestellte, d. h. für Jugendliche ohne Berufsausbildungsvertrag.
3. Jugendliche dürfen nicht mit Akkordarbeiten beschäftigt werden.
4. Die Vorschriften des Jugendarbeitsschutzgesetzes können durch private Abmachungen zwischen Ausbildenden und Auszubildenden abgeändert werden.
5. Der Text des Jugendarbeitsschutzgesetzes muss in jedem Betrieb, der Jugendliche beschäftigt, aushängen oder ausliegen.

18 Für welchen Zeitraum erhält der Arbeitnehmer bei unverschuldeter Arbeitsunfähigkeit vom Arbeitgeber den Lohn bzw. das Gehalt nach dem Entgeltfortzahlungsgesetz fortbezahlt?

1. 14 Tage
2. 4 Wochen
3. 6 Wochen
4. 2 Monate
5. 78 Wochen

19 Welche drei der nachfolgenden Angaben müssen gemäß Berufsbildungsgesetz (BBiG) in den Berufsausbildungsvertrag aufgenommen werden?

1. Art des Berufsschulunterrichts (Blockunterricht – Teilzeitunterricht)
2. Probezeit (mindestens ein, maximal vier Monate)
3. Zeiten des Berufsschulunterrichts
4. Dauer der regelmäßigen, täglichen Ausbildungszeit
5. Höhe der Ausbildungsvergütung
6. Termin der Abschlussprüfung

20 Die Berliner Wohnungsbau GmbH stellt jedes Jahr Auszubildende ein. Welche Pflichten haben diese Auszubildenden?

1. Ausbilder kontrollieren
2. Ausbildungsrahmenplan aufstellen
3. Lohnsteuerkarte abgeben
4. Berichtsheft in Form eines Ausbildungsnachweises führen
5. in der Jugend- und Auszubildendenvertretung mitarbeiten
6. am Berufsschulunterricht teilnehmen

21 Was gehört nach dem Berufsbildungsgesetz zu jedem Berufsausbildungsvertrag?

1. der Ausbildungsnachweis
2. ein Ausbildungsplan der Berufsschule
3. der Ausbildungsplan des Ausbildungsbetriebs
4. die Prüfungsordnung für die Durchführung der Abschlussprüfung
5. der gemeinsame Ausbildungsplan der Berufsschule und des Betriebes

22 Die Berliner Wohnungsbau GmbH hat einen Auszubildenden eingestellt, der nach vier Monaten davon überzeugt ist, den falschen Beruf gewählt zu haben. Kann er den Ausbildungsvertrag kündigen?

1. Ja, mit sofortiger Wirkung.
2. Nur wenn er einen anderen Ausbildungsplatz nachweisen kann.
3. Ja, mit einer Kündigungsfrist von 4 Wochen.
4. Nein, eine Kündigung war nur innerhalb der Probezeit möglich.
5. Ja, mit einer Kündigungsfrist von 6 Wochen.

23 Ihnen liegt der Entwurf des Arbeitsvertrags für einen neuen Mitarbeiter der Berliner Wohnungsbau GmbH vor. Welche der folgenden Vereinbarungen ist nichtig, da sie gegen gesetzliche Regelungen verstößt?

1. Die Probezeit beträgt drei Monate.
2. Für die Wochenarbeitszeit gilt die tarifvertragliche Regelung.
3. Der Jahresurlaub beträgt 20 Werktage.
4. Die Kündigungsfrist beträgt sechs Monate zum Jahresende.
5. Während der Beschäftigungszeit besteht Wettbewerbsverbot.

24 Die Berliner Wohnungsbau GmbH stellt sowohl Arbeitskräfte als auch Auszubildende ein. Die rechtlichen Regelungen zum Arbeitsvertrag stimmen zum Teil mit den rechtlichen Regelungen zum Berufsausbildungsvertrag überein, es gibt aber auch Unterschiede. Welche der folgenden Aussagen zur Probezeit ist richtig?

1. Die Probezeit während der Berufsausbildung darf höchstens vier Monate dauern. Für ein Arbeitsverhältnis darf die Probezeit höchstens 12 Monaten dauern.
2. Die gesetzlichen Regelungen zur Probezeit sind bei Berufsausbildungsverhältnissen und Arbeitsverhältnissen identisch.
3. Während bei einem Berufsausbildungsverhältnis eine Probezeit von mindestens einem Monat vorgeschrieben ist, ist für ein Arbeitsverhältnis keine Probezeit vorgeschrieben.
4. Bei Berufsausbildungsverhältnissen ist die Angabe eines Kündigungsgrundes während der Probezeit entbehrlich, während bei Arbeitsverhältnissen in der Probezeit ein Kündigungsgrund zwingend genannt werden muss.
5. Während der Probezeit eines Berufsausbildungsverhältnisses kann von beiden Vertragspartnern jederzeit gekündigt werden. Während der Probezeit des Arbeitsverhältnisses ist eine Kündigungsfrist von vier Wochen einzuhalten.

25 Die Berliner Wohnungsbau GmbH stellt einen neuen Mitarbeiter ein und schließt dazu mit ihm einen Arbeitsvertrag. Bei welchem Punkt handelt es sich um eine Vereinbarung nach dem kollektiven Arbeitsrecht?

1. Art der Tätigkeit
2. Einstellung als Angestellter
3. Beginn des Arbeitsverhältnisses
4. Eingruppierung in eine bestimmte Gehaltsgruppe
5. Hinweis auf eine Betriebsvereinbarung über die wöchentliche Arbeitszeit

26 Welche der folgenden Aussagen zum Einzelarbeitsvertrag ist zutreffend?

1. Ist ein Tarifvertrag vorhanden, sind Einzelarbeitsverträge entbehrlich.
2. Einzelarbeitsverträge werden vom Betriebsrat mit dem Arbeitgeber abgeschlossen.
3. Einzelarbeitsverträge müssen immer schriftlich abgeschlossen werden.
4. Ein Einzelarbeitsvertrag ohne Urlaubsregelung ist immer ungültig.
5. Im Einzelarbeitsvertrag kann das Gehalt höher als im Tarifvertrag vereinbart sein.

27 Zu den Pflichten des Arbeitnehmers gehört die Beachtung des Wettbewerbsverbots. Welche der folgenden Aussagen charakterisiert das Wettbewerbsverbot zutreffend?

1. Der Mitarbeiter darf seinem persönlichen Umfeld nichts über seine Tätigkeit am Arbeitsplatz mitteilen, aus dem sich Wettbewerbsvorteile des Arbeitgebers ergeben könnten.
2. Der Mitarbeiter darf grundsätzlich keinerlei eigene Geschäfte machen oder vermitteln.
3. Der Mitarbeiter darf ohne Zustimmung des Arbeitgebers nicht an Wettbewerben teilnehmen, damit seine Leistungsfähigkeit für den Betrieb erhalten bleibt.
4. Der Mitarbeiter darf ohne ausdrückliche Genehmigung des Arbeitgebers in dessen Branche keine Geschäfte für seine eigene Rechnung machen oder vermitteln.
5. Der Mitarbeiter darf sich am Arbeitsplatz nicht so verhalten, dass die zwischenmenschlichen Beziehungen im Betrieb beeinträchtigt oder gestört werden.

28 Ein Mitarbeiter der Berliner Wohnungsbau GmbH möchte seine Personalakte einsehen. Wie ist die Rechtslage?

1. Er hat das Recht, seine Personalakte einzusehen.
2. Er hat nicht das Recht, seine Personalakte einzusehen.

3. Er muss den Betriebsrat hinzuziehen, der nur gemeinsam mit ihm einsehen darf.
4. Der Betriebsrat informiert ihn über den nicht vertraulichen Inhalt der Personalakte.
5. Eine Einsicht in die Personalakte ist nur mit Gerichtsbeschluss möglich.

29 Die Berliner Wohnungsbau GmbH kündigt aufgrund einer Umstrukturierung betriebsbedingt am 06.05.2014 die Arbeitsverhältnisse der drei unten genannten Mitarbeiter.

a) Ermitteln Sie anhand von § 622 BGB die Zeitpunkte (TT.MM.JJJJ), zu denen die Arbeitsverhältnisse enden.

Mitarbeiter	Alter	Beginn des Arbeitsverhältnisses
aa) Hans Rochmann	55 Jahre	01.04.1992
ab) Elfriede Sinzig	31 Jahre	02.07.2002
ac) Armin Stanke	26 Jahre	01.12.2010

b) Elfriede Sinzig verlangt, nachdem ihr die Kündigung zugegangen ist, ein qualifiziertes Arbeitszeugnis. Durch welche der folgenden Formulierungen im Arbeitszeugnis wird ein einfaches Zeugnis zu einem qualifizierten Zeugnis?

1. „Elfriede Sinzig, geboren am 8. Februar 1983"
2. „wohnhaft in Berlin"
3. „war seit dem 2. Juli 2002; in unserem Unternehmen beschäftigt"
4. „war als Sachbearbeiterin in der Abteilung Einkauf eingesetzt"
5. „war mit der Beschaffung von Zubehörkomponenten für Büromaschinen beschäftigt"
6. „erledigte die ihr übertragenen Aufgaben stets zu unserer Zufriedenheit"

30 In der Müller Heiztechnik GmbH sind folgende Mitarbeiter beschäftigt:

Arbeitnehmer:	17,	davon	3	unter 18 Jahren
			14	über 18 Jahre
Auszubildende:	6,	davon	2	unter 18 Jahren
			3	über 18 und unter 25 Jahren
			1	über 25 Jahre

Wie viele Personen haben bei der Wahl zur Jugend- und Auszubildendenvertretung ein aktives Wahlrecht?

31 Im Betriebsverfassungsgesetz sind Wahl und Rechte des Betriebsrats geregelt. Welche der folgenden Aussagen stellt die rechtlichen Regelungen des Betriebsverfassungsgesetzes richtig dar?

1. In jedem Betrieb muss unabhängig von der Mitarbeiterzahl ein Betriebsrat gewählt werden.
2. Der Betriebsrat muss je zur Hälfte aus weiblichen und männlichen Mitarbeitern bestehen.
3. Wahlberechtigt sind alle Arbeitnehmer mit vollendetem 21. Lebensjahr.
4. Ein Mitbestimmungsrecht hat der Betriebsrat bei sozialen Angelegenheiten, z. B. bei der Aufstellung des Urlaubsplanes.
5. Hat der Betriebsrat ein Mitwirkungsrecht, wird die getroffene Entscheidung erst mit seiner Zustimmung gültig, z. B. muss er jeder Kündigung zustimmen.

32 Die Personalabteilung der Berliner Wohnungsbau GmbH hat einen neuen Fragebogen zur Personalbeurteilung entwickelt, der den modernen Entwicklungsstand der Psychologie berücksichtigt. In einem Meeting wird dieser Fragebogen dem Betriebsrat vorgelegt. Welche der folgenden Regelungen entspricht den Vorschriften des Betriebsverfassungsgesetzes?

1. Nach der Besprechung und Erörterung mit dem Betriebsrat kann der Fragebogen auch ohne ausdrückliche Zustimmung des Betriebsrats verwendet werden.
2. Der neue Personalfragebogen darf erst dann verwendet werden, wenn der Betriebsrat zugestimmt hat. Änderungsvorschläge des Betriebsrats sind zu berücksichtigen.
3. Wenn sich die Geschäftsführung und der Betriebsrat nicht über den neuen Personalfragebogen einigen können, muss weiterhin der bisherige Fragebogen verwendet werden.
4. Die Geschäftsführung kann sich an die Einigungsstelle wenden. Wenn die Einigungsstelle zustimmt, können die Unterlagen trotz der Bedenken des Betriebsrats verwendet werden.
5. Wenn sich Geschäftsführung und Betriebsrat nicht einigen können, muss binnen einer Woche das zuständige Arbeitsgericht zu einer Entscheidung angerufen werden.

33 Bei der Berliner Wohnungsbau GmbH gibt es einen Betriebsrat.

a) In welchem der folgenden Fälle ist der Betriebsrat nicht zuständig?

1. Um den jährlichen Auseinandersetzungen um die Urlaubsplanung zu begegnen, will die Geschäftsleitung allgemeine Grundsätze für die Urlaubsplanung aufstellen.
2. Die Mitarbeiter der Berliner Wohnungsbau GmbH fordern die Einrichtung einer Kantine, da es in der Umgebung keine ausreichenden Verpflegungsmöglichkeiten gibt.
3. Aufgrund einer Software-Einführung kommt es vorübergehend zu einem erhöhten Arbeitsaufwand, der mit einer höheren Wochenarbeitszeit bewältigt werden soll.
4. Die Berliner Wohnungsbau GmbH möchte ins Ausland expandieren. Ein Gesellschafter hält das Risiko für untragbar und fühlt sich bei der Entscheidung übergangen.
5. Die Berliner Wohnungsbau GmbH möchte für alle Mitarbeiter gemeinsame Betriebsferien einführen. Viele Mitarbeiter fühlen sich dadurch beeinträchtigt.

b) Die Berliner Wohnungsbau GmbH beabsichtigt, fünf neue Vertriebsmitarbeiter für den Außendienst einzustellen. Aus der Vielzahl an Bewerbern wurden fünf geeignete ausgewählt, für die nun Arbeitsverträge vorbereitet werden sollen. In welchem Umfang ist der Betriebsrat bei der Einstellung der neuen Mitarbeiter einzubeziehen?

1. Dem Betriebsrat obliegt die endgültige Entscheidung, welche der Bewerber einzustellen sind und welche nicht. Er ist am Auswahlverfahren zu beteiligen.
2. Die Einstellung von Mitarbeitern für den Außendienst ist keine betriebliche Entscheidung, bei der der Betriebsrat hinzugezogen werden muss.
3. Der Betriebsrat hat nur bei Personalfreisetzungen ein Informationsrecht, nicht jedoch bei der Neueinstellung von Mitarbeitern.
4. Der Betriebsrat hat bei der Einstellung neuer Mitarbeiter ein Informations- und Zustimmungsrecht.
5. Der Betriebsrat ist über die Einrichtung der neuen Arbeitsplätze zu informieren.

34 Der Betriebsrat der Berliner Wohnungsbau GmbH hat eine Betriebsversammlung anberaumt. Wer darf an dieser Versammlung teilnehmen?

1. Alle Arbeitnehmer der Berliner Wohnungsbau GmbH, nicht jedoch der Arbeitgeber.
2. Alle Arbeitnehmer der Berliner Wohnungsbau GmbH und der Arbeitgeber.
3. Nur die Arbeiter der Berliner Wohnungsbau GmbH.
4. Nur die Arbeitnehmer, die zum Zeitpunkt der Versammlung Pause bzw. frei haben.
5. Alle Arbeitnehmer des Betriebes mit Ausnahme der unter 18-jährigen Auszubildenden.

35 Welche der folgenden Erklärungen des Begriffs Tarifautonomie ist richtig?

1. Die selbstständige Festlegung von Löhnen und Gehältern durch die Arbeitgeber.
2. Die automatische Anpassung der Löhne und Gehälter an die Preisentwicklung.
3. Das Recht eines Betriebes, mit dem Betriebsrat Tarifvereinbarungen zu treffen.
4. Die Unabhängigkeit der Tarifpartner bei Tarifverhandlungen.
5. Das Recht des Staates, Löhne und Gehälter festzusetzen.

36 Welche der arbeitsrechtlichen Sachverhalte sind

1. im Manteltarifvertrag
2. im Lohn- und Gehaltstarifvertrag
3. weder im Manteltarifvertrag noch im Lohn- und Gehaltstarifvertrag

geregelt?

<u>Sachverhalte</u>

a) Lohn- und Gehaltsstufen auf Basis des Ecklohns
b) Anzahl der Urlaubstage für den Jahresurlaub
c) Teilnahme der Auszubildenden am Berufsschulunterricht
d) Dauer der wöchentlichen Arbeitszeit

37 Welche Arbeitskampfmaßnahmen werden in den dargestellten Sachverhalten angesprochen?

1. Wilder Streik
2. Warnstreik
3. Aussperrung
4. Schwerpunktstreik

<u>Sachverhalte</u>

a) Die Arbeitnehmer eines Unternehmens haben sich zu einer vierstündigen Arbeitsniederlegung entschlossen, um ihre berechtigten Forderungen durchzusetzen.
b) Um Druck auf den Arbeitgeberverband auszuüben und die Kosten gering zu halten, wird nur bei einer geringen Zahl wichtiger Zulieferbetriebe die Arbeit niedergelegt.
c) Auf Betreiben der Gewerkschaft wird in allen Unternehmungen einer Branche die Arbeit für eine Stunde niedergelegt.
d) Während eines Streiks werden die Arbeitsverhältnisse aller Arbeitnehmer bestimmter Betriebe vorübergehend aufgehoben.

38 Der deutschen Einkommensteuer unterliegen bestimmte Einkunftsarten. Ordnen Sie die Einkunftsarten den dargestellten Sachverhalten zu.

1. Land- und Forstwirtschaft
2. Gewerbebetrieb
3. selbstständige Arbeit
4. nichtselbstständige Arbeit
5. Kapitalvermögen
6. Vermietung und Verpachtung
7. sonstige Einkunftsquellen

<u>Sachverhalte</u>

a) Rentner Heinz Schönig verpachtet ein Grundstück an die Müller Heiztechnik GmbH.
b) Der Geschäftsführer der Müller Heiztechnik GmbH bezieht ein Geschäftsführergehalt.
c) Das Ehepaar Schulze erhält Dividende aus einer Geldanlage in Aktien und Zinsen auf ihr Sparguthaben.
d) Der Landwirt Otto Suhlke verkauft einen Holzeinschlag aus einem zu seinem kleinen Hof gehörenden Waldstück.
e) Der freiberufliche EDV-Berater Hans Dübel erhält ein Honorar für einen Beratungsauftrag.

f) Die Bergthaler Wohnungsbau GmbH erzielt gewerbsmäßig Einkünfte aus einem Mietwohnobjekt.

g) Bert Pfiffig hat günstig Antiquitäten gekauft und nach drei Monaten zu einem wesentlich höheren Preis wieder verkauft.

39 Elvira Sandmann ist Mitarbeiterin der Berliner Wohnungsbau GmbH. Welche der zwei genannten Einnahmen gehören auch zu den Einkünften aus nichtselbstständiger Arbeit?

1. Dividenden aus einer Geldanlage in Aktien
2. Kindergeld
3. Krankengeld
4. Urlaubsgeld
5. Weihnachtsgratifikation
6. Zinsen auf Sparguthaben

40 Ein Mitarbeiter der Berliner Wohnungsbau GmbH hat für seine Einkommensteuererklärung die Nachweise für die folgenden Ausgaben zusammengetragen.

Gewerkschaftsbeiträge	265	Euro
Sozialversicherungsbeiträge (Arbeitnehmeranteil)	4.640	Euro
Gezahlte Kirchensteuer	221	Euro
Beiträge zur Haftpflichtversicherung	370	Euro

Ermitteln Sie die Summe der Aufwendungen, die er als Sonderausgaben abziehen kann.

41 Welche der folgenden Aussagen zu Sonderausgaben und Werbungskosten ist richtig?

1. Werbungskosten sind alle Ausgaben, die direkt für die Berufsausübung anfallen. Ausgaben für Fortbildungsmaßnahmen und für Bewerbungen sind Sonderausgaben.
2. Werbungskosten können mit dem tatsächlichen, nachweisbaren Betrag in voller Höhe geltend gemacht werden. Bei den im Einkommensteuergesetz abschließend aufgezählten Sonderausgaben gibt es beschränkt und unbeschränkt abzugsfähige Ausgaben.
3. Sonderausgaben sind alle Aufwendungen für die Zukunftssicherung, die man dem Finanzamt nachweisen oder glaubhaft machen kann.
4. Die im Einkommensteuergesetz genannten Sonderausgaben können nur bis in Höhe der Pauschalbeträge abgezogen werden, wenn ordnungsgemäße Belege dafür vorliegen.
5. Als Werbungskosten können nur die im Einkommensteuergesetz genannten Aufwendungen bis zur angegebenen Höhe abgesetzt werden.

42 Jasmine Bergner hatte sich nach Abschluss ihrer Ausbildung im Sommer 2010 erfolgreich bei der Berliner Wohnungsbau GmbH beworben und brachte zur Einstellung ihre Lohnsteuerkarte mit.

a) Welche der folgenden Angaben wurden auf der Lohnsteuerkarte eingetragen?

1. Familienstand
2. Lohn- bzw. Gehaltsgruppe
3. Steuerklasse
4. Steuersatz

b) Wer war für die Ausstellung der Lohnsteuerkarte zuständig?

1. Arbeitsamt
2. Finanzamt
3. Gemeindebehörde
4. Krankenkasse

c) Welche Angabe wurde vom Arbeitgeber auf der Lohnsteuerkarte eingetragen?
1. Beiträge zur Unfallversicherung
2. Jahresbruttoeinkommen
3. Lohn- und Gehaltsvorschüsse
4. Spenden des Arbeitnehmers

d) Jasmine wollte auf der Lohnsteuerkarte einen Freibetrag für erhöhte Werbungskosten eintragen lassen. An wen musste sie sich wenden?
1. Arbeitgeber
2. Finanzamt
3. Gemeindebehörde
4. Steuerberater

e) Jasmins jüngere Schwester Pumeza bewirbt sich 2014 nach ihrer Ausbildung ebenfalls erfolgreich bei der Berliner Wohnungsbau GmbH. Was muss sie zu ihrer Einstellung mitbringen?
1. Geburtsurkunde
2. vom Bundeszentralamt für Steuern zugeteilte Identifikationsnummer
3. Gesundheitszeugnis
4. Nichtveranlagungsbescheinigung

43 Welche der nebenstehenden Aussagen zur Sozialversicherung treffen zu auf die
1. Arbeitslosenversicherung
2. Krankenversicherung
3. Pflegeversicherung
4. Rentenversicherung
5. Unfallversicherung?

a) Ein Angestellter kann aus dieser Versicherung ausscheiden, wenn sein Verdienst über der Beitragsbemessungsgrenze liegt.
b) Die Beiträge werden vom Arbeitgeber allein getragen.
c) Träger ist die Bundesagentur für Arbeit.
d) Die Beitragshöhe richtet sich u. a. nach der Gefahrenklasse des Betriebs.
e) Sie übernimmt u. a. die Kosten für Berufsberatung.
f) Sie belastet die versicherten Arbeitnehmer mit dem höchsten Beitragssatz aller Zweige der Sozialversicherung.

44 Ein Mitarbeiter der Berliner Wohnungsbau GmbH hat auf dem Kundenparkplatz kurzfristig eine Aluminiumleiter abgestellt, die durch einen unerwarteten Windstoß umfällt und den Pkw eines Kunden beschädigt. Wie ist die Rechtslage?
1. Ein Windstoß ist höhere Gewalt, niemand haftet für den Schaden.
2. Der Mitarbeiter muss für den Schaden aufkommen, da er ihn verursacht hat.
3. Der Kunde trägt den Schaden, da das Parken dort auf eigene Gefahr erfolgte.
4. Die Berliner Wohnungsbau GmbH meldet den Schaden ihrer Haftpflichtversicherung.
5. Der Sachverhalt muss der Berufsgenossenschaft gemeldet werden.

45 Welche der folgenden Aussagen zur Beitragsbemessungsgrenze ist zutreffend?
1. Die Beitragsbemessungsgrenze schützt Lohnempfänger mit niedrigem Einkommen vor übermäßiger Belastung durch Sozialversicherungsbeiträge.
2. Die Beitragsbemessungsgrenzen in der Sozialversicherung werden i. d. R. jährlich an die allgemeine Einkommensentwicklung angepasst.

3. Die Beitragsbemessungsgrenze bestimmt die Obergrenze, bis zu der die Sozialversicherungsträger die Beitragssätze zur Sozialversicherung anheben dürfen.
4. Ein Arbeitnehmer, der mit seinem monatlichen Einkommen die Beitragsbemessungsgrenze überschreitet, muss die Beiträge zur Sozialversicherung alleine tragen.
5. Die Beitragsbemessungsgrenze ist für alle Zweige der Sozialversicherung gleich hoch.

46 Neben den Kosten für Löhne und Gehälter entstehen der Berliner Wohnungsbau GmbH Personalzusatzkosten, die sich in die drei Gruppen gesetzliche, tarifliche und freiwillige Sozialleistungen einteilen lassen. Welche drei der nachfolgend aufgelisteten Personalzusatzkosten gehören zu den gesetzlich vorgeschriebenen Sozialleistungen?

1. Entgeltfortzahlung im Krankheitsfall
2. Zuschuss zum Berufsverbandsbeitrag
3. Betriebliche Altersversorgung
4. Beitrag zur Berufsgenossenschaft
5. Freizeitausgleich bei Schichtarbeit
6. Arbeitgeberanteil zur Sozialversicherung
7. Zuwendung bei Dienstjubiläum
8. Fahrgeldzuschuss (Jobticket)

47 Katharina Wegrich ist Mitarbeiterin der Berliner Wohnungsbau GmbH und bezieht ein monatliches Bruttogehalt von 2.850 Euro. Sie ist 34 Jahre alt, ledig und hat keine Kinder. Der Beitragssatz zur gesetzlichen Krankenversicherung beträgt 15,5 Prozent. Ermitteln Sie die Höhe des Krankenversicherungsbeitrags, der Frau Wegrich in der Lohnabrechnung von ihrem Bruttolohn abgezogen wird. Beachten Sie dabei, dass Arbeitnehmer einen Zusatzbeitrag von 0,9 Prozent ihres Einkommens an die Krankenversicherung abführen müssen, was bei der Lohnabrechnung mit berücksichtigt wird.

48 Welche der folgenden Aussagen zur gesetzlichen Krankenversicherung ist zutreffend?

1. Abhängig Beschäftigte und auch Selbstständige sind aufgrund des Solidarprinzips unabhängig von der Höhe ihrer Einkünfte krankenversicherungspflichtig.
2. Die Beiträge zur Krankenversicherung werden vom Arbeitnehmer gezahlt und richten sich nach der Höhe des Bruttolohns.
3. Das Krankengeld für Arbeitnehmer ist unabhängig vom Verdienst und wird vom Arbeitgeber mit dem Arbeitslohn ausbezahlt.
4. Zu den Leistungen der Krankenversicherungen gehört auch die Finanzierung von Maßnahmen zur Früherkennung von Krankheiten.
5. Zu den Leistungen der Krankenversicherung gehören auch Leistungen, die der Erhaltung, Besserung und Wiederherstellung der Erwerbsfähigkeit dienen.

49 Welche der folgenden Aussagen über die Beitragsaufbringung für die gesetzliche Krankenversicherung ist zutreffend?

1. Der Beitragssatz zur gesetzlichen Krankenversicherung wird jährlich vom Gesetzgeber neu festgelegt und ist für alle Krankenkassen gleich hoch.
2. Liegt das Einkommen eines Arbeitnehmers über der Versicherungspflichtgrenze der Krankenversicherung, kann er aus der gesetzlichen Krankenversicherung austreten.
3. Liegen die von einem Arbeitnehmer in Anspruch genommenen Leistungen der Krankenkasse über der Beitragsbemessungsgrenze, muss er den Beitrag allein tragen.
4. Die Beiträge zur gesetzlichen Krankenversicherung werden vom Nettolohn berechnet.
5. Der Arbeitgeber trägt bis zu einem Monatsverdienst von 600 Euro den Beitrag allein.

50 Bei der Feststellung der Pflegebedürftigkeit sind bestimmte wiederkehrende Verrichtungen im Ablauf des täglichen Lebens maßgeblich, die von der pflegebedürftigen Person nicht mehr allein bewältigt werden können. Ordnen Sie die Verrichtungen den genannten Bereichen der Pflegebedürftigkeit zu.

Verrichtungen	Bereiche
1. Einkaufen	a) Ernährung
2. Hilfe beim An- und Auskleiden	b) Körperpflege
3. Kämmen	c) Mobilität
4. Kochen	
5. Mundgerechtes Zubereiten der Nahrung	
6. Reinigen der Wohnung	
7. Wäsche und Kleidung reinigen	

51 Katharina Wegrich ist Mitarbeiterin der Berliner Wohnungsbau GmbH und bezieht ein monatliches Bruttogehalt von 2.850 Euro. Sie ist 34 Jahre alt, ledig und hat keine Kinder. Der allgemeine Beitragssatz ihrer Pflegekasse beträgt 2,05 Prozent. Ermitteln Sie die Höhe des Beitrags zur Pflegeversicherung, der Frau Wegrich in der Lohnabrechnung von ihrem Bruttolohn abgezogen wird.

Beachten Sie dabei, dass kinderlose Arbeitnehmer einen um 0,25 Prozentpunkte höheren Pflegeversicherungsbeitrag leisten müssen, der ausschließlich vom kinderlosen Mitglied allein getragen wird.

52 Welche der folgenden Aussagen zur Pflegeversicherung ist zutreffend?

1. Die Pflegeversicherung gilt nur für Pflichtversicherte in der Unfallversicherung. Sie deckt das finanzielle Risiko eines notwendigen Daueraufenthalts in einem Pflegeheim ab.
2. Die Pflegeversicherung ist eine Pflichtversicherung für die gesamte Bevölkerung. Sie soll die häusliche Pflege und die Pflegebereitschaft der Angehörigen unterstützen.
3. Die Pflegeversicherung gilt für alle sozialversicherungspflichtigen Arbeitnehmer. Sie deckt die Kosten für eine eventuell notwendige stationäre Pflege vollständig ab.
4. Die Pflegeversicherung gilt nur für privat Krankenversicherte, die pflegebedürftig werden und seither keinen Anspruch auf Leistungen aus der Sozialversicherung hatten.
5. Die Pflegeversicherung gilt nur für Pflichtversicherte in der Krankenversicherung. Sie dient der Kostenentlastung im Gesundheitswesen und der besseren Verteilung der Leistungen.

53 In welchem Fall übernimmt die gesetzliche Unfallversicherung die Kosten?

1. Vorsorgeuntersuchungen zur Früherkennung von Krankheiten
2. Krankenhausaufenthalt nach einem Skiunfall
3. Krankenpflege nach einem Unfall bei einer privaten Weiterbildungsmaßnahme
4. Verletztenrente nach einem Betriebsunfall, der zur Erwerbsunfähigkeit führte
5. Ergonomisch ausgelegter Bürostuhl zur Vorbeugung von Bandscheibenschäden

54 In welchem der folgenden Sachverhalte ist die Unfallversicherung zuständig?

1. Ein Auszubildender stürzt nach der betrieblichen Weihnachtsfeier betrunken eine Treppe hinunter und erleidet schmerzhafte Prellungen und Verletzungen.
2. In der Frühstückspause rutscht ein übermütiger Mitarbeiter das Treppengeländer im Bürogebäude herunter, stürzt und verletzt sich schwer.
3. Ein Arbeitnehmer geht von seiner Wohnung zum Bahnhof, um sich eine Monatskarte für die anschließende Fahrt zur Arbeitsstelle zu kaufen. Er stürzt und verletzt sich erheblich.
4. Ein Auszubildender macht auf dem Weg zur Berufsschule einen Umweg, um seine Freundin zu besuchen, und erleidet einen Autounfall, bei dem er schwer verletzt wird.
5. Ein Arbeitnehmer, der an einem freien Tag neue Berufskleidung einkaufen gehen will, rutscht auf eisglattem Gehweg aus und bricht sich ein Bein.

Sonstige Aufgaben

55 Erstellen Sie eine Mind-Map zum Thema Mietvertrag mit den Lerninhalten aus Abschnitt 2.5. Ergänzen Sie sie im Laufe Ihrer Ausbildung mit den jeweils dazugelernten Informationen.

56 Sie sind Mitarbeiter der Berliner Wohnungsbau GmbH und arbeiten beim Verkauf einer Reihe von Einfamilienhäusern in Stadtrandlage mit. Führen Sie ein Brainstorming zu dem Problem durch, mit welchen Marketing-Maßnahmen (Werbemittel, Werbeträger, Werbebotschaft) sich diese Häuser am besten verkaufen lassen.

57 Überprüfen Sie Ihren Arbeitsplatz (zu Hause und in Ihrem Ausbildungsbetrieb) auf die Kriterien Sehraum und Greifraum hin. Gibt es Verbesserungsmöglichkeiten?

58 Verschaffen Sie sich in Ihrem Ausbildungsbetrieb einen Überblick über die dort verwendeten Formulare, Vordrucke und Checklisten. Prüfen Sie die Inhalte und den Verwendungszweck dieser Unterlagen und machen Sie sich die dahinterstehenden Arbeitsabläufe bewusst.

59 Recherchieren Sie in den Meta-Suchmaschinen Google (www.google.de) und Metager (www.metager.de) die Möglichkeiten, logische Operatoren bei der Suche zu verwenden.

60 Führen Sie eine Internetrecherche zum Thema Baubetreuung durch, werten Sie Ihre Suchergebnisse in Form einer Mind-Map aus und bereiten Sie eine Präsentation vor.

Lernfeld 2 Das Immobilienunternehmen repräsentieren

1 Organisation des Immobilienunternehmens

Unter **Organisation** versteht man das Festlegen von **allgemeinen Regeln**, um das Zusammenwirken von Personen und Sachmitteln im Betriebsablauf erfolgsorientiert zu gestalten. Dazu ist zunächst ein Grundgerüst, eine Gliederung in Abteilungen und das Festlegen von Arbeitsinhalten für einzelne Stellen (Arbeitsplätze) erforderlich. Die Mitarbeiter müssen zu ihren Arbeitsaufträgen passende Kompetenzen und Verantwortlichkeiten zugewiesen bekommen und es müssen die Weisungsbefugnisse geregelt werden, d. h. eine Hierarchie der Mitarbeiter. Dieses Grundgerüst bezeichnet man als **Aufbauorganisation**.

In einem zweiten Schritt sind, abgestimmt auf das Grundgerüst, die konkreten Betriebsabläufe festzulegen. Die **Ablauforganisation** hat zum Ziel, alle Arbeitsabläufe im Unternehmen effizient zu gestalten: Die einzelnen Arbeitsschritte sollen in der bestmöglichen, d. h. kostengünstigsten und erfolgswirksamsten Reihenfolge angeordnet werden. Wichtig ist dabei das sogenannte Schnittstellenmanagement, d. h. die Zusammenarbeit der Mitarbeiter und Abteilungen.

1.1 Aufbauorganisation

Die Aufbauorganisation beginnt mit der **Bildung von Stellen**. Dazu werden alle im Betrieb anfallenden Aufgaben analysiert und zu Aufgabenbündeln zusammengefasst. Diesen Aufgabenbündeln werden Aufgabenträger (Mitarbeiter) und Sachmittel zugeordnet. Der Aufgabenträger muss über die für die Durchführung der Aufgaben erforderlichen Fähigkeiten und Kenntnisse verfügen. Ihm wird Entscheidungskompetenz zugewiesen und er muss die Verantwortung für seine Tätigkeit übernehmen.

Beispiel:
Die Berliner Wohnungsbau GmbH möchte eine neue Stelle für die Mieterbetreuung vor Ort einrichten. Dazu wird im Mietwohnobjekt ein Büro eingerichtet, mit Schreibtisch, Stühlen, Computer und Aktenschränken versehen. Die Tätigkeit soll ein neu einzustellender Mitarbeiter übernehmen, der eine Ausbildung als Immobilienkaufmann bzw. Immobilienkauffrau abgeschlossen hat. Der Computer wird über eine Internetverbindung an das Netzwerk des Unternehmens angeschlossen, damit der Mitarbeiter Zugriff auf die zentral gespeicherten Mieterakten hat. Auf dem zentralen Server müssen ihm dazu Benutzerrechte eingeräumt werden. Nach Schalten einer Stellenanzeige in den lokalen Tageszeitungen wird in einem Auswahlverfahren aus den eingehenden Bewerbern die für die Stelle geeignet erscheinende Person ausgewählt und eingewiesen.

Mehrere Stellen werden zu **Abteilungen** zusammengefasst. Dazu wird die Stelle des Abteilungsleiters gebildet. Eine Stelle mit Leitungsbefugnis wird als **Instanz** bezeichnet. Dabei ist zudem festzulegen, wie die Weisungsbeziehungen zwischen vorgesetzter und untergebener Stelle auszugestalten sind.

Andere **Stellenmehrheiten** sind Arbeitsgruppen, Workshops, Ausschüsse, Teams, Konferenzen und Projekte. Diese Organisationseinheiten sind jedoch meist zeitlich begrenzt und legen sich sozusagen als zweite Organisationsschicht über die Grundstruktur mit den einzelnen Abteilungen, die zusammengefasst die **Unternehmenshierarchie** darstellen.

Ein **Projekt** ist eine zeitlich begrenzte Zusammenarbeit von Mitarbeitern mehrerer Abteilungen, z. B. ein Projektteam zur Einführung einer neuen Wohnungswirtschafts-Software.

Die gesamte Organisation lässt sich grafisch in einem **Organigramm** darstellen. Ein Organigramm beginnt bei der obersten Hierarchieebene, der Geschäftsleitung. Die Struktur der Weisungsbeziehungen wird aus den Verbindungen zwischen den einzelnen Stellen deutlich:

Einliniensystem:

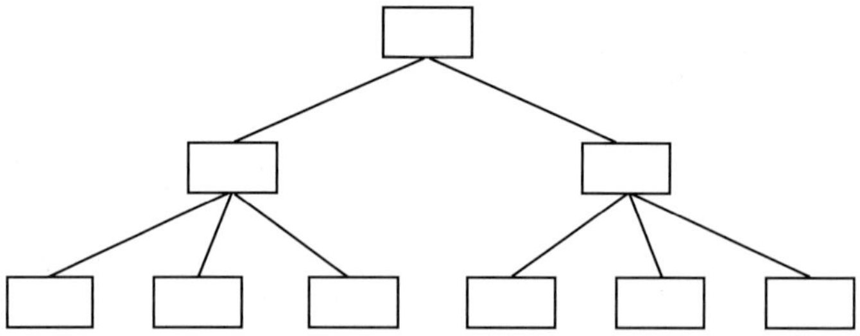

Jeder Mitarbeiter hat nur einen direkten Vorgesetzten (Einheit der Auftragserteilung). Jede Stelle hat genau abgegrenzte Kompetenzen. Der einzelne Stelleninhaber hat nur so viel Entscheidungsfreiheit, wie ihm von seinem direkten Vorgesetzten gewährt wird. Die Beziehungsstruktur ist gut überschaubar. Die Unterstellungsverhältnisse sind eindeutig geregelt, es kommt jedoch zu starker Belastung der Instanzen, weshalb es sich empfiehlt, den nachgeordneten Stellen viel Entscheidungsfreiheit zu gewähren.

Mehrliniensystem:

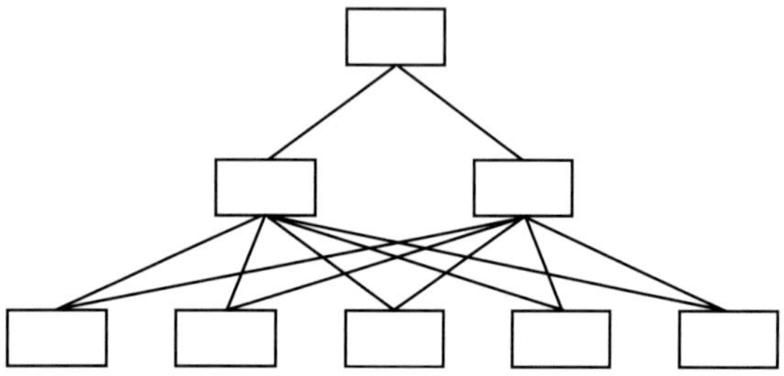

Manche Mitarbeiter haben mehrere direkte Vorgesetzte, z. B. der IT-Support oder der Hauswart. Die Einheit der Auftragserteilung wird durchbrochen. Die Zusammenarbeit ist nicht mehr von der Struktur Vorgesetzter – Untergebener geprägt, sondern richtet sich nach der Art der durchzuführenden Aufgaben. Die Koordination der Arbeitsaufträge wird auf den Mitarbeiter verlagert, dadurch werden die Instanzen entlastet. Die Vorteile einer solchen Regelung liegen darin, dass sich die Informations- und Entscheidungswege verkürzen, sich die Flexibilität erhöht und die Mitarbeiter eine höhere Arbeitsmotivation aus der größeren Entscheidungsfreiheit ziehen, sofern sie nicht mit der Aufgabe der Koordination und der Konfliktbewältigung überlastet werden.

Stab-Linien-System:

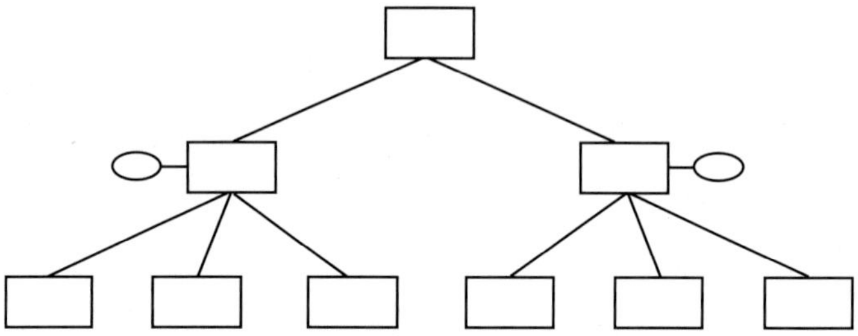

Ein Einliniensystem wie auch ein Mehrliniensystem kann durch Stabsstellen erweitert werden. Eine Stabsstelle ist eine Person, Gruppe oder Abteilung, die einer Instanz zugeordnet ist, Informationen beschafft und auswertet und damit der Instanz zur Entscheidungsvorbereitung dient, z. B. die Controlling-Abteilung. Stäbe haben keine Weisungsbefugnis gegenüber den Linienstellen. Die Vorteile von Stabsstellen sind, dass die Instanz entlastet wird und ihre Entscheidungen sachlich fundierter treffen kann. Dabei besteht allerdings die Gefahr, dass die Stäbe, die keine unmittelbare Verantwortung für ihre Entscheidungsvorschläge übernehmen, zu viel Einfluss auf die Entscheidung gewinnen. Ferner kann es bei der Informationsbeschaffung aus dem Unternehmen zu Konflikten zwischen Stabsstellen und untergeordneten Stellen kommen.

Die **zweite wichtige Entscheidung** der Aufbauorganisation betrifft die Frage, nach welchem Prinzip die Abteilungen gebildet werden sollen. Als Gliederungskriterien bieten sich zum einen die Art der Tätigkeit bzw. Funktion (**funktionale Organisation**) oder der jeweilige Geschäftsbereich (divisionale oder **Spartenorganisation**) an.

Funktionale Organisation:
Die funktionale Organisation ist eine verrichtungsorientierte Einlinienorganisation mit einer Tendenz zur Entscheidungszentralisation. Folgendes Organigramm zeigt den Aufbau der ersten und zweiten Hierarchieebene:

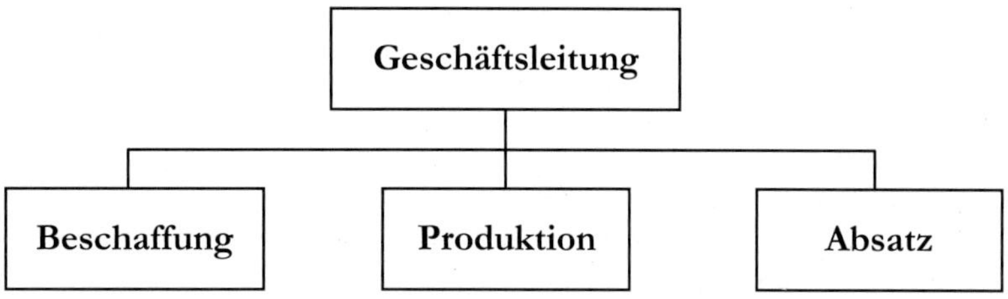

In der Funktionalorganisation gelten ungeteilte Weisungskompetenzen, d. h. Weisungen werden jeweils nur von einem Vorgesetzten erteilt (Einheit der Auftragserteilung). Zwischen den Funktionen existieren zahlreiche produkt- und marktbezogene Abhängigkeiten, daraus ergeben sich vielfältige Koordinationsaufgaben. Die Unternehmensspitze muss in starkem Maße eingreifen, um eine Abstimmung der Teilprobleme und -ziele vorzunehmen (Tendenz zur Zentralisation).

Die folgende Tabelle gibt einen Überblick über mögliche Funktionen, die bei der funktionalen Organisation berücksichtigt werden können.

<table>
<tr><th colspan="12">Übersicht Funktionen</th></tr>
<tr><th colspan="12">Leitungsfunktionen</th></tr>
<tr><td colspan="3">Planung</td><td colspan="3">Steuerung</td><td colspan="3">Überwachung</td><td colspan="3">Marketing</td></tr>
<tr><th colspan="12">Leistungsfunktionen</th></tr>
<tr><td colspan="2">Beschaffung</td><td colspan="2">Transport</td><td colspan="2">Fertigung</td><td colspan="2">Lagerung</td><td colspan="2">Absatz</td><td colspan="2">Forschung und Entwicklung</td></tr>
<tr><th colspan="12">Verwaltungsfunktionen</th></tr>
<tr><td colspan="3">Rechnungswesen</td><td colspan="3">Personal</td><td colspan="3">EDV</td><td colspan="3">allgemeine Verwaltung</td></tr>
</table>

Die Leistungsfunktionen kann man auch als **Grundfunktionen**, die Leitungs- und Verwaltungsfunktionen als **Querschnittsfunktionen** bezeichnen. Sie sind jedoch nicht einheitlich definiert und hängen auch von der Branche, der Art und der Größe des Unternehmens ab.

Spartenorganisation:
Bei größeren Untenehmen wird vor die funktionale Ebene eine weitere Hierarchie-Ebene eingeschoben. Man spricht von der divisionalen oder objektorientierten Einlinienorganisation mit einer Tendenz zur Entscheidungsdezentralisation.

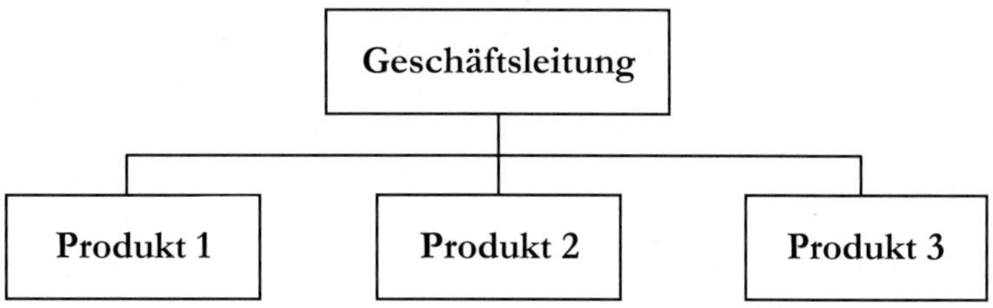

Statt der Produkte können hier auch Produktgruppen, Regionen oder Kundengruppen gewählt werden. Sparten werden auch als Divisions (englisch für Abteilung) oder Geschäftsbereiche bezeichnet. Meist sind ihnen nur die Kernfunktionen (Produktion und Absatz) untergeordnet, und die anderen Funktionen sind als Zentralbereiche organisiert.

Die Spartenleiter haben meist eine hohe Dispositionsfreiheit, was bis zum Profit-Center gehen kann, d. h. die Spartenleiter haben gegenüber der Geschäftsleitung nur noch Gewinnverantwortung.

Beispiel:
Die Berliner Wohnungsbau GmbH hat die Organisationsform einer Spartenorganisation. Sie ist auf der zweiten Hierarchie-Ebene in die folgenden Abteilungen gegliedert.

Kaufen Inland	Mieten Inland	Gewerbe-immobilien	Kapital-anlagen	Auslands-immobilien
Häuser, Wohnungen, Grundstücke, Fertighäuser	Mietwohnungen, Häuser, Wohnen auf Zeit	Büros, Läden, Produktion, Lager	Renditeobjekte, Immobilienfonds, Anlageberatung	Häuser, Wohnungen und Renditeobjekte weltweit

Matrixorganisation:

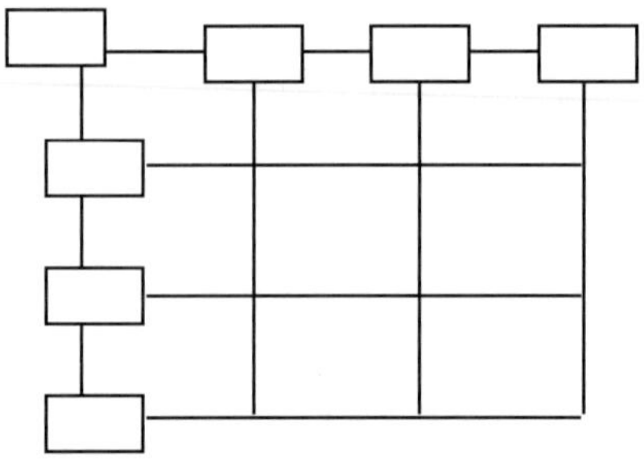

Die Matrixorganisation ist ein Mehr-Linien-System, eine Kombination aus funktionaler und Spartenorganisation Sie ist in der Praxis nur äußerst selten anzutreffen und nur für große Unternehmen geeignet. Die Mitarbeiter müssen sich mit einem Funktionsmanager und einem Produkt- oder Regionenmanager auseinandersetzen. Dies kann zu Konflikten führen, die aber auch eine positive Wirkung haben können. Der Vorteil der Matrixorganisation liegt darin, dass ein abteilungszentriertes Denken und Handeln aufgegeben werden muss und so die Qualität der Entscheidungen und die Flexibilität des Unternehmens gesteigert werden. Dazu sind allerdings Führungskräfte erforderlich, die bereit und in der Lage sind, sich dem Konfliktpotenzial, das sich aus dem ausgeprägten Mehrliniensystem ergibt, zu stellen und es in Erfolg für das Unternehmen umzuwandeln.

Ein weiteres Entscheidungsproblem in der Gestaltung des Unternehmens ist, wie viel **Entscheidungsfreiheit** den Mitarbeitern auf den verschiedenen **Hierarchie-Ebenen** gewährt werden soll. Man unterscheidet eher **zentralistische und** eher **dezentralistische Hierarchien**. Während die Funktionalorganisation als Einliniensystem eine zentralistische Hierarchie unterstützt, d. h. die Mitarbeiter wenig eigene Entscheidungskompetenz besitzen, wird bei einer Spartenorientierung oder gar bei der konfliktträchtigen Matrixorganisation der Übergang zu einer dezentralistischen Hierarchie mit viel Entscheidungskompetenz auf den unteren Hierarchie-Ebenen erforderlich. Ein solcher Übergang kann durch Delegation und Partizipation herbeigeführt werden. **Delegation** bedeutet, Entscheidungen vom Vorgesetzten auf Mitarbeiter zu verlagern. **Partizipation** bedeutet, dass der Vorgesetzte die Mitarbeiter an der Entscheidung beteiligt.

1.2 Ablauforganisation

Aufgabe der Ablauforganisation ist die **Gestaltung der Arbeitsabläufe** im Hinblick auf Arbeitsinhalt, Arbeitszeit, Arbeitsort, Arbeitsmittel und Zuordnung der Tätigkeiten zu den einzelnen Stellen. Dazu muss die Ablauforganisation auf die Aufbauorganisation aufbauen, kann aber auch Rückwirkungen auf die Gestaltung der Aufbauorganisation haben.

Beispiel:
Im Verwaltungsgebäude der Berliner Wohnungsbau GmbH ist die Heizungsanlage gewartet worden. Die Rechnung geht ein und muss vom zuständigen Mitarbeiter auf Richtigkeit geprüft werden. Er geht dazu in der folgenden Reihenfolge vor:

1. vereinbarten Pauschalpreis für die Leistung mit der Rechnung vergleichen
2. auf der Arbeitskarte angegebene Ersatzteile mit der Rechnung vergleichen ↓

3. die Stückzahl der Ersatzteile mit den Einzelpreisen multiplizieren
4. von der Summe der Ersatzteilpreise den vereinbarten Rabatt abziehen
5. die Umsatzsteuer prüfen
6. den Brutto-Rechnungsbetrag prüfen
7. die rechnerische Richtigkeit bestätigen

Wichtig für den Erfolg eines Unternehmens ist, dass die Arbeitsabläufe möglichst **effizient und kostengünstig** gestaltet sind und überflüssige oder umständliche Vorgehensweisen vermieden werden. Viele Abläufe lassen sich standardisieren und mit Unterstützung durch Formulare oder EDV-Anwendungen vereinfachen und beschleunigen.

Es ist daher immer wieder erforderlich, dass die gegebenen Arbeitsabläufe auf Notwendigkeit bzw. Verbesserungsmöglichkeiten hin geprüft und ausgewertet werden. Die folgende Übersicht stellt die prinzipielle Vorgehensweise bei der Überprüfung und Verbesserung von Arbeitsabläufen (Geschäftsprozessen) systematisch dar:

Verbesserung von Arbeitsabläufen	
Ist-Analyse	Zerlegung des Ablaufs in einzelne Schritte. Analyse der Schritte und der Schnittstellen zwischen ihnen, um die Probleme (Zeit- und Informationsverluste) aufzuspüren.
Soll-Konzeption	Festlegung von Zielen zur Verbesserung des Ablaufs. Grobplanung des verbesserten Arbeitsablaufs.
Durchführungsplanung	Feinplanung des verbesserten Arbeitsablaufs und der Umsetzung in die Praxis.
Durchführung	Umsetzung des verbesserten Arbeitsablaufs in die Praxis, Schulung der Mitarbeiter am neuen Ablauf.
Ergebnis	Kontrolle: Wurden die angestrebten Verbesserungen erreicht? Evtl. neuen Verbesserungsprozess starten.

Organisatorisch wird die Verbesserung von Arbeitsabläufen oft als **Projekt** durchgeführt. Dem **Projektteam** müssen dazu Mitarbeiter aus allen betroffenen Bereichen angehören.

Beispiel:
Ein in der Berliner Wohnungsbau GmbH bisher mittels Vordrucken durchgeführter Arbeitsablauf soll auf EDV umgestellt werden. Welcher Arbeitsschritt muss als Erster erfolgen?

1. Die Software wird auf die Rechner aufgespielt.
2. Es ist ein Sollkonzept zu entwickeln und zu dokumentieren.
3. Es sind Angebote über die erforderliche Hardware einzuholen.
4. Alle anfallenden Daten und Arbeitsabläufe müssen erfasst und analysiert werden.
5. Der Arbeitsablauf ist mithilfe einer Programmiersprache in ein Programm umzuwandeln.

Lösung: Aussage 4 enthält den ersten Schritt. Am Anfang jeder Veränderung steht die Erfassung und Analyse der einzelnen Arbeitsschritte, daraufhin kann das Sollkonzept entwickelt und umgesetzt werden. Zur Einführung gehört die Mitarbeiterschulung.

Ein neuer Ansatz in der Organisationslehre stellt die Ablauforganisation vor die Aufbauorganisation. Man spricht von **Prozessorganisation.** Prozessorientierung bedeutet die Abkehr vom Abteilungsdenken hin zur abteilungsübergreifenden Zusammenarbeit, denn an jeder Schnittstelle zwischen den Abteilungen kommt es zwangsläufig sowohl zu Zeit- als auch zu Informationsverlusten. Erfolg hat ein Unternehmen, wenn es kundenorientiert handelt, und Kundenorientierung ist Prozessorientierung, sodass es nur noch eine Kunden-Schnittstelle gibt, an die sich der Kunde wenden kann und die alles Weitere für ihn klärt und regelt.

Prozessorientierung ist also eine Denkweise, bei der das gesamte betriebliche Handeln als Kombination von Prozessen bzw. Prozessketten betrachtet wird. Ziel der Prozessorientierung ist die **Steigerung der Qualität und Produktivität** im Unternehmen durch ständige Verbesserung der Prozesse unter Einbeziehung von Kunden und Mitarbeitern.

Für die Umstellung der Organisation des Unternehmens auf eine Prozessorganisation muss zunächst analysiert werden, welche Abfolgen von Tätigkeiten (= Prozesse) innerhalb des Unternehmens erforderlich sind, damit an die Kunden Produkte geliefert bzw. Dienstleistungen für sie erbracht werden können. Dabei ist es wichtig, die Schlüsselprozesse, die eine besondere Bedeutung für den Unternehmenserfolg haben, zu identifizieren.

Zwecks Analyse des Geschäftsprozesses wird ein **Prozessverantwortlicher** (process leader) bestimmt, der ein **Prozessteam** zusammenstellt, am besten aus Mitarbeitern all derjenigen Abteilungen, die an diesem Geschäftsprozess beteiligt sind.

Gemeinsam wird nun überlegt, wie der Prozess zu verbessern ist. Ein Problem dabei ist es, die **Prozess-Verbesserung** zu implementieren, d. h. den Übergang von der alten zur neuen Vorgehensweise zu bewältigen. Daher muss der Umsetzung eine genaue und detaillierte Planung vorausgehen. Nachdem die Umsetzung erfolgt ist, muss anhand einer **Erfolgskontrolle** festgestellt werden, welche besonderen Probleme aufgetreten sind. Dies ist vor allem deshalb wichtig, damit zukünftige Geschäftsprozessverbesserungen besser geplant werden können.

1.3 Datenschutz und Datensicherheit

Ein wichtiger Aspekt bei der organisatorischen Gestaltung des modernen Unternehmens, in dem viele Arbeitsabläufe EDV-gestützt durchgeführt werden, ist die Beachtung von **Datenschutz** und Datensicherheit. Datenschutz ist der Schutz von Daten gegen missbräuchliche Verwendung. **Datensicherheit** ist der Schutz von Daten vor Verlust.

Der Datenschutz ist gesetzlich geregelt im **Bundesdatenschutzgesetz** (BDSG). Die beiden wichtigsten Regelungen sind, dass ein Kunde (z. B. ein Mieter), dessen Daten gespeichert werden, darüber informiert werden muss, und dass Unternehmen einen betrieblichen Datenschutzbeauftragten ernennen müssen. Die Anlage zu § 9 BDSG enthält eine Auflistung von Kontrollen, die dem Datenschutz dienen: Zugangskontrolle, Zugriffskontrolle, Übermittlungskontrolle etc.

Datensicherheit wird zum einen durch **Mehrfachspeicherung von Daten** erreicht, z. B. über Backup-Software, die von wichtigen Daten eine Sicherungskopie auf einem anderen Datenträger erstellt, oder durch Spiegelung von Festplatten, d. h. auf mehreren Festplatten werden die Daten so gespeichert, dass bei Ausfall einer Festplatte die Daten zu retten sind. Hardware-Defekte können zu Datenverlust führen, aber auch das versehentliche Überschreiben einer Datei. Dazu gibt es die Möglichkeit, einen Schreibschutz einzuschalten. Es gibt USB-Sticks, bei denen ein Schieberegler vor dem Überschreiben schützt. Eine weitere Möglichkeit in Unternehmensnetzwerken stellen streng definierte Benutzerrechte dar.

Eine weitere Gefahr für die Datensicherheit sind **Viren** aus dem Internet, die Software und Daten zerstören können. Unter kaufmännischen Gesichtspunkten kann ein Datenverlust sehr hohe Kosten verursachen, z. B. wenn durch einen Virus die komplette Kundendatenbank zerstört wird und keine Sicherungskopie verfügbar ist.

Beispiel:
Nach den Vorschriften des Bundesdatenschutzgesetzes hat auch die Berliner Wohnungsbau GmbH einen betrieblichen Datenschutzbeauftragten bestellt.

a) Welche der folgenden Aussagen zum Datenschutzbeauftragen ist nicht richtig?

1. In Unternehmen, in denen fünf Mitarbeiter oder mehr mit der Verarbeitung personenbezogener Daten beschäftigt sind, ist ein Datenschutzbeauftragter zu ernennen.
2. Besteht der Geschäftszweck des Unternehmens in der Verarbeitung und Übermittlung personenbezogener Daten, so ist unabhängig von der Mitarbeiterzahl ein Datenschutzbeauftragter zu ernennen.
3. Der Datenschutzbeauftragte wirkt auf die Einhaltung der Datenschutzbestimmungen hin. Er hat dabei allen Mitarbeitern gegenüber Weisungsrecht.
4. Der Datenschutzbeauftragte ist in seinem Gebiet weisungsfrei und unabhängig von Vorgesetzten. Er darf wegen Erfüllung seiner Aufgaben nicht benachteiligt werden.
5. Zum Datenschutzbeauftragten darf nur bestellt werden, wer das notwendige Fachwissen und die Zuverlässigkeit besitzt. Der Datenschutzbeauftragte ist schriftlich zu bestellen.

Personenbezogene Daten sind z. B. Arbeitnehmerdaten in der Personalabteilung, Kunden- und Interessentendaten. Das Datenschutzgesetz versucht, die missbräuchliche Verwendung solcher Daten zu verhindern. Der betriebliche Datenschutzbeauftragte soll direkt der Geschäftsleitung unterstellt werden, er hat aber keine Weisungsbefugnis gegenüber den Mitarbeitern. Aussage 3 ist insofern falsch. Oft wird in Unternehmen eine externe Person zum Datenschutzbeauftragten bestellt, insbesondere wenn kein Mitarbeiter die erforderliche fachliche Qualifikation hat.

b) Welche Aufgabe gehört nicht in die Zuständigkeit des Datenschutzbeauftragten?

1. Er hat zu überwachen, dass die betriebliche Organisation an die Anforderungen des Datenschutzgesetzes angepasst wird.
2. Er hat zu kontrollieren, dass Datenträger nicht von Unbefugten gelesen, verändert oder entfernt werden können.
3. Er hat sicherzustellen, dass Daten nicht unbefugt gespeichert werden.
4. Er hat die Zugriffsberechtigung auf gespeicherte Daten zu überwachen.
5. Er hat zu gewährleisten, dass die Daten regelmäßig auf externen Speichermedien gesichert werden.

Die Aussagen 1 bis 4 stellen Aufgaben des Datenschutzes dar. Aussage 5 betrifft die Datensicherheit, d. h. den Schutz vor Datenverlust. Dies fällt nicht in die Zuständigkeit des Datenschutzbeauftragten, er ist für den Missbrauchsschutz zuständig.

c) Der Datenschutzbeauftragte der Berliner Wohnungsbau GmbH hat in einem Rundschreiben an alle Mitarbeiter an PC-Arbeitsplätzen die folgenden Regeln aufgestellt. Welche zwei der folgenden Regeln dienen dem Datenschutz?

1. Erstellen Sie von wichtigen Daten jeden Tag eine Sicherungskopie auf dem Server. Nutzen Sie dazu ausschließlich den Ihnen zugewiesenen Pfad.

2. Notieren Sie nie Ihr Passwort und geben Sie es nie telefonisch, schriftlich, mündlich oder per E-Mail weiter, damit Unbefugte sich keinen Zugriff verschaffen können.
3. Bewahren Sie alle Daten so lange auf Ihrem Rechner auf, bis sichergestellt ist, dass veränderte Daten fehlerfrei sind oder dass die Daten nicht mehr benötigt werden.
4. Installieren Sie keine mitgebrachte Software auf Ihrem PC. Die Verwendung privater USB-Sticks ist verboten, da sie Viren enthalten könnten.
5. Verständigen Sie bei ungewöhnlichen Ereignissen, z. B. ungewöhnlichem Verhalten von Programmen, sofort den Administrator. Es könnte ein Virus auf Ihrem Rechner sein.
6. Ändern Sie regelmäßig Ihr Passwort. Verwenden Sie dabei Kombinationen aus Buchstaben und Zahlen, die nur für Sie persönlich nachvollziehbar sind.

Datenschutz erfordert, dass **kein Unbefugter** sich **Zugang** zu personenbezogenen Daten verschaffen kann. Aussage 2 und Aussage 6 enthalten Regeln zum Umgang mit Passwörtern und dienen daher dem Datenschutz. Alle anderen genannten Regeln dienen der Datensicherheit. Zwar ist davon auszugehen, dass bei einem Unternehmen mit mehreren vernetzten Rechnern die Internet-Verbindung über einen zentralen Server mit Firewall und Virenschutz geleitet wird, aber trotzdem besteht gerade durch mitgebrachte Software die Gefahr einer Vireninfektion. Auf USB-Sticks können komplette, unabhängig lauffähige Betriebssysteme installiert sein, die von den Sicherheits-Einrichtungen des Netzwerks nicht bemerkt werden.

In E-Mail-Anhängen können Viren versteckt sein, gerade wenn es sich um Office-Dateien handelt. Im Internet lauern Websites, die unbemerkt kostenpflichtige Programme auf Ihrem Rechner installieren (**Dialer**) oder sensible Daten, wie z. B. Kreditkarteninformationen, ausspionieren (**Spyware**). Wichtig ist daher, dass entsprechende Schutzprogramme (Anti-Viren-Software, Dialer-Schutz, Anti-Spyware) installiert und aktuell gehalten werden.

Viren können Daten auf Ihrem Rechner zerstören; sich gegen sie zu schützen ist dem Thema **Datensicherheit** zuzuordnen. Sich gegen **Spionage-Programme** zu schützen, betrifft hingegen den **Datenschutz**.

d) Bei welchem Vorgang besteht bei der Verarbeitung personenbezogener Daten eine Benachrichtigungspflicht gegenüber den betroffenen Personen durch die Berliner Wohnungsbau GmbH?

1. Daten sind fehlerhaft gespeichert worden.
2. Daten sollen erstmalig gespeichert werden.
3. Die Daten sind unzulässig gespeichert worden.
4. Nicht mehr benötigte Daten sollen gelöscht werden.
5. Die Richtigkeit der gespeicherten Daten wird bestritten.

Aussage 2 ist richtig. Oft findet man auf **Vertragsformularen** den Hinweis dazu oder es wird sogar das Einverständnis abgefragt. Bemerkt ein Kunde, dass über ihn gespeicherte **Daten fehlerhaft** sind, hat er Anspruch auf **Berichtigung** der Daten. Bis zur Klärung müssen die Daten **gesperrt**, dürfen nicht weiter verwendet werden.

2 Rechtsbeziehungen des Ausbildungsunternehmens

2.1 Kaufvertrag

Das Immobilienunternehmen steht mit seinem wirtschaftlichen Umfeld in vielfältigen Geschäftsbeziehungen. Es beschafft Waren und nimmt Dienstleistungen anderer Unternehmen in Anspruch, um die eigenen Leistungen für seine Kunden erbringen zu können. Ob es nun die Vermietung von Wohnungen oder Gewerberäumen, die Errichtung von Einfamilienhäusern, Bürogebäuden oder Mietwohnobjekten ist oder die Vermittlung solcher Objekte, dies alles spielt sich in dem bereits in Lernfeld 1 beschriebenen grundlegenden rechtlichen Rahmen ab, in dem der im Bürgerlichen Gesetzbuch (BGB) und ergänzend im Handelsgesetzbuch (HGB) geregelte Kaufvertrag von großer Bedeutung ist.

Wie jeder Vertrag kommt der Kaufvertrag durch zwei übereinstimmende Willenserklärungen, **Antrag und Annahme**, zustande. Sie unterscheiden das **Verpflichtungsgeschäft**, der Verkäufer verpflichtet sich zur Übergabe der Sache, der Käufer verpflichtet sich zur Zahlung des Kaufpreises, und das **Erfüllungsgeschäft**, die Übergabe der Ware bzw. des Geldes. Beim Grundstückskaufvertrag, der später noch tiefergehend behandelt wird, liegt das Erfüllungsgeschäft in der Auflassung gemäß § 925 BGB. Beachten Sie, dass der § 925 BGB im dritten Buch Sachenrecht des BGB geregelt ist, während der § 433 BGB, der das Verpflichtungsgeschäft regelt, im zweiten Buch Schuldrecht des BGB steht.

§ 433 BGB [Vertragstypische Pflichten beim Kaufvertrag]
(1) Durch den Kaufvertrag wird der Verkäufer einer Sache verpflichtet, dem Käufer die Sache zu übergeben und das Eigentum an der Sache zu verschaffen. Der Verkäufer hat dem Käufer die Sache frei von Sach- und Rechtsmängeln zu verschaffen.
(2) Der Käufer ist verpflichtet, dem Verkäufer den vereinbarten Kaufpreis zu zahlen und die gekaufte Sache abzunehmen.

2.1.1 Arten des Kaufvertrags

Wenn keiner der beiden Vertragspartner Kaufmann ist, liegt ein **bürgerlicher Kauf** vor, sonst ein einseitiger oder zweiseitiger **Handelskauf**, für den zusätzlich zu den BGB-Regelungen die strengeren Bestimmungen des Handelsgesetzbuches gelten. Kaufmann ist gemäß § 1 HGB, wer ein Handelsgewerbe betreibt, aber gemäß § 5 HGB ist jede im Handelsregister eingetragene Firma Kaufmann kraft Eintragung. Je nach Ausgestaltung der Vertragsbedingungen werden die in der folgenden **Übersicht** genannten und anschließend anhand von Beispielen erläuterten Arten des Kaufvertrags unterschieden.

Arten des Kaufvertrags	
Kauf zur Probe	Ein Exemplar wird probiert, ehe mehr gekauft wird.
Kauf auf Probe	Kauf mit Rückgaberecht bei Nichtgefallen
Kauf nach Probe	Kauf aufgrund eines Warenmusters, das ausgewählt wurde
Kauf auf Abruf	mehrere Lieferungen je nach aktuellem Bedarf
Fixkauf	Lieferung zu einem festgelegten Termin
Zielkauf	Kauf mit Kreditgewährung, Zahlung erst später
Terminkauf	Lieferung bis zu einem festgelegten Termin
Deckungskauf	Ersatzkauf, wenn bei Fixkauf nicht geliefert wird

Arten des Kaufvertrags	
Spezifikationskauf	Die genaue Ausgestaltung der Ware wird noch festgelegt.
Kommissionskauf	Kauf im eigenen Namen für Rechnung eines anderen

Beispiel:

Die Berliner Wohnungsbau GmbH bestellt bei der Paste AG, München, zunächst ein Laminiergerät und stellt die Bestellung weiterer Laminiergeräte in Aussicht, sofern das bestellte Gerät den Erwartungen entspricht.

Kauf zur Probe. Die Berliner Wohnungsbau AG wird das eine Laminiergerät behalten, auch wenn es ihr nicht zusagt. Es ist ein Probekauf. Sachverhalte mit Verbrauchsgütern wie z. B. Wein sind eindeutiger, da dann die gekaufte Probe nicht zurückgegeben werden kann.

Die Müller Heiztechnik GmbH bestellt bei der Brosch AG 200 elektronische Temperaturmessfühler für Heizkesselanlagen und vereinbart, dass die Lieferung in mehreren Schüben erst dann erfolgen soll, wenn die Fühler tatsächlich gebraucht werden.

Kauf auf Abruf. Diese Form des Kaufvertrags empfiehlt sich besonders dann, wenn nur geringe Lagerkapazitäten vorhanden sind oder wenn beim Hausbau die Baumaterialien erst dann angeliefert werden sollen, wenn sie benötigt werden.

Die Schneidermeisterin Eva Kottir bestellt aufgrund eines Musterkatalogs bei der Simsener Tuchfabrik AG zehn Ballen geblümte Stoffe unter Angabe der Musternummer.

Kauf nach Probe. Die Formulierung Kauf nach Muster wäre hier eindeutiger. Bei allen Käufen aufgrund eines Musterkatalogs handelt es sich um einen Kauf nach Probe, z. B. auch, wenn ein Sofa mit einem bestimmten Bezug gekauft wird, oder bei Baumaterialien.

Der Rentner Hurtig bestellt aus einem Versandhauskatalog eine wasserspeiende Springbrunnenfigur für den Gartenteich seiner Kleingartenparzelle. Hurtig ist sich nicht sicher, ob ihm die Figur gefallen wird.

Kauf auf Probe. Das Rückgaberecht bei Bestellungen aus **Versandhauskatalogen** oder über das **Internet** ist im **BGB** unter dem Begriff **Fernabsatzverträge** geregelt. Die Rücksendung erfolgt auf Kosten und Risiko des Versandhauses.

Während der Kauf auf Abruf recht leicht zu erkennen ist, fällt die Unterscheidung von „zur Probe", „nach Probe" und „auf Probe" schon schwer.

Beispiel:
Sie entschließen sich, nach Abschluss Ihrer Ausbildung gegenüber der Berufsschule ein Begegnungs-Café zu eröffnen. Eröffnungstermin soll der 15. Juni sein. Sie bestellen bei der Werbemittelfirma Schnittig OHG Werbegeschenke mit der Auflage, dass diese exakt am 15. Juni zur Geschäftseröffnung geliefert werden, damit Sie sie unter den ersten Gästen verteilen können. Welche Kaufvertragsart liegt vor?

1. Fixkauf
2. Deckungskauf
3. Zielkauf
4. Spezifikationskauf.
5. Terminkauf

Lösung: Es handelt sich um einen Fixkauf (1), da der Liefertermin fest vorgegeben wird.

Ein **Terminkauf (5)** läge vor, wenn die Formulierung „bis zum 15. Juni" lauten würde. Den **Deckungskauf (2)** tätigen Sie, wenn die Werbemittelfirma nicht zum 15. liefert, als **Sofortkauf** bei einer ortsansässigen Firma. Den Kaufpreisunterschied muss die Firma Schnittig Ihnen ersetzen, da sie in Lieferungsverzug gekommen ist (Schadenersatz). Ein **Zielkauf** (3) liegt vor, wenn die Firma Schnittig Ihnen ein **Zahlungsziel** eingeräumt hat. Bei einem **Spezifikationskauf (4)** schließen Sie einen Kaufvertrag ab, z. B. über 40 Stühle für Ihr Café, und bestimmen später erst genau, z. B. welche Farbe die Stühle im Einzelnen haben sollen (Bestimmungskauf).

2.1.2 Allgemeine Geschäftsbedingungen

Allgemeine Geschäftsbedingungen (AGB) sind **vorformulierte Vertragsbedingungen**, die als Standardbedingungen für alle üblichen Verträge eines Unternehmens eingesetzt werden. Sie werden nur dann Bestandteil eines Vertrags, wenn bei Vertragsabschluss ausdrücklich auf sie hingewiesen wird und die Gegenseite mit ihrer Geltung einverstanden ist. Ein deutlich sichtbarer **Aushang** am Ort des Vertragsabschlusses und der **Hinweis** im Vertrag in der Form „Es gelten die Allgemeinen Geschäftsbedingungen" reichen dazu aus. Bei Internet-Geschäften müssen die Allgemeinen Geschäftsbedingungen auf der Website einsehbar sein.

Überraschende Klauseln in den AGB, die nicht dem üblichen Geschäftsverkehr entsprechen, werden nicht Vertragsbestandteil. Ferner sind Bedingungen unwirksam, die den Vertragspartner unangemessen benachteiligen. Dazu gehören auch nicht klar und verständlich formulierte Regelungen. Das BGB enthält eine lange Liste von verbotenen Klauseln, die nicht Bestandteil von AGBs sein dürfen. Zweifel bei der Auslegung der AGB gehen zu Lasten des Unternehmens. Sie erkennen hier den **Verbraucherschutzgedanken**, der hinter den im BGB festgelegten Regeln zu den AGB steht. Individuelle Vereinbarungen im Vertrag, die den AGB widersprechen, gehen vor.

Beispiel:
Die Berliner Wohnungsbau GmbH hat zur Vereinfachung des Geschäftsverkehrs Allgemeine Geschäftsbedingungen vorformuliert, die sie bei allen üblichen Verträgen mit Kunden als vorgefertigte Vertragsbestandteile einbeziehen möchte.
Welcher generelle Grundsatz gilt für die Allgemeinen Geschäftsbedingungen?

1. Da die Berliner Wohnungsbau GmbH Allgemeine Geschäftsbedingungen vorformuliert hat, werden diese automatisch Bestandteil eines jeden Vertrags.
2. Im Falle von gerichtlichen Auseinandersetzungen mit einem Kunden obliegt dem Kunden grundsätzlich die Beweislast über Vertragsvereinbarungen.
3. Da die Abwicklung des Geschäftsverkehrs vereinfacht werden soll, haben persönliche Absprachen in Verträgen keinen Vorrang vor den Allgemeinen Geschäftsbedingungen.
4. Es ist statthaft, in den Allgemeinen Geschäftsbedingungen festzulegen, dass bei Annahmeverweigerung des Kunden Vertragsstrafen fällig werden.
5. Der Vertragspartner des Verwenders darf nicht unangemessen benachteiligt werden.

Der **Vertragspartner des Verwenders** ist die Formulierung im Gesetz, die den Kunden der Berliner Wohnungsbau GmbH bezeichnet. Der **Verwender** ist die Berliner Wohnungsbau GmbH, da sie AGBs verwendet. Aussage 5 ist der gesuchte Grundsatz; alle anderen Aussagen widersprechen den Regelungen des BGB zu den AGB.

Beispiel:
Hannes Kleinig, Mitarbeiter der Berliner Wohnungsbau GmbH, hat über die Website der Paste AG, München, online 20 Laminiergeräte bestellt. Auf der Website der Paste AG gibt es einen gut sichtbaren Hinweis auf eine Unterseite mit den Allgemeinen Geschäftsbedingungen (AGB). Kleinig war es jedoch zu mühsam, diese AGB vor der Bestellung durchzulesen.

Welche der folgenden Aussagen zu den AGB ist richtig?

1. Die AGB sind immer bindender Bestandteil eines Vertrags.
2. Auch überraschende Klauseln muss der Vertragspartner gegen sich gelten lassen.
3. Die AGB müssen zwischen den Vertragspartnern einzeln ausgehandelt sein.
4. Zweifel bei der Auslegung der AGB gehen zu Lasten der Paste AG.
5. Kleinig hat die AGB nicht gelesen, damit sind sie kein Bestandteil des Vertrags.

Es ist unerheblich, ob Kleinig die AGB gelesen hat oder nicht, er hatte die Möglichkeit dazu, und damit sind die AGB Vertragsbestandteil. Da es hier um die **AGB der Paste AG** geht und nicht um die AGB der Berliner Wohnungsbau GmbH als Kunde der Paste AG, ist **Aussage 4** richtig.

2.1.3 Kaufvertragsstörungen

Ein Kaufvertrag hat grundsätzlich die **Übertragung von Besitz und Eigentum** an einer Sache gegen Entgelt zum Inhalt. Im Verpflichtungsgeschäft geht jede Vertragspartei bestimmte Verpflichtungen ein.

Pflichten aus dem Kaufvertrag			
Kauf	Übereignung gegen Entgelt	**Verkäufer**	Sache frei von Sach- und Rechtsmängeln übergeben, Eigentum verschaffen
		Käufer	Sache annehmen, Kaufpreis zahlen

Kommt eine Vertragsseite im **Erfüllungsgeschäft** ihren Pflichten nicht nach, so liegt eine **Kaufvertragsstörung** vor. Die folgenden Beispiele stellen Ihnen die vier Arten von Kaufvertragsstörungen anhand von Formulierungen aus Geschäftsbriefen vor.

Beispiel:

> (...) Die Abrechnung über den durchgeführten Selbsthilfeverkauf liegt diesem Schreiben bei. (...)

Der Käufer verpflichtet sich, die Sache anzunehmen. Weigert er sich bei Lieferung, die Ware in Empfang zu nehmen oder ist er trotz mehrfacher Terminvereinbarung nicht erreichbar, so gerät er in **Annahmeverzug**. Damit geht die Gefahr eines zufälligen Untergangs der Ware auf den Käufer über. Entschließt sich der Verkäufer zum **Selbsthilfeverkauf**, d. h. zur öffentlichen Versteigerung, muss er dies dem Käufer rechtzeitig mitteilen und ihm nach der Versteigerung eine Abrechnung schicken.

➔

> (…) Andernfalls sehen wir uns gezwungen, einen gerichtlichen Mahnbescheid gegen Sie zu beantragen. (…)

Der Käufer verpflichtet sich, den Kaufpreis wie vereinbart zu zahlen. Kommt er binnen 30 Tagen dieser Verpflichtung nicht nach, gerät er (ohne weitere Mahnung) in **Zahlungsverzug**. Ein wirksames Mittel des Verkäufers ist das **gerichtliche Mahnverfahren** bis hin zur amtlichen Zwangsvollstreckung. Er kann auch ein Inkassobüro beauftragen. Ein Rücktritt vom Vertrag würde bedeuten, dass der Verkäufer die wahrscheinlich inzwischen bereits gebrauchte Sache zurückbeschaffen müsste.

> (…) Wir machen darauf aufmerksam, dass Sie bei einem Deckungskauf die zusätzlichen Kosten zu tragen haben. (…)

Der Verkäufer verpflichtet sich, die Sache zu übergeben, d. h. zu liefern. Kommt er dieser Verpflichtung nicht nach, so gerät er durch die Mahnung des Käufers in **Lieferungsverzug**. Eine Mahnung ist nicht erforderlich, wenn für die Lieferung ein Termin bestimmt war. Beschafft der Käufer sich die dringend benötigte Sache anderweitig (Deckungskauf), so muss der Verkäufer dem Käufer den Mehraufwand ersetzen.

> (…) Da die gesetzliche Gewährleistungspflicht bereits abgelaufen ist, können wir Ihre Ansprüche leider nicht anerkennen. (…)

Der Verkäufer verpflichtet sich, die Sache frei von Sach- und Rechtsmängeln zu übergeben. Hat die übergebene Sache einen Mangel, so liegt eine **mangelhafte Lieferung** vor. Ein **Sachmangel** liegt vor, wenn die Sache sich nicht so verwenden lässt, wie man es erwarten kann, wenn Anpreisungen des Verkäufers nicht stimmen oder wenn die Montageanleitung unverständlich ist. Einem Sachmangel gleichgestellt ist die Lieferung einer falschen Sache oder einer zu geringen Menge. Das wichtigste Recht des Käufers ist das auf **Nacherfüllung**, d. h. Ersatzlieferung oder Beseitigung des Mangels. Dazu muss er den Mangel rügen. Die Frist beträgt zwei Jahre. Beim zweiseitigen Handelskauf muss der Käufer **unverzüglich** rügen.

Die folgende Übersicht fasst alle Kaufvertragsstörungen mit ihrer Wirkung und den Rechten der beeinträchtigten Vertragspartei zusammen:

Kaufvertragsstörungen		
Kaufvertrags-störung	**Beschreibung und Wirkung**	**Rechte der anderen Vertragspartei**
Lieferungs-verzug	Der Verkäufer übergibt die Sache nicht, d. h. die Lieferung erfolgt nicht oder ein vereinbarter Liefertermin wird nicht eingehalten.	Mahnung und Nachfristsetzung (nicht erforderlich bei Fixkauf und Terminkauf) Rücktritt vom Kaufvertrag Schadenersatz wegen Nichterfüllung (sofern dem Käufer ein Schaden entstanden ist)
Mangelhafte Lieferung	Der Verkäufer übergibt die Sache nicht frei von Sach- und Rechtsmängeln, d. h. die Sache hat nicht die vereinbarte Beschaffenheit (Mangel in Art, Menge oder Qualität). Die Rüge des Mangels durch den Käufer muss unverzüglich nach Entdeckung erfolgen.	Nacherfüllung, d. h. Beseitigung des Mangels oder Ersatzlieferung Minderung des Kaufpreises Rücktritt vom Vertrag Schadenersatz (sofern dem Käufer durch die mangelhafte Lieferung ein Schaden entstanden ist)

Kaufvertragsstörungen		
Kaufvertrags-störung	**Beschreibung und Wirkung**	**Rechte der anderen Vertragspartei**
Annahme-verzug	Der Käufer nimmt die Sache nicht an. Die Sache muss ihm tatsächlich angeboten worden sein. Gefahrenübergang auf den Käufer Der Käufer muss den Minder-erlös aus dem Verkauf und die Kosten tragen, ein Mehrerlös steht ihm zu.	Klage auf Abnahme Selbsthilfeverkauf (öffentliche Versteigerung) Notverkauf (bei leicht verderblichen Waren) Freihändiger Verkauf (bei Waren mit Börsen- oder Marktpreis)
Zahlungs-verzug	Der Käufer zahlt den Kaufpreis nicht. automatisch (ohne Mahnung) 30 Tage nach Fälligkeit und Zugang der Rechnung	gerichtliches Mahnverfahren Klage auf Zahlung Rücktritt vom Vertrag Schadenersatz (Verzugszinsen, Ersatz der Kosten)

Beispiel:
Unter welcher Voraussetzung kommt ein Lieferer in Lieferungsverzug?

1. Die Erzeugnisse sind wegen der Betriebsferien nicht rechtzeitig lieferbar.
2. Bei einem Fixkauf zum 15. Februar wird erst am späten Nachmittag (17.00 Uhr) geliefert.
3. Die rechtzeitige Lieferung kann wegen starken Schneefalls nicht erfolgen.
4. Die rechtzeitige Lieferung wird durch höhere Gewalt verhindert.
5. Im Zulieferbetrieb wird gestreikt, eine rechtzeitige Lieferung ist nicht möglich.

Der Verzug tritt dann nicht ein, wenn die Leistung unmöglich ist. **Aussage 1** ist die richtige Lösung, denn dass Betriebsferien sein werden, war bei Vertragsabschluss bereits bekannt und hätte berücksichtigt werden können. Unter höherer Gewalt wird ein von außen kommendes und unvorhersehbares Ereignis verstanden, das nicht verhindert werden kann.

Beispiel:
Welches Recht steht einem Käufer zu, wenn ihm mangelhafte Erzeugnisse geliefert werden?

1. Er kann die mangelhaften Waren billiger weiterverkaufen und erhält die Differenz zum vereinbarten Kaufpreis vom Verkäufer erstattet.
2. Er kann die Waren meistbietend versteigern lassen.
3. Er kann die Waren in einem Lagerhaus auf Kosten und Gefahr des Verkäufers einlagern.
4. Er kann Schadenersatz wegen Nichterfüllung verlangen.
5. Er kann Ersatzlieferung verlangen.

Das erste und wichtigste Recht des Käufers bei mangelhafter Lieferung ist die Nacherfüllung, d. h. Ersatzlieferung oder Behebung des Mangels. Damit ist **Aussage 5** richtig. Wenn der Mangel leicht zu beheben ist, kann der Käufer nicht auf Ersatzlieferung bestehen.

Beispiel:
Eva Berg hat bei der Möbelhandlung Grossmann KG eine Einbauküche bestellt. Als die Küche termingerecht geliefert wird, verweigert Frau Berg Annahme und Zahlung mit der Begründung, sie habe bei einer anderen Möbelhandlung dieselbe Küche günstiger gesehen. Welche der folgenden Aussagen stellt die Rechtslage nicht richtig dar?

1. Wenn die Grossmann KG die Küche wieder mitnimmt und diese beim Ausladen im Verkaufslager beschädigt wird, muss Eva Berg diesen Schaden bezahlen.
2. Die Grossmann KG hat das Recht, die Küche versteigern zu lassen (Selbsthilfeverkauf), muss Frau Berg jedoch darüber informieren und ihr eine angemessene Frist nennen.
3. Wird bei der Versteigerung der Küche (Selbsthilfeverkauf) ein Erlös erzielt, der über dem mit Frau Berg vereinbarten Kaufpreis liegt, so steht dieser Mehrerlös Frau Berg zu.
4. Der Grossmann KG steht das Recht der Klage auf Abnahme zu, auch wenn sie inzwischen einen anderen Käufer für die Küche gefunden hat.
5. Die Grossmann KG hat nicht das Recht zum Notverkauf, da dies nur bei leicht verderblichen Waren zulässig ist.

Da mit der Annahmeverweigerung der Gefahrenübergang erfolgt, muss Frau Berg den Schaden (Aussage 1) zahlen. Bei der Versteigerung (Aussage 2) darf Frau Berg mitbieten, und ein Mehrerlös (Aussage 3) steht ihr zu. Einzig **Aussage 4** macht keinen Sinn, da es bereits einen anderen Käufer gibt, sie ist damit die gesuchte Aussage.

Beispiel:
Ein Versandhaus hat gegen einen Kunden eine Forderung in Höhe von 2.713 Euro. Die Ware inklusive Rechnung ist dem Kunden vor zehn Wochen zugegangen. Auf die bisherigen Mahnungen erfolgte keine Reaktion. Das Versandhaus möchte daher vor Gericht gehen. Welchen Schritt sollte das Versandhaus zunächst unternehmen?

1. Einen Gerichtsvollzieher mit einer Zwangsvollstreckung beauftragen.
2. Beim zuständigen Amtsgericht einen Vollstreckungsbescheid beantragen.
3. Dem säumigen Kunden durch Einschreiben einen Mahnbescheid zustellen.
4. Beim zuständigen Amtsgericht einen Mahnbescheid beantragen.
5. Den säumigen Kunden per Einschreiben nochmals davon in Kenntnis setzen, dass gerichtlich gegen ihn vorgegangen wird.

Nach zehn Wochen ist ein nochmaliges Anschreiben des säumigen Kunden wenig sinnvoll. Um die Kosten dennoch niedrig zu halten, wird zunächst beim Amtsgericht ein Mahnbescheid beantragt. **Aussage 4** ist richtig. Das Amtsgericht stellt dem Kunden den Mahnbescheid zu. Legt der Kunde binnen zwei Wochen Widerspruch ein, kommt es sofort zur Gerichtsverhandlung. Unternimmt er nichts, kann beim Amtsgericht ein Vollstreckungsbescheid beantragt werden, der dem Kunden vom Amtsgericht zugestellt wird. Hier besteht auch eine Widerspruchsfrist von zwei Wochen. Unternimmt der säumige Kunde nichts, so erhält der Gläubiger einen vollstreckbaren Titel, mit dem er den Gerichtsvollzieher mit der Zwangsvollstreckung beauftragen kann.

Der Verkäufer verpflichtet sich, das Eigentum an der Sache zu übertragen. Der Käufer darf darauf vertrauen, dass der Verkäufer Eigentümer ist (gutgläubiger Erwerb). Er kann jedoch **kein Eigentum an gestohlenen oder verloren gegangenen Sachen** erwerben.

2.1.4 Eigentumsvorbehalt

Wird im Kaufvertrag ein **Eigentumsvorbehalt des Verkäufers** vereinbart, so kann dieser bei Zahlungsverzug des Käufers vom Vertrag zurücktreten und hat einen Herausgabeanspruch. Der Verkäufer bleibt bis zur vollständigen Bezahlung Eigentümer der Sache.

Beispiel:
Die Allgemeinen Geschäftsbedingungen der Paste AG enthalten die Formulierung „Die Ware bleibt bis zur vollständigen Bezahlung unser Eigentum." Welches Recht hat die Paste AG dadurch, wenn ein Kunde nicht zahlt?

1. Die Paste AG kann die gelieferte Ware sofort zurückverlangen.
2. Nach schriftlicher Androhung kann die Paste AG die Ware zurückverlangen.
3. Die Paste AG kann vom Vertrag zurücktreten und dann die Ware zurückverlangen.
4. Hat der Kunde die Ware an einen Dritten weiterverkauft, kann die Paste AG die Ware von diesem zurückverlangen.
5. Die Paste AG kann die Ware unverzüglich versteigern lassen.

Richtig ist **Aussage 3**. Bei einem Weiterverkauf oder einer Verarbeitung erlischt der Eigentumsvorbehalt, es sei denn, dass im Kaufvertrag oder in den AGB ein verlängerter Eigentumsvorbehalt vereinbart wurde.

2.2 Rechtsform, Organe, Haftung, Vertretung

2.2.1 Rechtsformen

Die **Firma** ist der **Name** des Kaufmanns, mit dem er ins Handelsregister eingetragen wird. Der Name muss einen **Zusatz** tragen, der die **Rechtsform** kennzeichnet. Bei **Einzelkaufleuten** ist dies der Zusatz **„e. K."** (eingetragener Kaufmann/-frau) oder auch „e. Kfm." bzw. „e. Kfr.". Bei **Gesellschaften** mit Kaufmannseigenschaft gibt der Gesetzgeber **vier mögliche Zusätze** vor, die die rechtliche Ausgestaltung der Gesellschaft kennzeichnen.

Rechtsformen von Gesellschaften	
Personengesellschaften	**Kapitalgesellschaften**
Offene Handelsgesellschaft (OHG) Kommanditgesellschaft (KG)	Gesellschaft mit beschränkter Haftung (GmbH) Aktiengesellschaft (AG)

Die Unterschiede zwischen den vier Gesellschaftsformen liegen in der Ausgestaltung der **Haftung und** der **Vertretungsbefugnisse**. Während es bei **Personengesellschaften** mindestens einen Vollhafter gibt, der auch mit seinem Privatvermögen haftet, ist bei **Kapitalgesellschaften** die Haftung auf das Eigenkapital der Gesellschaft beschränkt. Daher haben Kapitalgesellschaften eine eigene Rechtsfähigkeit, der Gesellschaftsvertrag muss notariell beurkundet sein.

Die **Vollhafterstellung der OHG-Gesellschafter** (persönlich, unbeschränkt, solidarisch) bedeutet, dass jeder Gesellschafter für alle Ansprüche an die OHG in Anspruch genommen werden kann, ohne Beschränkungen.

Die **Kommanditgesellschaft** stellt eine Mischung aus OHG und Kapitalgesellschaft dar und eignet sich gut für Familienunternehmen, bei denen die Verwandtschaft sich finanziell beteiligt, aber weder haften noch die Geschäfte führen möchte.

Haftung und Vertretung			
Rechtsform		**Haftung**	**Vertretung**
Personengesellschaften	OHG	Alle Gesellschafter haften persönlich, unbeschränkt und solidarisch.	Jeder Gesellschafter kann die Gesellschaft alleine vertreten (Grundsatz).
	KG	Komplementär ist Vollhafter (wie bei OHG) Kommanditist haftet nur mit seiner Kommanditeinlage	Komplementär kann die Gesellschaft alleine vertreten Kommanditist hat keine Geschäftsführungsbefugnis
Kapitalgesellschaften	GmbH	auf das Kapital beschränkt (evtl. Nachschusspflicht)	durch Geschäftsführer, nicht durch Gesellschafter
	AG	auf das Kapital beschränkt	durch Vorstand, nicht durch Aktionäre

Während es für die Personengesellschaften keine gesetzlichen Vorschriften über die **Höhe der Kapitaleinlage bei der Gründung** gibt, ist dies für Kapitalgesellschaften im **GmbH-Gesetz** und im **Aktiengesetz** streng geregelt: Beachten Sie die unterschiedlichen Begriffsbenennungen in den beiden Gesetzen.

Kapitaleinlage bei Kapitalgesellschaften		
	Gründungskapital	**Kapitaleinlagen der Gesellschafter**
AG	Grundkapital mindestens 50.000 Euro	Aktien: Nennwertaktien: Mindestnennwert 1 Euro Stückaktien: Prozent-Anteil am Grundkapital
GmbH	Stammkapital mindestens 25.000 Euro	Stammeinlage mindestens 100 Euro

Der Buchführungsbegriff **gezeichnetes Kapital** aus dem HGB entspricht dem Begriff Grundkapital des Aktiengesetzes bzw. Stammkapital des GmbH-Gesetzes.

Bei Personengesellschaften sind **mindestens zwei Gründer** erforderlich, hingegen kann eine Kapitalgesellschaft auch von **einer Person** alleine gegründet werden.

Seit November 2008 gibt es die sog. **Unternehmergesellschaft (haftungsbeschränkt)**. Dies ist eine existenzgründerfreundliche Variante der GmbH, auch als Mini-GmbH bezeichnet. Es handelt sich nicht um eine neue Rechtsform, sondern um eine GmbH, mit dem Unterschied, dass das Stammkapital nur mindestens einen Euro betragen muss. Dafür ist jedoch eine besondere Kennzeichnung als „UG (haftungsbeschränkt)" statt des Zusatzes „GmbH" erforderlich. Alle weiteren Gründungsvoraussetzungen wie Gesellschaftsvertrag notarieller Beurkundung und Eintragung ins Handelsregister müssen erfüllt werden. Der Zusatz „haftungsbeschränkt" darf nicht abgekürzt werden. Jährlich müssen 25 Prozent des Jahresüberschusses in eine Rücklage eingestellt werden, bis diese 25.000 Euro erreicht hat, wodurch jedoch keine automatische Umwandlung in eine reguläre GmbH erfolgt. Diese ist freiwillig und mit zusätzlichen Kosten verbunden.

Beispiel:
Ihnen liegen zu der Berliner Wohnungsbau GmbH die folgenden Informationen vor:

Firma	Berliner Wohnungsbau GmbH
Geschäftssitz	Talstraße 17, 10115 Berlin
Registergericht	Amtsgericht Berlin-Mitte HR B 5372
Geschäftszweck	Vermietung und Verkauf von Wohnungen
Bankverbindung	Bankhaus Brenzig AG, IBAN: DE3410020277, BIC: BRBKDEBE
Mitarbeiter	240
Bilanzsumme	13.720.000 Euro
Umsatz	35.650.000 Euro
Gesellschafter/Stammeinlage	Karl Bergner/20.000 Euro
	Edith Schummer/10.000 Euro
	Egon Bastig/20.000 Euro
Geschäftsführer	Edith Schummer (gleichzeitig Gesellschafterin)
	Anne Dorstig
	beide Geschäftsführer haben Einzelvertretungsbefugnis
Prokuristen	Ewald Feldt (Einzelprokura)

a) Welche der folgenden Aussagen stellt die gesetzlichen Regelungen zur GmbH richtig dar?

1. Die GmbH entsteht als juristische Person durch notarielle Beglaubigung des Gesellschaftsvertrags.
2. Nach dem GmbH-Gesetz muss der Gesellschafter mit der höchsten Stammeinlage die Geschäftsführung der GmbH übernehmen.
3. Das Stammkapital der GmbH beträgt mindestens 50.000 Euro.
4. Jeder Gesellschafter muss eine Stammeinlage von mindestens 100 Euro leisten.
5. Alle Gesellschafter der GmbH haften auch mit ihrem Privatvermögen.

Aussage 4 ist die für die GmbH zutreffende Aussage. Der Gesellschaftsvertrag (Aussage 1) muss notariell beurkundet werden, der Geschäftsführer (Aussage 2) wird von der Gesellschafterversammlung bestimmt, das Stammkapital (Aussage 3) muss mindestens 25.000 Euro betragen, und die Haftung (Aussage 5) ist auf das Kapital beschränkt.

b) Die Berliner Wohnungsbau GmbH will ein Geschäftsgrundstück kaufen und sich als Eigentümerin in das Grundbuch eintragen lassen. Ist dies möglich?

1. Ja, da die Berliner Wohnungsbau GmbH eine juristische Person des Privatrechts ist und somit auch Trägerin von Rechten und Pflichten.
2. Ja, weil die Eintragung in das Grundbuch grundsätzlich möglich ist, unabhängig davon, ob Rechts- oder Geschäftsfähigkeit gegeben ist.
3. Nein, weil eine GmbH nach außen durch ihren Geschäftsführer vertreten wird und nur dieser in das Grundbuch eingetragen werden kann.

↓

4. Nein, weil die Berliner Wohnungsbau GmbH eine juristische Person ist und in das Grundbuch nur natürliche Personen eingetragen werden können.
5. Nein, weil die Berliner Wohnungsbau GmbH eine juristische Person des öffentlichen Rechts ist und in diesem Fall der Staat als Eigentümer eingetragen wird.

Die GmbH hat als juristische Person eigene Rechtsfähigkeit und kann damit als Eigentümerin eines Grundstücks im Grundbuch eingetragen werden. **Aussage 1** ist richtig. Beachten Sie den Unterschied zur OHG und KG, die keine juristischen Personen sind und damit auch nicht Grundstückseigentümer sein können.

c) Die Berliner Wohnungsbau GmbH arbeitet eng mit der Nordmann KG zusammen. Welche der folgenden Aussagen zur Rechtsform der Nordmann KG ist richtig?

1. Komplementäre der KG sind nicht am Verlust beteiligt.
2. Kommanditisten der KG haften auch mit ihrem Privatvermögen.
3. Komplementäre haben nach dem HGB die Pflicht, die Geschäfte der KG zu führen.
4. Kommanditisten sind zur persönlichen Mitarbeit in der KG verpflichtet.
5. Die Gesellschafter der KG müssen eine Vermögenseinlage von insgesamt mindestens 25.000 Euro leisten.

Die Kommanditisten der KG haben eine ähnliche Rechtsstellung wie die GmbH-Gesellschafter. Die Haftung ist auf ihre Kommanditeinlage beschränkt, und sie sind nicht zur Geschäftsführung befugt, die alleine bei den Komplementären liegt. **Aussage 3** ist die gesuchte Lösung.

d) Prüfen Sie, welche Information über die Geschäftsführung und Vertretung der Berliner Wohnungsbau GmbH zutrifft.

1. Karl Bergner und Egon Bastig haben als Gesellschafter für alle gewöhnlich vorkommenden Rechtsgeschäfte Einzelvertretungsbefugnis.
2. Karl Bergner und Egon Bastig haben als nicht geschäftsführende Gesellschafter Gesamtvertretungsbefugnis.
3. Die beiden Geschäftsführerinnen Edith Schummer und Anne Dorstig können jeweils nur zusammen mit dem Prokuristen Ewald Feldt die GmbH vertreten.
4. Edith Schummer kann alleine Geschäfte abschließen.
5. Prokurist Ewald Feldt hat mit Einzelprokura die gleichen Vertretungsbefugnisse wie Anne Dorstig als Geschäftsführerin mit Einzelvertretungsbefugnis.

Gesellschafter einer GmbH haben grundsätzlich keine Geschäftsführungsbefugnis, es sei denn, sie sind zum Geschäftsführer bestellt. Dies ist bei Edith Schummer der Fall, und da sie Einzelvertretungsbefugnis hat, ist **Aussage 4** die richtige. Die Gesellschafterversammlung der GmbH ist das Kontrollorgan, das die Geschäftsführung überwacht. Bei der AG nennt sich dieses Organ Hauptversammlung.

e) Welche der folgenden Aussagen über die Haftungsverhältnisse bei der Berliner Wohnungsbau GmbH ist zutreffend?

1. Wird die Berliner Wohnungsbau GmbH zahlungsunfähig, können die Gläubiger auch auf den nicht geschäftsführenden Gesellschafter Karl Bergner bis zu einer Summe von 20.000 Euro zurückgreifen.
2. Die Gesellschafter Karl Bergner, Edith Schummer und Egon Bastig haften gegenüber ihren Gläubigern selbstschuldnerisch jeweils mit ihren Einlagen.

↓

3. Die Gesellschafter Karl Bergner, Edith Schummer und Egon Bastig haften gegenüber ihren Gläubigern gesamtschuldnerisch mit 50.000 Euro.
4. Nur die geschäftsführenden Gesellschafter haften gegenüber ihren Gläubigern gesamtschuldnerisch mit 50.000 Euro.
5. Auf das Privatvermögen der drei Gesellschafter haben die Gläubiger keinen Zugriff.

Die Haftungsbeschränkung auf das Kapital der GmbH besagt, dass es keinen Zugriff auf das Privatvermögen der Gesellschafter gibt. **Aussage 5** ist richtig. Der Vorteil einer Kapitalgesellschaft, dass das Privatvermögen unangetastet bleibt, ist mit dem Nachteil einer gegenüber Personengesellschaften geringeren Kreditwürdigkeit verbunden.

f) Die beiden Geschäftsführerinnen der Berliner Wohnungsbau GmbH erhalten Geschäftsführergehälter von je 60.000 Euro (pro Jahr). Die GmbH hat im vergangenen Jahr einen ausschüttungsfähigen Gewinn von 140.000 Euro erwirtschaftet. Ermitteln Sie das gesamte Einkommen von Edith Schummer (vor Steuern) im abgelaufenen Jahr.

Frau Schummer ist **Geschäftsführerin** und bezieht daher ein Gehalt. Hierin liegt ein weiterer wichtiger Unterschied zu den Personengesellschaften, deren geschäftsführende Gesellschafter nicht auf der **Lohnliste** des Unternehmens stehen. Frau Schummer ist aber auch **Gesellschafterin** und hat daher ein Anrecht auf einen ihrer Kapitaleinlage entsprechenden Anteil am ausgeschütteten Gewinn (sofern im Gesellschaftsvertrag keine andere Regelung getroffen ist). Da ihr Kapitalanteil ein Fünftel (10.000 Euro zu 50.000 Euro) beträgt, erhält sie 28.000 Euro Gewinnanteil. Dazugerechnet wird ihr Geschäftsführergehalt, sodass ihr Einkommen vor Steuern insgesamt 88.000 Euro beträgt.

Bei **Personengesellschaften** sieht die Regelung des HGB zur **Gewinnverteilung** vor, dass jeder Gesellschafter zunächst seine Kapitaleinlage mit **4 Prozent** verzinst bekommt. Der **Restgewinn** wird **nach Köpfen (OHG)** bzw. **im angemessenen Verhältnis (KG)** verteilt. Der Gesellschaftsvertrag kann eine andere Regelung vorsehen.

2.2.2 Handelsregister

Das Handelsregister wird **beim Amtsgericht** geführt und **verzeichnet alle Kaufleute** des Amtsgerichtsbezirks. Es genießt **öffentlichen Glauben**, d. h. alle Eintragungen gelten als richtig, es sei denn, dem Betroffenen ist die Unrichtigkeit der Eintragung bekannt. Es dient dazu, die Öffentlichkeit über wichtige Sachverhalte und Rechtsverhältnisse zu informieren. Daher werden die Eintragungen im Bundesanzeiger und in einer Tageszeitung veröffentlicht, und jedermann kann ins Handelsregister Einsicht nehmen, ohne ein besonderes Interesse nachweisen zu müssen. Inzwischen kann die Einsicht auch online unter www.handelsregister.de erfolgen

Beachten Sie hier den **Unterschied zum Grundbuch**. Die folgende Übersicht zeigt die beiden Abteilungen und die wesentlichen Inhalte des Handelsregisters.

<table>
<tr><th colspan="2">Handelsregister</th></tr>
<tr><th>Abteilung A
Einzelkaufleute, Personengesellschaften</th><th>Abteilung B
Kapitalgesellschaften</th></tr>
<tr><td colspan="2">Firmenbezeichnung, Ort der Niederlassung, Gegenstand des Unternehmens,
Prokura-Erteilung und Löschung der Prokura
Eröffnung der Insolvenz, Liquidation</td></tr>
<tr><td>Namen des Inhabers bzw. der Gesellschafter
Höhe der Kommanditeinlagen</td><td>Namen des Inhabers bzw. der Gesellschafter
Höhe der Kommanditeinlagen</td></tr>
</table>

Es gibt **erklärende** (deklaratorische) Eintragungen, die bereits bestehende Rechtsverhältnisse nur bekannt machen, wie z. B. eine Prokura-Erteilung, und **begründende** (konstituierende) Eintragungen, die Rechtsverhältnisse schaffen; z. B. begründet die Eintragung einer Kapitalgesellschaft ihre Rechtsfähigkeit. Rot unterstrichene Eintragungen gelten als gelöscht.

Beispiel:
Jasmine Bergner beabsichtigt, nach Abschluss ihrer Ausbildung die Bergner Büroservice GmbH zu gründen. Was muss sie hinsichtlich der Eintragung ins Handelsregister beachten?

1. Ein Büroservice-Unternehmen ist kein Kaufmann (Handelsgewerbe) und darf daher nicht ins Handelsregister eingetragen werden.
2. Die Rechtsform bedingt, dass die Bergner Büroservice GmbH Kaufmann ist und daher ins Handelsregister eingetragen werden muss.
3. Die Bergner Büroservice GmbH wird in Abteilung A des Handelsregisters eingetragen und wird dadurch Kaufmann (konstituierende Wirkung).
4. Als Einzelperson muss Jasmine Bergner sich mit dem Zusatz „e. K." oder „e. Kfr." ins Handelsregister eintragen lassen.
5. Jasmine Bergner muss zur Eintragung in das Handelsregister einen beglaubigten Gesellschaftsvertrag einreichen, in dem auch die Höhe des Grundkapitals angegeben ist.

Ein Büroservice ist kein Handelsgewerbe (Aussage 1), aber eine GmbH wird durch Eintragung ins Handelsregister zum Kaufmann (Formkaufmann, Kaufmann kraft Rechtsform); **Aussage 2** ist richtig. Falsch in Aussage 3 ist, dass die Eintragung als Kapitalgesellschaft in Abteilung B erfolgt. Der Zusatz bei der Firma (Aussage 4) muss „GmbH" lauten. In Aussage 5 sind zwei Fehler eingebaut: Der Gesellschaftsvertrag muss notariell beurkundet werden, und das Kapital der GmbH heißt Stammkapital und nicht Grundkapital (AG).

2.2.3 Vertretung

Geschäftsinhaber können nicht alle Entscheidungen alleine treffen und vergeben daher **Vollmachten** an ihre Mitarbeiter. Die Vollmacht mit der stärksten Wirkung ist die **Prokura**, die ins Handelsregister eingetragen und damit öffentlich gemacht wird.

Vertretung		
Prokura	**Handlungsvollmacht**	**Artvollmacht**
alle gerichtlichen und außergerichtlichen Geschäfte, die der Betrieb eines Handelsgewerbes mit sich bringt	alle Geschäfte und Rechtshandlungen, die der Betrieb gewöhnlich mit sich bringt	alle Rechtshandlungen einer bestimmten Art, z. B. Ladenvollmacht (übliche Verkäufe)

Die Prokura wird durch den **Inhaber oder Geschäftsführer** gegenüber dem Begünstigten **erklärt** und ist damit wirksam. Sie wird ins Handelsregister eingetragen, um sie öffentlich bekannt zu machen. **Zum Entzug der Prokura** reicht ebenfalls eine einfache Erklärung, jedoch erst mit Löschung im Handelsregister wirkt der Entzug nach außen. Das HGB sieht klare Regelungen zum Umfang dieser Vollmacht vor. Beschränkungen im Innenverhältnis gelten im Außenverhältnis nicht. Ein Prokurist unterschreibt Geschäftspost mit einem Zusatz, der seine Prokura kennzeichnet, z. B. mit „ppa." (per procura). Prokura kann auch mehreren Mitarbeitern gemeinschaftlich erteilt werden. Sie sind dann nur zusammen zeichnungsberechtigt.

Ein Prokurist soll die Geschäftsführung gut entlasten können. Die Begrenzungen der **Prokura** dienen dem **Schutz des Unternehmens**. Der Verkauf eines wichtigen Grundstücks ist wesentlich schwieriger rückgängig zu machen als der Kauf eines Grundstücks. Daher darf ein Prokurist zwar Grundstücke kaufen, aber nicht verkaufen. Ein von ihm eingestellter Mitarbeiter kann wieder entlassen werden. Aber der Schaden, der durch einen Insolvenzantrag oder durch die Unterschrift unter eine unrichtige Bilanz erzeugt werden könnte, wäre enorm. Prokura erteilen darf ein Prokurist nicht, da die erforderliche Eintragung ins Handelsregister nur von den Geschäftsführern der GmbH beantragt werden kann.

2.2.4 Genossenschaft

Die Genossenschaft ist eine **Gesellschaft** von nicht geschlossener Mitgliederzahl mit dem Zweck, **den Erwerb oder die Wirtschaft ihrer Mitglieder** mittels gemeinschaftlichen Geschäftsbetriebs **zu fördern**. Die ersten Genossenschaften entstanden Mitte des 19. Jahrhunderts zur Bekämpfung der wirtschaftlichen Not der ländlichen Bevölkerung, der Gewerbetreibenden und der Arbeiter. Gesetzliche Grundlage ist das **Genossenschaftsgesetz** (GenG), ferner gilt für ins Genossenschaftsregister eingetragene Genossenschaften (eG) das **Handelsgesetzbuch** (HGB).

Die **Mitglieder** der Genossenschaft (Genossen) sind untereinander **gleichberechtigt** ohne Rücksicht auf die Höhe ihrer Kapitalbeteiligung an der Genossenschaft. Die Genossenschaft verwaltet sich selbst durch die **Genossenschaftsorgane**. Der gemeinschaftliche Geschäftsbetrieb soll im Sinne der Förderungsaufgabe nicht gewinnorientiert sein.

Beispiel:
Wohnungsbaugenossenschaften werben damit, dass man kein Mieter ist, sondern ein Mitglied, Gemeinschaftseigentümer der Genossenschaft. Und wer Eigentümer ist, der hat es besser als jeder Mieter. Was einem gehört, kann einem keiner mehr nehmen. Deshalb haben Mitglieder in einer Genossenschaft ein Wohnrecht auf Lebenszeit. Außerdem entscheidet man selbst, was im Haus und in der Siedlung läuft. Dafür gibt es die Selbstverwaltung.

Statt einem Mietvertrag wird ein Nutzungsvertrag abgeschlossen. Allerdings gelten für diesen Nutzungsvertrag dieselben rechtlichen Bestimmungen wie für einen Mietvertrag.

Hinzu kommt das Genossenschaftsverhältnis, das sich nach dem Genossenschaftsgesetz und dem Statut der Genossenschaft richtet. Statt einer Kaution zahlt man Genossenschaftsanteile ein und wird Mitglied. Aus dem Genossenschaftsverhältnis kann sich je nach Statut ein Anteil am Gewinn oder gar eine Verzinsung des Geschäftsguthabens (der Genossenschaftsanteile) ergeben.

Die **Gründung** einer Genossenschaft erfolgt durch **mindestens sieben Personen**, die ein **Statut** (Satzung) für die Genossenschaft aufzustellen und **Vorstand und Aufsichtsrat** (Genossenschaftsorgane) zu wählen haben. Das Prinzip der **Selbstorganschaft** schreibt vor, dass Vorstands- und Aufsichtsratsmitglieder selbst Genossen sein müssen.

Die **Eintragung** der Genossenschaft in das **Genossenschaftsregister** ist durch den Vorstand anzumelden unter Einreichung des von den Gründern unterzeichneten Statuts, einer Liste der Mitglieder, von Urkunden über die Bestellung des Vorstands und des Aufsichtsrats sowie des Zulassungsbescheids zu einem Prüfungsverband.

Mit Eintragung wird die Genossenschaft **juristische Person** und gilt (ohne Rücksicht auf ihre Größe) als **Kaufmann** im Sinn des HGB; damit ist sie neben den Vorschriften des Genossenschaftsgesetzes auch denen des HGB unterworfen.

Je nach Ausgestaltung des Statuts lassen sich drei **Haftpflichtformen** unterscheiden, wobei alle nur mit dem Zusatz eingetragene Genossenschaft (eG) firmieren dürfen:

- Genossenschaft mit unbeschränkter Haftpflicht: Die Genossen haften für die Schulden der Genossenschaft mit ihrem ganzen Vermögen.
- Genossenschaft mit beschränkter Haftpflicht: Die Genossen haften mit der im Statut festgelegten Haftpflichtsumme (nicht unter dem Geschäftsanteil).
- Genossenschaft ohne Haftpflicht: Die Genossen haften nicht, sondern nur die Genossenschaft als Körperschaft.

Übersicht Rechte und Pflichten	
Rechte	**Pflichten**
• Recht zur Benutzung der satzungsgemäßen Einrichtungen der Genossenschaft • Stimmrecht, bei Großgenossenschaften das aktive und passive Wahlrecht zur Vertreterversammlung • Anspruch auf Gewinnanteil, soweit nicht durch Statut ausgeschlossen	• Zahlung der Pflichteinlagen • Nachschusspflicht (Genossenschaftsinsolvenz) • andere durch Statut begründete Pflichten (z. B. Abnahmepflichten)

Die **Aufnahme** in eine Genossenschaft erlangt man durch Eintritt, der durch schriftliche Beitrittserklärung mit Zustimmung des Vorstands und Eintragung in die Genossenliste wirksam wird.

Aus der Genossenschaft ausscheiden kann man durch **Austritt** mittels schriftlicher Kündigung mit Dreimonatsfrist zum Schluss des Geschäftsjahres. Das Statut kann eine andere (höchstens fünfjährige) Kündigungsfrist vorsehen. Der Ausscheidende hat Anspruch auf Auszahlung des sich nach der Bilanz ergebenden Geschäftsguthabens binnen sechs Monaten, eventuell muss er einen anteiligen Fehlbetrag einzahlen. In besonderen Fällen können Mitglieder auch aus der Genossenschaft ausgeschlossen werden.

2.3 Kapitalbeschaffung

Finanzierung lässt sich definieren als die **Beschaffung finanzieller Mittel** für Unternehmenszwecke. Dazu wird anhand einer **Finanzplanung** der Finanzierungsbedarf ermittelt. Höhe und Dauer des Bedarfs bestimmen dann die Herkunft der Finanzierungsmittel und damit auch die Kosten der Kapitalbeschaffung.

Unterscheiden Sie kurzfristigen und langfristigen Finanzierungsbedarf und die Rechtsstellung der Kapitalgeber. Bei der Eigenfinanzierung haben die Kapitalgeber eine Eigentümerposition, bei der Fremdfinanzierung eine Gläubigerposition. Aus der Gläubigerposition ergibt sich der Anspruch auf Verzinsung und Rückzahlung.

Im **Liquiditätsplan** werden die zu erwartenden Zahlungsströme erfasst, und wenn die Auszahlungen größer sind als die Einzahlungen, entsteht Finanzierungsbedarf. Die Liquiditätsplanung und die Finanzplanung sind in die Gesamtplanung des Unternehmens eingebunden, zu der z. B. auch die Investitionsplanung gehört.

Die kostengünstigste Finanzierungsform ist die **Innenfinanzierung**: Aus den Umsatzerlösen werden überschüssige Mittel gewonnen und können für Unternehmenszwecke eingesetzt werden. Die folgende Übersicht fasst alle möglichen Finanzierungsformen zusammen:

Finanzierungsformen		
	Innenfinanzierung	**Außenfinanzierung**
Eigenfinanzierung	Einbehaltung von Gewinnen, Abschreibung	Beteiligungsfinanzierung, z. B. Ausgabe von Aktien
Fremdfinanzierung	Bildung von Rückstellungen	Kreditaufnahme (Darlehen)

Beispiel:
In der Berliner Wohnungsbau GmbH soll Kapital in Form von Innenfinanzierung aufgebracht werden. Welche Maßnahme fällt darunter?

1. Die Berliner Wohnungsbau GmbH verlängert die Zahlungsziele bei den an ihre Kunden ausgestellten Rechnungen für erbrachte Dienstleistungen.
2. Die Berliner Wohnungsbau GmbH erwirbt Aktien der Paste AG.
3. Die Gesellschafterversammlung beschließt, den Gewinn des abgelaufenen Geschäftsjahres in der GmbH zu belassen und nicht an die Gesellschafter auszuschütten.
4. Es wird ein weiterer Gesellschafter mit der Einlage von 30.000 Euro in die GmbH aufgenommen.
5. Die Berliner Wohnungsbau GmbH nimmt bei ihrer Hausbank ein Darlehen auf.

Lösung: Aussage 3 ist richtig.

Die Einbehaltung von Gewinnen ist **Innenfinanzierung als Eigenfinanzierung** (Selbstfinanzierung). Die Buchung von Abschreibungen und Rückstellungen (mehr dazu erfahren Sie in Lernfeld 3 Werteströme) bedeutet, dass der ausschüttbare Gewinn reduziert wird und so die aus dem Umsatzprozess gewonnenen Geldbeträge für andere Zwecke verwendet werden können.

Aussage 1 ist eine **Mittelverwendung** (Investition): Wenn die Kunden später zahlen, entsteht erhöhter Finanzierungsbedarf für die Berliner Wohnungsbau GmbH. Dies kann unter Marketinggesichtspunkten sinnvoll sein (Kundenkredite). Aussage 2 ist ebenfalls eine Mittelverwendung; der Erwerb der Aktien kann zu dem Zweck erfolgen, Einfluss auf die Paste AG zu nehmen (Beteiligung).

Aussage 4 stellt eine **Außenfinanzierung als Eigenfinanzierung** (Beteiligungsfinanzierung) dar. Die Beteiligungsfinanzierung ist rechtsformabhängig: Für eine Kapitalgesellschaft ist sie einfacher als für eine Personengesellschaft, da nur das Eigenkapital durch die Ausgabe weiterer Anteilscheine erhöht werden muss, ohne dass die neuen Geldgeber direkten Einfluss auf die Geschäftsführung bekommen. Die an der Börse notierte Aktiengesellschaft kann sich durch die Ausgabe neuer Aktien am Kapitalmarkt sehr gut zusätzliches Kapital beschaffen.

Aussage 5 ist eine Außenfinanzierung als **Fremdfinanzierung** (Darlehen oder Kredit). Der Kapitalgeber hat aus dem Darlehensvertrag eine Gläubigerposition, die ihm das Recht auf Verzinsung und Rückzahlung einräumt. Die folgende Übersicht erläutert Ihnen die wichtigsten Darlehensformen.

Darlehensformen	
Annuitätendarlehen	Darlehen mit jährlich gleichbleibender Zahlung (= Annuität), die sich aus einem sinkenden Zinsanteil und einem steigenden Tilgungsanteil zusammensetzt.
Tilgungsdarlehen	Darlehen mit jährlich gleichbleibender Tilgung; die Zinsen werden jeweils auf die Restschuld berechnet und sinken daher im Zeitablauf.
Fest-darlehen	Darlehen mit Tilgung in einem Betrag am Ende der Laufzeit; während der Laufzeit sind nur (gleichbleibende) Zinszahlungen zu leisten.

Die Konditionen von Krediten können sehr unterschiedlich ausgestaltet werden, z. B. mit jährlicher, vierteljährlicher oder monatlicher Zins- und Tilgungsleistung. Die zu zahlenden Zinsen bei Krediten mit unterjähriger Laufzeit berechnen Sie nach der folgenden Formel:

$$\text{Zinsbetrag} = \frac{\text{Kreditbetrag} \cdot \text{Jahreszinssatz} \cdot \text{Laufzeit in Tagen}}{100 \cdot 360}$$

Beispiel:
Die Berliner Wohnungsbau GmbH hat am 09.04.2014 für eine Investition kurzfristig 18.000,00 Euro bei ihrer Bank aufgenommen. Sie zahlt den Betrag am 24.07.2014 zurück. Die Bank berechnet Zinsen in Höhe von 293,25 Euro. Zu welchem Zinssatz (p. a.) hat die Hausbank den Kredit berechnet?

Lösung: Der Zinssatz betrug 5,59 %. Die Bank rechnet den Monat mit 30 Tagen und das Jahr entsprechend mit 360 Tagen. Vom 09.04. bis zum 24.07. sind es daher 105 Tage.

$$293{,}25 = \frac{18.000 \cdot \text{Jahreszinssatz} \cdot 105}{100 \cdot 360} \quad \text{bzw.} \quad \frac{293{,}25 \cdot 100 \cdot 360}{18.000 \cdot 105} = 5{,}59$$

Ist bei einem Darlehen der Auszahlungsbetrag kleiner als die vereinbarte Darlehenshöhe, so wird die Differenz als **Disagio oder Damnum** bezeichnet. Dies sind vorwegbezahlte Zinsen und der Nominalzins ist kleiner als bei einem Darlehen mit 100 Prozent Auszahlung. Der **Effektivzins**, d. h. der tatsächlich zu zahlende Zins, ist dann höher als der Nominalzins. Ein Disagio kann in der Bilanz aktiviert und über die Laufzeit des Kredits abgeschrieben werden.

Die Höhe des Effektivzinses kann nach der folgenden Näherungsformel (NADL-Formel) berechnet werden:

$$\text{Effektivzins} = \frac{\text{Nominalzins} \cdot 100}{\text{Auszahlung}} + \frac{\text{Disagio}}{\text{Laufzeit}} \qquad \frac{N \cdot 100}{A} + \frac{D}{L}$$

Ein Disagio kann durch ein **Tilgungsstreckungsdarlehen** finanziert werden, wenn der Kreditnehmer den vollen Kreditbetrag in Anspruch nehmen möchte. Das Tilgungsstreckungsdarlehen ist vor Tilgung des Hauptdarlehens zurückzuzahlen.

Eine besondere Finanzierungsform in der Immobilienwirtschaft ist der **Bausparvertrag**. Er stellt aus Sicht des privaten Häuslebauers eine Kombination von Eigen- und Fremdfinanzierung dar. Nach Ansparung des Ansparbetrags und Erlangung der Zuteilungsreife wird ein zinsgünstiger Bausparkredit gewährt. Dahinter steht ein Solidarsystem: Das Ansparvolumen aller Bausparer dient zur Kreditvergabe an solche Bausparer, die die Zuteilungsreife erlangt haben.

Die Darlehensform des **Festdarlehens** (Tilgung in einer Summe am Ende der Laufzeit) wird im Bereich Baufinanzierung in Kombination mit einer laufzeitkongruenten Kapitallebensversicherung eingesetzt. Bei Fälligkeit wird mit der Ausschüttung der Lebensversicherungssumme das Darlehen zurückgeführt.

Kreditgeber (Gläubiger) sichern ihre Ansprüche durch **Kreditsicherheiten**. Der Kreditnehmer wird als Sicherungsgeber, der Kreditgeber als Sicherungsnehmer bezeichnet. Wichtig ist in diesem Zusammenhang die Unterscheidung zwischen Besitz und Eigentum. **Besitz** ist die tatsächliche Verfügungsgewalt über eine Sache, **Eigentum** die rechtliche Verfügungsgewalt. Die folgende Übersicht erläutert Ihnen die wichtigsten Kreditbesicherungsmöglichkeiten.

Kreditsicherheiten	
Sicherungsübereignung	Der Sicherungsgeber bleibt Besitzer, der Sicherungsnehmer wird Eigentümer, z. B. bei Pkw, Maschinen, Lagerbeständen.
Verpfändung	Der Sicherungsgeber bleibt Eigentümer, der Sicherungsnehmer wird Besitzer, z. B. Wertpapiere, Schmuck, Kunstgegenstände.
Grundpfandrechte	Grundstücke: Hypothek und Grundschuld werden ins Grundbuch (Abteilung III) eingetragen, beschränken die Verkaufsmöglichkeit.
Zession	Abtretung von Forderungen an Dritte, z. B. Kundenforderungen oder Lebensversicherungen. Die Zession kann offen (dem Drittschuldner bekannt gemacht) oder verdeckt erfolgen.
Bürgschaft	Ein Dritter (Bürge) verspricht Zahlung, wenn der Kreditnehmer nicht zahlt. Bei der selbstschuldnerischen Bürgschaft verzichtet der Bürge auf die Einrede der Vorausklage, d. h. darauf, dass vorher erfolglos in das Vermögen des Schuldners zwangsvollstreckt wurde.

3 Das Zielsystem des Ausbildungsunternehmens

3.1 Ökonomische, soziale, ökologische Ziele

Betriebswirtschaftslehre ist die **Lehre vom Wirtschaften in Betrieben**. Im alltäglichen betrieblichen Prozess muss eine Vielzahl von Entscheidungen getroffen werden, die ganz unterschiedliche Bereiche im Unternehmen betreffen können. Daher beschäftigt sich die kaufmännische Lehre mit den Entscheidungen, die in Betrieben zu treffen sind. Um eine Entscheidung zu treffen, muss ein **Entscheidungsziel** definiert werden, das es zu erreichen gilt.

Die verschiedenartigen Ziele, die in Unternehmen formuliert werden müssen, reichen von der Gründung, der Rechtsformwahl und der Standortwahl über die Art der herzustellenden Produkte, wie viele und welche Mitarbeiter eingestellt werden müssen, wie die Organisation gestaltet werden soll bis hin zu der Entscheidung, welche Produkte und Dienstleistungen angeboten und wie sie vermarktet werden sollen. Im Vordergrund steht dabei i. d. R. das Ziel der **Gewinnmaximierung**.

Beispiel:
Unternehmen in einer Marktwirtschaft handeln nach dem erwerbswirtschaftlichen Prinzip. Welche der folgenden Aussagen stellt das diesem Prinzip zugrunde liegende Ziel richtig dar?

1. Gewinnmaximierung ist das vorrangige Ziel eines erwerbswirtschaftlichen Unternehmens, damit die Zufriedenheit der Gesellschafter und Kapitalgeber gefördert wird.
2. Die Produkte sollten zu möglichst niedrigen, aber kostendeckenden Preisen angeboten werden, damit ein möglichst hoher Absatz erzielt werden kann.
3. Die Produktionskapazitäten sollten aus Kostengründen stets voll ausgelastet sein. Um die Produkte dann am Markt unterzubringen, muss das Marketing besonders ausgefeilt sein.
4. Es gilt, den Umsatz zu maximieren, weil so möglichst viele Arbeitsplätze geschaffen werden können, denn die soziale Aufgabe der Unternehmen steht stets im Vordergrund.
5. Wichtig ist, über ein besonders breites und tiefes Sortiment den Kunden alles zu bieten, was er erwarten könnte, um die bestmögliche Kundenzufriedenheit zu erreichen.

Lösung: Richtig ist Aussage 1.

Kapitalgeber investieren ihr Kapital in solche Unternehmen, die am Markt erfolgreich sind und so gute Kapitalerträge erwirtschaften. Der Aktienkurs eines börsennotierten Unternehmens ist ein guter Indikator dafür, wie erfolgreich ein Unternehmen ist, und danach richtet sich die Bereitschaft von Kapitalgebern, zusätzliches Kapital, z. B. für Erweiterungsinvestitionen, zur Verfügung zu stellen.

Vom erwerbswirtschaftlichen Prinzip zu unterscheiden sind das **gemeinwirtschaftliche Prinzip** und das **genossenschaftliche Prinzip**. Gemeinwirtschaftlich orientierte Unternehmen bieten ihre Leistungen **kostendeckend** an und versuchen, einen gegebenen Bedarf zu decken. Es ist die Zielsetzung staatlicher Unternehmen. Das Genossenschaftsprinzip beinhaltet die gegenseitige Förderung der Mitglieder.
Das erwerbswirtschaftliche Prinzip basiert auf dem **ökonomischen Prinzip**, das sich in den zwei Ausprägungen Maximalprinzip und Minimalprinzip darstellen lässt:

- **Maximalprinzip**: Mit gegebenen Mitteln ein Ziel maximal erreichen, z. B. mit den vorhandenen Unternehmensressourcen einen möglichst hohen Gewinn erwirtschaften.
- **Minimalprinzip**: Ein gegebenes Ziel mit minimalem Mitteleinsatz erreichen, z. B. die angebotenen Güter und Dienstleistungen zu möglichst geringen Kosten bereitstellen.

Bei den erwerbswirtschaftlichen Unternehmen in einer Marktwirtschaft stehen zwar die Ziele der Kapitalgeber im Vordergrund, doch muss ein Unternehmen auch als **soziales System** begriffen werden, an dem viele verschiedene Menschen direkt und indirekt beteiligt sind, die unterschiedliche Ziele mit dem Unternehmen verfolgen. Die folgende Übersicht zeigt Ihnen die Interessengruppen und ihre gängigen Ziele:

Unternehmen als Zielerreichungszentrum	
Eigenkapitalgeber	• Einkommen durch Gewinn-Ausschüttungen • Vermögenssicherung und Vermögensmehrung • politische und wirtschaftliche Macht • soziales Prestige
Unternehmens-leitung	• Einkommen durch Entgelt • Sicherung des Arbeitsplatzes • Wahrung und Ausweitung der Aufgaben und Kompetenzen • soziales Prestige • Ausüben von Macht • Selbstverwirklichung
Mitarbeiter und Arbeitnehmer-vertreter	• Einkommen durch Entgelt • Sicherung des Arbeitsplatzes • humane Arbeitsbedingungen • Selbstverwirklichung
Gläubiger	• Verzinsung des eingesetzten Kapitals • Sicherung der Kredittilgung • Sicherung weiterer Kreditgeschäfte
Kunden	• Güterversorgung (Menge, Qualität, Preis, Service) • Befriedigung von Bedürfnissen
Lieferanten	• Absatz von Gütern (Menge, Qualität, Preis, Service) • dauerhafte und harmonische Geschäftsbeziehung • rechtzeitige Zahlung der Rechnungen
Staat	• Steuerzahlungen • Einhaltung von gesetzlichen Regelungen
Öffentlichkeit	• Sicherung der wirtschaftlichen Leistungsfähigkeit • Schutz der Umwelt • Wohlstandsmehrung durch qualitativ hochwertige Güter • soziale Sicherung und Erlebnisqualität

Die Unternehmensführung sieht sich daher einer Vielzahl von Zielen gegenüber, und **Zielkonflikte** sind vorprogrammiert. So ist die ökologische Zielsetzung meist schwer mit der ökonomischen Zielsetzung in Einklang zu bringen, da Umweltschutz Kosten verursacht. Der Staat versucht, durch seine Umweltgesetzgebung hier zum einen als hoheitliche Gewalt Zwang auszuüben, zum anderen setzt er Anreize z. B. durch Subventionen für Umweltschutzinvestitionen.

Das Verfolgen der ökologischen Zielsetzung kann aber auch aus Marketing-Gesichtspunkten vorteilhaft sein. Die wichtigste Marketing-Zielsetzung ist **Kundenorientierung**, d. h. das Unternehmen hat die Waren und Dienstleistungen so anzubieten, wie der Kunde sie benötigt. Wenn im Zielsystem des Kunden Umweltschutz eine wichtige Rolle spielt, hat ein Unternehmen, das sich ökologisch gibt, einen Wettbewerbsvorteil gegenüber Konkurrenten.

Beispiel:
Da die Verbraucher immer mehr Wert auf die Umweltverträglichkeit der von ihnen erworbenen Produkte legen, hat sich die Müller Heiztechnik GmbH dazu entschlossen, die ökologische Zielsetzung in Zukunft stärker zu beachten. Welche der folgenden Maßnahmen entsprechen der ökologischen Zielsetzung?

1. Selbstgestaltetes grünes Ökosiegel und verstärkte Markenwerbung
2. Einsatz recyclingfähiger Kunststoffe und Senkung des Energieverbrauchs der Geräte
3. Kartonverpackungen und Wahl eines natürlicheren Designs für die Geräte
4. Rücknahmegarantie für die Altgeräte und deutliche Senkung der Verkaufspreise
5. Verlängerung der Gewährleistungsfrist und kürzere Lieferzeiten

Lösung: Aussage 2 ist richtig.

Die Bedeutung des Begriffs **Recycling** (Wiederverwertung) sollte Ihnen bekannt sein. In den anderen Aussagen finden Sie auch ökologische Maßnahmen, wie z. B. die **Rücknahmegarantie** oder die verlängerte **Gewährleistungsfrist**, sofern dahinter tatsächlich Maßnahmen der Produktverbesserung und nicht nur verkaufsfördernde Werbebotschaften stehen.

Unternehmensführung lässt sich definieren als die systematische Formulierung und Verfolgung von unternehmerischen Zielen. Dazu wird ein Zielsystem gebildet, das sich in Ober- und Unterziele strukturieren lässt. Als oberste Zielsetzung lässt sich die Erhaltung und erfolgreiche Weiterentwicklung des Unternehmens benennen. Daraus abgeleitet werden strategische Ziele für die erfolgsorientierte Vorgehensweise am Markt und Wahrung der Liquidität. Um diese Ziele zu erreichen, werden Unterziele formuliert, z. B. eine bestimmte neue Dienstleistung in den Markt zu bringen oder zu verbessern. Dazu müssen dann weitere Beschaffungs-, Produktions-, Personal-, Liquiditäts- und sonstige Ziele formuliert und Maßnahmen ergriffen werden.

Das wichtigste Instrument, dessen sich die Unternehmensführung zur Ermittlung und Durchsetzung des Zielsystems bedient, ist das **Controlling**. Controlling ist gleichzusetzen mit Planung, Steuerung und Kontrolle oder Management. Es ist die zielorientierte Beherrschung, Lenkung, Steuerung, Regelung und Beeinflussung von betrieblichen Prozessen und lässt sich an dem folgenden, etwas schematischen **Phasenkonzept** der Unternehmensplanung verdeutlichen:

Führungstätigkeiten in der Unternehmung		
1. Problemstellungsphase	Erkennen des Problems durch Soll-Ist-Vergleich Analyse der Ursachen des Problems Formulierung der Ziele und Aufgaben zur Lösung des Problems	Planung
2. Suchphase	Suche nach Alternativen (Maßnahmen), um das Problem zu lösen	
3. Beurteilungsphase	Bewertung der gefundenen Alternativen in Bezug auf ihre Zielerreichungsgrade	
4. Entscheidungsphase	Auswahl der Alternative, die in Bezug auf die vielfältigen formulierten Ziele als die beste erscheint	
5. Durchführungsphase	Feinplanung der Durchführung Durchführung der Maßnahmen	Steuerung
6. Kontrollphase	Soll-Ist-Vergleich: Wurden die angestrebten Zielerreichungsgrade erreicht? Abweichungsanalyse: beeinflussbare und nicht beeinflussbare Ursachen für die Abweichung neue Problemformulierung (weiter bei Phase 1)	Kontrolle

Das folgende Beispiel gibt nur einen sehr groben und kurzen Einblick in die Anwendung dieses Planungsschemas. In der Unternehmenspraxis ist ein solcher Entscheidungsprozess sehr komplex und läuft über mehrere Wochen und Monate. Oft genug scheitern solche Vorhaben auch oder werfen im Nachhinein viele Probleme auf. Über die Hälfte aller Unternehmenszusammenschlüsse scheitern.

Beispiel:
Die Berliner Wohnungsbau GmbH überlegt, aus Marketinggesichtspunkten die Qualität der von ihr errichteten Bürogebäude zu verbessern. Dazu will sie mit einem ortsansässigen Bauunternehmer verstärkt zusammenarbeiten.

1. **Problemstellungsphase**: Um einen Wettbewerbsvorteil auf dem Markt für Bürogebäude zu erzielen, müsste die Qualität der Gebäude verbessert werden. Dazu müsste mehr Kontrolle auf die ausführenden Bauunternehmer ausgeübt werden, was durch einen Unternehmenszusammenschluss erreichbar wäre.
2. **Suchphase**: Zusammenstellung der Bauunternehmungen, die für einen solchen Zusammenschluss in Frage kommen, und der möglichen Arten des Zusammenschlusses. Sondierung, welche Unternehmen zu einer Zusammenarbeit bereit wären bzw. dazu gezwungen werden könnten.
3. **Beurteilungsphase**: Bewertung der Bauunternehmungen und der notwendigen bzw. sinnvollen Arten des Zusammenschlusses (siehe unten!).
4. **Entscheidungsphase**: Auswahl der besten Alternative.
5. **Durchführungsphase**: Festlegen und Ergreifen von Maßnahmen, um den Zusammenschluss durchzuführen.
6. **Kontrollphase**: Überprüfung, ob durch den Zusammenschluss eine Verbesserung der Fertigungsqualität erreicht worden ist.

Bei der Art des Zusammenschlusses unterscheiden Sie **Kooperation** und **Vereinigung**.
Bei Kooperationen wird in dem Bereich der Zusammenarbeit die wirtschaftliche Eigenständigkeit aufgegeben. Eine Sonderform der Kooperation mit wettbewerbsbeschränkender Wirkung ist das Kartell. Kartelle sind grundsätzlich verboten.

Unter **Vereinigungen** ist der Konzern und die Fusion zu verstehen. Beim Konzern gibt das Tochterunternehmen seine wirtschaftliche Selbstständigkeit auf, es bleibt aber als eigene Rechtsperson im Handelsregister eingetragen. Konzerne werden gebildet durch Beherrschungsvertrag, Beteiligung (über 50 Prozent) oder/und personelle Verflechtung. Bei der Fusion wird auch die Rechtsperson zumindest eines Unternehmens aufgelöst (Fusion durch Aufnahme) oder beide Unternehmen geben ihre alte Identität auf und es entsteht ein gemeinsames neues Unternehmen (Fusion durch Neugründung).

Arten von Unternehmenszusammenschlüssen		
	rechtliche Selbstständigkeit	**wirtschaftliche Selbstständigkeit**
Kooperation	bleibt erhalten	wird teilweise aufgegeben
Konzern	bleibt erhalten	wird vollständig aufgegeben
Fusion	wird aufgegeben	wird vollständig aufgegeben

In Bezug auf das oben dargestellte Beispiel ist es für die Berliner Wohnungsbau GmbH sinnvoll, eine Mehrheitsbeteiligung an einem Bauunternehmen als Tochterunternehmen zu erwerben oder es gar mittels Fusion durch Aufnahme in das eigene Unternehmen zu integrieren, da die Zielsetzung in einer verstärkten Ausübung der Kontrolle besteht.

Managementtätigkeit oder Unternehmensführung wird auch als **„dispositiver Faktor"** bezeichnet und von den betriebswirtschaftlichen Elementarfaktoren Betriebsmittel, Werkstoffe und menschliche Arbeitsleistung (ausführende Arbeit) unterschieden. Daher kann eine Unternehmung auch verstanden werden als Ort, an dem **Produktionsfaktoren** miteinander kombiniert werden. Der dispositive Faktor kombiniert die Elementarfaktoren so, dass eine bestmögliche Zielerreichung angestrebt werden kann.

Produktionsfaktoren	
Betriebsmittel	Gebrauchsgüter: Maschinen, Werkzeuge, Schreibtische, PCs etc.
Werkstoffe	Verbrauchsgüter: Roh-, Hilfs- und Betriebsstoffe, Vorprodukte
menschliche Arbeitsleistung	rein ausführende Arbeitstätigkeiten, z. B. Tätigkeit einer Sekretärin, eines Hausmeisters, eines Maurers etc.
dispositiver Faktor	Treffen von Entscheidungen, Management, Unternehmensführung, Controlling, Setzen von Zielen

3.2 Unternehmensleitbilder

Jedes Unternehmen wird mehr oder minder geprägt von den Werten und Einstellungen seiner Führungskräfte, die man als **Unternehmensphilosophie** oder **Unternehmensleitbild** bezeichnen kann. Dies kann unbewusst oder bewusst geschehen und wirkt sich auf die Werte und Einstellungen der Mitarbeiter aus, wodurch sich eine **Unternehmenskultur** herausbildet.

Erfolgreiche Unternehmen formulieren ihr Leitbild bewusst **nach innen und nach außen** und versuchen, dieses Leitbild im Auftreten des Unternehmens in der Öffentlichkeit und in der Mitarbeiterführung zu verankern, um so auch die Unternehmenskultur entsprechend zu prägen. Dies kann mit rationalen wie mit emotionalen Merkmalen wie „traditionsbewusst, innovativ, lebendig, fröhlich, verlässlich, kundenorientiert" oder ähnlichen erfolgen. Oft genug wird versucht, einem in der Vergangenheit entstandenen negativen Image entgegenzuwirken.

Unternehmensphilosophie und Unternehmenskultur spielen auch bei der Einstellung neuer Mitarbeiter und Führungskräfte eine wichtige Rolle. Die „Chemie" muss stimmen, d. h. der neue Mitarbeiter muss mit seinen eigenen Werten und Einstellungen zum Unternehmen „passen", damit er sich in das Unternehmen gut integrieren kann.

Vielfach ist in der Praxis zu beobachten, dass Unternehmenszusammenschlüsse gerade daran scheitern, dass beide Unternehmen unterschiedliche Unternehmenskulturen mitbringen und daher die Mitarbeiter Schwierigkeiten bei der Zusammenarbeit haben. Oft geschieht es auch, dass eine „von oben" eingesetzte neue Führung bei den Mitarbeitern zu Motivationsverlust und Ablehnung führt, da die gewachsene Unternehmenskultur von den neuen Führungskräften in ihrem Verhalten nicht beachtet wird. Das Betriebsklima ist gestört und der ökonomische Misserfolg lässt dann meist nicht lange auf sich warten.

Für neue Mitarbeiter und auch für Auszubildende ist es wichtig, dass sie die Bereitschaft mitbringen, **in die Unternehmenskultur hineinzuwachsen**, sich mit dem Unternehmen zu identifizieren und dadurch mit der Zeit selbst einen prägenden Einfluss auf die Kultur des Unternehmens auszuüben. Wissenschaftlichen Untersuchungen zufolge sind Unternehmen, in denen die Mitarbeiter gut miteinander auskommen, in denen es z. B. Betriebssportvereine gibt oder die Mitarbeiter auch privat untereinander in Kontakt stehen, erfolgreicher sind als andere. Die Unternehmensführung kann dazu förderliche Maßnahmen ergreifen. So kann schon die Einrichtung einer Teeküche als Begegnungsort für die Mitarbeiter den Erfolg des Unternehmens steigern, da die informale Kommunikation der Mitarbeiter über den Instanzenweg und die Abteilungsschranken hinaus zu einer Leistungsverbesserung führen kann.

Maßgeblich ist das **Menschenbild** der Führungskräfte. Wird der Mitarbeiter als grundsätzlich faul, arbeitsscheu, verantwortungsscheu und initiativlos angesehen, so folgen daraus strenge Vorschriften und Kontrollen und eine niedrige Mitarbeitermotivation. Wird der Mitarbeiter hingegen als fleißig, interessiert, selbstständig, zu Verantwortung und Initiative bereit angesehen, so kann ihm viel Handlungsspielraum und Entscheidungskompetenz gegeben werden und die Kontrolle durch Vorgesetzte weitgehend durch eine Selbstkontrolle ersetzt werden.

Auf der Grundlage dieser beiden Menschenbilder werden in der Betriebswirtschaftslehre verschiedene **Führungskonzepte** und **Führungsstile** diskutiert und auch in der Unternemenspraxis angewandt, wie die beiden folgenden Beispiele erläutern.

Beispiel:
In der Berliner Wohnungsbau GmbH werden unterschiedliche Führungskonzepte diskutiert und angewandt, die in den folgenden Sachverhalten dargestellt sind.

> Der Verkaufsleiter gibt den Außendienstmitarbeitern monatliche Umsatzvorgaben, die diese erreichen sollen.

Führung durch **Zielvereinbarung** (management by objectives) bedeutet, dass dem Mitarbeiter ein zu erreichendes Ziel vorgegeben wird, es ihm aber überlassen wird, wie er dieses Ziel erreicht. Dies erhöht zum einen die Motivation des Mitarbeiters, entlastet zum anderen die Führungskraft, da ihr nur noch die Kontrolle über die Zielerreichung als Aufgabe bleibt. Dadurch kann auch die Hierarchie „verschlankt", d. h. die Anzahl der Vorgesetzten vermindert werden: Eine gute Möglichkeit, Personalkosten zu senken.

Die Geschäftsführung überträgt die Verantwortung für die Personalpolitik dem Personalleiter.

Führung durch **Aufgabendelegation** (management by delegation) hat eine ähnliche Wirkung wie die Führung durch Zielvereinbarung. Der Personalleiter darf selbst entscheiden, wen er einstellt. Er ist damit auch verantwortlich für die Personalbedarfsplanung und muss sich mit den anderen Abteilungsleitern abstimmen, in welchen Bereichen neue Mitarbeiter mit welchen Qualifikationen benötigt werden.

Die Mitarbeiter in der Abteilung Einkauf dürfen Bestellungen bis zum Wert von 10.000 Euro ohne vorherige Genehmigung des Abteilungsleiters ausführen.

Führung durch **Eingriff im Ausnahmefall** (management by exception) bedeutet, dass die Mitarbeiter bis zu einer bestimmten Grenze eigene Entscheidungskompetenz haben und nur im Ausnahmefall der Vorgesetzte hinzugezogen werden muss. Dieses Führungskonzept entlastet das Management von Routine-Entscheidungen.

Es wird im gesamten Verwaltungsgebäude ein Rauchverbot ausgesprochen und die Einhaltung wird kontrolliert.

Führung durch **Anweisung und Kontrolle** ist im Vergleich zu den anderen Führungskonzepten traditionell und noch sehr weit verbreitet. Der Mitarbeiter erhält eine Anweisung und wird kontrolliert, ob er die Anweisung auch ausgeführt hat.

Es gibt eine größere Zahl weiterer Management-by-Konzepte, die teilweise drastisch die Praxis widerspiegeln, z. B. Management by Jeans (an den wichtigsten Stellen sitzen Nieten) oder Management by Helicopter (über der Sache schweben und viel Staub aufwirbeln) etc.

Beispiel:
Seit einigen Jahren schon ist in der Berliner Wohnungsbau GmbH der kooperative Führungsstil beim Umgang mit den Mitarbeitern üblich. Welche der folgenden Aussagen stellt den kooperativen Führungsstil richtig dar?

1. Der Vorgesetzte entscheidet und setzt durch, notfalls mit Zwang.
2. Der Vorgesetzte manipuliert die Mitarbeiter so, dass sie das tun, was er möchte.
3. Der Vorgesetzte lässt sich von seinen Mitarbeitern beraten und fällt daraufhin selber die Entscheidung, ohne sie jedoch mit den Mitarbeitern zu diskutieren.
4. Gemeinsam mit den Mitarbeitern erarbeitet der Vorgesetzte die Entscheidungsgrundlagen und so wird durch die Zusammenarbeit die optimale Lösung gefunden.
5. Der Vorgesetzte überlässt die Entscheidungen vollständig seinen Mitarbeitern.

Lösung: Aussage 4 ist richtig.

Der Vorgesetzte **kooperiert** mit seinen Mitarbeitern, d. h. er arbeitet mit ihnen zusammen und trifft gemeinsam mit ihnen die Entscheidung. Dadurch erhöht sich die **Mitarbeitermotivation**, allerdings muss der Vorgesetze für diesen Führungsstil auch über eine gute **Sozialkompetenz** verfügen.

Aussage 1 stellt den **autoritären Führungsstil** dar. Sie können von Aussage 1 bis Aussage 5 eine kontinuierliche Verlagerung der Entscheidung (Willensbildung) vom Vorgesetzen hin zu den Mitarbeitern bemerken. Aussage 5 beschreibt den **demokratischen Führungsstil**. Hier ist der Vorgesetzte nur noch Koordinator und hat seine Entscheidungskompetenz vollständig an seine Mitarbeiter abgegeben.

Die nach außen gerichteten Maßnahmen zur Gestaltung und Vermittlung des Unternehmensleitbildes können unter dem Begriff **Öffentlichkeitsarbeit** (public relations) zusammengefasst werden. Zur Vertiefung und Festigung der Unternehmenskultur kann eine **Corporate Identity** formuliert werden, eine Unternehmensidentität, die auch eine Identifikation der Mitarbeiter mit ihrem Unternehmen, die Erzeugung eines „Wir"-Gefühls ermöglicht.

Corporate Identity	
Corporate Design	Visuelles Erscheinungsbild eines Unternehmens, einheitlich gestaltet z. B. durch Logo, Schriftzug, Unternehmensfarben etc., die auf Briefbögen, in der Innenarchitektur, bei der Produkt- und Verpackungsgestaltung und in Werbemaßnahmen verwendet werden.
Corporate Behaviour	Verhalten eines Unternehmens nach innen (Mitarbeiter) und außen (Kunden, Öffentlichkeit etc.) in Bezug auf Preispolitik, Führungsstil, Verhalten der Mitarbeiter, Auftreten in den Medien, Stil der Öffentlichkeitsarbeit, Verhältnis zu Journalisten, Werbestil, Auswahl der Werbemedien etc.
Corporate Communication	Informationsverhalten der Unternehmensleitung gegenüber der Öffentlichkeit und gegenüber den Mitarbeitern, um ein klar strukturiertes Vorstellungsbild von der Unternehmung (Corporate Image) zu schaffen, z. B. inwieweit Mitteilungen über neue Investitionsprojekte oder über Probleme im Unternehmen erfolgen sollen, wie die Diskussionsbereitschaft oder die Bereitschaft zur Auseinandersetzung mit Interessengruppen, Bürgerinitiativen etc. festgelegt werden soll.

4 Das Ausbildungsunternehmen in der Immobilienwirtschaft

4.1 Teilmärkte der Immobilienwirtschaft

Die Immobilienwirtschaft ist ein Wirtschaftszweig, der sich mit der Entwicklung, Produktion, Bewirtschaftung und Vermarktung von Immobilien beschäftigt. Ein ökonomisch bedeutsamer Teilmarkt der Immobilienwirtschaft ist der Wohnungsmarkt.

<table>
<tr><th colspan="4">Zweige der Immobilienwirtschaft</th></tr>
<tr><th>Grundstücks-wirtschaft</th><th colspan="2">Wohnungswirtschaft</th><th>Gewerbliche Immobilienwirtschaft</th></tr>
<tr><td rowspan="2">Erschließung und Vermarktung von Grundstücken</td><td colspan="2">Bau, Finanzierung, Bewirtschaftung und Vermarktung von Wohn-immobilien</td><td rowspan="2">Bau, Finanzierung, Bewirtschaftung und Vermarktung von Gewerbeimmobilien</td></tr>
<tr><td>sozialer Wohnungsbau</td><td>frei finanzierter Wohnungsbau</td></tr>
</table>

Die Immobilienwirtschaft lässt sich in verschiedene Tätigkeitsbereiche gliedern, die teilweise in den **staatlichen** Aufgabenbereich, teilweise in die **private** Wirtschaftstätigkeit einzuordnen sind. Es ergibt sich eine sehr vielgestaltige Unternehmenslandschaft, von Kleinstgewerbetreibenden bis hin zu Großunternehmen, die entweder spezialisiert auf bestimmte Tätigkeitsbereiche sind oder als Universalanbieter ein sehr breites Spektrum an Leistungen der Immobilienwirtschaft erbringen.

Aufgaben und Akteure in der Immobilienwirtschaft	
Planung und Genehmigung	Stadtplaner, Kommunen, Bauaufsicht, Architekten, Bauingenieure, Haustechniker, Projektmanager, Facility-Manager
Erstellung	Bauträger, Bauindustrie, Bauhandwerk, Bauproduktehersteller
Bewirtschaftung	Vermittlung (Makler), Vermietung und Verwaltung, Instandhaltung/ Modernisierung, Versorgung/Entsorgung, Reinigung/Sicherung, Facility-Manager
Entsorgung	Abrissunternehmen, Baustoffrecycler, Deponiebetreiber, Entsorgungs-unternehmen
Finanzierung	Geschäftsbanken, Pfandbriefbanken (früher: Hypothekenbanken), Versicherungen, Bausparkassen, Immobilienfonds, Öffentliche Hand

Den Schwerpunkt der Immobilienwirtschaft stellt die **Bewirtschaftung und Finanzierung** von Immobilien dar. Die dazu erforderlichen Aufgaben der Planung, Genehmigung und Erstellung von Immobilienprojekten sind die Haupttätigkeiten von Immobilienunternehmen. Andere Aufgaben, z. B. Bauausführung oder Abriss, werden meist von spezialisierten Dienstleistern durchgeführt, die nicht zu den Immobilienunternehmen im engeren Sinne gezählt werden.

Der Begriff Immobilienwirtschaft geht über den Begriff **Grundstücks- und Wohnungswirtschaft** hinaus, da Letztere nur auf die Bewirtschaftung, Finanzierung und Vermarktung von Wohnimmobilien einschließlich Grundstücken ausgerichtet ist. Die einzelnen Tätigkeitsbereiche der Immobilienwirtschaft werden im Folgenden in ihren Grundzügen eingehender erläutert:

Immobilienmakler
Ein Immobilienmakler (Gewerbeanmeldung nach § 34c Gewerbeordnung) vermittelt Wohnimmobilien, gemischt genutzte oder gewerbliche Objekte an Interessenten. Er erhält für seine erfolgreichen Bemühungen eine Courtage (Maklerprovision). Das Prinzip der Bezahlung nur im Erfolgsfall trägt unter marktwirtschaftlichen Gesichtspunkten dafür Sorge, dass es tatsächlich zu einem Vermittlungsbemühen kommt.

Wohnungsunternehmen
Wohnungsunternehmen (auch als Wohnungsgesellschaften oder Wohnungsbaugesellschaften bezeichnet) sind Unternehmen, die sich den Bau, die Bewirtschaftung, Verwaltung und Vermarktung von eigenen Wohnimmobilien zur Aufgabe gemacht haben.

Hausverwaltungen
Hausverwaltungen befassen sich hauptsächlich mit der Verwaltung von Mieteinheiten, den Mietenabrechnungen und der Mietenbuchhaltung, den Heizkosten- und Betriebskostenabrechnungen, Wohnungsabnahmen, Neuvermietungen, Mieterbetreuung, Betreuung und Vergabe von Reparaturleistungen, Sanierungsarbeiten, Handwerksarbeiten und Renovierungsarbeiten, Anpassen des Mietzinses sowie der Kontoführung für die Verwaltung.

Eine Erweiterung des Tätigkeitsfeldes umfasst das Angebot eines Hausmeisterservices und die Organisation von Haushaltsauflösungen und Entrümpelungen bis hin zum umfassenden Gebäudemanagement oder auch Facility Management (facility = Einrichtung).

Davon abzugrenzen ist der Hausverwalter nach Wohnungseigentumsgesetz, der nach den Vorschriften dieses Gesetzes bestellt wird und dessen Aufgabe ausschließlich die Verwaltung des gemeinschaftlichen Eigentums bei Wohnungseigentumsanlagen inklusive der Durchführung von Wohnungseigentümerversammlungen ist.

Immobilienverwaltungen
Unternehmen, die hauptsächlich oder ausschließlich Gewerbeimmobilien verwalten, lassen sich auch als Immobilienverwaltungen bezeichnen. Die Tätigkeiten entsprechen weitgehend den der Hausverwaltungen, wobei statt von Wohnungen von Gewerbeobjekten gesprochen wird.

Geschäfts- und Pfandbriefbanken
Im Bankwesen lassen sich die Tätigkeiten der Geschäftsbanken im Immobilienbereich von Spezialbanken mit besonderer Beziehung zur Immobilienwirtschaft unterscheiden. Geschäftsbanken übernehmen von der Baufinanzierung bis hin zur Beratung bei Vermögensanlagen in Immobilien viele Dienstleistungen, die jedoch nur einen Teil ihrer allgemeinen Tätigkeiten wie Kreditvergabe, Verwaltung von Spareinlagen oder Handel mit Wertpapieren darstellen.

Pfandbriefbanken sind Kreditinstitute, deren Geschäftsbetrieb darauf gerichtet ist, inländische Grundstücke zu beleihen und aufgrund der erworbenen Hypotheken Schuldverschreibungen (sog. Hypothekenpfandbriefe) auszugeben, aus deren Mittelaufkommen Realkredite an Bauherren vergeben werden können.

Sie benötigen dazu die Erlaubnis der BaFin (Bundesanstalt für Finanzdienstleistungsaufsicht) und waren bis 2005 als sog. Hypothekenbanken auf diesen Geschäftsinhalt beschränkt. Man spricht auch von Immobilienbanken.

Immobilienfondsverwaltungen
Immobilienfonds sind Kapitalanlagen, die es Anlegern ermöglichen, sich mit verhältnismäßig kleinen Beträgen an Immobilien zu beteiligen. Man unterscheidet offene und geschlossene Immobilienfonds.

Offene Immobilienfonds sind Grundstückssondervermögen, die von Investmentgesellschaften (früher Kapitalanlagegesellschaften genannt) betreut werden, hauptsächlich Gewerbeimmobilien (meist Bürohäuser oder Einzelhandelsimmobilien). Ziel ist es, durch Mieterträge und Wertsteigerungen der Objekte Erträge zu erwirtschaften.

Anleger können Fondsanteile jederzeit kaufen und verkaufen und so bei Wertsteigerungen Gewinnmitnahmen erzielen. Die Fonds enthalten daher nicht nur Gebäude und Grundstücke, sondern auch festverzinsliche Wertpapiere und andere Anlagen.

Beim geschlossenen Immobilienfonds investiert der Anleger in Immobilien (meist Gewerbeimmobilien, aber auch Wohnobjekte) und wird dadurch Mitinhaber (Mitunternehmer) mit allen damit verbundenen Risiken. Die Immobilien werden in einem Emissionsprospekt ausführlich dargestellt, um dem Anleger – im Gegensatz zum offenen Immobilienfonds – eine transparente Investitionsentscheidung zu ermöglichen.

Ist die angestrebte Investitionshöhe (z. B. Kaufpreis oder Baukosten) durch Verkauf von Fondsanteilen erreicht, wird der Fonds geschlossen und der Anlegerkreis ist festgelegt. Der Gesetzgeber hat mit dem Anlegerschutzverbesserungsgesetz eine Prüfung der Emissionsprospekte vorgeschrieben und die Prospekthaftung verschärft, um den Privatanleger vor Risiken zu schützen.

REITs (Real Estate Investment Trust) sind börsennotierte Immobilienunternehmen, deren Gewinnausschüttungen auf Gesellschaftsebene steuerfrei sind und die daher höhere Renditen erwirtschaften können. Sie sind meist auf bestimmte Immobilienarten (z. B. Gefängnisse) spezialisiert. Aufgrund der strengen Anlegerinformationsvorschriften für börsennotierte Unternehmen und des täglich notierten Aktienkurses ist der Anlegerschutz besonders hoch.

REITs müssen allerdings 90 Prozent ihres Gewinnes an die Anleger ausschütten; so bleibt wenig Raum für die Innenfinanzierung. Man unterscheidet Equity-REITs (nur Immobilien) und Mortgage-REITs (nur Immobilienkredite) sowie Hybrid-REITs (beides). Weiteres ist im REIT-Gesetz geregelt.

Der **Bundesverband deutscher Wohnungs- und Immobilienunternehmen** (www.gdw.de) repräsentiert zusammen mit seinen 14 Mitgliedsverbänden die Immobilienwirtschaft. Sein Ziel ist es, die Leistungen der angeschlossenen Unternehmen in Bezug auf Qualität, Verlässlichkeit und Kontinuität herauszustellen und die Interessen der Immobilienwirtschaft in der Öffentlichkeit darzustellen und zu vertreten.

Die etwa 3.200 in den Mitgliedsverbänden des GdW vertretenen Unternehmen bauen und verwalten Miet- und Eigentumswohnungen in allen Marktsegmenten, übernehmen Erschließungs-, Sanierungs- und Bauträgerfunktionen und optimieren für private und öffentliche Auftraggeber Grundstücks- und Immobilienbestände. Sie bieten alle Dienstleistungen rund um die Immobilie, von der Finanzierung über die verschiedensten Wohndienstleistungen bis zum technischen Gebäudemanagement und zu Multimedia-Anwendungen.

4.2 Berufliche Tätigkeiten und Perspektiven

Immobilienkaufleute sind in allen Geschäftsbereichen der Immobilienwirtschaft tätig. Sie arbeiten in Wohnungsunternehmen, bei Bauträgern, Immobilien- und Projektentwicklern, bei Grundstücks-, Vermögens- und Wohnungseigentumsverwaltungen, bei Immobilienmaklern oder in Immobilienabteilungen von Banken, Bausparkassen, Versicherungen, Industrie- und Handelsunternehmen.

Tätigkeitsprofil von Immobilienkaufleuten

Immobilienkaufleute

- vermieten und bewirtschaften Immobilien,
- erwerben, veräußern und vermitteln Immobilien,
- begründen und verwalten Wohnungs- und Teileigentum,
- entwickeln immobilienbezogene Dienstleistungen,
- betreuen Neubau, Modernisierung und Sanierung von Immobilien,
- entwickeln unternehmens- und kundenbezogene Finanzierungskonzepte,
- beraten Kunden,
- analysieren den Immobilienmarkt und setzen Marketingkonzepte um,
- organisieren und steuern das technische Gebäudemanagement.

Nach Abschluss der Ausbildung stehen Immobilienkaufleuten noch viele andere berufliche Perspektiven und Weiterbildungsmöglichkeiten offen, z. B. als Immobilienfachwirte, Rechtsanwälte mit Schwerpunkt Immobilienrecht, Sachverständige, Architekten, Bau-Ingenieure, Projektentwickler, Centermanager, journalistische Tätigkeiten für Immobilien-Fachmagazine oder Tätigkeiten in der Immobilien-Finanzierung oder im Immobilien-Leasing.

Aufgaben

Aufgaben Kapitel 1

1 Die Betriebshierarchie der Berliner Wohnungsbau GmbH ist nach dem Einliniensystem aufgebaut. Welche zwei der folgenden Merkmale treffen auf das Einliniensystem zu?

1. Alle Instanzen werden durch beratende Stellen entlastet.
2. Die Unterstellungsverhältnisse sind eindeutig geregelt.
3. Die Beziehungsstruktur ist kaum überschaubar.
4. Die jeweiligen Stelleninhaber besitzen ein hohes Maß an Entscheidungsfreiheit.
5. Die Kompetenzen der Stellen sind genau abgegrenzt.
6. Sämtliche Entscheidungen werden von der obersten Instanz getroffen.

2 In der nebenstehenden Abbildung sehen Sie das Organigramm der Müller Heiztechnik GmbH für die ersten drei Hierarchieebenen in einer schematischen Darstellung. Welche der folgenden Aussagen dazu ist nicht richtig?

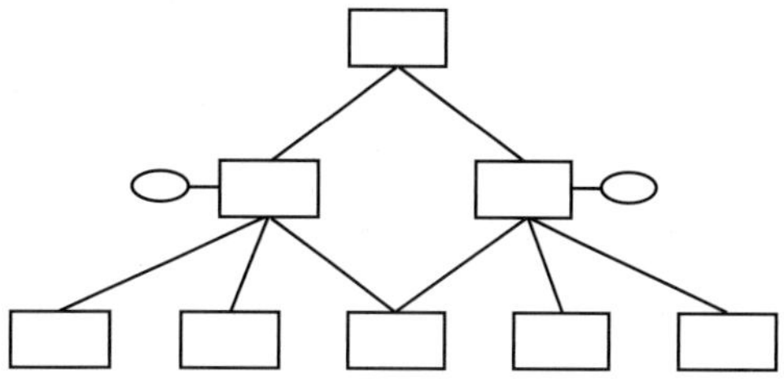

1. Das Organigramm stellt ein Mehrliniensystem dar, da es eine Stelle gibt, die zwei Instanzen gegenüber verantwortlich ist.
2. Das Organigramm stellt ein Stabliniensystem dar, da auf der zweiten Hierarchieebene die Instanzen mit Stäben ausgestattet sind, die sie bei der Entscheidungsfindung unterstützen.
3. Für vier der fünf Stellen auf der dritten Hierarchieebene gilt das Prinzip der Einheit der Auftragserteilung. Nur eine der fünf Stellen hat zwei Auftraggeber.
4. Aus dem Organigramm ist nicht zu erkennen, welches Führungskonzept in dem dargestellten Unternehmen angewandt wird, da es nur die Struktur des Unternehmens darstellt.
5. Bei dem dargestellten Organigramm handelt es sich um eine Matrix-Organisation, da jede Stelle zwei Instanzen hat, eine funktionsorientierte und eine objektorientierte.

3 Ordnen Sie die nachfolgenden Begriffe der Aufbauorganisation den Definitionen zu.

Begriffe	Definitionen
1. Arbeitsplatz	a) Kleinste Organisationseinheit der Aufbauorganisation
2. Funktionalorganisation	b) Kleinste organisatorische Einheit im Betrieb, bezogen auf den Ort
3. Vertretungsregelungen	c) Verbindungslinie zwischen vorgesetzter und nachgeordneter Stelle
4. Stelle	d) Stelle mit rein beratender Funktion
5. Dienstweg	e) Bestandteil einer Stellenbeschreibung
6. Stab	f) Abteilungsgliederung nach der Art der Tätigkeit
7. Instanz	g) Stelle mit Weisungsbefugnis

4 Welches der folgenden Ziele verfolgt die Ablauforganisation?

Die Ablauforganisation …
1. dient dazu, die einzelnen Stellen im Betrieb zu beschreiben.
2. dient dazu, die Produktivität des Unternehmens zu erhöhen.
3. legt die Betriebshierarchie und die Weisungsbeziehungen fest.
4. regelt die täglichen Arbeitszeiten und die zeitliche Verteilung der Urlaubstage.
5. organisiert die Weisungsbefugnisse der Vorgesetzten gegenüber ihren Mitarbeitern.

5 Bei der Berliner Wohnungsbau GmbH geht ein Brief mit der nebenstehenden Anschrift ein. Herr Feldt ist zurzeit im Urlaub. Wie ist mit dem Brief zu verfahren?

Berliner Wohnungsbau GmbH
z. Hd. Herrn Ewald Feldt
Talstraße 17
10115 Berlin

1. Der Brief muss mit einem Eingangsstempel versehen und ungeöffnet an die Geschäftsleitung weitergeleitet werden.
2. Der Brief ist mit einem Eingangsstempel zu versehen, ungeöffnet aufzuheben und nach Rückkehr von Herrn Feldt an diesen weiterzuleiten.
3. Der Brief muss ungeöffnet aufgehoben und nach Rückkehr von Herrn Feldt an diesen weitergeleitet werden.
4. Der Brief muss mit der Privatanschrift oder Urlaubsanschrift von Herrn Feldt versehen und sofort an ihn weitergeleitet werden.
5. Der Brief ist zu öffnen, mit einem Eingangsstempel zu versehen und an die zuständige Abteilung bzw. den Vertreter von Herrn Feldt weiterzuleiten.

6 Im Verwaltungsbereich der Berliner Wohnungsbau GmbH werden vielfach Vordrucke eingesetzt, um Arbeitsabläufe zu vereinfachen. Welche der im Folgenden genannten Eigenschaften von Vordrucken ist nicht zutreffend?

1. Berichte werden durch Vordrucke klarer strukturiert und sind damit leichter zu lesen.
2. Durch Verwendung von Vordrucken wird die elektronische Datenerfassung erleichtert.
3. Vordrucke enthalten vorgefertigte Formulierungen, sodass Schreibarbeit gespart wird.
4. Vordrucke können in Ausnahmefällen leicht angepasst werden.
5. Vordrucke helfen, alle notwendigen Daten zu erfassen und vermeiden so Rückfragen.

7 In der Berliner Wohnungsbau GmbH sollen die Arbeitsabläufe einer eingehenden Überprüfung unterzogen werden, um Verbesserungspotenziale aufzudecken. Bringen Sie die folgenden Schritte zur Verbesserung von Arbeitsabläufen in die richtige Reihenfolge.

Auswertung und kritische Analyse der Ist-Situation	
Erarbeitung einer Sollkonzeption mit Zielen und notwendigen Maßnahmen	
Erfassung der Ist-Situation	
Kontrolle, ob die Neugestaltung zu der angestrebten Verbesserung geführt hat	
Umsetzung der Sollkonzeption	

8 Ihr Unternehmen erhält ein Exemplar einer Fachzeitschrift, die mehreren Abteilungen zur Verfügung stehen soll. Wie organisieren Sie die Verteilung dieser Zeitschrift effizient?

1. Sie archivieren die Fachzeitschrift.
2. Sie gestalten einen Vordruck für den Umlauf der Zeitschrift.
3. Sie leiten die Zeitschrift persönlich an alle Interessierten weiter.
4. Sie bestellen im nächsten Monat mehrere Exemplare der Fachzeitschrift.
5. Sie schneiden die wichtigsten Informationen für die jeweilige Abteilung aus.

9 Für eine neue Werbekampagne muss der Vertriebsleiter der Berliner Wohnungsbau GmbH verschiedene Maßnahmen in der zeitlich richtigen Reihenfolge und zu bestimmten Terminen veranlassen. Welche Organisationsmittel helfen ihm dabei?

1. Wiedervorlagemappe, Arbeitsplatzbeschreibung, Terminkalender
2. Arbeitsanweisung, Arbeitsplatzbeschreibung, Terminkartei
3. Ablageplan, Organigramm, Wiedervorlagemappe
4. Unterschriftsmappe, Termindatei, Stellenbeschreibung
5. Terminplaner, tägliche Prioritätenliste, Wochenarbeitsplan

10 Welches Recht genießen Sie im Rahmen des Bundesdatenschutzgesetzes, wenn über Sie personenbezogene Daten automatisch verarbeitet werden?

1. Recht auf Eigennutzung, wenn Sie die Daten selbst vermarkten können
2. Recht auf Herausgabe, wenn die Daten ohne Ihre Einwilligung gespeichert wurden
3. Recht auf Sperrung, wenn die Richtigkeit der Daten zweifelhaft ist
4. Recht auf Veröffentlichung, wenn ein öffentliches Interesse an den Daten besteht
5. Recht auf Vergütung, wenn die Daten zu Gewinnerzielungszwecken gespeichert wurden

11 Sensible Dialogsysteme werden nach drei fehlgeschlagenen Identifikationsversuchen für die weitere Benutzung gesperrt. Welche der folgenden Aussagen gibt den Grund dafür an?

1. Weitere Identifikationsversuche erhöhen die Betriebskosten des Systems.
2. Passwort und Benutzername müssen vom Administrator auf Fehler geprüft werden.
3. Durch spezielle Hacker-Software kann das Passwort systematisch ermittelt werden.
4. Weitere Versuche würden das Antwortzeitverhalten des Dialogsystems überlasten.
5. Der Benutzer soll gezwungen werden, sich Namen und Passwort besser zu merken.

Aufgaben Kapitel 2

12 Am 6. Mai 2014 stellt die Berliner Wohnungsbau GmbH eine Anfrage über die Lieferung von 20 Laminiergeräten an die Paste AG, München.

Am 12. Mai 2014 erhält sie das folgende Angebot.

Angebot über Laminiergeräte
Sehr geehrte Damen und Herren, in Bezug auf Ihre Anfrage vom 6. Mai 2014 senden wir Ihnen anhängend unsere Preisliste für Laminiergeräte inklusive der genauen technischen Spezifikationen. Wir liefern frei Haus und gewähren Ihnen einen Skonto-Abzug von 3 Prozent bei Zahlung binnen 10 Tagen nach Rechnungseingang. Die Lieferung kann sofort erfolgen. Die Preisliste ist gültig bis 30. Juni 2014. Mit freundlichen Grüßen Paste AG

Am 13. Mai 2014, 9.30 Uhr erfolgt per Telefax die Bestellung von 20 Laminiergeräten gem. Preisliste. Als Liefertermin wird angegeben: bis zum 23. Mai 2014.

Am 19. Mai 2014 geht die Bestätigung des Auftrags und des Liefertermins ein.

Am 26. Mai 2014 erfolgt per Telefax Mahnung und Nachfristsetzung bis 30. Mai 2014.

Am 30. Mai 2014 erhält die Berliner Wohnungsbau GmbH die Lieferung.

Am 2. Juni 2014 erhält sie die Rechnung.

Am 10. Juni 2014 überweist sie den Rechnungsbetrag.

Am 13. Juni 2014 wird der Betrag der Paste AG auf ihrem Konto gutgeschrieben.

a) Welche der folgenden Aussagen stellt die rechtliche Bedeutung der Anfrage für die Berliner Wohnungsbau GmbH richtig dar?

1. Wenn innerhalb einer Woche ein Angebot eingeht, das der Anfrage entspricht, muss die Berliner Wohnungsbau GmbH bis zum 16. Mai 2014 bestellen.
2. Wenn innerhalb einer Woche ein Angebot eingeht, das der Anfrage entspricht, muss die Berliner Wohnungsbau GmbH unverzüglich bestellen.
3. Wenn nicht innerhalb einer Woche ein Angebot eingeht, ist die Berliner Wohnungsbau GmbH nicht mehr an ihre Anfrage gebunden.
4. Die Berliner Wohnungsbau GmbH hat einen Anspruch auf Beantwortung der Anfrage.
5. Die Berliner Wohnungsbau GmbH ist durch die Anfrage in keiner Weise gebunden.

b) Zu welchem Zeitpunkt kommt der Kaufvertrag über die Lieferung von 20 Laminiergeräten zustande? Geben Sie das Datum in der Form TT.MM.JJJJ an.

c) Um welche Art von Rechtsgeschäft handelt es sich bei diesem Kaufvertrag?

1. Einseitig verpflichtendes Rechtsgeschäft
2. Einseitiges, empfangsbedürftiges Rechtsgeschäft
3. Einseitiges, nicht empfangsbedürftiges Rechtsgeschäft
4. Zweiseitig verpflichtendes Rechtsgeschäft ohne Formzwang
5. Zweiseitig verpflichtendes Rechtsgeschäft mit Formzwang Schriftform

d) Mit Ablauf welchen Tages gerät die Paste AG in Lieferungsverzug? Geben Sie das Datum in der Form TT.MM.JJJJ an.

e) Zu welchem Zeitpunkt wird die Berliner Wohnungsbau GmbH Eigentümerin der 20 Laminiergeräte? Geben Sie das Datum in der Form TT.MM.JJJJ an.

f) Welches der folgenden Rechte könnte die Berliner Wohnungsbau GmbH nicht geltend machen, wenn die Lieferung nicht bis zum 30. Mai 2014 erfolgt wäre?

1. Preisminderung
2. Rücktritt vom Vertrag
3. Schadenersatz statt Lieferung
4. Erfüllung durch Lieferung der Ware
5. Erfüllung durch Lieferung der Ware und Ersatz des Verzögerungsschadens

g) Bei der Anlieferung der Laminiergeräte wird von einem Mitarbeiter der Berliner Wohnungsbau GmbH festgestellt, dass die Verpackung beschädigt ist. Wie verhält sich der Mitarbeiter richtig?

1. Er nimmt die Lieferung an und kürzt den Rechnungsbetrag pauschal um 10 Prozent.
2. Da er erst in fünf Tagen Zeit zum Auspacken der Kartons haben wird, unternimmt er vorerst nichts.
3. Er lässt sich die schadhafte Verpackung auf den Lieferpapieren bestätigen und überprüft unverzüglich den Inhalt der Kartons.
4. Er lehnt die Annahme der Laminiergeräte ab, da die Berliner Wohnungsbau GmbH andernfalls keine Rechte wegen mangelhafter Lieferung mehr geltend machen kann.
5. Er setzt die Paste AG in Verzug, damit die Berliner Wohnungsbau GmbH rechtzeitig unbeschädigte Waren erhält.

13 Welche zwei der folgenden Aussagen zu Kaufvertragsstörungen beim zweiseitigen Handelskauf sind richtig?

1. Im Falle des Annahmeverzugs darf der Käufer beim Selbsthilfeverkauf nicht mitbieten.
2. Beim Fixkauf kann der Käufer bei Lieferverzug ohne Nachfrist vom Vertrag zurücktreten.
3. Bei einer Mängelrüge hat der Käufer ausschließlich das Recht auf Preisminderung.
4. Bei versteckten Mängeln muss der Käufer Rügefristen einhalten.
5. Beim Lieferverzug kann der Käufer immer Schadenersatz wegen Nichterfüllung verlangen.

14 Welche der folgenden Aussagen zum Kaufvertragsrecht ist richtig?

1. Vereinbarungen über Erfüllungsort und Gerichtsstand sind in einem Kaufvertrag zwingend erforderlich und gesetzlich vorgeschrieben.
2. Die Gefahr des zufälligen Untergangs oder der Beschädigung der Ware beim Transport hat immer der Käufer zu tragen.
3. Für den Käufer ist es immer die beste Lösung, wenn im Kaufvertrag keine Vereinbarung darüber getroffen wurde, wer die Transport- und Verpackungskosten trägt.
4. Wenn über die Qualität der zu liefernden Waren nichts vereinbart wurde, muss der Verkäufer Waren bester Qualität liefern.
5. Wenn über die Qualität der zu liefernden Waren nichts vereinbart wurde, hat der Verkäufer Waren mittlerer Art und Güte zu liefern.

15 In welchem Fall hat ein Kunde bei mangelhafter Lieferung Recht auf Schadenersatz?

1. Eine Mängelrüge schließt jeden Schadenersatz aus.
2. Das Recht auf Schadenersatz besteht immer dann, wenn die Mängelrüge berechtigt ist.
3. Das Recht auf Schadenersatz besteht immer dann, wenn ein Schaden nachzuweisen ist.
4. Das Recht auf Schadenersatz besteht, wenn eine im Vertrag zugesicherte Verwendbarkeit fehlt und dadurch der Schaden verursacht worden ist.
5. Das Recht auf Schadenersatz besteht, wenn die Sache für den Kunden hergestellt wurde.

16 Welches Recht werden Sie als Käufer zweckmäßigerweise geltend machen, wenn der Lieferant nach einer Nachfristsetzung in Lieferungsverzug geraten ist und die Waren an anderer Stelle sofort billiger zu haben sind?

1. Sie setzen eine weitere Nachfrist.
2. Sie bestehen auf Lieferung und verlangen Schadenersatz für den entgangenen Gewinn.
3. Sie verzichten auf die Lieferung und verlangen Schadenersatz für den Preisunterschied beim Deckungskauf.
4. Sie lehnen die Lieferung ab und fordern nur Schadenersatz für den entgangenen Gewinn.
5. Sie treten vom Vertrag zurück.

17 Ihnen liegt der abgebildete Auszug aus den AGB der Müller Heiztechnik GmbH vor.

Auszug aus den Allgemeinen Geschäfts-, Lieferungs- und Zahlungsbedingungen der Müller Heiztechnik GmbH

Mängelrüge

(1) Mängelrügen von Kaufleuten haben unverzüglich im Sinne der §§ 377, 378 des Handelsgesetzbuches zu erfolgen.

(2) Besteller, die nicht zu diesem Personenkreis gehören, haben offene Mängel binnen der Ausschlussfrist von zwei Jahren nach Auslieferung der Ware geltend zu machen. Für Mängel, die nicht offensichtlich sind, hat die Anzeige ebenfalls innerhalb der Ausschlussfrist von zwei Jahren zu erfolgen.

(3) Die Mängelrüge bedarf in jedem Falle der Schriftform und der genauen Angabe des Mangels.

Gewährleistung

(1) Die Gewährleistungsansprüche gegenüber der Müller Heiztechnik GmbH werden beschränkt auf das Recht auf Beseitigung des Mangels (Nachbesserung) oder auf Lieferung einer mangelfreien Sache (Ersatzlieferung).

(2) Nach Fehlschlagen der Nachbesserung oder Ersatzlieferung steht dem Besteller das Recht zu, Herabsetzung der Vergütung (Minderung) zu verlangen oder vom Vertrag zurückzutreten.

(3) Weitere Gewährleistungsansprüche gegenüber der Müller Heiztechnik GmbH sind ausgeschlossen, es sei denn, dass in den Fällen von Vorsatz, grober Fahrlässigkeit zwingend gehaftet wird.

(4) Die Schadensersatzpflicht der Müller Heiztechnik GmbH im Allgemeinen beschränkt sich auf vorsätzliche oder grob fahrlässige Vertragsverletzungen eines gesetzlichen Vertreters oder Erfüllungsgehilfen der Müller Heiztechnik GmbH. Dies gilt auch für Schäden aus der Verletzung von Pflichten bei den Vertragsverhandlungen.

a) Welche Pflicht hat ein Kunde gegenüber der Müller Heiztechnik GmbH gemäß der vereinbarten und anerkannten AGB, um seine Rechte zu wahren?

1. Er muss festgestellte Mängel durch einen neutralen Gutachter bestätigen lassen.
2. Er muss die mangelhafte Ware zusammen mit der Mängelrüge an die Müller Heiztechnik GmbH senden.
3. Er muss die Ware unverzüglich nach der Lieferung prüfen und versteckte Mängel unverzüglich rügen.
4. Er muss die Ware unverzüglich nach der Lieferung prüfen und offene Mängel unverzüglich rügen.
5. Er muss versteckte Mängel innerhalb von zwei Jahren nach Auslieferung rügen.

b) Welche der folgenden Aussagen stellt die Gewährleistungsansprüche von Kunden gegenüber der Müller Heiztechnik GmbH richtig dar?

1. Sowohl bei leichter als auch grober Fahrlässigkeit haftet die Müller Heiztechnik GmbH nicht für Sachmängel.
2. Die Gewährleistungsansprüche erstrecken sich nur auf Nachbesserung oder Ersatzlieferung.
3. Die Gewährleistungsansprüche erstrecken sich unter bestimmten Voraussetzungen auch auf das Recht auf Rücktritt vom Vertrag.
4. Die Gewährleistungsansprüche in den AGB der Müller Heiztechnik GmbH gelten nur für zweiseitige Handelsgeschäfte.
5. Schadenersatzansprüche aus der Sachmängelgewährleistung sind grundsätzlich ausgeschlossen.

18 Was bedeutet in einem Angebot der Vermerk „Lieferung unter Eigentumsvorbehalt"?

1. Der Käufer wird erst Eigentümer der Ware, wenn der Rechnungsbetrag auf dem Konto des Verkäufers eingegangen ist.
2. Der Käufer ist nach der Lieferung Eigentümer der Ware geworden.
3. Dem Käufer ist der Weiterverkauf der Ware untersagt, bis er sie vollständig bezahlt hat.
4. Mit Abschickung der Bezahlung geht das Eigentum auf den Käufer über.
5. Der Eigentumsvorbehalt verbietet grundsätzlich eine Weiterverarbeitung der Ware.

19 Ordnen Sie den folgenden Darstellungen von Merkmalen einer Rechtsform die Ziffer der beschriebenen Rechtsform zu.

1. AG
2. OHG
3. Einzelunternehmung
4. KG
5. GmbH

a) Die Firma muss zur Kennzeichnung geeignet sein. Sie muss die Bezeichnung „eingetragener Kaufmann" bzw. „eingetragene Kauffrau" (e. K.) enthalten.
b) Organe sind Vorstand, Aufsichtsrat und Hauptversammlung, das Grundkapital muss mindestens 50.000 Euro betragen.
c) Alle Gesellschafter sind grundsätzlich zur Geschäftsführung und Vertretung einzeln berechtigt und haften unbeschränkt.
d) Die Gesellschafter haften nicht mit ihrem Privatvermögen. Das Stammkapital muss mindestens 25.000 Euro betragen.
e) Ein Teil der Gesellschafter ist von der Geschäftsführung und Vertretung ausgeschlossen.

20 Nach der Ausbildung wollen Sven Berger und Hans Kantmann sich mit einem Partyservice selbstständig machen. Eva Knipps möchte im Partyservice mitarbeiten und hat sich bereiterklärt, für die Gründung ein Darlehen in Höhe von 15.000 Euro zur Verfügung zu stellen, für das sie 4 Prozent Zinsen jährlich verlangt. Obwohl ein in kaufmännischer Weise eingerichteter Geschäftsbetrieb zunächst nicht erforderlich erscheint, wird überlegt, den Partyservice in das Handelsregister eintragen zu lassen. Weiteres Kapital steht nicht zur Verfügung.

a) Kann der Partyservice in das Handelsregister eingetragen werden?

1. Nein, weil es sich bei dem Partyservice nicht um ein Handelsgewerbe handelt.
2. Nein, weil sich Eva Knipps an der Geschäftsgründung nur mit einem Darlehen beteiligt.
3. Ja, weil in dem Partyservice von Anfang an mehr als zwei Personen tätig sind und das Geschäftsvermögen mehr als 10.000 Euro beträgt.
4. Nein, weil für den Partyservice ein in kaufmännischer Weise eingerichteter Geschäftsbetrieb nicht erforderlich ist.
5. Ja, wenn die gewählte Firma des Partyservices den Vorschriften des HGB entspricht.

b) Für welche der folgenden Unternehmensformen müssen sich die Gründer entscheiden, wenn der Partyservice als Personengesellschaft geführt werden soll?

1. Genossenschaft
2. Gesellschaft bürgerlichen Rechts (GbR)
3. Offene Handelsgesellschaft (OHG)
4. Gesellschaft mit beschränkter Haftung (GmbH)
5. Aktiengesellschaft (AG)

c) Welche drei der nachfolgend genannten Gründe sprechen dafür, den Partyservice in das Handelsregister eintragen zu lassen?

1. Durch die Eintragung ins Handelsregister wird dokumentiert, dass der Partyservice auf Dauer angelegt ist und geschäftsmäßig betrieben wird.
2. Kredite werden nur an im Handelsregister eingetragene Unternehmen vergeben.

3. Durch die Eintragung ins Handelsregister wird die Haftung der Gesellschafter und des Unternehmens für Interessierte dokumentiert.
4. Nur im Handelsregister eingetragene Unternehmen können wirksam Arbeitsverträge abschließen.
5. Nur Unternehmen, die im Handelsregister eingetragen sind, dürfen ausbilden.
6. Kreditaufnahmen sind leichter möglich.

d) Welche zwei der folgenden Firmen kommen für den Partyservice in Frage?
1. Kantmann & Knipps OHG & Co.
2. Berger & Kantmann OHG
3. Partyservice Fresslust GbR
4. Partyservice Fresslust OHG
5. Kantmann & Berger GmbH
6. Fresslust KG

e) Welche drei der nachfolgenden Aussagen im Zusammenhang mit der Firmierung des Partyservices sind zutreffend?
1. Die Firma ist der Name eines Kaufmanns, unter dem er seine Geschäfte betreibt.
2. Aus der Firma muss die zutreffende Branche hervorgehen.
3. Unter der Firma gibt der Kaufmann seine Unterschrift ab.
4. Bei der Firma einer Personengesellschaft kann der Hinweis auf die Rechtsform fehlen.
5. Unter der Firma kann das Unternehmen verklagt werden.
6. Neben den Vorschriften des HGB sind auch die Vorschriften des BGB bei der Wahl der Firma zu beachten.

f) Der Partyservice arbeitet erfolgreich und erzielt Gewinn. Wie ist der Gewinn zu verteilen?
1. Aus dem Gewinn erhält Knipps 600 Euro, den Rest teilen sich Berger und Kantmann.
2. Knipps erhält 4 Prozent des Gewinns, den Rest teilen sich Berger und Kantmann.
3. Knipps erhält 4 Prozent vom Umsatz, den Gewinn teilen sich Berger und Kantmann.
4. Den Gewinn teilen sich Berger und Kantmann, Knipps erhält keinen Gewinnanteil.
5. Der Gewinn wird gleichmäßig auf Knipps, Berger und Kantmann verteilt.

21 Welche der unten stehenden Aussagen treffen nach den gesetzlichen Regelungen

1. nur auf die KG
2. nur auf die OHG
3. sowohl auf die KG als auch auf die OHG
4. weder auf die KG noch auf die OHG

zu?

Aussagen

a) Gesellschafter können sowohl natürliche als auch juristische Personen sein.
b) Die Haftung gegenüber Dritten ist auf das Vermögen der Gesellschaft beschränkt.
c) Die Firma kann die Namen mehrerer Gesellschafter enthalten.
d) Für einen Teil der Gesellschafter ist nach erfolgter Zahlung der im Handelsregister eingetragenen Einlage die persönliche Haftung ausgeschlossen.
e) Bei der Gesellschaft handelt es sich um eine Kapitalgesellschaft.
f) Alle Gesellschafter haften als Gesamtschuldner für die Verbindlichkeiten der Gesellschaft.

22 Welche der nachfolgenden Aussagen zur GmbH sind zutreffend?

1. Für die Gründung einer GmbH sind mindestens zwei Personen erforderlich.
2. Vor der Eintragung der GmbH ins Handelsregister haften die Gesellschafter für alle Geschäfte persönlich und solidarisch.
3. Nach der Eintragung ins Handelsregister haftet die GmbH für Verbindlichkeiten nur mit dem Gesellschaftsvermögen.
4. Die Geschäfte werden stets von den Gesellschaftern selbst geführt.
5. Das Eigenkapital wird als Grundkapital bezeichnet.
6. Die Einlage jedes Gesellschafters muss mindestens 100 Euro betragen.
7. Das Eigenkapital muss mindestens 50.000 Euro betragen.
8. Im Gesellschaftsvertrag kann eine Nachschusspflicht der Gesellschafter über ihre Einlage hinaus vereinbart werden.

23 Jasmine Bergner möchte sich über einen neuen Geschäftspartner, die Berliner Wohnungsbau GmbH, erkundigen und dazu Einsicht in das Handelsregister nehmen. Wie ist die Einsichtnahme geregelt?

1. Sie muss gegenüber dem Registergericht ein berechtigtes Interesse nachweisen.
2. Sie benötigt dazu eine Genehmigung der Berliner Wohnungsbau GmbH.
3. Sie muss einen Notar mit der Einsichtnahme beauftragen.
4. Sie darf selbst Einsicht nehmen. Eine Begründung dafür braucht sie nicht abzugeben.
5. Sie muss für die Einsichtnahme nachweisen, dass sie mit der Berliner Wohnungsbau GmbH in Geschäftskontakten steht.

24 Die Geschäftsführer der Berliner Wohnungsbau GmbH ernannten am 1. März den langjährigen Mitarbeiter und Abteilungsleiter Ewald Feldt mündlich zum Prokuristen mit Einzelprokura. Mit Rundschreiben vom 5. März wurden alle Geschäftspartner über die Ernennung informiert. Die Eintragung ins Handelsregister erfolgte am 12. Mai.

a) Am 10. März bestellte Herr Feldt bei einem ortsansässigen Fahrzeughändler einen neuen Firmenwagen im Wert von 30.000 Euro. Die Geschäftsführung ist mit dem Kauf nicht einverstanden. Ist ein gültiger Kaufvertrag zustande gekommen?

1. Nein, der Vertrag ist nichtig.
2. Ja, es handelt sich um ein außergewöhnliches Geschäft.
3. Nein, Herr Feldt war als Prokurist noch nicht ins Handelsregister eingetragen.
4. Ja, die Eintragung als Prokurist im Handelsregister hat nur rechtsbezeugende Wirkung.
5. Nein, Herr Feldt hätte erst die Gesellschafter über den Kauf informieren müssen.

b) Prüfen Sie, welche zwei Handlungen Herr Feldt als Prokurist ohne weitere spezielle Vollmacht ausführen darf.

1.	Einen neuen Gesellschafter in die GmbH aufnehmen.	Einem Abteilungsleiter Prokura erteilen.
2.	Ein Grundstück zum Bau einer Lagerhalle kaufen.	Zur Finanzierung des Baus eine Hypothek aufnehmen.
3.	Ein Grundstück der Berliner Wohnungsbau GmbH verkaufen.	Die Bilanz des Unternehmens unterschreiben.
4.	Ein Angebot an einen Großkunden abgeben.	Einen Abteilungsleiter für den Bereich Einkauf einstellen.
5.	Kauf von neuen Schreibtischen und Aktenschränken für die Verwaltung.	Antrag auf Eröffnung des Insolvenzverfahrens stellen.

25 Für welche der nachfolgend genannten Handlungen ist nach der gesetzlichen Regelung die Vertretung der Berliner Wohnungsbau GmbH

1. durch einen Handlungsbevollmächtigen, den Prokuristen oder die Geschäftsführer,
2. nur durch den Prokuristen oder die Geschäftsführer,
3. nur durch die Geschäftsführer

möglich?

Handlungen

a) Einstellen eines Mitarbeiters
b) Unterschreiben der Körperschaftsteuererklärung
c) Vertragsabschluss mit einem Handelsvertreter
d) Überweisung der Tilgungsrate für ein Hypothekendarlehen
e) Kauf eines Grundstücks zur Erweiterung des Parkplatzes
f) Begleichung einer Rechnung über Büromaterial durch Banküberweisung
g) Erteilung eines Auftrags zum Lastschrifteinzug
h) Aufnahme eines Investitionskredits für eine geplante Betriebserweiterung
i) Bestellung einer Grundschuld zur Besicherung eines Darlehens
k) Vertretung der Berliner Wohnungsbau GmbH in einer Gerichtsverhandlung
l) Unterzeichnung der Bilanz der Berliner Wohnungsbau GmbH
m) Erteilen einer Ladenvollmacht

26 Welcher Bestandteil der Unternehmensplanung bietet die Grundlage für den zeitlichen Einsatz der vorhandenen Eigenmittel und der von den Banken zugesagten Darlehen?

1. Betriebsablaufplan
2. Erfolgsplan
3. Liquiditätsplan
4. Organisationsplan
5. Wirtschaftsplan

27 Welche drei der nachfolgenden Vorgänge erhöhen den Kapitalbedarf?

1. Die Zahlungsmoral der Kunden verbessert sich.
2. Großkunden wird ein längeres Zahlungsziel eingeräumt.
3. Gemäß Betriebsvereinbarung wird die flexible Arbeitszeit eingeführt.
4. Liefererrechnungen werden künftig unter Abzug von Skonto beglichen.
5. Die Baukosten eines neuen Mietwohnobjektes sind höher als erwartet.
6. Der Bestand an für den Verkauf vorgesehenen Wohnungen wird erhöht.

28 Ordnen Sie den Geschäftsvorfällen die zutreffende Zahlungsart zu.

1\. Electronic Cash (POS)
3\. Barscheck
5\. Dauerauftrag
2\. Einzugsermächtigung
4\. Elektronisches Lastschriftverfahren (POZ)
6\. Überweisung

a) Die Hausbank erhält die Anweisung, einen Betrag bar auszuzahlen.
b) Die Hausbank erhält den Auftrag, einem fremden Konto einen Betrag gutzuschreiben.

c) Die Hausbank erhält den Auftrag, die monatliche Miete regelmäßig zu überweisen.
d) Ein Mitarbeiter bezahlt eine Benzinrechnung mit EC-Karte unter Eingabe seiner PIN.
e) Ein Mitarbeiter bezahlt eine Hotelrechnung mittels EC-Karte und Unterschrift.
f) Die Telefongesellschaft hat die Berechtigung, die Telefonkosten abbuchen zu lassen.

29 Was versteht man im Zusammenhang mit Finanzierung unter einer Annuität?

1. Ansparbetrag in eine Bausparkasse
2. Ansparbetrag in eine Lebensversicherung
3. Zins- und Tilgungszahlung zusammen in gleichen Raten
4. Zinszahlung in gleichen Raten, Tilgung in einem Betrag am Ende der Laufzeit
5. Tilgungszahlung in gleichen Raten, die Zinszahlung reduziert sich bei sinkendem Darlehensstand

30 Für eine Investition hat die Berliner Wohnungsbau GmbH bei ihrer Hausbank kurzfristig 378.000 Euro zu einem Zinssatz von 4,55 Prozent aufgenommen. Dieses Darlehen wurde einschließlich der aufgelaufenen Zinsen am 25.03.2014 mit insgesamt 381.344,25 Euro zurückgezahlt. An welchem Tag wurde das Darlehen aufgenommen?

31 Hans Schulze beantragt bei seiner Bank ein Tilgungsdarlehen über 20.000 Euro mit einer Laufzeit von 7 Jahren, von denen die ersten beiden tilgungsfrei sein sollen. Der Zinssatz beträgt 8 Prozent p. a. Ermitteln Sie den Gesamtbetrag der von Herrn Schulze zu zahlenden Zinsen.

32 Welche der folgenden Aussagen zur Lebensversicherung als Kreditsicherung ist nicht richtig?

1. Im Falle des Ablebens des Kreditnehmers wird aus der dann fälligen Versicherungssumme der Kredit zurückgeführt.
2. Erlebt der Kunde das Ende der Versicherungslaufzeit, so wird der Kredit dann erst mit der fälligen Versicherungssumme getilgt.
3. Über die gesamte Laufzeit zahlt der Kreditnehmer nur Zinsen auf den Kredit.
4. Zielgruppe sind Personen, die im Falle eines frühzeitigen Ablebens ihre Nachkommen nicht mit Schulden belasten wollen.
5. Diese Form der Kreditaufnahme und -besicherung ist eine besonders günstige Finanzierungsform vor allem im Bereich Baufinanzierung.

33 Welche der folgenden Aussagen zum Bausparvertrag ist nicht richtig?

1. Bausparkassen funktionieren nach dem Prinzip, dass diejenigen, die ansparen, das Geld zur Verfügung stellen, das die Kreditnehmer als Kredite erhalten.
2. Der Bausparvertrag eignet sich besonders für Personen mit höherem Einkommen, die die geforderte Sparleistung auch erbringen können.
3. Zum Beispiel Ansparen eines Bausparvertrags sieben Jahre, Kreditlaufzeit zwölf Jahre.
4. Zum Beispiel werden 40 Prozent der Bausparsumme angespart und 60 Prozent als Kredit gewährt.
5. Ist die Ansparsumme erreicht, hängt die Kreditzuteilung (Zuteilungsreife) von einem Punktbewertungsverfahren ab.

34 Die Berliner Wohnungsbau GmbH hat ein mit einem Mehrfamilienhaus bebautes Grundstück erworben. Sie werden mit der Betreuung des Objektes beauftragt und erhalten die Informationen zum Objekt:

Anschaffungskosten Grundstück:	120.000,00 Euro
Anschaffungskosten Gebäude:	480.000,00 Euro
Grunderwerbsteuer:	3,50 %
Sonstige Nebenkosten:	39.000,00 Euro

Das bebaute Grundstück soll zu 70 Prozent fremdfinanziert werden. Ermitteln Sie die jährlich notwendigen Mieteinnahmen, wenn die Annuität sich aus 1 Prozent anfänglicher Tilgung und 7 Prozent Zinsen zusammensetzt.

35 Die Berliner Wohnungsbau GmbH hat für ein Bauprojekt von verschiedenen Banken die folgenden Kreditangebote eingeholt. Ermitteln Sie das günstigste Angebot.

	Bank	Nominalzins	Auszahlung	Laufzeit
1.	Sparberg-Bank	5,640 %	94 %	12
2.	Hutschmayer & Söhne	5,400 %	90 %	10
3.	HypoClub-Bank	5,225 %	95 %	5
4.	Zahlke Privatbank	6,000 %	98 %	10
5.	Park Bank	5,540 %	97 %	5

36 Am Anfang jeder Kreditgewährung steht die Prüfung der Kreditwürdigkeit. Die Kreditwürdigkeit hängt ab von persönlichen Eigenschaften des Kreditnehmers und von sachlichen Voraussetzungen. Welches der folgenden Merkmale gehört nicht zur persönlichen Kreditwürdigkeit eines Kreditnehmers?

1. Charakterliche Eigenschaften, z. B. Fleiß, Zuverlässigkeit, Ehrlichkeit
2. Fachliche Qualifikation, z. B. Warenkenntnisse, Verkaufstalent, technische Begabung
3. Vermögenshintergrund, z. B. Grundbesitz, Kunstgegenstände, Wertpapierdepots
4. Unternehmerische Fähigkeiten, z. B. Menschenführung, Organisationsgabe, Weitblick
5. Persönliche Haftung, z. B. Einzelunternehmen, OHG

37 Im Zusammenhang mit einem Finanzierungsvorgang will die Berliner Wohnungsbau GmbH eine Hypothek aufnehmen. Welche der folgenden Aussagen stellt den Begriff der Hypothek zutreffend dar?

1. Eine Hypothek ist ein Grundpfandrecht zur Sicherung einer bestehenden Forderung.
2. Eine Hypothek ist ein Darlehen, zu dessen Sicherung ein Grundpfandrecht im Grundbuch eingetragen wird.
3. Eine Hypothek ist die sicherungsweise Übereignung eines ungenutzten Grundstücks.
4. Um eine Hypothek zu erhalten, muss die Berliner Wohnungsbau GmbH einen Bürgen stellen, der die volle Haftung für die Hypothek übernimmt.
5. Eine Hypothek bedeutet, dass Nutzungsrechte aus einem Grundstück an einen Kreditgeber abgetreten werden.

38 Das Ehepaar Sommer plant den Bau eines Eigenheimes. Zwei Monate nach dem Kauf des Grundstückes (Preis inklusive Nebenkosten, Grunderwerbsteuer, Notar: 100.000 Euro) soll mit dem Bau begonnen werden. Die Baukosten werden ca. 100.000 Euro betragen. Um Kosten zu sparen, wollen die Sommers davon selbst Eigenleistungen (z. B. Malerarbeiten, Verputzen, Gestaltung der Außenanlagen) in Höhe von 15.000 Euro erbringen. Ferner haben die Sommers bereits einen Bausparvertrag über 20.000 Euro bis zur Zuteilungsreife angespart (Ansparsumme 40 Prozent). Die Sommers haben zwei minderjährige Kinder.

KfW-Wohneigentumsprogramm (Programmnummer 124/134) für den Bau oder Kauf von selbstgenutzten Eigenheimen und Eigentumswohnungen.	
Förderungsberechtigte	Privatpersonen, unabhängig von Alter und Familienstand
Finanzierungsumfang	bis zu 30 % der Gesamtkosten, max. 100.000 Euro
Laufzeit	max. 35 Jahre, mindestens 1 und max. 5 tilgungsfreie Anlaufjahre
Verzinsung	Zinsfestschreibung wahlweise für 5, 10 oder 15 Jahre bei Zusage oder Antragseingang, je nachdem, zu welchem Zeitpunkt der Zinssatz für den Kreditnehmer günstiger ist. Während der tilgungsfreien Anlaufjahre werden lediglich die Zinsen vierteljährlich nachträglich auf den abgerufenen Kreditbetrag berechnet.
Zusageprovision	Zusageprovision zwei Tage und einen Monat nach Zusage beginnend 0,25 % p. M. auf den noch nicht ausgezahlten Kreditbetrag
Auszahlung	100 %
Abruffrist	12 Monate
Tilgung	nach Ablauf der tilgungsfreien Anlaufjahre Tilgung in vierteljährlichen Annuitäten
Außerplanmäßige Tilgung	während der Zinsfestschreibung nicht möglich, im Einzelfall nach Absprache mit der KfW gesamter ausstehender Kreditbetrag gegen Vorfälligkeitsentschädigung
Sicherheiten	grundpfandrechtliche Sicherheiten
Kombination mit anderen Fördermitteln	grundsätzlich mit anderen Fördermitteln (z. B. Kredite oder Zulagen/Zuschüsse) kombinierbar, soweit die Summe aus Krediten, Zuschüssen oder sonstigen Zuwendungen die Summe der Aufwendungen nicht übersteigt
Verwendungsnachweis	nicht erforderlich
Von der Förderung ausgeschlossen sind: Umschuldungen bestehender Darlehen und Nachfinanzierungen bereits begonnener oder abgeschlossener Vorhaben.	

a) Erstellen Sie für die Sommers einen Finanzierungsplan. Gehen Sie dabei davon aus, dass die Gesamtkosten dem Verkehrswert entsprechen und die Hausbank der Sommers einen Abschlag auf den Beleihungswert von 20 Prozent vornimmt.

b) Erläutern Sie für den von Ihnen erstellten Finanzierungsplan die Kreditbesicherungsmöglichkeiten.

Aufgaben Kapitel 3

39 Die Müller Heiztechnik GmbH handelt wie jedes marktwirtschaftliche Unternehmen nach dem erwerbswirtschaftlichen Prinzip. Welche Aussage entspricht diesem Prinzip?

1. Möglichst hohe Produktionszahlen, um zahlreiche Arbeitsplätze schaffen zu können.
2. Eine möglichst hohe Auslastung der Produktionsanlagen, um stets im Kostenminimum produzieren zu können.
3. Kooperation mit anderen Herstellern, um den Bedarf am Markt stets decken zu können.
4. Ein breites Sortiment, um möglichst jeden Kundenwunsch befriedigen zu können.
5. Gewinnmaximierung, um das Einkommen und damit die Zufriedenheit der Aktionäre bestmöglich zu gestalten.

40 Die Müller Heiztechnik GmbH beabsichtigt, in Berlin eine neue Geschäftsfiliale zu eröffnen. Bei den dazu notwendigen Maßnahmen soll das ökonomische Prinzip beachtet werden. Prüfen Sie, welche der folgenden Maßnahmen dem Maximalprinzip entspricht.

1. Die Planungsabteilung erhält den Auftrag, die notwendige Geschäftseinrichtung so kostengünstig wie möglich zu beschaffen.
2. Zur Geschäftseröffnung stehen 10.000 Euro für die notwendige Werbung zur Verfügung. Die Werbeabteilung erhält den Auftrag, ein Konzept zum effektivsten Einsatz dieser Mittel zu erarbeiten.
3. Für die neue Geschäftsfiliale soll weiteres Verkaufspersonal eingestellt werden.
4. Am neuen Standort soll ein möglichst großes Sortiment mit minimalem Verkäufereinsatz angeboten werden.
5. Zur Geschäftseröffnung werden die Preise niedriger angesetzt als in den umliegenden Geschäften der Konkurrenz.

41 Die Müller Heiztechnik GmbH verwendet bei der Produktion von Wärmemengenzählern für das Gehäuse i. d. R. Stahlblechverkleidungen. Welche betriebliche Zielsetzung entspricht dem Minimalprinzip?

1. Die Müller Heiztechnik GmbH will einen möglichst hohen Marktanteil auf dem Markt für Wärmemengenzähler erzielen und sieht den Einsatz von Stahlblechen als Qualitätsmerkmal.
2. Die Vermarktung der Wärmemengenzähler soll mit einem möglichst hohen Stückdeckungsbeitrag erfolgen, damit innovative Unternehmensbereiche quersubventioniert werden können.
3. Mit einem minimalen Verbrauch an Stahlblech soll eine maximale Menge an Wärmemengenzählern gefertigt werden.
4. Mit einem hohen Verbrauch an Stahlblech soll eine maximale Menge an Wärmemengenzählern gefertigt werden.
5. Mit einem möglichst geringen Verbrauch an Stahlblech soll eine bestimmte Menge an Wärmemengenzählern gefertigt werden.

42 Die Berliner Wohnungsbau GmbH erwägt, mit einem anderen Unternehmen der gleichen Branche zu fusionieren. Welche zwei der nachfolgenden Ziele können damit verfolgt werden?

1. Erlangung von Marktbereinigungsprämien der Bundesregierung
2. Erleichterung des Wettbewerbs durch eine größere Zahl von Mitbewerbern
3. Verbreiterung der Kapitalbasis und bessere Finanzierungsmöglichkeiten
4. Reduzierung der Umsatzsteuerbelastung
5. Rationalisierungs- und Einsparungseffekte, z. B. beim Personal und im Einkauf

43 Bei der Gründung und auch bei der Erweiterung von Unternehmen ist die Wahl des richtigen Standorts eine wichtige betriebswirtschaftliche Entscheidung. Welche der folgenden Aussagen zur Standortwahl ist nicht richtig?

1. Für Produktionsunternehmen ist bei der Standortwahl die Verkehrsanbindung wichtig für die schnelle Verfügbarkeit der Vorprodukte und den Abtransport der gefertigten Waren.
2. Für Handelsunternehmen ist bei der Standortwahl die Nähe zum Kunden wichtig, vor allem aber auch die Kaufkraft und die Konkurrenzlage.
3. Kriterien der Standortwahl sind die Hebesätze der Gemeinden für die Grund- und die Gewerbesteuer und ob es sich um staatlich geförderte Gebiete handelt.
4. Bei der internationalen Standortwahl spielen die Arbeitskosten und die Vorschriften zum Umweltschutz eine wichtige Rolle.
5. Die Beschaffbarkeit von Arbeitskräften ist für die Standortwahl von untergeordneter Bedeutung, da angesichts der Arbeitslosigkeit überall gute Arbeitskräfte zur Verfügung stehen.

44 Die Müller Heiztechnik GmbH will bei der Materialbeschaffung ökologische Aspekte stärker berücksichtigen. Dadurch kann es zu Zielkonflikten mit ökonomischen Zielen kommen. Bei welchen drei der folgenden Maßnahmen stehen ökologische Aspekte im Vordergrund?

1. Installation einer Photovoltaik-Anlage
2. Verschrottung älterer Kunden-Geräte, weil sich die Reparatur nicht lohnt
3. Einsatz von Mehrwegverpackungen
4. Entsorgung leerer Tonerkartuschen mit dem Hausmüll
5. Vermeidung von zusätzlichen Verpackungen
6. Senkung der Lagerkosten durch Anlieferung just in time

45 Für den Begriff Controlling gibt es unterschiedliche Definitionen. Welche der folgenden Definitionen von Controlling ist nicht zutreffend?

1. Controlling ist ein anderer Ausdruck für die betriebliche Kontrolle in Unternehmen.
2. Controlling umfasst alle organisatorischen Grundsätze und alle Verfahren, die der Verbesserung bzw. Optimierung von Entscheidungen dienen.
3. Controlling ist die Beherrschung, Lenkung, Steuerung, Regelung und Beeinflussung von betrieblichen Prozessen.
4. Controlling ist ein unterstützendes System der Führung, der Planung, Kontrolle und Informationsversorgung.
5. Controlling verbessert durch die Koordination von Planung und Kontrolle sowie durch Informationsversorgung die Führungsfähigkeit von Unternehmen.

46 Im Rahmen des abteilungsinternen Controllings sollen Sie feststellen, inwieweit die Verkaufsziele des letzten Geschäftsjahres erreicht wurden oder ob gegebenenfalls weitere Maßnahmen ergriffen werden sollten, um den Absatz zu fördern. Bringen Sie dazu die folgenden Arbeitsschritte in die richtige Reihenfolge.

Ermittlung der Ist-Werte	
Entscheidung für bestimmte Korrekturmaßnahmen	
Durchführen der Korrekturmaßnahmen	
Erkennen von Abweichungen zwischen Ist- und Soll-Werten	
Definieren von möglichen Korrekturmaßnahmen	
Ermittlung von Abweichungsursachen	

47 Zur Herstellung von Gütern und Erbringung von Dienstleistungen sind verschiedene Produktionsfaktoren notwendig. Welche Bedeutung hat der dispositive Faktor in einem Unternehmen?

1. Der dispositive Faktor spielt ausschließlich in marktwirtschaftlichen Betrieben eine Rolle, in Staatsunternehmen ist er nicht erforderlich.
2. Der dispositive Faktor ist ausschließlich der Führungstätigkeit der obersten Geschäftsleitung zuzuordnen. Auf unteren Hierarchieebenen kommt er nicht vor.
3. Der dispositive Faktor stellt ausschließlich die Kapitalbeschaffung (Disposition) dar.
4. Der dispositive Faktor sorgt für den optimalen Einsatz der anderen Produktionsfaktoren: Betriebsmittel, Werkstoffe und menschliche Arbeit (ausführende Arbeit).
5. Der dispositive Faktor entspricht der Tätigkeit des Einkaufs, weil dabei die Preise und die zu beschaffenden Mengen disponiert werden müssen.

48 In der Müller Heiztechnik GmbH werden betriebswirtschaftliche Produktionsfaktoren miteinander kombiniert, um zielorientiert Produkte herzustellen. Ordnen Sie die betriebswirtschaftlichen Produktionsfaktoren den Sachverhalten zu.

Produktionsfaktoren	Sachverhalte
1. Betriebsmittel	a) In der Entwicklungsabteilung sind mehrere PCs miteinander vernetzt, an denen neue Produkte entwickelt werden.
2. Werkstoffe	b) Die Sekretärin schreibt nach Diktat einen Brief an einen wichtigen Kunden, in dem ihm ein neues Angebot unterbreitet wird.
3. ausführende Arbeit	c) Für die Produktion von Heizkesselanlagen werden Bauteile bei einem Zulieferer beschafft.
4. dispositiver Faktor	d) Der Verkaufsleiter entscheidet sich, einem besonders guten Kunden ein sehr günstiges Angebot zu unterbreiten.

49 Der Vertriebsleiter der Müller Heiztechnik GmbH hat in seiner leitenden Position vorwiegend dispositive Aufgaben zu erfüllen. Welche der folgenden Tätigkeiten gehört nicht zur dispositiven Arbeit?

1. Aufgrund einer Umsatzanalyse entwickelt er neue, verbesserte Werbemaßnahmen.
2. Er legt die Fahrtrouten für die Kundendienstbesuche seiner Mitarbeiter fest.
3. Er organisiert den zeitlichen Einsatz der Außendienstmitarbeiter.
4. Er gibt jedem Außendienstmitarbeiter einen zu erreichenden Mindestumsatz vor.
5. Er ermittelt den monatlichen Umsatz je Außendienstmitarbeiter.

50 In der Betriebswirtschaftslehre werden unterschiedliche Führungskonzepte diskutiert. Ordnen Sie den dargestellten Sachverhalten die Führungskonzepte zu.

Führung durch …	Sachverhalte
1. Aufgabendelegation	a) In einer Bank dürfen die Kreditsachbearbeiter die Kreditentscheidung bis zu einer festgelegten Höhe selbst treffen.
2. Zielvereinbarung	b) Der Produktionsleiter diskutiert wichtige Entscheidungen mit seinen Vorarbeitern und lässt sich von ihnen beraten.
3. Eingriff im Ausnahmefall	c) Die Mitarbeiter in der Abteilung Einkauf haben die Vorgabe, die Einkäufe möglichst günstig zu tätigen.
4. Mitarbeiter-Partizipation	d) Die Mitarbeiter der Abteilung Forschung und Entwicklung dürfen selbst entscheiden, an welchem Projekt sie jeweils arbeiten.

51 Der Zusammenhang zwischen dem Verhalten der Unternehmensleitung und der Motivation der Mitarbeiter ist seit langem bekannt. Welche der folgenden Maßnahmen ist nicht geeignet, die Mitarbeitermotivation zu steigern?

1. Zusätzliche betriebliche Sozialleistung, wie z. B. die Zusage einer betrieblichen Altersrente
2. Vom Unternehmen gewährte und finanzierte Weiterbildungsmaßnahmen
3. Zuweisung von interessanten Aufgaben mit Eigenverantwortung
4. Exakte Kontrolle der Einhaltung der Pausenzeiten durch Überwachungskameras
5. Gewährung individueller Mitentscheidungsrechte

52 Führen Sie bei mehreren großen Immobilienunternehmen eine Internetrecherche zu den Themen Unternehmensleitbild, Unternehmensphilosophie und Unternehmenskultur durch. Achten Sie dabei auch auf Formulierungen wie „Vision“ oder „Business Mission“ und auf Logo, farbliche Gestaltung, Informationsgehalt der Website etc. Stellen Sie markante Ergebnisse Ihrer Recherche in einer Präsentation zusammen.

Lernfeld 3 Werteströme und Werte erfassen und dokumentieren

1 Aufgaben und Organisation der Finanzbuchhaltung

Ein wichtiger betrieblicher Funktionsbereich ist das Rechnungswesen. Dessen Aufgaben bestehen vor allem darin,

> alle im Betrieb auftretenden Geld- und Leistungsströme
>
> - mengen- und wertmäßig zu erfassen (**Dokumentationsfunktion**),
> - zu überwachen/zu steuern (**Dispositionsfunktion**) sowie
> - Gesellschafter, Gläubiger, Belegschaft, Finanzbehörden und die Öffentlichkeit über Vermögens-, Finanz- und Ertragslage des Betriebes zu informieren (**Rechenschaftslegungs- und Informationsfunktion**).

Dieses betriebliche Rechnungswesen lässt sich wie folgt gliedern:

Betriebliches Rechnungswesen

- Externes Rechnungswesen
  - Externe Adressaten
    - Finanzbuchhaltung
      - Umfangreiche **Rechtsvorschriften** (HGB, Steuergesetze, rechtsformspezifische Regelungen)
- Internes Rechnungswesen
  - Interne Belange des Unternehmens
    - Kosten- und Leistungsrechnung
    - Betriebswirtschaftliche Statistik
    - Planungsrechnung
      - (zusammen:) Im Wesentlichen **keine Rechtsvorschriften**

Finanzbuchhaltung

Die Finanzbuchhaltung ist eine **Zeitrechnung**, die alle Wertbewegungen des Unternehmens für ein Geschäftsjahr festhält. Ihre wichtigste Aufgabe ist die planmäßige, lückenlose und sachlich geordnete Aufzeichnung aller Geschäftsfälle eines Unternehmens.

- Sie ist von besonderem Interesse für **externe Adressaten** wie Anteilseigner, Arbeitnehmer, Auftraggeber und Auftragnehmer, Banken, aber auch Finanzbehörden, in deren Interesse eine Reihe von **Rechtsvorschriften** zu beachten ist.
- Zugleich stellt die Finanzbuchhaltung umfangreiches **Zahlenmaterial für die anderen Bereiche des betrieblichen Rechnungswesens** zur Verfügung.

Kosten- und Leistungsrechnung (KLR)
Die Kosten- und Leistungsrechnung wird auch als **Kalkulationsrechnung** bezeichnet. Sie soll die Gesamtheit der in den betrieblichen Leistungsprozessen verursachten Kosten und Leistungen kontrollieren und ermitteln, ob diese Prozesse wirtschaftlich sind.

Zu den Teilgebieten der Kosten- und Leistungsrechnung gehören:

- **Kostenartenrechnung/Leistungsartenrechnung**
  Die **Kosten-/Leistungsartenrechnung** beantwortet die Frage, **welche Kosten/ Leistungen** innerhalb der betrieblichen Prozesse anfallen. Dazu werden diese nach einer spezifischen Systematik gegliedert und deren systematische, auswertungsbezoge Erfassung gesichert.

  Als **Kostenarten** können unter anderem gelten
  - Hausbewirtschaftungskosten,
  - Personalkosten oder auch
  - Verwaltungskosten.

  Als **Leistungsarten** können unter anderem gelten
  - Umsatzerlöse aus der Hausbewirtschaftung oder auch
  - Umsatzerlöse aus dem Verkauf von Grundstücken.

- **Kostenstellenrechnung**
  Die **Kostenstellenrechnung** beantwortet die Frage, **innerhalb welcher organisatorischen Einheiten** (Abteilungen/Kostenstellen) die Kosten/Leistungen entstanden sind. Sie ermöglicht Ergebnisrechnungen bezogen auf Abteilungen bzw. Kostenstellen. In den Immobilienunternehmen werden Kostenstellen beispielsweise mit den Bezeichnungen
  - Geschäftsleitung,
  - Abteilung Hausbewirtschaftung oder auch
  - Abteilung Fremdverwaltung

  geführt.

- **Kostenträgerrechnung**
  Die **Kostenträgerrechnung** beantwortet die Frage, welche **Marktleistung**, die als **Kostenträger** gilt, die Kosten verursacht hat und in welchem Maße der Verkauf dieser Leistungen es ermöglicht, die Kosten durch Erlöse (Leistungen) zu decken. Zu Kostenträgern und so also zu den „Marktleistungen" eines Immobilienunternehmens gehören beispielsweise die **Vermietungsleistungen** oder auch **Verwaltungsleistungen** für Dritte, aber auch die zu verkaufenden **Eigentumswohnungen**.

Betriebswirtschaftliche Statistik und Unternehmensanalyse
Hier werden betriebliche Kennziffern gewonnen und ausgewertet. Aufgabe der Statistik ist die Aufbereitung einer Vielzahl von Daten des Rechnungswesens für die Entscheidungsfindung und Beurteilung der Leistungsfähigkeit des Immobilienunternehmens.

- Sie erfolgt im Rahmen **einzelbetrieblicher Vergleiche** auf der Basis
  - von **Zeitvergleichen/Zeitreihenvergleichen** (zu betrachtende Größen/Kennziffern werden über einen Zeitraum von mehreren Jahren analysiert) und
  - von **Soll-Ist-Vergleichen** (Ist-Werte werden Plan-Werten gegenübergestellt, Abweichungen analysiert und mögliche Korrekturen abgeleitet).

- Gegenstand der Statistik und Unternehmensanalyse ist auch der **zwischenbetriebliche Vergleich (Branchenvergleich)**. Er wird in der Regel im Rahmen des „Wohnungswirtschaftlichen Betriebsvergleichs“ auf regionaler Ebene und auf Bundesebene durchgeführt und konzentriert sich auf die Analyse allgemeingültiger Kennzahlen wie auch auf immobilienwirtschaftlich spezifische Größen.

Planungsrechnung
Über die **Planungsrechnung als Vorschaurechnung** soll die künftige Entwicklung des Unternehmens vorausberechnet werden. Zielstellung der Planungsrechnung ist

- die möglichst weit gehende Reduzierung unsicherer Erwartungen und
- die Vorwegnahme künftiger Betriebsentwicklungen.

Das betriebliche Rechnungswesen ist in seiner Gesamtheit an recht unterschiedliche Adressaten gerichtet. So werden über die Finanzbuchhaltung, die Kosten- und Leistungsrechnungen, die betriebliche Statistik, aber auch die Planungsrechnung für die Geschäftsleitung Informationen und wichtige Entscheidungshilfen bereitgestellt. Auch Gesellschafter, Kredit gebende Banken, Geschäftspartner und nicht zuletzt die Finanzämter benötigen Informationen über die Leistungsfähigkeit des Unternehmens.

1.1 Funktionen der Finanzbuchhaltung

Die Finanzbuchhaltung des Unternehmens hat drei wesentliche Funktionen zu erfüllen:

Zeitrechnung
Die Finanzbuchhaltung erfasst als **Zeitrechnung alle Veränderungen im Vermögen** und den **Vermögensquellen** (Eigen- und Fremdkapital) des Unternehmens sowie alle Arten von **Aufwendungen** (Wertverzehr) und **Erträgen** (Wertzuwachs) für einen bestimmten Zeitabschnitt (Geschäftsjahr, Quartal, Monat).

Dokumentation
In Wahrnehmung ihrer Dokumentationsfunktion **erfasst** die Finanzbuchhaltung alle **Zahlen**, die im Unternehmen **aufgrund von Belegen** anfallen, und zeichnet sie, zeitlich und sachlich geordnet, nach bestimmten Gesichtspunkten auf. Sie **liefert damit Informationen** für die übrigen Bereiche des Rechnungswesens.

Rechenschaftslegung
Im gesetzlich vorgeschriebenen **Jahresabschluss** hat die Finanzbuchhaltung Rechenschaft abzulegen über Höhe und Zusammensetzung des Vermögens und des Kapitals sowie des Erfolgs des Unternehmens im Geschäftsjahr.

1.2 Gesetzliche Grundlagen der Buchführung

Eine ordnungsgemäße Buchführung ist nicht nur für die Unternehmensleitung und die Unternehmenseigner, sondern auch für den Staat – im Interesse einer richtigen Ermittlung der Steuern – bedeutsam. Aber sie dient letztlich auch dem Schutz der Gläubiger des Unternehmens.

Es ist deshalb naheliegend, dass der Gesetzgeber die Gestaltung der Buchführung auf vielfältige Weise rechtlich regelt. Von besonderer Bedeutung sind dabei einzuhaltende handels- und steuerrechtliche Vorschriften.

Zunächst gilt:

Jeder Kaufmann ist verpflichtet, Bücher zu führen und in diesen seine Handelsgeschäfte und die Lage seines Vermögens nach **den Grundsätzen ordnungsmäßiger Buchführung** ersichtlich zu machen (§ 238 Abs. 1 HGB).

Im Rahmen der Überarbeitung des Handelsgesetzbuches (HGB) durch das Bilanzrechtsmodernisierungsgesetz (BilMoG) im Jahr 2009 wurde die Pflicht zur Buchführung und Bilanzierung jedoch eingeschränkt.

Einzelkaufleute, die an den Abschlussstichtagen von zwei aufeinander folgenden Geschäftsjahren nicht mehr als **500.000 Euro Umsatzerlöse** und **50.000 Euro Jahresüberschuss** aufweisen, sind zur Buchführung nicht mehr verpflichtet (§ 241a HGB).

Damit haben sich die **handelsrechtlichen Regelungen** zur Buchführungspflicht den **steuerrechtlichen Regelungen** genähert, denn steuerrechtlich ist jeder gewerbliche Unternehmer – unabhängig von der Kaufmannseigenschaft – zur Buchführung verpflichtet, sofern er die Voraussetzungen des § 141 Abs. 1 Abgabenordnung (AO) erfüllt.

Hier heißt es:

Gewerbliche Unternehmer, die nach den Feststellungen der Finanzbehörde für den einzelnen Betrieb **Umsätze von mehr als 500.000 Euro** oder einen **Gewinn aus Gewerbebetrieb von mehr als 50.000 Euro** im Kalenderjahr gehabt haben, sind verpflichtet, für diesen Betrieb Bücher zu führen und aufgrund jährlicher Bestandsaufnahmen Abschlüsse zu machen. [1]

Darüber hinaus werden die handelsrechtlichen Buchführungsvorschriften automatisch ins Steuerrecht übernommen (§ 140 AO).

Zugleich gelten aber auch spezielle Aufzeichnungspflichten für Nichtbuchführungspflichtige aus der Sicht des Steuerrechts. Vielfältige steuerrechtliche Vorschriften enthalten beispielsweise

- die Abgabenordnung (AO),
- das Einkommensteuergesetz (EStG),
- das Gewerbesteuergesetz (GewStG)
- das Körperschaftsteuergesetz (KStG),
- das Umsatzsteuergesetz (UStG)

und die dazugehörigen Durchführungsverordnungen, Richtlinien und Hinweise. Rechtsformspezifische Vorschriften für die Buchführung der jeweiligen Unternehmensform sind im Aktiengesetz (AktG), im GmbH-Gesetz (GmbHG) und im Genossenschaftsgesetz (GenG) enthalten.

---

[1] Für den Bereich der Land- und Forstwirtschaft gelten einige Besonderheiten, die hier jedoch vernachlässigt werden sollen.

1.3 Ordnungsmäßigkeit der Buchführung

Die **Buchführung gilt als ordnungsgemäß**, wenn sie so beschaffen ist, dass sie einem sachverständigen Dritten (Steuerberater, Betriebsprüfer) in angemessener Zeit einen Überblick über die

- Geschäftsfälle und die
- Lage des Unternehmens

vermitteln kann.

Die Geschäftsfälle müssen sich in ihrer Entstehung und Abwicklung verfolgen lassen. Die Buchführung muss deshalb allgemein anerkannten und sachgerechten Normen entsprechen. Als diese Normen gelten die „Grundsätze ordnungsmäßiger Buchführung".

Grundsätze ordnungsmäßiger Buchführung (GoB) sind ein System von Regeln, das von jedem Buchführungspflichtigen zu beachten ist. **Formelle Grundsätze** legen Mindestanforderungen an die **äußere Form und Systematik** der Buchführung fest; **materielle Grundsätze** betreffen den Inhalt der Buchführung.

Als wichtige Grundsätze ordnungsmäßiger Buchführung gelten:

- **Die Buchführung muss klar und übersichtlich sein**

  Das bedingt

  – eine sachgerechte und überschaubare **Organisation der Buchführung**,

  – eine übersichtliche **Gliederung des Jahresabschlusses** (§§ 243, 266, 275 HGB)

  – das **Verbot der Verrechnung** zwischen Vermögenswerten und Schulden sowie zwischen Aufwendungen und Erträgen (§ 246 HGB)

  – das **Verbot, Buchungen unleserlich** zu machen (§ 239 HGB)

- **Alle Geschäftsfälle sind ordnungsgemäß zu erfassen**

  Sämtliche Geschäftsfälle sind

  – **fortlaufend** und **vollständig**,

  – **richtig** und **zeitgerecht** sowie

  – **sachlich geordnet**

  zu buchen, wobei sich die **Geschäftsfälle in ihrer Entstehung und Abwicklung** verfolgen **lassen müssen** (§ 239 HGB; §§ 145, 146 AO). Kasseneinnahmen und -ausgaben sind täglich aufzuzeichnen (§ 146 AO).

- **Keine Buchung darf ohne Beleg erfolgen**
  Alle Buchungen müssen anhand von Belegen auf ihre Richtigkeit überprüft werden können. Diese Belege müssen fortlaufend nummeriert und geordnet werden (§ 257 HGB; § 147 AO).

- **Buchungsunterlagen sind ordnungsgemäß aufzubewahren**
  Alle Buchungsunterlagen (Belege, Aufzeichnungen, Geschäftsbriefe, Inventare und Bilanzen) sind geordnet und nach § 257 Abs. 4 HGB[2] bzw. § 147 AO Abs. 3[3] zwischen 6 und 10 Jahren aufzubewahren.

  Buchungsunterlagen können auch auf Bild- oder anderen Datenträgern aufbewahrt werden. Davon ausgenommen sind jedoch die Eröffnungsbilanz und der Jahresabschluss. Die so gespeicherten Daten müssen aber jederzeit durch Bildschirm oder Ausdruck lesbar gemacht werden können (§§ 239, 257 HGB; § 147 AO).

Da sich die Finanzbuchhaltung in der Regel als EDV-gestützte Buchhaltung gestaltet, sind besondere Vorschriften zu beachten, die

- in den **Grundsätzen ordnungsgemäßer EDV-gestützter Buchführungssysteme (GoBS)** entsprechend dem BMF-Schreiben vom 07.11.1995 und
- in den **Grundsätzen zum Datenzugriff und zur Prüfbarkeit digitaler Unterlagen (GDPdU)** im Sinne des BMF-Schreibens vom 16.07.2001

ihren Niederschlag finden.

---

[2] § 257 Abs. 1 HGB
(1) Jeder Kaufmann ist verpflichtet, die folgenden Unterlagen geordnet aufzubewahren:
1. Handelsbücher, Inventare, Eröffnungsbilanzen, Jahresabschlüsse, Einzelabschlüsse nach § 325 Abs. 2a, Lageberichte, Konzernabschlüsse, Konzernlageberichte sowie die zu ihrem Verständnis erforderlichen Arbeitsanweisungen und sonstigen Organisationsunterlagen,
2. die empfangenen Handelsbriefe,
3. Wiedergaben der abgesendeten Handelsbriefe,
4. Belege für Buchungen in den von ihm nach § 238 Abs. 1 HGB zu führenden Büchern (Buchungsbelege).

(...)
(3) Mit Ausnahme der Eröffnungsbilanzen, Jahresabschlüsse und der Konzernabschlüsse können die in Absatz 1 aufgeführten Unterlagen auch als Wiedergabe auf einem Bildträger oder auf anderen Datenträgern aufbewahrt werden, wenn dies den Grundsätzen ordnungsmäßiger Buchführung entspricht und sichergestellt ist, dass die Wiedergabe oder die Daten
1. mit den empfangenen Handelsbriefen und den Buchungsbelegen bildlich und mit den anderen Unterlagen inhaltlich übereinstimmen, wenn sie lesbar gemacht werden,
2. während der Dauer der Aufbewahrungsfrist verfügbar sind und jederzeit innerhalb angemessener Frist lesbar gemacht werden können.

Sind Unterlagen aufgrund des § 239 Abs. 4 Satz 1 HGB auf Datenträgern hergestellt worden, können statt des Datenträgers die Daten auch ausgedruckt aufbewahrt werden; die ausgedruckten Unterlagen können auch nach Satz 1 aufbewahrt werden.
(4) Die in Absatz 1 Nr. 1 und 4 aufgeführten Unterlagen sind zehn Jahre, die sonstigen in Absatz 1 aufgeführten Unterlagen sechs Jahre aufzubewahren.
(5) Die Aufbewahrungsfrist beginnt mit dem Schluss des Kalenderjahres, in dem die letzte Eintragung in das Handelsbuch gemacht, das Inventar aufgestellt, die Eröffnungsbilanz oder der Jahresabschluss festgestellt, der Einzelabschluss nach § 325 Abs. 2a oder der Konzernabschluss aufgestellt, der Handelsbrief empfangen oder abgesendet worden oder der Buchungsbeleg entstanden ist.

[3] § 147 Abs. 3 AO
Die in Absatz 1 Nr. 1 und 4 aufgeführten Unterlagen (inhaltlich übereinstimmend mit § 257 Abs. 1 HGB) sind zehn Jahre, die sonstigen in Absatz 1 aufgeführten Unterlagen sechs Jahre aufzubewahren, sofern nicht in anderen Steuergesetzen kürzere Aufbewahrungsfristen zugelassen sind. Kürzere Aufbewahrungsfristen nach außersteuerlichen Gesetzen lassen die in Satz 1 bestimmte Frist unberührt. Die Aufbewahrungsfrist läuft jedoch nicht ab, soweit und solange die Unterlagen für Steuern von Bedeutung sind, für welche die Festsetzungsfrist noch nicht abgelaufen ist.

2 Inventur, Inventar und Bilanz als Ausgangspunkt der Buchführung

2.1 Inventur und Inventurverfahren

Jeder Kaufmann ist verpflichtet,

- bei Gründung oder Übernahme eines Unternehmens,
- am Ende eines Geschäftsjahres,
- bei Auflösung oder Verkauf des Unternehmens,
- bei Wechsel der Rechtsform

sein Vermögen und seine Schulden festzustellen (§ 240 HGB; §§ 140, 141 AO).

Der damit verbundene Prozess ist die Inventur.

Die **Inventur** ist die mengen- und wertmäßige Bestandsaufnahme aller Vermögenswerte und der Schulden eines Unternehmens zu einem bestimmten Zeitpunkt (Stichtag). Körperliche Wirtschaftsgüter werden durch Messen, Zählen und Wiegen inventarisiert (**körperliche Inventur**). Nichtkörperliche Wirtschaftsgüter und Schulden weist man buchhalterisch nach (**Buchinventur**).

Inventurverfahren
Da die körperliche Inventur mit erheblichem Arbeitsaufwand verbunden ist, hat der Gesetzgeber zur Arbeitserleichterung verschiedene Inventurverfahren zugelassen.

- **Festbewertung**
  Vermögensgegenstände des Sachanlagevermögens sowie Roh-, Hilfs- und Betriebsstoffe können, wenn sie regelmäßig ersetzt werden und ihr Gesamtwert für das Unternehmen von nachrangiger Bedeutung ist, mit einer gleichbleibenden Menge und einem gleichbleibenden Wert angesetzt werden, sofern ihr Bestand in seiner Größe, seinem Wert und seiner Zusammensetzung nur geringen Veränderungen unterliegt. In der Regel ist jedoch alle drei Jahre eine körperliche Bestandsaufnahme durchzuführen (§ 241 Abs. 3 HBG).

- **Stichtagsinventur**
  Die Inventur für den Bilanzstichtag muss nicht am Bilanzstichtag selbst vorgenommen werden, sie kann zeitnah erfolgen. Die körperliche Bestandsaufnahme ist **innerhalb von 10 Tagen vor oder nach dem Bilanzstichtag** durchzuführen (§ 240 HGB, R 5.3 Abs. 1 EStR). Es ist jedoch sicherzustellen, dass Bestandsveränderungen zwischen dem Bilanzstichtag und dem Tag der Bestandsaufnahme nach Art und Menge anhand von Belegen oder Aufzeichnungen ordnungsgemäß berücksichtigt werden.

- **Permanente Inventur**
  Nach § 241 Abs. 2 HGB ist bei der Aufstellung des Inventars keine körperliche Bestandsaufnahme erforderlich, wenn durch Anwendung eines – den GoB entsprechenden – anderen Verfahrens gesichert ist, dass der Bestand der Wirtschaftsgüter nach Art, Menge und Wert auch ohne die körperliche Bestandsaufnahme für diesen Zeitpunkt festgestellt werden kann. Diese Vorschrift bildet die gesetzliche Grundlage für die **permanente (dauernde) Inventur**. Dabei findet die körperliche Bestandsaufnahme der einzelnen Vermögensgruppen **fortlaufend während des ganzen Geschäftsjahres** statt. Jedoch muss in jedem Wirtschaftsjahr mindestens einmal durch eine körperliche Bestandsaufnahme geprüft werden, ob die buchmäßig ausgewiesenen mit den tatsächlichen Beständen übereinstimmen.[4]

---

[4] Vgl. H 5.3 EStH und R 5.3 Abs. 3 EStR.

- **Verlegte Inventur**
  Nach § 241 Abs. 3 HGB kann die jährliche körperliche Bestandsaufnahme ganz oder teilweise **innerhalb der letzten drei Monate vor oder der ersten zwei Monate nach dem Bilanzstichtag** durchgeführt werden.[5]

- **Stichprobeninventur**
  Der Bestand von Vermögensgegenständen darf nach Art, Menge und Wert auch mithilfe anerkannter mathematisch-statistischer Methoden ermittelt werden, sofern sie den Grundsätzen ordnungsmäßiger Buchführung entsprechen (§ 241 Abs. 1 HBG). Bei der Stichprobeninventur wird aus Zeit- und Kostengründen auf die Erfassung jeder einzelnen Bestandsposition verzichtet. Vielmehr wird aus dem Gesamtbestand zufällig eine vorher zu bestimmende Anzahl von Wirtschaftsgütern ausgewählt. Diese **als Stichprobe ausgewählten Positionen werden dann körperlich aufgenommen und bewertet**. Das Stichprobenergebnis wird dann auf den Gesamtbestand hochgerechnet.

Inventur beim Anlagevermögen
Auch bei der Erfassung des beweglichen Anlagevermögens sind Inventurvereinfachungen zulässig, sofern ein laufend geführtes Anlageverzeichnis existiert.

2.2 Inventar

Die durch die Inventur ermittelten Bestände werden in einem besonderen Verzeichnis zusammengestellt. Dieses Verzeichnis ist das Inventar.

Das **Inventar** ist ein ausführliches Bestandsverzeichnis aller Vermögensteile und Schulden eines Unternehmens zu einem bestimmten Zeitpunkt nach Art, Menge und Wert (§ 240 HGB).

§ 240 HGB (Inventar)

(1) Jeder Kaufmann hat zu Beginn seines Handelsgewerbes seine Grundstücke, seine Forderungen und Schulden, den Betrag seines baren Geldes sowie seine sonstigen Vermögensgegenstände genau zu verzeichnen und dabei den Wert der einzelnen Vermögensgegenstände und Schulden anzugeben.

(2) Er hat demnächst für den Schluss eines jeden Geschäftsjahrs ein solches Inventar aufzustellen. Die Dauer des Geschäftsjahres darf zwölf Monate nicht überschreiten. Die Aufstellung des Inventars ist innerhalb der einem ordnungsmäßigen Geschäftsgang entsprechenden Zeit zu bewirken.

(3) Vermögensgegenstände des Sachanlagevermögens sowie Roh-, Hilfs- und Betriebsstoffe können, wenn sie regelmäßig ersetzt werden und ihr Gesamtwert für das Unternehmen von nachrangiger Bedeutung ist, mit einer gleichbleibenden Menge und einem gleichbleibenden Wert angesetzt werden, sofern ihr Bestand in seiner Größe, seinem Wert und seiner Zusammensetzung nur geringen Veränderungen unterliegt. Jedoch ist in der Regel alle drei Jahre eine körperliche Bestandsaufnahme durchzuführen.

(4) Gleichartige Vermögensgegenstände des Vorratsvermögens sowie andere gleichartige oder annähernd gleichwertige bewegliche Vermögensgegenstände und Schulden können jeweils zu einer Gruppe zusammengefasst und mit dem gewogenen Durchschnittswert angesetzt werden.

[5] Vgl. auch R 5.3 Abs. 2 EStR.

Inventar eines Wohnungsunternehmens

Inventar
der Wohnungsbaugenossenschaft "Glück auf"
Angaben in Euro

A Vermögen	Einzelwerte	Gesamtwerte
I. Anlagevermögen		
1. Gebäude		
Wohnhäuser		
– Birkenstraße 98	1.000.000	
– Rosenstraße 28	1.750.000	
– Turmstraße 18	950.000	3.700.000
Geschäftshäuser		
– Liebenauer Straße 38	2.745.000	
– Blumenallee 176	2.335.000	5.080.000
2. BGA (lt. Anlagenverzeichnis)		225.000
II. Umlaufvermögen		
1. Vorräte (lt. Inventurliste [IL 1])		40.000
2. Forderungen (lt. IL 2)		60.000
3. Kassenbestand		10.000
4. Bankguthaben		
– SparBank Berlin	125.000	
– Commerzialbank Berlin	60.000	185.000
Summe des Vermögens		**9.300.000**

B Schulden		
1. Langfristige Schulden		
– Darlehen – SparBank Berlin	2.000.000	
– Darlehen – Commerzialbank Berlin	600.000	2.600.000
2. Verbdl. a. Lief. und Lstg. (IL 3)		21.500
3. Sonstige Verbindlichkeiten		40.000
Summe der Schulden (Fremdkapital)		**2.661.500**

C Ermittlung des Reinvermögens	
Summe des Vermögens	9.300.000
– Summe der Schulden	2.661.500
= Reinvermögen (Eigenkapital)	**6.638.500**

(A) Vermögen

Die Gesamtheit aller **im Unternehmen gebundenen Werte** ist unter dem Begriff **Vermögen** zusammenzufassen.

Vermögensgegenstände werden nach ihrer Flüssigkeit (Liquidität), also nach dem Grad der Liquidierbarkeit geordnet. Bei der Erstellung des Inventarverzeichnisses wird üblicherweise mit den am wenigsten flüssigen Vermögensgegenständen begonnen.

Das Vermögen wird in **Anlage- und Umlaufvermögen** gegliedert.

Zum **Anlagevermögen** gehören alle **Vermögensteile**, die dazu bestimmt sind, dem Unternehmen **langfristig** zu dienen. Es bildet die **Grundlage** der eigentlichen **Betriebstätigkeit**.

Zum **Anlagevermögen** gehören:

I. Immaterielle Wirtschaftsgüter
Patente, Lizenzen und Rechte

II. Sachanlagen
1. Grundstücke und Gebäude
2. Maschinen und maschinelle Anlagen
3. Fahrzeuge (Fuhrpark)
4. Betriebs- und Geschäftsausstattung (BGA)

III. Finanzanlagen
1. Anteile an verbundenen Unternehmen[6]
2. Beteiligungen[7]
3. Ausleihungen[8]
4. Wertpapiere

Umlaufvermögen sind alle **Vermögensteile**, die für den **kurzfristigen** Verbleib im Unternehmen gedacht sind.

Das **Umlaufvermögen** umfasst:

I. Vorräte
1. Roh-, Hilfs- und Betriebsstoffe
2. Unfertige Erzeugnisse
3. Fertige Erzeugnisse
4. Warenvorräte (Handelswaren)

II. Forderungen aus Lieferungen und Leistungen und sonstige Vermögensgegenstände[9]

III. Bankguthaben

IV. Kassenbestand

---

[6] **Anteile an verbundenen Unternehmen** sind **Mitgliedsrechte** (Vermögens- oder Verwaltungsrechte) an einem verbundenen Unternehmen. **Verbundene Unternehmen** sind solche Unternehmen, die als Mutter- oder Tochterunternehmen in den Konzernabschluss eines Mutterunternehmens einzubeziehen sind. (Vgl.: Fischer u. a.: HGB-Jahresabschluss. Erstellung, prüferische Durchsicht und Prüfung 2009/10. STOTAX Stollfuß Medien 2010, S. 84 RZ 185 f.)

[7] „**Beteiligungen** sind nach § 271 Abs. 1 Satz 1 und 2 HGB … **Anteile an anderen Unternehmen**, die dazu bestimmt sind, **dem eigenen Geschäftsbetrieb auf Dauer** zu dienen. Ungeachtet dieser Definition gilt nach § 271 Abs. 1 Satz 3 HGB die … Vermutung für das Vorliegen einer Beteiligung bei einer **Anteilsquote von 20 %**.“ (Fischer u. a.: a. a. O., S. 86 RZ 189)

[8] **Ausleihungen** sind langfristige Kapitalforderungen.

[9] „Zu den **Forderungen aus Lieferungen und Leistungen gehören Ansprüche aus gegenseitigen Verträgen** …, die vom bilanzierenden Unternehmen … bereits erfüllt sind, deren Erfüllung durch den Schuldner … aber noch aussteht.“ (Coenenberg, A.G.: Jahresabschluss und Jahresabschlussanalyse. Landsberg/Lech 2000, S. 216)
Unter der Position **Sonstige Vermögensgegenstände werden Vermögensgegenstände** erfasst, die keiner anderen Position des Umlaufvermögens zugeordnet werden können, aber auch die sogenannten sonstigen Forderungen, die dem Bilanzausweis der zeitlichen Abgrenzung nachträglich bezahlter Erträge dienen. (Vgl. ebenda, S. 217)

(B) Schulden

Schulden werden im Handelsrecht Verbindlichkeiten genannt. Sie werden nach dem Prinzip der fallenden Fristigkeit (Fälligkeit/Dringlichkeit der Zahlung) unterteilt in

- langfristige (Verbindlichkeiten mit einer Fälligkeit über 4 Jahre),
- mittelfristige (Verbindlichkeiten mit einer Fälligkeit von 1 bis 4 Jahren) und
- kurzfristige (Verbindlichkeiten mit einer Fälligkeit bis zu einem Jahr).

Schulden stellen das im Unternehmen arbeitende **Fremdkapital** dar.

(C) Reinvermögen

Die Differenz zwischen der Summe des Vermögens und der Summe der Schulden ergibt das Reinvermögen des Unternehmens.

Es gilt: Summe des Vermögens – Summe der Schulden = Reinvermögen

2.3 Vom Inventar zur Bilanz

Neben dem Inventar – als ausführliches Bestandsverzeichnis – fordert § 242 HGB auch die Aufstellung einer Bilanz. Sie ist eine kurz gefasste Übersicht, die es ermöglicht, auf einen Blick das Verhältnis zwischen Vermögen und Vermögensquellen des Unternehmens zu überschauen.

Die **Bilanz** ist eine kurz gefasste Gegenüberstellung von Vermögen und Kapital (Vermögensquellen) in **Kontenform.**

Grundlage zur Aufstellung einer Bilanz ist das Inventar. Der allgemeine Aufbau der Bilanz ist durch § 266 HGB vorgegeben. Eine Abweichung von dieser Grundgliederung ist nicht selten der Fall. So auch bei den Wohnungsunternehmen, für die im Rahmen einer sogenannten Formblatt-Verordnung Sonderregelungen getroffen wurden.[10]

Unabhängig von diesen gesonderten Regelungen gilt:

- Die Bilanz muss klar und übersichtlich gegliedert sein (§ 243 HGB),
- Anlagevermögen und Umlaufvermögen, Eigenkapital und Fremdkapital sind gesondert auszuweisen und hinreichend aufzugliedern (§§ 247, 266 HGB).

Merkmale einer Bilanz

1. Die Bilanz ist eine Kurzfassung des Inventars in T-Kontenform.
2. Die linke Seite der Bilanz heißt Aktiva und enthält die Vermögensgegenstände.
3. Die rechte Seite heißt Passiva und enthält das Eigenkapital und die Schulden (Fremdkapital).
4. Beide Bilanzseiten beschreiben dasselbe Unternehmen, jedoch von unterschiedlichen Gesichtspunkten aus. Die Aktivseite verdeutlicht die Vermögensformen des Unternehmens und die Passivseite zeigt auf, wie das Vermögen finanziert wurde (Vermögensquellen).
5. Aus (4) folgt, dass das Bilanzkonto stets im Gleichgewicht steht.

[10] Vgl. Verordnung über Formblätter für die Gliederung des Jahresabschlusses von Wohnungsunternehmen in der Fassung vom 25. Mai 2009.

Grundaufbau einer Bilanz

Aktiva — Bilanz zum 31.12.00 — Passiva

Aktiva			Passiva		
I. Anlagevermögen			**I. Eigenkapital**	7.000.000	Euro
1. Gebäude	4.205.000	Euro			
2. Maschinen	1.350.000	Euro	**II. Fremdkapital**		
3. Fuhrpark	215.000	Euro	1. Hypothek	1.950.000	Euro
4. BGA	230.000	Euro	2. Darlehen	640.000	Euro
II. Umlaufvermögen			3. Verbindlichkeiten a. LL	334.000	Euro
1. Rohstoffe	1.200.000	Euro			
2. Hilfsstoffe	415.000	Euro			
3. Betriebsstoffe	75.000	Euro			
4. Unfertige Erzeugnisse	310.000	Euro			
5. Fertige Erzeugnisse	1.000.000	Euro			
6. Forderungen a. LL	450.000	Euro			
7. Kasse	14.000	Euro			
8. Bank	460.000	Euro			
Summe der Aktiva	9.924.000	Euro	**Summe der Passiva**	9.924.000	Euro

2.4 Wertveränderungen der Bilanz

Inventar und Bilanz eines Unternehmens stellen eine Stichtagsbetrachtung (Momentaufnahme) am Ende des Geschäftsjahres dar. Die Aktiva und Passiva unterliegen regelmäßigen Wertveränderungen, bedingt durch die innerbetrieblichen Prozesse (Geschäftsfälle). Jeder dieser Geschäftsfälle ändert einzelne Positionen der Bilanz. Diese Bilanzpositionen werden als Bestände bezeichnet.

Bestände sind alle Positionen, die im **Inventar** und in der **Bilanz** enthalten sind, also alle Aktiva in Form von Anlage- und Umlaufvermögen und alle Passiva in Form von Eigen- und Fremdkapital. Jeder Geschäftsfall verändert die Bilanz in doppelter Weise. Dabei sind vier Möglichkeiten der Bilanzveränderung zu unterscheiden.

Aktivtausch (AT)

Der Geschäftsfall betrifft nur die **Aktivseite** der Bilanz; die Bilanzsumme ändert sich nicht (Tauschvorgang auf der Aktivseite).

Beispiel:
Kauf von Waren gegen Barzahlung im Wert von 4.500 Euro

Hier

- befinden sich die angesprochenen Konten auf der Aktivseite der Bilanz,
- erfolgt ein Werteaustausch zwischen zwei Aktivkonten in gleicher Höhe,
- ändert sich die Bilanzsumme nicht.

Aktiva		Passiva
Warenvorräte	+ 4.500 Euro	Keine Veränderungen!
Kasse	– 4.500 Euro	

Passivtausch (PT)
Der Geschäftsfall wirkt sich nur auf die **Passivseite** aus; die Bilanzsumme ändert sich nicht (Tauschvorgang auf der Passivseite).

Beispiel:
Ein Lieferant wandelt die ihm gegenüber bestehenden Verbindlichkeiten aus Lieferungen und Leistungen (VLL) in Höhe von 10.000 Euro in ein Darlehen um.

Hier

- befinden sich beide angesprochenen Konten auf der Passivseite der Bilanz,
- erfolgt ein Werteaustausch zwischen zwei Passivkonten in gleicher Höhe,
- ändert sich die Bilanzsumme nicht.

Aktiva	Passiva	
Keine Veränderungen!	Darlehen	+ 10.000 Euro
	VLL	– 10.000 Euro

Aktiv-Passiv-Mehrung (AP+)
Der Geschäftsfall betrifft **beide Seiten** der Bilanz. Der **Vermehrung eines Aktivpostens** steht eine **Vermehrung des Passivpostens** gegenüber. Die Bilanzsummen nehmen auf beiden Seiten um den gleichen Betrag zu. Das Bilanzgleichgewicht bleibt somit gewahrt (Vermehrung auf beiden Bilanzseiten).

Beispiel:
Einkauf eines Personalcomputers auf Kredit (Darlehen) im Wert von 3.500 Euro.
Hier

- befindet sich das eine Konto auf der Aktivseite der Bilanz – der PC gehört zur Betriebs- und Geschäftsausstattung (BGA) –, deren Wert um 3.500 Euro erhöht wird; das andere Konto ist ein Passivkonto, das um den Betrag von 3.500 Euro erhöht wird,
- erfolgt eine Werterhöhung auf der Aktiv- und der Passivseite im gleichen Umfang,
- erhöht sich die Bilanzsumme um 3.500 Euro.

Aktiva		Passiva	
BGA	+ 3.500 Euro	Darlehen	+ 3.500 Euro

Aktiv-Passiv-Minderung (AP–)
Der Geschäftsfall betrifft **beide Seiten** der Bilanz. Der **Verminderung eines Aktivpostens** entspricht die **Verminderung eines Passivpostens**. Das Bilanzgleichgewicht bleibt durch Abnahme der Bilanzsumme auf beiden Seiten gewahrt (Verminderung auf beiden Bilanzseiten).

Beispiel:
Bezahlung einer Lieferantenrechnung (Verbindlichkeit aus Lieferung und Leistungen) über 7.600 Euro per Bank.

Hier

- befindet sich ein Konto auf der Aktivseite der Bilanz (Bankguthaben), das in seinem Wert um 7.600 Euro gemindert wird; das andere Konto ist ein Passivkonto (Darlehen), das um den Betrag von 7.600 Euro verringert wird,
- erfolgt eine Wertminderung auf der Aktiv- und der Passivseite im gleichen Umfang,
- vermindert sich die Bilanzsumme um 7.600 Euro.

Aktiva		Passiva	
Bankguthaben	– 7.600 Euro	VLL	– 7.600 Euro

3 Buchen in Bestandskonten

3.1 Die Auflösung der Bilanz in Bestandskonten

Im laufenden Geschäftsjahr ergibt sich regelmäßig eine große Zahl von Geschäftsfällen, die die Bilanzpositionen verändern. Eine laufende Fortschreibung der Bilanz, d. h. die Erstellung einer Bilanz nach jedem Geschäftsfall, wäre jedoch eine praktisch nicht realisierbare Arbeit. Aus diesem Grund werden die Veränderungen der einzelnen Bilanzpositionen auf gesonderten Konten erfasst. Die Bilanz wird zu diesem Zweck in Konten für jeden einzelnen Bilanzposten zerlegt.

Das **Konto** ist ein Rechenschema, das, ausgehend vom Anfangsbestand (AB), die Wertveränderungen im Geschäftsjahr erfasst. Diese Konten werden – ebenso wie die Bilanz – in Form eines „T" geführt.

Grundsätze für die Auflösung der Bilanz in Bestandskonten
1. Für jede der Bilanzpositionen wird ein „T-Konto" eingerichtet. Die linke Seite dieses Kontos heißt **Soll**, die rechte Seite heißt **Haben**.
2. Konten, die aus der Aktivseite der Bilanz abgeleitet werden, heißen **Aktivkonten** (aktive Bestandskonten); aus der Passivseite der Bilanz abgeleitete Konten heißen **Passivkonten** (passive Bestandskonten).
3. Bei der Eröffnung von Bestandskonten sind die in der Bilanz ausgewiesenen Wertgrößen als **Anfangsbestände** (AB) zu übernehmen. Bei den Aktivkonten ist der Anfangsbestand im Soll zu notieren, Passivkonten haben ihren Anfangsbestand im Haben.

Beispiel:

	Soll Bank	Haben
Das **Aktivkonto Bank** – mit einem Anfangsbestand von 20.000 Euro – hat folgendes Aussehen:	AB: 20.000 Euro	

	Soll Bank	Haben
Das **Passivkonto Darlehen** – mit einem Anfangsbestand von 142.000 Euro – hat folgendes Aussehen:		AB: 142.000 Euro

3.2 Die Führung von Bestandskonten

Die Ableitung von Bestandskonten aus der Bilanz ist die Voraussetzung für die regelmäßige Erfassung von Geschäftsfällen. Für die Führung und den Abschluss dieser Konten wurde eine bestimmte Technik entwickelt.

Jeder Geschäftsfall muss stets mindestens einmal im Soll und einmal im Haben erfasst werden. Diese Erfassung der Werte des Geschäftsfalles auf den Konten nennt man **Buchen**.

Grundsätze für die Führung von Bestandskonten
1. Alle Konten vermehren sich dort, wo der Anfangsbestand notiert ist, und vermindern sich auf der Gegenseite. a) Für die Aktivkonten gilt: Mehrungen der Aktivkonten werden im Soll, Minderungen im Haben erfasst. b) Für die Passivkonten gilt: Mehrungen der Passivkonten werden im Haben, Minderungen im Soll erfasst.
2. Gebucht wird immer zuerst im Soll, dann im Haben.
3. Der Wert der Sollbuchung muss gleich dem Wert der Habenbuchung sein.
4. Vor jedem gebuchten Betrag wird die laufende Ziffer (Datum) des Geschäftsfalles und die Bezeichnung des entsprechenden Gegenkontos notiert.

S Aktivkonten	H
Anfangsbestand (AB) im Soll	*Wertminderung* im Haben
Werterhöhung im Soll	*Schlussbestand (SB)* im Haben

S Passivkonten	H
Wertminderung im Soll	*Anfangsbestand (AB)* im Haben
Schlussbestand (SB) im Soll	*Werterhöhung* im Haben

Beispiel:
(1) Barkauf eines Schreibtisches im Wert von 350 Euro
Die Buchung auf den Konten – mit angenommenen Anfangsbeständen – stellt sich folgendermaßen dar:

Auf dem Aktivkonto BGA ist auf der Sollseite eine Mehrung über 350 Euro vorzunehmen, auf dem Aktivkonto Kasse ist die Minderung des Bestandes um 350 Euro auf der Habenseite zu erfassen.

S BGA	H
AB: 7.000 Euro	
1. Kasse: 350 Euro	

S Kasse	H
AB: 6.000 Euro	1. BGA: 350 Euro

Dem Konto BGA ist nun anzusehen, dass mit dem ersten Geschäftsfall ein Zuwachs über 350 Euro erfolgte, der durch Barzahlung finanziert wurde (Gegenkonto: Kasse). Auf dem Konto Kasse ist erkennbar, dass eine Ausgabe über 350 Euro erfolgte, die durch die Anschaffung von Vermögensgegenständen der BGA (Gegenkonto: BGA) verursacht wurde.

Beispiel:
(2) Kauf eines Schreibtisches auf Rechnung (auf Ziel), Preis: 4.500 Euro
Die Buchung auf den Konten stellt sich folgendermaßen dar:

Das Aktivkonto BGA erfährt auf der Sollseite eine Mehrung. Aber auch auf dem Passivkonto Verbindlichkeiten aus Lieferungen und Leistungen (VLL) ist eine Mehrung zu erfassen, die jedoch – wie für Passivkonten üblich – auf der Habenseite zu buchen ist.

↓

S	BGA	H
AB: 7.000 Euro		
1. Kasse: 350 Euro		
2. VLL.: 4.500 Euro		

S	VLL	H
		AB: 7.000 Euro
		2. BGA: 4.500 Euro

Dem Konto BGA ist zu entnehmen, dass ein weiterer Zukauf über 4.500 Euro erfolgte, dessen Bezahlung jedoch noch aussteht (Gegenkonto: VLL). Das Konto Verbindlichkeiten weist eine Zunahme über 4.500 Euro aus, verursacht durch den Erwerb von Vermögensgegenständen der BGA (Gegenkonto: BGA).

3.3 Der Abschluss der Bestandskonten

Zum Ende des Geschäftsjahres werden die Konten abgeschlossen. Dazu müssen die Endbestände auf den Bestandskonten errechnet werden; aus ihnen wird dann eine neue Bilanz (die Schlussbilanz) aufgestellt.

Grundsätze für den Abschluss der Bestandskonten
1. Die Beträge der jeweils größeren Kontoseite werden addiert und die Summe wird als Endsumme auf die andere Kontenseite in gleicher Höhe übertragen.
2. Auf der kleineren Seite wird die Differenz zwischen der übertragenen Endsumme und der Summe der bisher gebuchten Beträge errechnet und als Ausgleichsbetrag (Saldo) in das Konto eingetragen. Damit sind beide Seiten summen- und wertmäßig gleich.
3. Der so ermittelte Saldo ist der Schlussbestand (SB), der in die Schlussbilanz übertragen wird.

Beispiel:
Durch die Geschäftsfälle (1) und (2) hat sich der Bestand des Kontos BGA verändert. Auch hier ist zum Ende des Geschäftsjahres der Schlussbestand zu ermitteln.

S	BGA	H
AB: 7.000 Euro		SB: 11.850 Euro
1. Kasse: 350 Euro		
2. VLL.: 4.500 Euro		
11.850 Euro		11.850 Euro

4 Der Buchungssatz

4.1 Die Technik der Buchungssatzbildung

Es wurde bereits darauf hingewiesen, dass jeder Geschäftsfall mindestens eine Soll- und eine Habenbuchung auslöst. Dabei war der Betrag stets zuerst auf der Sollseite eines Kontos zu erfassen, im zweiten Schritt auf der Habenseite. Um diese notwendigen Buchungen mit wenigen Worten deutlich machen zu können, wurde ein sogenannter Buchungssatz entwickelt.

Der **Buchungssatz** zeigt in kurzer eindeutiger Form, auf welchem Konto und auf welcher Kontenseite ein Geschäftsfall Änderungen verursacht. Zunächst wird das Konto genannt, das eine Sollbuchung, dann das Konto, das eine Habenbuchung erfährt. Beide Konten werden durch das Wort „an" verbunden.

Beispiel:
Kauf eines Fahrzeuges auf Ziel, Kaufpreis 25.000 Euro

Buchung:

(Fuhrpark)	an	(VLL)	25.000 Euro

In der Praxis werden die verbalen Bezeichnungen der einzelnen Konten durch entsprechende Kontonummern (wie sie sich aus dem später zu behandelnden Kontenrahmen/Kontenplan ergeben) ersetzt, sodass der oben genannte Buchungssatz in vereinfachter Form lautet:

(05)	an	(442)	25.000 Euro

Eine weitere Verkürzung ist durch folgende Schreibweise möglich:

(05)/(442)	25.000 Euro

Werden in einem Buchungssatz nur zwei Konten (ein Konto im Soll – ein Konto im Haben) angesprochen, so ist dies ein **einfacher Buchungssatz**. Werden jedoch mehr als nur zwei Konten berührt, so liegt ein **zusammengesetzter Buchungssatz** vor.

Hier gilt:

- Einer Sollbuchung können zwei oder mehr Habenbuchungen gegenüberstehen.
- Zwei oder mehr Sollbuchungen können einer Habenbuchung gegenüberstehen.
- Zwei oder mehrere Sollbuchungen können mehreren Habenbuchungen gegenüberstehen.

Für alle Buchungen gilt, dass die Endsumme der Sollbuchungen mit der Summe der Habenbuchungen übereinstimmen muss.

Beispiel:
Das im vorigen Beispiel gekaufte Fahrzeug wird durch Banküberweisung in Höhe von 20.000 Euro und durch Barzahlung in Höhe von 5.000 Euro finanziert.

Buchung:

(VLL)			25.000 Euro
	an	(Bank)	20.000 Euro
	an	(Kasse)	5.000 Euro

5 Buchen in Erfolgskonten

Bisher wurden Buchungen vorgenommen, die nur Wirkungen auf die Bestände (Vermögen, Schulden, Eigenkapital) des Unternehmens hatten. Jedoch ist das Interesse des Unternehmens keinesfalls allein auf Bestandsveränderungen gerichtet. Primäres Interesse ist es, durch betriebliche Leistungsprozesse Gewinne zu erwirtschaften. Diese Gewinne erhöhen das Eigenkapital.

Gewinn = Ertrag – Aufwand

5.1 Aufwendungen und Erträge

Hauptaufgabe der Unternehmen ist es, Güter bzw. Leistungen zu produzieren und zu verkaufen. Dabei aber werden Roh-, Hilfs- und Betriebsstoffe verbraucht und Arbeitskräfte eingesetzt. In der Regel sind damit Geldausgaben verbunden, die keine direkten Bestandsveränderungen bewirken. Indirekt aber stehen sie im Zusammenhang mit dem Eigenkapital. Aufwendungen bedeuten eine Minderung des Eigenkapitals.

Unter **Aufwendungen** ist der Werteverzehr eines Unternehmens an Gütern, Diensten und Abgaben während einer Abrechnungsperiode (Monat, Quartal, Geschäftsjahr) zu verstehen. Sie vermindern das Eigenkapital.

Wichtige Aufwendungen der Wohnungsunternehmen sind:
- Aufwendungen für die Hausbewirtschaftung
- Aufwendungen für Verkaufsgrundstücke
- Aufwendungen im Rahmen der Verwaltungs- und Baubetreuung
- Personalaufwendungen
- Abschreibungen
- Verwaltungsaufwendungen
- Zinsaufwendungen
- Steuern

Über den Verkauf der Güter/Leistungen der Unternehmen werden Erträge erzielt.

Erträge sind die erfolgswirksamen Wertzuflüsse in das Unternehmen innerhalb einer Abrechnungsperiode, die das Eigenkapital erhöhen.

In den Leistungsbereichen der Wohnungswirtschaft sind hervorzuheben
- Erträge aus der Hausbewirtschaftung (Mieterträge, Pachten),
- Erträge aus Grundstücksverkäufen und
- Erträge aus der Betreuungstätigkeit.

5.2 Erfolgskonten als Unterkonten des Kapitalkontos

Aufwendungen und Erträge könnten eigentlich über das Eigenkapitalkonto gebucht werden. Dabei wären Aufwendungen (als Eigenkapitalminderungen) auf der Sollseite des Eigenkapitalkontos, die Erträge (als Eigenkapitalmehrungen) auf der Habenseite des Eigenkapitalkontos zu erfassen. Jedoch bleibt das Eigenkapitalkonto über das laufende Geschäftsjahr hinweg geschlossen.

Alle entsprechenden Veränderungen werden auf sogenannten Unterkonten des Eigenkapitals erfasst. Dazu gehören auch die Erfolgskonten, in denen aus Gründen der Klarheit und Übersichtlichkeit die einzelnen Aufwands- und Ertragsarten gesondert ausgewiesen werden.

Erfolgskonten sind Unterkonten des Eigenkapitalkontos. Sie umfassen die einzelnen Aufwandskonten (mit den verschiedenen Aufwandsarten) und die Ertragskonten (mit den verschiedenen Erträgen). Erfolgskonten bewegen sich wie das Eigenkapitalkonto. Alle Aufwendungen werden im Soll erfasst (Minderung des EK), alle Erträge im Haben (Mehrung des EK).

5.3 Bildung, Führung und Abschluss von Erfolgskonten

Grundregeln für die Errichtung und Führung von Erfolgskonten
1. Aufwendungen und Erträge werden nicht direkt über das Eigenkapitalkonto gebucht, dieses Konto bleibt über das Geschäftsjahr gesperrt.
2. Anstelle des EK-Kontos werden Unterkonten in Form von Aufwands- bzw. Ertragskonten eingerichtet.
3. Für diese Erfolgskonten gelten die gleichen Buchungsregeln wie für das EK-Konto.

Arbeitsschritte bei der Errichtung, Führung und dem Abschluss der Erfolgskonten

1. Aus der Bilanz und den anfallenden Geschäftsfällen sind die entsprechenden Bestands- und Erfolgskonten abzuleiten. Für die Bestandskonten sind die entsprechenden Anfangsbestände aus der Eröffnungsbilanz zu übernehmen.
2. Buchung der Geschäftsfälle nach den bisher gültigen Regeln und unter Berücksichtigung der Tatsache, dass Aufwendungen im Soll und Erträge im Haben zu buchen sind.
3. Abschluss der Erfolgskonten über das GuV-Konto und Ermittlung des Erfolgs des Unternehmens.
4. Gewinn bzw. Verlust sind auf das Eigenkapitalkonto zu übertragen. Befindet sich der Saldo auf der Sollseite des GuV-Kontos, wurde Gewinn erwirtschaftet, der das Eigenkapital vergrößert. Befindet sich der Saldo auf der Habenseite, liegt Verlust vor, um den das Eigenkapital zu mindern ist.
5. Abschluss der Bestandskonten.
6. Erstellen der Schlussbilanz. Die Salden der Bestandskonten werden in die Schlussbilanz übernommen.

Dieser Ablauf soll an folgendem Beispiel demonstriert werden.

Beispiel:

(1) Ausgangspunkt jeder Buchung bildet die **Eröffnungsbilanz**.

Aktiva	**Eröffnungsbilanz**		**Passiva**
Bank	20.000 Euro	Eigenkapital	20.000 Euro
	20.000 Euro		20.000 Euro

(2) Um im Verlaufe des Jahres die Geschäftsfälle erfassen zu können, sind die erforderlichen Konten einzurichten. Die Bestandskonten ergeben sich aus der Bilanz. Die Erfolgskonten leiten sich aus den betrieblichen Erfordernissen ab.

↓

Für das vorliegende Beispiel sind folgende Erfolgskonten einzurichten:

Aufwandskonten: Mietaufwand (MiA)
Personalaufwand (PeA)
Telefonkosten (TelK)

Ertragskonten: Provisionserträge (ProE)

(3) Die jährlich anfallenden **Geschäftsfälle** sind in der Buchführung zu berücksichtigen.

Hier soll gelten:

1. Wir zahlen Miete per Bank (2.000 Euro)
2. Wir erhalten Provision per Bank (10.000 Euro)
3. Wir bezahlen eine Telefonrechnung per Bank (300 Euro)
4. Wir zahlen Löhne per Bank (5.000 Euro)
5. Wir zahlen Miete per Bank (2.000 Euro)
6. Wir erhalten Provision per Bank (12.000 Euro)

(4) Aus den Geschäftsfällen sind die **Buchungen abzuleiten.**

Stets ist zu klären,

- welche **Konten** durch den Geschäftsfall berührt werden,
- welcher **Kontenart** diese Konten zuzuordnen sind [Aktivkonten (Ak), Passivkonten (Pk), Aufwandskonten (A) oder Ertragskonten (E)],
- welche **Art der Kontenveränderung** stattfindet [Mehrung (+) oder Minderung (–)],
- auf welcher **Kontenseite** die Veränderungen stattfinden [auf der Soll- (S) oder auf der Habenseite (H)].[11]

	Konto	Kontenart	Kontenveränderung	Kontenseite
1.	Mietaufwand	Aufwandskonto (A)	Mehrung (+)	Soll (S)
	Bank	Aktivkonto (Ak)	Minderung (–)	Haben (H)
2.	Provisionserträge	E	+	H
	Bank	Ak	+	S
3.	Telefonkosten	A	+	S
	Bank	Ak	–	H
4.	Personalaufwand	A	+	S
	Bank	Ak	–	H
5.	Mietaufwand	A	+	S
	Bank	Ak	–	H
6.	Provisionserträge	E	+	H
	Bank	Ak	+	S

↓

[11] Zur Ermittlung der erforderlichen Buchungen sollte eine feste gedankliche Abfolge trainiert werden. So wie hier mithilfe einer Tabelle muss es später gelingen, die Buchungen auch ohne Hilfsmittel zu ermitteln.

(5) Nachdem bereits zu Beginn des Geschäftsjahres die Konten ordnungsgemäß eingerichtet worden sind, lassen sich die **Geschäftsfälle buchen**. Zum Ende des Geschäftsjahres werden die Konten abgeschlossen. Dabei ist für den Abschluss der Erfolgskonten ein besonderes Verrechnungskonto, das **Gewinn- und Verlustkonto (GuV-Konto)**, einzurichten, das die Salden der Aufwands- und Ertragskonten aufnimmt.

Aktiva	**Eröffnungsbilanz**		**Passiva**
Bank:	20.000 Euro	Eigenkapital:	20.000 Euro
	20.000 Euro		20.000 Euro

S	**Bank**		**H**
AB:	20.000 Euro	(1) MiA:	2.000 Euro
(2) ProE:	10.000 Euro	(3) TelK:	300 Euro
(6) ProE:	12.000 Euro	(4) PerA:	5.000 Euro
		(5) MiA:	2.000 Euro

S	**Eigenkapital**		**H**
		AB:	20.000 Euro

S	**MiA**		**H**
(1) Ba:	2.000 Euro	**GuV:**	**4.000 Euro**
(5) Ba:	2.000 Euro		
	4.000 Euro		4.000 Euro

S	**ProE**		**H**
GuV:	**22.000 Euro**	(2) Ba:	10.000 Euro
		(6) Ba:	12.000 Euro
	22.000 Euro		22.000 Euro

S	**PerA**		**H**
(4) Ba:	5.000 Euro	**GuV:**	**5.000 Euro**
	5.000 Euro		5.000 Euro

S	**TelK**		**H**
(3) Ba:	300 Euro	**GuV:**	**300 Euro**
	300 Euro		300 Euro

S	**GuV**		**H**
MiA:	**4.000 Euro**	ProE:	22.000 Euro
PerA:	**5.000 Euro**		
TelK:	**300 Euro**		

(6) Das GuV-Konto ist nun zu saldieren und **über das Eigenkapitalkonto abzuschließen**. Erkennbar ist, dass die Erträge größer sind als die entstandenen Aufwendungen. Es wurde also ein Gewinn erzielt, der das Eigenkapital erhöht. Als Eigenkapitalerhöhung wird der Saldo von 12.700 Euro also auf die Habenseite des Eigenkapitalkontos gebucht.

S	**GuV**		**H**
MiA:	4.000 Euro	**ProE:**	**22 000 Euro**
PerA:	5.000 Euro		
TelK:	300 Euro		
EK:	**12.700 Euro**		
	22.000 Euro		22.000 Euro

S	**Eigenkapital**		**H**
		AB:	20.000 Euro
		GuV:	**12.700 Euro**

(7) Nachdem die Erfolgskonten über das GuV-Konto und dieses wieder über das Eigenkapitalkonto abgeschlossen wurden, sind alle Aufwands- und Ertragskonten aufgelöst. Das bedeutet auch, dass diese Konten zu Beginn des Geschäftsjahres nie einen Anfangsbestand haben. In einem letzten Schritt sind zum Ende des Geschäftsjahres die **Bestandskonten zu saldieren und über die Schlussbilanz abzuschließen.**

S	Bank		H
AB:	20.000 Euro	(1) MiA:	2.000 Euro
(2) ProE:	10.000 Euro	(3)TelK:	300 Euro
(6) ProE:	300 Euro	(4)PerA:	5.000 Euro
		(5) MiA:	2.000 Euro
		SB:	**32.700 Euro**
	42.000 Euro		42.000 Euro

S	Eigenkapital		H
SB:	**32.700 Euro**	AB:	20.000 Euro
		EK:	**12.700 Euro**
	32.700 Euro		32.700 Euro

Aktiva	Schlussbilanz		Passiva
Bank:	32.700 Euro	Eigenkapital:	32.700 Euro
	32.700 Euro		32.700 Euro

6 Vom Eröffnungsbilanzkonto zum Schlussbilanzkonto

Die Buchführung eines Geschäftsjahres beginnt mit der Eröffnungsbilanz, die in allen Positionen der Bilanz des Vorjahres entsprechen muss. Diese Bilanzidentität ist ein wichtiger Grundsatz ordnungsmäßiger Buchführung.

Die Schlussbilanz eines Jahres ist zugleich die Eröffnungsbilanz des folgenden Geschäftsjahres. Dieses inhaltliche Gleichgewicht wird als **Bilanzidentität** bezeichnet. Nach § 252 Abs. 1 Nr. 1 HGB müssen die Wertansätze in der Eröffnungsbilanz des Geschäftsjahres mit denen der Schlussbilanz des vorhergehenden Geschäftsjahres übereinstimmen.

6.1 Konteneröffnungen

Um die laufenden Geschäftsfälle buchen zu können, wurden bisher die Anfangsbestände in die Aktiv- und Passivkonten übertragen. Dieses Vorgehen widerspricht aber dem Grundsatz der doppelten Buchführung, wonach jeder Sollbuchung eine Habenbuchung gegenüberstehen muss. Aus diesem Grunde ist für die Eröffnung der Konten ein Hilfskonto einzurichten, das **Eröffnungsbilanzkonto (EBK)**, das die Aktivposten im Haben und die Passivposten im Soll aufnimmt.

Beispiel:
Als Ausgangspunkt gilt weiterhin die Eröffnungsbilanz, sie liefert zu Jahresbeginn alle erforderlichen Daten für die Finanzbuchhaltung. Die Finanzbuchhaltung selbst aber beginnt erst mit der Eröffnung der Bestandskonten. Dabei werden die Werte der Eröffnungsbilanz durch eine Eröffnungsbuchung als Anfangsbestand in die Bestandskonten übernommen. Zugleich entsteht damit das Eröffnungsbilanzkonto.

Aktiva	Eröffnungsbilanz		Passiva
Gebäude:	150.000 Euro	Eigenkapital:	100.000 Euro
BGA:	50.000 Euro	Darlehen:	130.000 Euro
Forderungen:	10.000 Euro	Verbindlichkeiten:	5.000 Euro
Bank:	20.000 Euro		
Kasse:	5.000 Euro		
	235.000 Euro		235.000 Euro

- Für das **Aktivkonto** Gebäude stellt sich diese Eröffnungsbuchung folgendermaßen dar:

(Gebäude)	an	(EBK)	150.000 Euro

S	Gebäude	H
EBK: 150.000 Euro		

S	EBK	H
	Gebäude: 150.000 Euro	

↓

Für das **Passivkonto** Eigenkapital ergibt sich:

(EBK) an (Eigenkapital) 100.000 Euro

S	EBK	H
EK: 100.000 Euro		

S	Eigenkapital	H
	EBK: 100.000 Euro	

Werden auf diese Weise für alle weiteren Bestandskonten die Eröffnungsbuchungen vorgenommen, entsteht das **Eröffnungsbilanzkonto**.

S	Gebäude	H
EBK: 150.000 Euro		

S	Eigenkapital	H
	EBK: 100.000 Euro	

S	BGA	H
EBK: 50.000 Euro		

S	Darlehen	H
	EBK: 130.000 Euro	

S	Forderungen	H
EBK: 10.000 Euro		

S	Verbindlichkeiten	H
	EBK: 5.000 Euro	

S	Bank	H
EBK: 20.000 Euro		

S	Kasse	H
EBK: 5.000 Euro		

Aktiva	Eröffnungsbilanzkonto		Passiva
Eigenkapital:	100.000 Euro	Gebäude:	150.000 Euro
Darlehen:	130.000 Euro	BGA:	50.000 Euro
Verbindlichkeiten:	5.000 Euro	Forderungen:	10.000 Euro
		Bank:	20.000 Euro
		Kasse::	5.000 Euro
	235.000 Euro		235.000 Euro

Das **Eröffnungsbilanzkonto (EBK)** ist das Gegenkonto zur Eröffnung der Bestandskonten, es ist das Spiegelbild der Eröffnungsbilanz.

Buchungssätze bei der Eröffnung von Bestandskonten:

(Aktivkonten)	an	(EBK)
(EBK)	an	(Passivkonten)

6.2 Kontenabschlüsse

Am Ende des Geschäftsjahres werden die Konten, auf denen die laufenden Geschäftsfälle gebucht wurden, abgeschlossen. Beim Kontenabschluss wird als Gegenkonto für die Buchung der Schlussbestände das **Schlussbilanzkonto (SBK)** benutzt.

Bisher wurden die Salden der Bestandskonten wortlos in die Schlussbilanz übernommen. Richtiger ist es, sie über eine Buchung in das Schlussbilanzkonto (SBK) zu übertragen.

- Der **Abschluss für das Aktivkonto** Bank lässt sich folgendermaßen darstellen:

(SBK)	an	(Bank)	26.000 Euro

S	Bank		H
EBK:	20.000 Euro	MiA:	4.000 Euro
ProE:	10.000 Euro	SBK:	26.000 Euro
	30.000 Euro		30.000 Euro

S	SBK		H
…			
…			
Bank:	26.000 Euro		

- Der **Abschluss des passiven Bestandskontos** Eigenkapital gestaltet sich folgendermaßen:

(Eigenkapital)	an	(SBK)	125.000 Euro

S	Eigenkapital		H
SBK:	125.000 Euro	EBK:	100.000 Euro
		GuV:	25.000 Euro
	125.000 Euro		125.000 Euro

S	SBK		H
		EK:	125.000 Euro

Die Salden der Bestandskonten werden in das Schlussbilanzkonto umgebucht. Das Schlussbilanzkonto (SBK) ist das Gegenkonto für den Abschluss der Bestandskonten zum Jahresende. Dieses Konto ist jedoch nicht allein als Gegenkonto der Abschlussbuchungen zu verstehen. Es ist zugleich die Gesamtübersicht aller im Unternehmen geführten Bestandskonten, die häufig in modifizierter Form in der Bilanz erscheinen. Einige Bestandskonten werden für den Bilanzausweis zusammengefasst bzw. miteinander verrechnet.

Buchungssätze beim Abschluss von Bestandskonten		
(SBK)	an	(Aktivkonten)
(Passivkonten)	an	(SBK)

Die Salden der Aktivkonten erscheinen im Soll des SBK, die der Passivkonten dagegen im Haben des SBK.

Vom Eröffnungsbilanzkonto zum Schlussbilanzkonto

a) Eröffnung der Bestandskonten			
	Aktivkonto	an	EBK
	EBK	an	Passivkonto
b) Führung der Bestandskonten			
Aktivtausch	Aktivkonto	an	Aktivkonto
Passivtausch	Passivkonto	an	Passivkonto
Aktiv-Passiv-Mehrung	Aktivkonto	an	Passivkonto
Aktiv-Passiv-Minderung	Passivkonto	an	Aktivkonto
c) Führung der Erfolgskonten			
Aufwandsbuchungen			
Kauf	Aufwand	an	Geld bzw. VLL
Verbrauch von Gütern	Aufwand	an	Vorrat
Wertminderung	Abschreibung	an	Aktivkonto
Ertragsbuchungen			
Verkauf	FLL bzw. Geld	an	Ertrag
Wertaufholung	Aktivkonto	an	Ertrag aus Zuschreibung
Schenkung u. Ä.	Aktivkonto	an	Außerordentlicher Ertrag
d) vorbereitende Abschlussbuchungen			
e) Abschluss der Erfolgskonten über das GuV-Konto			
Ertragskonten	Ertragskonto	an	GuV
Aufwandskonten	GuV	an	Aufwandskonto
f) Abschluss des GuV-Kontos über das EK-Konto			
GuV mit Gewinn	GuV	an	Eigenkapital
GuV mit Verlust	Eigenkapital	an	GuV
g) Abschluss der Bestandskonten über das SBK			
Aktivkonten	SBK	an	Aktivkonten
Passivkonten	Passivkonten	an	SBK

7 Die Organisation der Buchführung

7.1 Kontenrahmen und Kontenplan in der Wohnungswirtschaft

Um den vielfältigen Anforderungen zu genügen, die an die Buchführung gestellt werden, sind alle Buchführungsunterlagen nach einheitlichen Grundsätzen zu erarbeiten. Dazu gehören unter anderem auch einheitliche Bezeichnungen und Kontenabgrenzungen, wie sie durch die Kontenrahmen der einzelnen Wirtschaftszweige vorgegeben sind.

Der **Kontenrahmen**[12] ist ein Ordnungssystem für alle Konten, die in einem Unternehmen geführt werden. Er ist das Grundgerüst des betrieblichen Rechnungswesens.

Der Kontenrahmen ist nach dem **dekadischen System** aufgebaut:
Er ist in 10 Kontenklassen von 0 bis 9 gegliedert (gekennzeichnet durch einstellige Nummern). Jede dieser Klassen ist in **10 Kontengruppen** (zweistellige Nummern), jede Kontengruppe wiederum in **10 Kontenarten** (dreistellige Nummern) und diese in **10 Konten** (vierstellige Nummern) unterteilt. Eine weitere Unterteilung der Unterkonten ist in der Praxis durchaus üblich. Innerhalb dieses Rahmens lässt sich jedem Sachkonto eine Kontonummer zuordnen.

Zuordnung einer Kontonummer am Beispiel des Kontos Büroeinrichtungen:

Einstellige Zahl	→	**Kontenklasse 0** **Inhalt:** Anlagevermögen Büroeinrichtungen gehören zum Anlagevermögen eines Wohnungsunternehmens
Zweistellige Zahl	→	**Kontengruppe 05** **Inhalt:** Andere Anlagen, Betriebs- und Geschäftsausstattung Büroeinrichtungen gehören zur Betriebs- und Geschäftsausstattung des Wohnungsunternehmens
Dreistellige Zahl	→	**Konto 051** **Inhalt:** Sonstige Wirtschaftsgüter Büroeinrichtungen gehören zu den sonstigen Wirtschaftsgütern innerhalb der BGA
Vierstellige Zahl	→	**Unterkonto 0510** **Inhalt:** Büroeinrichtungen

Auf die einzelnen Positionen des Kontenrahmens der Wohnungswirtschaft wird detailliert in den einzelnen Themen des Lehrbuchs eingegangen. Lediglich die Hauptinhalte der wichtigsten Kontenklassen sollen an dieser Stelle benannt werden.

Klasse 0	beinhaltet das **Anlagevermögen**, das langfristig und dauerhaft für die Aufnahme und Aufrechterhaltung der unternehmerischen Tätigkeit des Wohnungsunternehmens eingesetzt wird. Dazu gehören die verschiedenen **Sachanlagen**, die **Finanzanlagen** und die **immateriellen Vermögensgegenstände**.

[12] Aufbau und Inhalt des Kontenrahmens der Wohnungswirtschaft werden erläutert im „Kommentar zum Kontenrahmen der Wohnungswirtschaft", herausgegeben vom GdW-Bundesverband deutscher Wohnungs- und Immobilienunternehmen, 8. Auflage, Hamburg 2010.

Klasse 1	zeigt die **Vorräte** des Wohnungsunternehmens, zu denen auch die Vorräte an **zum Verkauf gedachten** bebauten und unbebauten **Grundstücken** gehören. Sie beinhaltet aber auch die **begonnenen und noch nicht vollendeten Verkaufsobjekte**, die **noch nicht abgerechneten Betriebskosten** und andere unfertige Leistungen sowie andere Vorräte und Anzahlungen auf Positionen des Umlaufvermögens.
Klasse 2	beinhaltet diverse **Forderungen** und **liquide Mittel** des Wohnungsunternehmens. Entsprechend den Leistungsbereichen der Wohnungswirtschaft lassen sich hier vor allem die Forderungen aus Vermietung, aus Grundstücksverkäufen und aus der Verwaltungs- und Baubetreuung differenziert ausweisen. Die Position **Sonstige Vermögensgegenstände** dient der Erfassung aller in der Klasse 2 nicht gesondert ausgewiesenen Forderungen (etwa: Forderungen an Arbeitnehmer, Forderungen an Versicherungen, aus Steuern u. Ä.). In der Klasse 2 sind auch die diversen Bankguthaben, der Kassenbestand und die eingenommenen – aber noch nicht eingelösten – Schecks zu erfassen. Von besonderer Bedeutung sind die aktiven **Rechnungsabgrenzungsposten** als Sammelposten für im Voraus bezahlte Aufwendungen.
Klasse 3	zeigt zum einen das **Eigenkapital** der Wohnungsunternehmen. Bei Einzelunternehmen und Personengesellschaften ist eine zentrale Position des Eigenkapitals (Konto 30) anzusprechen, bei Kapitalgesellschaften und Genossenschaften eine ganze **Gruppe von Eigenkapitalpositionen** (Gezeichnetes Kapital, Kapital- und Gewinnrücklagen und die Konten zum Ausweis des Ergebnisses). Zum anderen werden in der Klasse 3 **Rückstellungen** – als ungewisse Schulden – ausgewiesen, sie sind bereits Positionen des **Fremdkapitals**.
Klasse 4	beinhaltet das **mittel- und kurzfristige Fremdkapital**, das bei Kreditinstituten oder anderen Kreditgebern aufgenommen wurde. Aber auch Positionen **des kurzfristigen Fremdkapitals** – z. B. in Form der Verbindlichkeiten aus Lieferungen und Leistungen, der Verbindlichkeiten aus Steuern und im Rahmen der sozialen Sicherheit – werden in dieser Kontenklasse dokumentiert. **Die passiven Rechnungsabgrenzungsposten** dienen dem Ausweis im Voraus bezahlter Erträge.
Klasse 5	dient der **innerbetrieblichen Leistungsverrechnung**, die bei der Ausbildung zum/zur Immobilienkaufmann/Immobilienkauffrau zunächst unberücksichtigt bleibt.
Klasse 6	zeigt die **Erträge** aus den verschiedenen Leistungsbereichen des Wohnungsunternehmens, die Erträge aus den Finanz- und Geldanlagen, aber auch die außerordentlichen Erträge, die außerhalb der gewöhnlichen Geschäftstätigkeit des Wohnungsunternehmens anfallen.
Klasse 7	dient der Erfassung aller mit der **Bautätigkeit** anfallenden Kosten. Diese Klasse nimmt innerhalb des Kontenrahmens eine Sonderstellung ein, da sie zur Nebenbuchhaltung gehört und nicht über die üblichen Abschlusskonten (SBK und GuV) verrechnet wird, sondern stets über die Kontenklassen 0 bzw. 1.
Klasse 8	beinhaltet alle **Aufwendungen**, die durch die Erbringung der **typischen wohnungswirtschaftlichen Leistungen** [insbesondere Hausbewirtschaftung (HBW), Grundstücksverkehr (GV), Bau- und Verwaltungsbetreuung (BD)] verursacht werden, aber auch **weitere unternehmensbedingte Aufwendungen** wie beispielsweise Personalaufwendungen, Abschreibungen, Verwaltungskosten, Zinsaufwendungen und Steuern.
Klasse 9	zeigt die **Eröffnungs- und Abschlusskonten** der Buchführung. Von besonderer Bedeutung ist die Kontengruppe 98 mit dem EBK, SBK und dem GuV-Konto.

Der **Kontenrahmen** der Wohnungswirtschaft bildet die einheitliche Grundordnung für die Aufstellung der betriebsindividuellen Kontenpläne. Aus dem Kontenrahmen entwickelt jedes Wohnungsunternehmen einen eigenen **Kontenplan**, der auf dessen besondere Belange (Geschäftsfelder, Struktur und Größe) ausgerichtet ist.

So orientiert sich der **Kontenplan** natürlich an den tatsächlichen Beständen des Unternehmens. Hat das Unternehmen beispielsweise keine immateriellen Vermögensgegenstände, so wird es hierfür auch kein Konto im Kontenplan führen. **Der Kontenplan ist in diesem Sinne also weniger umfassend (enger) als der Kontenrahmen.** Zugleich lässt sich im Kontenplan eine tiefere Gliederung der Konten vornehmen, ohne die Grundordnung zu verletzen. **In diesem Sinne ist der Kontenplan also wesentlich umfassender (tiefer) als der Kontenrahmen.**

Die tiefere Gliederung der Konten innerhalb des Kontenplans eines Wohnungsunternehmens könnte sich folgendermaßen gestalten:

(0510) Büroeinrichtungen
- **(05100)** Büromöbel
- **(05101)** Bürotechnik
  - **(051010)** Personalcomputer
  - **(051011)** Kopierer
  - ...

Bei der Erstellung betrieblicher Kontenpläne sind bestimmte **Grundsätze** zu beachten. Dazu gehört, dass

- alle Konten in einem Verzeichnis (Kontenplan) vollständig nachzuweisen sind,
- Veränderungen in diesem Kontenplan unter Angabe des Zeitpunkts der Kontenänderung kenntlich zu machen sind,
- die Inhalte einzelner Konten innerhalb einer Kontenklasse, Kontengruppe oder Kontenart sich nicht mit den Inhalten von Konten innerhalb anderer Klassen, Gruppen oder Arten überschneiden dürfen,
- der Inhalt jedes Kontos einem bestimmten, gesondert ausweispflichtigen Posten in der Bilanz oder der GuV-Rechnung zuzuordnen sein muss und
- die Bezeichnung der einzelnen Konten wahr und vollständig sein muss.[13]

7.2 Belegorganisation

Bisher wurde lediglich darauf verwiesen, dass **Geschäftsfälle regelmäßig und systematisch zu erfassen** sind. Diese Aussage ist zu präzisieren und es muss erklärt werden, **wie** die Geschäftsfälle zu erfassen sind. Entscheidende Grundlage jeder Buchung sind zunächst Belege, zu denen unter anderem

- Eingangsrechnungen (ER),
- Ausgangsrechnungen (AR),
- Kontoauszüge der Bank (BA),
- Kassenbelege (KB)

gehören.

[13] Vgl. Erläuterungen zur Rechnungslegung der Wohnungsunternehmen (Genossenschaften), Hamburg 1992, S. A5.

Nur durch Belege dieser Art ist es möglich, die Richtigkeit und Vollständigkeit der Buchungen nachzuweisen. Sie sind das entscheidende Bindeglied zwischen Geschäftsfall und Buchung.

Keine Buchung ohne Beleg!
Jede Buchung muss durch einen Beleg nachgewiesen werden können. Diese Buchungsbelege sind laut § 147 Abs. 1 Nr. 40 AO 10 Jahre aufzubewahren.

Zu unterscheiden ist zwischen **Fremd- und Eigenbelegen**:

- Fremdbelege sind Belege, die von nicht zum Unternehmen gehörenden Personen ausgestellt werden.
- Eigenbelege sind Belege, die im eigenen Unternehmen erstellt werden.

Belegarten	
Fremdbelege	**Eigenbelege**
• Eingangsrechnungen • Quittungen • Geschäftsbriefe • Bankbelege • Steuerbescheide	• Ausgangsrechnungen • Quittungen • Lohn- und Gehaltslisten • Belege über Materialentnahmen • Belege über Privatentnahmen • Belege über Storno- und Umbuchungen • Buchungsanweisungen zum Jahresabschluss

Sind Originalbelege abhanden gekommen oder Fremdbelege nicht zu erhalten, sind **Not- oder Ersatzbelege** auszustellen. Diese Ersatzbelege müssen **Zeitpunkt, Grund und Höhe der Ausgabe** dokumentieren. Die im Unternehmen anfallenden Belege sind auf bestimmte Weise zu bearbeiten.

Dabei sind folgende Arbeitsphasen zu durchlaufen:

- **Vorbereitung** der Belege zur Buchung
- **Buchung** der Belege im Grund- und im Hauptbuch
- **Ablage** und Aufbewahrung der Belege

Die sorgfältige Vorbereitung der Belege ist die entscheidende Voraussetzung für eine ordnungsmäßige Buchführung.

Zur Vorbereitung gehört:

- **Prüfung** der sachlichen und rechnerischen Richtigkeit der Belege
- **Ordnen** der Belege und ordnungsgemäße Ablage und Aufbewahrung der Belege
- **Kennzeichnung** (Nummerierung) der Belege innerhalb jeder Belegart
- **Vorkontierung** der Belege

7.3 Die Bücher der Buchführung

Die Grundsätze ordnungsmäßiger Buchführung verlangen für alle Buchungen neben einem Beleg auch eine bestimmte Ordnung. Die Erfassung dieser Belege wird mithilfe von **Buchführungsbüchern** hergestellt. Hier werden die Geschäftsfälle

- in zeitlicher (chronologischer) Ordnung im **Grundbuch**,
- in sachlicher (systematischer) Ordnung im **Hauptbuch** und
- in ergänzender Ordnung durch Aufzeichnungen in **Nebenbüchern**

festgehalten.

In diesen Büchern werden die Geschäftsfälle und damit der gesamte Wertefluss eines Unternehmens von der Eröffnungsbilanz bis zur Schlussbilanz vollständig erfasst. Im Inventar- und Bilanzbuch werden die Inventare und Bilanzen des Unternehmens für den Zeitraum der gesetzlichen Frist (10 Jahre) aufbewahrt.

Grundbuch

Das **Grundbuch oder Journal (Tagebuch), auch Memorial (Gedächtnisbuch) oder Primanota (**Tag der ersten Eintragung) genannt, bildet die Grundlage der Buchführung. Für jeden Geschäftsfall muss aus dem Grundbuch erkennbar sein:

- Datum
- Belegart und Belegnummer
- Buchungstext (Kurzbeschreibung des Geschäftsfalls)
- Buchungssatz
- Betrag

Das Grundbuch ermöglicht es, jeden einzelnen Geschäftsfall bis zum Beleg zurückzuverfolgen und damit nachzuweisen.

Das Grundbuch kann folgendes Aussehen haben:

Grundbuch			**Monat: Januar 01**			
Datum	Beleg-Nr.	Geschäftsfall	Kontierung		Betrag	
02. 01.	ER 12	Zielkauf von Dax KG, München	Waren	VLL	1.500 Euro	1.500 Euro
07. 01.	KB 19	Barzahlung von Bell, Aachen	Kasse	FLL	877 Euro	877 Euro
12. 01.	ER 13	Kauf von BGA, Barzahlung und Zielkauf	BGA	Kasse VLL	25.000 Euro	5.000 Euro 20.000 Euro

Hauptbuch
Die Aussagekraft des Grundbuchs ist beschränkt. Es lässt sich nicht jederzeit der Stand der einzelnen Vermögensteile und Schulden erkennen. Deshalb ist es erforderlich, die Geschäftsfälle auch in sachlicher Ordnung auf entsprechende Sachkonten zu buchen, z. B. sind alle Bargeldentnahmen auf einem Kassenkonto, alle Mietforderungen auf einem Forderungskonto zu erfassen.

Zu den Sachkonten gehören alle im Kontenplan des Betriebes verzeichneten Bestands- und Erfolgskonten, die über das Gewinn- und Verlustkonto und das Schlussbilanzkonto abgeschlossen werden.

Im Hauptbuch werden die Geschäftsfälle sachlich geordnet in den Sachkonten geführt. Bei den Buchungen sind zu vermerken:

- Buchungsdatum
- Belegvermerk
- Buchungstext
- Gegenkonto
- Betrag

Sachkonten des Hauptbuchs können folgende Form haben:

Konto: 274 Bank					
Datum	Beleg-Nr.	Buchungstext	Gegenkonto	Betrag	
02.01.	BA 12	Überweisung an Stadtreinigung	8006		4.400 Euro
07.01.	BA 13	Überweisung an Elektrowerkstatt	850		345 Euro
12.01.	BA 14	Überweisung von Müller	2000	250 Euro	
20.01.	BA 15	Überweisung von Kramer	2000	325 Euro	

Nebenbücher

Eine Vielzahl von Hauptbuchkonten – z. B. Mietforderungen, Verbindlichkeiten, Personalkosten, Betriebs- und Geschäftsausstattung – bedürfen einer näheren Erläuterung durch sogenannte Nebenbücher. Sie dienen der Erläuterung bestimmter Hauptbuchkonten. In der Wohnungswirtschaft gilt dies in besonderer Weise für das Hauptbuchkonto Mietforderungen. Für dieses Hauptbuchkonto muss es mindestens so viele Unterkonten (Nebenbücher) geben, wie es Mietobjekte bzw. Mieter gibt.

Da über die Nebenbuchhaltung vielfältige zusätzliche Informationen bereitgestellt werden, haben die Konten der Nebenbuchhaltung auch nicht die „T“-Form. In einer einfachen Mieten-Soll-Liste kann beispielsweise in den Wohnungsunternehmen die Mietenbuchhaltung gestaltet werden.

8 Buchungen des Warenverkehrs

Auch für die Grundstücks- und Wohnungswirtschaft ist die Buchung des Warenverkehrs – also des Ein- und Verkaufs von Waren – bedeutsam.

Waren sind durch das Unternehmen erworbene Güter und Leistungen, die wesentlich unverändert den betrieblichen Kreislauf wieder verlassen. Sie werden mit der Absicht des Weiterverkaufs erworben.

In der Immobilienwirtschaft tragen insbesondere die für den Verkauf gedachten – also im Umlaufvermögen erfassten – bebauten und unbebauten Grundstücke die Wesenszüge solcher Waren.

Wareneinkäufe führen zu Zuwachs auf dem **Konto Waren** (Zugang von Waren) verbunden mit einer Minderung auf den Geldkonten. Bei einem Barkauf von Waren im Wert von 10.000 Euro ist also zu buchen:

(Waren)	an	(Kasse)	10.000 Euro

Warenverkäufe führen zu einer Minderung auf dem **Konto Waren** (Abgang von Waren), denen ein Zuwachs auf Geldkonten gegenübersteht. Werden die zuvor für 10.000 Euro erworbenen Waren für 12.000 Euro bar verkauft, ist zu buchen:

(Kasse)	an	(Waren)	12.000 Euro

Eine genaue Betrachtung dieser Buchungen des Warenkontos macht Besonderheiten deutlich, die daraus resultieren, dass mit unterschiedlichen Preisen – mit Einkaufs- und Verkaufspreisen – gearbeitet wird. Auf der Sollseite nämlich werden **Bestandserhöhungen zu Einkaufspreisen** erfasst, die Habenseite zeigt die **Bestandsminderung zu Verkaufspreisen**. Wird das Warenkonto zum Ende des Geschäftsjahres saldiert, weist der höhere Betrag auf der Habenseite darauf hin, dass der Warenverkauf mit Gewinn erfolgte. So gesehen ist das Warenkonto also nicht nur ein Bestandskonto, sondern zugleich ein Erfolgskonto. Deshalb ist zumeist auch die Rede von einem **gemischten Warenkonto**.

Um diese Vermischung von Bestands- und Erfolgskonten zu umgehen, richten die meisten Unternehmen besondere Konten ein. Sie führen ein **Wareneinkaufskonto (WE)** und ein **Warenverkaufskonto (WV)**.

8.1 Das Wareneinkaufskonto

Als Aufwandskonto hat das Wareneinkaufskonto die Aufgabe, **den Aufwand für die Beschaffung der Waren zu erfassen**. Das schließt ein, dass zu Beginn des Geschäftsjahres zunächst der Beschaffungsaufwand des Vorjahres berücksichtigt wird. Das Wareneinkaufskonto übernimmt dazu im Soll zunächst den Anfangsbestand der Waren des Vorjahres, da in der Schlussbilanz des Vorjahres die nicht verkauften Warenbestände mit den Anschaffungskosten aktiviert wurden. Dieser Vorgang wird im neuen Jahr rückgängig gemacht. So wird gesichert, dass dieser Aufwand der Warenbeschaffung auch im Folgejahr erfolgswirksam wird. Das ist möglich, weil das Konto Wareneinkauf ein **Aufwandskonto** ist, das den Aufwand für die zum Verkauf insgesamt zur Verfügung stehenden Waren ausweist. Auch alle Wareneinkäufe des laufenden Geschäftsjahres werden auf diesem Konto erfolgswirksam erfasst.

Buchungen auf dem Wareneinkaufskonto

1. Zu Beginn des Geschäftsjahres sind die **Warenanfangsbestände** auf das Konto Wareneinkauf **umzubuchen**. Weist also die Eröffnungsbilanz beispielsweise einen Warenbestand von 10.000 Euro aus, dann gilt:

(Wareneinkauf (WE))	an	(Waren) 10.000 Euro

2. Werden im Verlauf des Geschäftsjahres weitere Wareneinkäufe (etwa über 2.500 Euro) getätigt, dann werden auch diese Aufwendungen auf das Konto **Wareneinkauf** gebucht.

(Wareneinkauf (WE))	an	(Verbindlichkeiten) 2.500 Euro

3. Zum Ende des Geschäftsjahres wird das Wareneinkaufskonto – als Aufwandskonto – über das Gewinn- und Verlustkonto abgeschlossen. Zuvor muss jedoch durch Inventur überprüft werden, ob tatsächlich alle Waren (Anfangsbestand und Zukäufe) und damit der gesamte gebuchte Aufwand dem Warenverkehr des Jahres zugrunde lag. Werden durch Inventur zum Jahresabschluss nicht verkaufte Warenbestände ermittelt, sind diese zu aktivieren. Das bedeutet, die verbleibenden Warenbestände sind auf das Konto Waren im Soll zu buchen; zugleich sind die bisher erfassten Kosten des Wareneinkaufs im Haben um diesen Betrag zu mindern. Wird beispielsweise durch die Inventur zum 31.12. ein Warenbestand von 5.000 Euro ermittelt, ist zu buchen:

(Waren)	an	(Wareneinkauf) 5.000 Euro

4. Nach dieser vorbereitenden Abschlussbuchung beträgt der Saldo des Wareneinkaufskontos 7.500 Euro. Das Wareneinkaufskonto ist über das GuV-Konto abzuschließen.

(GuV)	an	(Wareneinkauf) 7.500 Euro

S	Waren		H
AB:	10.000 Euro	1. WE:	10.000 Euro
3. WE:	5.000 Euro		

S	Wareneinkauf		H
1. Wa:	10.000 Euro	3. Wa:	5.000 Euro
2. VLL.:	2.500 Euro	4. GuV:	7.500 Euro

S	Verbindlichkeiten LL		H
		2. WE:	2.500 Euro

S	Gewinn- und Verlust		H
4. WE:	7.500 Euro		

8.2 Das Warenverkaufskonto

Das Warenverkaufskonto übernimmt als Ertragskonto alle Warenumsätze des Geschäftsjahres auf der Habenseite.

Buchungen im Zusammenhang mit dem Warenverkaufskonto

1. Werden – beispielsweise über laufende Verkaufsvorgänge des Geschäftsjahres – Waren mit einem Umsatzerlös von 10.000 Euro auf Ziel verkauft, so ist zu buchen:

(Forderungen)	an	(Warenverkauf) 10.000 Euro

2. Wie das Wareneinkaufskonto wird auch das Warenverkaufskonto zum Geschäftsjahresende über das GuV-Konto abgeschlossen.

(Warenverkauf)	an	(GuV) 10.000 Euro

Im GuV-Konto stehen den Aufwendungen aus der Warenbereitstellung (7.500 Euro) nun die Erträge aus dem Verkauf (10.000 Euro) gegenüber. Der Rohgewinn beträgt 2.500 Euro.

S	Warenverkauf	H
2. GuV: 10.000 Euro		1. Ford: 10.000 Euro

S	Forderungen	H
1. WV: 10.000 Euro		

S	Gewinn und Verlust	H
		2. WV: 10.000 Euro

Beispiel:
Im Folgenden sollen die entscheidenden Arbeitsschritte bei der Buchung des Warenverkehrs dargestellt werden.

Anfangsbestände
Waren 25.000 Euro, Kasse 5.000 Euro, Eigenkapital 30.000 Euro

Geschäftsfälle
1. Wareneinkauf bar (10.000 Euro)
2. Waren werden bar verkauft (8.000 Euro)
3. Warenverkauf (3.000 Euro) bar
4. Wareneinkauf (5.000 Euro) bar
5. Warenverkauf bar (26.000 Euro)

Abschlussangabe
Inventurbestand (nicht verkaufter) Waren 10.000 Euro

Buchungen
Nachdem die Bestandskonten eröffnet wurden, sind folgende Buchungsschritte vorzunehmen:

a)	Zu Beginn des Geschäftsjahres ist der Warenbestand auf das Konto WE zu buchen	(0)	(WE)	an	(Waren)	25.000 Euro
b)	Die laufenden Geschäftsfälle sind zu buchen	(1)	(WE)	an	(Kasse)	10.000 Euro
		(2)	(Kasse)	an	(WV)	8.000 Euro
		(3)	(Kasse)	an	(WV)	3.000 Euro
		(4)	(WE)	an	(Kasse)	5.000 Euro
		(5)	(Kasse)	an	(WV)	26.000 Euro
c)	Zum Jahresende sind die nicht verkauften Waren zu aktivieren	III.	(Waren)	an	(WE)	10.000 Euro
d)	Abschluss der Warenkonten (WE) und (WV) über das GuV-Konto	IVa.	(WV)	an	(GuV)	37.000 Euro
		IVb.	(GuV)		(WE)	30.000 Euro

S	Waren		H
AB:	**25.000 Euro**	1. WE:	25.000 Euro
III. WE	10.000 Euro		

S	Wareneinkauf		H
0. Wa:	25.000 Euro	III. Wa:	10.000 Euro
1. Ka:	10.000 Euro	**IVb. GuV:**	**30.000 Euro**
4. Ka:	5.000 Euro		
	40.000 Euro		40.000 Euro

S	Warenverkauf		
IVa. GuV:	**37.000 Euro**	2. Ka:	8.000 Euro
		3. Ka:	3.000 Euro
		5. Ka:	26.000 Euro
	37.000 Euro		37.000 Euro

S	Gewinn- und Verlust		H
WE:	30.000 Euro	WV:	37.000 Euro
EK:	**7.000 Euro**		

9 Umsatzsteuer

9.1 Die Grundzüge der Umsatzsteuer

Die Umsatzsteuer ist eine indirekte und allgemeine Verkehrssteuer, die auf alle **steuerbaren Umsätze** erhoben wird. Dabei ist der Unternehmer verpflichtet, auf den von ihm realisierten **Verkauf** von Lieferungen bzw. Leistungen zusätzlich zum (Netto-)Verkaufspreis Umsatzsteuer zu erheben und an das Finanzamt abzuführen. Zugleich muss der Unternehmer beim **Kauf** aber auch – über das Nettoentgelt hinaus – Umsatzsteuer bezahlen, die ihm das Finanzamt im Regelfall erstattet.

Das allgemeine System der Umsatzsteuer, das durch Verkauf und Kauf gekennzeichnet ist, soll durch das folgende Schema verdeutlicht werden.

	(1)	(2)		(3)		(4)
	Forstbetrieb	Sägewerk		Tischlerei		End-verbraucher
	Verkauf	Kauf	Verkauf	Kauf	Verkauf	Kauf
Nettopreis	10.000,00 €	10.000,00 €	30.000,00 €	30.000,00 €	70.000,00 €	70.000,00 €
Umsatzsteuer 19 %	1.900,00 €	1.900,00 €	5.700,00 €	5.700,00 €	13.300,00 €	13.300,00 €
Bruttopreis	11.900,00 €	11.900,00 €	35.700,00 €	35.700,00 €	83.300,00 €	83.300,00 €
Mehrwert	10.000,00 €	20.000,00 €		40.000,00 €		
	↓	↓		↓		
Zahlung ans Finanzamt	1.900,00 €	+ 3.800,00 €		+ 7.600 €		= 13.300 €

Erläuterung:

(1) Beispielhaft wird unterstellt, dass der Kreislauf mit einem **Forstbetrieb** beginnt, der Holz zu einem Nettopreis von 10.000 Euro verkauft. Nach § 1 Umsatzsteuergesetz (UStG) muss er aber auf diesen Nettopreis 19 % Umsatzteuer (1.900 Euro) erheben und an das Finanzamt abführen.

(2) Das **Sägewerk** kauft das Holz für 11.900 Euro inklusive 1.900 Euro Umsatzsteuer, die vom Finanzamt erstattet werden. Das Material wird zu Brettern verarbeitet, die zu einem Nettopreis von 30.000 Euro an eine Tischlerei verkauft werden. Bei diesem Verkauf ist das Sägewerk verpflichtet, auf den Nettopreis 19 % Umsatzsteuer zu erheben, was zu einem Bruttopreis von 35.700 Euro führt. Die in diesem Bruttopreis enthaltenen 5.700 Euro Umsatzsteuer muss das Sägewerk an das Finanzamt abführen. Jedoch werden **bezahlte Umsatzsteuer und eingenommene Umsatzsteuer nicht getrennt voneinander mit dem Finanzamt abgerechnet**. Vielmehr besteht nach § 15 UStG die Möglichkeit der Verrechnung beider Größen (**Vorsteuerabzug**: Von der eingenommenen Umsatzsteuer kann die bezahlte Vorsteuer abgezogen werden). Das Sägewerk muss nur die Differenz zwischen der eingenommenen und bezahlten Umsatzsteuer (3.800 Euro) an das Finanzamt abführen.

(3) Die **Tischlerei** kauft die Bretter für 35.700 Euro brutto und zahlt damit 5.700 Euro Umsatzsteuer. Beim Verkauf fertiger Möbel für 83.300 Euro brutto werden 13.300 Euro Umsatzsteuer eingenommen. Auch hier werden bezahlte Umsatzsteuer (5.700 Euro) und eingenommene Umsatzsteuer (13.300 Euro) miteinander verrechnet, so dass an das Finanzamt nur die Differenz von 7.600 Euro abzuführen ist.

(4) **Endverbraucher** erwerben die Möbel für 83.300 Euro inklusive Umsatzsteuer. Sie aber haben nicht die Möglichkeit der Erstattung der Umsatzsteuer durch das Finanzamt. **Der Endverbraucher trägt endgültig die Steuerlast.**

9.1.1 Steuerbare Umsätze

Nach § 1 UStG gehören zu den **steuerbaren** Umsätzen:

1. Lieferungen und sonstige Leistungen, die ein Unternehmen im Inland gegen Entgelt und im Rahmen seines Unternehmens ausführt
2. Einfuhr von Gegenständen aus dem Drittlandsgebiet in das Inland oder die österreichischen Gebiete Jungholz und Mittelberg (Einfuhrumsatzsteuer)
3. innergemeinschaftlicher Erwerb im Inland gegen Entgelt

9.1.2 Bemessungsgrundlage

Unter der Bemessungsgrundlage ist die Wertgröße zu verstehen, von der ausgehend der jeweilige Steuerbetrag zu berechnen ist. Sie ist für die verschiedenen Umsatzsteuertatbestände unterschiedlich geregelt.

a) Die Bemessungsgrundlage für Lieferungen und sonstige Leistungen ist das vereinbarte Entgelt.

Entgelt ist alles, was der Empfänger einer Lieferung oder sonstigen Leistung aufwenden muss, um diese zu erhalten. Es muss nicht in Geldform geleistet werden, sondern kann in verschiedenen Formen erscheinen, etwa als Tausch, als Tausch mit zusätzlicher Bezahlung oder in jeder anderen Form.

Bei Tausch und tauschähnlichen Umsätzen bildet mangels eines in Geld bemessenen Entgelts stets der Wert der Gegenleistung die Bemessungsgrundlage.

b) Die Bemessungsgrundlage für die Einfuhr in das Inland ist der Zollwert des eingeführten Gegenstandes. Fehlt ein solcher Zollwert, wird das Entgelt zugrunde gelegt.

c) Die Bemessungsgrundlage für Umsätze im innergemeinschaftlichen Verkehr bildet das vereinbarte Entgelt.

Aus der Bemessungsgrundlage und den Steuersätzen ergibt sich die Steuerlast. Gegenwärtig beträgt der **allgemeine Steuersatz 19 %**, der **ermäßigte Steuersatz 7 %** (§ 12 UStG).

9.2 Buchung der Umsatzsteuer

9.2.1 Buchungen der Umsatzsteuer beim Einkauf

Ausgehend davon, dass die beim **Einkauf von Gütern und Leistungen gezahlte Umsatzsteuer (Vorsteuer)** dem Unternehmen in der Regel vom Finanzamt erstattet wird, ist diese buchhalterisch auch auf einem gesonderten Konto zu erfassen. Ihrem Wesen nach ist die Vorsteuer eine **Forderung an das Finanzamt**, die auf dem Konto **Vorsteuer** gebucht wird.

Beim Kauf von Wirtschaftsgütern und von Leistungen ist in diesem Sinne zu beachten:

a) Kauf von Sachgütern

Beim Kauf von Sachgütern ist eine **Zunahme des Bestandes** mit dem Nettobetrag zu buchen, die bezahlte Umsatzsteuer (Vorsteuer) wird auf einem gesonderten Konto als **(253) Forderung an das Finanzamt** erfasst.

Beispiel:
Kauf eines PC für 2.000 Euro netto auf Ziel

Rechnung:	Nettopreis	2.000 Euro
	Umsatzsteuer 19 %	380 Euro
	Bruttopreis	**2.380 Euro**

Buchung		
(05) BGA		2.000 Euro
(253) Vorsteuer		380 Euro
	an (442) VLL	2.380 Euro

S	(05) BGA	H
(442):	2.000 Euro	

S	(253) Vorsteuer	H
(442):	380 Euro	

S	(442) VLL	H
		(05)/(253): 2.380 Euro

b) Kauf „erfolgswirksamer Leistungen"

Beim Kauf von Leistungen, die Aufwand darstellen, ist der Aufwand mit dem Nettobetrag zu buchen, die bezahlte Umsatzsteuer (Vorsteuer) ist auf dem Konto **(253) Forderung an das Finanzamt** zu buchen.

Beispiel:
Eingang einer Rechnung über 300 Euro (netto) für die Reparatur des Kopierers

Rechnung:	Nettopreis	300 Euro
	Umsatzsteuer 19 %	57 Euro
	Bruttopreis	**357 Euro**

Buchung		
(850) Verwaltungskosten		300 Euro
(253) Vorsteuer		57 Euro
	an (442) VLL	357 Euro

S	(850) Verwaltungskosten	H
(442):	300 Euro	

S	(253) Vorsteuer	H
(442):	57 Euro	

S	(442) VLL	H
		(850)/(253): 357Euro

Ist das Unternehmen nicht vorsteuerabzugsberechtigt, ist also die Erstattung der bezahlten Umsatzsteuer (Vorsteuer) durch das Finanzamt ausgeschlossen, sind die **Bestandsveränderungen bzw. Aufwendungen mit den Bruttopreisen** zu buchen.[14] Die gezahlte Vorsteuer ist demzufolge auch nicht gesondert auszuweisen. Bezogen auf die obigen Beispiele wäre also zu buchen:

(05) BGA	an	(442) VLL 2.380 Euro

bzw.

(850) Verwaltungskosten	an	(442) VLL 357 Euro

Rechnung als Voraussetzung zum Vorsteuerabzug

Damit der Unternehmer vom Vorsteuerabzug Gebrauch machen kann, ist die **Vorlage einer ordnungsgemäßen Rechnung** erforderlich. Was darunter zu verstehen ist, regelt § 14 UStG. Hier heißt es:

> **Rechnung** ist jedes **Dokument, mit dem** über eine Lieferung oder sonstige Leistung **abgerechnet wird, gleichgültig, wie dieses Dokument im Geschäftsverkehr bezeichnet wird.** Rechnungen sind auf Papier oder vorbehaltlich der Zustimmung des Empfängers auf elektronischem Weg zu übermitteln.

Eine Rechnung muss folgende Angaben enthalten:

1. **Name** und **Anschrift** des leistenden Unternehmers (a) und des Leistungsempfängers (b),
2. **Steuernummer** oder **Umsatzsteuer-Identifikationsnummer** des leistenden Unternehmers,
3. **Ausstellungsdatum,**
4. fortlaufende Nummer (**Rechnungsnummer**),
5. **Menge und Art** der Lieferung/sonstigen Leistung,
6. **Zeitpunkt** der Lieferung oder sonstigen Leistung,
7. nach Steuersätzen und einzelnen Steuerbefreiungen aufgeschlüsselte **Entgelte,**
8. den anzuwendenden **Steuersatz (a)** sowie den auf das Entgelt entfallenden **Steuerbetrag (b)** sowie
9. gegebenenfalls einen Hinweis auf die **Aufbewahrungspflicht** des Leistungsempfängers.

[14] Die Behandlung der Umsatzsteuer in den Unternehmen der Grundstücks- und Wohnungswirtschaft und der Ausschluss des Vorsteuerabzuges werden im Abschnitt 9.4 dieses Lernfeldes näher erläutert.

Eine ordnungsgemäße Rechnung kann folgendes Aussehen haben:

Drucker- und PC-Service Leipzig

DPS Leipzig

DPS GmbH • Mühlstr 10 • 04317 Leipzig

(1a) → Drucker- und PC-Service GmbH
Mühlstr. 10 • 04317 Leipzig
Telefon: 0341 3030300
Telefax: 0341 3030310

Wohnungsbaugesellschaft
Alter Berlin GmbH
Salinesteg 28 ← (1b)

06194 Halle/Saale

Unsere Zeichen Datum
(3) → Leipzig, 07.03.01

Rechnung Nr.: 2001-133 ← (4)

Sehr geehrte Damen und Herren,

für Ihren Auftrag bedanken wir uns und berechnen Ihnen für unsere Lieferung:

Datum (6)	Menge/ Einheit	Leistung/Bezeichnung (5)	Einzelpreis (Euro)	Gesamtpreis (Euro) (7)
28.02.01	1	HP Color LaserJet Q3964A	169,99	169,99
	1	HP Color LaserJet Q3972A	66,14	66,14
	1	Philips Ink-Folie PFA351	17,49	17,49
		Rechnungsbetrag (netto)		253,62
	(8a) →	**19 % Umsatzteuer**		48,19 ← (8b)
		Rechnungsbetrag (brutto)		301,81

Bitte überweisen Sie den Rechnungsbetrag auf das unten benannte Konto.

Geschäftsführer: Klaus Müller
Steuernummer: 230/111/01000 ← (2)

Bankverbindung: Postbank Leipzig
BLZ: 860 100 90 • Kto: 180 180 180

Kleinbetragsrechnung

Für sogenannte **Kleinbetragsrechnungen** lässt das Umsatzsteuerrecht Erleichterungen bezüglich der erforderlichen Angaben zu.

> **Kleinbetragsrechnungen** sind Rechnungen, deren Bruttobetrag (Nettoentgelt und Umsatzsteuer zusammen) 150 Euro nicht überschreitet (§ 33 UStDV/A15.4 UStAE). Hier reicht es aus, wenn **Entgelt und** der darauf entfallende **Steuerbetrag in einer Summe sowie** der anzuwendende **Steuersatz** benannt werden.

Aber auch auf dieser Rechnung müssen

1. der vollständige **Name** und die vollständige **Anschrift** des leistenden Unternehmers,
2. das **Ausstellungsdatum**,
3. die **Menge** und die **Art** der gelieferten Gegenstände oder Umfang und Art der Leistung und
4. das Entgelt und der darauf entfallende **Steuerbetrag** für die Lieferung oder sonstige Leistung in einer Summe sowie der anzuwendende **Steuersatz** oder
5. im Fall einer Steuerbefreiung ein Hinweis darauf, dass für die Lieferung oder sonstige Leistung eine **Steuerbefreiung** gilt,

ersichtlich sein.

Eine mögliche **Kleinbetragsrechnung** verdeutlicht die unten abgebildete Quittung, die alle erforderlichen Angaben enthält. Hervorzuheben ist die Möglichkeit, das **Entgelt** und den darauf entfallenden **Steuerbetrag in einer Summe** (34,51 Euro) sowie den anzuwendenden **Steuersatz** (19 %) auszuweisen.

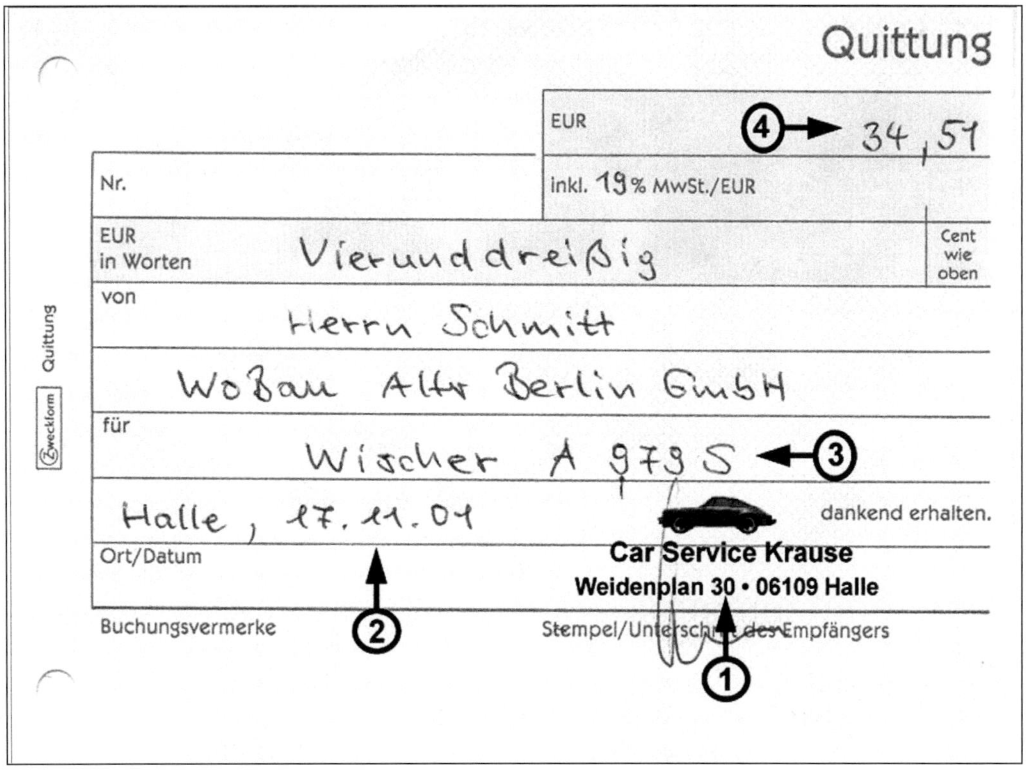

Quittung

EUR ④ → 34,51

Nr.

inkl. 19 % MwSt./EUR

EUR in Worten Vierunddreißig

Cent wie oben

von Herrn Schmitt

WoBau Alte Berlin GmbH

für Wischer A 979 S ← ③

Halle, 17.11.01

dankend erhalten.

Car Service Krause
Weidenplan 30 • 06109 Halle

Ort/Datum

Buchungsvermerke ②

Stempel/Unterschrift des Empfängers ①

9.2.2 Buchung der Umsatzsteuer beim Verkauf

Realisiert das Wohnungsunternehmen umsatzsteuerpflichtige Leistungen, ist es verpflichtet, dem Leistungsempfänger Umsatzsteuer in Rechnung zu stellen, sie gesondert zu buchen und an das Finanzamt abzuführen. Diese eingenommene und an das Finanzamt abzuführende Umsatzsteuer stellt eine **Verbindlichkeit gegenüber dem Finanzamt** dar und ist auf einem entsprechenden Konto gesondert zu erfassen. Beim Verkauf von Sachgütern, aber auch beim Verkauf von Leistungen ist in diesem Sinne zu beachten:

a) Verkauf von Sachgütern

Beim **Verkauf von Sachgütern** zum Buchwert ist die **Bestandsminderung** mit dem Nettobetrag zu buchen. Die eingenommene Umsatzsteuer stellt Verbindlichkeiten gegenüber dem Finanzamt dar und ist auf dem Konto (**470) Verbindlichkeiten aus Steuern (Umsatzsteuer)** zu buchen.

Beispiel:
Verkauf eines Pkw zum Buchwert von 10.000 Euro netto

Rechnung:	Nettopreis	10.000 Euro
	Umsatzsteuer 19 %	1.900 Euro
	Bruttopreis	**11.900 Euro**

Buchung			
(23)	Forderungen		11.900 Euro
	an	(05) BGA	10.000 Euro
	an	(470) Umsatzsteuer	1.900 Euro

S	(05) BGA		H
(980):	10.000 Euro	(23):	10.000 Euro

S	(23) FLL	H
(05)/(470): 11.900 Euro		

S	(470) Umsatzsteuer	H
	(23):	1.900 Euro

b) Verkauf von Leistungen

Der **Verkauf von Leistungen** führt zu einer **Ertragsbuchung**. Dieser Ertrag ist mit dem Nettobetrag zu buchen, die dabei einzunehmende Umsatzsteuer ist auf dem Konto **(470) Verbindlichkeiten aus Steuern (Umsatzsteuer)** zu buchen.

Beispiel:
Einem Kunden werden Provisionen in Höhe von 20.000 Euro (netto) für die Vermittlung eines Grundstücks in Rechnung gestellt.

Rechnung:	Nettopreis	20.000 Euro
	Umsatzsteuer 19 %	3.800 Euro
	Bruttopreis	**23.800 Euro**

Buchung			
(23)	FLL		23.800 Euro
	an	(63) Provisionserträge	20.000 Euro
	an	(470) Umsatzsteuer	3.800 Euro

S (23) FLL	H
(63)/(470): 23.800 Euro	

S (470) Umsatzsteuer	H
	(23): 3.800 Euro

S (63) Provisionserträge	H
	(23): 20.000 Euro

Die Kleinunternehmerregelung nach § 19 UStG befreit von der Pflicht zur Erhebung der Umsatzsteuer

Die **Kleinunternehmerregelung** nach § 19 UStG besagt, dass ein Unternehmer nicht verpflichtet ist, Umsatzsteuer einzunehmen, „wenn der Umsatz zuzüglich der darauf entfallenden Steuer im vorangegangenen Kalenderjahr 17.500 Euro nicht überstiegen hat und im laufenden Kalenderjahr 50.000 Euro voraussichtlich nicht übersteigen wird". In diesem Fall muss der Unternehmer auf an sich umsatzsteuerpflichtige Umsätze keine Umsatzsteuer erheben, der Vorsteuerabzug ist jedoch auch ausgeschlossen.

Beispiel:
Ein Makler hat im Vorjahr (00) umsatzsteuerpflichtige Umsätze in Höhe von nur 17.000 Euro getätigt und er geht davon aus, dass diese Umsätze im aktuellen Jahr (01) 50.000 Euro nicht übersteigen werden. Deshalb kann er im Jahr (01) die Kleinunternehmerregelung in Anspruch nehmen. Das bedeutet, dass er, obwohl seine Leistungen dem Umsatzsteuergesetz unterliegen und er seine Provisionen mit Umsatzsteuer in Rechnung stellen müsste, unter den gegebenen Bedingungen auf das Erheben der Umsatzsteuer verzichten kann. Er muss die Provisionsrechnung hier also nur in Höhe des vereinbarten Nettobetrages (ohne Umsatzsteuer) stellen. Zugleich ist unter diesen Bedingungen auch der Verkauf anderer Sach- und Dienstleistungen umsatzsteuerfrei. Die Möglichkeit des Vorsteuerabzugs ist aber ausgeschlossen.

Überschreitet der Makler jedoch im Jahr (01) die oben beschriebene Umsatzgrenze von 17.500 Euro, muss er ab dem Jahr (02) auf alle umsatzsteuerpflichtigen Umsätze auch tatsächlich Umsatzsteuer erheben und, unter Verrechnung bezahlter Vorsteuer, an das Finanzamt abführen.

9.2.3 Ermittlung von Zahllast bzw. Vorsteuerüberhang und deren Bilanzierung

Am Bilanzstichtag ist zunächst zu ermitteln, ob das Wohnungsunternehmen dem Finanzamt gegenüber **Umsatzsteuerschulden** aus eingenommenen Umsatzsteuern hat **(Zahllast)** oder ob **Forderungen gegenüber dem Finanzamt** aus bezahlten Umsatzsteuern **(Vorsteuerüberhang)** bestehen.

Zahllast

Die Zahllast ist die Differenz zwischen dem höheren Betrag aus Umsatzsteuer (Verkauf) und dem niedrigeren Betrag aus Vorsteuer (Einkauf). Zahllast liegt vor, wenn:

Betrag aus Umsatzsteuer > Betrag aus Vorsteuer

Buchmäßig kann die Zahllast ermittelt werden, indem der **niedrigere** Betrag des Kontos Vorsteuer auf das Konto **Umsatzsteuer umgebucht** wird.

(470) Umsatzsteuer an **(253) Vorsteuer**

Zum Bilanzstichtag ist die bestehende **Zahllast** zu **passivieren**.

(470) Umsatzsteuer an **(989) SBK**

Beispiel:
Im Verlaufe des Geschäftsjahres ist bei Einkäufen Umsatzsteuer in Höhe von 10.000 Euro gezahlt worden (Vorsteuer), Verkäufe führten zur Buchung abzuführender Umsatzsteuer in Höhe von 15.000 Euro. Die Zahllast beträgt demzufolge 5.000 Euro, die als Verbindlichkeit gegenüber dem Finanzamt (Umsatzsteuer) zu bilanzieren ist.

S	(253) Vorsteuer		H
(442):	10.000 Euro	(470):	10.000 Euro
	10.000 Euro		10.000 Euro

S	(470) Umsatzsteuer		H
(253):	10.000Euro	(23):	15.000 Euro
(989):	5.000 Euro		
	15.000 Euro		15.000 Euro

S	(989) SBK		H
		(470):	5.000 Euro

Vorsteuerüberhang

Vorsteuerüberhang ist die Differenz zwischen dem höheren Betrag aus Vorsteuer (Einkauf) und dem niedrigeren Betrag aus Umsatzsteuer (Verkauf). Er ist gegeben, wenn

Betrag aus Vorsteuer > Betrag aus Umsatzsteuer.

Der Vorsteuerüberhang wird ermittelt, indem der **niedrigere** Betrag der Umsatzsteuer auf das **Konto Vorsteuer** gebucht wird.

Auch hier gilt:

(470) Umsatzsteuer **an** **(253) Vorsteuer**

Zum Bilanzstichtag muss der so ermittelte **Vorsteuerüberhang aktiviert** werden.

(989) SBK **an** **(253) Vorsteuer**

Beispiel:
Im Verlaufe des Geschäftsjahres ist durch Einkäufe Umsatzsteuer in Höhe von 20.000 Euro gezahlt worden. Verkäufe führten zur Buchung abzuführender Umsatzsteuer in Höhe von 5.000 Euro. Der Vorsteuerüberhang beträgt demzufolge 15.000 Euro und ist als Forderung gegenüber dem Finanzamt (Vorsteuer) zu bilanzieren.

S	(253) Vorsteuer		H
(442):	20.000 Euro	(470):	5.000 Euro
		(989):	15.000 Euro
	20.000 Euro		20.000 Euro

S	(470) Umsatzsteuer		H
(253):	5.000 Euro	(23):	5.000 Euro
	5.000 Euro		5.000 Euro

S	(989) SBK		H
(253):	15.000 Euro		

9.3 Preisnachlässe und Umsatzsteuer

Beim Erwerb und Verkauf von Waren, Dienstleistungen, aber auch von Wirtschaftsgütern des Anlagevermögens sind nicht selten Preisnachlässe zu berücksichtigen.

Preisnachlässe sind **Abschläge von einem vereinbarten Entgelt**, die sich in **sofortige** und **nachträgliche Preisnachlässe** unterscheiden lassen.

9.3.1 Sofortiger Preisnachlass

Als **sofortiger Preisnachlass** gelten beispielsweise **Rabatte**, die als **Abschlag auf einen Preis sofort** gewährt oder beansprucht werden (Mengenrabatt, Barzahlungsrabatt, Mitarbeiterrabatt u. a.). Da Rabatte bereits zum **Zeitpunkt des Kaufes in Anspruch** genommen bzw. zum **Zeitpunkt des Verkaufs gewährt** werden, sind auch nur die „rabattierten Preise" zu buchen, nachträgliche Korrekturen in der Finanzbuchhaltung erübrigen sich.

Beispiel:
Ein Händler bietet dem Wohnungsunternehmen Material zum Listenpreis von 25.000 Euro zuzüglich gesetzlicher Umsatzsteuer an, räumt aber einen Rabatt von 25 % ein.

Listenpreis (netto)	25.000 Euro
Umsatzsteuer 19 %	4.750 Euro
Listenpreis (brutto)	**29.750 Euro**

↓

Da das Unternehmen den Rabatt in Höhe von 25 % in Anspruch nehmen kann, wird es das Material, das sonst zu einem Bruttopreis von 29.750 Euro verkauft werden würde, bereits für 22.312,50 Euro erhalten. Der Rabatt ist ein „sofortiger Preisnachlass" und so wird auch die Rechnung nur über den rabattierten Bruttopreis von 22.312,50 Euro ausgestellt und bezahlt werden. In der Finanzbuchhaltung ist nicht (unbedingt) erkennbar, dass dieser Preisvorteil genutzt wurde.

Rechnung	
Listenpreis (netto)	25.000,00 Euro
– Rabatt (25 %)	6.250,00 Euro
= Abgabepreis (netto)	**18.750,00 Euro**
+ Umsatzsteuer 19 %	3.562,50 Euro
= Abgabepreis (brutto)	**22.312,50 Euro**

Buchung			
(17) Vorräte			18.750,00 Euro
(253) Vorsteuer			3.562,50 Euro
	an	(442) VLL	22.312,50 Euro

9.3.2 Nachträgliche Preisnachlässe

Nachträgliche Preisnachlässe sind **Abschläge** von einem vereinbarten Entgelt, **die** jedoch erst **nachträglich wirksam werden**, also erst dann, wenn bestimmte Bedingungen erfüllt oder Tatbestände gegeben sind.

- **Skonti** sind Preisnachlässe, die bei fristgerechter/vorfristiger Zahlung möglich sind.
- **Rücksendungen** führen zu Preisnachlässen, wenn komplette Lieferungen oder Teile davon zurückgesandt werden.
- **Mängelrügen** sind Reklamationen, die zu Preisnachlässen führen.
- **Boni** sind nachträgliche Preisnachlässe, die beispielsweise gewährt/beansprucht werden können, wenn innerhalb einer gesetzten Frist eine bestimmte Umsatzgröße erreicht bzw. überschritten wurde.

Die buchmäßige Behandlung nachträglicher Preisnachlässe soll am Beispiel von Skonto demonstriert werden. Dabei ist zu unterscheiden zwischen in Anspruch genommenen Skonti (Kauf) und gewährten Skonti (Verkauf).

9.3.2.1 Skonti bei Kauf von Vermögensgegenständen

Beispiel:
Das Wohnungsunternehmen erwirbt für den Bereich Fremdverwaltung am 01.10.00 einen Kopierer für 5.000 Euro netto auf Ziel. Am 09.10.00 wird die Rechnung unter Nutzung von 2 % Skonto per Bank beglichen.

Rechnung	
Nettopreis	5.000,00 Euro
+ Umsatzsteuer 19 %	950,00 Euro
= Bruttopreis	**5.950,00 Euro**

Buchung

(1) Erfassung der Eingangsrechnung

01. 10. 00:

(05) BGA			5.000,00 Euro
(253) Vorsteuer			950,00 Euro
	an	(442) VLL	5.950,00 Euro

(2) Buchung der Bezahlung unter Nutzung von 2 % Skonto

Die Inanspruchnahme des Skontos bewirkt, dass der Käufer nicht das ursprünglich vereinbarte Nettoentgelt von 5.000 Euro zu zahlen hat, sondern 2 % (100 Euro) weniger. Für die Finanzbuchhaltung ist in diesem Zusammenhang zu beachten, dass

Preisnachlässe beim Erwerb von Vermögensgegenständen stets **als Anschaffungskostenminderungen (AKM)** gelten

und so auch die Anschaffungskosten der EDV-Technik verringern.

Zugleich bedeutet dies, dass sich die zu zahlende **Vorsteuer** nicht am Nettopreis von 5.000 Euro orientiert, sondern **auf Basis des geminderten Nettopreises** von 4.900 Euro **errechnet** wird. Es sind also auch 2 % (19 Euro) weniger Vorsteuer zu zahlen.

				Korrekturen
(442) VLL			5.950,00 Euro	(100 % des Listenpreises)
	an	(274) Bank	5.831,00 Euro	(98 % des Listenpreises)
	an	*(05) BGA*	*100,00 Euro*	*(2 % des Nettopreises)*
	an	(253) Vorsteuer	19,00 Euro	(2 % der Vorsteuer)

9.3.2.2 Skonti bei Kauf erfolgswirksamer Leistungen

Beispiel:
Das Wohnungsunternehmen erhält am 01. 03. 00 eine Rechnung (1.000 Euro/netto) über die Dachreparatur eines gewerblich genutzten Mietobjektes. Das Unternehmen ist vorsteuerabzugsberechtigt. Bei der Bezahlung werden 3 % Skonto in Anspruch genommen.

Rechnung	
Nettopreis	1.000,00 Euro
+ Umsatzsteuer 19 %	190,00 Euro
= Bruttopreis	**1.190,00 Euro**

Buchung

(1) Erfassung der Eingangsrechnung

01.10.00:

(805) InstK			1.000,00 Euro
(253) Vorsteuer			190,00 Euro
	an	(442) VLL	1.190,00 Euro

(2) Buchung der Bezahlung unter Nutzung von 3 % Skonto

Die Inanspruchnahme des Skontos bewirkt, dass der Käufer nicht das ursprünglich vereinbarte Nettoentgelt von 1.000 Euro zu zahlen hat, sondern 3 % (30 Euro) weniger. Für die Finanzbuchhaltung ist in diesem Zusammenhang zu beachten, dass

Preisnachlässe bei Kauf erfolgswirksamer Leistungen als Skontoertrag in der Kontengruppe (669) zu erfassen sind.

Zugleich bedeutet dies, dass sich die zu zahlende **Vorsteuer** nicht am Nettoentgelt von 1.000 Euro orientiert, sondern **auf Basis des geminderten Nettopreises** von 970 Euro **errechnet** wird. Es sind also auch 3 % (5,70 Euro) weniger Vorsteuer zu zahlen.

				Korrekturen
(442) VLL			1.190,00 Euro	(100 % des Brutto-Rechnungspreises)
	an	(274) Bank	1.154,30 Euro	(97 % des Brutto-Rechnungspreises)
	an	*(669) Skontoertrag*	*30,00 Euro*	*(3 % des Nettopreises)*
	an	(253) Vorsteuer	5,70 Euro	(3 % der Vorsteuer)

9.3.2.3 Skonti bei Verkauf

Gewährte Skonti führen regelmäßig zu einem als **Skontoaufwand** zu buchenden Betrag.

Beispiel:
Das Wohnungsunternehmen verkauft am 27.01.01 einen gebrauchten Pkw für 8.000 Euro netto auf Ziel, der Buchwert beträgt 8.000 Euro. Bei Begleichung der Rechnung am 10.03.01 nimmt der Käufer 2 % Skonto in Anspruch.

Rechnung	
Nettopreis	8.000,00 Euro
+ Umsatzsteuer 19 %	1.520,00 Euro
Bruttopreis	**9.520,00 Euro**

Buchung

(1) Erfassung der Eingangsrechnung

01.10.00:

(23) FLL			9.520,00 Euro
	an	(05) BGA	8.000,00 Euro
	an	(470) Umsatzsteuer	1.520,00 Euro

(2) Buchung der Bezahlung unter Nutzung von 2% Skonto

Die Gewährung des Skontos bewirkt, dass der Verkäufer nicht das ursprünglich vereinbarte Nettoentgelt von 8.000 Euro erhält, sondern 2% (160,00 Euro) weniger. Für die Finanzbuchhaltung ist in diesem Zusammenhang zu beachten, dass

beim Verkauf gewährte Preisnachlässe als Skontoaufwand in der Kontengruppe (859) zu erfassen sind.

Zugleich bedeutet dies auch, dass sich die zu zahlende **Vorsteuer** nicht am Nettoentgelt von 8.000 Euro orientiert, sondern **auf Basis des geminderten Nettopreises** von 7.840 Euro errechnet wird. Es sind also auch 2% (30,40 Euro) weniger Vorsteuer zu zahlen.

			Korrekturen
(274) Bank		9.329,60 Euro	(98% des Brutto-Preises)
(859) Skontoaufwand		*160,00 Euro*	*(2% des Netto-Preises)*
(470) Umsatzsteuer		30,40 Euro	(2% der Umsatzsteuer)
	an (23) FLL	9.520,00 Euro	(100% des Brutto-Preises)

9.4 Besonderheiten der Umsatzsteuer in der Wohnungswirtschaft

Auf § 1 UStG und steuerbare Umsätze wurde bereits eingegangen. Um jedoch die besonderen Aspekte der Umsatzsteuer in der Wohnungswirtschaft verdeutlichen zu können, ist die **Unterscheidung** zwischen **steuerbaren, steuerfreien und steuerpflichtigen Umsätzen** herauszuarbeiten.

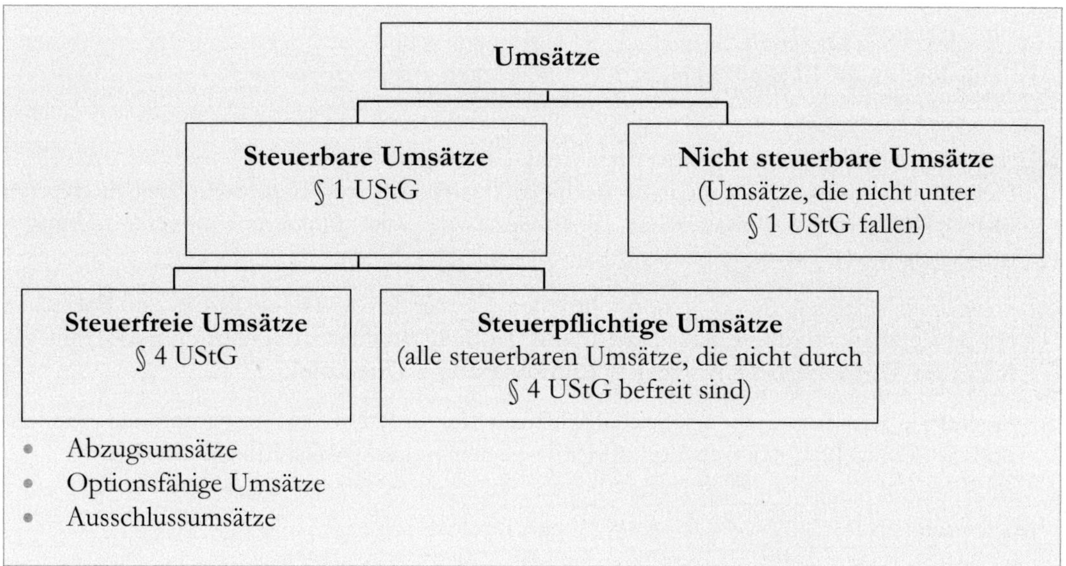

9.4.1 Steuerbare, steuerfreie und steuerpflichtige Umsätze

Steuerbare und nicht steuerbare Umsätze

Steuerbare Umsätze sind all jene Umsätze, die nach § 1 UStG dem Gesetz unterliegen. Dazu gehören dann insbesondere auch die „Umsätze eines Unternehmens im Inland gegen Entgelt und im Rahmen des Unternehmens". Praktisch bedeutet dies, dass der Verkauf gebrauchter Wirtschaftsgüter (Fahrzeuge, veraltete EDV-Technik) durch ein Wohnungsunternehmen in Deutschland zu den steuerbaren Umsätzen gehört. Im Regelfall muss das Wohnungsunternehmen beim Verkauf dieser Güter Umsatzsteuer erheben, denn die Bedingung „Umsatz eines Unternehmens im Inland gegen Entgelt und im Rahmen des Unternehmens" ist erfüllt. Dieser Verkauf ist ein **„steuerbarer Umsatz"**.

Verkauft hingegen der Mitarbeiter des Wohnungsunternehmens sein Fahrzeug oder seinen Computer im privaten Bereich, handelt es sich um einen **„nicht steuerbaren Umsatz"**, denn es ist nicht „Umsatz eines Unternehmens".

Steuerfreie und steuerpflichtige Umsätze

Von besonderer Bedeutung für die Umsatzsteuer in der Immobilienwirtschaft ist die Tatsache, dass nach § 4 UStG verschiedene Umsätze steuerfrei sind. Eine solche Umsatzsteuerbefreiung bedeutet, dass auf diese – eigentlich steuerbaren Umsätze – keine Umsatzsteuer erhoben wird.

Steuerfreie Umsätze sind Umsätze, die von der Erhebung der Umsatzsteuer befreit sind. § 4 UStG benennt 28 Sachverhalte, für die eine solche Steuerfreiheit gilt.

Alle **steuerbaren** Umsätze, für die eine solche Umsatzsteuerbefreiung nicht möglich ist, gelten als **steuerpflichtige** Umsätze. Also sind alle steuerbaren Umsätze, für die keine Steuerbefreiung nach § 4 UStG besteht, steuerpflichtige Umsätze.

Für die Grundstücks- und Wohnungswirtschaft sind dabei vor allem folgende steuerfreien Umsätze bedeutsam:

- Nach § 4 Nr. 9a sind die Umsätze, die unter das Grunderwerbsteuergesetz fallen, steuerbefreit.
- Nach § 4 Nr. 12a ist die Vermietung und Verpachtung von Grundstücken, von Berechtigungen, für die die Vorschriften des bürgerlichen Rechts über Grundstücke gelten, und von staatlichen Hoheitsrechten, die Nutzungen von Grund und Boden betreffen, umsatzsteuerfrei.
- Nach § 4 Nr. 12b ist die Überlassung von Grundstücken und Grundstücksteilen zur Nutzung aufgrund eines auf Übertragung des Eigentums gerichteten Vertrags oder Vorvertrags umsatzsteuerfrei.
- Nach § 4 Nr. 12c ist die Bestellung, die Übertragung und die Überlassung der Ausübung von dinglichen Nutzungsrechten an Grundstücken umsatzsteuerfrei.

Das Umsatzsteuerrecht unterscheidet drei Arten der Steuerbefreiung:

1. Steuerfreie Umsätze, bei denen das Recht auf Vorsteuerabzug trotz Steuerfreiheit erhalten bleibt. Die gezahlte Umsatzsteuer (Vorsteuer) wird vom Finanzamt erstattet **(Abzugsumsätze)**.
2. Steuerfreie Umsätze, deren Steuerfreiheit den Verlust des Vorsteuerabzugs zur Folge hat, bei denen aber die Möglichkeit besteht, auf die Steuerfreiheit zu verzichten und damit das Recht auf Vorsteuerabzug zu erhalten **(Optionsfähige Umsätze)**.
3. Steuerfreie Umsätze, für die keine Möglichkeit des Verzichts auf Steuerbefreiung besteht und die demnach immer zum Verlust der Vorsteuer führen **(Ausschlussumsätze)**.

9.4.2 Steuerfreiheit auf Grundstücksumsätze

Gegenstand der Betrachtung ist das Grundstück.

Ein **Grundstück** ist ein begrenzter Teil der Erdoberfläche. Zum Grundstück gehören alle seine wesentlichen Bestandteile wie z. B. Gebäude oder auch bestimmte Bodenschätze.

Sofern der Verkauf eines Grundstücks unter das Grunderwerbsteuergesetz fällt, ist der damit verbundene Umsatz nach § 4 Nr. 9a UStG steuerfrei.

Diese Steuerbefreiung bezieht sich u. a. auf:

- die Lieferung von bebauten und unbebauten Grundstücken
- die Bestellung und Übertragung von Erbbaurechten
- den Eigentumserwerb in der Zwangsversteigerung
- die Entnahme von Grundstücken für betriebsfremde Zwecke

In der Regel sind mit der Bereitstellung bebauter oder unbebauter Grundstücke für den Verkauf Aufwendungen verbunden, die ihrerseits mit der Umsatzsteuer (Vorsteuer) belastet sind. Ein umsatzsteuerfreier Verkauf hat zur Folge, dass diese Vorsteuer eine Erhöhung der Kosten des Verkäufers bedeutet. Deshalb ist es sinnvoll, über die **Optionsfähigkeit der Umsätze aus Grundstücksverkäufen** nachzudenken.

Auf die **Steuerbefreiung** bei Umsätzen aus Grundstücksverkäufen und bei Umsätzen aus Vermietung und Verpachtung kann nach **§ 9 UStG** verzichtet werden, wenn dieser Umsatz an einen anderen Unternehmer für dessen Unternehmen ausgeführt wird.

Die Konsequenzen, die sich aus dem Verzicht auf die Steuerfreiheit ergeben, können sowohl für den Verkäufer als auch für den Käufer interessant sein. Für den Verkäufer wird so die gezahlte Vorsteuer abzugsfähig. Lässt sich der Käufer vertraglich auf die Zahlung der Umsatzsteuer ein, kann er darauf hoffen, einen Nachlass im Nettopreis zu erzielen; natürlich hat er selbst die Möglichkeit, die beim Grundstückskauf gezahlte Umsatzsteuer als Vorsteuer geltend zu machen.

9.4.3 Errichtung von Bauten und deren Nutzung

Auch wenn ein unbebautes Grundstück bebaut oder wenn umfangreiche Sanierungsarbeiten an Gebäuden durchgeführt werden, ist es erforderlich, über den Umgang mit der Umsatzsteuer nachzudenken. Die vorgesehene spätere Nutzung entscheidet darüber, ob die mit dem Bau verbundenen Vorsteuern abzugsfähig sind.

- Wird das Gebäude später umsatzsteuerfrei verkauft, ist die Vorsteuer nicht abzugsfähig und somit aktivierungspflichtig.
- Wird es hingegen umsatzsteuerpflichtig verkauft, ist die Erstattung der Vorsteuer durch das Finanzamt möglich.

Diese Aussage trifft auch für die Errichtung von Gebäuden zu, die später durch das Wohnungsunternehmen vermietet werden. Grundsätzlich ist der Umsatz aus Vermietung und Verpachtung umsatzsteuerfrei, jedoch besteht auch hier die Möglichkeit des Verzichts auf die Steuerfreiheit.

- Wird von einer später **steuerfreien Vermietung** ausgegangen, ist der Abzug der in der Bauphase anfallenden Vorsteuer nicht möglich.
- Soll später **umsatzsteuerpflichtig vermietet** werden, **kann** die während der Bauphase anfallende Vorsteuer verrechnet werden.

Es ist erforderlich, über die spätere Verwendung des Objekts bereits im Vorfeld zu entscheiden, da der Vorsteuerabzug aus den Herstellungskosten des Gebäudes im Besteuerungszeitraum geltend zu machen ist. Es ist nicht möglich, Vorsteuern, die in mehreren Besteuerungszeiträumen angefallen sind, insgesamt im Jahr der erstmaligen Nutzung/Verwendung des Gebäudes abzuziehen.

Steht bei Gebäuden eine spätere steuerpflichtige Verwendung fest, können die in der Bauphase anfallenden Vorsteuern in voller Höhe abgezogen werden. Ist die spätere Verwendung hingegen noch nicht geklärt, kann der Vorsteuerabzug vorläufig und mit der Quote geltend gemacht werden, die der vermutlichen späteren steuerpflichtigen Nutzung entspricht.

Stellt sich nach der erstmaligen Verwendung des fertigen Gebäudes heraus, dass ein zu hoher oder zu geringer Vorsteuerabzug in der Bauphase gewährt worden ist, können die vorläufigen oder unter Vorbehalt der Nachprüfung stehenden Umsatzsteuerbescheide geändert werden.

Wenn die Vorsteuer aus der Bautätigkeit erstattet wurde und das Gebäude innerhalb der ersten 10 Jahre seit seiner Fertigstellung umsatzsteuerfrei genutzt oder veräußert wird, hat das die anteilige Berichtigung (Rückzahlung) von Vorsteuern nach § 15a UStG zur Folge.

9.4.4 Umsätze aus Vermietung und Verpachtung von Grundstücken

Vermietung ist die – zeitlich beschränkte bzw. beschränkbare – entgeltliche Überlassung des Gebrauchs eines Grundstücks vom Vermieter an den Mieter. Der Mieter hat während des Bestehens des Mietvertrags das Nutzungsrecht und er kann Dritte von der Einwirkung auf die Mietsache ausschließen. Kommt zur entgeltlichen Gebrauchsüberlassung die Fruchtziehung aus der Sache hinzu, liegt ein **Pachtverhältnis** vor.

Umsätze aus Vermietung und Verpachtung sind nach § 4 Nr. 12 a–c UStG steuerfrei, wenn sie die Nutzung von Grundstücken oder grundstücksgleichen Rechten zum Gegenstand haben. Umsatzsteuerfrei sind aber auch Umsätze aus der Bestellung, Übertragung und Nutzungsüberlassung von dinglichen Nutzungsrechten (Nießbrauch).

Auf die **Steuerbefreiung der Umsätze aus Vermietung und Verpachtung** kann nach § 9 UStG verzichtet werden, wenn der Umsatz an einen anderen Unternehmer für dessen Unternehmen ausgeführt wird und wenn der Unternehmer das Grundstück ausschließlich für Umsätze verwendet oder zu verwenden beabsichtigt, die den Vorsteuerabzug nicht ausschließen. Der Unternehmer hat die Voraussetzungen nachzuweisen.

Der erwähnte Nachweis ist an keine besondere Form gebunden. Er kann sich aus einer Bestätigung des Mieters, aus Bestimmungen des Mietvertrags oder aus anderen Unterlagen ergeben.

9.4.5 Vertragsarten aus der Sicht des Umsatzsteuerrechts

Nach dem Inhalt der vertraglichen Vereinbarungen sind die Umsätze aus Vermietung und Verpachtung differenzierter zu betrachten. Sie lassen sich unterteilen in Umsätze

- aus reinen Grundstücksmiet- und -pachtverträgen,
- aus gemischten Verträgen und
- aus besonderen Verträgen.

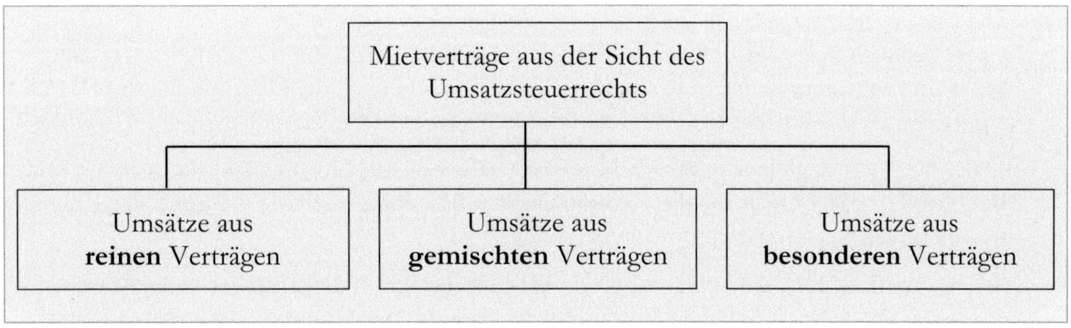

- **Umsätze aus reinen Grundstücksmiet- und -pachtverträgen**

  Von **reinen Grundstücksmiet- und -pachtverträgen** ist die Rede, wenn sich der Inhalt des Leistungsaustauschs ausschließlich auf die Vermietung und Verpachtung eines Grundstücks oder Grundstückteils beschränkt. Die Steuerfreiheit erstreckt sich auch auf die mit dem Mietvertrag verbundenen Nebenleistungen.

  Nebenleistungen, die üblicherweise im Zusammenhang mit der Vermietung oder Verpachtung erbracht werden, teilen nach dem Grundsatz der Einheitlichkeit der Leistung das Schicksal der Hauptleistung. Sie fallen also ebenfalls unter die Steuerbefreiung, auch wenn sie für sich betrachtet nicht steuerbefreit wären.

  Als entscheidende **Nebenleistung zur Grundstücksvermietung** sind die im **Betriebskostenbereich** erbrachten Leistungen zu betrachten. Sie stellen zumeist völlig eigenständige Leistungsprozesse (Hausreinigung, Gartenpflege, Wasserversorgung, Wärmeversorgung …) dar, die nach A4.12.1 UStAE als Nebenleistungen zur Hauptleistung Grundstücksvermietung zu behandeln sind.[15]

  Bekanntermaßen **teilen Nebenleistungen umsatzsteuerrechtlich** das Schicksal der Hauptleistung. Bei einer umsatzsteuerfreien (Wohnraum-)Vermietung erfolgt die Betriebskostenabrechnung umsatzsteuerfrei; eine umsatzsteuerpflichtige (gewerbliche) Vermietung zieht eine umsatzsteuerpflichtige Betriebskostenabrechnung nach sich.

  Aber auch die Überlassung einer Garage im Rahmen eines einheitlichen Mietvertrags stellt eine übliche Nebenleistung zur Hauptleistung – Wohnungsvermietung – dar. Entsprechend teilt die Garagenvermietung das Schicksal der Hauptleistung. Wird in einem Mietvertrag die Nutzung der Wohnung und die Nutzung einer Parkfläche gegen Gebühr vereinbart, ist die Vermietung des Parkplatzes, ebenso wie die Vermietung der Wohnung, umsatzsteuerfrei.

---

[15] Nach A 4.12.1 (5) UStAE sind **Nebenleistungen** „Leistungen, die im Vergleich zur Grundstücksvermietung bzw. -verpachtung nebensächlich sind, mit ihr eng **zusammenhängen** und in ihrem Gefolge **üblicherweise vorkommen**. Als Nebenleistungen anzusehen sind die Lieferung von Wärme, die Versorgung mit Wasser, auch mit Warmwasser, die Überlassung von Waschmaschinen, die Flur- und Treppenreinigung und die Treppenbeleuchtung sowie die Lieferung von Strom durch den Vermieter“.

- **Umsätze aus gemischten Verträgen**

  Bei **gemischten Verträgen** werden außer der Grundstücksüberlassung weitere wichtige Vertragsleistungen erbracht. Neben den Elementen eines Grundstücksmiet- oder Grundstückspachtvertrags liegen Bestandteile anderer Vertragstypen vor, die nicht so unwesentlich sind, dass sie vernachlässigt werden können. Sofern die verschiedenen Elemente klar abgrenzbar sind, haben sie trotz der Zusammenfassung in einer einheitlichen Vereinbarung im Hinblick auf die Steuerbefreiung ihr eigenes Schicksal. Das Entgelt muss – gegebenenfalls durch Schätzung – in einen steuerpflichtigen und einen steuerfreien Teil aufgeteilt werden.[16]

  Das ist beispielsweise der Fall bei der Vermietung eines Kinos oder einer Kongresshalle. Hier ist die Vermietung des Saales nach § 4 Nr. 12a steuerfrei, die Überlassung der Bestuhlung jedoch ist steuerpflichtig.

  Bei der Verpachtung eines gewerblichen Unternehmens mit Grundstück, Fahrzeugen und Maschinen ist das Entgelt für die Grundstücksüberlassung steuerfrei, während das Entgelt für die übrigen Leistungselemente steuerpflichtig ist.

  Gleiches trifft zu auf die Überlassung von Wohnraum durch den Inhaber eines Altenheims, verbunden mit der vertraglichen Vereinbarung über die Beköstigung durch dieses Unternehmen. Die Umsätze aus der Vermietung sind hier umsatzsteuerfrei. Die Beköstigung aber ist der Umsatzsteuer unterworfen.

- **Umsätze aus Verträgen besonderer Art**

  Ein besonderer Vertrag liegt vor, wenn bei einem einheitlichen Vertragsverhältnis die Gebrauchsüberlassung an einem Grundstück wesentlich gegenüber andersgearteten Leistungen zurücktritt, ohne dass eine klare Trennbarkeit der einzelnen Leistungselemente gegeben ist.

  Die übrigen Leistungselemente geben dem Vertragsverhältnis in diesem Fall ein eigenes Gepräge, bei dem die Grundstücksüberlassung zur Nebenleistung wird. Infolgedessen ist das gesamte Entgelt umsatzsteuerpflichtig.[17]

Leistungen und Umsätze besonderer Art sind unter anderem:

- Umsätze aus der Vermietung von Freiflächen oder Ständen in Hallen für die Präsentation gewerblicher Erzeugnisse
- Umsätze aus der Überlassung von Außenwänden oder Dachflächen des Gebäudes zu Reklamezwecken
- Umsätze aus der Überlassung von Anschlagtafeln auf öffentlichen Wegen und Plätzen für Wirtschaftswerbung
- Umsätze aus der Aufstellung von Verkaufsautomaten

---

[16] A4.12.5 UStAE:

1. Ein **gemischter Vertrag** liegt vor, wenn die Leistungsvereinbarung sowohl **Elemente einer Grundstücksüberlassung als auch anderer Leistungen** umfasst.
   – Bei einem solchen Vertrag ist zunächst zu **prüfen**, ob es sich um eine **einheitliche Leistung** oder um **mehrere selbstständige Leistungen** handelt.
   – Liegen **mehrere selbstständige Leistungen** vor, ist zu prüfen, ob diese nach den Grundsätzen von **Haupt- und Nebenleistung** einheitlich zu beurteilen sind.
2. Liegt eine **einheitlich zu beurteilende Leistung** vor, ist für die Steuerbefreiung **entscheidend, ob das Vermietungselement der Leistung ihr Gepräge gibt**. In diesem Fall ist die Leistung insgesamt steuerfrei. Eine Aufteilung des Entgelts in einen auf das Element der Grundstücksüberlassung und einen auf den Leistungsteil anderer Art entfallenden Teil ist nicht zulässig.

[17] A 4.12.6 UStAE: „Ein **Vertrag besonderer Art** liegt vor, wenn die Gebrauchsüberlassung des Grundstücks gegenüber anderen wesentlicheren Leistungen zurücktritt und das Vertragsverhältnis ein einheitliches, unteilbares Ganzes darstellt. Bei einem Vertrag besonderer Art kommt die Steuerbefreiung nach § 4 Nr. 12 UStG weder für die gesamte Leistung noch für einen Teil der Leistung in Betracht.“

9.4.6 Ausschluss von der Steuerfreiheit

Es ist zu beachten, dass bestimmte – an sich steuerfreie Umsätze – in der Immobilienwirtschaft grundsätzlich von der Steuerfreiheit ausgeschlossen sind.

- **Vermietung von Wohn- und Schlafräumen**, die **zur kurzfristigen Beherbergung** von Fremden bereitgehalten werden. So ist die Zimmervermietung in Hotels, Pensionen, Gaststätten, aber auch die Vermietung von Ferienwohnungen stets steuerpflichtig. Die daraus resultierenden Umsätze gelten als **Umsätze aus kurzfristiger Beherbergung**.

  Eine Gebrauchsüberlassung ist **kurzfristig**, wenn sie weniger als sechs Monate beträgt. Entscheidend ist hier jedoch allein die Absicht des Vermieters, die Räume nicht auf Dauer zur Verfügung zu stellen, und unwesentlich ist, dass der Mieter die Wohnung tatsächlich nicht mehr als sechs Monate nutzt.

  - Hat der Vermieter die Verweildauer des jeweiligen Mieters von mehr als sechs Monaten ins Auge gefasst und kann er dies mit einer gewissen Wahrscheinlichkeit auch erwarten, kommt die Befreiung nach § 4 Nr. 12a UStG zum Tragen, andernfalls ist die Befreiung ausgeschlossen.
  - Wird ein Teil eines Gebäudes teilweise langfristig, ein anderer Teil jedoch kurzfristig vermietet, so ist die Vermietung nur insoweit steuerfrei, als die Vermietung langfristig erfolgt.
  - Die Vermietung einer Wohnung an Arbeitnehmer stellt unabhängig von der Verknüpfung der Gebrauchsüberlassung und dem Arbeitsvertrag eine steuerfreie Wohnungsvermietung dar.
  - Die kurzfristige Überlassung von Räumen an Aus- und Übersiedler, Asylbewerber und Obdachlose ist dann umsatzsteuerbefreit, wenn diese Wohnungen üblicherweise nicht der kurzfristigen Beherbergung dienen (BStBl. 1991,Teil 1, S. 744).
  - Nutzt der Unternehmer dieselben Räume wahlweise zur lang- oder kurzfristigen Beherbergung von Fremden, so sind sämtliche Umsätze steuerpflichtig. Eine Aufteilung in steuerfreie und steuerpflichtige Umsätze scheidet aus.

- **Vermietung von Plätzen für das Abstellen von Fahrzeugen**
  Die Vermietung von Plätzen für das Abstellen von Fahrzeugen ist generell von der Steuerbefreiung ausgenommen. Unter den Begriff **Fahrzeug** fallen nicht nur Land-, sondern auch Wasser- und Luftfahrzeuge, und so erfasst die Steuerpflicht nicht nur die Überlassung einer Abstellfläche auf einem Parkplatz oder in einem Parkhaus, sondern auch z. B. die Überlassung von Bootsliegeplätzen.

- **Kurzfristige Vermietung auf Campingplätzen**
  Eine kurzfristige Vermietung von Flächen auf Campingplätzen ist von der Befreiung der Grundstücksvermietung ausgenommen. Wie bei den Beherbergungsumsätzen bedeutet **kurzfristige Vermietung auch** hier **weniger als sechs Monate Aufenthalt**. Allerdings ist in diesem Fall nicht auf die Absicht des Vermieters, sondern auf die tatsächliche Mietdauer abzustellen (A 4.12.3 UStAE). Der Ausschluss von der Steuerfreiheit trifft daher nicht auf Dauermietverhältnisse zu.

- **Vermietung von Betriebsvorrichtungen**
  Die Vermietung von Maschinen und Betriebsvorrichtungen ist grundsätzlich nicht von der Umsatzsteuer befreit, auch dann nicht, wenn es sich um wesentliche Grundstücksbestandteile handelt.

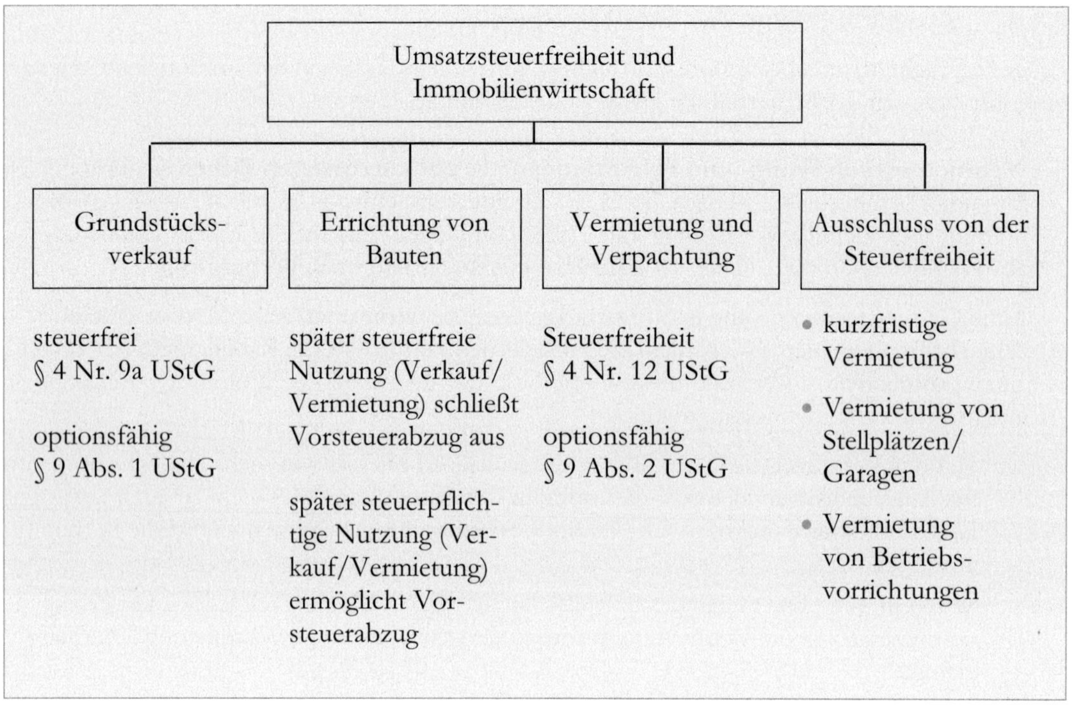
Umsatzsteuerfreiheit und Immobilienwirtschaft
Grundstücksverkauf
Errichtung von Bauten
Vermietung und Verpachtung
Ausschluss von der Steuerfreiheit
steuerfrei § 4 Nr. 9a UStG
optionsfähig § 9 Abs. 1 UStG
später steuerfreie Nutzung (Verkauf/Vermietung) schließt Vorsteuerabzug aus
später steuerpflichtige Nutzung (Verkauf/Vermietung) ermöglicht Vorsteuerabzug
Steuerfreiheit § 4 Nr. 12 UStG
optionsfähig § 9 Abs. 2 UStG
• kurzfristige Vermietung
• Vermietung von Stellplätzen/Garagen
• Vermietung von Betriebsvorrichtungen

10 Die Buchung weiterer Steuern des Wohnungsunternehmens

Steuern sind Geldleistungen, die keine Gegenleistung für eine besondere Leistung darstellen. Sie werden von einem öffentlich-rechtlichen Gemeinwesen (Bund, Länder oder Kommunen) zur Erzielung von Einnahmen allen auferlegt, für die ein sogenannter „Steuertatbestand" besteht, an den das Gesetz die Leistungspflicht knüpft (§ 3 Abs. 1 AO).

Aus der Sicht der buchhalterischen Behandlung der Steuern erfolgt deren Unterteilung in:

- Betriebssteuern
- Personensteuern
- Steuern als durchlaufende Posten
- Aktivierungspflichtige Steuern

10.1 Betriebssteuern

Zu den **Betriebssteuern** gehören alle **Steuern, die durch die Betriebstätigkeit** verursacht werden. Sie stellen betrieblichen **Aufwand** (Betriebsausgaben) dar und schmälern das zu versteuernde Einkommen (Gewinn) des Unternehmens.

Wichtige Betriebssteuern sind:

- **Grundsteuer** (8910)
- **Kraftfahrzeugsteuer** (8911)
- **Sonstige Betriebssteuern** (8918)

Wird der Eingang eines Steuerbescheids buchmäßig erfasst, gilt:

(891) Sonstige Steuern	an	(470) Verbindlichkeiten aus Steuern

Bei der Bezahlung dieser Steuern ist zu buchen:

(470) Verbindlichkeiten aus Steuern	an	(274) Bank

Die Steuerkonten werden zum Jahresende über das **Gewinn- und Verlustkonto (982)** abgeschlossen. Offene **Verbindlichkeiten aus Steuern (470)** sind zu passivieren.

10.2 Personensteuern

Personensteuern betreffen die **Person des Unternehmens** und nicht das Unternehmen. Sie besteuern die **Leistungsfähigkeit natürlicher und juristischer Personen**, stellen **keine Betriebsausgaben** dar, sind also erfolgsneutral. Berechnet werden sie auf der Grundlage des steuerlichen Ergebnisses und gegebenenfalls unter Berücksichtigung der persönlichen Verhältnisse des Unternehmers.

Zu den wichtigsten Personensteuern gehören die Einkommen- und Körperschaftsteuer. Deren buchmäßige Behandlung hängt wesentlich von der Rechtsform des Unternehmens ab.

Natürliche Personen
Bei Einzelunternehmen und Personengesellschaften (GbR, OHG, KG) werden die Einkommensteuer und der daran gebundene Solidaritätszuschlag – sofern von den Firmenkonten für den Unternehmer bezahlt – als private Entnahmen über das Konto **(301) Privat** gebucht. Aus Gründen der Klarheit können auch weitere Untergliederungen dieses Kontos vorgenommen werden.

Werden solche Personensteuern durch Banküberweisung bezahlt, ist zu buchen:

(301) Privat	an	(274) Bank

Das Konto **(301) Privat** ist ein **Unterkonto des Eigenkapitalkontos** und wird zum Bilanzstichtag über das **Eigenkapitalkonto** abgeschlossen.

Juristische Personen
Auch von Kapitalgesellschaften (z. B. AG, GmbH, KGaA) werden Personensteuern erhoben. Diese zahlen anstelle der Einkommensteuer die Körperschaftsteuer. **Körperschaftsteuer ist die Einkommensteuer juristischer Personen**, die auf dem Konto **(8900) Körperschaftsteuer** zu erfassen ist. Dieses Konto wird über das **Gewinn- und Verlustkonto (982)** abgeschlossen.

Wird die fällige Grundsteuer per Bank bezahlt, ist zu buchen:

(8900) Körperschaftsteuer	an	(274) Bank

10.3 Steuern als durchlaufende Posten (Durchlaufsteuern)

Bestimmte Steuern werden vom Unternehmen im Auftrag des Finanzamts einbehalten oder eingenommen und später abgeführt. Diese Steuern berühren den Erfolg des Unternehmens nicht, sie sind **durchlaufende Posten**. Zu den wichtigsten **Durchlaufsteuern** gehören die **Umsatzsteuer** und die von den Arbeitnehmern einbehaltenen **Lohn- und Kirchensteuern**.

Bei der Betrachtung der Umsatzsteuer ist vor allem und erneut darauf zu verweisen, dass

- die beim Einkauf **gezahlte Umsatzsteuer (Vorsteuer)** in der Regel vom Finanzamt erstattet wird und demzufolge auch als **(253) Forderungen an das Finanzamt** zu erfassen ist und
- die beim **Verkauf einzunehmende Umsatzsteuer** an das Finanzamt abzuführen ist und so auch als **(470) Verbindlichkeiten aus Steuern** gebucht wird.

10.4 Aktivierungspflichtige Steuern

Von den erfolgswirksamen, privaten und durchlaufenden Steuern sind die aktivierungspflichtigen Steuern zu unterscheiden.

Aktivierungspflichtige Steuern gelten als **Anschaffungsnebenkosten von Vermögenspositionen** und sind damit Bestandteil der gesamten Anschaffungskosten dieser Vermögensgegenstände. Sie werden auf den entsprechenden aktiven Bestandskonten gebucht (aktiviert).

Die wichtigste aktivierungspflichtige Steuer ist die **Grunderwerbsteuer**, die einmalig beim Erwerb bebauter oder unbebauter Grundstücke zu entrichten ist.

Beispiel:
Am 28.10.00 wurde ein Grundstück mit Wohnbauten für 2.500.000 Euro erworben. Am 05.11.00 wird die Grunderwerbsteuer (3,5% des Kaufpreises) an das zuständige Finanzamt per Bank überwiesen.

Buchung

28.10.00:

(00) Grundstücke mit Wohnbauten

an (4421) Verbindlichkeiten aus anderen Lieferungen und Leistungen 2.500.000 Euro

05.11.00:

(00) Grundstücke mit Wohnbauten

an (274) Bank 87.500 Euro

Auch die beim Kauf eines Grundstücks oder Gebäudes anfallenden **Notar-, Grundbuch- und Vermessungsgebühren** sind als Anschaffungsnebenkosten zu **aktivieren.**

Unter bestimmten Bedingungen – die im Zusammenhang mit der Behandlung der Umsatzsteuer im Wohnungsunternehmen näher erläutert werden – kann auch die bezahlte Umsatzsteuer **(Vorsteuer)** eine **aktivierungspflichtige Steuer** sein.

Buchung von Steuern

1. **Betriebssteuern** sind erfolgswirksame Steuern (Aufwandssteuern), die als Betriebsausgaben den Gewinn des Unternehmens mindern. Dazu zählen insbesondere:	
– die **Grundsteuer** für bebaute und unbebaute Grundstücke des Betriebsvermögens und	(8910) Grundsteuer
– die **Kraftfahrzeugsteuer** für Fahrzeuge des Betriebsvermögens.	(8911) Kfz-Steuer
2. **Personensteuern** stellen keine Betriebsausgabe dar und dürfen den steuerpflichtigen Gewinn nicht mindern. In der Regel werden sie vom Gewinn des Unternehmens berechnet und sind vom Unternehmer persönlich zu tragen.	
– **Einzelunternehmen und Personengesellschaften** (OHG, KG) zahlen als **Privatsteuern** u. a. Einkommensteuer, Solidaritätszuschlag, Kirchensteuer, Kapitalertragsteuer.	(301) Privat
– **Kapitalgesellschaften** (GmbH, AG) zahlen beispielsweise Körperschaftsteuer und Kapitalertragsteuer.	(8900) Körperschaftsteuer (8901) Kapitalertragsteuer
3. **Steuern als durchlaufende Posten** werden vom Unternehmen aufgrund gesetzlicher Vorschriften eingezogen bzw. einbehalten und an das Finanzamt abgeführt. Dazu gehören die Umsatzsteuer sowie Lohn- und Kirchensteuer der Arbeitnehmer.	(253) Vorsteuer (470) Umsatzsteuer (470) einbehaltene Lohn- und Kirchensteuer

4. **Aktivierungspflichtige Steuern und Abgaben** sind als **Anschaffungsnebenkosten** dem Anschaffungspreis hinzuzurechnen und deshalb auf das entsprechende Aktivkonto zu buchen (aktivieren). Zu diesen Steuern gehören vor allem	
– die **Grunderwerbsteuer** (in der Regel 3,5 % des vereinbarten Entgelts[18]), die beim Erwerb von Grundstücken und Gebäuden zu entrichten ist,	(00) bis (03) Grundstücke
– **Zölle** bei der Einfuhr von Wirtschaftsgütern und – unter bestimmten Voraussetzungen ist auch die gezahlte Umsatzsteuer (**Vorsteuer**) aktivierungspflichtig.	diverse Aktivkonten

10.5 Steuernachzahlungen und Steuererstattungen

Ergeben sich aus früheren Geschäftsjahren **Steuererstattungen bzw. -nachzahlungen**, sind diese von den Erträgen und Aufwendungen des laufenden Geschäftsjahres abzugrenzen. Als periodenfremde Erträge/Aufwendungen sind sie auf den Konten **(8909) Steuererstattungen/-nachzahlungen für frühere Jahre, (8919) Steuererstattungen/-nachzahlungen für frühere Jahre** zu buchen.

Beispiel:
Das Wohnungsunternehmen erhält eine Banküberweisung über 1.500 Euro für zu viel entrichtete Gewerbesteuer.

Buchung		
(274) Bank	an	(8909) Steuererstattungen/-nachzahlungen für frühere Jahre (1.500 Euro)

Bei **Einzelunternehmen und Personengesellschaften werden Nachzahlungen und Erstattungen** von Einkommen- und Kirchensteuer sowie Solidaritätszuschlag auf den (**301) Privatkonten** als Privateinlage/Privatentnahmen erfasst, sofern die Zahlungen über das Unternehmen laufen.

Zuschläge für verspätete Steuerzahlungen (Säumniszuschläge) werden wie die entsprechenden Steuern gebucht. **Steuerstrafen** sind bei Einzelunternehmen und Personengesellschaften als Privatentnahmen zu buchen, wenn sie über die Bank des Unternehmens bezahlt werden.

Bei Kapitalgesellschaften sind sie als (**859) Übrige Aufwendungen** bzw. (**885) Außerordentliche Aufwendungen** zu buchen.

[18] Seit 2006 dürfen die Bundesländer die Höhe der Grunderwerbsteuer selbst festlegen. Sie liegt je nach Bundesland zwischen 3,5 und 5,0 % des Kaufpreises.

11 Lohn- und Gehaltsabrechnung

11.1 Überblick über die Personalkosten

Personalkosten sind alle Aufwendungen, die durch die Beschäftigung von Mitarbeitern verursacht werden.

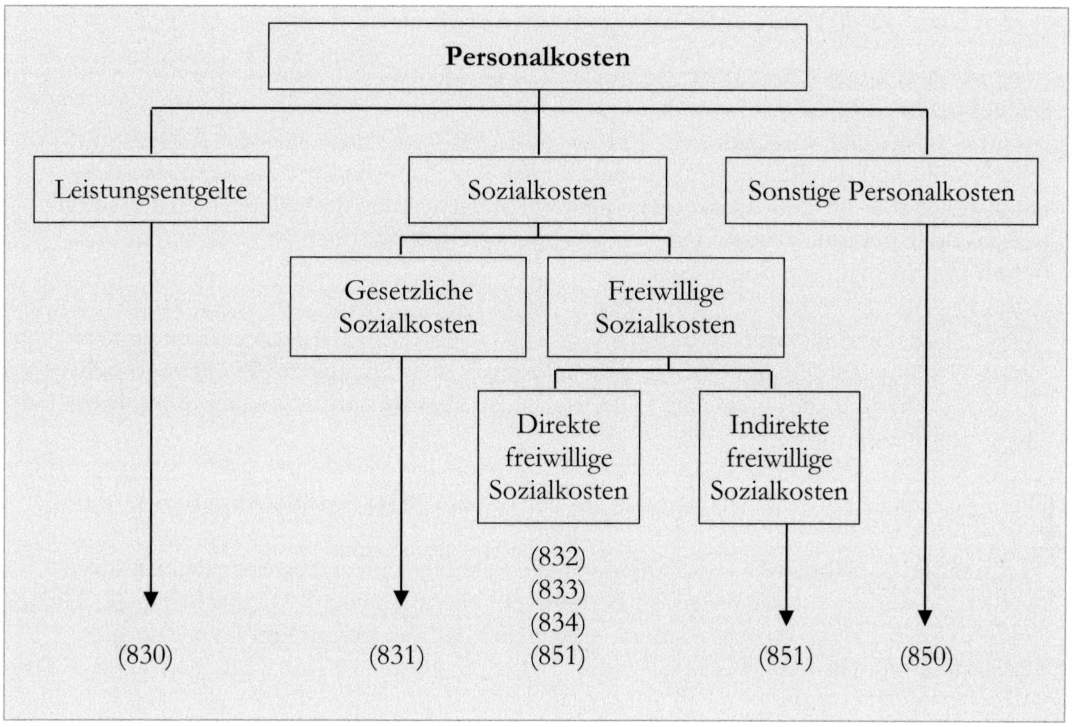

Im Einzelnen gehören dazu:

Leistungsentgelte	
Löhne	Vertragsmäßiges Entgelt, das gemäß eines bestehenden oder früheren Arbeitsvertrags vom Arbeitgeber an den Mitarbeiter zu zahlen ist.
Gehälter	Zeitlöhne, die an kaufmännische und technische Angestellte gezahlt werden. Ihnen liegt kein direkter Leistungsbezug zugrunde.
Ausbildungsvergütungen	Monatlich gezahlte Vergütungen für Auszubildende.

Im Kontenrahmen der Wohnungswirtschaft werden die Leistungsentgelte als betrieblicher Aufwand auf dem Konto **(830) Löhne und Gehälter** gebucht, das den Erfordernissen des Wohnungsunternehmens entsprechend tiefer gegliedert werden kann.

- **(8300)** **Löhne**
  (83000) Löhne Verwalter und Hausmeister
  (83001) Löhne Handwerker
- **(8301)** **Gehälter**
  (83010) Gehälter Geschäftsleitung
  (83011) Gehälter kaufmännische Angestellte

Hier sind auch alle **Nebenbezüge** wie Weihnachtsgeld, Urlaubsgeld, Gratifikationen oder auch Jubiläumszuwendungen zu erfassen. Ebenso die vom Unternehmen übernommenen Kosten der Mitarbeiter – etwa für Fahrten zwischen Wohnung und Arbeitsstätte.

Erhält das Wohnungsunternehmen Erstattungen bzw. **Lohnkostenzuschüsse**, so sind diese als **(6695) Zuwendungen** zu buchen. **Aufwendungen für freiberuflich tätige Mitarbeiter** gehören nicht zu den Löhnen und Gehältern, sondern sind als **(82) Aufwendungen für andere Lieferungen und Leistungen** zu erfassen. **Aufsichtsratsvergütungen** werden als solche auf dem Konto **(8507) Aufsichtsratsvergütungen** gebucht.

Sozialkosten

Sozialkosten sind der Teil der Aufwendungen des Wohnungsunternehmens für die Arbeitnehmer, der über die Leistungsentgelte hinausgeht. Sie werden deshalb auch als **Personalneben- oder Personalzusatzkosten** bezeichnet. Zu unterscheiden ist zwischen **gesetzlichen und freiwilligen Sozialkosten.**

Gesetzliche Sozialkosten sind durch Gesetz bzw. durch Tarif oder Verordnung festgelegt. Hierzu gehören die Arbeitgeberanteile zur Renten-, Kranken-, Pflege- und Arbeitslosenversicherung, die gesetzliche Unfallversicherung sowie tarifvertraglich vereinbarte Krankengeldzuschüsse.

Diese gesetzlichen Sozialkosten werden auf dem Konto **(831) Soziale Abgaben** gebucht.

Freiwillige Sozialkosten sind Zahlungen, die über die gesetzlichen Sozialkosten hinausgehen. Sie werden auf der Basis von Betriebsvereinbarungen oder Absprachen in einzelnen Arbeitsverträgen zwischen einem Arbeitgeber und der Belegschaft bzw. einzelnen Belegschaftsmitgliedern gewährt.

Freiwillige Sozialkosten können unterteilt werden in solche,

- die den Mitarbeitern **direkt** zugute kommen – **primäre Sozialkosten** (etwa freiwillige Pensionszusagen oder Beihilfen) –,

  und in solche,
- die **indirekt** an die Arbeitnehmer gelangen – **sekundäre Sozialkosten** (etwa Kosten, die verursacht werden durch das Betreiben von Kindergärten, Sportanlagen und Büchereien).

Diese Aufwendungen haben jedoch nichts mit der Lohn- und Gehaltsabrechnung zu tun.

Sonstige Personalkosten

Sonstigen Personalkosten liegen meist Veränderungen im Personalbereich zugrunde.

Darunter fallen beispielsweise:

- Kosten für Anzeigen zur Anwerbung neuer Mitarbeiter
- Vorstellungskosten
- Umzugskosten für neue Mitarbeiter

Auch diese Kosten haben nichts mit der eigentlichen Lohn- und Gehaltsabrechnung zu tun, sind aber als Bestandteil der Personalkosten notwendigerweise zu benennen.

Kontenübersicht

In der Finanzbuchhaltung des Wohnungsunternehmens sind diese Kosten auf verschiedenen Konten zu buchen.

(832) Aufwendungen für Altersversorgung
Die Aufwendungen für Altersversorgung umfassen Pensionszahlungen mit oder ohne Rechtsanspruch.

(833) Aufwendungen für Unterstützung
Zu erfassen sind hier Zahlungen des Unternehmens für tätige und nicht mehr tätige Belegschaftsmitglieder auf vertraglicher oder freiwilliger Basis. Beispielsweise sind hier Unterstützungen im Krankheitsfall, Zuwendungen aus besonderen Anlässen (Geburten, Eheschließungen, Sterbefälle) zu buchen.

(834) Vermögenswirksame Leistungen
Diese Leistungen stellen Aufwand für das Wohnungsunternehmen im Rahmen des 5. Vermögensbildungsgesetzes dar und werden aufgrund tarif- oder arbeitsvertraglicher Regelungen gezahlt.

(851) Freiwillige soziale Aufwendungen und Aufwendungen für Gemeinschaftspflege
Diese Kontengruppe ist sinnvollerweise zu unterteilen.

Auf dem Konto **(8510) Freiwillige soziale Aufwendungen** könnten alle Aufwendungen aus Leistungen des Unternehmens an seine Mitarbeiter erfasst werden, soweit sie nicht den Konten **(831), (832), (833)** bzw. **(834)** zuzuordnen sind. Insbesondere gehören hierzu Aufwendungen für

- Betriebsveranstaltungen
- Zuschüsse für Kantinen
- Betriebsbüchereien
- Erholungseinrichtungen

Hier sind auch die zur freien Verwendung an den Betriebsrat für die Bellegschaft gezahlten Beträge zu buchen.

Das Konto (**8511) Aufwendungen für Gemeinschaftspflege sollte die Aufwendungen erfassen, die dem Wohnungsunternehmen aus der** (freiwilligen) Pflege der **Mieter-, Mitglieder- bzw. Mitarbeitergemeinschaft** entstehen. Dazu gehören Aufwendungen der Gemeinschaftsveranstaltungen für Mieter und Mitarbeiter (wie etwa Kinderfeste oder Weihnachtsfeiern, Mieterzeitschriften).

11.2 Buchungen von Lohn und Gehalt

11.2.1 Die Gehaltsabrechnung – Ermittlung des Auszahlbetrags

Gegenstand der Gehaltsabrechnung ist die **Ermittlung der Gehaltsabzüge und des auszuzahlenden Nettoentgelts**. Um vom Bruttoentgelt zum – an den Arbeitnehmer auszuzahlenden – Nettoentgelt zu kommen, ist eine Reihe von **Abzügen** zu berücksichtigen.

a) **Steuerabzüge**
Vom Bruttoentgelt werden durch den Arbeitgeber **steuerliche Abzüge** in Form der **Lohn- und Kirchensteuer**, aber auch des **Solidaritätszuschlags** einbehalten. Für deren Berechnung war bisher die Vorlage einer **Lohnsteuerkarte** maßgeblich.

Inzwischen wurde die Papierform durch ein elektronisches Verfahren ersetzt und die für die Lohn- und Gehaltsabrechnung erforderlichen Daten werden in einer Datenbank der Finanzverwaltung zum elektronischen Abruf für die Arbeitgeber bereitgestellt und als **E**lektronische **L**ohn**St**euer**A**bzugs**M**erkmale (**ELStAM**) bezeichnet.

Durch den **§ 39e EStG** wird die elektronische Bereitstellung der erforderlichen Daten zur Ermittlung der steuerlichen Abzüge geregelt.

Dort heißt es im Wesentlichen:

(1) Das **Finanzamt** teilt die von ihm festzustellenden **Lohnsteuerabzugsmerkmale dem Bundeszentralamt für Steuern** (BZSt) zum Zweck der Bereitstellung für den automatisierten Abruf durch den Arbeitgeber mit.

(2) Für jeden Steuerpflichtigen **speichert das Bundeszentralamt für Steuern** zum Zweck der Bereitstellung automatisiert abrufbarer Lohnsteuerabzugsmerkmale für den Arbeitgeber **zusätzlich zu den in § 139 b Abgabenordnung (AO) bereits hinterlegten Informationen** nun beispielsweise auch Informationen über

a) die Zugehörigkeit zu einer steuererhebenden **Religionsgemeinschaft**,

b) den **Familienstand**/bei Verheirateten die Identifikationsnummer des Ehegatten,

c) die **Kinder** und deren Identifikationsnummer/soweit bekannt die Rechtsstellung und Zuordnung der Kinder zu den Eltern sowie die Identifikationsnummer des anderen Elternteils,

d) die gewählte **Steuerklasse**

e) **Kinderfreibeträge** und andere **Freibeträge und Hinzurechnungen**,

f) die Höhe der **Beiträge für eine Krankenversicherung und für eine private Pflege-Pflichtversicherung**, wenn der Steuerpflichtige dies beantragt.

Die elektronische Bereitstellung der **Lohnsteuerabzugsmerkmale** ändert nichts an der formalen Ermittlung der durch den Arbeitgeber einzubehaltenden Steuerabzüge.

- Die einzubehaltende **Lohnsteuer** lässt sich aus sogenannten amtlichen **Lohnsteuertabellen** ermitteln.
- Der **Solidaritätszuschlag**, als Ergänzungsabgabe zur Lohnsteuer entsprechend dem Solidaritätszuschlaggesetz (SolzG), beträgt 5,5 % der zu erhebenden Lohnsteuer.
- Neben der Lohnsteuer behält der Arbeitgeber bei der Lohn- und Gehaltszahlung auch die **Kirchensteuer** ein und überweist sie an das Finanzamt. Das geschieht jedoch nur dann, wenn der Arbeitnehmer einer **steuererhebenden Religionsgemeinschaft** angehört. Die Höhe der Kirchensteuer hängt von den Bestimmungen des Bundeslandes ab, in dem sich der Betrieb (in Ausnahmefällen der Wohnort) des Arbeitnehmers befindet. Der Kirchensteuersatz beträgt je nach Bundesland 8 % bzw. 9 % der Lohnsteuer.

b) Sozialversicherungen

Bei der Lohn- und Gehaltsabrechnung sind auch **Beiträge zu den Sozialversicherungen** zu berücksichtigen.

Krankenversicherung	Der Beitragssatz zur **Krankenversicherung** liegt für alle gesetzlich Versicherten bei **15,5 %** des beitragspflichtigen Entgelts, höchstens jedoch bis zur Beitragsbemessungsgrenze. **Arbeitgeber und Arbeitnehmer zahlen jeweils 7,3 %.** Der **Sonderbeitrag** zur Krankenversicherung für **Arbeitnehmer** beträgt **0,9 %**.

Pflegeversicherung	**2,05 %** des beitragspflichtigen Entgelts, zusätzlich **0,25 % für kinderlose Arbeitnehmer** älter als 23 Jahre, höchstens jedoch bis zur Beitragsbemessungsgrenze.
Rentenversicherung	**18,9 %** des beitragspflichtigen Entgelts, höchstens jedoch bis zur Beitragsbemessungsgrenze.
Arbeitslosenversicherung	**3,0 %** des beitragspflichtigen Entgelts, höchstens bis zur Bemessungsgrenze.

Sie sind bei der Lohn- und Gehaltsabrechnung zu beachten, weil sie anteilig vom Arbeitnehmer und Arbeitgeber zu tragen sind und der **Arbeitgeber verpflichtet** ist, den **Arbeitnehmeranteil einzubehalten und gemeinsam mit seinem Anteil (dem Arbeitgeberanteil) an die zuständige Krankenkasse zu überweisen**, die ihrerseits die erforderliche Umverteilung an die Träger der Rentenversicherung, Pflegeversicherung und Arbeitslosenversicherung vorzunehmen hat.

Unterteilung der Sozialversicherungsbeiträge in Arbeitnehmer- und Arbeitgeberanteil
Bis zum Dezember 2004 war die Unterteilung dieser Beiträge in Arbeitnehmer- und Arbeitgeberanteil unproblematisch, da bis dahin galt: Beide Seiten sind zu gleichen Teilen an der Finanzierung beteiligt.

Für die Beiträge zur **Renten- und Arbeitslosenversicherung** gilt diese Regelung weiterhin, d. h. die Beiträge sind jeweils zur Hälfte vom Arbeitnehmer und Arbeitgeber zu tragen. Für die **Kranken- und Pflegeversicherung** aber wurden im Jahr 2005 neue rechtliche Regelungen wirksam.

- **Krankenversicherung**
  Die **Krankenkassen wurden verpflichtet, ihren Beitragssatz um 0,9 % zu senken,** und es wurde ein **zusätzlicher Beitragssatz von 0,9 %** zur Finanzierung von Krankengeld und Zahnersatz eingeführt, der **nur von den Arbeitnehmern** zu tragen ist.[19]

Beispiel:

Arbeitnehmer- und Arbeitgeberanteil zur Krankenversicherung:

Krankenversicherung – Beitragssatz 15,50 %

Arbeitnehmeranteil	=	7,30 %	+	0,9 %	=	8,20 %
Arbeitgeberanteil	=	7,30 %			=	7,30 %
						15,50 %

- **Pflegeversicherung**

Kinderlose Mitglieder über 23 Jahre zahlen einen Zuschlag zur Pflegeversicherung von 0,25 %.[20] Der Arbeitnehmeranteil für Kinderlose steigt somit von 1,025 % (50 % von 2,05 %) auf 1,275 % (1,025 % + 0,25 %). Dies gilt jedoch nicht für kinderlose Mitglieder, die vor dem 01.01.1940 geboren sind.

---

[19] Gesetz zur Anpassung der Finanzierung von Zahnersatz vom 15. 12. 2004

[20] Gesetz zur Berücksichtigung der Kindererziehung im Beitragsrecht der sozialen Pflegeversicherung – Kinder-Berücksichtigungsgesetz (KiBG) 20. 12. 2004

Beispiel:

Arbeitnehmer- und Arbeitgeberanteil zur Pflegeversicherung:

Pflegeversicherung – Beitragssatz 2,05 %

Arbeitnehmeranteil (Arbeitnehmer kinderlos, unter 23 Jahren)	=	2,05 % : 2 =	1,025 %	+	0,25 % =	1,275 %
Arbeitgeberanteil	=	2,05 % : 2 =	1,025 %		=	1,025 %
						2,300 %

Zu den Sozialversicherungsbeiträgen gehören auch die **Beiträge zur gesetzlichen Unfallversicherung (Berufsgenossenschaft)**, die jedoch vom Arbeitgeber allein zu tragen sind und in keinem unmittelbaren Zusammenhang mit der Lohn- und Gehaltsabrechnung stehen.

Der Arbeitgeberanteil zur Sozialversicherung einschließlich der Beiträge zur gesetzlichen Unfallversicherung sind betrieblicher Aufwand und auf dem Konto **(831) Soziale Abgaben** zu buchen.

Beispiel:

Für die Gehaltsabrechnung des Angestellten Christmann stehen folgende Daten zur Verfügung:

- ledig, keine Kinder
- Alter: 35 Jahre
- Steuerklasse I
- Kirchensteuerabzug (9 %)

Der Arbeitnehmer erhält ein Gehalt von 2.500,00 Euro. Die Beitragssätze zur Sozialversicherung entsprechen den aktuellen rechtlichen Regelungen.

	Bruttoentgelt		2.500,00	Euro
+	Zuschüsse		0,00	Euro
=	**abgabenpflichtiges Bruttoentgelt**		**2.500,00**	**Euro**
–	Lohnsteuer		395,58	Euro
–	Solidaritätszuschlag	5,50 %	21,76	Euro
–	Kirchensteuer	9,00 %	35,60	Euro
	Steuerabzüge		**452,94**	**Euro**
–	Krankenversicherung	8,20 %	205,00	Euro
–	Pflegeversicherung	1,275 %	31,88	Euro
–	Rentenversicherung	9,45 %	236,25	Euro
–	Arbeitslosenversicherung	1,50 %	37,50	Euro
	SV-Abzüge (AN-Anteile)		**510,63**	**Euro**
=	**Gesetzliches Nettoentgelt**		**1.536,43**	**Euro**
–	Sonstige Abzüge		0,00	Euro
+	Sonstige Bezüge		0,00	Euro
=	**Auszahlungsbetrag**		**1.536,43**	**Euro**

15,50 %
AN-A 7,30 % + 0,90 % = 8,20 %
AG-A = 7,30 %

1,95 %
AN-A 1,025 %+ 0,25 % = 1,275 %
AG-A = 1,025 %

Diese Abrechnung macht deutlich, dass zwischen dem Bruttoentgelt und dem Auszahlbetrag ein beachtlicher Unterschied besteht, der sich in erster Linie aus den gesetzlichen Abzügen ergibt.

11.2.2 Grundsatzbuchungen bei der Lohn- und Gehaltsabrechnung

Buchungen des Leistungsentgelts (Lohn/Gehalt)
Das Bruttoentgelt (Bruttolohn bzw. Bruttogehalt) stellt für das Wohnungsunternehmen **Aufwand** dar, der auf das Konto (**830) Löhne und Gehälter** gebucht wird.

Die Abzüge sind vom Arbeitgeber einzubehalten. Diese **einbehaltenen und noch nicht abgeführten Abzüge** stellen zum Zeitpunkt der Lohn- und Gehaltsabrechnung Verbindlichkeiten dar, die auf den Konten **(470) Verbindlichkeiten aus Steuern** und **(471) Verbindlichkeiten im Rahmen der sozialen Sicherheit** erfasst werden.

Da der Zeitpunkt der **Lohn- und Gehaltsbuchung** und der der Überweisung der Entgelte an die Arbeitnehmer in der Regel auseinanderfallen, werden auch die Auszahlbeträge zunächst als **(473) Verbindlichkeiten aus Lohn und Gehalt** gebucht.

Die Buchung von Lohn/Gehalt hat zunächst die folgende Form:

(830) Löhne und Gehälter			
	an	(470)	Summe der Steuerabzüge
	an	(471)	Arbeitnehmeranteil zur SV
	an	(473)	auszuzahlendes Nettoentgelt

Aus der Beispielrechnung ergibt sich:

(830)			2.500,00 Euro
	an	(470)	452,94 Euro
	an	(471)	510,63 Euro
	an	(473)	1.536,43 Euro

Buchung des Arbeitgeberanteils
Der Arbeitgeber ist – wie oben erläutert – verpflichtet, einen Anteil zur Sozialversicherung seiner Arbeitnehmer zu leisten, also an die Sozialversicherungsträger sowohl den einbehaltenen Arbeitnehmer- als auch den eigenen Arbeitgeberanteil zu überweisen.

Abgabepflichtiges Bruttoentgelt: 2.500,00 Euro

	Beitragssatz	**AN-Anteil**		**AG-Anteil**	
Krankenversicherung	15,50 %	8,20 %	205,00 €	7,30 %	182,50 €
Pflegeversicherung	2,05 %	1,275 %	31,88 €	1,025 %	25,63 €
Rentenversicherung	18,90 %	9,45 %	236,25 €	9,45 %	236,25 €
Arbeitslosenversicherung	3,00 %	1,50 %	37,50 €	1,50 %	37,50 €
Summe SV-Beiträge			**510,63 €**		**481,88 €**
Gesamt		**992,51 €**			

In Höhe des Arbeitgeberanteils entstehen dem Unternehmen zusätzliche Kosten, die als **(831) Soziale Abgaben** zu buchen sind. Durch die Erfassung auf dem Konto **(831)** erhöhen sich zugleich auch die **(471)Verbindlichkeiten im Rahmen der sozialen Sicherheit.**

Buchung

(831)	an	(471)	481,88 Euro

Bezahlung der einbehaltenen Steuern

Die **(470) Verbindlichkeiten aus Steuern** sind so zu überweisen, dass sie spätestens am 10. des folgenden Monats beim zuständigen Finanzamt eingegangen sind. Das Finanzamt leitet die Kirchensteuer an die entsprechenden Religionsgemeinschaften weiter. Werden die Beträge überwiesen, ist zu buchen:

(470)	an	(274)	452,94 Euro

Bezahlung der einbehaltenen Versicherungsbeträge und des Arbeitgeberanteils

Die **(471) Verbindlichkeiten im Rahmen der sozialen Sicherheit** sind spätestens am drittletzten Bankarbeitstag des Monats fällig, in dem die Beschäftigung oder Tätigkeit, mit der das Arbeitsentgelt oder Arbeitseinkommen erzielt wird, ausgeübt worden ist oder als ausgeübt gilt (§ 23 Abs. 1 Satz 2 SGB IV).

Bei der Überweisung der Versicherungsbeträge gilt:

(471)	an	(274)	992,51 Euro

Bezahlung der Löhne und Gehälter

Bei **Überweisung des Auszahlbetrages** an den Arbeitnehmer ist zu buchen:

(473)	an	(274)	1.536,43 Euro

Sind die Beträge der Konten **(470), (471) und (473)** zum Bilanzstichtag noch nicht überwiesen, so sind sie zu passivieren.

(470)	an	(989)	bzw.
(471)	an	(989)	bzw.
(473)	an	(989)	

11.3 Sonderfälle bei der Lohn- und Gehaltsabrechnung

11.3.1 Vorschüsse

Erhält ein Arbeitnehmer vor dem eigentlichen Zahltag einen Vorschuss, wird dieser bis zur Verrechnung mit dem Lohn oder Gehalt auf dem Konto **(251) Forderungen an Arbeitnehmer aus Lohn-, Gehalts- und Reisekostenvorschüssen** erfasst.

Beispiel:
Herr Christmann – kinderlos, Steuerklasse I, 40 Jahre alt – erhält einen Gehaltsvorschuss von 500 Euro bar.

1. Buchung bei Zahlung des Vorschusses:

(251)	an	(271)	500,00 Euro

2. Die Gehaltsabrechnung hat dann folgendes Aussehen:

	Bruttoentgelt		2.500,00	Euro
+	Zuschüsse		0,00	Euro
=	**abgabenpflichtiges Bruttoentgelt**		**2.500,00**	**Euro**
–	Lohnsteuer		395,58	Euro
–	Solidaritätszuschlag	5,5 %	21,76	Euro
–	Kirchensteuer	9,0 %	35,60	Euro
	Steuerabzüge		**452,94**	**Euro**
–	Krankenversicherung	8,20 %	205,00	Euro
–	Pflegeversicherung	1,275 %	31,88	Euro
–	Rentenversicherung	9,45 %	236,25	Euro
–	Arbeitslosenversicherung	1,50 %	37,50	Euro
	SV-Abzüge (AN-Anteile)		**510,63**	**Euro**
=	**Gesetzliches Nettoentgelt**		**1.536,43**	**Euro**
–	Sonstige Abzüge (Vorschuss)		500,00	Euro
+	Sonstige Bezüge		0,00	Euro
=	**Auszahlungsbetrag**		**1.036,43**	**Euro**

3. Buchmäßige Darstellung der Gehaltsabrechnung bei **Verrechnung des Vorschusses**:

(830)			2.500,00	Euro
	an	(470)	452,94	Euro
	an	(471)	510,36	Euro
	an	*(251)*	*500,00*	*Euro*
	an	(473)	1.036,34	Euro
(831)	an	(471)	481,88	Euro
(470)	an	(274)	452,94	Euro
(471)	an	(274)	992,51	Euro
(473)	an	(274)	1.036,43	Euro

11.3.2 Sachleistungen

Sachleistungen an Arbeitnehmer (etwa Mieten für die Überlassung einer Betriebswohnung) können ebenfalls vom Lohn oder Gehalt einbehalten werden. So ist bei der Verrechnung der Miete für eine Betriebswohnung davon auszugehen, dass der Mitarbeiter als „normaler“ Mieter betrachtet wird. Mit der Sollstellung der Miete werden also auch dem Mitarbeiter gegenüber **(2000) Mietforderungen** aufgemacht, die im Zuge der Gehaltsabrechnung beglichen werden.

Beispiel:
Der Mitarbeiter Herr Christmann – kinderlos, Steuerklasse I, 40 Jahre alt – hat eine Dienstwohnung erhalten. Die Miete in Höhe von 450 Euro wird mit dem Gehalt einbehalten.

1. Der Gehaltsabrechnung geht die Sollstellung der Miete (Buchung einer Mietforderung) voraus:

(2000) Mietforderungen	an	(600) Sollmiete	450,00 Euro

2. Gehaltsabrechnung – das gesetzliche Nettoentgelt wird um die einbehaltene Miete (450 Euro) gemindert:

	Bruttoentgelt		2.500,00	Euro
+	Zuschüsse		0,00	Euro
=	**abgabenpflichtiges Bruttoentgelt**		**2.500,00**	**Euro**
	Steuerabzüge		**452,94**	**Euro**
	SV-Abzüge		**510,63**	**Euro**
=	**Gesetzliches Nettoentgelt**		**1.536,43**	**Euro**
–	Miete		450,00	Euro
=	**Auszahlungsbetrag**		**1.086,43**	**Euro**

3. Buchung der Gehaltsabrechnung

(830)			2.500,00	Euro
	an	(470)	452,94	Euro
	an	(471)	510,63	Euro
	an	*(2000)*	*450,00*	*Euro*
	an	(473)	1.086,43	Euro
(831)	an	(471)	481,88	Euro
(470)	an	(274)	452,94	Euro
(471)	an	(274)	992,51	Euro
(473)	an	(274)	1.086,43	Euro

11.3.3 Freiwillige soziale Abgaben

Weitere Personalaufwendungen entstehen im Unternehmen, wenn freiwillige Zahlungen geleistet werden, die auf dem Konto **(851) Freiwillige soziale Aufwendungen** zu erfassen sind. Diese Zahlungen (Zuschüsse) können sowohl abgabenpflichtig als auch abgabenfrei sein. Abgabenfreie Zuschüsse erhöhen in vollem Umfang den Auszahlungsbetrag. Sind sie jedoch abgabenpflichtig, so wird das abgabenpflichtige Bruttoentgelt erhöht und demzufolge sind auch die einzubehaltenden Abgaben aus Steuern und Versicherung höher.

Beispiel:
Der 35-jährige Mitarbeiter P. Geißler (Steuerklasse I, keine Kinder und mit einem Kirchensteuersatz von 9 %) erhält ein Bruttogehalt in Höhe von 2.500,00 Euro. Außerdem zahlt der Arbeitgeber einen abgabenpflichtigen Zuschuss in Höhe von 30,00 Euro. Dieser Zuschuss verändert die Basis für die Ermittlung der steuerlichen Belastung und der Sozialabgaben. Steuern und Versicherungsbeträge sind also ausgehend von einem Bruttoeinkommen über 2.530,00 Euro zu errechnen.

Daraus ergeben sich die folgenden Steuern und Zuschläge:

- Lohnsteuer 401,33 Euro
- Solidaritätszuschlag 22,07 Euro
- Kirchensteuer 36,12 Euro

Der Beitrag zur Krankenversicherung beträgt weiterhin 15,5 % des Bruttogehalts.

1. Aus diesen Daten ergibt sich die folgende Gehaltsabrechnung:

	Bruttoentgelt		2.500,00	Euro
+	Zuschüsse		30,00	Euro
=	**abgabenpflichtiges Bruttoentgelt**		**2.530,00**	**Euro**
–	Lohnsteuer		401,33	Euro
–	Solidaritätszuschlag	5,5 %	22,07	Euro
–	Kirchensteuer	9,0 %	36,12	Euro
	Steuerabzüge		**459,52**	**Euro**
–	Krankenversicherung	8,20 %	207,46	Euro
–	Pflegeversicherung	1,275 %	32,26	Euro
–	Rentenversicherung	9,45 %	239,09	Euro
–	Arbeitslosenversicherung	1,50 %	37,95	Euro
	SV-Abzüge (AN-Anteile)		**516,76**	**Euro**
=	**Gesetzliches Nettoentgelt**		**1.553,72**	**Euro**
–	Sonstige Abzüge		0,00	Euro
+	Sonstige Bezüge		0,00	Euro
=	**Auszahlungsbetrag**		**1.553,72**	**Euro**

2. Die Buchungen lauten:

a) Gehaltsabrechnung

(830)			2.500,00 Euro
(851)			30,00 Euro
	an	(470)	459,52 Euro
	an	(471)	516,76 Euro
	an	(473)	1.553,72 Euro

↓

b) Arbeitgeberanteil

Abgabepflichtiges Bruttoentgelt: 2.530,00 €

	Beitragssatz	AG-Anteil	
Krankenversicherung	15,50 %	1,025 %	184,69 €
Pflegeversicherung	2,05 %	1,025 %	25,93 €
Rentenversicherung	18,90 %	9,45 %	239,09 €
Arbeitslosenversicherung	3,00 %	1,50 %	37,95 €
Summe SV-Beiträge			**487,66 €**

(831)	an	(471)	487,66 Euro

c) Überweisungen

(470)	an	(274)	459,52 Euro
(471)	an	(274)	1.004,42 Euro
(473)	an	(274)	1.553,72 Euro

11.3.4 Vermögenswirksame Leistungen (VWL)[21]

Arbeitnehmer haben die Möglichkeit, sofern sie die durch das „Fünfte Vermögensbildungsgesetz (5. VermBG)" definierten Einkommensgrenzen nicht überschreiten, von ihrem Einkommen

- **bis zu 400 Euro** pro Jahr in Wertpapieren oder anderen Vermögensbeteiligungen, Wertpapier-Kaufverträgen, Beteiligungsverträgen oder Beteiligungskaufverträgen, Aktien, Gewinnschuldverschreibungen, Genussscheinen, Genussrechten bzw.
- **bis zu 470 Euro** pro Jahr für Anlagen nach dem Wohnungsbau-Prämiengesetz und für Aufwendungen des Arbeitnehmers zum Wohnungsbau

staatlich begünstigt zu sparen, wenn sie die Sparbeträge für eine vorgeschriebene Zeit **vermögenswirksam** anlegen.

Sie erhalten dann vom Staat – je nach Sparform – eine **Sparzulage** in Höhe von 9 % bis 20 %.

Diese vermögenswirksamen Sparleistungen werden entweder ganz vom Arbeitnehmer bzw. Arbeitgeber oder von beiden gemeinsam erbracht. Sie werden meist aufgrund eines Tarifvertrags, von Betriebsvereinbarungen oder von Arbeitsverträgen zusätzlich zum Entgelt gewährt.

Beteiligt sich der Arbeitgeber an dieser Form der Vermögensbildung, **erhöhen** sich die Lohn- und Gehaltskosten des Unternehmens. Für den Arbeitnehmer bedeutet dies aber auch eine Erhöhung seines **abgabenpflichtigen Einkommens**.

Der **Arbeitgeberanteil zur Vermögensbildung** wird in der Regel auf dem Konto **(834) Vermögenswirksame Leistungen** erfasst, eine direkte Erfassung unter dem Konto **(830) Lohn und Gehalt** ist ebenso möglich.

[21] Vgl. § 13 Vermögensbildungsgesetz (VermBG) in der Fassung vom 26.02.2013.

Da die Beträge für die **vermögenswirksame Sparleistung** vom Arbeitgeber einzubehalten und später auf eine entsprechende Sparform zu überweisen sind, werden sie in der Finanzbuchhaltung zunächst als **(474) Verbindlichkeit aus vermögenswirksamen Leistungen** erfasst.

Beispiel:
Herr Ch. Christmann (kinderlos, 25 Jahre alt, Steuerklasse I und verpflichtet, 9% Kirchensteuer zu zahlen) erhält ein Bruttogehalt von 1.400,00 Euro und zusätzlich 20,00 Euro vermögenswirksame Leistungen. Er spart jedoch den höchstmöglich begünstigten Betrag[22] von 39,17 Euro in einem Bausparvertrag. Die vom Arbeitgeber gezahlte vermögenswirksame Leistung erhöht das abgabenpflichtige Bruttoentgelt auf 1.420,00 Euro. Aus den Steuertabellen lässt sich die monatliche Steuerbelastung ablesen:

- die Lohnsteuer nach Tabelle (75,58 Euro)
- der Solidaritätszuschlag nach Tabelle (0,00 Euro)
- die Kirchensteuer nach Tabelle (6,80 Euro)

Die Beiträge zur Sozialversicherung ergeben sich aus der Anwendung des bekannten Berechnungsschemas.

1. Gehaltsabrechnung

	Bruttoentgelt		1.400,00	Euro
+	Zuschüsse		20,00	Euro
=	**abgabenpflichtiges Bruttoentgelt**		**1.420,00**	**Euro**
–	Lohnsteuer		75,58	Euro
–	Solidaritätszuschlag	5,5 %	0,00	Euro
–	Kirchensteuer	9,0 %	6,80	Euro
	Steuerabzüge		**82,38**	**Euro**
–	Krankenversicherung	8,20 %	116,44	Euro
–	Pflegeversicherung	1,275 %	18,11	Euro
–	Rentenversicherung	9,45 %	134,19	Euro
–	Arbeitslosenversicherung	1,50 %	21,30	Euro
	SV-Abzüge (AN-Anteile)		**290,04**	**Euro**
=	**Gesetzliches Nettoentgelt**		**1.047,58**	**Euro**
–	VWL		39,17	Euro
+	Sonstige Bezüge		0,00	Euro
=	**Auszahlungsbetrag**		**1.008,41**	**Euro**

2. Gehaltsbuchungen

(830)			1.400,00 Euro
(834)			20,00 Euro
	an	(470)	82,38 Euro
	an	(471)	290,04 Euro
	an	*(474)*	*39,17 Euro*
	an	(473)	1.008,41 Euro

[22] 470 Euro/12 Monate = 39,17 Euro

3. Arbeitgeberanteil

Abgabepflichtiges Bruttoentgelt: 1.420,00 €

	Beitragssatz	AG-Anteil	
Krankenversicherung	15,50 %	7,30 %	103,66 €
Pflegeversicherung	2,05 %	1,025 %	14,56 €
Rentenversicherung	18,90 %	9,45 %	134,19 €
Arbeitslosenversicherung	3,00 %	1,50 %	21,30 €
Summe SV-Beiträge			**273,71 €**

(831)	an	(471)	273,71 Euro

4. Überweisungen

(470)	an	(274)	82,38 Euro
(471)	an	(274)	563,75 Euro
(473)	an	(274)	1.008,41 Euro
(474)	an	(274)	39,17 Euro

Zusammenfassung – Entgeltabrechnung und Grundsatzbuchungen

Grundmodell der Gehaltsabrechnung

Bruttoentgelt	→ **Lohn und Gehalt**	**Lohn- bzw. Gehaltsabrechnung**
+ **Zuschüsse**	(830)	(830) an (470)
		(471)
= **abgabenpflichtiges Bruttoentgelt**		(473)
– Lohnsteuer – Solidaritätszuschlag – Kirchensteuer	→ Vbdl. FA (470)	**Arbeitgeberanteil**
= **einbehaltene Steuerbeträge**		(831) an (471)
– Krankenversicherung – Pflegeversicherung – Rentenversicherung – Arbeitslosenversicherung	→ Vbdl. SV (471)	**Banküberweisungen**
= **einbehaltene SV- Beiträge**		(470) an (274) (471) an (274) (473) an (274)
= **gesetzlicher Nettolohn** – sonstige Abzüge + sonstige Bezüge		
= **Auszahlungsbetrag**	→ Vbdl. aus LuG (473)	

12 Finanzierungsmittel des Wohnungsunternehmens

12.1 Die Konten zur Erfassung von Finanzierungsmitteln

Zur Finanzierung unternehmerischer Prozesse, vor allem aber auch zur Finanzierung von Bauprozessen, müssen die Wohnungsunternehmen in der Regel neben Eigenmitteln auch lang- und mittelfristiges Fremdkapital einsetzen. Es werden Darlehen aufgenommen, die in der Kontengruppe **(41) Verbindlichkeiten gegenüber Kreditinstituten** – unabhängig von ihrer Fristigkeit – erfasst werden. Darlehen, die nicht von Kreditinstituten gewährt werden, sind in der Kontengruppe **(42) Verbindlichkeiten gegenüber anderen Kreditgebern** zu buchen.

Zur Kontengruppe (42) gehören unter anderem:

- Darlehen von Versicherungsunternehmen
- Darlehen der öffentlichen Hand, soweit nicht ein Kreditinstitut als Treuhänder oder Verwalter auftritt
- Mieterdarlehen
- Arbeitgeberdarlehen
- Rentenschulden

Übereinstimmend sind die **Kontengruppen (41) und (42)** inhaltlich tiefer gegliedert.

(410)/(420) Objektfinanzierungsmittel für das Anlagevermögen
Objektfinanzierungsmittel sind die zur Finanzierung einer bestimmten Investition (Neubau, Kauf, Modernisierung) eingesetzten Fremdmittel. Dazu gehören sowohl Mittel der Erstfinanzierung als auch Mittel der Umfinanzierung.

(411)/(421) Objektfinanzierungsmittel für das Umlaufvermögen
Hier sind die vom Unternehmen aufgenommenen Fremdmittel zur Finanzierung von Verkaufsobjekten zu buchen.

(412)/(422) Unternehmensfinanzierungsmittel
Hierunter fallen alle vom Unternehmen aufgenommenen Fremdmittel, soweit sie nicht zur Objektfinanzierung bestimmt sind. Solche Fremdmittel werden in erster Linie zur Vermeidung der Aufnahme ständig wechselnder Bauzwischen- und Grundstücksankauf-Kredite sowie zur Überbrückung vorübergehenden Liquiditätsbedarfs beschafft. Auf diesem Konto sind auch die dem Unternehmen gewährten Aufwendungsdarlehen zu erfassen, wenn auf eine ertragswirksame Vereinnahmung verzichtet wurde.

(413)/(423) Grundstücksankauf-Kredite für das Anlagevermögen
Die hier erfassten Kredite dienen zur Finanzierung der Anschaffungskosten unbebauter Grundstücke des Anlagevermögens.

(414)/(424) Grundstücksankauf-Kredite für das Umlaufvermögen
Analog zu den Konten (413/423) werden hier die Kredite im Zusammenhang mit der Anschaffung von Grundstücken des Umlaufvermögens gebucht.

(415)/(425) Bauzwischenkredite für das Anlagevermögen
Auf diesem Konto sind Kredite zu buchen, die der Zwischenfinanzierung von Bauten des Anlagevermögens dienen. Die Bauzwischenkredite sind dadurch gekennzeichnet, dass ihre Ablösung durch Dauerfinanzierungsmittel sichergestellt sein muss.

(416)/(426) Bauzwischenkredite für das Umlaufvermögen
Die Erläuterungen zu (415/425) gelten hier sinngemäß.

(419)/(429) Sonstige Verbindlichkeiten gegenüber Kreditinstituten (419) bzw. gegenüber anderen Kreditgebern (429)

In dieser Gruppe sind die Konten für die zum Jahresende gegenüber Kreditgebern bestehenden **Kontokorrentkredite** und Kontoüberziehungen zusammengefasst. Hierher gehören auch Verbindlichkeiten gegenüber anderen Kreditgebern, die in den obigen Konten nicht erfasst werden können.[23]

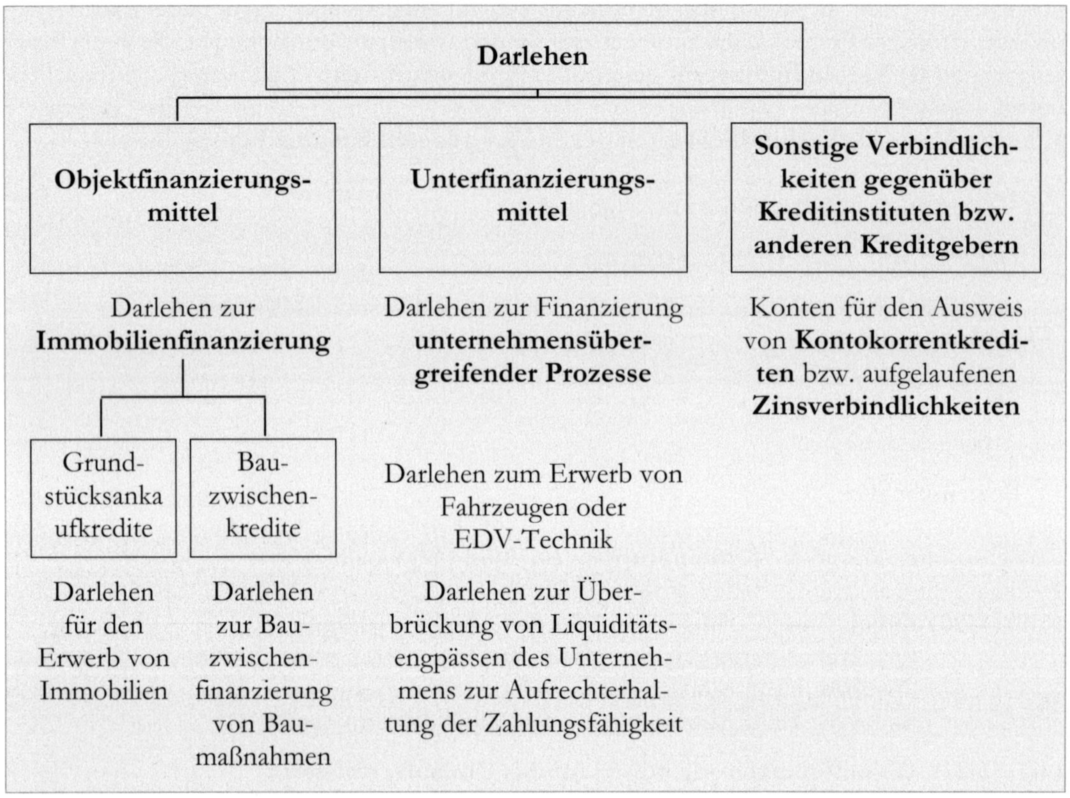

12.2 Kontokorrentkredit

Der **Kontokorrentkredit** ist ein Kredit, den das Wohnungsunternehmen innerhalb einer festgesetzten Laufzeit durch Verfügung über sein Konto bis zur vereinbarten Kreditgrenze in Anspruch nehmen kann. Er wird auf dem Konto (419) erfasst. Der Kontokorrentkredit kann während seiner Laufzeit den Wünschen und Erfordernissen des Unternehmens entsprechend beansprucht und wieder abgedeckt werden. Zwischenzeitliche Rückführungen des Kredits durch Gutschriften auf dem Kontokorrentkonto gelten nicht als Tilgung.

Von Bedeutung ist diese Form des Darlehens, weil der Kontokorrentkredit

- die Dispositionsfreiheit (Ausnutzung nach dem jeweiligen Kreditbedarf) vergrößert,
- Kosten (Verzinsung des jeweiligen Sollsaldos) nur in Höhe des beanspruchten Kreditbetrags verursacht,
- durch einen nicht ausgenutzten Teil eine Liquiditätsreserve darstellt.

Die mit der Inanspruchnahme eines Kontokorrentkredits verbundenen Zinsen sind auf das Konto Zinsen auf Verbindlichkeiten gegenüber Kreditinstituten (872) zu buchen. Kontoführungsgebühren sowie vom Kreditinstitut berechnete Spesen, Auslagen und sonstige Gebühren sind als Kosten des Geldverkehrs im Rahmen des Sächlichen Verwaltungsaufwands (850) zu erfassen.

[23] Vgl. hierzu die Erläuterungen in: Kommentar zum Kontenrahmen der Wohnungswirtschaft, Hamburg 2010, S. 91 ff.

12.3 Dauerfinanzierungsmittel

Die an die Wohnungsunternehmen ausgereichten lang- und mittelfristigen Kredite unterscheiden sich vor allem in ihren Konditionen. Deshalb sind in der Buchführung

- die Valutierung des Darlehens (Gutschrift) und
- die Rückführung des Darlehens nach einem Tilgungsplan

besonders zu beachten.

12.3.1 Buchung der Auszahlung (Valutierung) von Darlehen

Die Auszahlung der Darlehen kann zu 100 % oder zu einem niedrigeren Prozentsatz erfolgen.

Volle Auszahlung des Darlehens
Wird das beantragte Darlehen durch die Bank zu 100 % ausgezahlt, ist zu buchen:

(274) Bank	an	(41) Darlehen

Auszahlung unter 100 %
Nicht selten wird das Darlehen jedoch unter Abzug eines bestimmten Betrags ausgezahlt. Damit liegt der Auszahlungskurs also unter 100 %.

Der Auszahlungskurs für das Darlehen bestimmt die Höhe des einmaligen Entgelts für die Geldbeschaffungskosten. Dieser Abschlag vom Nennbetrag des Kredits wird als **Damnum** oder **Disagio** (Abgeld) bezeichnet. Er kann als eine neben der laufenden Verzinsung geleistete **zusätzliche Vergütung** für die Kapitalnutzung (zusätzliche Verzinsung), aber auch als **Entgelt** für die Bearbeitung bzw. Abwicklung des Kredits (z. B. die dem Gläubiger erwachsenden Geldbeschaffungskosten) entstehen.

Höhe des Zinssatzes und Höhe des Damnums/Auszahlungskurses bedingen einander. Es gilt:

- Je höher das Damnum bzw. je niedriger der Auszahlungskurs – desto niedriger der Zinssatz.
- Je niedriger das Damnum bzw. je höher der Auszahlungskurs – desto höher der Zinssatz.

Unterschiedliche Bedingungen sind unter der Voraussetzung gleicher Laufzeit und gleicher Tilgungsart über den Effektivzins zu vergleichen. Erfolgt die Valutierung des Darlehens zu einem Auszahlungskurs unter 100 %, sind Besonderheiten der Buchung zu beachten, die am folgenden Beispiel demonstriert werden sollen.

Beispiel:
Am 01. 07. 00 wird ein Darlehen in Höhe von 500.000 Euro aufgenommen. Der Auszahlungskurs beträgt 95 %, dem Bankkonto werden also 475.000 Euro gutgeschrieben. Das Darlehen hat eine Laufzeit von fünf Jahren und soll in jährlich gleichbleibenden Tilgungsraten innerhalb von fünf Jahresraten zurückgezahlt werden.

Buchungen:

1. Valutierung des Darlehens
Die ausgezahlten 475.000 Euro sind der Ausgabe- oder Verfügungsbetrag. Zurückzuzahlen sind jedoch 500.000 Euro. Wirtschaftlich ist die Differenz von 25.000 Euro so zu betrachten, als habe die Bank 500.000 Euro ausgezahlt und das Unternehmen sofort wieder 25.000 Euro an die Bank als zusätzliches Entgelt für die Kapitalnutzung, neben den eigentlichen Zinsen, zurückgezahlt. **Das Damnum ist also als zusätzlicher Zinsaufwand zu verstehen.** Deshalb ist bei der Auszahlung des Darlehens am 01. 07. 00 zu buchen:

↓

Buchung zum 01.07.00

(274)			475.000 Euro
(872)			25.000 Euro
	an	(41)	500.000 Euro

2. Aktivierung des Damnums zum Ende des Geschäftsjahres

Wenn das Darlehen dem Unternehmen für fünf Jahre zur Verfügung steht, ist das Damnum als ein **zusätzliches Entgelt** für die fünfjährige Nutzung des Kapitals zu verstehen. So gesehen ist es eine **Ausgabe vor dem Bilanzstichtag**, die teilweise **Aufwand für eine bestimmte Zeit nach dem Bilanzstichtag** darstellt. Damit sind die Voraussetzungen für eine aktive Rechnungsabgrenzung erfüllt.

Nach **§ 250 Abs. 3 Satz 1 HGB** darf das Damnum unter die Rechnungsabgrenzungsposten der Aktivseite als **(290) Geldbeschaffungskosten** aufgenommen werden. Dann allerdings ist dieser Betrag planmäßig über die Laufzeit des Darlehens bzw. über den Zeitraum der Zinsbindungsfrist abzuschreiben (§ 250 Abs. 3 Satz 1 HGB). Die Abschreibung erfolgt über das Konto **(875) Abschreibungen auf Geldbeschaffungskosten**. Handelsrechtlich ist die Rede von einem **Aktivierungswahlrecht.**

Steuerrechtlich **muss** das Damnum aus Gründen einer periodengerechten Ermittlung des steuerpflichtigen Gewinns aktiviert werden (vgl. § 5 Abs. 5 EStG Nr. 1; R 5.6 EStR). Auch hier ist eine planmäßige Abschreibung erforderlich. Steuerrechtlich ist die Rede von einem **Aktivierungsgebot**.

Wird vom handelsrechtlichen Aktivierungswahlrecht Gebrauch gemacht, ist der Teil des Damnums, der wirtschaftlich nicht in das Geschäftsjahr (00) gehört, zum 31.12.00 als **Aktiver Rechnungsabgrenzungsposten** über das **Konto (290) Geldbeschaffungskosten** zu aktivieren.

Der zu aktivierende Betrag ergibt sich aus folgender Berechnung

$$\frac{GBK}{LZ_G} \cdot LZ_R = \frac{25.000{,}00\,€}{60} \cdot 54 = 22.500{,}00\,€$$

GBK	Geldbeschaffungskosten
LZ_G	Gesamtlaufzeit bzw. Zinsbindungsfrist (Monate)
LZ_R	Restlaufzeit bzw. verbleibende Zinsbindungsfrist (Monate)

S	(872) Zinsaufwand		H
(41):	25.000 Euro	(290):	22.500 Euro
		(982):	**2.500 Euro**
	25.000 Euro		25.000 Euro

S	(290) Geldbeschaffungskosten		H
(872):	22.500Euro	**(989):**	**22.500 Euro**
	22.500 Euro		22.500 Euro

Buchung zum 31.12.00

(290)	an	(872)	22.500 Euro

3. Abschreibung des Damnums über die Laufzeit/Zinsbindungsfrist des Darlehens

Mit jeweils dem Betrag, der auf das betreffende Jahr der Laufzeit/Zinsbindungsfrist des Darlehens entfällt, ist das Konto **(290) Geldbeschaffungskosten** über das Konto **(875) Abschreibungen auf Geldbeschaffungskosten** aufzulösen.

↓

Buchung zum 31. 12. 01

(875)	an	(290)	5.000 Euro

Das Damnum stellt – unabhängig davon, zu welchem Zweck das Darlehen aufgenommen wird – stets (Zins-)Aufwand dar. Dessen Aktivierung wird immer dann erforderlich, wenn das Darlehen über den Bilanzstichtag hinaus genutzt wird. Wurde das Darlehen zum Bilanzstichtag bereits gekündigt oder abgelöst, ist eine Aktivierung nicht mehr erforderlich. Wurde es jedoch aktiviert und später vorzeitig (ganz oder teilweise) zurückgezahlt, sind die Geldbeschaffungskosten außerplanmäßig abzuschreiben.

12.3.2 Rückführung des Darlehens nach einem Tilgungsplan

Wesentliche Komponenten der Darlehensrückführung sind **Zinszahlungen** und **Tilgung**.

Zinsen sind das laufende Entgelt für die Inanspruchnahme des Darlehens. Sie werden stets von der jeweiligen Restschuld ermittelt.

Zu buchen sind sie als Aufwand auf dem Konto **(872) Zinsen auf Verbindlichkeiten gegenüber Kreditinstituten.**

(872)	an	(274)

Tilgung ist die Rückführung (Abbau) des aufgenommenen Darlehens, die Umwandlung von Fremdkapital in Eigenkapital.

(41)	an	(274)

Zins und Tilgung zusammen bilden die **Annuität**: sie sind also der Betrag, der regelmäßig insgesamt für ein Darlehen aufgewendet werden muss.

Buchung bei Zahlung der Annuität

(41)		
(872)		
	an	(274)

Die Rückführung von Darlehen erfolgt nach einem bestimmten Tilgungsplan, der in Abhängigkeit

- von **der Art des Darlehens,**
- von den **Zahlungsmodalitäten** und
- von den Bestimmungen zur **Tilgungsverrechnung**

zu gestalten ist.

Darlehensarten

Zu unterscheiden sind:
- Festdarlehen
- Abzahlungsdarlehen
- Tilgungsdarlehen

a) Zinszahlungsdarlehen (Festdarlehen)

Der Kreditnehmer zahlt das Darlehen am Ende der Laufzeit in einer Summe zurück. Deshalb wird es häufig auch „endfälliges Darlehen" genannt. Während der Laufzeit des Darlehens sind lediglich die vereinbarten **Sollzinsen** zu zahlen. **Festdarlehen**, seit der Einführung der EU-Verbraucherkreditrichtlinie in deutsches Recht (11.06.2010) einheitlich als **Zinszahlungsdarlehen** bezeichnet, werden bei der privaten Wohnungsbaufinanzierung häufig im Zusammenhang mit dem Abschluss einer Lebensversicherung vereinbart.

b) Abzahlungsdarlehen (Ratendarlehen)

Das Abzahlungsdarlehen zeichnet sich durch gleichbleibende Tilgungs- und fallende Zinsbeträge aus. Der Kreditnehmer erbringt also jährlich fallende Leistungen.

Merkmale:
- Tilgungsanteil ist jährlich gleich groß
- Zinsen – bemessen an der jeweiligen Restschuld – fallen mit jeder Rate
- Annuität nimmt gleichmäßig ab
- Höhe der Zinsen hat keinen Einfluss auf die Laufzeit des Darlehens

Beispiel:
Ein Darlehen über 200.000 Euro wird mit **gleich bleibenden Tilgungsraten** von 20 % p. a. zurückgezahlt. Es wird ein Zinssatz von 7 % p. a. vereinbart.

Darlehensbetrag		=	200.000 Euro
Auszahlung	100 %	=	200.000 Euro
Zins	7 % p. a.	=	14.000 Euro
Tilgung	20 % p. a.	=	40.000 Euro

Tilgungsplan

Jahr	Darlehensbetrag	Zinsen	Tilgung	Annuität	Restschuld
00	200.000 Euro	14.000 Euro	40.000 Euro	54.000 Euro	160.000 Euro
01	160.000 Euro	11.200 Euro	40.000 Euro	51.200 Euro	120.000 Euro
02	120.000 Euro	8.400 Euro	40.000 Euro	48.400 Euro	80.000 Euro
03	80.000 Euro	5.600 Euro	40.000 Euro	45.600 Euro	40.000 Euro
04	40.000 Euro	2.800 Euro	40.000 Euro	42.800 Euro	0 Euro

Buchung – Valutierung

(274)	an	(41)	200.000 Euro

Buchung – Annuitäten

1. Jahr

(41)			40.000 Euro
(872)			14.000 Euro
	an	(274)	54.000 Euro

2. Jahr

(41)			40.000 Euro
(872)			11.200 Euro
	an	(274)	51.200 Euro

c) Tilgungsdarlehen (Annuitäten- oder Amortisationsdarlehen)
Der Kreditnehmer erbringt regelmäßig gleich bleibende Leistungen (Annuitäten/Raten). Da nach Abzug der jeweiligen Tilgung nur die verbleibende Restschuld verzinst wird, sinkt die Zinslast. Bei gleich bleibender Annuität steigen demzufolge die jährlichen Tilgungsbeträge um die ersparten Zinsen.

Merkmale:

- gleich bleibende Annuität während der gesamten Laufzeit
- bei abnehmender Zinslast steigende Tilgung

Beispiel:
Ein Darlehen über 200.000 Euro wird mit **gleich bleibenden Annuitäten** zurückgezahlt.

Der Zinssatz beträgt 7 % p. a., die anfängliche Tilgung 2 % p. a.

Darlehensbetrag			=	200.000 Euro
Auszahlung	100 %		=	200.000 Euro
Zinsen	7 %	p. a.	=	14.000 Euro
anfängliche Tilgung	2 %	p. a.	=	4.000 Euro
Annuität			=	18.000 Euro

Tilgungsplan					
Jahr	**Darlehensbetrag**	**Zinsen**	**Tilgung**	**Annuität**	**Restschuld**
00	200.000,00 Euro	14.000,00 Euro	4.000,00 Euro	18.000,00 Euro	196.000,00 Euro
01	196.000,00 Euro	13.720,00 Euro	4.280,00 Euro	18.000,00 Euro	191.720,00 Euro
02	191.720,00 Euro	13.420,40 Euro	4.579,60 Euro	18.000,00 Euro	187.140,40 Euro
03	187.140,40 Euro	13.099,83 Euro	4.900,17 Euro	18.000,00 Euro	182.240,23 Euro
04	...	...	...	...	...

Die bekannten Buchungen verändern sich nur in den auszuweisenden Beträgen.

Zahlungsmodalitäten

Die jährlichen Zahlungen zerfallen in der Regel in monatliche, vierteljährliche, halbjährliche oder jährliche Zahlungen. Vereinbart werden kann dabei zum einen eine (vierteljährliche) **Vorauszahlung**. Dann wird die erste Ratenzahlung bereits mit der Valutierung fällig, also bevor das Darlehen eigentlich genutzt wird. Möglich ist zum anderen aber auch eine (vierteljährliche) **nachträgliche Zahlung**. Die erste Rate wird erst fällig, nachdem das Darlehen bereits drei Monate genutzt wurde.

Beispiel:
Die Bank gewährt zum 01.03.00 ein Annuitätendarlehen zu folgenden Konditionen:

Darlehensbetrag		= 200.000 Euro
Auszahlung	100 %	= 200.000 Euro
Zinsen	7 % p. a.	= 14.000 Euro
anfängliche Tilgung	2 % p. a.	= 4.000 Euro
Zahlungsmodalitäten		**= vierteljährlich nachträglich**

Da sich die Angaben zu Zins und Tilgung in der Regel auf ein Darlehensjahr beziehen, sind die jeweiligen Zahlungen in diesem Beispiel auf Vierteljahre zu berechnen. Statt der jährlichen Tilgungen von 4.000 Euro sind nun 1.000 Euro je Quartal anzusetzen. Auch die Zinszahlungen sind entsprechend zu verrechnen. Der Zahlungsvorgang beginnt 3 Monate nach der Valutierung und findet jeweils zum 01.03./01.06./01.09./01.12. statt.

Tilgungsplan					
Datum	**Darlehensbetrag**	**Zinsen**	**Tilgung**	**Annuität**	**Restschuld**
01.06.05	200.000,00 Euro	3.500,00 Euro	1.000,00 Euro	4.500 Euro	199.000,00 Euro
01.09.05	199.000,00 Euro	3.482,50 Euro	1.017,50 Euro	4.500 Euro	197.982,50 Euro
01.12.05	197.982,50 Euro	3.464,70 Euro	1.035,30 Euro	4.500 Euro	196.947,20 Euro
01.03.06	196.947,20 Euro	3.446,58 Euro	1.053,42 Euro	4.500 Euro	195.893,78 Euro
...	...	...	...	...	...

Wird von einer vierteljährlichen Vorauszahlung ausgegangen, verändern sich lediglich die Zahlungstermine. Die erste Zahlung wird dann bereits mit der Valutierung zum 01.03.00 fällig.

Tilgungsverrechnung
Die regelmäßigen Belastungen aus dem Darlehen hängen auch davon ab, welche konkreten Vereinbarungen zur **Tilgungsverrechnung** getroffen wurden. Dabei handelt es sich um eine **Vereinbarung zwischen Darlehensgeber und Darlehensnehmer, die den Zeitpunkt der Verrechnung bereits geleisteter Tilgungen mit der Restschuld zum Gegenstand** hat.

Unterschieden wird zwischen einer sofortigen und einer nachträglichen/nachschüssigen Tilgungsverrechnung.

a) Bei einer **sofortigen Tilgungsverrechnung** werden die geleisteten Tilgungen sofort mit der Restschuld verrechnet, sodass die Zinslast unmittelbar nach jeder Tilgung sinkt.

b) Bei einer **nachträglichen/nachschüssigen Tilgungsverrechnung** werden die geleisteten **Tilgungen erst später**, zu einem vereinbarten Termin (etwa nach einem Jahr Ratenzahlung, andere Zeitabstände sind möglich) bei der Ermittlung der laufenden Zinszahlungen berücksichtigt. Diese Methode, die „Methode der unterjährigen Tilgungsleistungen ohne Zinsschuldminderung", ist zulässig, wenn das kreditgebende Institut dem Kreditnehmer den effektiven Jahreszinssatz und einen Tilgungsplan mitteilt.

Beispiel:
Bei allen bisherigen Beispielen wurde die eigentlich übliche **sofortige Tilgungsverrechnung** zugrunde gelegt. Mit jeder Tilgung veränderte sich auch sofort die Basis für die Berechnung der Zinslast. Die **nachschüssige Tilgungsverrechnung** führt – bezogen auf das vorhergehende Beispiel und unter der Prämisse, dass **eine jährlich nachträgliche Tilgungsverrechnung** vereinbart wurde – zu folgendem Tilgungsplan.

Tilgungsplan

Datum	Darlehensbetrag	Zinsen	Tilgung	Annuität	Restschuld
01.06.05	200.000 Euro	3.500 Euro	1.000 Euro	4.500 Euro	199.000 Euro
01.09.05	199.000 Euro	3.500 Euro	1.000 Euro	4.500 Euro	198.000 Euro
01.12.05	198.000 Euro	3.500 Euro	1.000 Euro	4.500 Euro	197.000 Euro
01.03.06	197.000 Euro	3.500 Euro	1.000 Euro	4.500 Euro	196.000 Euro
01.06.06	*196.000 Euro*	*3.430 Euro*	*1.070 Euro*	*4.500 Euro*	*194.930 Euro*
...	...	...	...	...	...

Im vorliegenden Tilgungsplan werden die geleisteten Tilgungen erst nach der Zahlung von vier Raten berücksichtigt. Bis dahin beziehen sich die Zinsen stets auf die Ursprungsschuld von 200.000 Euro (200.000 Euro · 7%/4 = 3.500 Euro). Mit der Zahlung am 01.06.06 wird die bis dahin geleistete Tilgung von insgesamt 4.000 Euro erstmals berücksichtigt, sodass sich die Zinszahlung für die folgenden vier Raten auf eine Restschuld von 196.000 Euro bezieht (196.000 Euro· 7%/4 = 3.430 Euro).

12.4 Avalkredit

Der **Avalkredit** ist ein Kredit, den ein Kreditinstitut durch Übernahme einer **Bürgschaft** (§§ 756 ff. BGB) oder Stellung einer **Garantie** gewährt. Das Kreditinstitut stellt keine liquiden Mittel, sondern die eigene Kreditwürdigkeit zur Verfügung (Kreditleihe).

Mit der Übernahme einer **Bürgschaft** verpflichtet sich das Kreditinstitut, für die Verbindlichkeiten des Kreditnehmers einem Dritten gegenüber einzustehen (**Bankbürgschaft**).

Mit der Stellung einer Garantie verpflichtet sich das Kreditinstitut einem Dritten gegenüber, für einen bestimmten künftigen Erfolg einzustehen oder die Gewähr für einen künftigen, noch nicht entstandenen Schaden zu übernehmen (**Bankgarantie**).

Der Avalkredit ist von Bedeutung, da der Kreditnehmer

- den Einsatz liquider Mittel (durch Stundung oder durch Verzicht auf Geldhinterlegung) vermeidet,
- nur Avalprovision und keine Zinsen zahlt,
- im Allgemeinen keine Sicherheiten zu stellen braucht.

Kreditinstitute berechnen den **Avalkreditnehmern** eine **Avalprovision**, die in Prozenten der Bürgschafts- bzw. Garantiesumme ausgedrückt wird.

Die Höhe der Avalprovision ist abhängig von

- dem Zweck des Avals,
- der Laufzeit und Höhe des Avalkredits,
- der Art der zu verbürgenden Verbindlichkeiten (bei Bürgschaften für nicht bevorrechtigte Forderungen werden höhere Sätze berechnet als für bevorrechtigte Forderungen),
- den gestellten Sicherheiten.

Die Avalprovision wird im Allgemeinen monatlich oder vierteljährlich berechnet. Die zu zahlenden **Avalprovisionen** sind in der Kontengruppe **(87) Zinsen und ähnliche Aufwendungen** zu buchen.

Aufgaben

Aufgaben Kapitel 2

1 Welcher der folgenden Vermögensgegenstände gehört

I. zum Anlagevermögen,

II. zum Umlaufvermögen?

Ordnen Sie die Vermögensposten im Bereich des Anlagevermögens und des Umlaufvermögens nach steigender Flüssigkeit.

1. Bankguthaben
2. Maschinen und Anlagen
3. Fertige Erzeugnisse
4. Kassenbestand
5. Miethäuser
6. Forderungen aus Lieferungen und Leistungen (FLL)
7. Unfertige Erzeugnisse
8. Rohstoffe
9. Betriebs- und Geschäftsausstattung (BGA)
10. Unbebaute Grundstücke (für den dauerhaften Verbleib im Unternehmen gedacht)

2 Durch Inventur wurden diverse Vermögensgegenstände und Schulden festgestellt. Ordnen Sie die Vermögensgegenstände dem Anlage- bzw. Umlaufvermögen und die Schulden den lang- bzw. kurzfristigen Verbindlichkeiten zu.

1. Betriebs- und Geschäftsausstattung
2. Vorräte
3. Unbebaute Grundstücke (für die Bebauung mit Mietshäusern gedacht)
4. Bebaute Grundstücke (vermietete Gewerbeobjekte)
5. Fahrzeuge
6. Kassenbestand
7. Forderungen aus Lieferungen und Leistungen (FLL)
8. Bankguthaben
9. Verbindlichkeiten aus Lieferungen und Leistungen
10. Hypothekenschulden
11. Darlehensschulden

3 Ordnen Sie die folgenden Schulden nach ihrer Laufzeit (Fälligkeit) im Bereich der langfristigen und kurzfristigen Schulden.

1. Verbindlichkeiten aus Lieferungen und Leistungen
2. Hypothekenschulden
3. Verbindlichkeiten gegenüber dem Finanzamt
4. Darlehensschulden
5. Verbindlichkeiten im Rahmen der sozialen Sicherheit

4 Bestimmen Sie die Wertveränderungen der Bilanz mithilfe der folgenden Tabelle.

	Geschäftsfall	Betroffene Bilanzpositionen	Aktiv- (A) oder Passiv- (P) Posten	Mehrung (+) oder Minderung (–)	Wertveränderung der Bilanz
	Bsp.:	*BGA*	*A*	+	*AT*
	Kauf eines PC per Bank	*Bank*	*A*	–	
1.	Ein Kunde bezahlt seine Rechnung bar				
2.	Tilgung eines Teils des Darlehens per Bank				
3.	Kauf einer Schreibmaschine auf Ziel (Rechnung)				
4.	Umwandlung einer Verbindlichkeit a. LL in eine Darlehensschuld				
5.	Wareneinkauf auf Ziel				
6.	Bareinzahlung auf das Bankkonto				
7.	Verkauf eines Aktenschrankes gegen Scheck				
8.	Wir begleichen eine Lieferantenschuld per Bankscheck				
9.	Ein Kunde zahlt seine Schulden bar und per Bankscheck				
10.	Wir eröffnen eine neues Bankkonto bei der SparBank und überweisen hierauf von unserem Konto bei der HypBank				
11.	Ein Kunde sendet Waren zurück, da sie erhebliche Mängel aufweisen (Waren wurden auf Ziel verkauft)				
12.	Der Unternehmer entnimmt Bargeld aus der Firmenkasse für private Zwecke				
13.	Barverkauf eines gebrauchten Schreibtisches zum Buchwert				
14.	Darlehenstilgung per Bank				
15.	Überweisung eines Geldbetrages vom Konto der HypBank auf ein Konto bei der SparBank				
16.	Begleichung einer Lieferantenrechnung per Bank				

5 Erstellen Sie für die Wohnungsbaugesellschaft „Sorgenfrei“ Berlin das Inventar zum 31.12.00. Durch die Inventur wurden folgende Bestände ermittelt:

1. Guthaben bei der ComBank Berlin 22.500 Euro und bei der Berliner Bank AG 35.000 Euro
2. Verbindlichkeiten aus Lieferungen und Leistungen lt. besonderem Verzeichnis 18.500 Euro
3. Grundstück mit Wohnbauten 250.000 Euro
4. Geschäftshaus 52.200 Euro
5. Hypothekenschulden 230.000 Euro
6. Kassenbestand 5.000 Euro
7. Pkw Ford 20.000 Euro
8. Pkw Mazda 15.000 Euro
9. Betriebs- und Geschäftsausstattung lt. besonderem Inventurverzeichnis 20.800 Euro
10. Forderungen aus Lieferungen und Leistungen lt. besonderem Verzeichnis 21.000 Euro
11. Vorräte lt. Inventurverzeichnis 15.000 Euro
12. Darlehensschulden 12.000 Euro

6 Erstellen Sie auf der Basis des Inventars der Aufgabe 5 die Bilanz. Beachten Sie dabei die grundlegende Bilanzgliederung.

7 Erstellen Sie die Bilanz zum 31.12.00. Beachten Sie dabei die Bilanzgliederung.
Die Verwaltungsgesellschaft (GbR) hat durch Inventar zum 31.12.00 folgende Werte ermittelt:

1. Bebaute Grundstücke (100.000 Euro)
2. Geschäftsbauten (200.000 Euro)
3. Bankguthaben (11.500 Euro)
4. Betriebs- und Geschäftsausstattung (23.500 Euro)
5. Darlehen bei der Bank (150.000 Euro)
6. Kassenbestand (5.000 Euro)
7. Pkw (20.000 Euro)
8. Vorräte (40.000 Euro)
9. Verbindlichkeiten aus Lieferungen und Leistungen – VLL (30.000 Euro)
10. Forderungen aus Lieferungen und Leistungen – FLL (10.000 Euro)

Aufgaben Kapitel 3

8 Richten Sie die erforderlichen Bestandskonten ein, indem Sie die Anfangsbestände der Aktiv- und Passivkonten vortragen. Buchen Sie die Geschäftsfälle, ermitteln Sie die Schlussbestände der Aktiv- und Passivkonten und übertragen Sie diese auf die Schlussbilanz.

Aktiva	Eröffnungsbilanz		Passiva
Fuhrpark	10.000 Euro	Eigenkapital	20.000 Euro
BGA	5.000 Euro	Darlehen	15.000 Euro
Bank	20.000 Euro		
	35.000 Euro		35.000 Euro

Verändern Sie die Bilanz unter Berücksichtigung folgender Geschäftsfälle:

1. Kauf eines Pkw gegen Bankscheck 10.000 Euro
2. Kauf eines Schreibtisches gegen Bankscheck 200 Euro
3. Kauf eines Lkw auf Kredit 50.000 Euro

S	H

S	H

S	H

S	H

S	H

Aktiva	Schlussbilanz	Passiva
Fuhrpark		Eigenkapital
BGA		Darlehen
Bank		
______	______	______ ______

9 1. **Bestimmen Sie, auf welcher Seite die genannten Konten ihre Anfangsbestände (AB) haben.**

	Kontenname	Kontenart	Anfangsbestand
a)	*Bank*	*Aktivkonto*	*Soll*
b)	Kasse		
c)	Darlehen		
d)	BGA		
e)	Verbindlichkeiten		
f)	Forderungen		
g)	Gebäude		

2. **Legen Sie fest, auf welcher Seite die nachfolgenden Konten ihre Anfangsbestände (AB) haben, auf welcher Seite die Mehrungen, auf welcher Seite die Minderungen erfasst werden.**

	Kontenart	Kontenart	AB	Mehrung	Minderung
a)	*Darlehen*	*Passivkonto*	*H*	*H*	*S*
b)	Bank				
c)	Eigenkapital				
d)	Fuhrpark				
e)	Forderungen				
f)	Verbindlichkeiten				
g)	Vorräte				
h)	Gebäude				
i)	Wertpapiere				

10 1. **Buchen Sie die Geschäftsfälle und erstellen Sie die Abschlussbilanz.**

Aktiva	Eröffnungsbilanz		Passiva
Grundstücke bebaut	280.000 Euro	Eigenkapital	300.000 Euro
Fuhrpark	35.000 Euro	Darlehen	133.300 Euro
BGA	21.000 Euro	Verbindlichkeiten a. LL	76.500 Euro
Waren	155.000 Euro		
Forderungen	11.000 Euro		
Bank	7.000 Euro		
Kasse	800 Euro		
	509.800 Euro		509.800 Euro

Geschäftsfälle

1. Kauf einer Schreibmaschine, bar (700 Euro)
2. Bezahlung einer Lieferrechnung per Bank (1.500 Euro)
3. Aufnahme eines Darlehens bei der Bank (18.000 Euro)
4. Umwandlung eines Darlehens in Eigenkapital (10.000 Euro)

2. **Erstellen Sie die Eröffnungsbilanz, buchen Sie die folgenden Geschäftsfälle und bilden Sie die Schlussbilanz.**

Anfangsbestände

Bebaute Grundstücke 410.000 Euro, BGA 43.500 Euro, Fuhrpark 32.000 Euro, Warenbestände 258.000 Euro, Forderungen 1.450 Euro, Banken 28.100 Euro, Kasse 2.750 Euro, Eigenkapital 380.600 Euro, Darlehen 316.800 Euro, Verbindlichkeiten a. LL 78.400 Euro

Geschäftsfälle
1. Verkauf eines gebrauchten Pkw per Banküberweisung (6.000 Euro)
2. Kauf von Waren auf Ziel (3.000 Euro)
3. Tilgung eines Teils des Darlehens per Bank (10.000 Euro)
4. Bareinzahlung auf das Bankkonto (1.500 Euro)

3. Bestimmen Sie bei den folgenden Geschäftsfällen die Art der Bilanzveränderung.

1. Kauf von Waren auf Ziel (2.850 Euro)
2. Banküberweisung zur Begleichung von Lieferantenrechnungen (3.600 Euro)
3. Bareinzahlung auf das Bankkonto (10.000 Euro)
4. Eine Lieferantenschuld wird in ein Darlehen umgewandelt (30.000 Euro)
5. Ein Schreibtisch wird gegen Bankscheck gekauft (1.050 Euro)
6. Kauf einer EDV-Anlage auf Ziel (6.500 Euro)

4. Erstellen Sie die Eröffnungsbilanz, buchen Sie die folgenden Geschäftsfälle und bilden Sie die Schlussbilanz.

Anfangsbestände
Darlehen 17.900 Euro, Fuhrpark 9.860 Euro, Bankguthaben 6.950 Euro, Forderungen 2.100 Euro, BGA 28.950 Euro, Waren 14.810 Euro, Kasse 800 Euro, Verbindlichkeiten a. LL 7.250 Euro, Eigenkapital?

Geschäftsfälle
1. Ein gebrauchter Pkw wird für 6.200 Euro auf Ziel verkauft
2. Die Bank stellt uns ein Darlehen über 8.500 Euro durch Gutschrift auf unserem Bankkonto zur Verfügung
3. Eine Lieferantenschuld über 3.000 Euro wird in eine Darlehensschuld umgewandelt
4. Eine Lieferantenrechnung über 2.250 Euro wird durch Banküberweisung beglichen

5. Erstellen Sie die Eröffnungsbilanz, buchen Sie die folgenden Geschäftsfälle und bilden Sie die Schlussbilanz.

Anfangsbestände
Darlehen 30.000 Euro, BGA 30.000 Euro, Forderungen 70.000 Euro, Verbindlichkeiten aus Lieferungen und Leistungen 25.000 Euro, Kasse 5.000 Euro, Bankguthaben 15.000 Euro, Eigenkapital?

Geschäftsfälle
1. Bankgutschrift zum Ausgleich von Forderungen (60.000 Euro)
2. Darlehen wird per Bank getilgt (4.000 Euro)
3. Barzahlung von Kunden zum Ausgleich von Forderungen (8.000 Euro)
4. Kauf eines Pkw per Bankscheck (12.000 Euro)
5. Verbindlichkeiten a. LL werden durch Banküberweisung beglichen (7.000 Euro)

6. Erstellen Sie die Eröffnungsbilanz, buchen Sie die folgenden Geschäftsfälle und bilden Sie die Schlussbilanz.

Anfangsbestände
Kasse 2.000 Euro, Darlehen 500.000 Euro, BGA 30.000 Euro, Grundstücke 800.000 Euro, Vorräte 3.000 Euro, Forderungen 27.000 Euro, Bank 23.000 Euro, Verbindlichkeiten a. LL 55.000 Euro, Eigenkapital?

Geschäftsfälle

1. Kauf eines Pkw auf Ziel (15.000 Euro)
2. Bankgutschrift auf Forderungen (24.000 Euro)
3. Begleichung einer Lieferantenrechnung per Bank (6.000 Euro)
4. Barzahlung zum Ausgleich von Forderungen (2.000 Euro)
5. Kauf von Vorräten gegen Bankscheck (3.000 Euro)
6. Begleichung der Rechnung aus Geschäftsfall (1) per Bank
7. Tilgung des Darlehens per Bank (4.000 Euro)
8. Verkauf eines alten Pkw – zum Buchwert – bar (1.500 Euro)

Aufgaben Kapitel 4

11 Bilden Sie zu den folgenden Geschäftsfällen die Buchungssätze.

1. Kauf von Waren auf Ziel (4.000 Euro)
2. Aufnahme einer Hypothek bei der Bank (25.000 Euro)
3. Ein Kunde bezahlt die Rechnung bar (3.900 Euro)
4. Kauf einer EDV-Anlage auf Ziel (23.000 Euro)
5. Banklastschrift für die Bezahlung einer Lieferantenrechnung (11.000 Euro)
6. Bezahlung der EDV-Anlage des Geschäftsfalles (4) gegen Inzahlunggabe einer gebrauchten Anlage (7.000 Euro); der Restbetrag wird per Bankscheck beglichen
7. Kontoauszug der Bank über die Begleichung einer Ausgangsrechnung (6.200 Euro)
8. Kauf eines Pkw auf Ziel (14.000 Euro)
9. Ein Kunde bezahlt seine Rechnung über 5.400 Euro per Bank (4.000 Euro) und bar
10. Bareinzahlung auf das Bankkonto (8.000 Euro)
11. Umbuchung vom Bankkonto SparBank auf das Konto der HypBank (2.000 Euro)

12 Formulieren Sie zu den angegebenen Buchungssätzen die Geschäftsfälle.

1.	(VLL)	an	(Bank)	4.000 Euro
2.	(BGA)	an	(VLL)	2.400 Euro
3.	(Warenbestände)	an	(VLL)	1.900 Euro
4.	(VLL)			7.500 Euro
		an	(BGA)	2.000 Euro
		an	(Bank)	5.500 Euro
5.	(Fuhrpark)	an	(Kasse)	14.000 Euro
6.	(FLL)	an	(Fuhrpark)	1.200 Euro
7.	(FLL)	an	(BGA)	700 Euro
8.	(Kasse)	an	(Bank)	1.400 Euro
9.	(SparBank)	an	(HypBank)	5.300 Euro
10.	(SparBank)	an	(FLL)	18.000 Euro
11.	(VLL)	an	(Darlehen)	25.000 Euro
12.	(Darlehen)	an	(Bank)	2.500 Euro

Aufgaben Kapitel 5

13 Führen Sie die Buchungen von der Eröffnungsbilanz bis zur Schlussbilanz durch.

Aktiva		Eröffnungsbilanz	Passiva
Kasse	1.000 Euro	Eigenkapital	6.000 Euro
Bank	5.000 Euro		
	6.000 Euro		6.000 Euro

Geschäftsfälle

1. Barzahlung für eine Zeitungsanzeige von 290 Euro
2. Kauf von Büromaterial per Bank, 500 Euro
3. Banküberweisung für Geschäftsraummiete, 600 Euro
4. Gutschrift von Zinsen auf das Bankkonto, 2.500 Euro
5. Barkauf von Briefmarken für 40 Euro

Buchungssätze

1. WK an Kasse 290,–
2. VWK an Bank 500,–
3. VWK an Bank 600,–
4. Bank an Zinserträge 2.500,–
5. Portokosten an Kasse 40,–

Folgende Erfolgskonten sind einzurichten:
Werbekosten, Verwaltungskosten, Zinserträge, Porto

S	Kasse		H
AB	1.000,–	(1)	290,–
		(5)	40,–
		SB	670,–
	1.000		1.000

S	Eigenkapital		H
SB	7070,–	AB	6.000,–
		Gewinn	1.070,–
	7.070,–		7.070,–

S	Bank		H
AB	5.000,–	(2)	500,–
(4)	2.500,–	(3)	600,–
		SB	6.400,–
	7.500,–		7.500

S	Zinserträge		H
GuV	2.500,–	(4)	2500,–

S	Werbungskosten		H
(1)	290,–	GuV	290,–

S	Portokosten		H
(5)	40,–	GuV	40,–

S	Verwaltungskosten		H
(2)	500,–	GuV	1.100,–
(3)	600,–		
	1.100,–		1.000,–

S	GuV		H
WK	290,–	Zinserträ.	2500,–
VWK	1.100,–		
Portok.	40,–		
Gewinn	1.070,–		
	2500,–		2.500,–

Abschluss d. Erfolgskonten
GuV 1.430,– an WK 290,– VWK 1.100,– Portok. 40,–
Zinserträ. an GuV 2.500
GuV an EK 1.0

Aktiva		Schlussbilanz	Passiva
Kasse	670,–	Eigenkapital	7070,–
Bank	6.400,–		
	7.070,–		7070,–

14 Bilden Sie zu den folgenden Geschäftsfällen die Buchungssätze.

1. Wir zahlen Zinsen per Bank (3.000 Euro)
2. Für eine Dachreparatur überweisen wir 940 Euro
3. Wir kaufen Heizöl auf Ziel (5.000 Euro)
4. Für den Geschäftswagen bezahlen wir Inspektion und Reparatur bar (700 Euro)
5. Ein Lieferant erklärt sich bereit, Verbindlichkeiten in ein Darlehen umzuwandeln (10.500 Euro)
6. Wir begleichen eine Lieferantenrechnung per Bank (2.500 Euro)
7. Mieter begleichen unsere Mietforderungen bar (4.200 Euro)
8. Kauf von Briefmarken bar (20 Euro)
9. Wir erhalten Provision für eine Grundstücksvermittlung per Bank (3.000 Euro)
10. Wir kaufen Briefbögen, Schreibpapier, Stifte bar (270 Euro)
11. Wir buchen die Miete für den laufenden Monat als Mietforderungen – Sollstellung der Miete (12.000 Euro)
12. Vom Bankkonto werden für die Handkasse 2.000 Euro abgehoben
13. Geschäftsraummiete wird bar bezahlt (1.200 Euro)
14. Von der Bank erhalten wir eine Zinsgutschrift (320 Euro)
15. Per Lastschriftverfahren der Bank werden Telefongebühren eingezogen (375 Euro)
16. Unsere Mietforderungen werden per Bank beglichen (2.120 Euro)
17. Verkauf gebrauchter Büromöbel zum Buchwert von 2.500 Euro auf Ziel
18. Darlehensschulden werden durch Banküberweisung getilgt (12.000 Euro)
19. Kauf eines Miethauses (1.500.000 Euro), der Kaufpreis wird durch Banküberweisung (600.000 Euro) und durch Aufnahme eines Darlehens finanziert
20. Kauf eines PC auf Ziel (3.500 Euro)
21. Grundsteuern werden durch Banküberweisung bezahlt (2.500 Euro)

15 a) Erstellen Sie die Eröffnungsbilanz.
b) Bilden Sie die Buchungssätze und buchen Sie die Geschäftsfälle.
c) Erstellen Sie das GuV-Konto und die Schlussbilanz.

Anfangsbestände
Kasse 5.000 Euro, Bank 12.000 Euro, Verbindlichkeiten a. LL 4.000 Euro, Eigenkapital 13.000 Euro

Geschäftsfälle
1. Wir zahlen Wochenlöhne bar (1.230 Euro)
2. Wir zahlen Zinsen per Bank (80 Euro)
3. Wir bezahlen Telefongebühren per Bank (120 Euro)
4. Wir erhalten Provisionen bar (450 Euro)
5. Wir erhalten auf dem Bankkonto eine Zinsgutschrift (50 Euro)
6. Wir erhalten Miete auf dem Bankkonto gutgeschrieben (1.000 Euro)

16 Buchen Sie folgende Geschäftsfälle.

Anfangsbestände
Bankguthaben 30.000 Euro, Verbindlichkeiten a. LL 100.000 Euro, Kasse 5.000 Euro, BGA 70.000 Euro, Darlehen 1.120.000 Euro, Grundstücke mit Bauten 2.200 000 Euro, Eigenkapital?

Geschäftsfälle

1. Banküberweisung für Darlehenszinsen (3.000 Euro)
2. Zinsgutschrift auf dem Bankkonto (500 Euro)
3. Banküberweisung zur Tilgung des Darlehens (1.000 Euro)
4. Banküberweisung für Geschäftsraummiete (1.500 Euro)
5. Barbezahlung einer Rechnung für die Kfz-Reparatur (500 Euro)
6. Kauf eines PC auf Ziel (4.000 Euro)
7. Barkauf von Büromaterial (100 Euro)
8. Begleichung von Lieferantenrechnungen per Bank (2.700 Euro)
9. Wir erhalten Provision per Banküberweisung (7.000 Euro)

17 Gegeben

Fuhrpark	(37.000 Euro)	Kasse	(1.050 Euro)
BGA	(29.000 Euro)	Eigenkapital	?
Warenbestände	(95.000 Euro)	Bankdarlehen	(66.150 Euro)
FLL	(2.400 Euro)	VLL	(22.500 Euro)
Bankguthaben	(18.000 Euro)		

Geschäftsfälle

1. Löhne werden per Bank bezahlt (2.800 Euro)
2. Verkauf eines gebrauchten Pkw per Bank (4.900 Euro)
3. Geschäftsraummiete wird per Bank bezahlt (700 Euro)
4. Provision für die Vermittlung eines Geschäftes geht auf dem Bankkonto ein (200 Euro)
5. Ein Kunde zahlt fällige Verzugszinsen per Bank (65 Euro)
6. Barkauf von Briefmarken (50 Euro)

Neben den Bestandskonten (entsprechend der Bilanz) sind folgende Erfolgskonten zu führen: Personalkosten, Mieten, Zinserträge, Porto/Telefon, Provisionserträge, GuV und Schlussbilanz.

18 Gegeben

BGA 82.000 Euro, Fuhrpark 12.600 Euro, Warenbestände 36.940 Euro, Forderungen 6.360 Euro, Bankguthaben 4.970 Euro, Kasse 1.030 Euro, Darlehen 16.945 Euro, Verbindlichkeiten a. LL 3.955 Euro

Geschäftsfälle

1. Wareneinkauf auf Ziel (4.600 Euro)
2. Banklastschrift für Zinszahlungen (390 Euro)
3. Lieferantenrechnungen werden durch Banküberweisung beglichen (2.500 Euro)
4. Büromaterial wird bar gekauft (68 Euro)
5. Telefonrechnung wird durch Banküberweisung beglichen (72 Euro)
6. Kunden bezahlen durch Banküberweisung (1.372 Euro)
7. Wochenlöhne werden bar bezahlt (840 Euro)
8. Zinsgutschrift der Bank (900 Euro)
9. Stromrechnung wird durch Banküberweisung bezahlt (120 Euro)
10. Abhebung vom Bankkonto (1.000 Euro)
11. Transportkosten werden bar bezahlt (85 Euro)
12. Verkauf eines gebrauchten Kopiergerätes auf Ziel (2.400 Euro)
13. Ein gebrauchter Pkw wird auf Ziel verkauft (2.600 Euro)

14. Kundenrechnungen werden durch Banküberweisung bezahlt (3.500 Euro)
15. Darlehensschulden werden durch Banküberweisung getilgt (3.945 Euro)

Aufgaben Kapitel 6

19 Vervollständigen Sie die nachfolgende Tabelle und benutzen Sie dabei die folgenden Abkürzungen:

Ak = Aktivkonto

Pk = Passivkonto

E = Ertragskonto

A = Aufwandskonto

EKU = Eigenkapitalunterkonto

Kontenbezeichnung	Kontenart	Abschlussbuchungssatz
Beispiel: *Büromaterial*	*A*	*GuV an Büromaterial*
Eigenkapital		
Bankguthaben		
Gehälter		
Hypothekendarlehen		
Zinserträge		
Verbindlichkeiten		
Verwaltungskosten		
Fuhrpark		
Mieterträge		
Betriebskosten		
Kraftstoffverbrauch		
GuV mit Verlust		
GuV mit Gewinn		
Büroausstattung		
Darlehen		
Zinsaufwendungen		
Steuern		
Forderungen		
Gebühren		
Kasse		
Mietwohnhaus		
Verkaufsgrundstücke		
Wertpapiere des AV		

20 Vervollständigen Sie die nachfolgende Tabelle und benutzen Sie dabei die folgenden Abkürzungen:

Ak = Aktivkonto

Pk = Passivkonto

E = Ertragskonto

A = Aufwandskonto

EKU = Eigenkapitalunterkonto

Kontenbezeichnung	Kontenart	Eröffnungs-buchungssatz	Abschluss-buchungssatz
Vorräte			
VLL			
BGA			
Bankguthaben			
Vorratsverbrauch			
Reparaturkosten			
Zinsertrag			
Mieterträge			
Gebühren			
Telefonkosten			
Fahrzeugkosten			
GuV mit Gewinn			
Eigenkapital			
Zinsaufwand			
GuV mit Verlust			
Werbekosten			
Darlehen			
sonstige Vbdl.			
Personalkosten			
Büromaterial			
Reisekosten			
Steuern			
Reparaturmaterial			
Kundenschuld			
Lieferantenschuld			
Wertpapiere des UV			
Abschreibungen			
Gerichtskosten			
Pachterlöse			
Grundstücke ohne Bauten UV			
Gebäude			

21 Bilden Sie für die folgende Aufgabe alle erforderlichen Buchungssätze. Gehen Sie dabei in folgenden Schritten vor:

I. Eröffnungsbuchungssätze für die Bestandskonten der Eröffnungsbilanz

II. Geschäftsfälle

III. Abschlussbuchungen für alle offenen Konten

a) Abschluss der Ertragskonten über das GuV-Konto
b) Abschluss der Aufwandskonten über das GuV-Konto
c) Ermittlung des Erfolges (Saldierung des GuV-Kontos) und Abschluss des GuV-Kontos über das Eigenkapitalkonto
d) Abschluss der Aktivkonten
e) Abschluss der Passivkonten

Anfangsbestände
Kasse 10.000 Euro, Bankguthaben 24.000 Euro, Verbindlichkeiten a. LL 8.000 Euro, Eigenkapital?

Geschäftsfälle
1. Zinszahlungen an einen Gläubiger per Bank (160 Euro)
2. Wir erhalten Provisionen bar (900 Euro)
3. Lohnzahlung bar (2.460 Euro)
4. Zinsgutschrift auf dem Bankkonto (100 Euro)
5. Banküberweisung für Fernsprechgebühren (240 Euro)
6. Bankgutschrift für Provisionen (2.000 Euro)

22 Buchen Sie folgende Geschäftsfälle.

Anfangsbestände
Wohngebäude 5.600.000 Euro, BGA 80.000 Euro, Vorräte 50.000 Euro, Mietforderungen 70.000 Euro, Kasse 10.000 Euro, Bankguthaben 120.000 Euro, Bankdarlehen 4.000.000 Euro, Verbindlichkeiten a. LL 40.000 Euro, Eigenkapital?

Es sind neben den Bestandskonten die Erfolgskonten Reparaturkosten, Zinsaufwendungen, Verwaltungskosten, Mieterträge und Zinserträge und Personalkosten zu führen.

Geschäftsfälle
1. Mietforderungen für vermietete Wohnungen werden gebucht (150.000 Euro)
2. Energiekosten für den Bürobetrieb werden per Bank bezahlt (4.000 Euro)
3. Mieter bezahlen geforderte Mieten per Bank (180.000 Euro)
4. Reparaturkosten werden per Bank beglichen (36.000 Euro)
5. Banklastschrift aus der Zinszahlung (30.000 Euro) und der Tilgung des Darlehens (14.000 Euro)
6. Mieter bezahlen Mieten bar (6.000 Euro)
7. Begleichung einer Lieferantenrechnung durch Banküberweisung (8.000 Euro)
8. Löhne und Gehälter werden per Bank bezahlt (24.000 Euro)
9. Zinsen werden dem Bankkonto gutgeschrieben (2.000 Euro)
10. Heizölkauf auf Ziel (16.000 Euro)
11. Verkauf eines gebrauchten Geschäftswagens gegen Barzahlung zu Buchwert (4.000 Euro)

23 Anfangsbestände
Gebäude 500.000 Euro, BGA 20.000 Euro, Reparaturmaterial 5.000 Euro, Kasse 200 Euro, Bank 800 Euro, Darlehen 200.000 Euro, Verbindlichkeiten a. LL 6.000 Euro, Eigenkapital?

Richten Sie für die Bearbeitung der Aufgabe folgende Erfolgskonten ein:
Provisionserträge, Reparaturkosten, Büromaterial, Lohnkosten, Zinsaufwand, Abschreibungen

Geschäftsfälle
1. Kauf eines Pkw auf Kredit/Darlehen (25.000 Euro)
2. Barverkauf eines gebrauchten Fahrzeuges (7.000 Euro)
3. Kauf von Reparaturmaterial auf Ziel (3.000 Euro)

4. Bankgutschrift von Provisionen (20.000 Euro)
5. Rechnung aus Geschäftsfall (3) wird per Bank bezahlt
6. Büromaterial wird mit Scheck bezahlt (1.200 Euro)
7. Vom Bankkonto werden 5.000 Euro abgehoben
8. Wochenlohn wird bar bezahlt (500 Euro)
9. Barkauf von Büromaterial (200 Euro)
10. Reparaturmaterial wird verbraucht (1.000 Euro)
11. Wir erhalten Provision bar (2.000 Euro)
12. Eingangsrechnung von Handwerkerfirma für eine Reparatur (3.000 Euro)
13. Lohnzahlung per Bank (2.700 Euro)
14. Zinsen (1.200 Euro) und Tilgung (300 Euro) werden per Bank gezahlt

Abschlussangaben
a) Auf das Gebäude sind Abschreibungen in Höhe von 4.500 Euro vorzunehmen.
b) Die BGA ist mit 2.000 Euro abzuschreiben.

24 **Anfangsbestände**
Grundstücke mit Gebäuden 800.000 Euro, BGA 60.000 Euro, Mietforderungen 10.000 Euro, Bank 20.000 Euro, Eigenkapital 700.000 Euro, Darlehen 185.000 Euro, Verbindlichkeiten a. LL 5.000 Euro

Richten Sie für die Bearbeitung der Aufgabe folgende Erfolgskonten ein:
Mieterträge, Provisionserträge, Reparaturkosten, Kosten der Wasserversorgung, Energiekosten, Steuern, Kosten der Gartenpflege, Personalkosten, Versicherungen, Fahrzeugkosten

Geschäftsfälle
1. Buchung der Mietforderungen zum Monatsanfang/Sollstellung der Miete (17.500 Euro)
2. Eingangsrechnung für Reparaturarbeiten am Wohnhaus (2.100 Euro)
3. Eingangsrechnung von den Wasserwerken (3.700 Euro)
4. Mietforderungen werden per Bank beglichen (7.000 Euro)
5. Eingangsrechnung von den Energiewerken (1.200 Euro)
6. Grundsteuer wird per Bank beglichen (1.000 Euro)
7. Von der Gartenbaufirma trifft die Rechnung für die Gartenpflege ein (350 Euro)
8. Löhne werden per Bank gezahlt (3.200 Euro)
9. Eingangsrechnung für Reparaturarbeiten (1.000 Euro)
10. Die Rechnungen der Geschäftsfälle (2), (3), (5), (7) und (9) werden per Bank beglichen; Sammelbuchung ist möglich
11. Mieter bezahlen Miete bar (3.000 Euro)
12. Versicherung wird bar bezahlt (200 Euro)
13. Reparatur und TÜV der Betriebsfahrzeuge werden bar bezahlt (370 Euro)
14. Kauf eines PC auf Ziel (2.700 Euro)
15. Wir erhalten Provision bar (3.000 Euro)

Aufgaben Kapitel 7

25 Bestimmen Sie – unter Nutzung des Kontenrahmens der Wohnungswirtschaft – zu den folgenden Konten die Kontonummern.

Kontenbezeichnung	Konto
Gezeichnetes Kapital	
Guthaben bei Kreditinstituten (Bank)	
Verbindlichkeiten gegenüber anderen Kreditgebern	
Wertpapiere des Umlaufvermögens	
Zinserträge	
Verbindlichkeiten aus Lieferungen und Leistungen	
Sächlicher Verwaltungsaufwand (SVA)	
Heizkosten (bei zu vermietenden Objekten)	
Gewinn- und Verlustkonto	
Kosten für Reparatur der Aufzugsanlage (/Mietobjekt)	
Unbebaute Grundstücke des Anlagevermögens	
Zinsaufwendungen (Darlehen bei einer Versicherung)	
Grundsteuern	
Forderungen aus Vermietung und Verpachtung	
Kosten der Hausreinigung (Mietobjekt)	
Kasse	
Grundstück mit Wohnbauten (Anlagevermögen)	
Bebaute Verkaufsgrundstücke (Umlaufvermögen)	
Wertpapiere des AV	

26 Ermitteln Sie – unter Nutzung des Kontenrahmens der Wohnungswirtschaft – für die folgenden Kontonummern die Kontobezeichnungen.

Kontennummer	Kontenbezeichnung
22	
855	
603	
8910	
257	
610	
42	
840	
01	
14	

087	
430	
252	
251	
47	
41	
872	

27 Bestimmen Sie – unter Nutzung des Kontenrahmens der Wohnungswirtschaft – zu den folgenden Konten die Eröffnungs- und Abschlussbuchungssätze.

Kontenbezeichnung	Eröffnungsbuchung	Abschlussbuchung
Vorräte an Reparaturmaterial		
Betriebs- und Geschäftsausstattung (BGA)		
Guthaben bei Kreditinstituten		
Reparaturkosten		
Heizkosten		
Zinserträge		
Unbebaute Grundstücke des Anlagevermögens		
Forderungen an das Finanzamt		
GuV mit Gewinn		
Gezeichnetes Kapital		
Zinsaufwand		
GuV mit Verlust		
Erhaltene Anzahlungen		
Körperschaftsteuer		
Forderungen aus Grundstücksverkäufen		
Wertpapiere des Umlaufvermögens		
Abschreibungen auf Anlagegüter		
Kosten für Miet- und Räumungsklagen		
Pachterlöse		
Grundstücke ohne Bauten des Umlaufvermögens		
Grundstücke mit Geschäfts- und anderen Bauten des Anlagevermögens		

28 Geben Sie in der folgenden Tabelle zu jedem Buchungssatz den Sachverhalt und Zweck der Buchung an.

	Buchung	Sachverhalt/Zweck
	(274) an (2000)	*Mietforderungen werden per Bank beglichen*
1.	(2000) an (855)	
2.	(840) an (05)	
3.	(872) an (274)	
4.	(850) an (274)	
5.	(274) an (68)	
6.	(8002) an (442)	
7.	(805) an (442)	
8.	(252) an (6698)	
9.	(170) an (274)	
10.	(23) an (63)	
11.	(989) an (274)	
12.	(442) an (989)	
13.	(982) an (8004)	
14.	(8910) an (470)	

29 Bitte kreuzen Sie die richtige Lösung an bzw. setzen Sie die Kennzahl der richtigen Lösung in die Klammern [ ] ein.

1. Was ist die Hauptaufgabe der Buchführung?

(1) Angebotspreisermittlung
(2) Aufzeichnung von Stand und Veränderungen des Vermögens und der Schulden
(3) Erfassung des Lagerbestandes für optimale Lagerhaltung
(4) Lieferung beweiskräftiger Unterlagen für das Finanzamt

2. Die Buchführung verzeichnet

(1) Bestände und Veränderungen an Vermögenswerten, Schulden und Kapital.
(2) chronologisch alle wesentlichen Geschäftsfälle.
(3) den Erfolg aller betriebswirtschaftlichen Bemühungen eines Unternehmens während eines Wirtschaftsjahres.
(4) zu einem bestimmten Zeitpunkt die Planzahlen für das kommende Wirtschaftsjahr.

3. Was versteht man unter der Bilanz eines Unternehmens?

(1) Ausführliche Aufstellung aller Vermögensteile und Schulden
(2) Geraffte Gegenüberstellung aller Aufwendungen und Erträge
(3) kurz gefasste kontenmäßige Gegenüberstellung aller Kosten und Leistungen
(4) kurz gefasste kontenmäßige Gegenüberstellung von Vermögensformen und -quellen

4. Welche Vermögensteile enthält die Bilanz auf der

[ ] Aktivseite
[ ] Passivseite

(1) Anlagevermögen und Eigenkapital
(2) Anlage- und Umlaufvermögen
(3) Eigenkapital und Umlaufvermögen
(4) Umlaufvermögen und Fremdkapital
(5) Eigen- und Fremdkapital

5. Wonach wird in der Bilanz in der Regel gegliedert

[ ] Aktivseite
[ ] Passivseite

(1) Alphabet
(2) Dringlichkeit
(3) Fristigkeit
(4) Höhe der Beträge
(5) Liquiditätsgrad

6. Ein Kaufmann ist verpflichtet, unter bestimmten Voraussetzungen Bücher zu führen, u. a. nach dem

(1) Bürgerlichen Gesetzbuch (BGB).
(2) Handelsgesetzbuch (HGB).
(3) Strafgesetzbuch (StGB).
(4) Umsatzsteuergesetz (UStG).
(5) Vermögensteuergesetz (VStG).

7. Wie lange sind laut HGB aufzubewahren

[ ] Belege
[ ] Bilanzen
[ ] Geschäftspapiere
[ ] Inventare

(1) 5 Jahre
(2) 6 Jahre
(3) 10 Jahre
(4) 12 Jahre
(5) 30 Jahre

8. Wie lautet die Eröffnungsbuchung der Passivkonten?

(1) Aktivkonto an Passivkonto
(2) Bestandseröffnungskonto an Passivkonto
(3) Eröffnungsbilanzkonto an Passivkonto
(4) Passivkonto an Bestandseröffnungskonto
(5) Passivkonto an Eröffnungsbilanzkonto

9. Wie lautet die Eröffnungsbuchung der Aktivkonten?

(1) Aktivkonto an Bestandseröffnungskonto
(2) Aktivkonto an Eröffnungsbilanzkonto
(3) Bestandseröffnungskonto an Aktivkonto
(4) Eröffnungsbilanzkonto an Aktivkonto
(5) Passivkonto an Aktivkonto

10. Welche Aussage über Bestandskonten ist falsch?

(1) Anfangsbestände der Bestandskonten werden der Eröffnungsbilanz entnommen.
(2) Auf reinen Bestandskonten schlagen sich keine Erfolge nieder.
(3) Es gibt aktive und passive Bestandskonten.
(4) Salden der Bestandskonten werden in das GuV-Konto übertragen.

11. Welches Konto ist kein Aktivkonto?

(1) Forderungen
(2) Grundstücke
(3) Kasse
(4) Rohstoffe
(5) Verbindlichkeiten aus Lieferungen und Leistungen (VLL)

12. Was versteht man unter Inventar?

(1) Bestandsverzeichnis aller Vermögensteile und Schulden nach Art, Menge und Wert
(2) Mengenmäßige Bestandsaufnahme aller Waren am 31.12.
(3) Mengen- und wertmäßige Bestandsaufnahme aller Vermögensteile und Schulden
(4) Verzeichnis aller Anlagegüter eines Unternehmens

13. Das Inventar setzt sich zusammen aus:

(1) Anlagevermögen, Umlaufvermögen und Reinvermögen
(2) Bilanz und Gewinn- und Verlustrechnung
(3) Soll, Haben und Reinvermögen
(4) Aktiva und Passiva
(5) Vermögen, Schulden und Reinvermögen

14. Eine körperliche Bestandsaufnahme des Vorratsvermögens ist eine

[ ] permanente Inventur
[ ] Stichtagsinventur

(1) am Jahresende.
(2) in einem Zeitraum von drei Monaten nach Schluss des Geschäftsjahres.
(3) mindestens einmal monatlich.
(4) zu beliebigem Zeitpunkt bei Erfassung aller Zu- und Abgänge in einer Kartei.
(5) zum Abschluss des Geschäftsjahres oder am Tag der Übernahme eines Geschäftes.

15. Wie lässt sich das Anlagevermögen ermitteln?

(1) Bilanzsumme – Umlaufvermögen
(2) Teil der Fertigerzeugnisse, der kurzfristig auf Lager liegt
(3) Vermögensteile, die umgesetzt werden und sich somit ständig verändern
(4) Umlaufvermögen – Schulden

16. Am 31.12.00 erwirbt das Wohnungsunternehmen ein Gebäude für 120.000 Euro. Dabei leistet es eine Barzahlung in Höhe von 12.000 Euro. In Höhe des Restkaufpreises gewährt der Verkäufer einen Kredit. Wie ist Grundstückskauf unter Nutzung der angegebenen Konten zu buchen?

(1) Gebäudekosten
(2) Kasse
(3) Bank
(4) Darlehen
(5) Verbindlichkeiten aus Lieferungen und Leistungen

17. Welche Aussage zur Stichtagsinventur ist zutreffend?

(1) Stichtagsinventur ist eine körperliche Bestandsaufnahme, die unmittelbar am Bilanzstichtag, in der Regel am 31. 12. des Berichtsjahres, vorzunehmen ist.

(2) Stichtagsinventur ist eine körperliche Bestandsaufnahme, die innerhalb von 10 Tagen vor oder nach dem Bilanzstichtag durchzuführen ist.

(3) Stichtagsinventur ist eine körperliche Bestandsaufnahme, die ganz oder teilweise innerhalb der letzten drei Monate vor oder der ersten zwei Monate nach dem Bilanzstichtag durchgeführt wird.

(4) Stichtagsinventur ist ein Verfahren, das auf der Basis anerkannter mathematisch-statistischer Methoden erfolgt.

18. Welcher Bereich des betrieblichen Rechnungswesens verkörpert das externe Rechnungswesen?

(1) Kosten- und Leistungsrechnung

(2) Betriebliche Statistik

(3) Finanzbuchhaltung

(4) Unternehmensanalyse

(5) Planungsrechnung

19. Auf welchem Bestandskonto wird der Erfolg eines Unternehmens wirksam?

(1) Auf allen aktiven Bestandskonten

(2) Bank bzw. Kasse

(3) Eigenkapital

(4) Forderungen

(5) Verbindlichkeiten

20. Alle Unterkonten des Kontos Eigenkapital bewegen sich – im Vergleich zu diesem –

(1) genauso

(2) umgekehrt

(3) unabhängig

21. Welche Aussagen gehören zu folgenden Buchungssätzen?

[ ] GuV an Aufwandskonto

[ ] GuV an Eigenkapital

(1) Aufwandskonto wird abgeschlossen

(2) GuV wird mit Gewinn abgeschlossen

(3) GuV wird mit Verlust abgeschlossen

(4) Vom Eigenkapital wird ein Betrag auf das GuV-Konto gebucht

(5) Vom GuV-Konto wird ein Betrag auf das Aufwandskonto gebucht

22. Wie ändern sich Aktiv und Passiv bei den folgenden Geschäftsfällen?

[ ] Barabhebung vom Bankkonto

[ ] Bareinzahlung auf das Bankkonto

[ ] Darlehensaufnahme bei der Bank

[ ] Darlehensrückzahlung per Bank

[ ] Umwandlung von VLL in Darlehen

[ ] Kauf eines Pkw auf Kredit

(1) Aktiv-Passiv-Mehrung

(2) Aktiv-Passiv-Minderung

(3) Aktivtausch

(4) Passivtausch

Aufgaben Kapitel 8

30 Buchen Sie die Geschäftsfälle und schließen Sie die Konten ab.

Anfangsbestände
Forderungen 9.000 Euro, Waren 12.000 Euro, Bank 18.000 Euro, Kasse 4.000 Euro, Verbindlichkeiten 13.000 Euro, Eigenkapital?

Geschäftsfälle
1. Wareneinkauf auf Ziel (2.500 Euro)
2. Warenverkauf auf Ziel (3.800 Euro)
3. Banküberweisung für Eingangsrechnungen – ER bereits gebucht, Warenkauf (1.500 Euro)
4. Warenverkauf per Bank (900 Euro)
5. Kunden zahlen – AR bereits gebucht – bar (500 Euro) und per Scheck (750 Euro)
6. Wareneinkauf auf Rechnung (2.300 Euro)
7. Warenverkauf bar (300 Euro)
8. Banküberweisungen von Kunden – AR bereits gebucht (1.400 Euro)

Abschlussangaben
Warenbestand lt. Inventur (12.500 Euro)

31 Buchen Sie die Geschäftsfälle und schließen Sie die Konten ab.

Anfangsbestände
Waren 25.000 Euro, Forderungen 12.000 Euro, Bank 17.000 Euro, Kasse 4.500 Euro, Verbindlichkeiten 23.500 Euro, Eigenkapital?

Geschäftsfälle
1. Wareneinkauf auf Ziel (4.200 Euro)
2. Wareneinkauf bar (300 Euro)
3. Warenverkauf auf Ziel (6.800 Euro)
4. Banküberweisungen von Kunden – AR bereits gebucht (5.100 Euro)
5. Barzahlung von Bürobedarf (250 Euro)
6. Einzahlung auf das Bankkonto (800 Euro)
7. Warenverkauf bar (950 Euro)
8. Barzahlung eines Kunden – AR bereits gebucht (400 Euro)

Abschlussangaben
Warenbestand lt. Inventur (23.000 Euro)

32 Buchen Sie die Geschäftsfälle und schließen Sie die Konten ab.

Anfangsbestände
Gebäude 290.000 Euro, Fuhrpark 220.000 Euro, BGA 14.000 Euro, Waren 19.000 Euro, Forderungen 13.000 Euro, SparBank-Guthaben 4.000 Euro, ComBank-Guthaben 21.000 Euro, Kasse 6.000 Euro, Verbindlichkeiten 45.000 Euro, Eigenkapital?

Geschäftsfälle
1. Wareneinkauf auf Ziel (15.000 Euro)
2. Warenverkauf gegen Rechnung (18.000 Euro)
3. Banklastschrift über ComBank zu ER Geschäftsfall (1)
4. Warenverkauf auf Ziel (13.000 Euro)
5. Banküberweisung von ComBank für AR (9.000 Euro)
6. Wareneinkauf bar (2.500 Euro)
7. Warenverkauf bar (5.300 Euro)
8. Warenverkauf auf Ziel (6.100 Euro)
9. Wareneinkauf auf Ziel (3.400 Euro)
10. Bankgutschrift bei ComBank für AR Geschäftsfall (8)

Abschlussangaben
Warenbestand lt. Inventur (8.600 Euro)

33 Buchen Sie die Geschäftsfälle und schließen Sie die Konten ab.

Anfangsbestände
Fuhrpark 380.000 Euro, BGA 43.000 Euro, Waren 24.000 Euro, Forderungen 63.000 Euro, Bank 27.000 Euro, Kasse 5.500 Euro, Darlehensschulden 80.000 Euro, Verbindlichkeiten 19.000 Euro, Eigenkapital?

Geschäftsfälle
1. Barverkauf von Büromöbeln (2.300 Euro)
2. Warenverkauf auf Ziel (13.600 Euro)
3. Zieleinkauf eines Kleintransporters (46.000 Euro)
4. Wareneinkauf auf Ziel (5.000 Euro)
5. Warenverkauf gegen Bankscheck (14.500 Euro)
6. Tilgung einer Darlehensschuld per Bank (4.000 Euro)
7. Wareneinkauf bar (750 Euro)
8. Warenverkauf bar (1.100 Euro)
9. Barzahlung der Telefonrechnung (890 Euro)
10. Banküberweisung für Gewerbesteuer (2.350 Euro)
11. Bankgutschrift für Mieterträge – keine Forderungen gebucht (7.655 Euro)
12. Banklastschrift für Lagermiete (1.200 Euro)
13. Warenverkauf gegen Rechnung (4.300 Euro)
14. Wareneinkauf bar (245 Euro)
15. Einzahlung auf das Bankkonto (1.500 Euro)

Abschlussangaben
Warenbestand lt. Inventur (4.250 Euro)

Aufgaben Kapitel 9

34 Bilden Sie die Buchungssätze und buchen Sie.

Anfangsbestände
Geschäftsgrundstück 300.000 Euro, BGA 10.000 Euro, Forderungen 16.000 Euro, Kasse 2.000 Euro, Bankguthaben 24.000 Euro, Darlehen 20.000 Euro, Verbindlichkeiten a. LL 4.000 Euro, Eigenkapital 328.000 Euro

Führen Sie zusätzlich zu den Bestandskonten auch die Konten Vorsteuer und Umsatzsteuer. Auch die Erfolgskonten Werbekosten, Zinsaufwendungen, Steuern, Verwaltungskosten, Provisionserträge und Erträge aus Verwaltung sind zu führen.

Geschäftsfälle
1. Kauf von Büromöbeln für netto 2.400 Euro auf Ziel
2. Ausgangsrechnung an einen Kunden über die Courtage (netto 27.000 Euro)
3. Banküberweisung an die Tageszeitung für ein Inserat (netto 620 Euro)
4. Bankgutschrift für die Rechnung aus Geschäftsfall (2)
5. Überweisung der Grundsteuer (300 Euro)
6. Ausgangsrechnung an Hauseigentümer für die Verwaltung seines Miethauses (netto 2.400 Euro)
7. Überweisung für Energiekosten der Bürogebäude (netto 900 Euro)
8. Begleichung der Rechnung aus Geschäftsfall (1) per Bank
9. Barzahlung für die Inspektion des Geschäftswagens (netto 340 Euro)
10. Kauf von Büromaterial gegen Bankscheck (netto 300 Euro)
11. Bankgutschrift für eine Courtage (netto 1.500 Euro)
12. Banküberweisung zur Tilgung des Darlehens (1.000 Euro) und für Zinszahlung (100 Euro)

35 Die Konten Warenverkauf (WV), Wareneinkauf (WE), Vorsteuer (VSt), Umsatzsteuer sind zu führen. Im Rahmen der vorbereitenden Abschlussbuchungen verrechnen Sie die Konten (USt) und (VSt) miteinander und ermitteln Sie die Zahllast. Alle geöffneten Konten sind im Rahmen der Abschlussbuchungen zu schließen.

Anfangsbestände
Waren 18.000 Euro, Forderungen 14.000 Euro, Verbindlichkeiten a. LL 7.000 Euro, Eigenkapital?

Geschäftsfälle

1.	Warenverkauf auf Ziel Warenwert (netto)	7.500 Euro
	+ Umsatzsteuer	1.425 Euro
2.	Wareneinkauf auf Ziel Warenwert (netto)	3.000 Euro
	+ Umsatzsteuer	570 Euro
3.	Warenverkauf lt. AR Warenwert (netto)	1.500 Euro
	+ Umsatzsteuer	285 Euro

Abschlussangabe
Der Warenendbestand beträgt lt. Inventur 6.000 Euro

36 Die folgenden Aufgaben sind entsprechend der Aufgabe 35 zu lösen.

Anfangsbestände
Waren 15.000 Euro, Forderungen 10.500 Euro, Kasse 1.800 Euro, Verbindlichkeiten a. LL 8.700 Euro, Eigenkapital?

Geschäftsfälle

1. Wareneinkauf auf Ziel (brutto)	2.380 Euro
2. Warenverkauf auf Ziel (brutto)	8.330 Euro
3. Eingangsrechnung inkl. VSt für Wareneinkauf	2.142 Euro
4. Ausgangsrechnung inkl. Umsatzsteuer für Warenverkauf	1.428 Euro
5. Warenverkauf bar (netto)	1.500 Euro
6. Barzahlung der Zahllast	?

Abschlussangabe

Warenendbestand lt. Inventur 16.000 Euro

37 Anfangsbestände

Fuhrpark 180.000 Euro, Waren 12.000 Euro, Forderungen 17.500 Euro, Kasse 6.800 Euro, Bank 24.700 Euro, Verbindlichkeiten a. LL 32.400 Euro, Eigenkapital?

Geschäftsfälle

1. Lohnzahlung bar (800 Euro)
2. Warenverkauf auf Ziel – netto (3.200 Euro)
3. Verkauf eines gebrauchten Kfz gegen Bankscheck – netto (12.000 Euro)
4. Bankgutschrift für Zinsen (500 Euro)
5. Zieleinkauf von Fachliteratur – brutto (238 Euro)
6. Ausgangsrechnung an einen Kunden für Miete der Kfz-Stellplätze – netto (3.400 Euro)
7. Wareneinkauf auf Ziel – brutto (1.190 Euro)
8. Banküberweisung für gemietete Lagerräume – netto (780 Euro)

Abschlussangabe

Warenendbestand lt. Inventur (12.000 Euro)

38 Anfangsbestände

Gebäude 120.000 Euro, BGA 235.000 Euro, Waren 25.000 Euro, Forderungen 17.800 Euro, Kasse 9.700 Euro, Bank 23.400 Euro, Hypothekenschulden 50.000 Euro, Verbindlichkeiten a. LL 8.600 Euro, Eigenkapital?

Geschäftsfälle

1. Wareneinkauf auf Ziel – netto (6.200 Euro)
2. Banküberweisung für Gehälter (2.100 Euro)
3. Eingangsrechnung für die Gartenpflege – netto (420 Euro)
4. Telefongebühren werden vom Bankkonto abgebucht – netto (740 Euro)
5. Warenverkauf auf Ziel – netto (9.400 Euro)
6. Gebührenzahlung bar (9.400 Euro)
7. Banküberweisung für Darlehenszinsen (540 Euro)
8. Barverkauf von Waren – brutto (190,40 Euro)
9. Zielkauf eines Mopeds für das Unternehmen – netto (1.680 Euro)
10. Rechnung an Kunden für vorübergehende Nutzung von Marktflächen – brutto (2.618 Euro)
11. Tilgung der Hypothekenschuld (5.000 Euro)
12. Warenverkauf gegen Rechnung – brutto (1.904 Euro)
13. Barzahlung von Gebühren der Stadtverwaltung (234 Euro)

Abschlussangaben

Warenendbestand lt. Inventur (23.600 Euro)

39 Für die folgenden Aufgaben wird unterstellt, dass das Wohnungsunternehmen vorsteuerabzugsberechtigt ist.

1. Das Unternehmen erhält am 09.07.01 die Rechnung für die Lieferung von Reparaturmaterial über 28.500€ einschließlich Umsatzsteuer. Unter Ausnutzung des Skontos (3%) wird diese Rechnung am 20.07.01 per Bank beglichen. **Buchen Sie den Rechnungseingang und die Bezahlung.**
2. Ein Unternehmen kauft am 12.05.01 Büromöbel zum Preis von 25.000€ (netto). Wegen der sofortigen Barzahlung gewährt der Verkäufer einen Preisnachlass (Rabatt) von 10% auf den Nettopreis. **Buchen Sie den Einkauf.**
3. Ein Wohnungsunternehmen kauft am 21.03.01 einen Pkw auf Ziel (netto – 50.000€). Am 03.04.01 wird die Rechnung unter Ausnutzung des Skontos von 3% per Bank beglichen. **Buchen Sie die Geschäftsfälle zum 21.03 und 03.04.**
4. Ein Wohnungsunternehmen kauft am 21.03.01 einen PC auf Ziel (netto 4.500€). Am 03.04.01 wird die Rechnung unter Ausnutzung des Skontos von 3% per Bank beglichen. **Buchen Sie die Geschäftsfälle zum 21.03.01 und 03.04.01.**
5. Das Unternehmen erhält am 09.07.01 die Rechnung für die Lieferung von Reparaturmaterial über 1.350€ einschließlich Umsatzsteuer. Unter Ausnutzung des Skontos (3%) wird diese Rechnung am 20.07.01 per Bank beglichen. **Buchen Sie den Rechnungseingang und die Rechnung!**
6. Ein Unternehmen kauft am 12.05.01 Büromöbel zum Preis von 45.000€ netto. Wegen der sofortigen Barzahlung gewährt der Verkäufer einen Preisnachlass (Rabatt) von 500€ auf den Nettopreis. **Buchen Sie den Verkauf.**

Aufgaben Kapitel 10

40 **1. Bilden Sie zu den folgenden Lastschriften die Buchungssätze.**

1. Überweisung einbehaltener Lohn- und Kirchensteuer (8.500 Euro)
2. Kfz-Steuer für Betriebsfahrzeuge (860 Euro)
3. Kfz-Versicherung für Pkw der Ehefrau des Geschäftsinhabers (240 Euro)
4. Hundesteuer für den (Privat-)Hund des Firmeninhabers (140 Euro)
5. Einkommensteuervorauszahlung (15.000 Euro)
6. Kirchensteuervorauszahlung (1.200 Euro)
7. Grundsteuer des Unternehmens (800 Euro)
8. Gewerbesteuer (2.400 Euro)
9. Umsatzsteuerzahllast (11.200 Euro)

2. Bilden Sie zu den folgenden Geschäftsfällen die Buchungssätze.

a) Buchen Sie, wenn das Unternehmen nicht vorsteuerabzugsberechtigt ist.

b) Buchen Sie, wenn das Unternehmen vorsteuerabzugsberechtigt ist.

c) Ermitteln Sie zu den Fällen (a) und (b) den Buchwert des Grundstücks.

Das Wohnungsunternehmen erwirbt ein unbebautes Grundstück für den Bau eines Verwaltungsgebäudes zum Kaufpreis von 250.000 Euro gegen Bankscheck. Die Grunderwerbsteuer (3,5% des Kaufpreises), Notariatskosten in Höhe von 2.000 Euro (netto), Vermessungskosten 3.332 Euro (brutto) und Grundbuchkosten von 450 Euro werden durch Banküberweisung bezahlt.

3. Buchen Sie folgende Geschäftsfälle.

1. Aufgrund der Steuerbescheide für das abgelaufene Geschäftsjahr erhält das Wohnungsunternehmen folgende Rückerstattungen durch Banküberweisung:
   - Einkommen- und Kirchensteuer (2.592 Euro)
   - Gewerbesteuer (1.240 Euro)
2. Die Wohnungsbau GmbH überweist zum 10. 03. 00 Körperschaftsteuervorauszahlungen für das laufende Geschäftsjahr in Höhe von 15.000 Euro.
3. Die Rechnung über das Gutachten eines Fachanwalts für Steuerrecht über 4.500 Euro netto wird durch Bank beglichen.

4. Buchen Sie die folgenden Geschäftsfälle.

1. Wegen verspäteter Überweisung der Vorauszahlung zum 10. 03. 00 sind Säumniszuschläge zu zahlen; sie werden per Bank überwiesen für
   - Einkommen- und Kirchensteuer (120 Euro),
   - Gewerbesteuer (80 Euro).
2. Wegen Steuerhinterziehung wird der Inhaber einer Hausverwaltung (GbR) gemäß der Abgabenordnung mit einer Geldstrafe von 7.500 Euro belegt; der Betrag wird durch Banküberweisung gezahlt.
3. Der Firmeninhaber aus Geschäftsfall (2) wird auf einer Fahrt zu Kunden wegen überhöhter Geschwindigkeit mit einem Bußgeld von 120 Euro belegt; der Betrag wird durch Banküberweisung beglichen.

5. Bilden Sie zu folgenden Geschäftsfällen die Buchungssätze.

1. Wir bezahlen Gewerbesteuer durch Banküberweisung (1.000 Euro).
2. Wir zahlen Einkommensteuer (3.000 Euro) und Kirchensteuer (270 Euro) durch Banküberweisung.
3. Wir zahlen die einbehaltene Lohn- und Kirchensteuer per Banküberweisung (1.750 Euro).
4. Den Vorsteuerüberhang von 1.200 Euro überweist das Finanzamt auf unser Bankkonto.
5. Folgende Bankbelastungen sind zu buchen:

a) Grundsteuer (Betriebsvermögen) über 850 Euro

b) Grundsteuer (Privatvermögen) über 250 Euro

c) Kfz-Steuer (Betriebsfahrzeug) über 780 Euro

6. Der Inhaber erhält per Bankgutschrift eine Einkommensteuerrückerstattung (1.000 Euro).
7. Überweisung der Kfz-Steuer für den Pkw der Tochter des Inhabers (224 Euro)
8. Kauf eines Grundstücks zur Betriebserweiterung zum Preis von 20.000 Euro. Das Objekt wird zur Erstellung umsatzsteuerpflichtiger Leistungen genutzt, die Vorsteuer ist abzugsfähig. Im Zusammenhang mit dem Erwerb entstehen auch Notariatskosten in Höhe von 450 Euro (netto/Umsatzsteuersatz 19%) und auch die Grunderwerbsteuer (700 Euro) wird fällig. Beide Beträge werden durch Banküberweisung beglichen.

41 Interpretieren Sie die folgenden Buchungssätze.

	Buchungssatz	Geschäftsfallbeschreibung
1.	(8903)/(470)	
2.	(8910)/(470)	
3.	(410)/(274)	
4.	(274)/(665)	
5.	(8911)/(470)	

6.	(470)/(274)	
7.	(470)/(989)	
8.	(251)/(271)	
9.	(8900)/(470)	
10.	(274)/(171) (470)	
11.	(8002)/(170)	
12.	(470)/(253)	
13.	(989)/(253)	
14.	(805)/(171)	
15.	(8909)/(470)	
16.	(274)/(8909)	
17.	(05) (253)/(4421)	

42 1. Für den Erwerb eines Einfamilienhauses musste der Käufer 466.017,39 Euro aufwenden einschließlich 3,5 % Grunderwerbsteuer, 1,9 % Notariats- und Gerichtskosten, 4,6 % Maklerprovision inklusive 19 % Umsatzsteuer. Wie viel Euro erhält der Makler netto für seine Vermittlungstätigkeit?

2. Der ausstehende Forderungsbetrag für eine Maklerprovision beträgt 6.664 Euro einschließlich 19 % Umsatzsteuer. Der Provisionsbetrag wird nach Rücksprache um 35 % gesenkt. Wie viel Euro beträgt der neue Umsatzsteuerbetrag?

3. Ein Parkhaus mit jeweils nur kurzfristiger Vermietung von Parkplätzen erbringt eine jährliche Einnahme aus Parkgebühren von 345.100 Euro einschließlich 19 % Umsatzsteuer. Aus der Bewirtschaftung des Objekts ergeben sich jährlich Vorsteuern in Höhe von 8.600 Euro. Wie viel Euro beträgt die jährliche Zahllast an Umsatzsteuer?

4. Eingang des Grunderwerbsteuerbescheids für ein unbebautes Grundstück des Anlagevermögens (gewerbliche Nutzung ist vorgesehen).

(1) Grundstückskosten (000)
(2) Gebäudekosten (011)
(3) Grundstücke und grundstücksgleiche Rechte ohne Bauten, noch nicht erschlossen (020)
(4) Bauvorbereitungskosten (070)
(5) Verbindlichkeiten aus Steuern (470)
(6) Grundsteuer (8910)

5. Wir überweisen Umsatzsteuer von unserem Bankkonto. Wie ist zu buchen?

(1) Forderungen an das Finanzamt (253)
(2) Bausparguthaben (28)
(3) Guthaben bei Kreditinstituten (274)
(4) Verbindlichkeiten aus Steuern (470)
(5) Steuern vom Einkommen und vom Ertrag (890)
(6) Sonstige Steuern (891)

6. Einbehaltene, angesammelte Kirchensteuern aus Lohn- und Gehaltsabrechnungen werden per Bank überwiesen.
(1) Bausparguthaben (28)
(2) Guthaben bei Kreditinstituten (274)
(3) Sonstige Steuern (891)
(4) Verbindlichkeiten aus Steuern (470)
(5) Löhne und Gehälter (830)
(6) Soziale Abgaben (831)

7. Bei einem Wohnungsunternehmen werden vom Bankkonto im Lastschriftverfahren die Grundsteuern für die Wohngebäude des Anlagevermögens abgebucht. Wie ist zu buchen?
(1) Grundstücke und grundstücksgleiche Rechte mit Wohnbauten (00)
(2) Guthaben bei Kreditinstituten (274)
(3) Verbindlichkeiten aus Steuern (470)
(4) Kosten für Sach- und Haftpflichtversicherung (8013)
(5) Steuern vom Einkommen und vom Ertrag (890)
(6) Grundsteuer (8910)

8. Sofort nach Zugang des Grunderwerbsteuerbescheids überweisen wir vom Bankkonto die Grunderwerbsteuer für ein unbebautes, zur gewerblichen Nutzung vorgesehenes Grundstück des Anlagevermögens, das bereits in unser wirtschaftliches Eigentum übergegangen ist.
(1) Grundstücke und grundstücksgleiche Rechte mit Geschäfts- und anderen Bauten (01)
(2) Grundstücke und grundstücksgleiche Rechte ohne Bauten (02)
(3) Grundstücke und grundstücksgleiche Rechte ohne Bauten (10)
(4) Guthaben bei Kreditinstituten (274)
(5) Verbindlichkeiten aus Steuern (470)
(6) Grundsteuer (8910)

9. Die Frankfurter Städtische Wohnungsbaugesellschaft kauft für die Geschäftsführung einen Pkw, Nettopreis 40.000 Euro, Umsatzsteuer 7.600 Euro. Die Zahlung erfolgt per Bank. In diesem Fall wird vom Vorsteuerabzug Gebrauch gemacht. Welcher Buchungssatz ist richtig?

(1) Andere Anlagen, Betriebs- und Geschäftsausstattung (05)	47.600 Euro	an	Guthaben bei Kreditinstituten (274)	47.600 Euro
(2) Andere Anlagen, Betriebs- und Geschäftsausstattung (05)	40.000 Euro			
Forderungen an das Finanzamt (253)	7.600 Euro	an	Guthaben bei Kreditinstituten (274)	47.600 Euro
(3) Andere Anlagen, Betriebs- und Geschäftsausstattung (05)	40.000 Euro			
Verbindlichkeiten aus Steuern (470)	7.600 Euro	an	Guthaben bei Kreditinstituten (274)	47.600 Euro

(4) Andere Anlagen, Betriebs- und Geschäftsausstattung (05)	40.000 Euro			
Kraftfahrzeugsteuer (8911)	7.600 Euro	an	Guthaben bei Kreditinstituten (274)	47.600 Euro
(5) Andere Anlagen, Betriebs- und Geschäftsausstattung (05)	40.000 Euro			
Gewerbekapitalsteuer (8913)	7.600 Euro	an	Guthaben bei Kreditinstituten (274)	47.600 Euro

10. Aus dem Bereich der Umsatzerlöse, dem Aufwandsbereich sowie der Umsatzsteuer im Rechnungswesen liegen folgende Angaben vor:
- Netto-Umsatzerlöse Hausbewirtschaftung 2.400.000 Euro, davon umsatzsteuerpflichtige Leistungen (Nettoumsatzerlöse) 656.000 Euro
- Für den umsatzsteuerpflichtigen Bereich ergeben sich 622.370 Euro Ausgaben, in denen die Umsatzsteuer enthalten ist
- Die Abzugsfähigkeit von Vorsteuern ist nur anteilig möglich entsprechend den dazugehörigen erbrachten umsatzsteuerpflichtigen Leistungen

Wie hoch ist in diesem Fall die Zahllast des Unternehmens?

11. Für die Vermittlung eines Gewerbeobjekts belasten wir den Kunden mit Maklerprovision zuzüglich Umsatzsteuer.

(1) Forderungen aus anderen Lieferungen und Leistungen (23)
(2) Forderungen an das Finanzamt (253)
(3) Verbindlichkeiten aus Steuern (470)
(4) Andere Verbindlichkeiten (479)
(5) Umsatzerlöse aus dem Verkauf von bebauten Grundstücken (610)
(6) Umsatzerlöse aus anderen Lieferungen und Leistungen (63)

Aufgaben Kapitel 11

43 Bilden Sie – unter Verwendung der richtigen Kontonummern – die Buchungssätze zu den folgenden Geschäftsfällen.

1. Banküberweisung für die Weihnachtsfeier der Angestellten
2. Buchung der Vergütung der Auszubildenden abzüglich Steuer und Sozialversicherung; die Nettogelder werden per Bank überwiesen
3. Buchung des Arbeitgeberanteils an der Sozialversicherung
4. Überweisung der Sozialversicherungsbeiträge des Vormonats per Bank
5. Barzahlung als Jubiläumsgeschenk für Angestellte
6. Überweisung der Lohnsteuer des Vormonats per Bank
7. Abschlussbuchung des Kontos Verbindlichkeiten aus Steuern
8. Abschlussbuchung des Gehaltskontos
9. Barzahlung von Reisekostenvorschüssen
10. Barzahlung der Vergütung an freie Mitarbeiter
11. Überweisung von Urlaubsgeld an Angestellte nach Einbehalt der üblichen Abzüge
12. Bankscheck für Vorschusszahlung
13. Abschlussbuchung des Kontos Freiwillige soziale Leistungen
14. Eingangsrechnung: Kosten für ein Betriebsfest einschließlich Umsatzsteuer (die Vorsteuer ist nicht abzugsfähig)

15. Sollstellung der Lohnkostenzuschüsse
16. Abschlussbuchung des Kontos „Soziale Abgaben“
17. Banküberweisung der Beiträge zur Berufsgenossenschaft (Unfallversicherung)
18. Banküberweisung an Aufsichtsratsmitglieder (Aufsichtsratsvergütung)
19. Eröffnung des Kontos Verbindlichkeiten im Rahmen der sozialen Sicherheit
20. Überweisung der vermögenswirksamen Leistungen
21. Barzahlung einer abgabenfreien Heiratsbeihilfe
22. Abschluss des Kontos Vermögenswirksame Leistungen
23. Eröffnung des Kontos Forderungen an Mitarbeiter
24. Gehaltsbuchung mit vermögenswirksamen Leistungen

44 1. Buchen Sie
a) die Barzahlung eines Gehaltsvorschusses über 200 Euro am 02.08.01
b) die Gehaltsabrechnung für Herrn P. Perle, 40 Jahre alt, ledig, kinderlos mit Vorschussverrechnung und Arbeitgeberanteil am 31.08.01
c) die Banküberweisung des Gehalts am 07.09.01

Name	Steuer-klasse	Bruttolohn	Steuer-abzüge	Abzüge SV	Sonstige Abzüge	Aus-zahlung
Perle, P.	**I/0**	**3.200,00 Euro**	**603,43 Euro**	**660,00 Euro**	**200,00 Euro**	**?**

2. Berechnen Sie den Arbeitgeber- und Arbeitnehmeranteil zur Sozialversicherung. P. Mueller, 35 J., nicht kirchlich, ledig, kinderlos, Bruttolohn 2.600,00 Euro; Lohnsteuer 367,71 Euro, Solidaritätszuschlag 20,21 Euro, Beitragssatz Krankenkasse 15,5 %

Beiträge zur Sozialversicherung (Basis: 2.600,00 Euro Bruttoentgelt)				
	Arbeitnehmer		**Arbeitgeber**	
Krankenversicherung				
Pflegeversicherung				
Rentenversicherung				
Arbeitslosenversicherung	**1,50 %**		**1,50 %**	
Summe SV-Beiträge				
Gesamt				

3. Der Arbeitnehmeranteil zur Krankenversicherung (Pflegeversicherung) des M. Franke (ledig, keine Kinder) beträgt 287,00 Euro (42,88 Euro). Der Beitragssatz der Krankenkasse beträgt 15,5 %. Berechnen Sie die übrigen Beiträge zur Sozialversicherung (AN-Anteil) sowie den kompletten Arbeitgeberanteil.

4. Buchen Sie die Gehaltsabrechnung und die Zahlung der Gehälter per Bank; die Überweisung der Abgaben per Bank.

Lohn- und Kirchensteuer; Solidaritätszuschlag	23.230 Euro
Sozialversicherungsbeiträge der AN	27.675 Euro
Vorschüsse	1.950 Euro
Bruttogehälter	135.000 Euro
Sozialversicherungsbeiträge des AG	25.000 Euro

5. Buchen Sie die Gehaltsabrechnung, den Arbeitgeberanteil zur Sozialversicherung und alle erforderlichen Überweisungen.

Bruttogehälter lt. Gehaltsliste	67.500 Euro
Solidaritätszuschlag	700 Euro
Lohn- und Kirchensteuer	10.915 Euro
Sozialversicherungsbeiträge der AN	13.669 Euro
Einbehaltene Mieten	13.100 Euro
Verrechnung gezahlter Vorschüsse	5.000 Euro
Sozialversicherungsbeiträge des AG	12.500 Euro

6. Vervollständigen und buchen Sie folgende Gehaltsabrechnung (M. Petermann, 29 Jahre, ledig, kinderlos, evangelisch). Ermitteln und buchen Sie auch den Arbeitgeberanteil (AG-Anteil) zur Sozialversicherung.

	Bruttoentgelt		2.195,00	Euro
+	Zuschüsse (VWL)		25,00	Euro
=	**abgabenpflichtiges Bruttoentgelt**			
–	Lohnsteuer		312,91	Euro
–	Solidaritätszuschlag	5,50 %		Euro
–	Kirchensteuer	9,00 %		Euro
	Steuerabzüge			
–	Krankenversicherung			Euro
–	Pflegeversicherung			Euro
–	Rentenversicherung	9,45 %		Euro
–	Arbeitslosenversicherung	1,50 %		Euro
	SV-Abzüge			**Euro**
=	**Gesetzliches Nettoentgelt**			**Euro**
–	Vermögenswirksame Leistungen		40,00	Euro
=	**Auszahlungsbetrag**			**Euro**

45 Interpretieren Sie die folgenden Buchungssätze.

	Buchungssatz	Geschäftsfallbeschreibung
1.	(831)/(471)	
2.	(851)/(274)	
3.	(474)/(274)	
4.	(473)/(274)	
5.	(251)/(271)	
6.	(274)/(6695)	
7.	(982)/(851)	
8.	(850)/(274)	
9.	(805)/(4420)	
10	(252)/(6698)	
11.	(855)/(252)	
12.	(274)/(257)	

46 **1. Für einen Angestellten (ledig, kinderlos, 30 Jahre alt), der monatlich 2.403 Euro brutto verdient, soll die Gehaltsabrechnung durchgeführt werden.**

Von den Versicherungsträgern sind folgende Prozentsätze verbindlich vorgegeben:

Krankenversicherung	15,50 %
Pflegeversicherung	2,05 %
Rentenversicherung	18,90 %
Arbeitslosenversicherung	3,00 %

Wie viel Euro muss der Arbeitgeber vom Gehalt des Angestellten für die Sozialversicherungsträger einbehalten?

2. Die Beiträge zum Pensionssicherungsverein werden per Bank überwiesen. Wie ist zu buchen?

(1) Guthaben bei Kreditinstituten (274)
(2) Rückstellungen für Pensionen und ähnliche Verpflichtungen (36)
(3) Sonstige Verbindlichkeiten (47)
(4) Soziale Abgaben (831)
(5) Aufwendungen für Altersversorgungen (832)
(6) Freiwillige soziale Aufwendungen (851)

3. Das Wohnungsunternehmen überweist die einbehaltenen Sozialversicherungsbeiträge per Bank. Kreuzen Sie bitte den richtigen Buchungssatz an.

(1)	Soziale Abgaben (831)	an	Verbindlichkeiten im Rahmen der sozialen Sicherheit (471)
(2)	Soziale Abgaben (831)	an	Guthaben bei Kreditinstituten (274)
(3)	Guthaben bei Kreditinstituten (274)	an	Verbindlichkeiten im Rahmen der sozialen Sicherheit (471)
(4)	Verbindlichkeiten im Rahmen der sozialen Sicherheit (471)	an	Guthaben bei Kreditinstituten (274)
(5)	Löhne und Gehälter (830)	an	Verbindlichkeiten im Rahmen der sozialen Sicherheit (471)

4. Die Abschlagszahlung an die Berufsgenossenschaft erfolgt per Banküberweisung. Welcher Buchungssatz ist richtig?

(1) Schecks (270)
(2) Guthaben bei Kreditinstituten (274)
(3) Löhne und Gehälter (830)
(4) Soziale Abgaben (831)
(5) Sächlicher Verwaltungsaufwand (850)
(6) Freiwillige soziale Aufwendungen (851)

5. Einbehaltene Lohn- und Kirchensteuern werden per Bank überwiesen.

(1) Guthaben bei Kreditinstituten (274)
(2) Schecks (270)
(3) Sonstige Steuern (891)
(4) Verbindlichkeiten an Steuern (470)
(5) Löhne und Gehälter (830)
(6) Soziale Abgaben (831)

6. Ein Wohnungsunternehmen zahlt anlässlich eines Betriebsausflugs pro Person 50 Euro bar aus.

(1) Kasse (271)

(2) Löhne und Gehälter (830)

(3) Soziale Abgaben (831)

(4) Sächliche Verwaltungskosten (850)

(5) Freiwillige soziale Aufwendungen und Aufwendungen für die Gemeinschaftspflege (851)

7. Was versteht man unter der Beitragsbemessungsgrenze zur Rentenversicherung?

(1) Den Beitrag, den ein lediger Arbeitnehmer zu entrichten hat, wenn er den Ecklohn erhält.

(2) Den Anteil, der vom Arbeitgeber zu zahlen ist.

(3) Das höchste beitragspflichtige Entgelt, aus dem sich der Beitrag zur Rentenversicherung berechnet.

(4) Die unterste Beitragsgrenze zur Rentenversicherung.

(5) Den Beitragssatz, aus dem sich die Leistungen der Rentenversicherung berechnen.

8. Im Wohnungsunternehmen erfolgt die Buchung der Gehaltsabrechnung. Der Auszahlbetrag wird sofort per Bank überwiesen, Zahlungsverpflichtungen gegenüber Finanzamt und Krankenversicherung werden als Verbindlichkeiten gebucht. Zu beachten sind:

Bruttolohn 2.400 Euro, Lohn- und Kirchensteuer 440 Euro, Sozialversicherungen 360 Euro (ohne Arbeitgeberanteil). Welche Buchung ist richtig?

(1)	Löhne und Gehälter (830) an Guthaben bei Kreditinstituten (274) Verbindlichkeiten im Rahmen der sozialen Sicherheit (471) Verbindlichkeiten aus Steuern (470)	2.400 Euro 1.600 Euro 360 Euro 440 Euro
(2)	Löhne und Gehälter (830) an Guthaben bei Kreditinstituten (274) Verbindlichkeiten aus Lohn und Gehalt (473)	2.400 Euro 2.040 Euro 360 Euro
(3)	Löhne und Gehälter (830) an Guthaben bei Kreditinstituten (274) Verbindlichkeiten aus Lohn und Gehalt (473)	2.400 Euro 1.600 Euro 800 Euro
(4)	Löhne und Gehälter (830) Soziale Abgaben (831) an Guthaben bei Kreditinstituten (274) Verbindlichkeiten aus Lohn und Gehalt (473)	2.400 Euro 360 Euro 1.600 Euro 800 Euro
(5)	Löhne und Gehälter (830) Soziale Abgaben (831) Sonstige Steuern (891) an Guthaben bei Kreditinstituten (274)	2.400 Euro 360 Euro 440 Euro 2.400 Euro
(6)	Löhne und Gehälter (830) an Guthaben bei Kreditinstituten (274) Verbindlichkeiten aus Steuern (470)	2.400 Euro 1.960 Euro 440 Euro

9. Ein kinderloser Angestellter hat monatlich 123,30 Euro Kirchensteuer bei einem Steuersatz von 9 % zu zahlen. Wie viel Euro müssen monatlich für diesen Angestellten für Lohn- und Kirchensteuer an das Finanzamt abgeführt werden?

10. Ein kinderloser Mitarbeiter (30 Jahre alt) erhält ein monatliches Gehalt von 2.150,00 Euro inklusive 25,00 Euro Vermögenswirksame Leistungen, die er bei einer Bausparkasse anlegt. Die einbehaltene Lohnsteuer beträgt 255,91 Euro. Die einbehaltene Kirchensteuer beträgt 23,03 Euro. Auch Solidaritätszuschlag von 14,08 Euro ist einzubehalten. Die Beitragssätze für die Sozialversicherungen betragen bei der

Krankenversicherung:	15,50 %,
Pflegeversicherung:	2,05 %,
Rentenversicherung:	18,90 %,
Arbeitslosenversicherung:	3,00 %.

Vor dem Gehaltstag wurden 150,00 Euro Vorschuss bar ausgezahlt. Für die Dienstwohnung werden 300,00 Euro Miete einbehalten. Erstellen Sie die Gehaltsabrechnung.

Aufgaben Kapitel 12

47 Bilden Sie zu den folgenden Geschäftsfällen die Buchungssätze.

1. Aktivierung der Geldbeschaffungskosten
2. Banküberweisung der Ratenzahlung (Zins und Tilgung)
3. Banküberweisung der Beiträge zur Berufsgenossenschaft
4. IHK-Beiträge werden per Bank überwiesen
5. Sollstellung von Lohnkostenzuschüssen
6. Valutierung eines Darlehens zum Kauf von Grundstücken des Anlagevermögens (Auszahlungskurs 93 %)
7. Abschreibung der Geldbeschaffungskosten
8. Die Bank belastet das Geschäftskonto mit Kontoführungsgebühren
9. Für freie Mitarbeiter werden Honorare per Bank überwiesen
10. Banküberweisung der Grunderwerbsteuer für ein gekauftes, unbebautes Grundstück des Umlaufvermögens
11. Bezahlung der einbehaltenen Lohn- und Kirchensteuer per Bank
12. Bilanzierung des Bankkontos zum 31.12.; das Bankkonto ist im Rahmen eines Kontokorrentkredits überzogen
13. Abschreibung der Forderungen an Versicherungen

48 1. Erstellen Sie den Tilgungsplan für die ersten zwei Kalenderjahre und buchen Sie

a) die Valutierung und

b) die im Jahr (00) fälligen Annuitäten.

Am 01.04.00 wird dem Wohnungsunternehmen ein Darlehen über 150.000 Euro gewährt. Bei einer Auszahlung von 100 % soll es als Abzahlungsdarlehen bei einem Zinssatz von 8 % innerhalb von fünf Jahren getilgt werden. Es wurden vierteljährliche nachträgliche Zahlungen und eine nachträgliche Verrechnung der Tilgung vereinbart.

Tilgungsplan					
Datum	Darlehensbetrag	Zinsen	Tilgung	Annuität	Restschuld

2. Erstellen Sie den Tilgungsplan und buchen Sie alle Geschäftsfälle des Jahres (00). Die Bank valutiert zum 01. 04. 00 ein Abzahlungsdarlehen in Höhe von 300.000 Euro. Konditionen: Laufzeit ein Jahr; 9 % Zinsen; 100 %ige Auszahlung; halbjährliche nachträgliche Zahlung und nachschüssige Verrechnung.

Tilgungsplan					
Datum	Darlehensbetrag	Zinsen	Tilgung	Annuität	Restschuld

3. Erstellen Sie den Tilgungsplan für die ersten zwei Darlehensjahre und buchen Sie
a) die Valutierung und
b) die im Jahr (00) fälligen Annuitäten.

Dem Wohnungsunternehmen wird zum 01. 01. 00 ein Darlehen über 240.000 Euro mit 100 %iger Auszahlung valutiert. Dieses Darlehen soll mit gleich bleibenden Annuitäten bei einer Tilgungsrate von 2 % zuzüglich ersparter Zinsen getilgt werden. Der Zinssatz beträgt 8 %. Vereinbart wurde eine halbjährliche nachträgliche Zahlung und sofortige Verrechnung der Tilgungen.

Tilgungsplan					
Datum	Darlehensbetrag	Zinsen	Tilgung	Annuität	Restschuld

4. Erstellen Sie den Tilgungsplan für die Geschäftsjahre (00) und (01) und buchen Sie
a) die Valutierung,
b) die Annuitäten des Geschäftsjahres (00),

c) die Aktivierung der Geldbeschaffungskosten zum Ende des Geschäftsjahrs (00).

Dem Wohnungsunternehmen wird zum 01.06.00 ein Darlehen über 500.000 Euro mit 95%iger Auszahlung valutiert. Das Damnum ist zu aktivieren und planmäßig über die Zinsbindungszeit von fünf Jahren abzuschreiben. Das Darlehen soll mit gleich bleibenden Annuitäten bei einer Tilgungsrate von 2% zuzüglich ersparter Zinsen getilgt werden. Der Zinssatz beträgt 9%. Vereinbart wurde eine halbjährliche nachträgliche Zahlung und sofortige Verrechnung der Tilgungen.

Tilgungsplan					
Datum	Darlehensbetrag	Zinsen	Tilgung	Annuität	Restschuld

5. Erstellen Sie den Tilgungsplan für das Jahr (00) und buchen Sie das Geschäftsjahr (00).

   Am 01.03.00 valutiert die Bank dem Wohnungsunternehmen einen Grundstücksankaufkredit über 300.000 Euro. **Konditionen**: Abzahlungsdarlehen; zwei Jahre Laufzeit; 10% Zinsen bei 100% Auszahlung; vierteljährliche Zahlung nachträglich und Verrechnung sofort.

6. Erstellen Sie den Tilgungsplan für die ersten zwei Kalenderjahre und buchen Sie das Geschäftsjahr (00).

   Am 01.04.00 wird dem Wohnungsunternehmen ein Darlehen über 150.000 Euro gewährt. Bei einer Auszahlung von 95% soll es als Abzahlungsdarlehen mit einem Zinssatz von 8% innerhalb von zehn Jahren getilgt werden. Es wurde eine vierteljährliche nachträgliche Zahlung vereinbart. Die Zinsbindung beträgt fünf Jahre.

7. Erstellen Sie den Tilgungsplan für die ersten zwölf Monate der Laufzeit und buchen Sie unter Angabe des Datums bis zum 31.12.01.

   Am 01.05.01 erfolgt die Wertstellung eines Annuitätendarlehens über nominal 900.000 Euro. Vereinbart sind eine Auszahlung zu 96%, 7,5% Zinsen und ein Zinsfestschreibungszeitraum von fünf Jahren sowie 1,5% Tilgung und eine halbjährliche Zahlung im Voraus.

49 Interpretieren Sie die folgenden Buchungssätze.

	Buchungssatz	Geschäftsfallbeschreibung
1.	(274)/(410)	
2.	(473)/(274)	
3.	(4421)/(41)	
4.	(851)/(4421)	
5.	(831)/(471)	
6.	(471)/(274)	
7.	(872) (41)/(274)	
8.	(05) (253)/(4421)	
9.	(832)/(274)	

10	(274)/(42)	
11.	(274)/(170) (470)	
12.	(274) (872)/(41)	
13.	(875)/(290)	
14.	(855)/(2000)	
15.	(290)/(872)	

50 1. **Eine Versicherungsgesellschaft zahlt dem Wohnungsunternehmen ein Darlehen unter Abzug eines Damnums zur Finanzierung von Mietobjekten aus.**

(1) Guthaben bei Kreditinstituten (274)
(2) Zinsen auf Verbindlichkeiten gegenüber Kreditinstituten (872)
(3) Geldbeschaffungskosten (290)
(4) Objektfinanzierungsmittel für das Anlagevermögen (410)
(5) Objektfinanzierungsmittel für das Anlagevermögen (420)
(6) Erhaltene Anzahlung (43)

2. **Beiträge zur gesetzlichen Unfallversicherung werden sofort nach Anforderung per Bank gezahlt.**

(1) Kasse (271)
(2) Guthaben bei Kreditinstituten (274)
(3) Sächliche Verwaltungskosten (850)
(4) Freiwillige soziale Aufwendungen und Aufwendungen für die Gemeinschaftspflege (851)
(5) Soziale Abgaben (831)
(6) Verbindlichkeiten aus Lohn und Gehalt (47900)

3. **Geldbeschaffungskosten sind abzuschreiben.**

(1) Abschreibungen auf Forderungen und Sonstige Vermögensgegenstände (855)
(2) Geldbeschaffungskosten (290)
(3) Abschreibungen auf Geldbeschaffungskosten/Disagio (875)
(4) Abschreibungen auf immaterielle Vermögensgegenstände des Anlagevermögens und Sachanlagen (840)
(5) Guthaben bei Kreditinstituten (274)
(6) Verbindlichkeiten aus anderen Lieferungen und Leistungen (4421)

4. **Im Jahr (00) entstanden der Wohnungsverwaltung Kosten:**

Personalkosten	**234.620 Euro**
Sachkosten	**78.916 Euro**

Den Kosten standen Erlöse in Höhe von 398.640 Euro gegenüber. Für das Jahr (01) wird mit einer Steigerung der Personalkosten um 4,2 % und der Sachkosten um 3,5 % gerechnet; bei den Erlösen wird eine Steigerung von 2,4 % erwartet.

Mit welcher prozentualen Gewinnminderung ist (01) gegenüber (00) zu rechnen?

5. Die Bank belastet das Wohnungsunternehmen mit den für die Kontoführung des vergangenen Monats entstandenen Gebühren.

(1) Guthaben bei Kreditinstituten (274)
(2) Geldbeschaffungskosten (290)
(3) Sonstige Verbindlichkeiten gegenüber anderen Kreditgebern (429)
(4) Verbindlichkeiten aus Lieferungen und Leistungen (442)
(5) Sächliche Verwaltungskosten (850)
(6) Andere Zinsen und ähnliche Aufwendungen (879)

6. Für die Vermittlung eines Gewerbeobjekts belasten wir den Kunden mit Maklerprovision zuzüglich Umsatzsteuer.

(1) Forderungen aus anderen Lieferungen und Leistungen (23)
(2) Forderungen an das Finanzamt (253)
(3) Verbindlichkeiten aus Steuern (470)
(4) Andere Verbindlichkeiten (479)
(5) Umsatzerlöse aus dem Verkauf von bebauten Grundstücken (610)
(6) Umsatzerlöse aus anderen Lieferungen und Leistungen (63)

7. Was ist unter Inventur zu verstehen?

(1) Ein ausführliches Verzeichnis der Vermögenswerte und der Schulden
(2) Ein Verzeichnis der Vermögenswerte und Schulden
(3) Die buchmäßige Bestandsaufnahme der Vermögensgegenstände und Schulden
(4) Die Gegenüberstellung der Vermögenswerte und Schulden am Jahresende
(5) Die mengen- und wertmäßige Bestandsaufnahme des Vermögens und der Schulden
(6) Eine rechnerische Bestandsaufnahme der Vermögenswerte und Schulden am Jahresende

8. Das Wohnungsunternehmen überweist per Bank die Zinsen für ein langfristiges Bankdarlehen zur Unternehmensfinanzierung. Wie ist zu buchen?

(1) Guthaben bei Kreditinstituten (274)
(2) Unternehmensfinanzierung (412)
(3) Sonstige Verbindlichkeiten gegenüber Kreditinstituten (419)
(4) Andere Zinsen und ähnliche Erträge (689)
(5) Zinsen auf Verbindlichkeiten gegenüber Kreditinstituten (872)
(6) Zinsen auf Verbindlichkeiten gegenüber anderen Kreditgebern (873)

9. Welcher Vorgang erscheint auf dem Kontoauszug eines Wohnungsunternehmens als Habenbuchung?

(1) Abbuchung von Telefongebühren
(2) Mieteingang für den laufenden Monat
(3) Mietrückzahlung an einen Mieter
(4) Mietzahlung für die eigenen Verwaltungsräume
(5) Überweisung an einen Handwerker
(6) Lastschrift für bezogene Fernwärme

10. Steuern aus der Lohn- und Gehaltsabrechnung werden per Bank bezahlt.

(1) Sonstige Steuern (891)

(2) Guthaben bei Kreditinstituten (274)

(3) Verbindlichkeiten im Rahmen der sozialen Sicherheit (471)

(4) Verbindlichkeiten aus Steuern (470)

(5) Freiwillige soziale Aufwendungen und Aufwendungen für die Gemeinschaftspflege (851)

(6) Forderungen an das Finanzamt (253)

11. Zum 31.12.00 wird das Damnum im Umfang der zu folgenden Wirtschaftsjahren gehörenden Zinsaufwendungen als Geldbeschaffungskosten aktiviert.

(1) Objektfinanzierungsmittel für das Anlagevermögen (410)

(2) Abschreibungen auf Geldbeschaffungskosten/Disagio (875)

(3) Abschreibungen auf Forderungen und Sonstige Vermögensgegenstände (855)

(4) Guthaben bei Kreditinstituten (274)

(5) Geldbeschaffungskosten (290)

(6) Zinsen auf Verbindlichkeiten gegenüber Kreditinstituten (872)

12. Eingenommene Verrechnungsschecks werden bei der Bank zur Gutschrift eingereicht.

(1) Guthaben bei Kreditinstituten (274)

(2) Sonstige Verbindlichkeiten gegenüber Kreditinstituten (419)

(3) Spareinlagen (401)

(4) Schecks (270)

(5) Gezeichnetes Kapital (30)

(6) Sonstige Anzahlungen (439)

Lernfeld 4 Wohnräume vermieten

1 Wesen des Mietverhältnisses

1.1 Gesetzliche Grundlagen

Das Mietrecht wird überwiegend im Bürgerlichen Gesetzbuch (BGB) geregelt. Verschiedene Verordnungen ergänzen die im BGB getroffenen Regelungen. Für den öffentlich geförderten Wohnungsbau gelten weitere spezielle Gesetze.

Die wichtigsten Gesetze und Verordnungen, die ein Vermieter bzw. Hausverwalter im Rahmen der Bewirtschaftung von Grundstücken mit Wohnungsvermietung kennen sollte, sind:

- Allgemeines Gleichbehandlungsgesetz (AGG)
- Gesetz über das Wohnungseigentum und das Dauerwohnrecht (Wohnungseigentumsgesetz)
- Verordnung über die Aufstellung von Betriebskosten (Betriebskostenverordnung – BetrKV)
- Verordnung zur Berechnung der Wohnflächen (Wohnflächenverordnung – WoFlV)
- Verordnung über die verbrauchsabhängige Abrechnung der Heiz- und Warmwasserkosten (Verordnung über Heizkostenabrechnung – HeizkostenV)
- Gesetz zur Einsparung von Energie in Gebäuden (Energieeinsparungsgesetz – EnEG)
- Verordnung über energiesparenden Wärmeschutz und energiesparende Anlagetechnik bei Gebäuden (Energieeinsparverordnung – EnEV)
- Gesetz über die soziale Wohnraumförderung (Wohnraumförderungsgesetz – WoFG)
- Gesetz zur Sicherung der Zweckbestimmung von Sozialwohnungen (Wohnungsbindungsgesetz – WoBindG)
- Gesetz zur Regelung der Wohnungsvermittlung (WoVermRG)
- Gesetz über den unlauteren Wettbewerb (UWG)
- Gesetz über das Verbot der Verwendung von Preisklauseln bei der Bestimmung von Geldschulden (Preisklauselgesetz – PrKG)
- Preisangabenverordnung (PAngV)
- Wohngeldgesetz (WoGG)
- Gesetz über das Erbbaurecht (Erbbaurechtsgesetz – ErbbauRG)
- Verordnung über die Ermittlung der zulässigen Miete für preisgebundene Wohnungen (Neubaumietenverordnung 1970 – NMV 1970)
- Zweites Wohnungsbaugesetz (Wohnungsbau- und Familienheimgesetz – II. WoBauG); Hinweis: Das II. WoBauG wurde mit Wirkung zum 01.01.2002 aufgehoben.
- Verordnung über wohnungswirtschaftliche Berechnungen nach dem Zweiten Wohnungsbaugesetz (Zweite Berechnungsverordnung – II. BV)
- Gesetz zur weiteren Vereinfachung des Wirtschaftsstrafrechts (Wirtschaftsstrafgesetz 1954 – WiStG 1954)
- Zivilprozessordnung (ZPO)
- Gesetz zur Regelung der Miethöhe (Miethöhegesetz – MHG); Hinweis: Das Miethöhegesetz wurde mit Wirkung zum 01.09.2001 aufgehoben bzw. in das BGB zurückgeführt.
- Zweite Verordnung zur Änderung der Trinkwasserverordnung 2012
- Mietrechtsänderungsgesetz 2013

Die Nennung der aufgehobenen Gesetze dient der Vollständigkeit, da sie in älteren Mietverträgen berücksichtigt wurden.

1.2 Wichtige Begriffe und Definitionen

1.2.1 Abgrenzungen im Mietrecht

Immobilienkaufleute werden im Rahmen ihrer Tätigkeit mit den unterschiedlichen Bereichen des Mietrechts in Kontakt kommen. Doch auch wenn sich beispielsweise Miet- und Pachtverträge im Grundsatz sehr ähnlich sind, müssen sie dennoch klar voneinander unterschieden werden. Aus diesem Grund sind im Mietrecht die folgenden Abgrenzungen zu beachten:

Mietrecht

Mietvertrag	**Leihe**	**Pachtvertrag**	**Verwahrungs- oder Lagervertrag**
Vertrag über die entgeltliche Gebrauchsüberlassung von Sachen (§§ 535 ff. BGB)	Unentgeltliche Überlassung einer Sache (§§ 598 ff. BGB)	Verpächter ist neben der Gebrauchsüberlassung auch zur Überlassung der Fruchtziehung verpflichtet (§§ 581 ff. BGB)	Geschuldet wird nicht die Gebrauchüberlassung, sondern die Aufbewahrung einer Sache (§§ 688 ff. BGB und §§ 416 ff. HGB)

1.2.2 Mietvertrag und Mietverhältnis

Bei einem **Mietvertrag** handelt es sich um einen schuldrechtlichen Vertrag, aus dem sich verschiedene Rechte und Pflichten für die Vertragsparteien ergeben.

Unter einem **Mietvertrag** ist ein Vertrag über die Überlassung einer beweglichen oder unbeweglichen Sache gegen Zahlung eines Entgelts (Miete) zu verstehen (§ 535 BGB).

In der Immobilienwirtschaft werden zwei Gruppen von Mietverträgen unterschieden:
- Mietverträge über Wohnraum
  - für freifinanzierten Wohnraum
  - für öffentlich geförderten Wohnraum
- Mietverträge über Geschäftsräume

Eine Sonderform bilden die Mietverträge über Mischraummietverhältnisse, wie z. B. ein Mietverhältnis über Gaststättenräume mit einer Wirtswohnung oder ein Architekt mit Wohnung und Büro.

Auf den öffentlich geförderten Wohnraum wird in Kapitel 3 noch genauer eingegangen.
Die gesetzlichen Regelungen zum Mietvertrag können den §§ 535–580a BGB entnommen werden. Dabei ergibt sich die folgende Unterteilung:

Mietvertrag

Allgemeine Vorschriften über Mietverhältnisse (§§ 535–548 BGB)	Vorschriften über Wohnraummietverhältnisse (§§ 549–577a BGB)	Vorschriften über die Miete anderer Sachen (§§ 578–580a BGB)

Das **Mietverhältnis** beginnt mit dem Abschluss des Mietvertrags und nicht wie oft geglaubt mit der Überlassung des Mietgegenstands, wie z. B. der Wohnräume. Der Zeitpunkt der Überlassung muss somit nicht mit dem Beginn des Mietverhältnisses übereinstimmen. Das Mietverhältnis endet entweder mit dem Ablauf der Zeit, für welche es eingegangen wurde, oder aber im Falle der Kündigung mit dem Ablauf der Kündigungsfrist (§ 542 BGB). Ein Mietverhältnis über Wohnraum liegt dann vor, wenn die Räume dem Mieter vertragsgemäß zur Befriedigung seiner eigenen Wohnbedürfnisse und/oder der Wohnbedürfnisse seiner Familie dienen sollen.

Das **Mietverhältnis** wird beschrieben als die zeitweise Gebrauchsüberlassung einer Mietsache durch einen Vermieter gegen Entrichtung eines Entgelts durch einen Mieter. Das Entgelt nennt man Miete (§ 535 BGB).

Üblicherweise wird das Entgelt – also die Miete – in Form einer regelmäßig wiederkehrenden Geldzahlung vereinbart.

1.2.3 Wohnung und Wohnraum

Bei der Arbeit mit Mietverträgen ist es äußerst wichtig, die Begriffe **„Wohnung"** und **„Wohnraum"** voneinander zu unterscheiden.

Begriff	Definition
Wohnung	Kennzeichnet die Gesamtheit aller Räume, welche die Führung eines Haushalts ermöglichen.
Wohnraum	Kennzeichnet jeden zur dauerhaften privaten Nutzung, wie Essen, Kochen, Körperpflege, Schlafen und zur Pflege der Geselligkeit (z. B. Wohnzimmer), bestimmten Raum, der innerhalb eines Gebäudes liegt. Damit ist auch das WC außerhalb der Wohnung ein Wohnraum (z. B. wenn das WC auf der halben Treppe liegt; §§ 535 ff. BGB). Auch ein Raum, der als Arbeitszimmer genutzt wird, z. B. für die Unterrichtsvorbereitung eines Lehrers, zählt als Wohnraum.

Wesentlich ist, dass das Nutzungsverhältnis auf einem zivilrechtlichen Vertrag beruht. Werden Wohnräume aufgrund öffentlich-rechtlicher Vorschriften zugewiesen, liegt kein Mietverhältnis vor, sondern ein öffentlich-rechtliches Nutzungsverhältnis.

1.3 Wohnraummietvertrag

1.3.1 Formular- und Individualvertrag

Grundsätzlich kann beim Abschluss eines Mietvertrags ein Formular- oder ein Individualvertrag verwendet werden. Unterschiede ergeben sich aus dem Verwendungszweck:

Formularvertrag (§§ 305–310 BGB)	Individualvertrag (§ 305b BGB)
Der Formularvertrag wird häufiger verwendet und ist daher standardisiert. Bei den Hausverwaltungen gibt es in der Regel Vordrucke, in die nur noch das Objekt und der Mietername eingetragen werden muss.	Der Individualvertrag ist gekennzeichnet durch die freie Vereinbarung von Vertragsklauseln, die von den Vertragsparteien eingebracht werden können. Er wird daher in der Regel nur einmalig verwendet und begründet somit ein individuelles Rechtsverhältnis.
Formularverträge unterliegen dem Gesetz zur Regelung des Rechts der Allgemeinen Geschäftsbedingungen (§§ 305–310 BGB).	Um einen individuellen Charakter zu unterstellen, sollte ein Verhandlungsprotokoll bei der Fertigung des Vertrags geführt werden. Es bietet sich ebenfalls an, alle Änderungen, die der Mieter eingearbeitet haben will, sich schriftlich für die Protokollierung aushändigen zu lassen.

1.3.2. Inhalte eines Mietvertrags

Je nachdem von welchem Verlag, Verband oder Verein ein Mietvertragsformular in der Praxis verwendet wird, sollten bestimmte Mindestinhalte vorhanden sein. Dies gilt auch für selbst formulierte Verträge.

Zu den Mindestangaben zählen:
- Vertragspartner (Mieter, Vermieter)
- Mietgegenstand (z. B. Bezeichnung der Zimmer, Nebenräume, Keller)
- Vertragszweck (Zu welchem Zeck darf die Wohnung genutzt werden?)
- Wohnfläche
- Miete (z. B. Höhe der Miete, Staffelungen, Indexierungen, Fälligkeit sowie Entgelt für Stellplatznutzung)
- Betriebskosten (z. B. Betriebskostenarten, Höhe der Vorauszahlung, Fälligkeit, Abrechnungen sowie Anpassungsmöglichkeiten)
- Mietkaution/Mietsicherheit (z. B. Kautionshöhe, Kautionsart, Kautionsraten, Fälligkeit, Kautionskonto sowie Abrechnung nach Vertragsende)
- Mietzeit und Kündigung (z. B. Mietbeginn, -dauer sowie Mietende, Verlängerungsklauseln, Kündigungsfristen und Schriftformerfordernis der Kündigung)
- Informationen zur Belegung (Anzahl der Personen, die nicht als Vertragspartner benannt sind, wie z. B. Kinder)
- Instandhaltung und Instandsetzung (z. B. Bezeichnung, Kostenübernahme)
- Mängel, Pflicht zur Mängelanzeige (z. B. Obhuts- und Sorgfaltspflicht)
- Schönheitsreparaturen (z. B. Begriff, Übertragung auf den Mieter sowie Schönheitsreparaturen während der Mietdauer und nach Beendigung)
- Untervermietung (z. B. Regelungen zur Überlassung an Dritte)
- Tierhaltung (z. B. Genehmigungen und Einschränkungen)
- Haushaltsmaschinen (z. B. Aufstellung von Waschmaschinen in der Wohnung)
- Fernseh- und Radioempfang (z. B. Anbringung von Antennen und Satellitenschüsseln)
- Mietminderungen/Aufrechnungen (z. B. Mietminderungsansprüche und Anzeigepflichten)
- Betreten der Mietsache (z. B. Regelungen zu Zeiten und Gründen)
- Beendigung des Mietverhältnisses (z. B. Rückgabezustand, Wegnahmerechte sowie baulicher Zustand)
- Personenmehrheit als Mieter/Vermieter (z. B. Unterschriftrechte, Vollmachten und gesamtschuldnerische Haftung)
- Verkehrssicherungspflicht/Haftung
- Hausordnung, Versicherung (z. B. Regelungen zur Benutzung gemeinschaftlicher Einrichtungen sowie Aufrechterhaltung von Ruhe und Ordnung)
- Salvatorische Klausel (Gültigkeit des Vertrags)

Bei einer **Salvatorischen Klausel** handelt es sich um eine im Rahmen der Vertragsfreiheit der Parteien vereinbarte Vertragsklausel, die bestimmt, dass der Vertrag im Ganzen gültig bleiben soll, wenn einzelne Regelungen im Vertrag ganz oder teilweise ungültig sind. Grundsätzlich führt die Unwirksamkeit einer einzelnen Bestimmung im Vertrag zur sogenannten Teilnichtigkeit des Vertrags, sodass im Zweifel – wenn sich aus dem hypothetischen Willen der Parteien nichts anderes ergibt – das gesamte Rechtsgeschäft nichtig ist (§ 139 BGB). Diese Rechtsfolge soll durch die Aufnahme einer Salvatorischen Klausel in den Vertrag vermieden werden, um im Interesse der Parteien am Restvertrag festhalten zu können.

Darüber hinaus werden häufig die allgemein geltenden Grundsätze der ergänzenden Vertragsauslegung in die Salvatorische Klausel aufgenommen, nach denen sich das Recht bestimmt, das an die Stelle einer ungültigen oder lückenhaften Regelung tritt. Eine solche Regelung ist streng genommen überflüssig, wird aber zur Klarstellung oft in den Vertrag eingefügt.

Beispielformulierung für eine Salvatorische Klausel:
„Sollte eine Bestimmung dieses Vertrags unwirksam sein, wird die Wirksamkeit der übrigen Bestimmungen dazu nicht berührt. Soweit sich die Gesetzeslage ändert oder einzelne Vertragsbedingungen aus anderen Gründen ungültig sind, treten an die Stelle veränderter gesetzlicher Vorschriften oder ungültiger vertraglicher Bestimmungen entsprechende Nachfolge- bzw. Ersatzregelungen. In Ermangelung gesetzlicher Regelungen sind solche allgemein gültigen Festlegungen wirksam oder zu treffen, die der wirksamen Bestimmung am nächsten kommen.“

(Quelle: Haus & Grund Leipzig)

1.3.3 Hausordnung

Die Hausordnung regelt das Zusammenleben der Mieter eines Grundstücks. Sie hat eine ordnende sowie regelnde Funktion und gilt für alle Mieter gleichrangig. Jeder Mieter kann von einem anderen Mieter die Einhaltung der Hausordnung verlangen. In einer Hausordnung dürfen nur solche Pflichten festgeschrieben werden, die der Mieter ohnehin erfüllen muss.

Beispiel:
Ein Mieter kann zur Reinigung der Treppe nur verpflichtet werden, wenn die Hausordnung Bestandteil des Mietvertrags ist. Auf die Hausordnung muss also im Mietvertrag hingewiesen werden und sie muss dem Mietvertrag beigefügt werden.

Inhalte einer Hausordnung können sein:
- Regelungen zur Sicherheit im Haus, wie z. B. Schließzeiten für die Haustür, Lagerung von gefährlichen Stoffen in Kellerräumen und Vermeidung von Frostschäden
- Einhaltung von Ordnung und Sauberkeit, wie z. B. Abfalllagerung und Abstellen von Gegenständen im Treppenhaus
- Reinigungspflichten, wie z. B. Aufstellung eines Reinigungsplanes für das Treppenhaus
- Regelungen zur Benutzung von Gemeinschaftsflächen, wie z. B. Trockenräume und das Abstellen von Fahrzeugen auf dem Hof
- Regelungen zu Ruhezeiten, wie z. B. Lärmminderung zur Nachtzeit und an Sonn- und Feiertagen
- Regelung zur Lüftung und Beheizung der gemieteten Räume, wie z. B. Lüftungshinweise zur Vermeidung von Schimmelpilzen und Beheizung der Räume in Abwesenheit

Viele Regelungen richten sich nach den Besonderheiten des jeweiligen Hauses und Grundstücks sowie nach ortsüblichen Gepflogenheiten, so z. B. Ruhezeiten und Zeiten für den Winterdienst.

In einer Hausordnung dürfen z. B. nicht enthalten sein:
- Regelungen zu Schönheitsreparaturen
- Festlegungen, dass der Vermieter die Wohnung des Mieters jederzeit betreten darf
- ein generelles Tierhalteverbot
- ein Verbot der Aufzugsbenutzung in der Nacht
- ein Bade- und Duschverbot nach 22.00 Uhr
- Besuchsverbote nach 22.00 Uhr

1.3.4 Vertragspartner

Ein Mietvertrag kommt zwischen denjenigen Personen zustande, die am Vertragsabschluss beteiligt sind. Die Vertragspartner sind in der Regel der Vermieter und der Mieter.

Vermieter	Mieter
• bleibt Eigentümer der Sache • muss die Sache dem Mieter zur Verfügung stellen	• wird lediglich Besitzer der Sache • darf die Sache benutzen • muss die vereinbarte Miete entrichten

Bei **mündlichen** Mietverträgen sind diejenigen Personen, die ein Vertragsangebot abgegeben haben, und diejenigen, von denen das Angebot angenommen wurde, die Vertragsparteien. Bei **schriftlichen** Verträgen kommt es darauf an, wer im Kopf des Vertrags als Mieter aufgeführt ist und wer den Mietvertrag unterzeichnet hat.

Verträge mit Eheleuten

Der Mietvertrag kann entweder mit einem oder mit beiden Ehegatten geschlossen werden. Es ist nicht erforderlich, dass beide im Kopf des Vertrags namentlich benannt werden (z. B. Frank Müller und Isolde Müller). Werden Bezeichnungen wie beispielsweise „Eheleute Müller“, „Familie Müller“, „Herr und Frau Müller“ oder „Herr Müller und seine Ehefrau“ verwendet, müssen beide Ehegatten unterzeichnen, damit der Vertrag zustande kommt. Unterzeichnet nur einer den Vertrag, so muss er diesen als bevollmächtigter Vertreter des anderen mit unterzeichnen (§§ 164 ff. BGB). Ebenso kommt der Vertrag zustande, wenn ein Ehegatte für den anderen als vollmachtsloser Vertreter unterzeichnet und der andere Ehegatte dieses Handeln in der Folgezeit genehmigt (§§ 177, 182, 184 BGB).

Wohngemeinschaft

Möchten mehrere Personen eine Wohnung anmieten, um eine Wohngemeinschaft zu bilden, so gibt es verschiedene Möglichkeiten der Vertragsgestaltung:

- Ein WG-Mitglied wird Hauptmieter und lässt sich eine generelle Untervermietungserlaubnis erteilen. Die Untermieter können dann jederzeit ohne neue Genehmigung ausgetauscht werden. Dem Vermieter müssen lediglich die neuen Namen mitgeteilt werden.
- Alle WG-Mitglieder werden Hauptmieter. In diesem Fall kann der Vertrag allerdings nur durch alle Hauptmieter gemeinsam aufgelöst werden.
- Im Mietvertrag wird ausdrücklich festgehalten, dass es sich um eine WG handelt. In diesem Fall werden alle WG-Mitglieder Hauptmieter und können beliebig ausgetauscht werden.

Grundsätzlich gilt, dass die Räume nur von den Personen benutzt werden dürfen, die entweder Mieter sind oder denen nach der vertraglichen Vereinbarung die Benutzung gestattet ist (Untermieter).

Bei Hausverwaltungen, welche im Auftrag des Eigentümers einen Mietvertrag abschließen, erfolgt dies im Namen des Eigentümers, der durch die Hausverwaltung vertreten wird. Auf die Vertretung wird hingewiesen durch den Zusatz „Vertreten durch …“.

Vermieter		Mieter
Eigentümer oder eine vom Eigentümer bevollmächtigte Person (Verwalter) oder der Erbbauberechtigte	Jede geschäftsfähige natürliche (ab 18 Jahre, siehe u. a. § 2 BGB) und juristische Person (GmbH, AG usw.)	Er wird Besitzer der Sache. Stehen mehrere Personen im Vertrag, haften diese gesamtschuldnerisch.

Mietvertrag über Wohnraum

Zwischen

Max Mustermann
Wiesenstraße 5
05413 Beispielstadt – nachfolgend „Vermieter"genannt –

und

Frank und Isolde Müller
Auenweg 3
05413 Beispielstadt – nachfolgend „Mieter" genannt –

wird folgender Mietvertrag geschlossen:

(Es folgt der Vertragsinhalt. Auf der letzten Seite unterschreiben die Vertragsparteien.)

.............................., den ...., den ....

....

Unterschrift des Vermieters Unterschrift/en des Mieters/der Mieter

1.3.5 Abschluss von Mietverträgen

Ein Mietvertrag kommt zustande, wenn sich zwei Parteien über alle wesentlichen Punkte geeinigt haben. Es sollte mindestens eine Einigung vorliegen über

- den Mietgegenstand sowie
- die Entgeltlichkeit der Gebrauchsüberlassung (nicht unbedingt über die Höhe des Entgelts).

Beim Abschluss des Mietvertrags ist Folgendes zu beachten:

- Es besteht der Grundsatz der Formfreiheit.
- Eine Ausnahme bildet die Schriftform (§§ 126, 544, 550 BGB).

Beim Abschluss von Mietverträgen sind drei Möglichkeiten zu unterscheiden:

1. Mündlicher Abschluss

Sind sich Vermieter und Mieter über den Mietgegenstand, die Dauer und die Höhe der Miete vorbehaltlos einig, so wäre ein mündlicher Vertragsabschluss denkbar. Aus Beweisgründen ist davon allerdings abzuraten. Hier muss insbesondere § 550 BGB berücksichtigt werden. Der Mietvertrag gilt für unbestimmte Zeit, wenn er für einen Zeitraum von mehr als einem Jahr Gültigkeit besitzt und nicht in schriftlicher Form geschlossen wurde. Die Kündigung ist jedoch frühestens zum Ablauf eines Jahres nach Überlassung des Wohnraums zulässig.

Wird der Mietvertrag also nicht schriftlich geschlossen, so hat dies nicht die Unwirksamkeit des Vertrags zur Folge. Vielmehr gilt er für unbestimmte Zeit (ohne festgelegten Endtermin). Diese Problematik wird im Rahmen der Auseinandersetzung mit Zeitmietverträgen noch eingehender vertieft.

2. Schriftliche Form
Angesichts der zuvor genannten Gründe und der Vielzahl an mietrechtlichen Streitigkeiten ist der schriftlich geschlossene Mietvertrag die am häufigsten angewendete Form. Geregelt hat der Gesetzgeber die Schriftform in den §§ 126 ff. BGB.

3. Konkludentes (schlüssiges) Handeln
Der Mieter muss die vereinbarte Miete zahlen, der Vermieter dem Mieter den Besitz einräumen. Besorgt sich beispielsweise ein Interessent die Schlüssel für eine Wohnungsbesichtigung und zieht einfach ein, so kommt es zu einem Vertragsabschluss, wenn er die Miete an den Vermieter zahlt und dieser sie annimmt. Das Handeln beider Parteien lässt also eine konkrete Schlussfolgerung zu, auf die nicht gesondert hingewiesen werden muss. Es ist aber zu bedenken, dass bei Streitigkeiten keine Abreden bewiesen werden können.

1.3.6 Anfechtung von Mietverträgen

Ist ein Mietvertrag zustande gekommen, kann dieser angefochten werden, wenn einer der folgenden Gründe vorliegt:

- Irrtum über den Vertragsinhalt, z. B. Blankounterzeichnung eines Mietvertrags
- Erklärungsirrtum, z. B. der Vermieter trägt bei der Miethöhe statt der geplanten 400,00 € versehentlich 4,00 € für die gesamte Wohnung ein
- Übermittlungsirrtum
- arglistige Täuschung, z. B. wenn der Vermieter einen gesundheitsgefährdenden Schimmelbefall bewusst verschweigt und diesen lediglich überstreicht oder der Mieter eine zulässige Frage in der Selbstauskunft bewusst falsch beantwortet

Anfechtbare Rechtsgeschäfte sind zuerst wirksam und werden erst nach Anfechtung rückwirkend unwirksam.

1.3.7 Übergabe der Mietsache

Die Übergabe der Mietsache gehört zu den Pflichten des Vermieters und erfolgt durch das Aushändigen der zur Mietsache gehörenden Schlüssel. Der Vermieter darf grundsätzlich keine Schlüssel zurückhalten, es sei denn, der Mieter hat es dem Vermieter ausdrücklich gestattet.

Bei der Übergabe einer Wohnung an einen Mieter ist es aus Beweisgründen anzuraten, dass durch den Vermieter und den Mieter gemeinsam ein Wohnungsübergabeprotokoll ausgefüllt wird. Zur Dokumentation des Zustandes der Wohnräume bei der Übergabe ist es auch sinnvoll, Fotos zu machen und diese dem Übergabeprotokoll beizulegen.

Es sollten möglichst immer ein Bild vom ganzen Raum und dann noch weitere Detailfotos gemacht werden. Kommt es beispielsweise bei der Rückgabe der Wohnräume zu Differenzen über Mängel, die laut Mieter beim Einzug bereits vorhanden waren (z. B. Kratzer im Parkett), besteht immer die Möglichkeit, den Sachverhalt anhand der Fotos zu überprüfen.

Aus Beweisgründen ist es daher ratsam, auch beim Auszug des Mieters stets ein entsprechendes Wohnungsübergabeprotokoll anzufertigen. So kann der Zustand der Wohnung beim Ein- und Auszug genau dokumentiert werden.

Wohnungsübergabeprotokolle gibt es viele. Wie ein entsprechendes Dokument auszusehen hat, ist nicht vorgeschrieben. Es sollte aber darauf geachtet werden, dass bestimmte Mindestangaben vorhanden sind. Das folgende Muster gibt dazu einen Überblick:

Muster eines Wohnungsübergabeprotokolls:

Wohnungsübergabeprotokoll

Wohnungsanlage: ____________________ Whg.-Nr.: ________

Geschoss: ________

Eigentümer: ________________________________

Vertreten durch: ________________________________
(Vollmacht)

Einziehender Mieter:

Name: ____________________ Übergabetermin: ____________________

Vorname: ____________________

Alte Anschrift: ____________________ Einzugstermin: ____________________

____

Tel.-Nr.: ____________________

1. Übernommene Gegenstände bzw. Einbauten vom Vormieter:
(…)

2. Schlüssel:

Zentralschließanlage – Bezeichnung/Nummer: ____________________

(Anzahl im ☐ eintragen.)

☐ Haustür/Wohnungstür ☐ Garagentor/Tiefgarage ☐ Trockenraum/Waschküche

☐ Wohnungstür ☐ Hoftür ☐ Zählerkasten

☐ Kellertür ☐ Briefkasten ☐ Fahrradkeller

Zimmerschlüssel:

☐ Wohnzimmer ☐ Schlafzimmer ☐ Küche ☐ WC

☐ Kinderzimmer 1 ☐ Kinderzimmer 2 ☐ Bad ☐ ____________

3. Sonstiges:
(…)

4. Inventarverzeichnis (Geräte des Vermieters):

	Standort:	Fabrikat:
Gasetagenheizung	___________	___________
Gasetagenheizung mit Warmwassertherme	___________	___________
Einzelofenheizung (bitte ankreuzen) ☐ Kohle ☐ Gas	___________	___________
Mehrraumofen	___________	___________
elektrischer Warmwasserbereiter	___________	___________
Gasdurchlauferhitzer	___________	___________
Kohlebadeofen	___________	___________

Küchenausstattung:

☐ Gasherd ☐ Arbeitsplatte
☐ Kühlschrank ☐ ___________
☐ Spüle ☐ ___________
☐ Unterschrank ☐ ___________

Badausstattung:

☐ Badewanne ☐ WC mit Deckel ☐ Sitzbadewanne ☐ Papierhalter
☐ Waschbecken ☐ Handtuchhalter ☐ Spiegelleuchte ☐ Wannengriff
☐ Dusche ☐ Seifenschale ☐ elektr. Entlüfter ☐ Spiegel mit Konsole

5. Zur Wohnung gehören:

☐ Balkon ☐ Mietergarten ☐ Dachbodenabteil ☐ ___________
☐ Wintergarten ☐ Terrasse ☐ Kellerabteil ☐ ___________
☐ Loggia ☐ Abstellraum ☐ ___________

6. Beschreibung der Räume (Zustand):

	in Ordnung	Mängel	Bemerkung	zu beheben bis
6.1 Flur				
• Decke				
• Wände				
• Fenster				
• Türen und Türzargen				
• Elektroinstallation				
• Heizkörper				
• Bodenbelag				
• Einbaumöbel				
• Treppen/-Geländer				

6.2 Wohnzimmer				
…				
6.3 Schlafzimmer				
…				
6.4 Kinderzimmer 1				
…				
6.5 Kinderzimmer 2				
…				
6.6 Küche				
…				
6.7 Bad/WC				
…				
6.8 weitere Zimmer				
…				
6.9 Balkon/Loggia/ Terrasse/Wintergarten				
…				
6.10 …				

7. Zählerstände:

	Zählernummer:	Stand:
Strom	______________	______________
Gas*	______________	______________
Wasser*	______________	______________
Kaltwasserzähler	______________	______________
Warmwasserzähler	______________	______________
Wärmemengenzähler	______________	______________

*soweit vorhanden

8. Letzte Renovierung:
(…)

9. Sonstiges (z. B. Fotodokumentation):
(…)

10. Übergebene Unterlagen (z. B. Bedienungsanleitungen für Herd):
(…)

____
Ort, Datum

______________________ ______________________
Vermieter Mieter

______________________ ______________________
Zeuge Zeuge

1.3.8 Nichtige Vertragsklauseln (§§ 305 ff. BGB)

Folgende nichtige Vertragsklauseln fallen unter die §§ 305 ff. BGB:

- Klauseln, wonach bei der Vermietung von Wohn- und Geschäftsraum das gesamte Mietverhältnis stets als gewerbliches Mietverhältnis gilt.
- Klauseln, die bei der Vermietung von Eigentumswohnungen Regelungen beinhalten, dass Mehrheitsbeschlüsse der Wohnungseigentümergemeinschaft nach Abschluss des Mietvertrags für den Mieter verbindlich sind und dem Mietvertrag vorgehen.
- Klauseln in Wohnraummietverträgen, in denen Erklärungen des Mieters fingiert werden.
- Klauseln, die die Verpflichtung des Vermieters ausschließen, das Mietobjekt in vertragsgemäßem Zustand zu erhalten.
- Klauseln, nach denen die Haftung für sämtliche Schäden auf die Mieter übertragen werden kann, die als Verursacher in Betracht kommen, sofern der Verursacher sich nicht feststellen lässt.
- Klauseln, in denen sich der Mieter verpflichtet, Versicherungs- oder Wartungsverträge mit bestimmten Firmen abzuschließen, oder sich verpflichtet, für die Durchführung von Schönheitsreparaturen bestimmte Handwerker heranzuziehen.
- Eine am Ende eines Mietvertrags versteckte Klausel, nach der sich die im jeweiligen Paragrafen des Vertrags aufgeführte Miete um den Betrag erhöht, mit dem ein Mietdarlehen oder eine Mietvorauszahlung zu tilgen ist.
- Klauseln, nach denen auch bei Mietverhältnissen mit Staffelmietvereinbarung oder Indexmietvereinbarung Mieterhöhungen nach den §§ 558 ff. zulässig sind.
- Klauseln, wonach eine gewährte Stundung jederzeit widerrufen werden kann.
- Klauseln zu unangemessen langen Annahme- und Leistungsfristen und Nachfristen
- Klauseln zu Änderungsvorbehalten, die z. B. dem Mieter unzumutbare Änderungen des Vertrags auferlegen.
- Klauseln zu fingierten Erklärungen, wie z. B. dass die Angaben im Abnahmeprotokoll als vom Mieter anerkannt gelten, wenn dieser zur Abnahme nicht erscheint.
- Klauseln zur Fiktion des Zugangs, wie den Zugang einer Erklärung, die der Mieter nicht erhalten hat (z. B. Mieterhöhungen oder Kündigungen)
- Klauseln zur Pauschalierung von Schadensersatzansprüchen. Wenn ein Schadensersatzanspruch besteht, so darf die Höhe nicht durch eine Vertragsklausel pauschaliert werden.
- Klauseln zur Haftung bei grobem Verschulden. Die Haftung für grobe Fahrlässigkeit und Vorsatz darf nicht durch eine Formularklausel ausgeschlossen werden.
- Klauseln zur Einschränkung von Gewährleistungsrechten
- Klauseln zur Beweislast. So ist z. B. die formularmäßige Vereinbarung der Beweislastumkehr zuungunsten des Mieters nicht zulässig.
- Klauseln zur Regelung der Form von Anzeigen und Erklärungen. Alle Vereinbarungen, in denen der Mieter gezwungen wird, über den gesetzlichen Rahmen hinaus (z. B. Kündigung) eine Form zu wählen, oder der Vermieter die Willenserklärungen genehmigen muss, sind unzulässig.
- Klauseln zu Leistungsverweigerungsrechten. Hierunter fällt beispielsweise das Recht auf Zurückbehaltung der Miete seitens des Mieters, um den Vermieter zu einem vertragsgemäßen Verhalten zu zwingen. Selbst wenn die Miete vorzuleisten ist, darf das Zurückbehaltungsrecht nicht ausgeschlossen oder eingeschränkt werden. Die Vereinbarung einer Ankündigungspflicht sowie -frist gilt nicht als solche Einschränkung.
- Klauseln, die die Aufrechnung ganz verbieten. Einschränkungen sind allerdings erlaubt und zulässig.
- Klauseln zur Abwicklung von Verträgen. In einem Vertrag können Vereinbarungen aufgenommen werden, die eine angemessene Vertragsstrafe bei vorzeitiger Beendigung des Vertrags durch den Mieter beinhalten. Angemessen sind dabei allerdings nicht:
  - Vereinbarungen, nach denen der Mieter aufgrund einer verspäteten Räumung ein um 50 % erhöhtes Mietentgelt zu zahlen hat,
  - Klauseln, nach denen bei einer vorzeitigen Vertragsauflösung eine Bearbeitungsgebühr von 200,00 Euro zu leisten ist.

Auch ähnlich lautende Vertragsklauseln können nicht vereinbart werden, wie beispielsweise:
- dass Erklärungen des Vermieters drei Tage nach Aufgabe bei der Post als dem Mieter zugegangen gelten oder
- dass es für den Zugang von Erklärungen des Vermieters genügt, wenn die Absendung (Zustellung) an die letzte ihm bekannte Adresse des Mieters erfolgt ist.

1.3.9 Vereinbarungen über die Dauer von Mietverhältnissen

1.3.9.1 Zeitlich befristete Mietverhältnisse

Zeitlich befristete Mietverhältnisse enden mit dem Eintreten des vereinbarten Termins. Sie müssen nicht gekündigt werden, enden also automatisch. Eine ordentliche Kündigung ist somit ausgeschlossen. Die Laufzeit ist für Vermieter und Mieter verbindlich. Die Miete kann während der Zeit nur erhöht werden, wenn dies ausdrücklich vereinbart wurde. Aus der Praxis kennen wir hier die Staffelmietvereinbarungen. Seit dem 1. September 2001 sind allerdings nur noch sogenannte „qualifizierte Zeitmietverträge" zulässig.

Zeitmietvertrag
Der Zeitmietvertrag ist für die Wohnraummiete einheitlich in § 575 BGB geregelt. Der Ablauf der vereinbarten Mietzeit führt hier tatsächlich zur Beendigung, ohne dass sich der Mieter auf den Kündigungsschutz berufen kann. Um aber den Kündigungsschutz nicht ganz außen vor zu lassen, ist ein Zeitmietvertrag nur wirksam, wenn Befristungsgründe vorliegen. Gemäß § 575 Abs. 1 BGB zählen dazu:
- der spätere Eigenbedarf des Vermieters
- eine geplante wesentliche Instandsetzungs-, Umbau- oder Abrissabsicht
- die beabsichtigte spätere Vermietung der Wohnung an einen zur Dienstleistung Verpflichteten (Betriebsbedarf)

Der angegebene Grund muss der Wahrheit entsprechen und realitätsgerecht sein. Grundsätzlich muss der jeweilige Grund dem Mieter bei Vertragsschluss schriftlich mitgeteilt werden.

Der Mieter kann frühestens vier Monate vor Auslaufen des Vertrags vom Vermieter verlangen, dass dieser ihm darüber Auskunft gibt, ob der Grund der Befristung noch besteht oder dieser sich zeitlich verschiebt. Der Vermieter muss dann binnen eines Monats den Mieter darüber unterrichten. Verschiebt sich der Grund zeitlich, kann der Mieter die Verlängerung des Mietverhältnisses um die Zeitspanne der Verschiebung verlangen. Entfällt der Grund, kann der Mieter eine Verlängerung auf unbestimmte Zeit verlangen.

Fazit:

Voraussetzung für einen Zeitmietvertrag ist ein Befristungsgrund und dessen Mitteilung bei Vertragsende. Die Dauer der Befristung spielt dabei keine Rolle. Ist ein Zeitmietvertrag fehlerhaft, so gilt das Mietverhältnis als auf unbestimmte Zeit geschlossen.

Mietverhältnisse auf Lebenszeit
Solche Mietverhältnisse werden meist zugunsten älterer Mieter geschlossen. Sie sollen sicherstellen, dass dem Mieter für die restliche Zeit seines Lebens eine (kostengünstige) Wohnung zur Verfügung steht. Ein solches Mietverhältnis endet mit dem Tod des Mieters. Schwierig wird es, wenn ein verbleibender Partner mit in der Wohnung wohnt, denn hier muss den §§ 563 ff. BGB Rechnung getragen werden.

Mietverträge mit fester Laufzeit von mehr als 30 Jahren
Zulässig ist ein Wohnraummietvertrag über eine Dauer von 30 Jahren nur, wenn die Befristungsgründe des § 575 Abs. 1 Nr. 1–3 BGB vorliegen. Ohne solche Gründe ist die Befristung nach § 575 Abs. 4 BGB unwirksam.

Bei Mietverträgen mit einer festen Laufzeit von mehr als 30 Jahren kann das Mietverhältnis nach Ablauf von 30 Jahren mit der gesetzlichen Frist trotzdem gekündigt werden.

Zeitmietverträge, die vor dem 01.09.2001 geschlossen wurden, werden nach dem damaligen Recht durchgeführt und abgewickelt. Maßgeblich ist dabei der Vertragsschluss und nicht der Beginn des Mietverhältnisses.

1.3.9.2 Zeitlich unbefristete Mietverträge

Hier ist das Vertragsende nicht bestimmt. Diese Mietverhältnisse sind mit der gesetzlichen Kündigungsfrist kündbar. Für den Mieter heißt dies, dass er mit einer Frist von drei Monaten kündigen kann. Die Kündigungsfrist des Vermieters liegt bei drei, sechs oder neun Monaten (je nach Laufzeit des Vertrags). Auf die Kündigungsfristen und deren Regelungen für Mieter und Vermieter wird später noch genauer eingegangen.

1.3.10 Vereinbarungen über die Miete

In der Bundesrepublik Deutschland gibt es gegenwärtig zwei Mietensysteme. Da der öffentlich geförderte Wohnungsbau im Zusammenhang mit der Finanzierung separat behandelt wird, betrachten wir zunächst die freifinanzierten Wohnungen.

Freifinanzierte Wohnungen (Vergleichsmietensystem)
Wie in der freien Wirtschaft üblich, wird auch der Preis für das Wohnen durch Angebot und Nachfrage bestimmt.

> Die **ortsübliche Miete** ist eine marktorientierte Miete. Dabei handelt es sich um einen repräsentativen Querschnitt der Mieten, die in einer Gemeinde oder in vergleichbaren Gemeinden für nicht preisgebundenen Wohnraum gleicher Art, Größe, Ausstattung, Beschaffenheit und Lage in den letzten vier Jahren vereinbart oder verändert wurden (ohne Erhöhungen gemäß § 560 BGB). Dabei werden Alt- und Neuverträge berücksichtigt.

Die Höhe der Miete kann allerdings nicht willkürlich festgesetzt werden. Zu beachten sind:

1. Überschreitung der Wesentlichkeitsgrenze (§ 5 WiStG)
Der Vermieter darf sich eine Miete versprechen lassen, annehme [...] ~~fordern~~ [...]rdern, die bis zu 20 % über der ortsüblichen Vergleichsmiete liegt. Erst eine Übers[...] [...] 20 % ist bedenklich.

Kann der Vermieter allerdings nachweisen, dass dieses Entgelt z[...] den Aufwendungen tatsächlich benötigt wird, so ist auch ei[...] Grenze möglich. Sonderregelungen einzelner Bundesländer, wi[...] sprechend zu berücksichtigen. Eine Überschreitung der ortsüb[...] als 50 % ist nicht mit dem Hinweis auf Kostendeckung zu rech[...]

Die Forderungen aus überhöhten Mieten (Rückzahlung ne[...] mieter verjähren nach drei Jahren (siehe gesetzliche Fristenr[...] den Vermieter eine Zivilklage vor dem Amtsgericht anstren[...]

2. Mietwucher (§ 291 StGB)
Bei Wucher handelt es sich um eine Straftat, die allerdings mit Vorsatz begangen worden sein muss. Um überhöhte Mieten zu erzielen, muss der Vermieter bei seinem Mieter dessen mangelnde Willensstärke, dessen mangelndes Urteilsvermögen oder eine Notlage des Mieters ausgenutzt haben (z. B. Ausländer ohne Aufenthaltsgenehmigung).

Nach der Rechtsprechung beginnt Wucher ab einer Überschreitung der ortsüblichen Miete um mehr als 50 %. Mietwucher kann mit einer Freiheitsstrafe bis zu drei Jahren oder mit einer Geldstrafe geahndet werden.

Mietstrukturen
In Bezug auf die Zusammensetzung der Miete finden Sie in der Praxis die verschiedensten Vereinbarungen. Daher ist es notwendig, sich erst einmal einen Überblick über die unterschiedlichen Begriffe zu verschaffen.

Begriffe zur Wohnungsmiete	
Grundmiete	Entgelt für die Gebrauchsüberlassung der Wohnung; in der Grundmiete sind keine Betriebskosten enthalten.
Nettokaltmiete (NKM)	entspricht der Grundmiete
Nettomiete	entspricht der Nettokaltmiete (NKM) und somit der Grundmiete
Nettowarmmiete	In der Miete sind die Heizkosten enthalten, nicht jedoch die umlegbaren Betriebskosten.
Teilinklusivmiete	Ein Teil der umlegbaren Betriebskosten ist in der Miete enthalten und ein Teil der umlegbaren Betriebskosten wird separat bezahlt (entspricht auch der Bruttokaltmiete).
Bruttokaltmiete (BKM)	Sämtliche Betriebskosten, außer Heizungs- und Warmwasserkosten, sind in der Miete enthalten.
Bruttowarmmiete	Sämtliche Betriebskosten, inklusive der Heizungs- und Warmwasserkosten, sind in der Miete enthalten.
Inklusivmiete	entspricht der Bruttowarmmiete

Mietverträge, die die Kosten für Heizung und Warmwasser enthalten, werden heutzutage nicht mehr abgeschlossen, da dabei die geforderte Verbrauchsabrechnung nicht gewährleistet ist. Bei Altverträgen ist dies aber noch anzutreffen. Hier sind die in der Miete berücksichtigten Betriebskosten (als Pauschale), z. B. die kalten Nebenkosten bei einer Bruttokaltmiete, abgegolten und können nicht mehr über eine Betriebskostenabrechnung abgerechnet werden.

Nachforderungen durch den Vermieter sind nicht möglich. Eine Erhöhung dieser Pauschalen ist nur bei einer entsprechenden Vereinbarung im Mietvertrag möglich (§ 556 BGB). Vorauszahlungen (Abschlagszahlungen) müssen hingegen abgerechnet werden. Im Zusammenhang mit den Betriebskosten wird nochmals auf diese spezielle Problematik eingegangen.

An einem Beispiel soll der Unterschied herausgearbeitet werden:

Beispiel:
Miete: 1.000 Euro (Grundbetrag)
Betriebskostenvorauszahlung (BKV) insgesamt: 300 Euro
Heizungs- und Warmwasserkosten (HKVZ): 175 Euro

	Grundmiete = NKM = Nettomiete	Nettowarmmiete	Teilinklusivmiete	Bruttokaltmiete	Bruttowarmmiete = Inklusivmiete
Enthalten	Grundbetrag	Grundbetrag + HKVZ	Grundbetrag + Teil der BK + HKVZ	Grundbetrag + BK	Grundbetrag + BK + HKVZ
Beispiel	= 1.000 Euro	1.000 Euro + 175 Euro = 1.175 Euro	1.000 Euro + 100 Euro + 175 Euro = 1.275 Euro	1.000 Euro + 300 Euro = 1.300 Euro	1.000 Euro + 300 Euro + 175 Euro = 1.475 Euro
zusätzlich zu zahlen	BKV + HKVZ	BKV	BKV zu den restl. BK	HKVZ	–
Beispiel	300 Euro + 175 Euro	300 Euro	200 Euro	175 Euro	–

BKM = Bruttokaltmiete, NKM = Nettokaltmiete, BKVZ = Betriebskostenvorauszahlung, BK = Betriebskosten, HKVZ = Heizkostenvorauszahlung

Pauschale
Werden die Betriebskosten im Mietvertrag als Pauschale bezeichnet, sind alle Kosten mit der monatlichen Zahlung abgegolten. Das Risiko, dass der Betrag nicht zur Abdeckung aller Kosten ausreicht, liegt dann beim Vermieter. Eine Abrechnung für den Mieter wird in diesem Fall vom Vermieter nicht erstellt.

Eine Pauschale darf bei steigenden Kosten auch nur erhöht werden, wenn die Möglichkeit hierzu ausdrücklich im Mietvertrag vorgesehen ist. Dabei muss der Vermieter genau darlegen, zu welchem Zeitpunkt, um welchen Betrag und aus welchem Grund die Betriebskosten gestiegen sind.

1.3.11 Fälligkeit der Miete

Für Mietverträge, die nach dem 01.09.2001 abgeschlossen wurden und in denen keine vom BGB abweichende Vereinbarung getroffen wurde, gilt: Die Miete ist spätestens bis zum dritten Werktag im Voraus zu zahlen. Zahlt der Mieter nicht fristgerecht, so gerät er automatisch in Verzug. Dies ist im Zusammenhang mit Vertragsstörungen äußerst wichtig. Bei Mietverträgen, die vor dem 01.09.2001 geschlossen wurden, musste dies gesondert vereinbart werden.

1.3.12 Betriebskosten

Die gesetzlichen Grundlagen über die Regelungen der Betriebskosten sind in den §§ 556, 556a, 556c und 560 BGB enthalten.

Spezielle Verordnungen sind
- bis zum 31. Dezember 2003 der § 27 Berechnungsverordnung (II. BV),
- seit dem 1. Januar 2004 die Verordnung über die Aufstellung von Betriebskosten (BetrKV) anstelle der Anlage 3 zu § 27 II. BV (Aufstellung der Betriebskosten) sowie
- die Heizkostenverordnung.

Betriebskosten (Definition nach § 556 Abs. 1 Satz 2 BGB bzw. § 1 BetrKV)

Betriebskosten sind solche Kosten, die dem Eigentümer (Erbbauberechtigten) durch sein Eigentum (Erbbaurecht), durch den bestimmungsgemäßen Gebrauch des Gebäudes, der Nebengebäude, Anlagen, Einrichtungen und des Grundstücks laufend entstehen.

Im Mietvertrag kann zwischen Mieter und Vermieter schriftlich vereinbart werden, dass die Nebenkosten vom Mieter zu tragen sind. Der Mietvertrag muss konkret enthalten, welche Betriebskostenarten zulasten des Mieters gehen. Ergibt sich bei der jährlichen Abrechnung eine Abweichung zwischen vereinbarter Betriebskostenart und tatsächlich abgerechneten Nebenkosten, welche im Mietvertrag nicht ausdrücklich bezeichnet sind, muss der Mieter diese Kostenpositionen nicht zahlen.

Hier haben Mieter und Vermieter jedoch ein Wahlrecht. Sie können sich für Vorauszahlungen entscheiden, die jährlich abzurechnen sind, oder eine Pauschale vereinbaren. Mit der Pauschale sind alle vereinbarten Nebenkosten abgegolten. Die Bestimmungen der Heizkostenverordnung sind gesondert zu berücksichtigen.

Welche anfallenden Kosten der Vermieter vertraglich auf den Mieter umlegen kann, ist in der **Betriebskostenverordnung (§ 2 BetrKV)** festgelegt. Dieser Katalog kann nicht durch den Vermieter erweitert werden. Nur die aufgeführten Positionen können auf den Mieter umgelegt werden, wobei dies einer schriftlichen Einigung zwischen dem Mieter und dem Vermieter bedarf. Zu den Kostenpositionen zählen:

Kostenpositionen	Beispiele
laufende öffentliche Lasten des Grundstücks	Grundsteuer
Kosten der Wasserversorgung	Grundgebühren, Kaltwasserzähler, Eichkosten, Verbrauchskosten
Kosten der Entwässerung	Kanalgebühren, Niederschlagswasser, private Entwässerungsanlage
Heizkosten	in der Heizkostenverordnung geregelt
Kosten der Warmwasserversorgung	in der Heizkostenverordnung geregelt
Kosten verbundener Heizungs- und Warmwasserversorgungsanlagen	in der Heizkostenverordnung geregelt
Kosten des Betriebes eines maschinellen Personen- und Lastenaufzuges	Wartungskosten, Betriebsstrom, Notrufanlage, TÜV
Kosten der Straßenreinigung und Müllbeseitigung	Kosten für die öffentliche Straßenreinigung, Kosten für die Einrichtung (z. B. Müllschlucker), Kosten für Berechnung und Aufteilung des ermittelten Müllaufkommens
Kosten der Gebäudereinigung und der Ungezieferbekämpfung	Reinigung aller Gemeinschaftsflächen, Rattenbekämpfung
Kosten der Gartenpflege	Pflege der hauseigenen Grünanlagen, Baumverschnitt, Ersatzpflanzungen
Kosten der Beleuchtung	Stromkosten für alle Gemeinschaftsflächen, Außenanlage
Kosten der Schornsteinreinigung	Kehrgebühren, Immissionsmessungen

Kostenpositionen	Beispiele
Kosten einer etwaigen Sach- und Haftpflichtversicherung	Versicherungskosten des Gebäudes gegen Feuer-, Sturm-, Elementar- und Wasserschäden, Glasversicherung sowie Haftpflichtversicherung für Gebäude, Grundstück, Öltank
Kosten für den Hauswart	Vergütung, Sozialbeiträge und alle geldwerten Leistungen für die Hauswarttätigkeit
Kosten des Betriebes einer Gemeinschaftsantennenanlage oder des Betriebes einer mit einem Breitbandkabelnetz verbundenen privaten Verteileranlage	Kosten des Betriebsstroms, der Miete und der Wartung der Anlage
Kosten des Betriebes einer maschinellen Wascheinrichtung	Kosten für Strom, Wasser, Reinigung und Wartung hauseigener Waschmaschinen, Trockner
sonstige Betriebskosten*	Kosten, die in den anderen Positionen nicht erfasst sind
* Die umzulegenden Kostenarten müssen im Mietvertrag aufgelistet werden, z. B. Dachrinnenreinigung, Prüfgebühr für Feuerlöscher oder prüfpflichtige Rauchwarnmelder. Darunter können auch Betriebskosten fallen, die aufgrund neuartiger technischer Entwicklungen noch nicht abzusehen sind.	

Die Kostenposition **„Umlageausfallwagnis“** darf bei preisgebundenem Wohnraum zusätzlich zu den bereits genannten Betriebskosten gefordert werden (§ 25a NMV 1970).

Keine umlegbaren Betriebskosten sind:

- Anschaffungskosten (Ausnahme: Erneuerungskosten für Pflanzen und Gehölze sowie Austausch von Sand auf dem Spielplatz)
- Beiträge des Vermieters für Grundeigentümervereine
- Bankgebühren, Portokosten
- Verwaltungskosten
- Reparaturkosten
- Zinsen für einen Kredit, um Heizöl einzukaufen
- Zinsabschlagssteuer auf Instandhaltungsrücklagen
- Kosten der Wach- und Schließgesellschaft sowie Pförtner- und Überwachungskosten (Achtung: Dieser Punkt ist strittig.)
- Mietausfall-, Rechtsschutz- und Reparaturkostenversicherung

Hinweis:

In der Praxis wird oftmals unterschieden zwischen kalten und warmen Betriebskosten. Als kalte Betriebskosten werden z. B. die Kosten der Wasserver- und -entsorgung, der Müllbeseitigung, der Grundsteuer und der Versicherungen bezeichnet. Unter warmen Betriebskosten sind die Kosten der Heizung und Warmwasserversorgung zu verstehen.

Umlageschlüssel

Alle in der Betriebskostenverordnung genannten Kostenpositionen werden nach der Wohnfläche umgelegt, es sei denn, es wird im Mietvertrag anderes vereinbart, z. B. Müllkosten nach Personen.

1.3.13 Schönheitsreparaturen

Unter Schönheitsreparaturen versteht man die in der Wohnung anfallenden Renovierungsarbeiten (§ 28 Abs. 4 II. BV). Da eine andere gesetzliche Definition nicht existiert, wird die Begriffsdefinition aus dem sozialen Wohnungsbau auch für den freifinanzierten Wohnungsbau verwendet. Aufgrund der sich wandelnden Wohnungsausstattungen und des steigenden Wohnungskomforts hat die Rechtsprechung den Begriff der Schönheitsreparaturen ausgedehnt.

Unter einer **Schönheitsreparatur** versteht man Maßnahmen zur Beseitigung von Mängeln, die durch den vertragsgemäßen Gebrauch der Mietsache entstanden sind.

Das Gesetz verpflichtet grundsätzlich den Vermieter, die vermietete Wohnung für seine Mieter auf seine Kosten zu renovieren (§ 535 BGB). Es ist allerdings üblich und zulässig, diese Renovierungspflicht mietvertraglich auf den Mieter zu übertragen.

Unterschieden wird hierbei zwischen Schönheitsreparaturen im bestehenden Mietverhältnis und Schönheitsreparaturen bei Ende des Mietverhältnisses.

1. Schönheitsreparaturen im bestehenden Mietverhältnis

Zusätzlich zur Übertragung der Renovierungspflicht auf den Mieter sehen Mietverträge in der Regel bestimmte Fristenpläne vor. Die Fristenpläne sind unterschiedlich nach einzelnen Räumen der Wohnung aufgeteilt. Die Fristen sind vom Einzug an zu berechnen und es ist unerheblich, ob die Wohnung renoviert oder unrenoviert übergeben wurde.

Der Fristenplan stellt sich wie folgt dar:
- Küche, Bad, Dusche (Feuchträume) alle 3 Jahre
- Wohn- und Schlafräume, Flur, Dielen und Toiletten alle fünf Jahre
- Nebenräume alle sieben Jahre

Die Fristen gelten nur als Anhaltspunkt. Maßgeblich ist der tatsächliche Zustand der einzelnen Räume. Das heißt, es muss nur dann renoviert werden, wenn auch ein konkreter Renovierungsbedarf besteht. Bei der Gestaltung der Renovierung ist der Mieter während des bestehenden Mietverhältnisses weitgehend frei.

Bei der **Qualität der Schönheitsreparaturen** wird im Allgemeinen verlangt, dass die Ausführungen stets fachgerecht in mittlerer Art und Güte erfolgen (BGH, RE vom 06.07.1988). Die Verpflichtung zur Ausführung durch eine Fachfirma besteht nicht.

Wirksame und unwirksame Klauseln (siehe aktuelle Rechtsprechung des BGH):

Wirksame Klauseln	Unwirksame Klauseln
• Vereinbarung über Variabilität der Fristen • Farbwahlklausel für den Zeitpunkt der Rückgabe der Wohnung (z. B. neutrale Farben)	• Klauseln, die Fristen verkürzen; Eine Verkürzung der Fristen hat die Unwirksamkeit der Übertragung von Schönheitsreparaturen zur Folge. • Klauseln, die den Mieter verpflichten, bei Ein- und Auszug zu renovieren, verstoßen gegen das BGB und sind unwirksam. • Nichtig sind auch Vereinbarungen, wonach der Mieter nach Ablauf der Fristen grundsätzlich zur Durchführung verpflichtet wird. • Schönheitsreparaturklauseln mit starrem Fristenplan

Renoviert der Mieter entgegen seiner vertraglich vereinbarten Pflicht nicht, kann der Vermieter den Mieter zur Vornahme der Renovierungsarbeiten verpflichten. Das bedeutet, der Vermieter setzt dem Mieter hierfür eine angemessene Frist und droht ihm gleichzeitig an, dass er nach fruchtlosem Fristablauf einen Kostenvorschuss zur Ausführung der Schönheitsreparaturen verlangen wird (**Erfüllungs-** und **Ersatzanspruch**).

Zu den Schönheitsreparaturen zählen beispielsweise folgende Arbeiten:
- Tapezieren, Anstreichen und Kalken von Wänden
- Reinigen von Teppichböden (wenn gesondert vereinbart)
- Streichen oder Lasieren von Innentüren
- Streichen der Wohnungstür von innen
- Streichen von auf Putz liegenden Versorgungsrohren (z. B. Gasrohren)
- Streichen oder Lasieren von Holzverkleidungen oder Einbaumöbeln

Nicht zu den Schönheitsreparaturen zählen z. B. folgende Arbeiten:
- malermäßige Instandsetzung von Flächen außerhalb der Wohnung, z. B. Treppenhäuser und Gemeinschaftsräume
- Austausch eines durch normalen Gebrauch abgenutzten Teppichbodens
- Abschleifen und Versiegeln von Parkettböden
- Verputzen der Wände
- Streichen von Terrassen und Balkonen

2. Schönheitsreparaturen bei Ende des Mietverhältnisses
Vereinbart werden darf die sogenannte Quotenklausel, mit der der Mieter verpflichtet werden kann, bei Auszug die Kosten für die Schönheitsreparaturen zeitanteilig zu tragen. Die Klausel darf jedoch kein Verbot enthalten, welches dem Mieter die Selbstdurchführung untersagt.

Der BGH hat sich in der Vergangenheit mehrfach mit dem Thema befasst:

„Plant der Vermieter nach dem Auszug des Mieters umfangreiche Sanierungsmaßnahmen, die die Schönheitsreparaturen des Mieters für ihn wirtschaftlich sinnlos machen würden, so kann er anstelle der geschuldeten Leistung die Zahlung eines Geldbetrages verlangen."

1.3.14 Kleine Instandhaltungen

Instandhaltung in Anlehnung an § 28 Abs. 1 II. BV:

Instandhaltung ist der Aufwand, mit dem durch Abnutzung, Alterung und Witterungseinwirkungen entstandene bauliche oder sonstige Mängel ordnungsgemäß beseitigt werden (laufend anfallende Reparaturen, z. B. Fenster, Türen, Treppenhäuser).

Die Instandhaltung ist erst einmal Aufgabe des Vermieters (§§ 535 Abs. 1 und 538 BGB), kann aber dem Mieter vertraglich bis zu einer bestimmten Höhe auferlegt werden. In vielen Mietverträgen findet sich eine Klausel zur Übernahme der Kosten für Kleinreparaturen bzw. Bagatellschäden. Wichtig dabei ist, dass dem Mieter nicht auferlegt wird, die Reparaturen selbst vorzunehmen oder den Handwerker selbst zu beauftragen. Der Mieter ist lediglich verpflichtet, die Kosten zu übernehmen. Er muss auch nur die Kosten für Gegenstände tragen, die dem Verschleiß und der Abnutzung unterliegen, wie dies z. B. bei einem Wasserhahn der Fall ist (§ 28 Abs. 3 II. BV).

Aus der Klausel im Mietvertrag muss hervorgehen, bis zu welchem Betrag eine Instandhaltung als Kleinreparatur anzusehen ist. Als Höchstgrenze sind gemäß Rechtsprechung ca. 100 Euro je Einzelreparatur anzusehen. Sind die Kosten höher, so muss der Vermieter die gesamten Kosten tragen. Eine anteilige Kostentragung des Mieters ist nicht zulässig. Auch eine Aufteilung der Gesamtkosten auf mehrere Rechnungen ist nicht erlaubt.

Die Klausel muss ebenfalls einen Höchstbetrag für den Fall festlegen, dass mehrere Kleinreparaturen im Jahr anfallen. Von den Gerichten wird derzeit ein Gesamtbetrag von ca. 150 bis 200 Euro als angemessen angesehen, jedoch nicht mehr als 8 bis 10% der Jahresnettomiete.

Fehlt eine der beiden Klauseln – die Höhe der Einzelreparatur oder die Höchstgrenze der Reparaturen im Jahr –, ist die gesamte Klausel unwirksam. Die Folge ist, dass der Vermieter alle Kosten zu tragen hat.

Unwirksame Klauseln sind:
- Der Mieter hat für Reparaturen an Leitungen für Gas, Wasser und Strom aufzukommen.
- Der Mieter hat alle Reparaturen an den elektrischen Einrichtungen zu bezahlen.
- Der Mieter hat Reparaturkosten an den Gemeinschaftseinrichtungen zu übernehmen, wie z. B. die Reparatur der Kellertür.

Beispiel einer wirksamen Klausel:
Der Mieter hat Instandhaltungskosten für alle mitvermieteten Anlagen und Einrichtungen, die dem häufigen Gebrauch unterliegen, wie z. B. Fenster- und Türbeschläge, Rolladen (Gurt und Aufwickler), Lichtschalter, Steckdosen, Sicherungen und Klingeltaster, Schlösser, Wasserhähne, Heizkörperventile und ähnliche Einrichtungen, zu tragen. Die Kosten sind auf Reparaturmaßnahmen bis 100,00 Euro je Maßnahme begrenzt und dürfen im Jahr insgesamt den Betrag von 8% der Jahresnettomiete nicht überschreiten.

Unterschied zwischen Instandhaltung und Instandsetzung
Nach der II. BV umfasst die Instandhaltung alle Maßnahmen, die notwendig sind, damit eine Wohnung in einem ordentlichen, bewohnbaren und vertragsgemäßen Zustand bleibt und künftige Schäden verhindert werden, wie z. B. das regelmäßige Streichen der Holzfenster zum Schutz gegen die Witterung.

Fallen hingegen Reparaturen an, die beispielsweise nicht durch eine regelmäßige Nutzung begründet sind, so wird von Instandsetzung gesprochen.

Unter **Instandsetzung** ist die Beseitigung bereits aufgetretener Schäden infolge von Abnutzung, Alterung und Witterung zu verstehen (Reparatur, Ersatz sowie Behebung baulicher Mängel).

Beispiel:
Die Holzfenster in einer Wohnung wurden über Jahre nicht gestrichen und somit von der Witterung geschädigt. Einige Rahmenteile aus Holz sind nun verfault und müssen ersetzt werden.

1.3.15 Kaution (Mietsicherheit)

Die Zahlung einer Kaution (Mietsicherheit) muss vertraglich vereinbart werden (§ 551 BGB). Die Kaution wird zu Beginn des Mietverhältnisses fällig.

Höhe der Kaution (Mietsicherheit)
Die Höhe der Kaution darf nach § 551 Abs. 1 BGB bei Wohnraum nicht mehr als drei Monatsmieten betragen, d. h. drei Monatsmieten ohne die neben der Nettomiete als Pauschale oder Vorauszahlung zu leistenden Betriebs-, Heiz- und Warmwasserkosten. In Mietverträgen, die vor dem 1. September 2001 (Mietrechtsreform) abgeschlossen wurden, blieben hingegen nur Vorauszahlungen, über die gesondert abzurechnen war, bei der Kautionshöhe unberücksichtigt. Bei einer Bruttokaltmiete (hier sind die kalten Betriebskosten in der Miete enthalten) beträgt die Mietsicherheit maximal das Dreifache. Vereinbarungen über die Zahlung einer Kaution auf der Basis der Bruttowarmmiete sind nach der Heizkostenverordnung nur in wenigen

Ausnahmefällen zulässig. Nach überwiegender Meinung sind die Heiz- und Warmwasserkosten bei der Berechnung der Kautionshöhe von der Bruttowarmmiete abzuziehen.

Bei der Berechnung der zulässigen Höhe der Kaution wird die zum Zeitpunkt der Kautionsvereinbarung (zumeist beim Mietvertragsabschluss) vereinbarte Miete zugrunde gelegt. Spätere Veränderungen der Miethöhe haben keinen Einfluss auf den Höchstbetrag. Auch Mietminderungen bleiben unberücksichtigt. Eine Ausnahme ergibt sich allerdings, wenn die Wohnung zum Zeitpunkt der Vereinbarung der Mietsicherheit einen unbehebbaren Mangel aufweist. In diesem Fall ist für die Berechnung der Höchstgrenze die geminderte Miete maßgeblich.

Auch eine Bürgschaft ist nur in der bereits genannten Höhe von maximal drei Nettomieten zulässig. Haben Sie eine höhere Mietsicherheit vereinbart, als gesetzlich zulässig ist, ist die Vereinbarung nicht gänzlich unwirksam. Die Mietsicherheit wird dann auf die gesetzliche Höhe begrenzt und Sie können den darüber hinausgehenden Betrag vom Vermieter zurückfordern. Vereinbaren Sie eine Barkaution in gesetzlich zulässiger Höhe und daneben noch eine weitere Mietsicherheit, z. B. in Form einer Bürgschaft, so liegt eine Übersicherung vor. In diesem Fall ist die Vereinbarung über die Barkaution wirksam, lediglich die Bürgschaftsvereinbarung ist gemäß § 551 Abs. 4 BGB von Beginn an nichtig.

Achtung:
Wenn Sie oder ein Bürge dem Vermieter von sich aus freiwillig und unaufgefordert zusätzlich eine Bürgschaft anbieten (weil Sie vielleicht unbedingt die Wohnung haben wollen), bleibt neben der Kautionsvereinbarung auch die Bürgschaftsvereinbarung wirksam.

Ob nur die Kaltmiete oder auch Nebenkostenanteile bei der Berechnung der Kaution einbezogen werden, richtet sich nach der vereinbarten Mietstruktur.

Beispielberechnungen für unterschiedliche Mietstrukturen
Vereinbarte Kaution: drei Monatsmieten
Miete: 1.000 Euro (Grundbetrag)
Betriebskostenvorauszahlung (BKV) insgesamt: 300 Euro
Heizungs- und Warmwasserkosten (HKVZ): 175 Euro

	Grundmiete = NKM = Nettomiete	**Nettowarmmiete**	**Teilinklusivmiete**	**Bruttokaltmiete**	**Bruttowarmmiete = Inklusivmiete**
Enthalten	Grundbetrag	Grundbetrag + HKVZ	Grundbetrag + Teil der BK + HKVZ	Grundbetrag + BK	Grundbetrag + BK + HKVZ
Beispiel	= 1.000 Euro	1.000 Euro + 175 Euro = 1.175 Euro	1.000 Euro + 100 Euro + 175 Euro = 1.275 Euro	1.000 Euro + 300 Euro = 1.300 Euro	1.000 Euro + 300 Euro + 175 Euro = 1.475 Euro
zusätzlich zu zahlen	BKV + HKVZ	BKV	BKV zu den restl. BK	HKVZ	–
Beispiel	300 Euro + 175 Euro	300 Euro	200 Euro	175 Euro	–
Kautionshöhe	3.000 Euro	3.000 Euro	3.300 Euro	3.900 Euro	3.900 Euro

BKM = Bruttokaltmiete, NKM = Nettokaltmiete, BKVZ = Betriebskostenvorauszahlung, BK = Betriebskosten, HKVZ = Heizkostenvorauszahlung

Zahlung der Kaution

Wurde die Sicherheit in Form einer Barkaution vereinbart, so hat der Mieter das Recht, diese in drei gleichen Monatsraten zu entrichten, wobei die erste Rate zu Beginn des Mietverhältnisses fällig ist.

Die Kaution kann aber auch in anderer Form erbracht werden, wie beispielsweise:

- Erbringung einer selbstschuldnerischen Bürgschaft eines Dritten, z. B. durch die Eltern
- Bankbürgschaft
- Sparbuch mit Sperrvermerk
- Kautionskonto
- Sparbuch, über das der Vermieter und der Mieter nur gemeinsam verfügen können
- Verpfändung eines Sparbuches (BGH, NJW 84, 1749)
- Sicherheitsübereignung von Wertgegenständen (**Achtung:** Ist nur möglich, wenn der Vermieter dem zugestimmt hat).
- Kautionsversicherung
- Verpfändung von Wertpapieren, z. B. Bundesschatzbriefe
- Kombination aus den genannten Möglichkeiten

Möchte ein Mieter die Möglichkeit einer Ratenzahlung in Anspruch nehmen, so kann er das nur, wenn eine Barkaution vereinbart wurde.

Fälligkeit

Wie eingangs erwähnt, hat der Mieter das Recht, die Kaution in drei Monatsraten zu bezahlen (§ 551 Abs. 2 BGB). Nach der gesetzlichen Regelung wird die erste Rate zu Beginn des Mietverhältnisses fällig. Darunter ist nicht der Vertragsschluss, sondern derjenige Zeitpunkt zu verstehen, zu dem das Mietverhältnis vereinbarungsgemäß beginnen soll (LG Mannheim, ZMR 1990, 18). Über die Fälligkeit der Folgeraten trifft das Gesetz keine eindeutige Regelung. Es wird aber überwiegend die Meinung vertreten, dass die Folgeraten zusammen mit der zweiten und dritten Mietrate zu entrichten sind.

Um allen Streitigkeiten aus dem Weg zu gehen, ist es zur Durchsetzung von Forderungen anzuraten, die Fälligkeit im Mietvertrag zu vereinbaren.

Begriff der Barkaution

Dieser Begriff beutet nicht unbedingt, dass die Kaution dem Vermieter als Bargeld übergeben werden muss. Sie kann selbstverständlich auch auf ein Konto überwiesen werden. Erhält der Vermieter die Barkaution allerdings in Form von Bargeld, so ist eine Quittung mit dem entsprechenden Bestimmungszweck an den Mieter zu übergeben.

Ungültige Kautionsklausel

Es wird nicht selten versucht, die Kaution als Einmalzahlung vom Mieter zu erhalten. Enthält ein Mietvertrag eine Klausel, die besagt, dass der Mieter die Kaution zu Beginn des Mietverhältnisses in einer Summe zu zahlen hat, so ist diese ungültig.

Handhabung durch den Vermieter

Der Vermieter muss die Kaution getrennt von seinem privaten und geschäftlichen Vermögen aufbewahren. Damit fließt sie nicht in die Insolvenzmasse ein und ist geschützt gegen eine Pfändung. Der Vermieter muss gegenüber dem Kreditinstitut offenlegen, dass er nur Treuhänder ist. Die Gelder sind zu einem üblichen Zinssatz für Konten mit einer dreimonatigen Kündigungsfrist anzulegen. Die erwirtschafteten Zinsen stehen dem Mieter zu, erhöhen jedoch die Sicherheit des Vermieters. Der Mieter kann über die Anlage der Kaution Auskunft verlangen. Bedient sich der Vermieter zu Recht aus der Kaution, muss der Mieter diese wieder auffüllen.

Verwendung der Kaution

Beim nicht preisgebundenen Wohnraum kann der Vermieter die Kaution für Mietrückstände, Schäden an der Mietsache, unterlassene Schönheitsreparaturen und Ansprüche aus den Betriebskostenabrechnungen verwenden. Dabei kann der Vermieter sich bereits während der Mietzeit aus der Kaution bedienen. Bei Mietrückständen muss vom Vermieter allerdings sichergestellt werden, dass es sich bei den ausstehenden Zahlungen auch wirklich um Mietrückstände handelt und nicht um Mietminderungen. Beim preisgebundenen Wohnraum ist die Verwendung hingegen nur auf Schäden an der Mietsache und unterlassene Schönheitsreparaturen begrenzt (§ 9 WoBindG).

Rückzahlung der Kaution
Der Rechtsprechung kann man entnehmen, dass die Kaution spätestens sechs Monate nach Beendigung des Mietverhältnisses zurückzuzahlen ist, da dann die Ansprüche für Schäden an der Mietsache verjährt sind (OLG Karlsruhe, WM 87, 156; OLG Celle, WM 86, 61; LG Saarbrücken, WM 79, 140). Sind Nachzahlungen aus den Betriebskostenabrechnungen zu erwarten, kann über den Zeitpunkt hinaus das Dreifache der monatlichen Vorauszahlung aus der Kaution zurückbehalten werden.

Ersatzansprüche des Vermieters
Die Ersatzansprüche des Vermieters wegen Veränderung oder Verschlechterung der Mietsache verjähren nach sechs Monaten. Ausgangspunkt für die Berechnung der sechs Monate und somit für den Eintritt der Verjährung ist der Zeitpunkt, zu dem der Vermieter die Mietsache zurückerhalten hat.

Aufstockung
Hat der Mieter mit Genehmigung des Vermieters Umbauten an der Wohnung vorgenommen, kann der Vermieter unter Umständen die Aufstockung der Kaution verlangen. Eine Aufstockung aufgrund einer Mieterhöhung kann der Vermieter hingegen nicht fordern.

Zugriff durch den Mieter
Mieter können während der Mietzeit nicht über die Kaution verfügen. Solange das Mietverhältnis besteht, dürfen sie den Kautionsrückzahlungsanspruch nicht mit Forderungen des Vermieters aufrechnen. Dem Mieter ist es auch nicht erlaubt, die Kaution „abzuwohnen“, also bei Vertragsende die Mietzahlung einzustellen und dem Vermieter aufzugeben, sich aus der Kaution zu bedienen.

Verkauf des Mietobjektes
Der Erwerber – also der neue Vermieter – haftet für die Rückzahlung der Kaution, unabhängig davon, ob sie vom Vorvermieter an ihn übergeben wurde.

Zwangsverwaltung
Kommt ein Mietobjekt in die Zwangsverwaltung, so können die Mieter nach der Beschlagnahme die Übergabe der Kaution vom Vermieter an den Zwangsverwalter verlangen. Der Zwangsverwalter tritt für die Dauer der Beschlagnahme in die Rechte und Pflichten aus dem Mietvertrag ein (§ 152 ZVG). Er ist den Mietern gegenüber auch dann zur Herausgabe der geleisteten Mietsicherheit verpflichtet, wenn er diese nicht vom Vermieter erhalten hat.

War das Mietverhältnis bereits vor Anordnung der Zwangsverwaltung beendet und hat der Mieter die Wohnung bereits geräumt, so hat der Mieter keinen Anspruch gegen den Zwangsverwalter auf Rückgewähr der Mietsicherheit (BGH, Urteil vom 3. Mai 2006, VIII ZR 210/05). Auch wenn das Mietverhältnis erst nach Aufhebung der Zwangsverwaltung endet, haben Mieter gegen den Zwangsverwalter keinen Anspruch auf Rückzahlung der Kaution.

1.3.16 Untervermietung

Die Erlaubnis zur Untervermietung ist im Mietvertrag zu regeln. Das BGB regelt die Gebrauchsüberlassung in den §§ 540 und 553.

Untermiete liegt dann vor, wenn die gesamte Sache oder ein Teil der Sache, z. B. ein Raum, gegen Entgelt einem Dritten (dem Untermieter) überlassen wird.

Grundsätzlich gilt, dass
- der Mieter ein berechtigtes Interesse an der Untervermietung haben muss und dieses nach Abschluss seines Mietvertrags entstanden ist (z. B. zu große Wohnung durch Auszug oder Tod einer Mietpartei),
- nur ein Teil der Wohnung untervermietet wird (es gilt, dass der Mieter mindestens ein Zimmer zur Verfügung haben muss) und
- die Wohnung nicht überbelegt ist.

Kein berechtigtes Interesse liegt dagegen vor, wenn der Vermieter dem Mieter nachweisen kann, dass dieser bereits vor Mietvertragsabschluss eine Untervermietung geplant hat bzw. wenn der Mieter unmittelbar nach Vertragsschluss plötzlich zu der Erkenntnis gelangt, dass eine Untervermietung der Entfaltung seiner Persönlichkeit diene. Die Erlaubnis zur Untervermietung muss grundsätzlich schriftlich beantragt werden, wobei der Name des vorgesehenen Untermieters dem Vermieter zu nennen ist. Wurde die Erlaubnis erteilt und betrifft sie nur eine bestimmte Person, so muss der Mieter jede weitere Untervermietung neu genehmigen lassen. Wenn der Vermieter eine generelle und nicht personengebundene Berechtigung zur Untervermietung ausgesprochen hat, so reicht es aus, dass der Mieter nur den Namen des jeweiligen Untermieters mitteilt.

Ein Untermietzuschlag darf nur dann erhoben werden, wenn dem Vermieter die Überlassung von einem Teil der Wohnung an einen Untermieter nur bei einer Erhöhung der Miete zuzumuten wäre (§ 553 BGB). Hierfür trägt der Vermieter die Darlegungslast. Ein Zuschlag darf also nicht erhoben werden, wenn nur ein Personenwechsel eintritt und sich die Zahl der in der Wohnung lebenden Personen gegenüber den Verhältnissen vor der beabsichtigten Untervermietung nicht erhöht, z. B. bei Untervermietung nach Auflösung einer Ehe und Auszug des Partners. Wenn enge Familienangehörige die Wohnung unentgeltlich und von den Weisungen des Mieters abhängig mitbewohnen, entfällt ein Untermietzuschlag ganz.

Einen Anspruch auf Untervermietung der gesamten Wohnung gibt es nicht, weil dadurch der Untermieter praktisch zum Hauptmieter würde.

1. Untervermietung ohne Erlaubnis

In der Rechtsprechung wird die Untervermietung ohne Erlaubnis des Vermieters als Vertragsverletzung durch den Hauptmieter gewertet, die zur fristgemäßen Kündigung des Mietverhältnisses berechtigt – selbst dann, wenn der Hauptmieter ein berechtigtes Interesse an der Untervermietung geltend machen kann. Es liegt in diesem Fall eine Vertragsverletzung vor, die den Vermieter zu einer Unterlassungsklage (§ 541 BGB), einer außerordentlichen fristlosen Kündigung (§ 542 Abs. 2 BGB) oder zu einer ordentlichen Kündigung (§ 573 Abs. 2 BGB) berechtigt.

2. Gast oder Untermieter?

Gäste darf ein Mieter innerhalb seiner vier Wände ohne Genehmigung beliebig oft empfangen und auch bis zu ca. sechs Wochen beherbergen, solange daraus kein Daueraufenthalt wird. Das heißt, der Vermieter darf im Streitfall nicht nachweisen können, dass der Besuch sich ohne längere Unterbrechungen ständig in der Wohnung aufhält. Dieses Recht zur Aufnahme von Gästen findet seine Grenzen nur bei strafbaren Handlungen oder wenn es zu Belästigungen der Mitbewohner kommt, wie z. B. durch starken Lärm.

Enge Familienangehörige wie Ehepartner, Eltern und Kinder (nicht aber Geschwister und entfernte Verwandte) gelten nicht als Untermieter im Sinne des Gesetzes. Ihnen darf der Mieter „den von seinen Weisungen abhängigen Mitgebrauch" der Wohnung gestatten. Das bedeutet, dass ein gemeinsamer Haushalt geführt wird und den Angehörigen die Wohnung nicht zum völlig selbstständigen Gebrauch überlassen wird. Eine längerfristige Aufnahme von Angehörigen (mehr als sechs Wochen) ist dem Vermieter schriftlich anzuzeigen, bedarf jedoch nicht seiner Genehmigung. Allerdings darf auch durch die Aufnahme von Angehörigen keine Überbelegung der Wohnung eintreten.

Wenn der Mieter in seiner Wohnung im Rahmen seiner Lebensgestaltung, also aus persönlichen oder wirtschaftlichen Gründen, mit einer anderen Person zusammen eine auf Dauer angelegte Wohngemeinschaft begründen will, muss grundsätzlich ein berechtigtes Interesse im Sinne von § 553 BGB vorliegen. Somit entsteht ein zwingender Anspruch auf Genehmigung der Teilüberlassung der Wohnung oder der Einräumung des Mitgebrauchs durch den Partner. Dies gilt sowohl für anders- als auch gleichgeschlechtliche Personen.

3. Der Untermietvertrag

Der Untermietvertrag wird nur zwischen Haupt- und Untermieter geschlossen. Zwischen Vermieter und Untermieter bestehen keine vertraglichen Beziehungen. Für den Untermietvertrag gelten die allgemeinen Bestimmungen des Mietrechts.

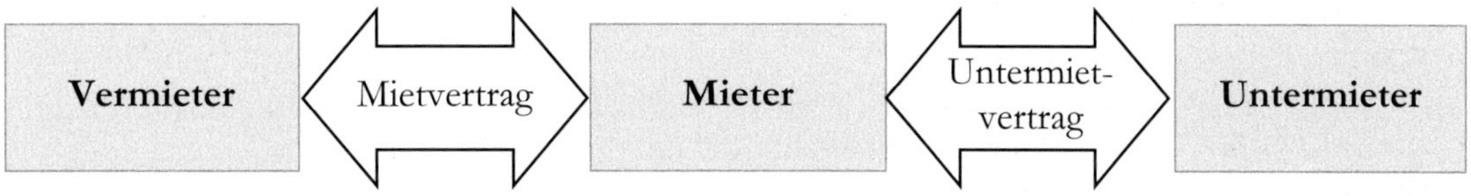

Wenn das Hauptmietverhältnis endet, muss auch der Untermieter ausziehen, es sei denn, er wird als Hauptmieter übernommen. Zieht der Untermieter nicht freiwillig aus, so muss der Vermieter ihn auf Räumung verklagen (§ 566 Abs. 2 BGB). Dem Untermieter steht unter Umständen ein Schadensersatzanspruch gegenüber dem Hauptmieter zu, wenn dieser eine fristlose Kündigung aufgrund eigenen Verschuldens erhält und der Untermieter deshalb ausziehen muss.

Der Hauptmieter ist dem Vermieter gegenüber für die Wohnung verantwortlich. Das heißt, er hat auch Schäden dem Vermieter gegenüber zu vertreten, die der Untermieter beim Gebrauch der Wohnung verschuldet. Deshalb ist es für den Hauptmieter wichtig, sich durch einen Untermietvertrag rechtlich abzusichern.

Ein Untermietvertrag zwischen Haupt- und Untermieter sollte, wie auch „normale" Mietverträge, schriftlich abgefasst sein und folgende Regelungen enthalten:

- Regelung der Mitbenutzung von gemeinsamen Räumen in der Wohnung (z. B. Küche, Bad) und/oder von gemeinsamen Haushaltsgegenständen (z. B. Waschmaschine, Telefon)
- eventuell eine Kostenbeteiligung des Untermieters an Heiz-, Strom- und Gaskosten, Schönheitsreparaturen sowie am Erwerb bzw. an der Instandhaltung von gemeinsamen Haushaltsgegenständen (z. B. Waschmaschine, Kühlschrank, Staubsauger)
- bei möblierter Untervermietung eine genaue Inventarliste, in der auch der Zustand der einzelnen Einrichtungsgegenstände bei Einzug festgehalten wird
- Kündigungsfristen für Haupt- und Untermieter
- Rückzahlung von Kautionen sowie die Verrechnung gezahlter Heizkostenvorschüsse und gemeinsamer Anschaffungen, wenn der Untermieter auszieht

Die Miete, die der Untermieter an den Hauptmieter zu zahlen hat, kann frei vereinbart werden. Sie sollte jedoch – unter Berücksichtigung der vom Untermieter genutzten Wohnfläche – in einem angemessenen anteiligen Verhältnis zu der Miete stehen, die für die gesamte Wohnung gezahlt wird. Auch wer eine überhöhte Untermiete einnimmt, muss sich gegebenenfalls wegen des Wuchertatbestands nach § 291 StGB oder wegen überhöhter Miete nach § 5 WiStG verantworten.

Kündigt der Hauptmieter die Wohnung, so hat der Untermieter gegenüber dem Vermieter keinen Anspruch darauf, als neuer Hauptmieter übernommen zu werden. Eine Übernahme der Wohnung kann nur durch Vereinbarung mit dem Vermieter erreicht werden oder wenn der Hauptmieter das vertragliche Recht besitzt, einen Ersatz- bzw. Nachmieter zu stellen.

Grundsätzlich gilt:

Der Mieter kann eine Erlaubnis zur Untervermietung durch den Vermieter nicht erzwingen. Er hat aber ein Sonderkündigungsrecht, sofern der Grund für die Verweigerung der Untervermietung nicht in der Person des Untermieters liegt.

1.3.17 Tierhaltung

In den gesetzlichen Regelungen findet man keinen Hinweis auf die Tierhaltung bei Wohnraummietverhältnissen.

Es gilt:

Ist in einem Mietvertrag keine Aussage über die Tierhaltung vorhanden, dann ist dem Mieter diese grundsätzlich gestattet.

Grundsätzlich dürfen dabei keine Gefahren oder Belästigungen für die anderen Hausbewohner und die Mietsache zu befürchten sein. Zu beachten sind in jedem Fall auch die Bestimmungen des Tierschutzes, der Artenschutzabkommen oder anderer Verordnungen, z. B. bei exotischen Tieren. Ebenso ist die Anzahl der in der Mietwohnung gehaltenen Tiere maßgeblich. So ist die Haltung von einem Dutzend Katzen in einer Wohnung nicht erlaubt.

Die „Kleintierhaltung" ist hingegen immer erlaubt. Unter den Begriff „Kleintiere" fallen beispielsweise Vögel (z. B. Wellensittiche), Nagetiere (z. B. Hamster), ungefährliche Schlangen und Zierfische.

Aufstellen von Terrarien und Aquarien
Bei der Genehmigung der Aufstellung eines Terrariums oder Aquariums sollte das Gewicht bzw. beim Aquarium das Fassungsvermögen abgefragt werden. Da ein Aquarium sehr schwer werden kann, ist im Einzelfall die Tragfähigkeit der Deckenkonstruktion zu prüfen. Ebenso ist mit dem Mieter zu regeln, dass er sich für den Schadensfall versichert. Läuft das Aquarium einmal aus, so ist klargestellt, wer für den entstandenen Schaden aufkommt.

Fütterung von Tauben
Das Aufstellen oder Anbringen eines Vogelhäuschens am Balkon zählt zum vertragsgemäßen Gebrauch einer Wohnung. Anders ist es bei der Fütterung von Tauben, da von ihnen eine Verschmutzung und Gesundheitsgefährdung ausgeht. Das Füttern der Tauben stellt somit eine Vertragsverletzung dar, die den Vermieter gegebenenfalls zur Kündigung berechtigen kann.

Zulässige Klauseln	Unzulässige Klauseln
• Hunde- und Katzenhaltung ist von der Zustimmung oder der Erlaubnis des Vermieters abhängig • Verbot von Kampfhunden und deren Kreuzungen • Verbot von gefährlichen Tieren, wie Würge- und Giftschlangen oder Alligatoren	• ein generelles ausnahmsloses Tierverbot • die Zustimmung zur Tierhaltung kann jederzeit widerrufen werden*
* Wenn es bei der Tierhaltung zu erheblichen Störungen oder Belästigungen für die Mitbewohner kommt, kann und muss der Vermieter jedoch eingreifen.	

Ein formularmäßiger Ausschluss jeglicher Tierhaltung, also auch der von Kleintieren, ist unwirksam (§ 307 BGB).

Unter erheblichen Störungen bzw. Belästigungen zählen z. B.:
- Gefahren durch Hunde für Nachbarn, z. B. beißender Hund
- ständige Lärmstörungen durch Gebell oder Geräusche von Vögeln, z. B. bei der Haltung eines Papageien oder Kakadus
- Geruchsbelästigung, z. B. Katzenurin
- ständige Verschmutzung im Treppenhaus, Hausflur und auf dem Grundstück

Der Vermieter darf einem Mieter nicht willkürlich die Hundehaltung verbieten, wenn er anderen Mietern im Haus Hunde erlaubt.

Ausnahmen bei der Hundehaltung:

Dem Verbot der Hundehaltung kann widersprochen werden, wenn ein Mieter aus medizinischen und psychischen Gründen auf einen Hund angewiesen ist, z. B. auf einen Blindenhund.

1.3.18 Wohnungsgröße

Vermieter und Mieter müssen sich auf eine **Berechnungsgrundlage für die Ermittlung der Wohnfläche** einigen. Die Wohnfläche bildet im Allgemeinen die Grundlage für Mieterhöhungen und für die Umlage der Betriebskosten. Im öffentlich geförderten Wohnungsbau galt bis zum 31. 12. 2003 die II. BV (§§ 42 bis 44). Seit dem 01. 01. 2004 ist für öffentlich geförderte Wohnungen die Wohnflächenverordnung (WoFlV) anzuwenden.

Im freifinanzierten Wohnungsbau können sowohl die Regeln aus der II. BV, der WoFlV oder der DIN 283 angewandt werden. Vermieter und Mieter müssen sich nur auf eine Grundlage einigen, d. h. die Berechnungsgrundlage muss im Mietvertrag genannt werden.
Bei bestehenden Mietverhältnissen muss die Wohnfläche nicht auf Grundlage der WoFlV neu berechnet und angepasst werden. Es gilt die im Altvertrag als Grundlage genommene Berechnungsweise.

Die wichtigsten Unterschiede zwischen WoFlV und II. BV:

	WoFlV	**§§ 42 bis 44 II. BV**
Begriff „Wohnfläche“	Grundfläche der Räume, die ausschließlich zu einer Wohnung gehören	Summe der anrechenbaren Grundflächen der Räume, die ausschließlich zu einer Wohnung gehören
Ermittlung der Grundfläche	lichte Maße zwischen den Bauteilen von der Vorderkante der Wandbekleidung	Fertigmaß: lichte Maße zwischen den Bauteilen ohne Wandbekleidung oder Rohbaumaße abzüglich 3 % (Putzabzug)
zur Wohnfläche gehören	Einbaumöbel und Erker (ohne Größenbeschränkung), Raumteile unter Treppen, soweit die lichte Höhe mindestens 2 m beträgt, bis zu 100 %, soweit die lichte Höhe zwischen 1 und 2 m beträgt, zu 50 %	Wandschränke und Erker, die eine Grundfläche von mindestens 0,5 m² haben, Raumteile unter Treppen, soweit die lichte Höhe mindestens 2 m beträgt
zur Wohnfläche gehören anteilig	• Balkone, Loggien, Dachgärten und Terrassen: Anrechnung zu 25 %, höchstens zu 50 % • Unbeheizbare Wintergärten, Schwimmbäder und ähnliche nach allen Seiten geschlossene Räume: Anrechnung zu 50 %	• Balkone, Loggien, Dachgärten oder gedeckte Freisitze: Anrechnung zu 50 % • Keine Angaben zu Wintergärten, Schwimmbädern u. Ä.; Anrechnung erfolgte analog zu Balkonen zu 50 %

nicht zur Wohnfläche gehören	• Zubehörräume, Geschäftsräume, die nicht den Anforderungen des Bauordnungsrechts an ihre Nutzung entsprechen • Schornsteine, Mauervorlagen, freistehende Pfeiler und Säulen mit mehr als 0,10 m² Grundfläche und mehr als 1,50 m Höhe	• Zubehörräume, Geschäftsräume, Wirtschaftsräume und Räume, die nicht den Anforderungen des Bauordnungsrechts an ihre Nutzung entsprechen • Schornsteine, Mauervorlagen, freistehende Pfeiler und Säulen mit mehr als 0,10 m² Grundfläche und raumhoch
Zubehörräume sind z. B. Kellerräume, Abstellräume außerhalb der Wohnung, Waschküchen, Fahrradräume und Bodenräume.		

In der Regel erfolgt die Berechnung der Wohnfläche in drei Schritten:
1. Ermittlung der Räume und Flächen, die zur Wohnflächenberechnung herangezogen werden dürfen.
2 Ermittlung der Grundflächen dieser Räume (direkte Ausmessung oder Maße aus geeigneten Bauzeichnungen).
3. Berechnung der Grundflächen unter Berücksichtigung von anteiligen und nicht zu berücksichtigenden Flächen.

Beispiel:

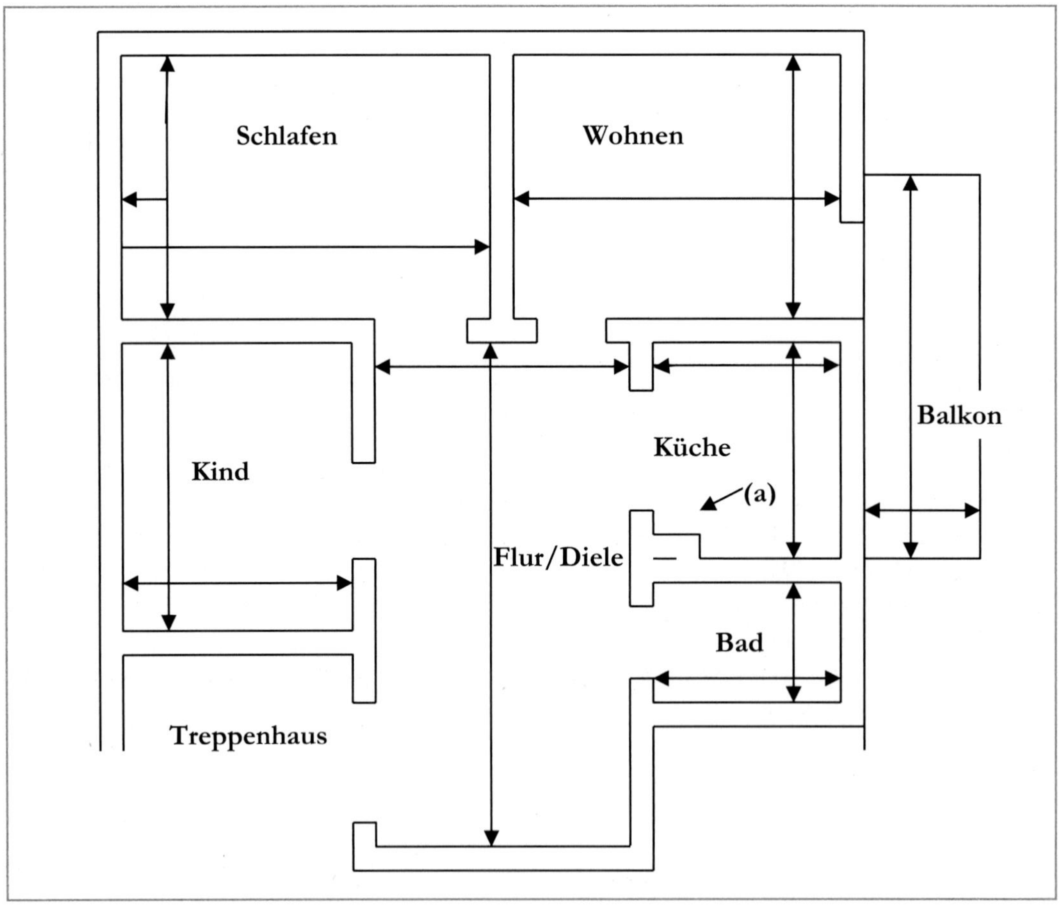

➜

(a) Schornstein

1. Schritt: Wohnen, Schlafen, Flur/Diele, Kind, Küche, Bad, Balkon (nicht anzurechnende Fläche: Treppenhaus)

2. Schritt: Vermessung der Räume

3. Schritt:

Wohnen	3,00 m · 5,90 m	=	17,70 m²
Schlafen	3,00 m · 6,50 m	=	19,50 m²
Flur/Diele	3,25 m · 4,10 m	=	13,33 m²
Kind	3,50 m · 3,00 m	=	10,50 m²
Küche	3,00 m · 3,00 m	=	9,00 m²
Bad	2,50 m · 3,00 m	=	7,50 m²
Balkon	(1,50 m · 5,38 m)/2	=	4,04 m²
Grundfläche		=	81,57 m²
– Schornstein (a)	0,80 m · 0,50 m	=	0,40 m²
Wohnfläche		=	**81,17 m²**

Berechnung von Dachschrägen und niedrigen Räumen:

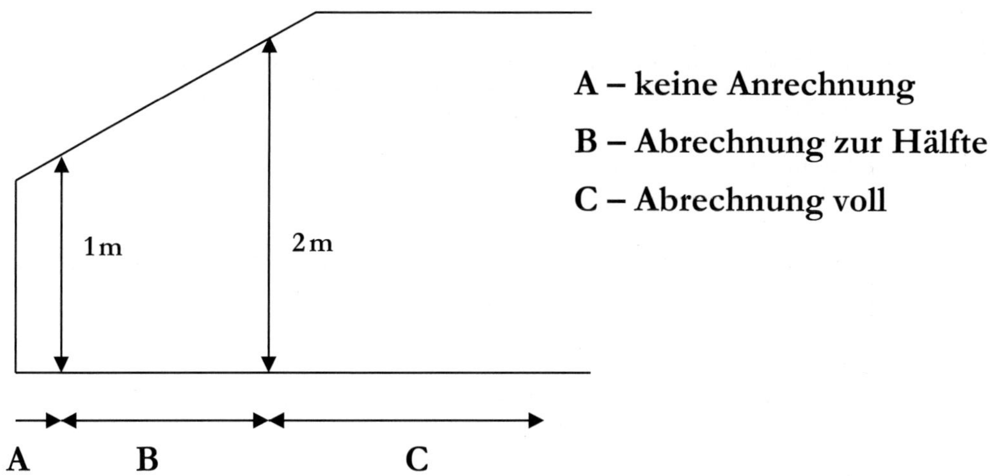

Bei der Berechnung ist Folgendes zu berücksichtigen:

- Die Grundflächen von Räumen und Raumteilen mit der lichten Höhe von mindestens 2 m sind voll anzurechnen.
- Die Grundflächen von Räumen und Raumteilen mit einer lichten Höhe von mindestens 1 m und weniger als 2 m sind zur Hälfte anzurechnen.
- Die Grundflächen von Räumen und Raumteilen mit weniger als 1 m sind bei der Berechnung gar nicht mit einzubeziehen.

2 Rechte und Pflichten des Vermieters und der Mieter

2.1 Pflichten des Vermieters

Die Pflichten des Vermieters lassen sich aufteilen in die Haupt- und Nebenpflichten. Einen Überblick liefert die folgende Tabelle:

Hauptpflichten	Nebenpflichten
• Gebrauchsüberlassungspflicht (§ 535 Abs. 1 Satz 1 BGB) • Instandhaltungspflicht (§ 535 Abs. 1 Satz 2 BGB)	• Pflicht, die Last der Mietsache zu tragen (§ 535 Abs. 1 Satz 3 BGB) • Pflicht, dem Mieter Aufwendungen zu ersetzen (§§ 536a Abs. 2, 539 Abs. 1 BGB) • Pflicht, die Wegnahme von Einrichtungen zu dulden (§ 539 Abs. 2 BGB) • Pflicht, für Mängelrechte einzustehen (§§ 536, 536a BGB) • Verkehrssicherungspflicht (§ 535 BGB)

2.1.1 Überlassung des Gebrauchs der Mietsache im geeigneten Zustand an den Mieter (§ 535 Abs. 1 Satz 1 BGB)

Eine Wohnung befindet sich in einem geeigneten Zustand, wenn sie **verkehrssicher** ist und von ihr **keine Gesundheitsgefährdung** für den Mieter ausgeht. Das Wohnen muss für den Mieter möglich sein. In der Regel muss eine Wohnung die folgenden Ausstattungsmerkmale aufweisen:

- eine Kochstelle,
- ein WC mit Wasserspülung,
- eine Badewanne oder Dusche,
- eine Möglichkeit zur Brauchwasserentsorgung und
- die Wohnung muss abgeschlossen sein (durch eine Wohnungseingangstür getrennt von anderen Wohnungen und den Verkehrswegen).

Dies bedeutet jedoch nicht, dass die Wohnung frisch renoviert oder mit allen „Schikanen" ausgestattet sein muss. Maßgeblich ist hier wieder die vertragliche Vereinbarung.

Rechtsfolgen bei fehlender Gebrauchstauglichkeit
Bei fehlender Gebrauchstauglichkeit kann der Mieter Schadens- bzw. Aufwendungsersatz (§ 536a Abs. 1 BGB) fordern sowie vom Vertrag zurücktreten bzw. kündigen (§§ 323, 543 BGB). Außerdem kann der Mieter auch bei einem Rücktritt Schadensersatz verlangen (§ 325 BGB).

In diesem Zusammenhang sei auf Folgendes hingewiesen: „Schadensersatz kommt von Schaden – entsteht kein Schaden, kann man ihn auch nicht ersetzen."

2.1.2 Instandsetzungs- und Instandhaltungspflicht (§ 535 Abs. 1 Satz 2 BGB)

Der Vermieter ist verantwortlich, die Mietsache in einem vertragsgemäßen Zustand zu erhalten und alle Einwirkungen, die dem entgegenstehen könnten, zu verhindern oder zu beseitigen (besprochen wurde bereits, dass der Vermieter einen geringen Teil der Arbeiten vertraglich auf den Mieter umlegen kann, siehe „1.3.13 Schönheitsreparaturen" und „1.3.14 Kleine Instandsetzungen"). Dabei ist erst einmal nicht zu beachten, ob der Vermieter die Mängel zu vertreten hat. Dieses Prinzip nennt man auch die **Fürsorgepflicht des Vermieters**. Der Vermieter ist verpflichtet, die Schäden zu beseitigen, egal wie hoch der Schaden ist – in der Theorie nennt man dies die „**Opfergrenze**".

Hierzu ein drastisches Beispiel, das immer wieder gerne in der Ausbildung verwendet wird.

Beispiel:
Ein Mieter hat Anspruch auf Wiederherstellung des gemieteten Balkons, auch wenn dies Baukosten von 33.239,69 Euro verursachen würde.

LG Berlin, Urteil vom 22. Juni 1995 – 62 S 58/95 –
(Quelle: Das Grundeigentum 16/95)

Dem Gesetzgeber – und auch dem gesunden Menschenverstand – ist klar: Wenn eine Sache benutzt wird, dann nutzt sie sich ab, wie beispielsweise das Verblassen der Versiegelung des Parketts oder Laufspuren auf der Auslegware. Diese Kosten sind **vom Eigentümer zu tragen**. Der Vermieter muss somit die Kosten für die Verschlechterung der Mietsache durch vertragsgemäßen Gebrauch (§ 538 BGB) tragen. Streitig ist jedoch die starke Abnutzung der Mietsache durch Raucher. Ein Raucherauto will keiner kaufen, dennoch wird einem Vermieter die Rückgabe einer Raucherwohnung zugemutet.

2.1.3 Tragung der auf dem Grundstück ruhenden Lasten (§ 535 Abs. 1 Satz 3 BGB)

Der Vermieter hat die auf der vermieteten Sache ruhenden Lasten zu tragen. Zu diesen Lasten gehören sowohl die öffentlich-rechtlichen Lasten (z. B. Grundsteuer, Schornsteinfegergebühren, Straßenreinigungskosten, gemeindliche Müllabfuhrgebühren) als auch die privatrechtlichen Lasten (z. B. Zinsbelastungen aus einem durch eine Hypothek oder Grundschuld gesicherten Darlehen). Unter diese Vorschrift fallen nicht die persönlichen Lasten, wie z. B. Vermögenssteuer, Realsteuer und Gewerbesteuer. Da dieser Passus abdingbar ist, kann man einige dieser Kosten im Zuge der Betriebskostenvereinbarung auf den Mieter umlegen.

2.1.4 Verkehrssicherungspflicht

Der Vermieter (Eigentümer oder seine Bevollmächtigten → Vertragsparteien) ist für die Sicherung der Verkehrswege verantwortlich. Er ist verpflichtet, das Grundstück nebst allen mitvermieteten Räumen und Flächen auf Gefahrenquellen zu überprüfen und diejenigen Maßnahmen zur Gefahrenabwehr zu treffen, die zumutbar sind. Als Beispiele können genannt werden:

- Treppenhaus, z. B. fehlendes Treppengeländer, defektes Hauslicht → Sturzgefahr
- Hof- und Gartenwege, z. B. Gehwegplatten fehlen → Stolpergefahr
- Boden, z. B. fehlende Beleuchtung → Sturzgefahr
- Keller, z. B. defektes Kellerlicht → Sturzgefahr

Verkehrssicherungspflichten können auch auf Mieter vertraglich übertragen werden, z. B. Winterdienst.

2.1.5 Wegnahme von Einrichtungen (§ 539 Abs. 2 BGB)

Der Vermieter hat die Pflicht, die Wegnahme von Einrichtungen zu dulden, die der Mieter vorgenommen hat und die nicht bereits durch den Vermieter ersetzt wurden. Als Einrichtungen sind dabei alle beweglichen Sachen zu verstehen, die mit der Mietsache verbunden werden, um ihrem wirtschaftlichen Zweck zu dienen, z. B. Schlösser, Türen, Waschbecken oder Steckdosen.

Oftmals findet sich dazu eine Klausel im Mietvertrag. Hat der Vermieter die Einrichtung dem Mieter bei Einzug bereits ersetzt, darf der Mieter den Gegenstand bei Auszug nicht ausbauen und mitnehmen.

2.2 Pflichten des Mieters

Wie der Vermieter, so hat auch der Mieter Haupt- und Nebenpflichten. Einen Überblick liefert die folgende Tabelle:

Hauptpflichten	Nebenpflichten
• Mietzahlungspflicht (§ 535 Abs. 2 BGB) • Übernahme der Schönheitsreparaturen bei wirksamer Übertragung aus der Vermieterpflicht (§ 535 Abs. 1 Satz 2 BGB)	• Obhuts- und Sorgfaltspflicht (§ 241 Abs. 2 BGB) • Pflicht zur Einhaltung des vertragsgemäßen Gebrauchs (§§ 538, 540 BGB) • Anzeigepflicht (§ 536c BGB) • Rückgabepflicht (§ 546 Abs. 1 BGB) • Duldungspflicht bezüglich Erhaltungs- und Modernisierungsmaßnahmen (§ 554 Abs. 1 BGB)

2.2.1 Mietzahlung (§ 535 Abs. 2 BGB)

Die Zahlung der Miete ist eine Hauptpflicht des Mieters, wobei die vereinbarte Fälligkeit der Miete zu berücksichtigen ist. Neben der Zahlung ist der Mieter auch für den rechtzeitigen Zugang der vereinbarten Miete verantwortlich (sogenannte „Schickschuld“). Dabei ist es egal, welche Form für die Zahlung gewählt wurde (z. B. Dauerauftrag, Einzahlung). Mit der Miete sind auch die Nebenkosten zu entrichten. Der Mieter hat das Recht der Aufrechnung mit Gegenforderungen gemäß §§ 536 ff. BGB.

2.2.2 Übernahme der Schönheitsreparaturen bei wirksamer Übertragung aus der Vermieterpflicht (§ 535 Abs. 1 Satz 2 BGB)

Wurden Schönheitsreparaturen vertraglich wirksam auf den Mieter übertragen, ist er zur Ausführung verpflichtet. Aber beachten Sie: Die Art und die notwendige Formulierung der wirksamen Übertragung der Schönheitsreparaturen unterliegen einer regelmäßigen Änderung in der Rechtsprechung. Was heute gilt, kann morgen schon als nicht wirksam anerkannt werden (siehe auch BGH-Urteile).

2.2.3 Obhuts- und Sorgfaltspflicht (§ 241 Abs. 2 BGB)

Ebenso wie der Vermieter ist auch der Mieter zu Schutz und Führsorge hinsichtlich der Mietsache verpflichtet. So hat der Mieter die Wohnung **vertragsgemäß** zu gebrauchen. Dazu gehört auch, dass er Schäden von der Wohnung fernhält. Zu seinen Pflichten zählen beispielsweise:

- regelmäßiges Lüften der Räume, um unter anderem der Schimmelbildung vorzubeugen
- Fenster und Türen bei Frost und Unwetter zu schließen
- mit Gas verantwortungsbewusst umzugehen
- Überwachung von Wasch- und Geschirrspülmaschinen
- bei einer Abwesenheit von mehr als drei Tagen für die Betreuung der Wohnung zu sorgen

Der Mieter darf die Wohnung nicht verwahrlosen lassen, sodass die Gefahr besteht, dass die Wohnung Schaden erleidet und ein normales Wohnen nicht mehr möglich ist.

Die Obhuts- und Sorgfaltspflicht beginnt mit der Überlassung der Mietsache, unabhängig davon, ob der Mietvertrag bereits begonnen hat. Auch die Abwesenheit des Mieters befreit ihn nicht von dieser Pflicht. So hat er bei längerer Abwesenheit für eine ausreichende Kontrolle zu sorgen und gegebenenfalls dem Vermieter den Zugang zur Wohnung zu ermöglichen.

Die Obhuts- und Sorgfaltspflicht umfasst aber nicht nur die Wohnräume, sondern erstreckt sich auch auf alle Teile des Gebäudes und Grundstücks, mit denen der Mieter in Berührung kommt. Sie endet erst mit der Rückgabe der Mietsache und nicht mit dem Ablauf des Mietvertrags.

2.2.4 Pflicht zur Einhaltung des vertragsgemäßen Gebrauchs (§§ 538, 540 BGB)

Der Mieter hat jeden unangemessenen Gebrauch der Mietsache zu unterlassen. Ein unangemessener Gebrauch ist beispielsweise die Nutzung der Mietsache als Gewerberaum oder eine ungenehmigte Untervermietung.

2.2.5 Anzeigepflicht (§ 536c BGB)

Der Mieter ist verpflichtet, dem Vermieter während des gesamten Mietverhältnisses Mängel der Wohnung oder Gefahren an und um die Mietsache anzuzeigen. Eine Form ist dafür nicht vorgeschrieben. Entstehen dem Vermieter durch die unterlassene Anzeige Schäden, hat der Mieter ihm diese zu ersetzen. Die Anzeigepflicht beginnt mit Übergabe der Mietsache an den Mieter und endet erst mit der Rückgabe der Mietsache und nicht mit Ablauf des Mietvertrags.

2.2.6 Rückgabepflicht (§ 546 Abs. 1 BGB)

Der Mieter hat die Mietsache nach Beendigung des Mietverhältnisses zurückzugeben, da Miete eine Gebrauchsüberlassung auf Zeit bedeutet. Die Mietsache ist nach Ende der vertraglich vereinbarten Mietzeit in dem Zustand zurückzugeben, in dem der Mieter diese übergeben bekommen hat. Dabei sind die im jeweiligen Mietvertrag getroffenen Regelungen zu berücksichtigen. Der Vermieter muss also wieder in den Besitz der Mietsache gelangen.

2.2.7 Duldungspflicht (§ 554 Abs. 1 BGB)

Der Mieter hat grundsätzlich Maßnahmen zu dulden, die zur Erhaltung der Mietsache erforderlich sind. Die Duldungspflicht bei Instandhaltung, Instandsetzung und Modernisierung sowie die Rückgabepflicht des Mieters werden in den Kapiteln „Instandhaltung und Modernisierung" behandelt.

2.3 Rechte des Vermieters

2.3.1 Vermieterpfandrecht (§ 562 Abs. 1 Satz 1 und 2 BGB)

Der Vermieter hat für Forderungen, die aus dem Mietverhältnis entstanden sind, ein gesetzliches Pfandrecht. Das Pfandrecht erstreckt sich auf die Sachen, die der Mieter in die Wohnung bzw. Wohnräume eingebracht hat und die in seinem Eigentum stehen. Die Pfändbarkeit der eingebrachten Sachen regelt § 562 Abs. 1 Satz 2 BGB.

Pfändbar sind Sachen des Mieters, sofern diese nicht dem Pfändungsschutz der §§ 811 und 812 ZPO unterliegen. Unpfändbar sind Sachen, die der Mieter zum Leben oder für seine Erwerbstätigkeit benötigt.

Rechte des Vermieters bei bestehendem Vermieterpfandrecht

- Selbsthilferecht und Recht auf Rückverschaffung (§ 562b Abs. 1 BGB)
- Verwertungsrechte nach Pfandreife (§§ 1257, 1228 ff. BGB)

Das Selbsthilferecht erlaubt es dem Vermieter, die Entfernung der Pfandsache durch den Mieter zu verhindern, z. B. bei Auszug. Bei Auszug des Mieters darf der Vermieter die Sache in Besitz nehmen. Entfernt der Mieter die Sache mit Wissen des Vermieters aus der Wohnung, erlischt das Pfandrecht.

Durch das Vermieterpfandrecht darf der Vermieter die Sachen nach der Pfandreife verwerten.

Im Wohnungsmietrecht hat das Vermieterpfandrecht keine allzu große Bedeutung. Anwendung findet es vorrangig im Gewerberaummietrecht.

2.3.2 Schadensersatzanspruch bei Pflichtverletzung des Mieters

Ein Schadensersatzanspruch besteht immer dann, wenn durch den Mieter schuldhaft ein Schaden an der Mietsache verursacht wird.

Die Beweislast liegt beim Vermieter. Dieser muss grundsätzlich erst einmal auf die Einhaltung der Pflicht drängen und den vertragswidrigen Gebrauch verbieten, z. B. durch eine schriftliche Abmahnung per Einschreiben. Darin muss der Tatbestand genau beschrieben werden.

Hat die Abmahnung keinen Erfolgt, dann kann der Vermieter parallel auf Unterlassung und Schadensersatz klagen. Gegebenenfalls ist bei einem schwerwiegenden Verstoß auch eine Kündigung möglich. Eine Pflichtverletzung des Mieters kann beispielsweise in den folgenden Fällen vorliegen:

- schuldhafte Verletzung der Obhuts- und Sorgfaltspflicht, z. B. die Waschmaschine läuft bei Abwesenheit des Mieters aus und es kommt zu einem Wasserschaden
- Gefährdung der Mietsache, z. B. durch die Einlagerung von vollen Benzinkanistern in der Wohnung
- Schäden durch unsachgemäßen Gebrauch von Einrichtungen der Mietsache, z. B. große Abplatzungen der Emaille in der Badewanne durch Einlagerung schwerer und scharfkantiger Gegenstände in der Wanne
- Nichtunterlassung von Störungen, z. B. Hausfriedensbruch

Bei der Geltendmachung eines Schadensersatzes muss immer der Abzug **„neu gegen alt“** berücksichtigt werden. So muss z. B. das Alter der beschädigten Einrichtung und damit die normale Abnutzung bei der Höhe der Schadensersatzsumme berücksichtigt werden. Ist die beschädigte Badewanne schon 10 Jahre alt, unterliegt sie dem normalen Verschleiß.

2.3.3 Schadensersatzanspruch statt Leistung (§§ 280 ff. BGB)

Der Mieter führt die Schönheitsreparaturen trotz wirksamer vertraglicher Übernahmeregelung bei Vertragsende nicht durch (siehe hierzu auch LF 5, Kapitel „Beendigung von Wohnraummietverhältnissen“).

2.3.4 Besichtigungsrecht des Vermieters

Im Prinzip kann der Mieter nach Erhalt der Schlüssel die Wohnungstür hinter sich schließen und dem Vermieter das Betreten der Wohnung untersagen. Insbesondere darf der Vermieter mit einem zurückbehaltenen Schlüssel nicht einfach die Wohnungstür aufschließen und nachschauen, ob beispielsweise die Küche aufgeräumt ist – das wäre Hausfriedensbruch. Trotzdem muss es dem Vermieter gelegentlich gestattet werden, die Wohnung zu besichtigen.

Gibt es im Mietvertrag keine entsprechende Vereinbarung, dann darf nach der Rechtsprechung der Vermieter **alle ein bis zwei Jahre** die Wohnung besichtigen, ohne dass ein konkreter Grund dafür vorliegen muss. Der Vermieter ist dann berechtigt, routinemäßig nachzusehen, ob eventuell Wartungsarbeiten durchzuführen sind bzw. ob sich die Wohnung noch in einem ordnungsgemäßen Zustand befindet. Ist im Mietvertrag ein häufigeres Besichtigungsrecht vereinbart, darf der Vermieter auch öfter kommen.

Grundsätzlich muss sich der Vermieter vorher ankündigen, wobei in der Rechtsprechung keine Einigkeit darüber besteht, wie lange vorher der Vermieter den Termin bekannt geben muss. Einige Gerichte halten eine Vorankündigungszeit von nur 24 Stunden für ausreichend (AG Braunschweig, WM 81, S. 19; AG Neustadt, WM 79, S. 143; AG Burgwedel, WM 74, S. 71). Andere Gerichte gehen von einer längeren Frist aus. Der Vermieter muss jedenfalls bei der Terminvereinbarung auf den Mieter Rücksicht nehmen. Wenn der Mieter berufstätig ist, kann er vom Vermieter verlangen, dass er den Termin drei bis vier Tage vorher ankündigt (AG Münster, WM 82, S. 282). Wenn die Sache eilig ist, besteht für den Vermieter auch die Möglichkeit, sich den Zutritt im Wege der einstweiligen Verfügung zu verschaffen (LG Berlin, WM 80, S. 185).

Gründe für das Betreten durch den Vermieter außerhalb der normalen Frist liegen vor,

- wenn der Vermieter Mängel oder Schäden überprüfen muss, um weiterem Schaden entgegenzuwirken, z. B. bei einem Wasserrohrbruch in der darüber liegenden Wohnung, wenn eine Ablesung der Messeinrichtungen für Heizung, Warmwasser- und Kaltwasserversorgung vorgenommen werden muss oder
- der Verdacht auf unerlaubte Tierhaltung besteht, z. B. wenn Nachbarn sich über das ständige Bellen eines Hundes in der Wohnung beschweren.

2.4 Rechte des Mieters

2.4.1 Mietminderung

Das Mietminderungsrecht des Mieters ist in den §§ 536 ff. BGB geregelt. Dieses Recht kann **nicht mietvertraglich ausgeschlossen** werden. Der Mieter darf die Miete mindern, wenn die Wohnung mit einem Mangel behaftet ist, der den Wohnwert der Wohnung einschränkt. Um von seinem Mietminderungsrecht Gebrauch machen zu können, muss der Mieter dem Vermieter den Mangel anzeigen. Hat der Mieter diesen Mangel zu vertreten, ist sein Recht auf

Mietminderung ausgeschlossen. Auch wenn der Mieter während des Mietvertragsabschlusses den Mangel kannte oder er diesen Mangel hätte kennen müssen (offener Mangel), ist sein Recht auf Minderung der Miete ausgeschlossen. Er hat aber weiterhin einen Anspruch gegen den Vermieter auf Mangelbeseitigung. Für diese bekannten Mängel lebt sein Minderungsrecht bei einer Mieterhöhung wieder auf. Die Minderung kann dann prozentual von dem Erhöhungsbetrag abgezogen werden.

Die Höhe der Minderung hängt vom jeweiligen **Grad des Wohnwertverlustes** ab. Bezugsgröße für die Minderung ist die gesamte Miete, d. h., auch die Betriebskosten fließen mit ein. Da jeder Mieter ein subjektives Empfinden bezüglich der Wohnwertverschlechterung hat, kann die Minderungsquote von dem von Ihnen ermittelten Betrag abweichen. Es empfiehlt sich daher, sich an der Rechtsprechung zu orientieren und Urteile für die Findung des Betrages zu Rate zu ziehen. Es sei darauf hingewiesen, dass dies Urteile für spezielle Einzelfälle sind, die an den tatsächlichen Fall anzupassen sind. Sollte keine Einigung zwischen den Vertragsparteien über die Höhe der Minderung gefunden werden, muss das Gericht entscheiden.

Ein **Mangel** liegt vor, wenn der tatsächliche Zustand („Ist-Zustand") der Mietsache von dem Zustand, in dem sich die Mietsache nach dem Mietvertrag und dem Gesetz befinden sollte („Soll-Zustand"), abweicht.

Der Mangel kann sich auf alle mitvermieteten und vom vertragsgemäßen Gebrauch erfassten Sachen ausdehnen. Somit können auch das Treppenhaus, der Keller und der Dachboden erfasst werden. Das gilt ebenfalls für Störungen aus dem Wohnumfeld. Der Grund und die Ursache des Mangels spielen dabei keine Rolle.

Einen Überblick, welche Mietminderung beim Vorliegen eines speziellen Mangels von den Gerichten als angemessen angesehen wird, bieten verschiedene Websites (z. B. www.mieterbund.de). Berücksichtigen Sie dabei aber stets, dass sich die Rechtsprechung ständig mit neuen Fällen zu Mietminderungen befasst und es regelmäßig zu Änderungen kommt.

- Kein Mangel liegt vor, wenn der Mieter den Wohnraum in Kenntnis der Verkehrslage gemietet hat und sich nun z. B. über Flug- oder Straßenlärm beschwert oder
- er sich durch das vereinzelte bzw. gelegentliche Bellen von Hunden in dem Wohngebiet gestört fühlt.

Fehler bei einer Mängelanzeige können dazu führen, dass der Mieter sein Mietminderungsrecht verliert. Das gilt auch für Schadensersatzansprüche oder ein mögliches Kündigungsrecht des Mieters. Sollte sich der Schaden durch den Fehler des Mieters, z. B. durch Untätigkeit, vergrößern, kann es auch zu Schadensersatzansprüchen des Vermieters gegen den Mieter kommen.

Der Anspruch des Mieters auf eine Mängelbeseitigung während der Mietzeit verjährt nicht (BGH – VIII ZR 104/09).

2.4.2 Aufrechnung (§ 536 BGB)

Grundsätzlich kann der Mieter **Schadens- oder Aufwendungsersatzansprüche** mit der Mietforderung des Vermieters aufrechnen, die aus einem Mangel an der Mietsache resultieren. Dies ist z. B. für notwendige Auslagen oder Ersatzvornahmen möglich. Mietvertraglich kann dieses Recht nicht ausgeschlossen werden. Der Mieter muss dem Vermieter aber die Aufrechnung einen Monat im Voraus schriftlich anzeigen.

2.4.3 Wegnahmerecht des Mieters (§ 539 Abs. 2 BGB)

Zum Wegnahmerecht des Mieters sagt der § 539 Abs. 2 BGB:
Der Mieter ist berechtigt, eine Einrichtung wegzunehmen, mit der er die Mietsache versehen hat.

In § 552 Abs. 1 BGB heißt es weiter:
Der Vermieter kann die Ausübung des Wegnahmerechts (§ 539 Abs. 2) durch Zahlung einer angemessenen Entschädigung abwenden, wenn nicht der Mieter ein berechtigtes Interesse an der Wegnahme hat.

Grundsätzlich muss der Mieter nach der Beendigung der Mietzeit die Einrichtung wieder aus der Wohnung entfernen, die er eingebracht hat. Die Wohnung ist in einem vertragsgemäßen Zustand an den Vermieter zurückzugeben. Im Hinblick auf die von ihm eingebrachte Einrichtung besitzt er zudem ein Wegnahmerecht (§ 539 Abs. 2 BGB).

Eine Abwendung des Wegnahmerechts des Mieters kann durch Zahlung einer Entschädigung an den Mieter herbeigeführt werden (§ 552 Abs. 1 BGB). Zwingen kann der Vermieter den Mieter allerdings nicht, seine Einrichtungen oder Einbauten in der Wohnung zu lassen. Ein Abwendungsrecht ist ausgeschlossen, wenn der Mieter ein berechtigtes Interesse an der Wegnahme hat.

Wird in diesem Zusammenhang von „Einrichtung" gesprochen, so ist die gesetzliche Definition gemeint. Im Allgemeinen verstehen wir unter der Einrichtung z. B. Möbelstücke, den Fernseher und dergleichen. Diese Einrichtung kann der Mieter immer wegnehmen, ohne dass der Vermieter dies verhindern kann. Eine Ausnahme bildet lediglich das Pfandrecht.

Der Gesetzgeber fasst hingegen unter dem Begriff „Einrichtung" Gegenstände zusammen, die mit der Mietsache verbunden sind. Solche Gegenstände sind z. B. WC-Becken, Rollläden, Mischbatterien, Duschkabinen oder auch Fliesen, wohingegen die Einbauküche allgemein nicht dazu zählt. Hat ein Mieter Einrichtungen von seinem Vorgänger erworben, so greift auch hier sein Wegnahmerecht.

Eine zwischen Mieter und Vermieter vereinbarte Entschädigung – für den Verbleib von Einrichtungen in der Wohnung – muss nicht in Geld erfolgen. Ein Verzicht des Vermieters auf Schadensersatz- oder Erfüllungsansprüche anderer Art genügt. Denkbar ist auch eine vorzeitige Entlassung aus dem Mietvertrag. Der Wegnahmeanspruch des Mieters verjährt nach sechs Monaten. Er beginnt mit Beendigung des Mietverhältnisses oder mit dem Ablauf der vertraglich vereinbarten Mietzeit.

2.5 Mietersuche und Mieterauswahl

Je nach Unternehmen erfolgt die Akquise neuer Mieter auf einem anderen Weg. Grundsätzlich wird zwischen zwei Verfahren unterschieden:

intern	extern
Viele Unternehmen haben eigene Vertriebsabteilungen. Diese sind dem Marketing unterstellt und bearbeiten alle anfallenden Arbeiten bis zur Vertragsunterzeichnung. Die Arbeiten werden meist von einem zuständigen Sachbearbeiter erledigt.	Hier werden Immobilienmakler mit dem Vertrieb der Wohnungen beauftragt. Dabei liegt es an der jeweiligen Vertragsgestaltung, ob der Makler seine Provision vom Unternehmen (Innenprovision) oder vom Mieter (Außenprovision) bekommt.

Potenzielle Mieter werden angesprochen über:
- Inserate in Print- und Onlinemedien
- Veröffentlichungen auf der Unternehmenshomepage
- Kontakte zu Institutionen
- Aushänge in Universitäten und Fachhochschulen
- Bürgerbüros
- Mieterfeste
- Werbetafeln im öffentlichen Straßenland
- Mietervereine und Wohnungsämter

Ob es sinnvoll ist, mit mehreren Mietinteressenten eine **Wohnungsbesichtigung gleichzeitig** durchzuführen, sollte der Durchführende je nach der Marktsituation und seinen persönlichen Fähigkeiten entscheiden. Wohnungsbesichtigungen mit mehreren Mietinteressenten haben Vor- und Nachteile.

Vorteile	Nachteile
• mehrere Kunden können gleichzeitig informiert werden • bei Nichtinteresse können andere Angebote unterbreitet werden • man erhält einen Eindruck vom künftigen Mieter • Forderungen des Mieters können gleich auf Machbarkeit überprüft werden	• Frageflut kann zum Chaos bei der Besichtigung führen • Störungen bei der Besichtigung durch anderen Interessenten • Rangeleien unter den Interessenten • Interessenten fühlen sich oft schlecht betreut

Die so gesammelten Bewerber sollten auf ihre **wirtschaftliche Leistungsfähigkeit** überprüft werden. Auch die Vorlage einer **aktuellen Schufa-Auskunft** ist hilfreich bei der Beurteilung Ihres neuen Mieters.

Viele Unternehmen achten bei der Vermietung auf ein homogenes Mietklientel. Es macht keinen Sinn, einem offensichtlich „flippigen“ jungen Mieter die letzte freie Wohnung in einem von älteren Menschen bewohnten Objekt zu überlassen.

Um eine erste Auswahl zu treffen, ist es also in der Regel üblich, verschiedene Auskünfte über einen Bewerber einzuholen. Hierzu können unterschiedliche Auskunftsformen genutzt werden, wie beispielsweise:
- Selbstauskunft
- Schufa-Auskunft
- Vorvermieterauskunft
- Bankauskunft
- Einkommensnachweise

Die Genehmigung zur Einholung einer Schufa-Auskunft kann der Mietinteressent auch dem Vermieter erteilen. Das hat aber zur Folge, dass der Aufwand (Zeitaufwand) und die Kosten beim Vermieter verbleiben.

2.5.1 Selbstauskunft

Eine Selbstauskunft kann oft nicht auf ihren Wahrheitsgehalt überprüft werden. Sollten Sie aber feststellen, dass der Mieter falsche Angaben gemacht hat und diese zum Abschluss des Vertrags geführt haben, wäre der Vertrag anfechtbar (arglistige Täuschung). Zur Überprüfung der Liquidität des Mieters können zum Beispiel Gehaltsnachweise verlangt werden.

Beispiel:
Der Mieter verschweigt eine bestehende offene Mietforderung und macht eine falsche Angabe zur Anzahl der einziehenden Personen (angegeben wurden zwei, eingezogen sind fünf). Hier wurden also zulässige Fragen nicht wahrheitsgemäß beantwortet. Zudem erfährt der Vermieter erst nach dem Einzug des Mieters von den falschen Angaben. Der Mietvertrag kann daraufhin wegen arglistiger Täuschung gekündigt werden. Stellen sich die wesentlichen Falschaussagen bereits vor Bezug der Wohnung heraus, so kommt die Anfechtung wegen arglistiger Täuschung nach § 123 BGB in Betracht.

Hinweis:

Kein Mieter kann zum Ausfüllen einer Selbstauskunft gezwungen werden. In diesem Fall kann der Verwalter nur Rückschlüsse ziehen, denn augenscheinlich hat der Interessent etwas zu verbergen.

Beachten Sie auch, dass nicht jede Frage zulässig ist. Die folgende Tabelle gibt ihnen hierzu einige Beispiele:

Zulässige Fragen	Nicht zulässige Fragen
• Kündigung wegen Zahlungsverzug (berechtigte, offene Zahlungsverpflichtungen) • gestellte Anträge auf eine Verbraucherinsolvenz oder Restschuldbefreiung • Abgabe einer eidesstattlichen Versicherung • bestehende offene Mietforderungen • Familienstand • Anzahl der einziehenden Personen • Beruf und Arbeitgeber • allgemeine Vermögensverhältnisse • Haustiere	• allgemeine Fragen zu früheren Mietverhältnissen • laufende Ermittlungsverfahren, Vorstrafen • politische Sympathien, Mitgliedschaften in Parteien oder Organisationen • Religionszugehörigkeit • Kinderwunsch; bestehende oder zu erwartende Schwangerschaft • Heiratsabsichten • Betreuung oder Entmündigung des Interessenten

Wie eine Mietselbstauskunft aussehen kann, können Sie dem Beispiel auf den folgenden beiden Seiten entnehmen.

Beispiel einer Mieterselbstauskunft:

Mieterselbstauskunft

1. Objekt

Bewerbung zur folgenden Wohnung: ____________________
Straße, Hausnummer, PLZ, Ort: ____________________
Whg.-Nr., Etage: ____________________
Zimmerzahl, Wohnungsgröße in m²: ____________________
Geplanter Mietbeginn/Wohnungsübergabe: ____________________

2. Persönliche Angaben

	Mietinteressent	Mitmieter/Ehegatte
Name, Vorname:		
Geburtsdatum:		
Staatsangehörigkeit:		
Familienstand:		
Anzahl der Kinder:		
Anschrift:		
Erreichbarkeit (Tel., Fax, E-Mail):		
Personalausweis/Reisepass-Nr.:		

3. Einkommen

	Mietinteressent	Mitmieter/Ehegatte
Berufliche Tätigkeit:		
Arbeitgeber, Anschrift:		
Beschäftigt seit:		
Nettoeinkommen:		
Sonstige Einkommen:		
Bankverbindung:		
– Kontoinhaber		
– Kontonummer		
– Bankleitzahl		
– Bank		

4. Bisherige Wohnung

	Mietinteressent	Mitmieter/Ehegatte
Anschrift:	______________	______________
Vermieter:	______________	______________
Anschrift des Vermieters:	______________	______________
Telefon des Vermieters:	______________	______________

5. Sonstiges

	Mietinteressent	Mitmieter/Ehegatte
Haustiere:	______________	______________
Musikinstrumente:	______________	______________
Rauchen Sie?	______________	______________

6. Versicherung

Der Mietinteressent und sein Ehegatte bzw. Mitmieter versichern, dass sie die vorstehenden Angaben wahrheitsgemäß gemacht haben und dass in den letzten fünf Jahren weder ein Konkurs- oder Vergleichsverfahren über ihr Vermögen, ein Antrag auf eine Verbraucherinsolvenz oder Restschuldbefreiung eröffnet bzw. die Eröffnung mangels Masse abgewiesen wurde. Dass weder eine eidesstattliche Versicherung über ihre Vermögensverhältnisse abgegeben wurde oder ein Haftbefehl zur Erzwingung einer solchen Versicherung ergangen ist oder entsprechende Verfahren derzeit anhängig sind.

Ich/Wir versichere/n, dass die vorstehenden Angaben richtig sind, und erkläre/n mich/uns einverstanden, dass eine Auskunft beim bisherigen Vermieter oder dessen Hausverwaltung eingeholt wird.

Anlagen :

- ☐ Kopien der Gehaltsnachweise der letzten 3 Monate
- ☐ Rentenbescheid
- ☐ sonstige Nachweise, z. B. BAföG

bei Selbstständigen

- ☐ Bankauskunft
- ☐ Kopie des letzten Steuerbescheides

7. Unterschrift

Ort: ______________________________

Datum: ______________________________

Unterschrift Mietinteressent: ______________________________

2.5.2 Vorvermieterbescheinigung (Mietschuldenfreiheitsbescheinigung)

Das Zahlungsverhalten des Mieters in Bezug auf die Miete kann anhand einer Vorvermieterbescheinigung (Mietschuldenfreiheitsbescheinigung) überprüft werden, die beim Vorvermieter angefordert werden kann.

Achtung:

Der Vorvermieter ist nicht verpflichtet, dem ehemaligen Mieter eine Vorvermieterbescheinigung auszustellen (BGH, Urteil vom 30.09.2009, Az. VIII ZR 238/08). Maximal muss er eine Quittung für die gezahlten Mieten an den Mieter übergeben. Fragen an frühere Vermieter dürfen nur mit Genehmigung des Interessenten gestellt werden.

Beispiel für eine Vermieterauskunft:

Vermieterauskunft

1. Herr/Frau/Familie

____

hat bei uns die Wohnung (Wohnanschrift)

____

zum Preis von monatlich € ________ seit ________ bis zum ________ gemietet.

2. Das Mietverhältnis ist gekündigt worden vom

☐ Mieter ☐ Vermieter ☐ ungekündigt

Kündigungsgrund: ______________________________

3. Sind die Mieter in den letzten 12 Monaten ihren Mietzahlungsverpflichtungen ordnungsgemäß nachgekommen?

☐ ja ☐ nein

4. Haben die Mieter die Wohnung stets in einem ordnungsgemäßen Zustand gehalten?

☐ ja ☐ nein ☐ nicht überprüft

5. Verstöße gegen die Hausordnung:

☐ nicht bekannt ☐ bekannt

Art der Verstöße: ______________________________

____

Ort, Datum: ____________________

Stempel & Unterschrift des Vermieters: ____________________

Telefonnummer für Rückfragen: ____________________

2.5.3 Mieterauswahl

Bei der Auswahl der geeigneten Mieter für ein bestimmtes Grundstück sollten verschiedene Kriterien berücksichtigt werden:

- Einordnung des Mieters in das Anforderungsprofil
- Belegungszahl der Wohnung
- finanzielle Voraussetzungen (Solvenz des Interessenten, Schufa-Einträge des Mieters)
- bisheriges Mietverhalten
- Häufigkeit der Umzüge in den letzten Jahren
- berufliche Tätigkeit
- Mieterstruktur des Hauses
- Haustiere

2.5.4 Allgemeines Gleichbehandlungsgesetz (AGG)

Grundsätzlich gilt das AGG (umgangssprachlich: Antidiskriminierungsgesetz) nur für sogenannte Massengeschäfte. Von Massengeschäften wird gesprochen, wenn mehr als 50 Wohneinheiten zur Vermietung zur Verfügung stehen. Doch auch wenn weniger Wohnungen vermietet werden, sollten die Bestimmungen dieses Gesetzes beachtet werden. Bisherige gerichtliche Entscheidungen verliefen zugunsten des Mieters.

Unter die Diskriminierungskriterien nach dem AGG fallen Ablehnungen wegen:

- Rasse oder ethnischer Herkunft
- Geschlecht
- Religion oder Weltanschauung
- Behinderung
- Alter
- sexueller Identität

Bereits bei der Erstellung von Inseraten ist zu beachten, dass keine Mietergruppe von vornherein ausgeschlossen wird.

Absagen

Passt ein Interessent nicht in das Anforderungsprofil, sollte eine telefonische oder schriftliche Absage erfolgen, gegebenenfalls auch die Rücksendung von Bewerbungsunterlagen. Dabei ist die schriftliche Absage zu bevorzugen, da sie auch als Nachweis bei strittigen Fragen zum AGG dienen kann. Grundsätzlich besteht keine Verpflichtung, den Grund für eine Absage mitzuteilen. Eine höfliche Absage ohne Begründung ist ausreichend.

Beispiel für eine Absage:

Sehr geehrte/r Frau .../Herr ...,

mit Bedauern teilen wir Ihnen mit, dass wir die Wohnung *(Straße/Hausnummer/PLZ/Ort)* nicht an Sie vermieten werden.

Mit freundlichen Grüßen

____

(Unterschrift Hausverwaltung)

Aufgrund der Klagefristen sollten die Unterlagen von Bewerbern bzw. Gesprächsprotokolle bis zu 12 Monate aufbewahrt werden. Die Frist zur Geltendmachung von Ansprüchen beträgt zwei Monate.

Rechtsfolgen bei Verstoß gegen das AGG (§ 21 AGG)
Eine Benachteiligung eines Interessenten kann folgende Ansprüche nach sich ziehen:
- Beseitigungsanspruch
- Unterlassungsanspruch
- Anspruch auf Ersatz des materiellen und immateriellen Schadens

2.5.5 Leistungen nach dem Sozialgesetzbuch (SGB)

Bei Mietern, welche Leistungen nach dem SGB erhalten, sollte beachtet werden, dass die Wohnungen in der Größe und dem Preis festgelegte Grenzen nicht überschreiten dürfen. Speziell bei dieser Gruppe von Mietern hat es sich als praktisch erwiesen, dass die Leistungen der Jobcenter für die Unterkunft (Mietzahlungen) durch Abtretung direkt an den Vermieter überwiesen werden. Grundsätzlich ist aber kein Jobcenter verpflichtet, die Mietzahlungen direkt an den Vermieter zu leisten. Vor Abschluss eines Mietvertrags ist es zu empfehlen, sich über den Mietinteressenten eine Zustimmungserklärung über die Angemessenheit der angebotenen Wohnung und der Miethöhe beibringen zu lassen. Darin sollte auch die vom Träger der Leistungen übernommene Höhe der Mietzahlungen, Kaution und Nebenkosten enthalten sein. Nur so ist es möglich zu prüfen, ob ein Interessent in der Lage ist, die finanziellen Forderungen zu leisten bzw. für Zuzahlungen aufzukommen.

Beispiel für eine Abtretungserklärung:

Abtretungserklärung

Ergänzend zum Mietvertrag über die Wohnung:

____

____

Vermieter: ______________________________

____

und

Mieter: ______________________________

____

BZ-Nr.: ______________________________

(Bearbeitungszeichen Agentur für Arbeit/Träger der Sozialhilfe)

schließen die Vertragsparteien folgende Anweisungs- und Abtretungserklärung als Zusatzvereinbarung zum o. g. Mietvertrag:

↓

1. Soweit der Mieter jetzt oder zukünftig von der Agentur für Arbeit Arbeitslosengeld bezieht, tritt der Mieter mit Bezug auf das Mietverhältnis die Miete in Höhe der jeweils aktuellen Nettomiete zzgl. Nebenkostenanteile an den Vermieter ab.

2. Der Mieter ermächtigt die Agentur für Arbeit/Träger der Sozialhilfe, die Miete direkt an den Vermieter auszuzahlen und den Vermieter über Änderungen der Höhe der bewilligten Geldleistungen direkt zu unterrichten.

3. Im Übrigen weist der Mieter unwiderruflich die Agentur für Arbeit/den Träger der Sozialhilfe an, gewährte Hilfen zum Lebensunterhalt mit Bezug auf das Mietverhältnis in Form von Mietbeihilfen für Heizung und sonstige Nebenkosten sowie Kautionen direkt an den Vermieter zu zahlen.

Konto des Vermieters: ______________________

Kontoinhaber: ______________________

Kontonummer: ______________________

BLZ: ______________________

.............................., den ...., den ....

....

Unterschrift des Vermieters   Unterschrift/en des Mieters/der Mieter

2.5.6 Auskünfte an den Mietinteressenten

Welche Auskünfte müssen dem Mietinteressenten über das Mietobjekt gegeben werden?

- Energieausweis zum Gebäude
- Angaben, die direkt die Wohnung betreffen, z. B. Größe, Beschaffenheit, Miethöhe, Betriebskosten
- Angaben zu Mängeln
- Angaben zu vorhandenen Haustieren im Haus, z. B. bei Allergien des Mietinteressenten gegen Katzen- oder Hundehaare

Mit Inkrafttreten der Energieeinsparverordnung (EnEV 2014) zum 01. Mai 2014 ist es Pflicht, Mietinteressenten schon bei der Besichtigung der Wohnung den Energiepass vorzulegen. Die Vorlage sollte sich der Verwalter quittieren lassen.

Berücksichtigen Sie zudem, dass nun in einer Immobilienanzeige die wichtigsten energetischen Kennzahlen aus dem Energiepass aufgeführt werden müssen. Hierbei handelt es sich um den Energieverbrauch bzw. -bedarf, den Energieträger für die Beheizung (z. B. Gas) und die Effizienzklasse (nur erforderlich, wenn der Energieausweis ab dem 01. Mai 2014 neu ausgestellt wurde).

Welche Auskünfte sollten vermieden werden?

- Auskünfte über Vormieter
- Angaben zu den anderen Mietparteien

Die Einhaltung des Datenschutzes gilt auch im Wohnungsmietrecht.

3 Mietwohnungen mit der Eigenschaft „öffentlich gefördert“

3.1 Einleitung

Nach dem Zweiten Weltkrieg wurde in der Bundesrepublik Deutschland versucht, durch verschiedene Instrumentarien den Wohnungsbau anzukurbeln. Besonders in den zerstörten Großstädten herrschte ein hoher Wohnungsmangel. Gefördert wurde der Wohnungsbau über das Erste und Zweite Wohnungsbaugesetz. Ziel war es, dass sich breite Schichten der Bevölkerung mit angemessenem Wohnraum versorgen konnten. Diese öffentlich geförderten Wohnungen wurden auch **Sozialwohnungen** genannt. Die zwischen 1950 und 2002 staatlich geförderten Wohnungen unterliegen bis heute besonderen gesetzlichen Bestimmungen.

Seit dem 01.01.2002 gilt das Wohnraumförderungsgesetz, das mit seinen Förderinstrumenten nur die Versorgung von bestimmten Zielgruppen verfolgt. Die strengen Regelungen, die für die Wohnungen mit einem Baujahr von 1950 bis 2002 gelten, wurden gelockert. Sie werden nunmehr in den jeweiligen Förderverträgen geregelt und zwischen den Kommunen und den Bauherren ausgehandelt.

Im Zuge der Föderalismusreform wurde die Zuständigkeit für die Wohnraumförderung mit Wirkung vom 1. September 2006 vom Bund auf die Länder übertragen. Das heißt, den Ländern obliegt das Recht zur Gesetzgebung und zur Finanzierung der sozialen Wohnraumförderung. Dazu erhalten diese bis einschließlich 2013 vom Bund eine Kompensation in Höhe von 518,2 Mio. Euro jährlich.

- Die Aufgaben der sozialen Wohnraumförderung wurden ebenfalls aktualisiert. Es geht jetzt nicht mehr um die Aufgaben des Wiederaufbaus eines Wohnungsbestandes, sondern um die Bereitstellung preiswerter Mietwohnungen für Haushalte mit Zugangsschwierigkeiten am allgemeinen Wohnungsmarkt,
- die Unterstützung bei der Bildung von selbst genutztem Wohnungseigentum, z. B. für Haushalte mit Kindern sowie
- die Schaffung von behindertengerechtem Wohnraum.

Da sich die Entwicklung des Wohnungsmarktes von Region zu Region in den letzten Jahren unterschiedlich gestaltet hat, hat es sich als sinnvoll erwiesen, die Wohnraumförderung auf Landesebene zu gestalten.

Soweit das Wohnraumförderungsgesetz (WoFG) des Bundes nicht durch landesrechtliche Regelungen ersetzt wurde, bleibt es weiterhin gültig.

Folgende Bundesländer haben das Wohnraumförderungsgesetz durch eine eigene landesrechtliche Regelung abgelöst:

- Baden-Württemberg
  01.01.2008, Landeswohnraumförderungsgesetz (LWoFG BW), Vergleichsmietensystem

- Bayern
  01.05.2007, Landeswohnraumförderungsgesetz, Bayerisches Wohnungsbindungsgesetz (BayWoBindG)

- Freie Hansestadt Hamburg
  01.04.2008, Hamburgisches Wohnungsbindungsgesetz (HambWoBindG), Hamburgisches Wohnungsförderungsgesetz (HambWoFG)

- Niedersachsen
  01.01.2010, Gesetz zur Neuordnung der Wohnraumförderung (NWoFG)

- Nordrhein-Westfalen
  Landeswohnraumförderungsgesetz vom 02.10.2009

- Schleswig-Holstein
  01.07.2009, Wohnraumförderungsgesetz Schleswig-Holstein (SHWoFG), Staffelung von Mieterhöhungen und Belegungsrechten, Vergleichsmietensystem

- Freie Hansestadt Bremen
  01.01.2009, Bremisches Wohnungsbindungsgesetz (BremWoBindG), nur Ablösung der Regelungen zur Wohnungsbindung, Kostenmiete = Fördermiete

Welche Punkte des Wohnungsbindungsgesetzes (WoBindG), der Neubaumietenverordnung 1970 (NWV 1970), des I. oder II. Wohnungsbaugesetzes (WoBauG) und der II. Berechnungsverordnung (II. BV) in den Ländern weitergeführt werden, ist den einzelnen Landesgesetzen zu entnehmen.

Im sozialen Wohnungsbau fördern die Länder den Antragsteller (z. B. Wohnungsunternehmen, Genossenschaften und Einzelbauherren) durch Gewährung von
- Darlehen zu Vorzugsbedingungen,
- Zinszuschüssen,
- Aufwendungszuschüssen,
- Bürgschaften und Garantien,
- Bereitstellung von verbilligtem Bauland sowie
- steuerlichen Vergünstigungen.

3.2 Belegungsbindung und Benennungsrecht

Der öffentlich geförderte Wohnraum unterliegt in seiner Vergabe (Vermietung) bestimmten Pflichten. Je nach Art der Förderung sind **Belegungs- und Mietbindungen** einzuhalten. Der Vermieter ist verpflichtet, den Wohnraum nur einem Haushalt zu überlassen, der über einen **Wohnberechtigungsschein (WBS)** verfügt. Die Ausstellung eines Wohnberechtigungsscheins ist abhängig von
- der Zahl der zum Haushalt gehörenden Personen,
- von der Wohnungsgröße,
- von der Höhe des Gesamteinkommens sowie
- von bestimmten Sozialkriterien (z. B. alleinerziehend, kinderreiche Familien, alte Menschen oder Menschen mit Behinderungen).

Wird eine Sozialwohnung frei, ist diese umgehend dem zuständigen Amt zu melden (Freimeldung). Wird die Wohnung einem Mieter überlassen, ist die Überlassungsmitteilung (auf der Rückseite des WBS) binnen einer Frist an das zuständige Amt zu übersenden.

Zusätzlich kann die fördernde Stelle bestimmt haben, dass der Mieter nicht nur einen Wohnberechtigungsschein vorlegen, sondern auch noch eine weitere Bedingung erfüllen muss, z. B. dass er einem spezifischen Personenkreis angehören muss. In älteren Mietverträgen sind auch noch Belegungsrechte für die Post oder die öffentliche Verwaltung zu finden.

Gilt für die Wohnung ein **Benennungsrecht**, das nur in Gebieten mit erhöhtem Wohnbedarf durch das Wohnungsamt ausgeübt werden kann, muss einer von drei durch das Wohnungsamt benannten Mietern akzeptiert und ihm die Wohnung überlassen werden.

Es sind die jeweiligen Gesetze der Länder bezüglich der Regelungen zur Wohnungsbindung und zu den Benennungsrechten anzuwenden.

3.3 Freistellung der Wohnung

Auf Antrag beim zuständigen Wohnungsamt in Verbindung mit der fördernden Stelle kann eine **Freistellung der Wohnung von der Belegungsbindung** beschlossen werden. Dies ist insbesondere dann sinnvoll, wenn trotz nachweisbarer Bemühungen kein berechtigter Mieter gefunden werden konnte. Damit soll eine Bildung von Leerständen vermieden werden. Die jeweilige Wohnung kann dann an einen Haushalt ohne Wohnberechtigungsschein (WBS) vermietet werden.

Eine weitere Möglichkeit besteht in der Übertragung der Belegungsbindung auf andere Wohnungen im jeweiligen Bestand.

Ebenso kann eine Freistellung von Belegungsbedingungen bestehen, wenn aufgrund der örtlichen Verhältnisse kein öffentliches Interesse mehr an einer Belegungsbindung besteht.

3.4 Kostenmiete

Durch die unterschiedlichen Landesgesetze wird nicht mehr in allen Ländern die Kostenmiete als Grundlage für die Miethöhe im öffentlich geförderten Wohnraum angesetzt. Einige Länder sind zum Vergleichsmietensystem übergegangen. Wird die Kostenmiete (siehe auch Einzelregelungen der Länder) vorgeschrieben, dann gilt:

> Es darf vom Mieter nicht mehr als die Kostenmiete verlangt und vereinbart werden. Somit gelten diese Wohnungen als **preisgebunden**. Die Kostenmiete deckt jedoch (pauschalisiert) alle Aufwendungspositionen im Zusammenhang mit der Bewirtschaftung des Grundstückes. Die Umlage der Betriebskosten auf die Mieter ist auch hier möglich. Es können aber nur Vorauszahlungen in angemessener Höhe vereinbart werden. Die Vereinbarung von Pauschalen ist nicht möglich.

Im Einzelnen werden folgende Kosten berücksichtigt:
- Kapitalkosten des aufgenommenen Fremdkapitals – hier die Zinsen
- die kalkulatorische Eigenkapitalverzinsung
- Abschreibungen – hier gilt der Grundsatz von einem Prozent der Baukosten pro Jahr
- Sonderabschreibungen auf einen Katalog von Anlagen und Einrichtungen
- Verwaltungskosten pro Wohnung, Stellplatz für ein Jahr
- Instandhaltungskosten pro Quadratmeter/Jahr
- Mietausfallwagnis

Die Kostenmiete wird mithilfe der Wirtschaftlichkeitsberechnung (WB) ermittelt und durch die fördernde Stelle bewilligt (Bewilligungsmiete). Alle Änderungen der Miete beruhen auf der ursprünglichen Wirtschaftlichkeitsberechnung (Einfrierungsgrundsatz).

Der Aufbau und der Inhalt der Wirtschaftlichkeitsberechnung werden zu einem späteren Zeitpunkt ausführlicher besprochen.

3.5 Änderung der Kostenmiete

Für Länder, die die Kostenmiete beibehalten haben, gilt:

> Nach § 10 WoBindG kann die Kostenmiete nur geändert werden, wenn der **Vermieter die Änderung** nicht zu vertreten hat. Mieterhöhungen nach den §§ 557 ff. BGB sind ausgeschlossen. Mieterhöhungen sind immer durch die Förderanstalt zu genehmigen.

Zu erklären ist eine Mieterhöhung mit einem der folgenden Begründungsmittel:
- Wirtschaftlichkeitsberechnung
- Auszug aus der Wirtschaftlichkeitsberechnung
- Teilwirtschaftlichkeitsberechnung
- Bewilligungsbescheid der Förderanstalt

Eine Mieterhöhungserklärung bedarf der Schriftform. Folgende Sachverhalte können zu einer Erhöhung der Kostenmiete führen:
- gestiegene Kapitalkosten
- Abbau von Subventionen
- Ende des Verzichts auf Kosten- und Aufwendungsansätze
- gestiegene Verwaltungs- und/oder Instandhaltungspauschalen
- Modernisierung

Eine genaue Beschreibung der Mieterhöhungen und deren Durchsetzung erfolgt im Band 2.

3.6 Besonderheiten bei Kautionen und Betriebskosten

Auch hier gilt die Gesetzgebung der einzelnen Länder. In der Regel kann vom Mieter eine **Sicherheitsleistung** verlangt werden. Es gilt entsprechend § 551 BGB. In der Verwendung ist der Vermieter jedoch eingeschränkt. Er kann die Kaution nur nutzen, um Schäden an der Mietsache und unterlassene Schönheitsreparaturen zu beheben.

Bei der Abrechnung der Betriebskosten kann der Vermieter ein Umlageausfallwagnis von 2% auf die tatsächlich entstandenen Kosten aufschlagen.

3.7 Untervermietung

Die Höhe des Untermietzuschlags ist nur für preisgebundenen Wohnraum gesetzlich geregelt (§ 26 Abs. 3 NMV) und beträgt dort bei Untervermietung an eine Person 2,50 Euro, bei zwei oder mehr Personen 5 Euro. Ansonsten gelten die gesetzlichen Regelungen der einzelnen Länder.

3.8 Ende der Eigenschaft „öffentlich gefördert"

Die Förderungen sind, je nach Förderweg der Länder, zeitlich begrenzt. Mit dem Ende der Eigenschaft werden diese Wohnungen behandelt wie „normale" freifinanzierte Wohnungen. Somit hat der Vermieter dann die Möglichkeit, den Wohnraum an jeden Mietinteressenten zu vermieten, und kann sich aus dem Katalog der Mieterhöhungen nach BGB bedienen. Wann eine Wohnung ihre Bindung verliert, regeln die §§ 15 bis 17 WoBindG bzw. die Landesgesetze.

Aufgaben

Aufgaben zu Kapitel 1

1 Nennen Sie die Besonderheiten eines Formularmietvertrags.

2 Nennen Sie mindestens zehn wichtige Punkte, die ein Mietvertrag beinhalten sollte.

3 Der 16-jährige Jungpunker Hennes hat ständig Zoff mit seinen Eltern und beschließt aus diesem Grunde, der elterlichen Wohnung den Rücken zu kehren und sich seine erste eigene Wohnung anzumieten. Der Vermieter weist ihn allerdings ab. Lag es an seinem Punkeroutfit?

4 Die Geschwister Helga und Horst Baumann werden im schriftlichen Mietvertrag namentlich aufgeführt, unterschrieben wurde dieser Vertrag aber nur von Horst Baumann. Wie ist in diesem Fall die Rechtslage?

1. Sowohl Horst als auch seine Schwester Helga sind Vertragspartner.
2. Der Vertrag weist dadurch einen Formmangel auf und ist ungültig.
3. Nur Horst Baumann ist Vertragspartner.
4. Helga Baumann kann aufgrund der Sonderregelung von § 344 BGB zur Nachunterzeichnung des Vertrags gesetzlich verpflichtet werden.

5 Welcher Formvorschrift unterliegen Wohnraummietverträge und wo ist diese Vorschrift geregelt?

6 Was versteht man unter einem Dauermietvertrag?

7 Nennen Sie drei Möglichkeiten, durch die ein Mietvertrag beendet werden kann.

8 Nennen Sie die drei gesetzlichen Kündigungsmöglichkeiten für Mietverträge und führen Sie die dazugehörigen Rechtsquellen auf.

9 Kreuzen Sie an, welche Positionen zu den Betriebskosten zählen, die im Mietvertrag als durch Sie zu tragende Nebenkosten vereinbart werden können und welche nicht.

Position	ja	nein
Haftpflichtversicherung		
Grundsteuer		
erstmalige Sperrmüllabfuhr		
Schornsteinimmissionsmessung		
Kosten des Kammerjägers bei Ungezieferbefall		
Treppenhausbeleuchtung		
Glühlampe im Treppenhaus wechseln		
Rasen- und Heckenschnitt		
Baumfällarbeiten		
Schornstein ausbrennen		
Urlaubsvertretung für den Hauswart		
Auswechseln von Namensschildern durch den Hauswart		

10 Sie haben als Mieter einen Wohnraummietvertrag abgeschlossen, in dem keine Aussage zu den durchzuführenden Schönheitsreparaturen getroffen wurde. Wie müssen Sie sich nun im Falle der Schönheitsreparaturen verhalten?

1. Sie sollten den Vermieter unverzüglich auf diesen Umstand hinweisen, damit dazu nachträglich eine Regelung in den Mietvertrag aufgenommen werden kann.
2. Sie brauchen keine Schönheitsreparaturen durchzuführen und können die Wohnung verwahrlosen lassen.
3. Da diese Regelung fehlt, ist der Vermieter für die Schönheitsreparaturen zuständig.
4. Sie sind trotzdem für die Schönheitsreparaturen zuständig, müssen sich aber nicht an den Fristenplan halten.
5. Sie können nun so oft sie wollen bei sich tapezieren lassen und die Kosten dem Vermieter in Rechnung stellen.

11 Der Vermieter vereinbart im Mietvertrag mit dem Mieter, dass dieser die Kleinreparaturen in der Wohnung übernimmt. Bis zu welcher Summe muss der Mieter in diesem Fall für die Kleinreparaturen aufkommen?

12 Der Vermieter vereinbart im Mietvertrag mit dem Mieter, dass dieser die Kleinreparaturen bis zu 75 Euro je Reparatur, aber nicht mehr als 5 % der Jahresnettomiete als Jahresgesamtbelastung zu tragen hat. Nun muss die Mischbatterie im Bad erneuert werden. Der Vermieter fordert vom Mieter einen Anteil von 106,45 Euro. Muss er zahlen?

13 Bei Abschluss des Mietvertrags wird auch die Kautionshöhe vereinbart. Wie hoch darf diese maximal sein, wo wird dies gesetzlich geregelt und wie muss der Vermieter die Kaution anlegen?

14 Muss die Mietkaution in einem Betrag bezahlt werden? Was passiert mit den laufend anfallenden Zinsen der Kaution?

15 Beurteilen Sie, für welche Positionen Sie die Kaution im preisfreien und im preisgebundenen Wohnungsbau verwenden dürfen.

Position	preisfrei	preisgebunden
Schäden an der Mietsache (durch Mieter verursacht)		
Schäden im Treppenhaus		
Rückstände aus den Betriebskostenzahlungen		
unterlassene Schönheitsreparaturen		
Schönheitsreparaturen wurden nicht von einer Fachhandwerksfirma durchgeführt und der Vermieter möchte dies nachbessern lassen		
Mietrückstände		

16 Beim Abschluss von Mietverträgen vereinbart Ihr Unternehmen generell eine Kaution. Für welche Forderungen und Ansprüche können Sie diese verwenden?

1. Nur für noch ausstehende Mieten.
2. Im öffentlich geförderten sozialen Wohnungsbau für Rückstände aus der Betriebskostenzahlung.
3. Nur für unterlassene Schönheitsreparaturen.
4. Für Forderungen aus einer Mietminderung, der der Vermieter nicht zugestimmt hatte.
5. Im öffentlich geförderten sozialen Wohnungsbau nur für Schönheitsreparaturen und Schäden an der Mietsache.

17 Da Sie momentan etwas knapp bei Kasse sind, wollen Sie einen Untermieter in ihre Wohnung aufnehmen. Auf Ihren Antrag auf Untermieterlaubnis bei Ihrer Verwaltung teilt man Ihnen allerdings mit, dass das nicht möglich sei, da die Untervermietung nicht mit der Firmenpolitik der Verwaltung vereinbar sei. Ist die Verwaltung im Recht? Welche gesetzliche Möglichkeit ergibt sich für Sie durch die Versagung der Erlaubnis?

18 Wann hat ein Mieter von Wohnraum Anspruch auf Untervermietung?

19 Nun gibt der Vermieter endlich nach und stimmt einer Untervermietung zu, allerdings möchte er, dass dafür die Miete um einen angemessenen Betrag erhöht wird. Ist er im Recht?

20 Können Sie sich einen Hund anschaffen und in der Wohnung halten, obwohl der Vermieter ein generelles Tierhaltungsverbot mietvertraglich mit Ihnen vereinbart hat?

21 Einer Ihrer Mieter möchte von seiner großzügig bemessenen Wohnung ein Zimmer an einen Bekannten vermieten. In welchem Gesetz bzw. in welcher Verordnung wird das Recht auf Untervermietung geregelt?

1. Wohnungsbindungsgesetz (WoBindG)
2. Wohnraumuntermietverordnung (WoUmVO)
3. Neubaumietenverordnung (NMV)
4. Bürgerliches Gesetzbuch (BGB)
5. Wohnungsvermittlungsgesetz (WVermG)

Aufgaben zu Kapitel 2

22 Ordnen Sie den jeweiligen Stichpunkten die jeweilige gesetzliche Regelung zu. Benennen Sie jeweils das Gesetz und den Paragrafen mit Nummer.

Pflichten des			
Vermieters		Mieters	
Gebrauchsüberlassung		Mietzinszahlung	
Erhaltungspflicht		Obhutspflicht	
Verkehrssicherungspflicht		Rückgabepflicht	
Lastentragungspflicht		Duldung von Modernisierung	
Verwendungsersatz		Mangelanzeigepflicht	
		Duldung von Instandhaltung und Instandsetzung	

Rechte des			
Vermieters		**Mieters**	
Kündigungsrecht		vertragsgemäßes Nutzungsrecht	
Besichtigungsrecht		Kündigungsrecht	
Vermieterpfand-recht		Wegnahmerecht	
Selbsthilferecht		Mietminderungs-recht	
Entschädigungs-recht		Schadenersatz	
		Mangelbeseitigung	
		Zurückbehaltungs- und Aufrechnungs-recht	

23 Welche Möglichkeit hat der Vermieter, Verkehrssicherungspflichten an den Mieter zu übertragen?

24 Sie als Vermieter möchten Ihr Besichtigungsrecht in einer Wohnung wahrnehmen, die seit nunmehr zwölf Jahren an einen Mieter vermietet ist, bei dem Sie schon seit einiger Zeit das Gefühl haben, dass er diese Wohnung stark vernachlässigt. Welche Möglichkeit haben Sie, Ihr Besichtigungsrecht gegen den Willen des Mieters durchzusetzen, obwohl es mietvertraglich nicht vereinbart wurde?

1. Sie drohen mit Zwangsräumung zur Durchsetzung Ihres Rechts.
2. Sie erwirken einen Gerichtsbeschluss.
3. Sie lassen die Wohnung durch einen Schlüsseldienst öffnen und betreten die Wohnung dann nur mit zwei Zeugen.
4. Sie stellen einen Eilantrag beim nächsten Polizeipräsidium auf polizeiliche Unterstützung.
5. Sie stellen dem Mieter Gas, Wasser und Strom ab, um ihn in die Knie zu zwingen.

Lernfeld 5 Wohnräume verwalten und Bestände pflegen

1 Betriebskostenabrechnung

1.1 Abgrenzung Betriebskosten, Verwaltungskosten und Instandsetzungskosten

Der § 1 Betriebskostenverordnung (BetrKV) nimmt eine Begriffsbestimmung vor, die im Folgenden betrachtet werden soll:

§ 1 BetrKV

(1) Betriebskosten sind die Kosten, die dem Eigentümer oder Erbbauberechtigten durch das Eigentum oder Erbbaurecht am Grundstück oder durch den bestimmungsmäßigen Gebrauch des Gebäudes, der Nebengebäude, Anlagen, Einrichtungen und des Grundstücks laufend entstehen. Sach- und Arbeitsleistungen des Eigentümers oder Erbbauberechtigten dürfen mit dem Betrag angesetzt werden, der für eine gleichwertige Leistung eines Dritten, insbesondere eines Unternehmers, angesetzt werden könnte; die Umsatzsteuer des Dritten darf nicht angesetzt werden.

(2) Zu den Betriebskosten gehören nicht:

1. die Kosten der zur Verwaltung des Gebäudes erforderlichen Arbeitskräfte und Einrichtungen, die Kosten der Aufsicht, der Wert der vom Vermieter persönlich geleisteten Verwaltungsarbeit, die Kosten für die gesetzlichen oder freiwilligen Prüfungen des Jahresabschlusses und die Kosten für die Geschäftsführung (Verwaltungskosten),

2. die Kosten, die während der Nutzungsdauer zur Erhaltung des bestimmungsmäßigen Gebrauchs aufgewendet werden müssen, um die durch Abnutzung, Alterung und Witterungseinwirkung entstehenden baulichen oder sonstigen Mängel ordnungsgemäß zu beseitigen (Instandhaltungs- und Instandsetzungskosten).

Zusätzlich hat der Gesetzgeber über § 2 BetrKV die einzelnen Betriebskostenarten bestimmt und deren Inhalt definiert. Die Aufzählung ist **abschließend**. Die Betriebskostenverordnung hat ihren Ursprung in § 27 II. BV und deren Anlage 3. Gegenüber der II. BV sind zusätzlich aufgenommen worden:

- Kosten der Reinigung und Wartung von Gaseinzelfeuerstätten
- Kosten des Betriebs von Müllkompressoren, Müllschluckern, Müllmengenerfassungsanlagen (Müllbeseitigungskosten)
- Kosten einer Versicherung gegen Elementarschäden
- Kosten der Einrichtungen für die Wäschepflege (darunter fallen jetzt nicht mehr nur die Gemeinschaftswaschmaschinen, sondern auch die Kosten für Wäschetrockner, -schleudern, Bügelautomaten etc., soweit vorhanden)
- Gebühren für die Weiterleitung von Fernseh- und Rundfunkprogrammen nach dem Urheberrechtsgesetz

Zu den Betriebskosten gehören nun auch die Kosten, die wegen ihrer geringen praktischen Bedeutung und aufgrund neuer technischer Entwicklungen oder Vorschriften noch nicht absehbar sind.

Die Verwaltungskosten und die Instandhaltungs-/Instandsetzungskosten können nicht als Betriebskosten auf den Wohnungsmieter umgelegt werden. Bereits bei der Kalkulation der Nettomiete müssen diese Kosten berücksichtigt werden. Wie in Lernfeld 4 bereits besprochen, können aber Teile der Instandhaltungs-/Instandsetzungskosten (Schönheitsreparaturen, Kleinreparaturen) durch vertragliche Vereinbarung auf den Mieter übertragen werden.

Grundsätzlich gilt:

Es können nur die Betriebskosten auf den Mieter umgelegt werden, die auch vertraglich vereinbart wurden.

Umlage-/Verteilerschlüssel

Gemäß Betriebskostenverordnung gilt grundsätzlich die Umlage/Verteilung nach Wohnfläche. Im Mietvertrag kann aber ein Umlage-/Verteilerschlüssel für einzelne Betriebskostenarten abweichend vereinbart werden. So kann z. B. die Umlage/Verteilung der Hausmeisterkosten über die Anzahl der Wohnungen vereinbart werden. Die gängigen Umlageschlüssel sind:

- Wohnfläche
- Personenzahl
- Anzahl der Wohnungen
- Miteigentumsanteile
- Verbrauch

Bei der Vermietung einer Eigentumswohnung sollte darauf geachtet werden, dass im Mietvertrag derselbe Umlage-/Verteilerschlüssel vereinbart wird wie zwischen den Wohnungseigentümern.

Seit dem Inkrafttreten der Betriebskostenverordnung im Jahr 2004 haben sich einige Veränderungen bzw. Ergänzungen bezüglich der umlegbaren Betriebskosten ergeben.

Rauchwarnanlagen

In immer mehr Bundesländern gehört die Ausstattung von Wohnräumen mit Rauchwarnmeldern (RWM) zur Pflicht eines Vermieters. Nach DIN 14676 müssen in Wohnungen Schlafräume und Kinderzimmer sowie Flure, über die Rettungswege von Aufenthaltsräumen führen, jeweils mindestens einen Rauchwarnmelder haben.

Diese Geräte müssen mindestens einmal jährlich geprüft werden (Sicht- und Alarmprüfung). Während des durchzuführenden Probealarms wird die Batterie auf ihre Funktionstüchtigkeit geprüft. Diese Überprüfungen sollten durch eine Fachfirma durchgeführt werden. Die für die jährlich durchzuführende Funktionsprüfung anfallenden Kosten, einschließlich der Kosten für den Batteriewechsel, sind Betriebskosten. In der Regel wird dafür ein Wartungsvertrag abgeschlossen.

Umrüstung auf digitalen SAT-Empfang

Ab dem 01. 05. 2012 wird die Verbreitung des analogen Fernsehsignals über das Satellitensystem Astra eingestellt. Für den Vermieter ist damit auch eine Umrüstung der Hausverteileranlage notwendig.

Dabei können auch zukünftig Gebühren im Sinne des Urheberrechts bei der Betreibung von sogenannten Kopfstationen fällig werden. Die Gebühren entstehen durch die Aufbereitung und Weitersendung des empfangenen Signals gegenüber dem Programmanbieter. Diese Kosten sind im Sinne der Betriebskostenverordnung umlagefähig.

Wärmezähler

Die Heizkostenverordnung sieht vor, dass ab dem 01. 01. 2014 der anteilige Verbrauch der Warmwasserbereitung durch einen Wärmezähler zu ermitteln ist. Dieser Wärmezähler kann genauso wie alle anderen Zähler geleast werden und unterliegt einer Eichfrist. Somit werden auch diese Kosten in die Betriebskostenabrechnung einfließen müssen.

Trinkwasserprüfung gemäß der Zweiten Verordnung zur Änderung der Trinkwasserverordnung 2012
Seit dem 14. 12. 2012 besteht die Untersuchungspflicht auf den Parameter „Legionella spec" gemäß § 14 Abs. 3 Zweite Verordnung zur Änderung der Trinkwasserverordnung für den Unternehmer oder Inhaber einer Versorgungsanlage.

> *Die Untersuchungspflicht (...) besteht für Anlagen, die Duschen oder andere Einrichtungen [Badewannen- oder Geschirrbrausen] enthalten, in denen es zu einer Vernebelung des Trinkwassers kommt.*
>
> (Auszug aus § 14 Zweite Verordnung zur Änderung der Trinkwasserverordnung)
>
> Betroffen sind Wasserverteilungssysteme mit einem Mindestfassungsvolumen von 400 Liter und/oder drei Liter in der Rohrleitung zwischen dem Trinkwassererwärmer bzw. der Zirkulationsleitung und der jeweiligen Wasserentnahmestelle. Die Untersuchungsabstände dürfen nicht mehr als drei Jahre betragen. Die erstmalige Durchführung der Untersuchung hatte bis Ende 2013 zu erfolgen.

Die Umlage der Kosten erfolgt über die Betriebskostenabrechnung (§ 2 Nr. 2 oder 5 BetrKV):
- Kosten der Warmwasserversorgung
- Kosten des Betriebes der zentralen Warmwasserversorgung

Weitere Änderungen bzw. Anpassungen wird es zukünftig durch die anstehende Grundsteuer- sowie die Mietgesetzreform geben. Zum Veröffentlichungszeitpunkt dieses Buches lagen hierzu allerdings noch keine gesicherten und beschlossenen Tatbestände vor.

1.2 Abrechnungszeitraum

Der Abrechnungszeitraum beträgt gemäß § 556 Abs. 3 BGB 12 Monate. Ausnahmen kann es geben, wenn Sie einzelne Positionen auf eine verbrauchsabhängige Erfassung und Abrechnung umgestellt haben, z. B. nach dem Einbau einer Heizung und den dazugehörigen Ablesegeräten im laufenden Abrechnungsjahr. Dies ist durch einseitige Erklärung durch den Vermieter möglich.

Der Abrechnungszeitraum für das gesamte Objekt wird im Mietvertrag vereinbart (grundsätzlich kann ein beliebiger Stichtag gewählt werden). Dabei muss das Abrechnungsjahr nicht zwingend mit dem Kalenderjahr übereinstimmen, z. B.:
- 01. 04. – 31. 03.
- 01. 06. – 31. 05.

Kürzere Abrechnungszeiträume werden in der Regel dann vereinbart, wenn ein Neubau nach dem Erstbezug bis zum Beginn des gewählten regelmäßigen Abrechnungszeitraumes abgerechnet werden soll (Rumpfzeitraum oder Rumpfjahr).

Beispiel:

	mit Rumpfzeitraum	ohne Rumpfzeitraum
Erstbezug nach Neubau	01. 11. 2011	01. 11. 2011
erste Abrechnung	01. 11. 2011 bis 31. 12. 2011	01. 11. 2011 bis 31. 10. 12
Folgeabrechnung	01. 01. 2012 bis 31. 12. 2012	01. 11. 2012 bis 31. 10. 2013

Alle Betriebskostenarten sind über den gleichen Zeitraum abzurechnen. Unterschiedliche Abrechnungszeiträume einzelner Betriebskostenarten sind nur dann zulässig, wenn diese vertraglich vereinbart wurden.

1.3 Abrechnungsfrist

Gemäß § 556 Abs. 3 BGB muss dem Mieter die Abrechnung über die tatsächlich entstandenen Kosten bis spätestens 12 Monate nach dem Ende des Abrechnungszeitraumes zugehen.

Beispiel:

Abrechnungszeitraum:	01. 01. 2011 bis 31. 12. 2011
Abrechnungsfrist:	01. 01. 2012 bis 31. 12. 2012

Abrechnungen sollten nicht erst kurz vor Ende der Abrechnungsfrist an den Mieter zugestellt werden, da ansonsten beispielsweise folgende Probleme auftreten können:
- Verzögerungen auf dem Postweg
- keine Zustellung wegen fehlender bzw. neuer Anschrift eines Mieters

Der Zugang am 31. 12. kurz vor 24.00 Uhr ist weiterhin insofern umstritten, da der Mieter um diese Zeit regelmäßig nicht mehr seinen Briefkasten leert. Bei Problemmietern sollten die Abrechnungsunterlagen per Boten zugestellt werden, z. B. durch den Hausmeister. Bei sehr schwierigen Mietern besteht auch die Möglichkeit, die Betriebskostenabrechnung durch den zuständigen Gerichtsvollzieher zustellen zu lassen.

Bei der Zustellung der Abrechnung durch einen Boten ist zu beachten:
- Der Bote muss wissen, was er zustellt.
- Der Zustellzeitpunkt auf dem Zustellungsformular oder auf der Kopie muss für den Absender vermerkt werden.
- Der Bote kann als Zeuge in einem Streitverfahren genannt werden.

Sollten Sie die Frist verstreichen lassen, haben Sie keine Möglichkeit mehr, Nachforderungen gegenüber Ihren Mietern geltend zu machen. Es handelt sich dabei um eine sogenannte **Ausschlussfrist**. Die 12 Monate können Sie für einzelne Positionen überschreiten, wenn Sie die Verzögerung nicht zu vertreten haben.

Ihr Mieter hat weiterhin einen gesetzlichen Anspruch auf Abrechnung. Ein mögliches Guthaben verjährt nach der gesetzlichen Frist von drei Jahren. Die Frist beginnt mit dem Ende des Jahres zu laufen, in dem Sie Ihrem Mieter die Abrechnung vorgelegt haben. Sollten Sie Ihrer Abrechnungspflicht nicht nachkommen, wird der Mieter wahrscheinlich, um seinen Anspruch durchzusetzen, beim Amtsgericht der belegenen Sache eine Leistungsklage gegen Sie anstrengen. Sein Ziel wird es sein, dass Ihr Unternehmen zur Abrechnung verurteilt wird.

1.4 Formale Anforderungen

In § 259 Abs. 1 BGB ist geregelt:

Wer verpflichtet ist, über eine mit Einnahmen oder Ausgaben verbundene Verwaltung Rechenschaft abzulegen, hat dem Berechtigten eine die geordnete Zusammenstellung der Einnahmen oder der Ausgaben enthaltende Rechnung mitzuteilen und, soweit Belege erteilt zu werden pflegen, Belege vorzulegen.

Einnahmen sind in diesem Fall die Vorauszahlungen Ihrer Mieter. Die Ausgaben sind die tatsächlich entstandenen Kosten. Die Belege müssen Sie Ihrem Mieter, wenn dieser es wünscht, zur Einsicht vorlegen (**Belegeinsichtsrecht**).

Weiterhin hat der BGH schon im Jahre 1981 geurteilt, welche Anforderungen durch eine Betriebskostenabrechnung weiterhin erfüllt sein müssen. Dies wurde 2005* nochmals bestätigt. Ihr Mieter muss in der Lage sein, die Abrechnung gedanklich und inhaltlich nachvollziehen zu können. Dabei wird unterstellt, dass es sich um einen durchschnittlich gebildeten, juristisch und betriebswirtschaftlich nicht geschulten Mieter handelt.

Um Ihren Anspruch nachvollziehen zu können, bedarf es folgender Mindestangaben:

- Name und Anschrift des Mieters
- Bezeichnung des Abrechnungsobjektes
- Benennung des Abrechnungszeitraumes und ggf. des Nutzungszeitraumes
- Zusammenstellung der Gesamtkosten für jede Kostenart*
- Angabe und Erläuterung der zugrunde gelegten Umlageschlüssel*
- Berechnung des Anteils des Mieters zu jeder Kostenart* und
- Abzug der Vorauszahlungen des Mieters*

* (BGB-Urteil VIII ZR 115/04 – vier Mindestangaben)

In der Praxis werden Betriebskostenabrechnungen z. B. ergänzt durch:

- gesonderte Heizungs- und Warmwasserabrechnungen von Abrechnungsfirmen
- gesonderte Abrechnung der Verbrauchserfassung von Müllentsorgungssystemen
- Aufschlüsselung der haushaltnahen Dienstleistungen gemäß § 35a EStG
- Erläuterungen zu den Umlageschlüsseln der einzelnen Betriebskostenarten

Da Sie eine Aufstellung der umlegbaren Kosten für ein Jahr vornehmen, müssen Sie zusätzlich die Nutzungszeit Ihres Mieters berücksichtigen. Sollte Ihr Mieter während der Abrechnungsperiode eingezogen oder ausgezogen sein, müssen Sie alle Kosten auf den tatsächlichen Nutzungszeitraum verteilen.

Die Zusammenstellung der Gesamtkosten erfolgt nach Maßgabe des § 2 BetrKV und der Vereinbarungen aus dem Mietvertrag. Die Verteilerschlüssel werden aus dem Mietvertrag entnommen. Haben Sie hier keine Regelung vorgenommen, so gilt § 556 BGB.

Wie bereits erwähnt, sollten Sie grundsätzlich eine verbrauchsabhängige Abrechnung vornehmen. Ist dies nicht möglich, gilt als Verteiler die Wohnfläche. Bei der Besprechung der einzelnen Betriebskostenarten wird auch noch auf andere Verteiler eingegangen.

Damit Ihre Abrechnung nachvollziehbar ist, sollten Sie alle verwendeten Verteiler kurz in Ihrer Abrechnung erklären.

Die Berechnung des Anteils des Mieters ist einfaches Verteilungsrechnen, wie Sie es aus dem Fachrechnen bereits kennen:

$$\frac{\text{Gesamtkosten}}{\text{Gesamtverteiler}} \cdot \text{Anteil des Mieters} = \text{Kostenanteil des Mieters für ein Jahr}$$

$$\frac{\text{Kostenanteil des Mieters für ein Jahr}}{\text{Wirtschaftsjahr}} \cdot \text{Nutzungszeit} = \text{anteilige Kosten des Mieters}$$

Beispiel:
Für ein Grundstück mit einer Gesamtwohnfläche von 1.200 m² sollen die Kosten der Versicherungen in Höhe von 2.000 Euro verteilt werden. Im Mietvertrag ist die Umlage nach der Wohnfläche vereinbart. Berechnen Sie die anteiligen Kosten für den Mieter A, der eine Wohnung vom 01. 01. bis 31. 03. mit 70 m² bewohnte.

Lösung:

$$\frac{2.000 \text{ Euro}}{1.200 \text{ m}^2} \cdot 70 \text{ m}^2 \quad = 116{,}67 \text{ Euro}$$

Die anteiligen Kosten für eine 70 m² große Wohnung betragen für den gesamten Abrechnungszeitraum 116,67 Euro.

$$\frac{116{,}67 \text{ Euro}}{365 \text{ Tage}} \cdot 90 \text{ Tage} \quad = 28{,}77 \text{ Euro}$$

Die anteiligen Kosten für den Mieter A betragen für die Position Versicherungen 28,77 Euro.

Anmerkung:
Bitte rechnen Sie mit Tagen. Sollten Sie mit vollen Monaten – hier im Beispiel drei Monate – gerechnet haben, haben Sie ein falsches Ergebnis ermittelt (29,17 Euro). Der Grund dafür ist der Februar mit seinen 28 Tagen.

Nachdem Sie die Anteile Ihres Mieters zu den einzelnen Kostenpositionen ermittelt haben, summieren Sie diese. Die Summe wird mit den tatsächlich gezahlten Vorauszahlungen verrechnet. Achten Sie bitte darauf, dass Sie wirklich nur die geleisteten Vorauszahlungen aufführen. Mit der Ausweisung der Nachzahlung oder des Guthabens haben Sie eine Abrechnung erstellt.

Da Mietminderungen auf die Bruttomiete erfolgen, also auf die Nettomiete und auf die Betriebskosten, sind diese bei der Abrechnung zu berücksichtigen (siehe auch 1.8).

1.5 Das Prinzip der Wirtschaftlichkeit

Im § 556 Abs. 3 Satz 1 BGB ist geregelt:

(3) Über die Vorauszahlungen für Betriebskosten ist jährlich abzurechnen; dabei ist der Grundsatz der Wirtschaftlichkeit zu beachten.

Es sollen nur solche Betriebskosten umgelegt werden, die bei einer ordentlichen Geschäftsführung gerechtfertigt sind. Der Vermieter ist angehalten, möglichst günstige Konditionen bei Versorgungsanbietern auszuhandeln. Das kann z. B. durch den Wechsel oder durch Tarifänderungen bei Strom-, Gas- und Versicherungsgesellschaften, von Wartungsfirmen oder vom Hausmeisterservice erfolgen (**Betriebskostenoptimierung**). Der Vermieter ist aber nicht verpflichtet, jeder Preiserhöhung sofort einen Wechsel des Anbieters folgen zu lassen. Dabei müssen auch die Geschäftsbedingungen bzw. Leistungsverzeichnisse berücksichtigt werden.

1.6 Abrechnungsprinzip

Dem Vermieter stehen drei Verfahren zur Abrechnung von Betriebskosten zur Verfügung: das Leistungsprinzip, das Abflussprinzip (Ausgabenprinzip) und die Abrechnung nach Rechnungen.

Leistungsprinzip	Abflussprinzip	Abrechnung nach Rechnungen
Es werden nur die Kosten für die im Abrechnungszeitraum angefallenen Leistungen berechnet.	Alle im Abrechnungszeitraum bezahlten Rechnungen werden in die Abrechnung übernommen.	Alle Kosten, über die im Abrechnungszeitraum eine Rechnung erteilt wurde, unabhängig, ob die Rechnung bezahlt wurde, fließen in die Abrechnung ein.

In der Regel wird das Leistungsprinzip genutzt, da es die im Abrechnungszeitraum tatsächlich angefallenen Kosten widerspiegelt und für den Mieter transparenter ist. Der BGH hält aber auch das Abflussprinzip für zulässig.

Bei der Abrechnung der Heiz- und Warmwasserkosten hat der Gesetzgeber die Verbrauchskosten und somit das Leistungsprinzip vorgeschrieben.

Nicht in jedem Fall sind die Verbrauchszeiträume und Abrechnungszeiträume von Rechnungen, die der Vermieter von Lieferanten erhält, identisch.

Beispiel:
Sie schließen einen neuen Versicherungsvertrag für Ihr Gebäude ab. Die Laufzeit ist mit dem 01. 09. 2010 bis 31. 08. 2011 vereinbart, die Höhe der Prämie mit 1.800 Euro im Vertrag festgeschrieben. Für die Abrechnung des Jahres 2010 ist in der Position „Versicherung" der anteilige Wert für September bis Dezember anzusetzen, also:

$\frac{4}{12}$ bzw. $\frac{1}{3}$ von 1.800 Euro = 600 Euro

1.7 Ausweis von haushaltsnahen Dienstleistungen

Gemäß § 35a Einkommensteuergesetz (EStG) kann ein Mieter oder ein Selbstnutzer (Eigentumswohnung) haushaltsnahe Dienstleistungen und/oder haushaltsnahe Handwerkerleistungen in seiner Einkommensteuererklärung geltend machen. Als Verwalter sind Sie verpflichtet, entweder in der Betriebskosten- und in der Heizkostenabrechnung oder einer gesonderten Bescheinigung diese dem Mieter oder Selbstnutzer (WEG) auszuweisen.

Für den Mieter bzw. Selbstnutzer ist hier **die Grundstücksbezogenheit der Aufwendungen** ausschlaggebend. So gehören Straßenreinigungskosten, die nicht das Grundstück betreffen, sondern den öffentlichen Bereich, nicht zu den haushaltsnahen Dienstleistungen.

Beispiel:
Aufwendungen für die Inanspruchnahme von haushaltsnahen Dienstleistungen nach § 35a EStG
Beispiel: Gesamtwohnfläche = 500 m², Wohnung A = 100 m² Wohnfläche

Bezeichnung	Gesamtbetrag	nicht zu berücksichtigende Materialleistungen	Aufwendungen für Arbeitskosten	Arbeitskosten anteilig
Treppenhausreinigung	1.258,04 Euro	258,04 Euro	1.000,00 Euro	200,00 Euro

1.8 Betriebskosten und Mietminderungen

Bei einer berechtigten Mietminderung, die sich auf die Bruttomiete bezieht, kann erst aufgrund der Jahresabrechnung der Betriebskosten abschließend ermittelt werden, ob hinsichtlich der Gesamtmiete unter Berücksichtigung der gerechtfertigten Minderung noch eine Nachforderung des Vermieters oder ein Guthaben des Mieters besteht. Dafür ist es unerheblich, ob und gegebenenfalls wie die monatlich einbehaltenen Beträge auf die Nettomiete einerseits und die Betriebskostenvorauszahlung andererseits angerechnet werden (BGH, Urteil vom 13. 04. 2011 – VIII ZR 223/10, GE 2011, 749).

Beispiel für eine Mietminderung gemäß BGH:

vereinbarte monatliche Miete:	
Nettokaltmiete	500 Euro
Betriebskostenvorauszahlung	300 Euro
Miete gesamt	**800 Euro**

Als berechtigte Mietminderung wurden 10 % durch den Mieter angezeigt.

Berechnungsweg gemäß BGH:	
Jahresnettomiete (12 Monate · 500 Euro)	6.000 Euro
gemäß Betriebskostenabrechnung zu zahlen	4.000 Euro
insgesamt für das Jahr angefallen	10.000 Euro
Minderung um 10 % auf die tatsächlich angefallenen Kosten von 10.000 Euro	1.000 Euro
geschuldete Miete	**9.000 Euro**
tatsächlich aber nur gezahlte Miete (12 Monate · 800 Euro) – 10 %	8.640 Euro
Nachforderung des Vermieters	**360 Euro**

1.9 Betriebskostenarten in der BetrKV

Nun geht es um die einzelnen Betriebskostenarten und wie Sie die einzelnen Positionen in Ihrer Abrechnung berücksichtigen können. Wie schon angesprochen, zählt die BetrKV in § 2 die Betriebskostenpositionen abschließend auf. In der Praxis erfolgt gelegentlich auch die Differenzierung zwischen kalten und warmen Betriebskosten (Heizungs- und Warmwasserkosten). Der Gesetzgeber hat diese Begriffe aber weder in § 27 II. BV noch in die Betriebskostenverordnung übernommen.

1.9.1 Die laufenden öffentlichen Lasten des Grundstücks (§ 2 Nr. 1 BetrKV)

Hinweis:

Die entsprechenden Regelungen sind im Grundsteuergesetz (GrStG) zu finden.

Zu den laufenden öffentlichen Lasten gemäß BetrKV zählen die, die auf dem Grundstück selbst ruhen. Das sind

- Grundsteuer,
- Realkirchensteuer,
- Deichabgaben und
- ähnliche öffentliche Lasten, wie z. B. Beiträge von Boden- und Wasserverbänden nach § 29 Wasserverbandsgesetz (WVG).

Die Rechtsgrundlagen für die Erhebung der Grundsteuer sind das Grundsteuergesetz (GrStG) und das Bewertungsgesetz (BewG). Es handelt sich um eine kommunale Steuer, die ausschließlichen den Gemeinden zusteht. Besteuert wird der Grundbesitz. Dabei wird unterschieden zwischen

- der Grundsteuer A für land- und forstwirtschaftliche Grundstücke und
- der Grundsteuer B für unbebaute und bebaute Grundstücke.

Die Grundsteuer wird für ein Jahr im Voraus festgesetzt und ist gemäß § 28 GrStG zu einem Viertel jeweils zum 15. Februar, zum 15. Mai, zum 15. August und zum 15. November fällig. Die Berechnung erfolgt in einem mehrstufigen Verfahren.

Stufe 1:	**Einheitswertberechnung**
Erhebung des Einheitswertbescheides durch das Finanzamt	Einheitswertberechnung nach § 21 Bewertungsgesetz (BewG) • für Grundstücke der DDR zum 01. 01. 1935 bzw. für Grundstücke, die ab 1991 steuerpflichtig sind, zum 01. 01. 1964 • für Grundstücke der BRD zum 01. 01. 1964

Stufe 2:	**Einheitswert · Steuermesszahl**
Erhebung des Grundsteuermessbescheides durch das Finanzamt	Steuermesszahl = Promillesatz in Abhängigkeit von der Grundstücks- und Bebauungsart
	= Steuermessbetrag

Stufe 3:	**Steuermessbetrag · Hebesatz**
Berechnung der Grundsteuer/Erstellung eines Grundsteuerbescheides durch die Gemeinde	Hebesatz = Prozentsatz des Grundsteuermessbetrags wird durch die Gemeinde festgelegt
	= Grundsteuer (Grundsteuerberechnung nach § 13 GrStG)

Der **Einheitswert** ist alle sechs Jahre von dem zuständigen Finanzamt neu festzustellen oder aber im Falle

- der Neuentstehung einer Wirtschaftseinheit (Nachfeststellung gemäß § 23 BewG),
- der Abweichung des Einheitswertes, z. B. nach Modernisierungsmaßnahmen (Wertfortschreibung gemäß § 22 Abs. 1 BewG),
- der Bebauung eines bisher unbebauten Grundstücks (Artfortschreibung gemäß § 22 Abs. 2 BewG) oder
- bei Änderung der Eigentumsverhältnisse (Zurechnungsfortschreibung gemäß § 22 Abs. 2 BewG).

Die **Steuermesszahl** in Abhängigkeit von der Grundstücks- und Bebauungsart beträgt

- bei land- und fortwirtschaftlichen Grundstücken 6,0 Promille (§ 14 GrStG),
- bei Einfamilienhäusern 2,6 Promille,
- bei Zweifamilienhäusern 3,1 Promille und
- bei sonstigen Immobilien 3,5 Promille (§ 15 GrStG)

Beispiel:
Die Gemeinde Musterhausen hat für die Grundsteuer B einen Hebesatz von 350 % festgelegt.

Stufe 1:
Der Einheitswert des mit einem Zweifamilienhaus bebauten Grundstücks beträgt 100.000 Euro.

Stufe 2 (Berechnung des Steuermessbetrags):

$$100.000 \text{ Euro} \cdot \frac{3{,}1}{1.000} = 310 \text{ Euro}$$

Stufe 3 (Berechnung der Grundsteuer):

310 Euro · 350 % = 1.085,00 Euro

Ein Grundsteuererlass kann bei mehr als 50 % Minderung des Rohertrages, z. B. bei Leerstand, beantragt werden. Voraussetzung ist, dass die Ursache der Minderung nicht beim Eigentümer liegt.

Bei der Umlage der Grundsteuer ist zu berücksichtigen, dass bei gemischt genutzten Grundstücken (Gewerbe/Wohnungen) eine Aufteilung der Gebühren entsprechend der Anrechnung im Einheitswertbescheid zu erfolgen hat.

1.9.2 Die Kosten der Wasserversorgung (§ 2 Nr. 2 BetrKV)

Unter diese Rubrik fallen die Kosten im Zusammenhang mit der Bereitstellung von Trinkwasser für das Gebäude. Dazu zählen insbesondere:

- Kosten des Wasserverbrauchs
- Grund-, Service- bzw. Bereitstellungsgebühr
- Gebühr für den Hauptwasserzähler
- Kosten der Anmietung oder anderer Arten der Gebrauchsüberlassung von Wasserzählern sowie die Kosten ihrer Verwendung einschließlich der Kosten der Eichung, der Berechnung und Aufteilung
- Kosten der Wartung von Wassermengenreglern
- Kosten des Betriebes einer hauseigenen Wasserversorgungsanlage
- Kosten einer Wasseraufbereitungsanlage einschließlich der Aufbereitungsstoffe
- Umsatzsteuer

In der Praxis werden im laufenden Jahr Abschlagszahlungen an den Versorger gezahlt. Diese berücksichtigen den wahrscheinlichen Verbrauch. Maßgeblich für die Abrechnung gegenüber Ihren Mietern ist jedoch die Schlussrechnung, da hier der tatsächliche Verbrauch ersichtlich ist. Der tatsächliche Verbrauch ist für die Betriebskostenabrechnung ausschlaggebend.

Der Verbrauch wird durch das Ablesen der Hauptwasserzähler durch den Versorger oder durch Eigenablesung ermittelt. Dieser Verbrauch wird in m^3 angegeben und mit dem vereinbarten Preis Euro/m^3 multipliziert. Dazu kommen noch die Grund-, Service- bzw. Bereitstellungsgebühr und gegebenenfalls die Miete für den Hauptwasserzähler. Die Summe der Einzelpositionen ist der Nettobetrag. Auf diesen erfolgt dann der Umsatzsteueraufschlag in Höhe von 7 %, da es sich hier um Trinkwasser (Lebensmittel) handelt.

Durch den Einbau von Wasserzählern – die Kosten kann der Vermieter bei Kauf anteilig über § 559 BGB über die Grundmiete bzw. Modernisierungserhöhung oder bei Miete der Wasserzähler über die Betriebskostenabrechnung an die Mieter weitergeben – können Sie den einzelnen Verbrauch pro Wohnung erfassen. Durch die Erfassung können Sie die Gesamtkosten der Anlage auf die Mieter nach ihrem individuellen Verbrauch umlegen und abrechnen. Sind keine Wasserzähler in den Wohnungen bzw. nur in einem Teil der Wohnungen enthalten, muss über die Wohnfläche abgerechnet werden. Einzelne Mieter, deren Wohnungen mit Zählern ausgestattet sind, haben keinen Anspruch auf eine verbrauchsabhängige Abrechnung.

In der Praxis werden Sie häufig vor das Problem gestellt, dass die Summe der Einzelverbräuche der Wohnungen nicht gleich der Summe des Verbrauches laut Hauptwasseruhr ist. Dies kann viele Gründe haben, die nicht nur durch einen Rohrbruch zu erklären sind. Meist liegt dieses Phänomen an den geeichten Wasseruhren und ihren Messtoleranzen.

Die genauen Toleranzgrenzen im Ober- und Unterwert können Sie dem Eichgesetz und der Eichordnung entnehmen. Die Wasserkosten werden dann im Verhältnis der Ablesewerte der Mieter umgelegt. Die Mieter werden dadurch nicht benachteiligt, da für alle das gleiche Prinzip gilt. Wasserverluste, z. B. durch einen Wasserrohrbruch, hat der Vermieter zu tragen. In diesem Fall sollte ein Hinweis bzw. eine Erläuterung in der Betriebskostenabrechnung vorgenommen werden.

Sie erhalten den umlagefähigen Wert pro m³ Wasserverbrauch durch nachfolgende Rechnung:

$$\frac{\text{Gesamtkosten (laut Schlussrechnung)}}{\text{Gesamtverbrauch aller Mieter in m}^3\text{ (Summe aller Mieterwasseruhren)}}$$

Wenn Sie „wasserintensive“ Gewerbemieter haben, wie beispielsweise
- Gaststätten,
- Friseure,
- Wäschereien oder
- Wellness- und Beautycenter,

sollten Sie diese in jedem Fall mit einer Verbrauchserfassung ausstatten, um einen gerechten Vorwegabzug vornehmen zu können.

Nicht umlegen dürfen Sie die Kosten für:
- Bauwasser – hier sollten Sie auch in jedem Fall einen separaten Zähler installieren
- Reparaturen von Leitungen und Zählereinrichtungen
- Wasserverlust aufgrund eines Rohrbruches (man kann die verlorene Menge anhand der Größe und der Dauer des Wasseraustrittes schätzen)
- Mahnkosten

Maßnahmen zur Wassereinsparung:
- Einbau von Sparspülern an den Toiletten
- Aufklärung Ihrer Mieter über wassersparendes Verhalten
- Einbau einer Regenwasserbrauchanlage (Wasser für Waschmaschinen und Toiletten)
- Auffangen und Verwenden von Regenwasser für Ihre Gartenpflege

1.9.3 Die Kosten der Entwässerung (§ 2 Nr. 3 BetrKV)

Diese Kosten sind maßgeblich abhängig von den Wasserkosten. Ihre Versorger gehen davon aus, dass die zugeführte Menge an Frischwasser auch wieder über die Kanalisation ausgebracht werden muss.

Viele Gemeinden erheben zusätzlich auch noch eine Regenwasserabgabe bzw. Niederschlagskosten. Diese berücksichtigen die Mehrbelastung der Abwasserkanäle durch Ihr bebautes Grundstück, da das Regenwasser aufgrund Ihrer versiegelten Flächen nicht mehr versickern kann. Bezugsgrößen für die Erhebung sind die Dachfläche und die versiegelte Grundstücksfläche.

Die Abwasserkosten bzw. die Niederschlagskosten sind umsatzsteuerpflichtig und werden gegenwärtig mit 19 % besteuert.

Zu den umlagefähigen Kosten gehören
- die Gebühren für die Haus- und Grundstücksentwässerung (Verbrauch- und Grundkosten),
- die Kosten des Betriebs einer entsprechenden nicht öffentlichen Anlage (z. B. die Abfuhr des Klärschlammes, das Absaugen der Kläranlage) und
- die Kosten des Betriebs einer Entwässerungspumpe (wenn sie mit keinem eigenen Stromzähler versehen ist, können Sie den verbrauchten Strom auch unter „Beleuchtung“ umlegen).

Nicht umlegen dürfen Sie die Kosten für
- den Anschluss an die Kanalisation (Erschließungskosten),
- Reparaturen und
- Beseitigung von Verstopfungen (hier sollten Sie jedoch versuchen, den Verursacher zu ermitteln, und sich die Kosten erstatten lassen).

Durch den Einbau von Regenwasserbrauchanlagen und Wasserauffangbehältern (z. B. Wassertonnen) bzw. Zählern für die Entnahme von Gartenwasser können die Kosten für die Entwässerung reduziert werden.

Die Abwasserkosten werden auf Ihre Mieter im gleichen Verhältnis wie die Kosten der Wasserversorgung verteilt.

1.9.4 Die Kosten der Heizung (§ 2 Nr. 4 BetrKV)

Nach § 2 Nr. 4 BetrKV gehören dazu die Kosten:

a) des Betriebs der zentralen Heizungsanlage einschließlich der Abgasanlage, hierzu gehören die Kosten der verbrauchten Brennstoffe und ihrer Lieferung, die Kosten des Betriebsstroms, die Kosten der Bedienung, Überwachung und Pflege der Anlage, der regelmäßigen Prüfung ihrer Betriebsbereitschaft und Betriebssicherheit einschließlich der Einstellung durch eine Fachkraft, der Reinigung der Anlage und des Betriebsraums, die Kosten der Messungen nach dem Bundes-Immissionsschutzgesetz, die Kosten der Anmietung oder anderer Arten der Gebrauchsüberlassung einer Ausstattung zur Verbrauchserfassung sowie die Kosten der Verwendung einer Ausstattung zur Verbrauchserfassung einschließlich der Kosten der Eichung sowie der Kosten der Berechnung und Aufteilung

b) des Betriebs der zentralen Brennstoffversorgungsanlage, hierzu gehören die Kosten der verbrauchten Brennstoffe und ihrer Lieferung, die Kosten des Betriebsstroms und die Kosten der Überwachung sowie die Kosten der Reinigung der Anlage und des Betriebsraums

c) der eigenständig gewerblichen Lieferung von Wärme, auch aus Anlagen im Sinne des Buchstabens a, hierzu gehören das Entgelt für die Wärmelieferung und die Kosten des Betriebs der zugehörigen Hausanlagen entsprechend Buchstabe a

d) der Reinigung und Wartung von Etagenheizungen und Gaseinzelfeuerstätten, hierzu gehören die Kosten der Beseitigung von Wasserablagerungen und Verbrennungsrückständen in der Anlage, die Kosten der regelmäßigen Prüfung der Betriebsbereitschaft und Betriebssicherheit und der damit zusammenhängenden Einstellung durch eine Fachkraft sowie die Kosten der Messungen nach dem Bundes-Immissionsschutzgesetz

Die Abrechnung der Heizkosten hat unter Berücksichtigung von § 7 HeizkostenV zu erfolgen.

1.9.5 Die Kosten der Warmwasserversorgung (§ 2 Nr. 5 BetrKV)

Hier gilt die Berücksichtigung von § 9 HeizkostenV sowie die Umlage der Kosten zur Prüfpflicht gemäß der Änderung zur Trinkwasserverordnung vom 01.11.2011.

Nach § 2 Nr. 5 BetrKV gehören dazu die Kosten:

a) des Betriebs der zentralen Warmwasserversorgungsanlage, hierzu gehören die Kosten der Wasserversorgung entsprechend Nummer 2, soweit sie nicht dort bereits berücksichtigt sind, und die Kosten der Wassererwärmung entsprechend Nummer 4 Buchstabe a

b) der eigenständig gewerblichen Lieferung von Warmwasser, auch aus Anlagen im Sinne des Buchstabens a, hierzu gehören das Entgelt für die Lieferung des Warmwassers und die Kosten des Betriebs der zugehörigen Hausanlagen entsprechend Nummer 4 Buchstabe a

c) der Reinigung und Wartung von Warmwassergeräten, hierzu gehören die Kosten der Beseitigung von Wasserablagerungen und Verbrennungsrückständen im Innern der Geräte sowie die Kosten der regelmäßigen Prüfung der Betriebsbereitschaft und Betriebssicherheit und der damit zusammenhängenden Einstellung durch eine Fachkraft

In § 2 Nr. 6 BetrKV ist festgelegt, dass zu den Betriebskosten auch Kosten verbundener Heizungs- und Warmwasserversorgungsanlagen gehören:

a) bei zentralen Heizungsanlagen entsprechend Nummer 4 Buchstabe a und entsprechend Nummer 2, soweit sie nicht dort bereits berücksichtigt sind

b) bei der eigenständig gewerblichen Lieferung von Wärme entsprechend Nummer 4 Buchstabe c und entsprechend Nummer 2, soweit sie nicht dort bereits berücksichtigt sind

c) bei verbundenen Etagenheizungen und Warmwasserversorgungsanlagen entsprechend Nummer 4 Buchstabe d und entsprechend Nummer 2, soweit sie nicht dort bereits berücksichtigt sind

Ab dem 01.07.2013 wurde durch Inkrafttreten des Mietrechtsänderungsgesetzes 2013 auch die Umlage der Kosten des Wärmecontracting in den Betriebskostenkatalog aufgenommen (§ 556c BGB). Die Kostentragungspflicht des Mieters gilt aber nur dann, wenn Wärme mit verbesserter Effizienz aus einer vom Wärmelieferanten errichteten neuen Anlage oder aus einem Wärmenetz, z.B. Quartierslösung, Fernwärme, geliefert wird. Die Kosten der Wärmelieferung dürfen die bisherigen Betriebskosten für die Eigenversorgung allerdings nicht übersteigen.
Der vorangegangenen Aufstellung folgend können die Betriebskosten unterschieden werden nach den Kosten

- der Beheizung und
- der Erzeugung von Warmwasser.

Eine andere Unterscheidung kann vorgenommen werden nach

- verbrauchsabhängigen Energiekosten (Brennstoffkosten, gelieferte Wärmeeinheiten) und
- Heiznebenkosten (Grundkosten wie Betriebsstrom, Bedienung, Wartung).

Der Gesetzgeber hat in seiner Aufzählung die verschiedenen Arten von Heizungsanlagen bzw. Beheizungsmöglichkeiten erfasst. Die Abrechnung der Heizkosten unterliegt der Heizkostenverordnung (§ 1 HeizkostenV). Der Gesetzgeber schreibt eine verbrauchsabhängige Abrechnung für jeden einzelnen Mieter vor. Damit will er erreichen, dass mit Heizenergie sparsamer umgegangen wird, wenn der individuelle Verbrauch Grundlage für die Kostenbeteiligung ist.

Die Ermittlung der Gesamtkosten
Zuerst werden die Verbrauchskosten betrachtet. Dabei müssen Sie je nach Medium unterschiedlich vorgehen.

Heizöl:
Damit Sie Ihre Heizungsanlage dauerhaft mit Öl versorgen können, wird ein Vorrat in den Tanks vorgehalten. Je nach Verbrauch sind im Jahr mehrere Zukäufe von Öl nötig. Hier können Sie gezielt auf die Kosten Einfluss nehmen, wenn Sie zu niedrigen Sommerkonditionen einkaufen.

Ansetzen können Sie nur den tatsächlichen Verbrauch. Dieser ist über das Ablesen der Tankuhren zu ermitteln und über die Fifo-Methode (First-in-first-out) zu bewerten.

Die Fifo-Methode geht davon aus, dass die erste Lieferung zuerst, die letzte Lieferung zuletzt verbraucht wird.

Beispiel:
Die Bewertung des Endbestandes des Vorjahres (2009) hat für die verbleibenden 6.000 Liter einen Wert von 3.000 Euro ergeben. Im Laufe des Jahres wurden drei Zukäufe getätigt. Am 01. 04. 2010 4.000 Liter zu 2.080 Euro, am 01. 07. 2010 5.000 Liter zu 2.000 Euro und am 01. 10. 2010 nochmals 3.000 Liter zu 1.800 Euro. Am 31. 12. 2010 stellt der Hauswart fest, dass sich im Tank noch 4.500 Liter befinden.

a) Wie hoch ist der Wert des verbrauchten Heizöls unter Beachtung der unterschiedlichen Literpreise im Einkauf?
b) Wie hoch ist der Wert des verbleibenden Heizöls im Tank der Heizungsanlage zum 31. 12. 2010?

Lösung:

Anfangsstand zum	01. 01. 2010	6.000 Liter	Kaufpreis 3.000 Euro
1. Nachlieferung am	01. 04. 2010	4.000 Liter	Kaufpreis 2.080 Euro
2. Nachlieferung am	01. 07. 2010	5.000 Liter	Kaufpreis 2.000 Euro
3. Nachlieferung am	01. 10. 2010	3.000 Liter	Kaufpreis 1.800 Euro
Endstand zum	31. 12. 2010	4.500 Liter	

Datum	Anfangs- und Endstand (in Liter)	Einkauf (in Liter)	Verbrauch (in Liter)	Energiepreis (in Euro/ Liter)	Verbrauchskosten (gesamt in Euro)	im Tank verblieben (in Liter)	Wert (in Euro)
01. 01. 10	6.000		6.000	0,50	3.000		
01. 04. 10		4.000	4.000	0,52	2.080		
01. 07. 10		5.000	3.500	0,40	1.400	1.500	600
01. 10. 10		3.000		0,60		3.000	1.800
31. 12. 10	4.500						
Gesamt			**13.500**		**6.480**	**4.500**	2.400

a) Es wurden für 6.480 Euro Heizöl verbraucht (13.500 Liter).

b) Der Wert des verbleibenden Heizöls beträgt 2.400 Euro (4.500 Liter)

Zum Nachweis der Kosten gelten die einzelnen Rechnungen der Lieferungen und Ihre Berechnung des Betrages nach der Fifo-Methode.

Gas:
Grundlage bildet hier die Schlussrechnung Ihres Versorgungsunternehmens, die Sie analog zu den Schlussrechnungen der Wasserversorger lesen können.

Fernwärme:
Ihr Wärmelieferant erstellt auch hier eine Jahresabrechnung, aus der Sie alle notwendigen Daten übernehmen können.

Heizungsnebenkosten:
Nach § 7 Abs. 2 HeizkostenV zählen dazu:
- Kosten des Betriebsstromes – Der Stromverbrauch ist am besten über einen Zwischenzähler zu erfassen, damit er den Heizkosten zugeordnet wird und somit nicht in der Position Beleuchtung in Ihrer Abrechnung erscheint.
- Kosten der Bedienung, Überwachung und Pflege der Anlage – Die Überwachung und Pflege werden oft vom Hauswart übernommen. Dazu zählen die Ablesung der Messgeräte und das Reinigen des Heizungsraumes selber. Beachten Sie bitte, dass auf die Position Hauswart diese Kosten nicht nochmals umgelegt werden dürfen.
- Kosten der regelmäßigen Prüfung ihrer Betriebsbereitschaft und Betriebssicherheit, einschließlich der Einstellung durch einen Fachmann
- Kosten der Reinigung der Anlage und des Betriebsraumes – Denkbar ist hier der Ansatz der Tankreinigung bei Öltanks.
- Kosten der Messungen nach dem Bundes-Immissionsschutzgesetz – Die Messungen werden durch die Schornsteinfeger durchgeführt, sind also hier oder in der Position Kaminfegergebühren nur einmal anzusetzen.
- Kosten der Anmietung oder anderer Arten der Gebrauchsüberlassung einer Ausstattung zur Verbrauchserfassung (dazu wird in einem eigenen Punkt weiter unten eingegangen)
- Kosten der Verwendung einer Ausstattung zur Verbrauchserfassung einschließlich der Kosten der Berechnung und Aufteilung

1.9.6 Die Kosten verbundener Heizungs- und Warmwasserversorgungsanlagen (§ 2 Nr. 6 BetrKV)

Aufteilung der Kosten für Heizung und Warmwasser (§ 9 HeizkostenV)
Bei verbundenen Anlagen – hier wird das Objekt sowohl mit Warmwasser als auch mit Wärme versorgt – sind die Kosten anteilig zu erfassen. Wenn einzelne Kosten direkt den Warmwasser- oder den Heizkosten zuordenbar sind, müssen diese vorab erfasst werden. Die Formel in Absatz 2 zeigt den Weg zur Ermittlung der Brennstoffkosten für die Warmwasseraufbereitung. Für den Fall, dass aus technischen Gründen die Berechnung nicht genau erfolgen kann, ist hilfsweise eine Aufteilung der Brennstoffkosten für Warmwasser im Verhältnis 18 zu 82 möglich.

Abrechnung nach Gradtagszahlen (§ 9b HeizkostenV)
Gradtagszahlen finden immer dann Anwendung, wenn ein Nutzerwechsel innerhalb eines Abrechnungszeitraumes stattgefunden hat, d. h., es erfolgt eine Aufteilung zwischen den einzelnen Nutzern. Diese Aufteilung erfolgt nur bei den Heizkosten, da diese witterungsabhängig sind. In den Wintermonaten fällt ein anderer Heizungsverbrauch als in den Sommermonaten an. Durch die Verwendung von Gradtagszahlen wird dem Rechnung getragen.

Gradtagszahlentabelle (gemäß VDI 2067, auf ein Kalenderjahr ausgerichtet):

Monat	Wärmeverbrauchsanteil in Promille	
	je Monat	je Tag
Januar	170	170/31 = 5,48
Februar	150	150/28 = 5,35
März	130	130/30 = 4,19

April	80	80/30 = 2,66
Mai	40	40/31 = 1,29
Juni, Juli, August insgesamt	40	40/92 = 1,29
September	30	30/30 = 1,00
Oktober	80	80/31 = 2,58
November	120	120/30 = 4,00
Dezember	160	160/31 = 5,16

Beispiel:
Mieter A (01. 01. 2010 bis 31. 05. 2010) = (170 + 150 + 130 + 80 + 40) = 570 Promille

Mieter B (01. 06. 2010 bis 31. 12. 2010) = (40 + 30 + 80 + 120 + 160) = 430 Promille

1.9.7 Die Kosten des Personen- oder Lastenaufzugs (§ 2 Nr. 7 BetrKV)

Zu den umlagefähigen Kosten gehören:
- Kosten des Betriebsstroms
- Kosten der Beaufsichtigung
- Kosten der Bedienung, Überwachung und Pflege der Anlage
- Kosten der Notrufanlage (Wartungs- und Betriebskosten, Telefonkosten des Notrufes)
- Kosten der regelmäßigen Prüfung ihrer Betriebsbereitschaft und Betriebssicherheit einschließlich der Kosten durch Einstellung einer Fachkraft
- Reinigung der Anlage (nur Reinigung der Teile und Flächen außerhalb des Fahrkorbes bzw. der Kabine)

Die Kosten des Aufzuges werden nach der Wohn- und Nutzfläche auf die Mieter verteilt. Oft wird in der Praxis die Frage gestellt, ob der Erdgeschossmieter auch an der Kostentragung beteiligt werden kann. Dies ist grundsätzlich möglich, wenn Sie dies in Ihrem Mietvertrag vereinbart haben. Sollten Sie die Erdgeschossmieter nicht berücksichtigen, beachten Sie bitte die Veränderung des Verteilungsmaßstabes, da dieser um die Erdgeschossflächen zu mindern ist.

Einige Gerichte verlangen – trotz vertraglicher Vereinbarung –, dass der Mieter die Möglichkeit haben muss, durch den Aufzug Räume seiner Nutzung im Haus zu erreichen, wie den Boden oder Keller.[1]

Sollte Ihr Grundstück mit mehreren Gebäudeteilen bebaut sein, dann ist die Umlage nur auf die Mieter möglich, die tatsächlich einen Nutzen von dem Aufzug haben.

Beispiel:
Ihr Grundstück ist bebaut mit einem Vorderhaus, zwei Seitenflügeln und einem Hinterhaus. Nur im Vorderhaus ist ein Aufzug installiert. Die Mieter der Seitenflügel und des Hinterhauses können nicht mit den Kosten für den Aufzug belastet werden.

Es ist üblich, für die Aufzüge Wartungsverträge abzuschließen. In der Praxis wird zwischen Voll- und Systemwartungsverträgen unterschieden:

[1] LG Braunschweig, WM 1990, 558

Systemwartungsvertrag	Vollwartungsvertrag
• allg. Wartungsleistung • Nachstellarbeiten an Türen und Bremsen • Reinigung bestimmter Bauteile	• allg. Wartungsleistungen • Nachstellarbeiten an Türen und Bremsen • Reinigung bestimmter Bauteile • Störungsbeseitigung • Lieferung von Ersatzteilen • Instandsetzung, z. B. Steuerung • Haupt- und Zwischenprüfung

Bei Vollwartungsverträgen sind alle nichtumlegbaren Kosten abzugrenzen.

Ihre Aufzüge müssen in regelmäßigen Abständen einer TÜV-Prüfung unterzogen werden, damit Sie diese auch weiterhin betreiben können. Die Prüfung – abhängig von Baujahr und Modell – ist in aller Regel jährlich zu veranlassen. Das entsprechende Wartungsintervall ist dem Wartungsvertrag sowie der technischen Dokumentation (Herstellervorgaben) zu entnehmen.

Die Kosten der Reinigung des Fahrkorbs bzw. der Kabine zählen zu den Kosten der Gebäudereinigung (§ 2 Nr. 9 BetrKV).

Nicht umlagefähig sind:
- Kosten für Reparaturen
- Entstörungsdienst[2]
- Beseitigung von Zerkratzungen und Graffiti
- Austausch der defekten Leuchtmittel

Im Lernfeld 4 wurde darauf hingewiesen, dass möglichst alle Betriebskostenarten mit Mietern im Mietvertrag vereinbart werden sollen. Bauen Sie einen Aufzug nachträglich über eine Modernisierungsmaßnahme ein, können Sie Ihre Mieter nach vorheriger Ankündigung an den Betriebskosten für den Aufzug beteiligen.

1.9.8 Die Kosten der Straßenreinigung und Müllentsorgung (§ 2 Nr. 8 BetrKV)

Zu den umlagefähigen Kosten gehören die folgenden Positionen:

Straßenreinigung:
- die an die öffentliche Straßenreinigung zu entrichtenden Gebühren
- Kosten entsprechender nicht öffentlicher Maßnahmen

Müllentsorgung:
- namentlich die für die Müllabfuhr zu entrichtenden Gebühren
- Kosten entsprechender nicht öffentlicher Maßnahmen,
- Kosten des Betriebs von Müllkompressoren, Müllschluckern, Müllabsauganlagen
- Kosten des Betriebs von Müllmengenerfassungsanlagen einschließlich der Kosten der Berechnung und Aufteilung
- Kosten für Transport von Müllbehältern
- regelmäßig anfallende Sperrmüllentsorgungen (keine Entrümpelungsaktionen)

[2] AG München, WM 1978, 87

Die Straßen- und Gehwegreinigung sowie der Winterdienst der öffentlichen Straßen, Gehwege und Plätze obliegen in der Regel der Gemeinde. Sie erhebt dafür Gebühren, die sie auf die einzelnen Grundstückseigentümer umlegt. In den Satzungen ist geregelt, in welchem Verhältnis die Eigentümer diese Kosten tragen müssen. Besorgen Sie sich daher die für Ihre Gemeinde geltenden Bestimmungen.

Die Umlage der Kosten kann erfolgen nach
- Straßenfront sowie
- Grundstücksgröße.

Die Gemeinden verpflichten darüber hinaus die Grundstückseigentümer mit dem Winterdienst für die Gehwege vor ihren Grundstücken (**Verkehrssicherungspflicht**). Der Umfang der Arbeiten, die Häufigkeit der Beräumung und der Einsatz von Streumitteln sind in der jeweiligen Satzung geregelt. In der Praxis werden oftmals Verträge mit Firmen abgeschlossen, die auf Winterdienste spezialisiert sind. Diese Kosten können Sie auf Ihre Mieter umlegen.

Auch die Räumung der Wege, Zugänge und Einfahrten auf dem Grundstück gehört mit zu Ihrer Verkehrssicherungspflicht. Meist ist dies Bestandteil der Verträge mit den Dienstleistungsfirmen, z. B. Hausmeisterdienst.

Die Position „Straßenreinigung" ist nicht durch den Vermieter beeinflussbar, da hier die Gebührenordnung der jeweiligen Gemeinde gilt.

Anders sieht es bei der Position „Müllentsorgung" aus. Hier können Sie Einspareffekte generieren durch konsequente Aufklärung Ihrer Mieter und strikte Mülltrennung. Zurzeit können Sie den Müll trennen in:
- Bioabfälle (Essensreste)
- Papier und Pappe
- Weißglas
- Buntglas
- Verpackungen (diese sind schon über den „Grünen Punkt" bezahlt)
- Restmüll

Bei Gewerbeeinheiten ist die Satzung der Gemeinde zu berücksichtigen, da diese oftmals eine separate Müllentsorgung von Gewerbemüll vorsieht.

Die Abrechnung erfolgt vielerorts noch nach der Wohn- und Nutzfläche. Heutzutage ist es möglich, das Müllaufkommen verbrauchsabhängig zu erfassen und auf Ihre Mieter umzulegen. Sollten Sie dies in Ihren Objekten einführen, werden Sie einen Rückgang des Müllaufkommens beobachten.

Es gibt verschiedene Systeme zur verbrauchsabhängigen Erfassung:
- Das Gefäß ist nur über einen codierten Schlüssel zu öffnen und das Gewicht des eingeworfenen Mülls wird erfasst und dem einwerfenden Mieter zugeordnet.
- Das Gefäß hat eine begrenzte Einwurfmöglichkeit (z. B. 20 l). Der Mieter kann das Gefäß wieder nur über einen codierten Schlüssel öffnen, sodass zugeordnet werden kann, wer wie viel Gebinde à 20 l eingeworfen hat.

1.9.9 Die Kosten der Gebäudereinigung und Ungezieferbekämpfung (§ 2 Nr. 9 BetrKV)

Darunter versteht man die Kosten für die Säuberung der von den Bewohnern gemeinsam genutzten Gebäudeteile, wie

- Zugänge,
- Flure,
- Treppen,
- Keller,
- Bodenräume,
- Waschküchen oder
- Fahrkorb/-kabine des Aufzugs.

Damit Sie die Kosten auch auf alle Mieter umlegen können, bedarf es nicht nur der vertraglichen Vereinbarung, sondern der Möglichkeit, dass alle Mieter diese Bereiche nutzen können.

Beispiel:
Sie haben für sechs von zwölf Mietern einen Trockenboden eingerichtet. Hier können Sie die Reinigungskosten nur auf die sechs Begünstigten verteilen, da die andere Hälfte von der Nutzung ausgeschlossen ist.

Wenn Ihr Unternehmen für die Reinigungsarbeiten selbst einen Angestellten beschäftigt, sind wie beim Hausmeister (vgl. 1.9.14) auch die Arbeitergeberanteile zur Sozialversicherung und Sonderzahlungen (wie z. B. Weihnachtsgeld oder Gratifikationen) auf Ihre Mieter umlegbar.

Die Abrechnung erfolgt auf Grundlage der Rechnungen der Dienstleistungsunternehmen oder unter Mitteilung Ihres Rechnungswesens mit den anteiligen Personalkosten für diese Einheit. Die Umlage erfolgt im Verhältnis der Wohn- und Nutzflächen.

Keine Umlagemöglichkeit besteht für Kosten aufgrund von:

- Baureinigungen wegen Instandsetzungsarbeiten, Modernisierungen oder anderer Bautätigkeit
- Beseitigung von Graffiti[3] oder anderer Beschmutzungen, die durch die nicht ordnungsgemäße Nutzung der Verkehrsflächen und Gemeinschaftsräume entstehen

In vielen Gebäuden reinigen die Mieter selber, sodass diese Kosten in der Umlage entfallen. Sollten Sie aber Mängel in der Reinigung feststellen, kann es durchaus sinnvoll sein, diese Pflicht auf einen Dritten (kostenpflichtig) zu übertragen, damit Sie Ihrer Obhutspflicht (§ 535 BGB) auch gerecht werden. Bevor Sie zu einer solchen Maßnahme greifen, ist es sinnvoll, im Gespräch mit den betroffenen Mietparteien eine gemeinsame Lösung zu finden.

Um die Kosten für die **Ungezieferbekämpfung** umlegen zu können, muss neben der mietvertraglichen Vereinbarung auch eine Regelmäßigkeit gegeben sein. Die einmalige Bekämpfung von Ungeziefer ist demnach nicht umlegbar.[4] Auch hier wird die Umlage in der Regel nach der Fläche erfolgen.

1.9.10 Die Kosten der Gartenpflege (§ 2 Nr. 10 BetrKV)

Diese Kostengruppe berücksichtigt die Maßnahmen, die notwendig sind, um Ihre gärtnerisch angelegten Grundstücksflächen zu unterhalten.

---

[3] AG Köln, WM 2001, 515
[4] LG München, WM 2001, 245

Namentlich zählt die BetrKV auf:

- Kosten der Pflege gärtnerisch angelegter Flächen, einschließlich der Erneuerung von Pflanzen und Gehölzen
- Kosten der Pflege von Spielplätzen, einschließlich der Erneuerung von Sand und der Pflege von Plätzen, Zugängen und Zufahrten, die dem nicht öffentlichen Verkehr dienen

Weiterhin sind anteilig durch Ihre Mieter die folgenden Kosten zu tragen:

- Rasenmähen, Düngen, Vertikutieren und Unkrautbeseitigen auf Rasen und Rabatten
- Beschneiden von Bäumen, Sträuchern und Hecken
- Erneuerung von Pflanzen
- Wässern und Gießen im Sommer
- Abtransportieren von Gartenabfällen
- Entfernen verblühter Blumen
- alters-, witterungs- oder umweltbedingtes Beseitigen von Sträuchern und Bäumen sowie entsprechende Neubepflanzung
- Nachsäen von Rasen
- Personalkosten für die Pflege, erforderliche Materialien, wie z. B. Pflanzen und Dünger, Betriebs-, Wartungs- und Reparaturkosten für Geräte, durch die höhere Personalkosten eingespart werden können (hier wird auf das Prinzip der Wirtschaftlichkeit abgestellt)
- Benzin für den Rasenmäher (nicht aber die Kosten für die Erst- oder Ersatzanschaffung von Gartengeräten)

Dabei können Sie die Kosten nur auf die Mieter umlegen, die den Garten auch nutzen können. Dies bedeutet, dass bei einer Beschränkung der Nutzung auf einzelne Mieter nur diese mit der Umlage belastet werden können. Anders verhält es sich, wenn Sie wohnumfeldverbessernde Maßnahmen vorgenommen haben, wie z. B. durch die Anlage von Rasenflächen, deren Betreten allen verboten ist.[5] Auch zur Gartenpflege gehören die Erhaltungsmaßnahmen an Spielgeräten, wie z. B. die notwendigen Sicherheitsüberprüfungen.

Keine Umlage ist möglich

- für die Erneuerung und/oder Instandsetzung von Wegen,
- die Neuanlage von Gartenflächen – hier sollten Sie prüfen, inwieweit eine Mieterhöhung nach § 555b Nr. 5 i.V.m. § 559 BGB greifen kann und
- bei den Kosten zur Pflege von Dachbegrünungen.

Gegenüber Ihren Mietern rechnen Sie mithilfe der Rechnungen der Dienstleistungsunternehmen ab. Als Umlageschlüssel wird die Wohnfläche zugrunde gelegt.

1.9.11 Die Kosten der Beleuchtung (§ 2 Nr. 11 BetrKV)

Als Vermieter müssen Sie auf den Verkehrswegen und in den Gemeinschaftsräumen für eine ausreichende Beleuchtung sorgen (Obhutspflicht).

Umlegbar sind

- die Kosten für den Strom der Außenbeleuchtung, der Beleuchtung von Hausnummern und der Beleuchtung der Gegensprechanlagen sowie
- die Kosten für die Beleuchtung der von den Bewohnern gemeinsam genutzten Gebäudeteile, wie Zugänge, Flure, Treppen, Keller, Bodenräume und Waschküchen.

Beeinflussen können Sie die Kosten durch Maßnahmen wie:

- Wechsel zu einem günstigeren Anbieter
- Einbau von Energiesparlampen
- Veränderung des Intervalls der Hausbeleuchtung
- etagenweise Schaltung der Hausbeleuchtung

---

[5] BGH, GE 2004, 959

Nicht umlegbar sind Kosten für die Erneuerung defekter Leuchtmittel.

Die Abrechnung erfolgt über die Schlussrechnung Ihres Anbieters. Ähnlich wie bei den Wasserkosten enthält die Rechnung:
- Grundkosten
- Tarif für den Verbrauch
- Verrechnung der Abschläge
- Ökosteuer
- Umsatzsteuer

Die umlagefähigen Kosten werden im Verhältnis der Mietflächen untereinander durch Sie auf die Mieter umgelegt.

Nicht in dieser Position umlegbar sind gemäß BGH vom 20. 02. 2008 – VIII 27/07 –
- die Kosten für den Heizungsstrom sowie
- die Kosten für den Strom der Aufzugsanlage.

1.9.12 Die Kosten der Schornsteinreinigung (§ 2 Nr. 12 BetrKV)

Die BetrKV bestimmt die Kehrgebühren nach der maßgebenden Gebührenordnung. Eine eigene Rubrik in Ihrer Abrechnung für die Kehrgebühren ist nur nötig, wenn Sie diese nicht schon in der Heizkostenabrechnung erfasst haben. Aufgrund der bestehenden Gebührenordnungen haben Sie keine Möglichkeit, die Höhe der Kosten zu beeinflussen. Diese werden auf die einzelnen Nutzer im Verhältnis der Flächen untereinander verteilt. Basis für die Abrechnung sind die jeweiligen Rechnungen Ihres Schornsteinfegers.

Zum 1. Januar 2010 ist die bundeseinheitliche Kehr- und Überprüfungsordnung (KÜO) in Kraft getreten.

1.9.13 Die Kosten der Sach- und Haftpflichtversicherungen (§ 2 Nr. 13 BetrKV)

In § 2 BetrKV sind unter Punkt 13 folgende Kosten benannt:
- Versicherung des Gebäudes gegen Feuer-, Sturm-, Wasser- sowie sonstige Elementarschäden
- Glasversicherung
- Haftpflichtversicherung für das Gebäude, den Öltank und den Aufzug

Die Höhe einer Versicherungsprämie ist neben dem Gebäudealter von dessen Ausstattung und Nutzung abhängig. Bei einer Mischnutzung kann es aufgrund der Gewerbemieter zu höheren Prämien kommen, sodass Sie bei der Umlage der Kosten einen Vorwegabzug vornehmen sollten.

Nicht umlagefähig sind die Versicherungen Ihres Betriebes bzw. Eigentümers, wie z. B.:
- Mietausfallversicherung
- Rechtsschutzversicherung
- private Haftpflichtversicherung des Vermieters
- Lebensversicherung
- Bauherrenhaftpflicht

Einspareffekte können durch ein konsequentes Vertragsmanagement erreicht werden, wie z. B. die regelmäßige Überprüfung der Vertragsinhalte und eines Beitragsvergleichs.

Gegenüber Ihrem Mieter werden Sie die entstandenen Kosten mit den Policen und erfolgten Zahlungen belegen und diese im Verhältnis der Mietflächen untereinander verteilen.

1.9.14 Die Kosten für den Hauswart (§ 2 Nr. 14 BetrKV)

Die Betriebskostenverordnung benennt die umlagefähigen Kosten wie folgt:

- Hierzu gehören die Vergütung, die Sozialbeiträge und alle geldwerten Leistungen, die der Eigentümer oder Erbbauberechtigte dem Hauswart für seine Arbeit gewährt, soweit diese nicht die Instandhaltung, Instandsetzung, Erneuerung, Schönheitsreparaturen oder die Hausverwaltung betrifft.
- Soweit Arbeiten vom Hauswart ausgeführt werden, dürfen Kosten für Arbeitsleistungen nach den Nummern 2 bis 10 und 16 nicht angesetzt werden.

Hausmeisterkosten sind abzugrenzen.[6] Das heißt, sind in den Hausmeisterleistungen z. B. Kosten der Gebäudereinigung oder Gartenpflege enthalten, dürfen diese nicht in einem Betrag ausgewiesen werden. In der Praxis bedeutet das, dass die Kosten getrennt auszuweisen sind oder der unterschiedliche Anfall zu erläutern ist.

Weiterhin erledigt er Arbeiten, die eindeutig der Verwaltung zuzuordnen sind, wie z. B. Übergaben und Abnahmen der Mieträume, Überstellung der Schreiben der Verwaltungen an die Mieter und Aushänge Ihres Unternehmens an den Schautafeln in den Objekten.

Sie haben zwei Möglichkeiten, den Hausmeisterdienst zu organisieren:

1. Anstellung eines oder mehrerer Hauswarte über Ihren Betrieb
2. Beauftragung eines externen Hausmeisterdienstes

Bei einem angestellten Hauswart sind die entstandenen Personalkosten die Berechnungsgrundlage. Diese Werte erhalten Sie aus Ihrem Rechnungswesen. Dazu zählen:

- Arbeitslohn
- Sozialbeiträge, einschließlich der Arbeitgeberanteile
- Beitrag zur betrieblichen Altersversorgung
- Lohnsteuerpauschale
- zusätzliche Kosten für eine Krankheits- oder Urlaubsvertretung
- Weihnachtsgeld und Jubiläumsgeschenk
- Beitrag zur Berufsgenossenschaft

Viele Mieter gehen davon aus, dass der Betrag in Ihrer Abrechnung auch dem Jahresbruttolohn entspricht. Die vorgenannte Aufzählung zeigt jedoch, dass dies nicht der Fall ist. Es bietet sich an, in Ihrer Kommentierung der Betriebskostenabrechnung diesen Umstand mit aufzunehmen, um unnötigen Rückfragen entgegenzuwirken.

Von diesem Wert sind die entstandenen Personalkosten für Verwaltungsarbeiten und Instandsetzungs-/-haltungsarbeiten abzuziehen.[7] Dazu zählen z. B.:

- Wartungs- und Reparaturarbeiten
- Wartungs- und Pflegekosten, die in § 2 Nr. 2 bis 10 und Nr. 16 ansetzbar sind
- Verwaltertätigkeiten, z. B. das Austragen der Mieterpost
- Überwachung von Baumaßnahmen

Wenn Ihr Hauswart für weitere Abrechnungseinheiten tätig wird, dann sind die Kosten nach den einzelnen Grundstücken zu gewichten.

Bei den externen Hauswartskosten ist der Vertrag mit dem Hauswartsunternehmen die Abrechnungsgrundlage. Es empfiehlt sich, darauf zu achten, dass Sie für weitere Aufgaben, außer für den Betriebskosten zuzuordnende Arbeiten, einen weiteren Vertrag schließen. So ist die Dokumentation gegenüber Ihren Abrechnungsempfängern einfacher.

---

[6] BGH vom 22.09.2010, VIII ZR 285/09
[7] AG Wuppertal, Urteil vom 02.06.1993, 95 C 845/92

Arbeiten des Hauswarts, deren Kosten Sie schon den anderen Positionen Ihrer Abrechnung zugeordnet haben, dürfen Sie unter den Hauswartskosten nicht noch einmal und somit doppelt abrechnen. Die Umlage der Hauswartskosten erfolgt nach m².

1.9.15 Die Kosten für den Betrieb der Gemeinschaftsantennenanlage (a) oder die Kosten des Betriebs der mit einem Breitbandkabelnetz verbundenen privaten Verteilanlage (b) (§ 2 Nr. 15 BetrKV)

Sie können eine Gemeinschaftsantennenanlage selber errichten lassen oder eine anmieten. Die Mietkosten dafür zählen zu den umlagefähigen Kosten. Weiterhin sind auf Ihre Mieter umzulegen:

- Kosten für Betriebsstrom
- Kosten für die regelmäßige Prüfung der Betriebsbereitschaft
- Kosten für die Einstellung durch eine Fachkraft
- Gebühren nach dem Urheberrechtsgesetz
- Leasingkosten für Anlagen

Wenn Sie den Stromverbrauch nicht über einen Zwischenzähler extra erfassen, wäre eine Umlage auch in die Position „Beleuchtung" denkbar. Notwendige Reparaturen können nicht umgelegt werden. Ebenso kann keine Umlage für die Errichtung solcher Anlagen erfolgen. Da es sich aber um eine nachhaltige Wohnwertverbesserung handelt, ist eine Mieterhöhung nach Maßgabe des § 559 BGB zu prüfen. Bei größeren Anlagen empfiehlt sich der Abschluss eines Wartungsvertrags mit einer Fachfirma. Bei Vollwartungsverträgen haben Sie analog zu den Vollwartungsverträgen von Aufzügen zu verfahren.

Bei den Breitbandkabelanlagen sind die gleichen Kosten umlegbar wie für die Gemeinschaftsantennenanlagen. Zusätzlich können Sie noch die Gebühren für die Anschlüsse der Kabelfernsehanbieter auf die Mieter umlegen. Als Umlageschlüssel empfiehlt sich die Zahl der Anschlüsse pro Wohnung.

1.9.16 Die Kosten des Betriebs der Einrichtungen für die Wäschepflege (§ 2 Nr. 16 BetrKV)

Diese Kosten hatten früher eine höhere Bedeutung. Heute verfügen Ihre Mieter größtenteils über eigene Waschmaschinen und Anschlüsse in den Wohnungen. Umlegen können Sie:

- Kosten des Betriebsstroms
- Kosten der Überwachung
- Pflege und Reinigung der Einrichtungen
- Kosten der regelmäßigen Prüfung ihrer Betriebsbereitschaft und -sicherheit
- Kosten der Wasserversorgung entsprechend Nummer 2, soweit sie nicht dort bereits berücksichtigt sind

Keine Ansätze können gemacht werden für Reparaturen oder den Austausch der Geräte. Es ist unter Umständen sinnvoll, den Betrieb über Wertmarken zu organisieren, deren Verkaufspreise die Kosten berücksichtigen, sodass eine separate Kostenposition entfallen kann.

1.9.17 Sonstige Betriebskosten (§ 2 Nr. 17 BetrKV)

Die Betriebskostenverordnung benennt hier keine Betriebskosten namentlich. Vielmehr wurde durch den Gesetzgeber formuliert:

> (...) hierzu gehören Betriebskosten im Sinne des § 1, die von den Nummern 1 bis 16 nicht erfasst sind.

Im Lernfeld 4 wurde bereits dargelegt, dass eine Vereinbarung im Mietvertrag nicht ausreicht, welche die „sonstigen Betriebskosten“ nicht genau bestimmt. In diesem Fall ist keine Umlage auf Ihre Mieter möglich.[8]

Die „Sonstigen Betriebskosten“ sind auch kein Sammelbecken für alle anderen Kosten, die Sie bisher nicht zuordnen konnten. Relativ sicher ist die Umlage von Kosten in diese Position für:

- Feuerlöschgeräte, einschließlich des Austauschs des Löschmittels
- Brandschutzwartung, Rauchmelder, Rauchabzüge, Sprinkler
- Wartung und Prüfung von Blitzschutzanlagen mit TÜV-Abnahme
- Rückstausicherung
- Wartung einer Lüftungsanlage
- Betriebskosten für Gemeinschaftsanlagen:
  - Schwimmbad
  - Sauna
  - Fitnessraum
  - Hobby- und Partykeller
  - Trockenraum
  - Fahrradkeller
- Notstromanlage für die Sicherheitsbeleuchtung von Rettungswegen, soweit sie gesetzlich vorgeschrieben sind
- Dachrinnenreinigung[9]

Viele Unternehmen tragen dem erhöhten Sicherheitsbedürfnis ihrer Mieter Rechnung, indem sie Pförtnerdienste in den Häusern einrichten. Eine Umlage ist allerdings nur dann möglich, wenn die konkreten Verhältnisse vor Ort dies bedingen.[10]

Beispiel einer Checkliste für Betriebskosten

Nr.	Frage	Ja	Nein
1.	Wurden der Mieter, die Wohnung und das Grundstück richtig zugeordnet/ausgewiesen?		
2.	Wurde die Abrechnungsfrist eingehalten?		
3.	Stimmen die Betriebskostenarten mit den im Mietvertrag vereinbarten überein?		
4.	Ist der angegebene Abrechnungszeitraum korrekt?		
5.	Sind alle Verteiler-/Umlageschlüssel korrekt?		
6.	Sind alle Gesamtkosten/Einzelkosten zu den jeweiligen Betriebskostenarten ausgewiesen?		
7.	Wurden Leerzeiten gesondert ausgewiesen?		
8.	Wurden Mieterwechsel berücksichtigt?		
9.	Wurden die Vorauszahlungen in der richtigen Höhe ausgewiesen?		

[8] BGH, GE 2004, 613
[9] BGH, GE 2004, 613
[10] BGH, GE 2005, 607

10.	Wurden Guthaben-/Nachzahlungsbeträge richtig ausgewiesen?		
11.	Liegt die Heizkostenabrechnung bei?		
12.	Liegt die Erläuterung zum Verteiler-/Umlageschlüssel bei?		
13.	Wurden haushaltsnahe Dienstleistungen ausgewiesen?		
14.	Liegen alle weiteren Anlagen bei, z. B. Abrechnung für die Müllschleuse?		
15.	Ist die Abrechnung insgesamt nachvollziehbar?		
16.	Werden die Abrechnungen fristgerecht zugestellt?		

Diese Checkliste kann nach Bedarf erweitert werden. Haben Sie dabei eine Frage mit „Nein" beantwortet, sollten Sie die Abrechnung noch einmal auf Fehler überprüfen.

1.10 Die Heizkostenverordnung (HeizkostenV)

Die Erstellung der Abrechnung gegenüber den Mietern

Die Heizkostenverordnung verlangt eine verbrauchsabhängige Abrechnung gegenüber den Mietern. In § 7 überlässt der Gesetzgeber den Vertragsparteien, welche Quote für die Verteilung nach der Fläche und welche nach Verbrauch gewählt wird. Er begrenzt jedoch den Flächenanteil auf höchstens 50 %. Die Heizkostenverordnung gibt einen verbrauchsabhängigen Anteil an der Abrechnung von 50 bis 70 % vor.

Wird eine Abrechnung nicht nach dem anteiligen Verbrauch erstellt und nur auf die Fläche umgelegt, so hat der Mieter das Recht, die auf ihn entfallenden Kosten um 15 % zu kürzen. Diese Regelung findet sich in § 12 HeizkostenV.

Ansonsten gelten für die Abrechnung die gleichen Regelungen wie für die Betriebskosten nach BetrKV. Neben der Aufstellung der Einzelpositionen sowie der anteiligen Belastung des Mieters nach Verbrauch, Fläche und Nutzungszeitraum werden diese mit den Vorauszahlungen des Mieters verrechnet.

Im öffentlich geförderten Wohnungsbau besteht die Möglichkeit für Sie, ein zweiprozentiges Umlagenausfallwagnis auf die Gesamtkosten aufzuschlagen. Im Gegenzug dürfen Sie die Sicherheitsleistung des Mieters (Kaution) nicht mit Rückständen aus der Betriebskostenabrechnung verrechnen.

Beispiel einer Checkliste für die Heizkostenabrechnung

Nr.	Frage	Ja	Nein
1.	Wurden der Mieter, die Wohnung und das Grundstück richtig zugeordnet/ausgewiesen?		
2.	Wurde die Abrechnungsfrist eingehalten?		
3.	Stimmen die Betriebskostenarten mit den im Mietvertrag vereinbarten überein?		
4.	Ist der angegebene Abrechnungszeitraum korrekt?		
5.	Sind alle Verteiler-/Umlageschlüssel korrekt?		
6.	Sind alle Gesamtkosten/Einzelkosten ausgewiesen?		

7.	Wurden Leerzeiten gesondert ausgewiesen?		
8.	Wurden Mieterwechsel berücksichtigt?		
9.	Wurden Zwischenablesungen berücksichtigt?		
10.	Liegt die Erläuterung zum Verteiler-/Umlageschlüssel bei?		
11.	Wurden haushaltsnahe Dienstleistungen ausgewiesen?		
12.	Ist die Abrechnung insgesamt nachvollziehbar?		
13.	Werden die Abrechnungen fristgerecht zugestellt?		

1.11 Die Einwendungsfrist des Mieters (§ 556 Abs. 3 BGB)

Der Mieter hat 12 Monate ab Zugang der Betriebskostenabrechnung Zeit, Einwände gegen die Abrechnung geltend zu machen. Beanstandungen, die der Mieter nach dieser Frist vorträgt, müssen durch den Vermieter nicht mehr berücksichtigt werden. Voraussetzung bleibt aber immer das Vorliegen einer formell ordnungsgemäßen Abrechnung. Sind einzelne Kostenpositionen formell nicht ordnungsgemäß abgerechnet, greift die Frist für die Einwendungen bei diesen Positionen nicht. Ein eventuelles Guthaben Ihres Mieters ist sofort nach der Rechnungslegung fällig und zahlbar, d. h. an ihn auszuzahlen.

Wichtig:

Die Bestimmungen des § 556 Abs. 3 BGB dürfen nicht zum Nachteil des Mieters abgeändert werden.

1.12 Zahlungsfristen des Mieters (§ 286 Abs. 3 BGB)

Gemäß § 286 Abs. 3 BGB kommt ein Mieter (Schuldner) spätestens in Verzug, wenn er nicht innerhalb von 30 Tagen nach Fälligkeit bezahlt und auf diese Frist ausführlich hingewiesen wurde. Entsprechende Klauseln können bereits im Mietvertrag vereinbart werden. Der Mieter ist damit angehalten, die Abrechnung innerhalb einer angemessenen Frist zu prüfen, z. B. innerhalb von sechs Wochen. Der Mieter hat also keine 12 Monate Zeit, seine Nachzahlung zu leisten.

1.13 Betriebskostenabrechnung einer Wohnung mit Gastherme (Beispiel)

Als abschließendes Beispiel folgt nun die Betriebskostenabrechnung einer Wohnung mit Gastherme.

Absender:

Hausverwaltung/Eigentümer

Mieter:

Max und Kerstin Schubert
Schneestraße 13
04229 Berga

Berga, 22. 03. 2012

Zugestellt durch: Herrn Hans Friedrich (Hausmeister)
am 26. 03. 2012

➔

Abrechnungszeitraum: 01. 01. 2011 bis 31. 12. 2011

Ihr Nutzungszeitraum: 01. 01. 2011 bis 31. 12. 2011

Abrechnungseinheit: Whg.-Nr. 03

Umlageschlüssel:

Gesamtwohnfläche: 483,02 m²

Ihr Anteil: 66,44 m²

Anzahl Mieteinheiten: 7

Umlageschlüssel:
1 nach Wohnfläche
2 nach Mieteinheiten
3 Verbrauch
4 Anzahl Kaltwasserzähler (1 Stück pro Wohnung)

Kostenart	Gesamtkosten in €	Umlageschlüssel	Anteiliger Betrag in €
Straßenreinigung	158,76	1	21,84
Gebäudeversicherung	895,36	1	123,16
Hausreinigung	999,60	2	142,80
Grundsteuer	620,00	1	85,28
Müllabfuhr*	645,57	2	92,22
Gartenpflege	364,00	1	50,07
Schornsteinfeger	90,85	2	12,98
Hausstrom/Beleuchtung	135,66	1	18,66
Wartung Gastherme	326,00	2	46,57
Gasverbrauchskosten** für Heizung und Wassererwärmung	0,00		0,00
Kaltwasserkosten***	813,09	3	111,53
Kaltwasser Grundpreis	414,61	1	57,03
Abwasserkosten	643,64	3	88,30
Abwasser Grundpreis***	170,85	1	23,50
Niederschlagswasser	287,39	1	39,53
Mietgebühr Kaltwasserzähler	133,00	4	19,00
Summe:	6.698,38		**932,47**
Abzüglich der von Ihnen geleisteten Vorauszahlungen			**1.195,92**
Ihr Guthaben beträgt			**263,45**

Hinweis: Ein mögliches Guthaben wird Ihnen zeitnah auf Ihr Konto überwiesen.

Erläuterungen:

* pro Wohneinheit eine Mülltonne

** Die Kosten für den Gasverbrauch der Gastherme werden durch den Gaslieferanten direkt mit dem Mieter abgerechnet.

*** Ablesung Kaltwasserzähler

Hauptwasserzähler:

Anfangsstand (01. 01. 2011):	1.358 m^3
Endstand (31. 12. 2011):	1.805 m^3
Gesamtverbrauch:	447 m^3

Ihr Anteil:

Gerätenummer:	KWZ 18564
Stand 01. 01. 2011 (Anfangsstand):	151,356 m^3
Stand 31. 12. 2011 (Endstand):	212,674 m^3
Ihr Verbrauch:	61,318 m^3

Haushaltsnahe Dienstleistungen nach § 35a EStG:

Bezeichnung	Betrag in €	Anteil Lohn- und Fahrkosten in €	Umlage-schlüssel	Ihr Anteil
Hausreinigung	999,60	999,60	2	142,80
Wartung Gastherme	326,00	326,00	2	46,57
Schornsteinfeger/ Schornsteinreinigung	90,85	90,85	2	12,98
Gartenpflege	364,00	364,00	1	49,83
			Summe:	**252,18**

2 Buchungen im Zusammenhang mit der Miete

Im Rahmen der Mietenbuchhaltung ist eine Vielzahl von Einzelfällen zu beachten und buchhalterisch zu bearbeiten. Grundlage dafür bilden **Richtlinien für das Rechnungswesen von Genossenschaften und Kapitalgesellschaften in der Immobilienwirtschaft** und der vom Gesamtverband der Wohnungsunternehmen herausgegebene Kontenrahmen der Wohnungswirtschaft, der seine Ergänzung im Kommentar zum Kontenrahmen findet.

2.1 Sollstellung der Miete

Unter der **Sollstellung der Miete** ist das **Buchen der** aktuellen **Mietforderungen** zum Monatsanfang zu verstehen. Erfasst werden dabei die geforderten Beträge für eine Gesamtheit von Mietern, wie sie sich aus den Werten der Nebenbuchhaltung kumulativ ergeben.

In sogenannten **Mieten-Soll-Listen** werden die zu fordernden Beträge in ihrer inneren Struktur (Verwendung) aufgeschlüsselt und erfasst.

Beispiel:

(1)	(2)		(3)		(4)			(5)			(6)		(7)	
Mieter	Saldovortrag		Mieten		Umlagen			Korrekturen			Zahlungen		Saldo	
	Soll	Haben	Soll-miete	Zu-schläge	Voraus-zahlungen	Abrechnung		Miete	Umlage	Abschrei-bungen	Aus-zahlung	Ein-zahlung	Soll	Haben
						Nachford.	Guthaben							

Über solche oder ähnlich gestaltete Listen werden – in der Nebenbuchhaltung – die in der Finanzbuchhaltung zu buchenden Mietforderungen ermittelt. Diese Listen geben zudem auch einen Überblick über Mietrückstände und Mietvorauszahlungen, über die vorausgezahlten Betriebskosten und eventuelle Nachzahlungen bzw. Erstattungen aus der Betriebskostenabrechnung.

Dem besseren Verständnis solcher Listen soll die Erläuterung zu den einzelnen Spalten dienen:

1. In der Spalte (1) werden die **Mieter** durch Namen/Kennnummern benannt. Werden solche Listen für einzelne Häuser, Objekte, Objektgruppen geführt, werden diese hier bezeichnet.
2. Der **Saldovortrag** von Spalte (2) verdeutlicht in einer Sollbuchung **(Sollsaldo)**, dass dem jeweiligen Mieter gegenüber **offene Forderungen** bestehen. Ein Betrag auf der Habenseite **(Habensaldo)** zeigt, dass der Mieter beim Wohnungsunternehmen ein Guthaben hat, das sich aus der Sicht des Wohnungsunternehmens als **Verbindlichkeit gegenüber dem Mieter** darstellt.
3. Spalte (3) dokumentiert die im aktuellen Monat zu erhebenden **Forderungen aus der Sollmiete und den Zuschlägen**.
4. Die monatlichen **Vorauszahlungen** auf die Betriebskosten und die sich aus der jährlichen Betriebskostenabrechnung ergebenden **Nachzahlungen** bzw. **Erstattungen** werden in der Spalte (4) ausgewiesen.
5. Die Spalte (5) **Korrekturen** dokumentiert den Verlust von Mietforderungen, wie sie sich aus **Mietminderungen** bzw. aus **Leerstand** ergeben. Auch die **Abschreibungen** uneinbringlicher Mietforderungen sind hier auszuweisen.
6. In der Spalte (6) **Zahlungen** werden die eingehenden Zahlungen (der Mieter begleicht Mietforderungen) und ausgehenden Zahlungen (dem Mieter werden Guthaben erstattet) erfasst.
7. Aus den Daten der Spalten (2) bis (6) lässt sich der **Saldo der Mietforderungen** zum Ende des Monats ermitteln. Diese Zahlen sind zugleich die Werte des Saldovortrags zu Beginn des neuen Monats.

Derartige Mieten-Soll-Listen können und werden in der Regel auch für jeden einzelnen Mieter, für jedes Objekt (Haus) und für Objektgruppen erstellt werden.

Kontierung
In der Finanzbuchhaltung wird der in der Nebenbuchhaltung ermittelte und zu fordernde Gesamtbetrag an Mieten **auf einem Unterkonto des Kontos (200) Forderungen aus Mieten, Gebühren und Umlagen** erfasst, das der Kommentar zum Kontenrahmen der Wohnungswirtschaft in die folgenden Konten unterteilt:
(2000) Mietenkontokorrent-Sammelkonto
(2001) Forderungen an ehemalige Mieter
(2002) Forderungen aus abgerechneten Umlagen
(2003) Forderungen aus Verpachtung[11]

Die Forderungen aus der Sollstellung der Miete werden in den folgenden Darstellungen auf dem Konto **(2000) Mietenkontokorrent – Sammelkonto** erfasst, das vereinfacht auch als Konto für die **„Mietforderungen"** verstanden werden kann. Da sich die Gesamtheit der **Mietforderungen** aus verschiedenen Teilbeträgen zusammensetzt, stehen ihr in der **Gegenbuchung** auch verschiedene Konten gegenüber.

1. Die geforderte **Grundmiete** (Einzelmiete) – die sich aus einem Quadratmeterpreis je Monat ergibt – wird als Ertrag auf dem Konto **(600) Sollmiete** gebucht.

Sollmiete ist die mit den Mietern vertraglich vereinbarte oder zu vereinbarende Miete.

In der Praxis wird zumeist unterschieden zwischen **Sollmieten** für
- Wohnungen,
- Gewerbeeinheiten,
- sonstige Mieteinheiten sowie
- Garagen und Stellplätze.

2. Geforderte Gebühren und Zuschläge sind auf dem Konto **(602) Gebühren und Zuschläge** zu erfassen.

Hier werden regelmäßig wiederkehrende **Entgelte** gebucht, **die im Zusammenhang mit der Vermietung stehen, neben der Miete erhoben werden und über die nicht abzurechnen ist.**

Dazu gehören beispielsweise
- Antennengebühren,
- Gebühren für die Mitvermietung von Einrichtungs- und Ausstattungsgegenständen,
- Zuschläge für die Benutzung von Wohnraum zu anderen als Wohnzwecken,
- Zuschläge für die Untervermietung von Wohnraum sowie
- Gebühren und Zuschläge für Nebenleistungen des Vermieters, die nicht allgemein üblich sind oder nur einzelnen Mietern zugute kommen.

3. Eingeforderte **Betriebskostenvorauszahlungen** sind nicht Bestandteil der **Mieterträge**. Sie sind gesondert auf dem Konto **(431) Anzahlung auf unfertige Leistungen** zu erfassen. Aus verwaltungs-/abrechnungstechnischen Gründen empfiehlt sich eine weitere kontenmäßige Gliederung für die Vorauszahlungen auf die Betriebs- und Heizkosten. Als Unterkonten bieten sich an:
   – (4311) Anzahlungen auf noch nicht abgerechnete Betriebskosten
   – (4312) Anzahlungen auf noch nicht abgerechnete Heizkosten

[11] An dieser Stelle ist darauf zu verweisen, dass sich die Kontierung und die inhaltliche Erklärung zu den Konteninhalten der folgenden Themen grundsätzlich am „Kommentar zum Kontenrahmen der Wohnungswirtschaft" orientieren. Herausgeber: GdW Gesamtverband der Wohnungswirtschaft. Hamburg 2010.

Im Rahmen der sich auf den relevanten Zeitraum beziehenden Betriebskostenabrechnung erfolgt die Verrechnung dieser Anzahlungen mit den tatsächlich entstandenen und abzurechnenden Betriebskosten.

Buchungen
Im Rahmen der Mietenbuchhaltung – als Nebenbuchhaltung – werden die in der Finanzbuchhaltung zu buchenden Beträge ermittelt.

Die **Mieten-Soll-Listen** der einzelnen Mieter lassen sich zu Sammellisten für Häuser, Objekte oder auch Objektgruppen zusammenfassen. Diese Listen haben Belegcharakter für die Finanzbuchhaltung.

Mieten-Soll-Liste für das Objekt Wiesenstraße 18 mit den Mietern (A) bis (E) für Dezember (00):

Mieter A Mieter B Mieter C Mieter D Mieter E

Objekt Wiesenstraße 18 (Angaben in Euro)						
Mieter	Saldovortrag		Miete		Umlagen	...
	Soll	Haben	Soll-miete	Zu-schläge	Voraus-zahlung	...
A	0	0	450	35	180	...
B	0	0	520	0	200	...
C	0	0	480	40	300	...
D	0	0	350	0	150	...
E	0	0	500	40	350	...
Summe	0	0	2.300	115	1.180	...

2.300	Euro	Sollmieten (600)
115	Euro	Zuschläge (602)
1.180	Euro	BKVZ (431)
3.595	Euro	Mietforderungen (2000)

Sie zeigt die Gesamtforderungen von 3.595 Euro, die sich aus den Werten für die
- Sollmiete (2.300 Euro)
- die Zuschläge (115 Euro) und
- die Betriebskostenvorauszahlungen – BKVZ (1.180 Euro)

zusammensetzen und in der Finanzbuchhaltung zu folgenden Buchungen führen:

Buchung der Sollstellung der Miete

(2000)			3.595 Euro
	an	(600)	2.300 Euro
	an	(602)	115 Euro
	an	(431)	1.180 Euro

In der Mietenbuchhaltung gehen auch die Informationen darüber ein, welche Mieter welche Geldbeträge gezahlt haben. In der **Mieten-Soll-Liste** finden sie ihren Ausweis in der Spalte **Einzahlungen**.

Objekt Wiesenstraße 18 (Angaben in Euro)										
Mieter	Saldovortrag		Mieten		Umlagen	...	Zahlungen		Saldo	
	Soll	Haben	Soll-miete	Zu-schläge	Voraus-zahlungen	...	Aus-zahlung	**Ein-zahlung**	Soll	Haben
A	0	0	450	35	180	...	0	**665**	0	0
B	0	0	520	0	200	...	0	**720**	0	0
C	0	0	480	40	300	...	0	**820**	0	0
D	0	0	350	0	150	...	0	**500**	0	0
E	0	0	500	40	350	...	0	**890**	0	0
Summe	0	0	2.300	115	1.180	...	0	**3.595**	0	0

Buchung der Bankgutschrift

(274) an (2000) 3.595 Euro

Zum Monatsende bzw. zum Bilanzstichtag ist erkennbar, in welchem Maße die Mietforderungen beglichen worden sind. Beim vorliegenden Beispiel wurden alle geforderten Beträge gezahlt. Alle Forderungen sind beglichen, ein Saldo zum Ende der Periode (Monat oder Geschäftsjahr) besteht also nicht.

2.2 Rückständige Mieten

Rückständige Mieten sind **offene Mietforderungen**, die zum Jahresabschluss zu bewerten sind. Dabei ist zu unterscheiden zwischen

- **einwandfreien** Mietforderungen (Forderungen ohne Ausfallrisiko),
- **zweifelhaften** Mietforderungen (Forderungen, die mit einem Ausfallrisiko behaftet sind und die Gefahr besteht, dass sie nur teilweise oder gar nicht mehr beglichen werden[12]) und
- **uneinbringlichen** Mietforderungen.

2.2.1 Einwandfreie Forderungen

Einwandfreie Forderungen sind Forderungen ohne Ausfallrisiko, es wird also davon ausgegangen, dass die bestehenden Forderungen vollständig beglichen werden und mit ihrem **Nennwert** bilanziert, d. h. über das **(989) Schlussbilanzkonto** abgeschlossen werden können.

Beispiel:
Es ist möglich, dass nicht alle Mietforderungen beglichen werden. Zahlen beispielsweise die Mieter (B) und (D) im Dezember nicht, wird die Mietenbuchhaltung die rückständigen Mieten registrieren und dokumentieren. Für die Mieten-Soll-Liste ergibt sich dann das folgende Bild:

↓

[12] Die buchmäßige Behandlung zweifelhafter Forderungen wird aus methodischen Gründen erst in Band 3 dieser Lehrbuchreihe besprochen.

Objekt Wiesenstraße 18 (Angaben in Euro)										
Mieter	Saldovortrag		Mieten		Umlagen	...	Zahlungen		Saldo	
	Soll	Haben	Soll-miete	Zu-schläge	Voraus-zahlungen	...	Aus-zahlung	Ein-zahlung	Soll	Haben
A	0	0	450	35	180	...	0	**665**	0	0
B	0	0	520	0	200	...	0	**0**	**720**	0
C	0	0	480	40	300	...	0	**820**	0	0
D	0	0	350	0	150	...	0	**0**	**500**	0
E	0	0	500	40	350	...	0	**890**	0	0
Summe	0	0	2.300	115	1.180	...	0	**2.375**	**1.220**	0

Zu erkennen sind die getätigten Zahlungen von 2.375 Euro. Forderungen gegenüber den Mietern (B) und (D) bleiben in einer Gesamthöhe von 1.220 Euro bestehen, wobei unterstellt wird, dass es sich dabei um einwandfreie Mietforderungen handelt. Sie sind zum 31. 12. 00 über die Finanzbuchhaltung mit ihrem Nennwert zu bilanzieren.

Buchung

1. Sollstellung der Miete:

(2000)			3.595 Euro
	an	(600)	2.300 Euro
	an	(602)	115 Euro
	an	(431)	1.180 Euro

2. Forderungen werden (nur teilweise) per Bank beglichen:

(274)	an	(2000)	2.375 Euro

3. Bilanzierung offener, einwandfreier Forderungen:

(989)	an	(2000)	1.220 Euro

2.2.2 Uneinbringliche Forderungen

Als **uneinbringlich** gelten Forderungen, die als verloren anzusehen sind, weil Mieter beispielsweise zahlungsunfähig geworden sind oder das Unternehmen den Anspruch auf diese Forderung infolge eines Gerichtsurteils nicht mehr geltend machen kann.

Diese Forderungen sind über das Konto **(855) Abschreibungen auf Forderungen und sonstige Vermögensgegenstände** (direkt) abzuschreiben.

Beispiel:
Wenn der Mieter (B) – bei gegebenen offenen Forderungen (720 Euro) und einer Sollstellung in gleicher Höhe – nicht zahlt und sich die offenen Forderungen insgesamt als uneinbringlich erweisen, ist der Gesamtbetrag von 1.440 Euro abzuschreiben.

➔

Objekt Wiesenstraße 18 (Angaben in Euro)														
Mieter	Saldovortrag		Mieten		Umlagen	...	Korrekturen			Zahlungen		Saldo	
	Soll	Haben	Soll-miete	Zu-schläge	Voraus-zahlungen	...	Miete	Umlage	Abschrei-bungen	Aus-zahlung	**Ein-zahlung**	Soll	Haben
A	0	0	450	35	180	...	0	0	0	0	**665**	0	0
B	720	0	520	0	200	...	0	0	1.440	0	0	0	0
C	0	0	480	40	300	...	0	0	0	0	820	0	0
D	500	0	350	0	150	...	0	0	0	0	1.000	0	0
E	0	0	500	40	350	...	0	0	0	0	**890**	0	0
Summe	1.220	0	2.300	115	1.180	...	0	0	1.440	0	**3.375**	**0**	**0**

Buchung

1. Sollstellung der Miete:

(2000)			3.595 Euro
	an	(600)	2.300 Euro
	an	(602)	115 Euro
	an	(431)	1.180 Euro

2. Abschreibung uneinbringlicher Mietforderungen:

(855)	an	(2000)	1.440 Euro

3. Bankgutschriften:

   Mieter (D) zahlt die Miete des Vormonats (500 Euro) und des laufenden Monats (500 Euro), sodass die Forderungen ihm gegenüber ausgeglichen sind. Mieter (B) ist zahlungsunfähig und zahlt nicht, die ihn betreffenden Forderungen wurden bereits abgeschrieben. Insgesamt gehen Zahlungen in Höhe von 3.375 Euro ein.

(274)	an	(2000)	3.375 Euro

2.2.3 Zahlungseingang auf abgeschriebene Forderungen

Zahlungseingang im Jahr der Abschreibung

Wurden Mietforderungen im laufenden Geschäftsjahr (00) bereits abgeschrieben, gehen ungeachtet dessen aber im selben Jahr (00) Zahlungen auf diese Forderungen ein, ist im Zusammenhang mit der **Buchung des Geldeingangs** eine **Stornierung der Abschreibung** möglich und erforderlich.

Stornierung ist eine Buchung, mit der eine vorausgegangene Eintragung rückgängig gemacht wird. Sie ist die Umkehrung einer vorangegangenen Buchung.

Buchung

1. Geldeingang:

(274)	an	(2000)	1.440 Euro

2. Stornierung der Abschreibung:

(2000)	an	(855)	1.440 Euro

Zahlungseingang in Folgejahren
Gehen in Folgejahren Zahlungen auf bereits abgeschriebene Forderungen ein, sind diese als **(666) Erträge aus früheren Jahren** zu erfassen.

Buchung

1. Geldeingang:

(274)	an	(2000)	1.440 Euro

2. Erfassung des Betrages als Ertrag aus früheren Jahren:

(2000)	an	(666)	1.440 Euro

2.3 Mieterguthaben

So wie einige Mieter nicht oder nur teilweise zahlen, besteht auch die Möglichkeit, dass einige Mieter im Voraus bezahlen bzw. sich für einige Mieter, unterschiedlich verursacht, ein Guthaben ergibt.

Beispiel:
Wird unterstellt, dass Mieter (B) und (D) im Monat Dezember (00) nicht gezahlt haben und Mieter (C) eine Monatsmiete im Voraus überwiesen hat, stellt sich die Situation etwas anders dar. In der Finanzbuchhaltung wird der Geldeingang von 3.195 Euro registriert, das sind 400 Euro weniger als gefordert. Scheinbar bestehen nun offene Forderungen in Höhe von 400 Euro. Die Betrachtungen zu den einzelnen Mietern mithilfe der Mieten-Soll-Liste zeigt jedoch ein differenzierteres Bild:

➔

Objekt Wiesenstraße 18 (Angaben in Euro)										
Mieter	Saldovortrag		Mieten		Umlagen	...	Zahlungen		Saldo	
	Soll	Haben	Soll-miete	Zu-schläge	Voraus-zahlungen	...	Aus-zahlung	**Ein-zahlung**	**Soll**	**Haben**
A	0	0	450	35	180	...	0	**665**	**0**	**0**
B	0	0	520	0	200	...	0	**0**	**720**	**0**
C	0	0	480	40	300	...	0	**1.640**	**0**	**820**
D	0	0	350	0	150	...	0	**0**	**500**	**0**
E	0	0	500	40	350	...	0	**890**	**0**	**0**
Summe	0	0	2.300	115	1.180	...	0	**3.195**	**1.220**	**820**

Es ist einsehbar, dass die offenen Forderungen gegenüber den Mietern (B) und (D) nicht mit dem Guthaben des Mieters (C) verrechnet werden dürfen. Das Guthaben über 820 Euro und die noch bestehende Forderung über 1.220 Euro sind zum Jahresende gesondert zu bilanzieren.

Als **vorausgezahlte Miete** werden Beträge noch nicht fälliger, aber bereits gezahlter Mieten erfasst. Diese Vorauszahlungen stellen für das Wohnungsunternehmen Verbindlichkeiten gegenüber den Mietern dar und sind als solche zum Jahresende auf dem Konto **(440) Verbindlichkeiten aus Vermietung** zu erfassen. Der Bestand des **Kontos (440)** ist zu Beginn des neuen Jahres auf das **Konto (2000)** zurückzuübertragen.

Vorausgezahlte Pachten sind buchungsmäßig analog zu behandeln. Betriebswirtschaftliche Gründe können eine weitere Unterteilung des Kontos (440) möglich und nötig machen, beispielsweise in

(4400) Mietüberzahlungen und
(4401) Überzahlungen aus der Umlagenabrechnung.

Buchung

1. Sollstellung der Miete:

(2000)			3.595 Euro
	an	(600)	2.300 Euro
	an	(602)	115 Euro
	an	(431)	1.180 Euro

2. Bankgutschrift der Mieter (A), (C) und (E) in Höhe von 3.195 Euro, wobei unterstellt wird, dass Mieter (C) mehr als gefordert zahlt:

(274)	an	(2000)	3.195 Euro

3. Erfassung der Mieterguthaben (vorausgezahlte Miete des Mieters (C)) zum Bilanzstichtag:

(2000)	an	(440)	820 Euro

↓

4. Bilanzierung der offenen Mietforderungen und der Mieterguthaben:

(989)	an	(2000)	1.220 Euro

(440)	an	(989)	820 Euro

Zum Jahresabschluss wird die Summe aller Mieterguthaben passiviert. Rückständige und vorausgezahlte Mieten werden also nicht miteinander verrechnet, sondern als offene **(2000) Forderungen** und als **(440) Verbindlichkeiten aus Vermietung** in der Bilanz getrennt voneinander ausgewiesen.

5. Eröffnung des **Kontos (440)** und Umbuchung der **(440) Mieterguthaben** zum Jahresanfang (01):

(980)	an	(440)	820 Euro

(440)	an	(2000)	820 Euro

2.4 Mietausfälle

Mietausfälle sind Verluste bedingt durch **Mietminderung** und **Leerstand**.

2.4.1 Mietminderung

Die Mietminderung ist ein gesetzliches Recht, das der Mieter ohne Zustimmung des Vermieters geltend machen kann. Die Minderung beginnt mit Eintreten des Mangels und endet mit dessen Beseitigung. Die Höhe der Mietminderung ergibt sich aus der konkreten Beeinträchtigung des vertraglichen Gebrauchs.[13]

In der Mieten-Soll-Liste erscheinen die **Mietminderungen** als gesonderte Korrekturposten.

Beispiel:
Machen die Mieter (A) und (E) jeweils eine Mietminderung über 50 Euro geltend, wird das in der Mieten-Soll-Liste in der Spalte Korrekturen/Miete dokumentiert. Dementsprechend zahlt der Mieter (A) auch statt der geforderten 665 Euro nur 615 Euro und Mieter (E) 840 Euro statt der eingeforderten 890 Euro. Die Mieterkonten (A) und (E) sind ausgeglichen.

[13] Vgl. § 537 BGB

Objekt Wiesenstraße 18 (Angaben in Euro)														
Mieter	**Saldovortrag**		**Mieten**		**Umlagen**	**...**	**Korrekturen**			**Zahlungen**		**Saldo**	
	Soll	Haben	Soll-miete	Zu-schläge	Voraus-zahlungen	...	Miete	Umlage	Abschrei-bungen	Aus-zahlung	**Ein-zahlung**	Soll	Haben
A	0	0	450	35	180	...	**50**	0	0	0	**615**	0	0
B	720	0	520	0	200	...	0	0	1.440	0	0	0	0
C	0	820	480	40	300	...	0	0	0	0	0	0	0
D	500	0	350	0	150	...	0	0	0	0	1.000	0	0
E	0	0	500	40	350	...	**50**	0	0	0	**840**	0	0
Summe	1.220	820	2.300	115	1.180	...	**100**	0	1.440	0	**2.455**	**0**	**0**

Mietminderungen bewirken, dass bereits gebuchte Forderungen und die damit verbundenen Erträge nicht realisiert werden können. Diese Forderungen werden jedoch nicht abgeschrieben, vielmehr erfolgt deren Berichtigung über das Konto **(609) Erlösschmälerung.** Dieses Konto ist ein Korrekturkonto des Kontos **(600) Sollmiete**. Hier werden im Verlauf eines Geschäftsjahres alle Erlösschmälerungen in einer Soll-Buchung erfasst. Zum Ende des Geschäftsjahres werden die **Konten (609) Erlösschmälerung** und **(600) Sollmiete** miteinander verrechnet. Das **Konto (600)** weist dann den tatsächlich realisierten Mietertrag aus.

Buchung

1. Sollstellung der Miete:

(2000)			3.595 Euro
	an	(600)	2.300 Euro
	an	(602)	115 Euro
	an	(431)	1.180 Euro

2. Buchung der Mietminderung als Erlösschmälerung, die Forderungen dem Mieter gegenüber werden korrigiert:

(609)	an	(2000)	100 Euro

3. Abschreibung der Forderungen gegenüber Mieter (B):

(855)	an	(2000)	1.440 Euro

4. Bankgutschriften, wobei unterstellt wird, dass Mieter (A) und Mieter (E) eine Mietminderung von jeweils 50 Euro geltend machen und Mieter (D) alle offenen Mietforderungen ausgleicht.

(274)	an	(2000)	2.455 Euro

5. Verrechnung der Konten **(600)** und **(609)** zum Bilanzstichtag (00):

(600)	an	(609)	100 Euro

2.4.2 Leerstand

Für leer stehende Wohnungen (verursacht durch Auszug oder noch fehlende Neuvermietung) kann der Vermieter keinen Mietzins beanspruchen. Wird dennoch für diese Wohnungen am Monatsanfang die Sollstellung der Miete vorgenommen, sind auch die zu Unrecht angesetzten Mietforderungen und Erträge durch die Buchung über das **Konto (609) Erlösschmälerung** zu korrigieren.

Beispiel:
Wird der Mietvertrag für die Wohnung des Mieters (C) aufgelöst und die Wohnung im Folgemonat nicht vermietet, ist nach der automatischen Sollstellung der Miete eine Leerstandskorrektur vorzunehmen.

Objekt Wiesenstraße 18 (Angaben in Euro)														
Mieter	Saldovortrag		Mieten		Umlagen	...	Korrekturen			Zahlungen		Saldo		
	Soll	Haben	Soll-miete	Zu-schläge	Voraus-zahlungen	...	Miete	Umlage	Abschrei-bungen	Aus-zahlung	**Ein-zahlung**	Soll	Haben
A	0	0	450	35	180	...	50	0	0	0	615	0	0
B	720	0	520	0	200	...	0	0	1.440	0	0	0	0
C	0	0	480	40	300	...	**520**	**300**	0	0	0	0	0
D	500	0	350	0	150	...	0	0	0	0	1.000	0	0
E	0	0	500	40	350	...	50	0	0	0	840	0	0
Summe	1.220	0	2.300	115	1.180	...	620	300	1.440	0	2.455	0	0

Ist die Sollstellung der Miete wegen Leerstands zu korrigieren, ist zu beachten, dass nicht nur die Korrektur der Mieterträge über eine **(609) Erlösschmälerung**, sondern auch die **Stornierung** der Forderung von **(431) Betriebskostenvorauszahlungen** erforderlich wird. Die Korrektur der Sollstellung der Miete bei Leerstand erfolgt demzufolge über die Buchungen:

(609)			520 Euro
(431)			300 Euro
	an	(2000)	820 Euro

2.5 Mieterbelastung

Werden Mieter mit Aufwendungen belastet, die sie verursacht und letztlich auch finanziell zu tragen haben (etwa Kosten für Schönheitsreparaturen, Schadensersatzforderungen, Kosten für Miet- und Räumungsklagen), so ist zunächst der daraus resultierende Aufwand zu erfassen.

Beispiel:
Ein Mieter beschädigt die Hauseingangstür schuldhaft und soll für den aus der Reparatur resultierenden Schaden auch aufkommen, der sich auf 100 Euro beläuft.

Eingangsrechnung vom Handwerker
Zunächst ist die Eingangsrechnung des Handwerkers zu erfassen. Dabei wird aber nicht das üblicherweise zu belastende Konto **(805) Instandhaltungskosten**, sondern wegen der klareren Darstellung dieses Sachverhaltes ein besonderes Aufwandskonto, das Konto **(8099) Mieterbelastung,** angesprochen.

Zu buchen ist:

(8099)	an	(4421)	100 Euro

➜

Ausgangsrechnung an den Mieter

Werden diese Kosten in der Folge dem Mieter gegenüber geltend gemacht, ist eine Ertragsbuchung über das Konto **(607) Erträge aus Mieterbelastung** vorzunehmen.

Gebucht wird:

(2000)	an	(607)	100 Euro

In der Mieten-Soll-Liste erscheinen diese Beträge als (sonstige) Belastung. Sie erhöhen die Gesamtforderungen an die Mieter.

Objekt Wiesenstraße 18 (Angaben in Euro)													
Mieter	Saldovortrag		Mieten		Umlagen	sonst.	Korrekturen			Zahlungen		Saldo	
	Soll	Haben	Soll-miete	Zu-schläge	Voraus-zahlungen	**Belas-tungen**	Miete	Umlage	Abschrei-bungen	Aus-zahlung	Ein-zahlung	Soll	Haben
A	0	0	450	35	180	0	50	0	0	0	615	0	0
B	720	0	520	0	200	0	0	0	1.440	0	0	0	0
C	0	0	480	40	300	0	520	300	0	0	0	0	0
D	500	0	350	0	150	**100**	0	0	0	0	1.100	0	0
E	0	0	500	40	350	0	50	0	0	0	840	0	0
Summe	1.220	0	2.300	115	1.180	**100**	620	300	1.440	0	2.555	0	0

Mieterbelastung aus Handwerkerleistung und Steuervergünstigungen

§ 35 a Abs. 3 EStG ermöglicht, dass sich „für die Inanspruchnahme von Handwerkerleistungen für Renovierungs-, Erhaltungs- und Modernisierungsmaßnahmen (…) **die tarifliche Einkommensteuer** (…) **um 20 Prozent** der Aufwendungen des Steuerpflichtigen, **höchstens jedoch um 1.200 Euro**“ ermäßigt.

Privatpersonen/Privathaushalte können also ihre **Steuerschuld direkt durch den Abzug** anteiliger **Arbeitskosten,** einschließlich Maschinen- und Fahrtkosten sowie die darauf entfallende Umsatzsteuer, verringern. Dies trifft auch auf Mieter zu, die Rechnungen vom Vermieter erhalten und

„gilt für **alle handwerklichen Tätigkeiten** für Renovierungs-, Erhaltungs- und Modernisierungsmaßnahmen (…), unabhängig davon, ob es sich um regelmäßig vorzunehmende Renovierungsarbeiten oder kleine Ausbesserungsarbeiten handelt, die gewöhnlich durch Mitglieder des privaten Haushalts erledigt werden, oder um Erhaltungs- und Modernisierungsmaßnahmen, die im Regelfall nur von Fachkräften durchgeführt werden.“[14]

Das **„Anwendungsschreiben zu § 35a EStG“** benennt in seiner **Anlage 1** begünstigte und nicht begünstigte handwerkliche Tätigkeiten. Zu den begünstigten Tätigkeiten gehören beispielsweise auch das Streichen und Tapezieren von Wänden, die Beseitigung von Schäden oder allgemeine Reparaturarbeiten.

Im Interesse der Wahrnehmung seiner steuerlichen Vorteile wird der **Mieter** darauf achten,

- dass privat beauftragte **Handwerker** Rechnungen ausstellen, die einen eindeutigen Ausweis der im **Rechnungsbetrag enthaltenen Arbeitskosten** enthalten, und
- dies wird er berechtigterweise auch vom **Vermieter** verlangen, der ihm Rechnungen etwa für nicht durchgeführte Schönheitsreparaturen oder auch im Rahmen der Betriebskostenabrechnung ausstellt.

---

14 Anwendungsschreiben zu § 35a EStG; Überarbeitung des BMF-Schreibens vom 15.02.2010 – IV C 4 – S2296 – b/07/0003 (2007/0484038) –; BStBl 2007 I S.783, RZ 20

Beispiel:
Die Wohnungsgesellschaft führt in der Wohnung des Mieters (B) Schönheitsreparaturen durch und stellt die daraus resultierenden Kosten (2.082,50 Euro, brutto) dem Mieter in Rechnung.

Die Rechnung sollte im Sinne des § 35a EStG vor allem den **Ausweis von Arbeitskosten** enthalten, denn nur diese Kosten werden steuerentlastend berücksichtigt.

Materialkosten	700,00 Euro
Arbeitskosten	1.050,00 Euro
Nettobetrag	1.750,00 Euro
Umsatzsteuer (19 %)	332,50 Euro
Bruttobetrag	**2.082,50 Euro**

Diese Rechnung ermöglicht dem Mieter die Ermäßigung seiner zu zahlenden Einkommensteuer um 210 Euro (20 % von 1.050 Euro Arbeitslohn).

Buchung der Rechnung an den Mieter:

(2000)			2.082,50 Euro
	an	(607)	1.750,00 Euro
	an	(470)	332,50 Euro

2.6 Erträge aus Verpachtung

Die Sollstellung der Pacht erfolgt über die Konten (**2003) Forderungen aus Verpachtung** und (**605) Pachterlöse**. Auf dem Konto **(605) Pachterlöse** werden jedoch nur Erlöse aus bebauten Grundstücken, also aus der Bewirtschaftung von Gaststätten, Wäschereien und gewerblichen Räumen, erfasst. Pachterlöse unbebauter Grundstücke werden auf das **Konto (665) Erträge aus unbebauten Grundstücken** gebucht.

Buchung

Pacht im Rahmen der Hausbewirtschaftung:

(2003)	an	(605)

Pachterlöse aus unbebauten Grundstücken:

(23)	an	(665)

2.7 Zuschüsse

Miet- und Aufwandszuschüsse sind auf dem **Konto (603) Miet-, Zins- und Aufwendungszuschüsse** zu erfassen. Diese Zuschüsse sowie entsprechende Beihilfen sind zur Mietverbilligung bestimmt. Sie werden von dritter Seite neben der vertraglichen Miete gewährt. Auf diesem Konto sind auch Zinszuschüsse und Aufwendungsbeihilfen von der öffentlichen Hand zu buchen. Bei Zusage solcher Zuschüsse sind sie zunächst als Forderung auf dem Konto **(257) Rückständige und aufgelaufene Aufwandssubventionen** zu erfassen.

Buchung

1. Bewilligung öffentlicher Zuschüsse:

(257) an (603)

2. Eingang der Zahlung:

(274) an (257)

Zuschüsse, die **nicht dem Bereich Hausbewirtschaftung zuzuordnen** sind, sind in der **Kontengruppe (669)** zu erfassen. Das betrifft beispielsweise

(6690) Zinszuschüsse,
(6691) Baukostenzuschüsse,
(6692) Instandhaltungskostenzuschüsse oder auch
(6695) Sonstige Zuwendungen.

Wesentliche Mietbuchungen

Sollstellung der Miete

(200) an (600)
(602)
(431)

Ausgleich der Mietforderungen

(274) an (2000)

rückständige Mieten

(989) an (2000)

vorausgezahlte Mieten

(2000) an (440)
und
(440) an (2000)

uneinbringliche Mietforderungen

(855) an (2000)
aber auch
(274) an (2000)
(2000) an (855)
bzw.
(274) an (2000)
(2000) an (666)

Mietausfälle, Erlösschmälerungen

(609) an (2000)
und
(600) an (609)

3 Buchung von Hausbewirtschaftungskosten

Jedem Wohnungsunternehmen entstehen durch die Bewirtschaftung, die Erhaltung und Erweiterung des Bestandes an Mietobjekten Kosten, die durch Umsatzerlöse aus der Hausbewirtschaftung wieder ausgeglichen werden müssen.

Kosten sind Aufwendungen, die in unmittelbarem Zusammenhang mit dem eigentlichen Betriebszweck stehen. Sie verkörpern den Verzehr an Gütern, Diensten und Abgaben, der im Rahmen der betrieblichen Leistungserstellung und -verwertung anfällt.

Für die Hausbewirtschaftung sind die in der **Kontenklasse 8** ausgewiesenen Kostenpositionen von Bedeutung, deren buchmäßige Erfassung hier behandelt werden soll. Eine ausführlichere Darstellung der Abschreibungen erfolgt zu einem späteren Zeitpunkt im Zusammenhang mit der Diskussion der Buchungen zum Jahresabschluss.

3.1 Buchungen bei der Erfassung von Betriebskosten

Bekanntermaßen definiert **§ 1 der Betriebskostenverordnung (BetrKV) ...**

... Betriebskosten als **Kosten, die dem Eigentümer (Erbbauberechtigten)** durch das Eigentum am Grundstück (Erbbaurecht) oder den bestimmungsgemäßen Gebrauch des Gebäudes, der Nebengebäude, Anlagen, Einrichtungen und des Grundstücks **laufend entstehen.**

§ 2 BetrKV bietet eine Auflistung der einzelnen Betriebskostenpositionen und eine umfangreiche inhaltliche Erklärung der zu berücksichtigender Kostenkomponenten.

Übersicht über die Betriebskostenarten und deren Kontierung		
1.	Kosten der Wasserversorgung	(8000)
2.	Kosten der Entwässerung	(8001)
3.	Kosten der Heizung	(8002)
4.	Kosten der Warmwasserversorgung	(8003)
5.	Kosten des Betriebs des Personen- oder Lastenaufzugs	(8004)
6.	Kosten der Straßenreinigung	(8005)
7.	Kosten der Müllbeseitigung	(8006)
8.	Kosten der Gebäudereinigung	(8007)
9.	Kosten der Ungezieferbekämpfung	(8008)
10.	Kosten der Gartenpflege	(8009)
11.	Kosten der Spielplätze	(8010)
12.	Kosten der Beleuchtung	(8011)
13.	Kosten der Schornsteinreinigung	(8012)
14.	Kosten der Sach- und Haftpflichtversicherung	(8013)
15.	Kosten für fremde Hauswartleistungen	(8014)
16.	Kosten des Betriebs der Gemeinschaftsantennenanlagen	(8015)

17.	Kosten des Betriebs der mit einem Breitbandkabelnetz verbundenen privaten Verteilanlage	(8016)
18.	Kosten des Betriebs der Einrichtungen der Wäschepflege	(8017)
19.	*Grundsteuer*	*(8910)*

In der Finanzbuchhaltung des Wohnungsunternehmens sind diese Kosten als Kosten aus

- Leistungen Dritter bzw. aus
- Leistungen unternehmenseigener Mitarbeiter/Regiebetriebe

zu erfassen.

a) Fremdkosten – Betriebskosten aus Leistungen Dritter

Fremdkosten entstehen durch die **Beauftragung fremder Firmen** mit Leistungen für den Betriebskostenbereich. Bei Rechnungseingang sind diese Kosten auf den **Aufwandskonten (8000) bis (804)** zu erfassen, die daraus resultierenden **Verbindlichkeiten auf das Konto Verbindlichkeiten aus anderen Lieferungen und Leistungen (4421)** zu buchen.

(8000) bis (804)	an	(4421)

Bei Begleichung der Verbindlichkeiten durch Banküberweisung gilt:

(4421)	an	(274)

Beispiel:

(1) Die Wohnungsbaugesellschaft erhält eine Eingangsrechnung von der Firma „Grünland – Halle GmbH" über 1.190 Euro einschließlich 19 % Umsatzsteuer für die Pflege der zu den vermietenden Wohnobjekten gehörenden Grünanlagen.

Bekannt ist, dass die **Wohnraumvermietung umsatzsteuerfrei** erfolgt, der Vermieter keine Umsatzsteuer einnimmt und das Finanzamt die in der Rechnung enthaltene **Vorsteuer nicht erstattet**.

Deshalb erfolgt die aufwandswirksame Buchung der Eingangsrechnung mit dem Bruttobetrag von 1.190 Euro über das Konto **(8009) Kosten der Gartenpflege**.

(8009)	an	(4421)	1.190 Euro

(2) Würde diese Rechnung für **umsatzsteuerpflichtig vermietete gewerbliche Objekte** anfallen, wäre das Unternehmen **vorsteuerabzugsberechtigt**, die Vorsteuer würde erstattet werden. Die **Aufwandsbuchung** wäre nun mit dem Nettobetrag und die Vorsteuer über **(253) Forderungen an das Finanzamt** gesondert zu buchen.

(8009)			1.000 Euro
(253)			190 Euro
	an	(4421)	1.190 Euro

b) Eigenleistungen – Leistungen im Betriebskostenbereich werden durch unternehmenseigene Mitarbeiter/Regiebetriebe erbracht

Auch **Sach- und Arbeitsleistungen des Eigentümers oder Erbbauberechtigten** dürfen als Betriebskosten Berücksichtigung finden. Sie können nach § 1 BetrKV „mit dem Betrag angesetzt werden, der für eine gleichwertige Leistung eines Dritten, insbesondere eines Unternehmers, angesetzt werden könnte".

Werden in diesem Sinne also **Eigenleistungen** durch eigene Mitarbeiter erbracht, sind die damit verbundenen Personalaufwendungen nach dem **Grundsatz der Primärkostenerfassung**[15] stets als **(83) Personalaufwand** zu erfassen.

Im Rahmen der späteren Betriebskostenabrechnung sind daraus die Kostenanteile zu ermitteln, die auf die Mieter umgelegt werden können, denn nicht der gesamte Personalaufwand ist umlagefähig, sondern nur der durch den Betriebskostenbereich verursachte Aufwand.

In eigener Regie gestaltete Leistungsprozesse sind zudem mit **Materialverbrauch** verbunden.

Beispiel:

(1) Die Wohnungsbaugesellschaft bucht die Lohnabrechnung eigener Hauswarte. Unabhängig von deren Wirken
- im **Betriebskostenbereich**,
- bei der Durchführung von **Kleinreparaturen** oder
- für die **Verwaltung**

sind die **Personalaufwendungen** in bekannter Weise zu buchen:

(830)		
	an	(470)
	an	(471)
	an	(473)

(2) Die Durchführung von Reinigungsarbeiten in den Mietwohnobjekten verursacht neben **Personalaufwand** auch **Materialverbräuche**. So kauft das Unternehmen am 22. 01. 00 Reinigungsmittel für 2.380 Euro (brutto) und bucht den Kauf über das Konto **(171) Reparaturmaterial und andere Vorräte**. Dessen Verbrauch für die Hausreinigung in Mietwohnobjekten im Laufe des Jahres (00) führt zur Buchung von **(8007) Kosten der Gebäudereinigung**.

Buchung des Kaufs am 22. 01. 00:

(171)	an	(4421)	2.380 Euro

Buchung des laufenden Verbrauchs im Jahr (00):

(8007)	an	(171)	2.380 Euro

Aufwandsnahe Erfassung von Materialkäufen

Es ist durchaus möglich, Materialeinkäufe unmittelbar aufwandsnah, das heißt unter Umgehung des Bestandskontos **(171) Reparaturmaterial und andere Vorräte** zu buchen. Das wird vor allem der Fall beim Kauf von sogenanntem Verbrauchsmaterial sein.

Zu buchen ist dann:

(8007)	an	(4421)	2.380 Euro

[15] In der Wohnungswirtschaft wird im Allgemeinen unter dem Grundsatz der Primärkostenerfassung verstanden, dass bestimmte Kosten unabhängig von ihrer Verursachung stets auf dem gleichen Konto erfasst werden. Zu diesen Kosten zählen insbesondere (83) Personalaufwand, (84) Abschreibungen, (87) Zinsaufwand und (89) Steuern.

c) **Kosten aus der Grundsteuer und anderen öffentlichen Lasten, die den vermieteten Objekten zuzurechnen sind**
Entsprechend dem **Primärkostenausweisprinzip** ist die zu zahlende **Grundsteuer** – unabhängig davon, für welche Grundstücke sie erhoben wird – stets in der Kontengruppe **(89) Steuern** zu erfassen. Auch wenn im „Kommentar zum Kontenrahmen der Wohnungswirtschaft" zu deren Erfassung das Konto **(8018) Grundsteuer** vorgeschlagen wird, sollte im Interesse weiterer controllingorientierter Auswertungen an der Erfassung der Grundsteuer über das Konto **(8910) Grundsteuer** festgehalten werden. Diese Herangehensweise wird auch in den folgenden Darstellungen unterstellt werden.

(8910)	an	(470)

Auch hier sind später die als Betriebskosten umlagefähigen Beträge zu ermitteln.

3.2 Erfassung von Instandhaltungskosten

Gegenstand der folgenden Darstellung sind **bauliche Maßnahmen** zum **Erhalt** bzw. zur **Verbesserung** und damit zur **Aufwertung von Gebäuden**.

3.2.1 Instandhaltungs- und Instandsetzungsmaßnahmen

Instandhaltungs- und Instandsetzungsmaßnahmen dienen der Erhaltung der Gebäude.

Erhaltungsmaßnahmen sind regelmäßig wiederkehrende Maßnahmen, die darauf gerichtet sind, ein Wirtschaftsgut bis zum Ende der tatsächlichen Nutzungsdauer in ordnungsgemäßem und nutzungsfähigem Zustand zu erhalten.

Dadurch wird aber
- der **Wert** des Wirtschaftsguts **nicht erhöht**,
- dessen **Nutzungsdauer nicht verlängert** und
- seine **Wesensart nicht verändert**.

Instandhaltungsmaßnahmen
Im allgemeinen Sprachgebrauch sind Instandhaltungsmaßnahmen Maßnahmen der **Wartung und Pflege**, gerichtet auf die **Erhaltung der Betriebs- und Funktionsfähigkeit** von Mietobjekten und gerichtet auf die **Verhinderung von Schäden**.

Für die daraus resultierenden **Kosten** ist typisch, dass sie
- regelmäßig anfallen und
- im Voraus berechnet bzw. geschätzt werden können.

Hervorzuheben ist hier jedoch, dass in der **Immobilienwirtschaft** die Kosten für die **Wartung und Pflege** technischer Einrichtungen nicht als Instandhaltungskosten ausgewiesen werden, sondern als ständig wiederkehrende Kosten den **Betriebskosten** zuzuordnen sind.

Das trifft beispielsweise auf Kosten für die Wartung von Aufzugs- oder Heizungsanlagen zu, die als **(8004) Kosten für Aufzugsanlagen oder (8002) Kosten der Beheizung** zu buchen sind.

Instandsetzungsmaßnahmen
Instandsetzungsmaßnahmen sind im allgemeinen Sprachgebrauch **Maßnahmen zur Behebung von Schäden**, sie können auch als **Reparaturmaßnahmen** bezeichnet werden. Instandsetzungskosten sind also Kosten, die mit den **Reparaturen** verbunden sind.

Im **Kontenrahmen der Wohnungswirtschaft** werden diese **Reparaturkosten** jedoch nicht als Instandsetzungskosten, sondern als **(805) Instandhaltungskosten** geführt.

Hier heißt es erklärend:

„**Instandhaltungskosten** sind die Kosten, die während der Nutzungsdauer von Gebäuden, Anlagen oder besonderen Einrichtungen zur Erhaltung des bestimmungsmäßigen Gebrauchs **aufgewendet werden müssen**, um die durch Abnutzung, Alterung, Witterungseinwirkung und außerordentliche Ereignisse entstehenden baulichen oder sonstigen Mängel **ordnungsgemäß zu beseitigen**.

Hierzu gehören auch **die Kosten für die Instandsetzung**, durch die bereits eingetretene Schäden beseitigt werden.“ [16]

3.2.2 Kontenmäßige Erfassung der Instandhaltungskosten

Eine differenziertere Kontierung der Instandhaltungskosten dient in erster Linie der Gestaltung einer controllingorientierten Buchführung. Sie soll es ermöglichen,

- die anfallenden Instandhaltungskosten bezüglich der **Regelmäßigkeit und Häufigkeit ihrer Entstehung** zu erfassen,
- einen Überblick über **gewerkebezogene Kostenstrukturen** zu erhalten,
- eine **wirtschaftseinheitsbezogene/bestandsgruppenbezogene Analyse** der Kostenentwicklung vorzunehmen.

Deshalb unterteilt der Kontenrahmen der Wohnungswirtschaft die **(805) Instandhaltungskosten** in folgende Positionen:

8050 Kosten der baulichen Instandhaltung
Erfasst werden hier alle für die Gebäude, die Außen- und Versorgungsanlagen sowie die Einrichtungsgegenstände aufgewendeten Instandhaltungskosten, unabhängig davon, ob sie laufend oder periodisch wiederkehrend anfallen.

- Zu den **laufenden Instandhaltungskosten** gehören die **kleineren Reparaturarbeiten**, die jahresüblich anfallen und deren Höhe in den Geschäftsjahren im Durchschnitt gleichbleibend ist. Dazu kann beispielsweise das Beheben von Schäden an Installationsleitungen für Wasser, Gas, Elektrizität sowie an Fenster- und Türverschlüssen gehören.

- **Periodisch wiederkehrende Kosten** resultieren aus all jenen Arbeiten, die in etwa gleichbleibenden Zeitabschnitten durchgeführt werden. Sie werden wegen ihres wertmäßigen Umfangs in der Praxis auch als **Großreparaturen** bezeichnet. Sie können beispielsweise die Neueindeckung von Dächern, Fassadenanstriche, aber auch die Erneuerung von Fenstern und Türen, Heizungs- und Sanitäreinrichtungen umfassen.
  Im Interesse einer wirksamen Kostenkontrolle und -steuerung ist es sinnvoll, sowohl für die periodisch wiederkehrenden als auch für Kosten bei Großreparaturen unternehmensspezifische Konten als Unterkonten einzurichten.

8051 Kosten für Schönheitsreparaturen
Auf diesem Konto werden alle vom Wohnungsunternehmen vertraglich zu leistenden Schönheitsreparaturen in vermieteten Wohnungen gebucht. Auch von den Mietern vorgenommene Schönheitsreparaturen, deren Kosten aber das Wohnungsunternehmen zu tragen hat, werden hier erfasst. Falls Reparaturen, die im Allgemeinen zu den Schönheitsreparaturen gehören, außerhalb vertraglicher Verpflichtungen anfallen, wie z. B. bei Leerstand von Wohnungen, sind die damit verbundenen Kosten auf dem Konto **(8050) Kosten der baulichen Instandhaltung** zu buchen.

[16] Kommentar zum Kontenrahmen der Wohnungswirtschaft. Hamburg 2010, S. 162 f.

8052 Kosten der Instandhaltung unternehmenseigener Straßen und Wege
Dieses Konto dient der Erfassung der Reparaturkosten der dem öffentlichen Verkehr dienenden unternehmenseigenen Straßen und Wege.

8053 Kosten der Instandhaltung der Gemeinschaftsanlagen und Folgeeinrichtungen
Erfasst werden hier die Reparaturkosten für Gemeinschaftsanlagen und Folgeeinrichtungen.

Gemeinschaftsanlagen sind bauliche Anlagen, die für eine größere Anzahl von Wohnungen errichtet worden sind, wie z. B. Heizungs- und Aufzugsanlagen, Gemeinschaftsräume, zentrale Wascheinrichtungen. **Folgeeinrichtungen** sind unter anderem Kindergärten, Alten- und Pflegeheime sowie Lesehallen.

806 bis 807 Andere Instandhaltungskosten
In der Buchhaltung des Wohnungsunternehmens sind die Instandhaltungskosten in erster Linie zu erfassen als Kosten aus

- Leistungen Dritter (Fremdfirmen) und aus
- Leistungen unternehmenseigener Regiebetriebe.

a) Fremdkosten – Instandhaltungskosten aus Leistungen Dritter
Bei Eingang von Reparaturrechnungen werden die damit verbundenen Verbindlichkeiten auf dem Konto **(4420) Verbindlichkeiten aus Bau- und Instandhaltungsleistungen** erfasst.

(805)	an	(4420)

Bei Begleichung der Rechnung gilt:

(4420)	an	(274)

Beispiel:
Das Wohnungsunternehmen erhält die Rechnung für die **Reparatur des Aufzugs in einem Mietwohnhaus** über 450 Euro einschließlich gesetzlicher Umsatzsteuer.

Diese Eingangsrechnung ist, da ein Vorsteuerabzug hier ausgeschlossen ist, mit dem Bruttobetrag über das **Konto (8053) Kosten der Instandhaltung der Gemeinschaftsanlagen und Folgeeinrichtungen** zu erfassen. (830)

(8053)	an	(4420)	450 Euro

b) Eigenleistungen – Instandhaltungsleistungen werden durch unternehmenseigene Mitarbeiter/Regiebetriebe erbracht
Werden die Reparaturen von eigenen Mitarbeitern durchgeführt, sind die damit verbundenen Aufwendungen stets als **(83) Personalkosten** bzw. als **Materialverbrauch** zu erfassen. Materialverbrauch bedeutet dabei Abbau von Beständen an **(171) Reparaturmaterial**.

3.2.3 Bestandsintensive und aufwandsnahe Erfassung von Vorratsveränderungen

Durch eine systematische buchmäßige Erfassung des Materialverbrauchs wird der Ausweis des Anteils des Reparaturmaterials an den Reparaturkosten erst möglich. Dabei ist zwischen **bestandsintensiven** und **aufwandsnahen** Buchungen zu unterscheiden.

a) **Bestandsintensive Erfassung von Vorratsveränderungen**
Alle Vorratsveränderungen (Kauf bzw. Verbrauch) werden unmittelbar über das entsprechende Bestandskonto **(171)** erfasst.

1. Beim **Kauf** von Reparaturmaterial gilt:

(171)	an	(274)

2. Beim **Verbrauch** des Materials ist zu buchen:

(805)	an	(171)

3. Zum Jahresende sind die durch Inventur ermittelten Endbestände an Reparaturmaterial zu aktivieren. In der Regel sollte dabei Übereinstimmung zwischen den Salden der Buchführung und den Inventurbeständen herrschen. **Inventurfehlbestände** sind jedoch nicht ausgeschlossen und werden, sofern sie sich innerhalb vertretbarer Toleranzen bewegen, als **normaler Reparaturaufwand** (Verbrauch von Reparaturmaterial) erfasst. Auch in diesem Fall gilt:

(805)	an	(171)

Beispiel:
Zu Beginn des Geschäftsjahres (01. 01. 00) verfügt das Wohnungsunternehmen über einen **Anfangsbestand** an Reparaturmaterial im Wert von 10.000 Euro. Es handelt sich um sehr **werthaltige Materialien** (Waschbecken, Badarmaturen), deren Verbrauch durchaus auch regelmäßig dokumentierbar ist. Deshalb ist eine **bestandsintensive Erfassung** der Veränderungen vorgesehen. Am 27. 02. 00 werden weitere Vorräte per Bank **gekauft** (30.000 Euro), am 20. 05. 00 wird Material im Wert von 35.000 Euro **verbraucht**. Zum Bilanzstichtag wird im Zuge der **Inventur** ein Materialendbestand von 4.500 Euro ermittelt. Die Abweichung zwischen **Buchbestand** und Inventurendbestand macht deutlich, dass ein **Inventurfehlbestand** von 500 Euro besteht.

Die Buchungen stellen sich wie folgt dar:
- Jeder **Kauf** wird über das entsprechende **Bestandskonto** (Vorrat) erfasst,
- jeder **Verbrauch wird buchmäßig erfasst** und so ist auch
- regelmäßig eine eventuell vorhandene **Differenz (Inventurfehlbestand) zwischen Buch- und Inventurbestand** nachweisbar.

1)	01. 01. 00	Eröffnung des Kontos (171)	(171)	an	(980)	10.000 Euro
2)	27. 02. 00	Materialkauf per Bank	(171)	an	(274)	30.000 Euro
3)	20. 05. 00	Verbrauch von Reparaturmaterial	(805)	an	(171)	35.000 Euro

	AB:	10.000 Euro
+	Zukauf	30.000 Euro
–	Verbrauch	35.000 Euro
=	**(Buch-)Endbestand**	**5.000 Euro**
	Inventurendbestand	4.500 Euro
	Inventurfehlbestand	**500 Euro**

↓

4)	31. 12. 00	Erfassung des Inventurfehlbestandes	(805)	an	(171)	500 Euro
5)	a)	Abschluss des Kontos (805)	(982)	an	(805)	35.500 Euro
	b)	Abschluss des Kontos (171)	(989)	an	(171)	4.500 Euro

S (171)	H	S (805)	H
1) (980): 10.000 Euro	3) (805): 35.000 Euro	3) (171): 35.000 Euro	5b) (982): 35.500 Euro
2) (274): 30.000 Euro	4) (805): 500 Euro	4) (171): 500 Euro	
	5a) (989): 4.500 Euro		

b) Aufwandsnahe Erfassung von Vorratsveränderungen

Die **laufende buchmäßige Erfassung von Materialverbräuchen** ist nicht selten mit hohem **Verwaltungsaufwand** verbunden und oftmals **sachlich** auch **nicht möglich**. Deshalb wird häufig eine zweite Methode, die der **aufwandsnahen Erfassung von Vorratsveränderungen**, angewandt. Bei dieser Methode ist wesentlich, dass jegliche Veränderungen innerhalb des Geschäftsjahres ausschließlich über die zugehörigen Aufwandskonten gebucht werden. Das Verfahren gestaltet sich wie folgt:

1. Da für bestimmte Vorräte die grundsätzliche Entscheidung für eine aufwandsnahe Erfassung gefällt wird, sind bereits zu Beginn des Geschäftsjahres die aus dem Vorjahr übernommenen **Anfangsbestände** auf ein entsprechendes **Aufwandskonto** zu buchen.

(805)	an	(171)

2. Alle **Vorratskäufe** werden im laufenden Geschäftsjahr **als Aufwand** erfasst.

(805)	an	(274)

3. Der durch **Inventur** zu ermittelnde **Endbestand** ist zum Bilanzstichtag zu **aktivieren**. Zum Jahresende erfolgt eine Inventur, die unter Umständen bestätigt, dass nicht das gesamte Reparaturmaterial verbraucht wurde, sondern ein Restbestand vorhanden ist, der über das **Konto (171)** zu aktivieren ist. Was noch vorhanden ist, wurde nicht verbraucht und mindert so die bereits gebuchten Kosten des **Kontos (805).**

(171)	an	(805)

Beispiel:

Zu Beginn des Geschäftsjahres (01. 10. 00) verfügt das Wohnungsunternehmen über einen **Anfangsbestand** an Reparaturmaterial im Wert von 10.000 Euro. Es handelt sich um **weniger werthaltige Materialien** (etwa Schrauben, Nägel, Leuchtmittel) oder Materialien, bei denen eine regelmäßige **Verbrauchserfassung sachlich nicht möglich oder wirtschaftlich nicht vertretbar** ist. Deshalb ist eine **erfolgswirksame Erfassung** der Veränderungen geplant. Am 27. 02. 00 werden weitere Vorräte per Bank gekauft (30.000 Euro). Zum Bilanzstichtag wird durch Inventur ein Materialendbestand von 4.500 Euro ermittelt, sodass sich rein rechnerisch ein Verbrauch von 35.500 Euro ergibt.

Die Buchungen stellen sich wie folgt dar, und es wird sichtbar, dass bei dieser Methode

- zu Beginn des Geschäftsjahres der **Endbestand des Vorjahres** als „verbraucht gebucht" und somit als **Aufwand** erfasst wird,
- jeder **Materialkauf** sofort **als Aufwand (Verbrauch) erfasst** wird und
- zum Bilanzstichtag der **Inventurendbestand** zu ermitteln und **zu aktivieren** ist.

↓

Die Verrechnung des Anfangsbestands, der Zukäufe und des Inventurendbestands ermöglicht die **Errechnung des Materialverbrauchs**. Der Nachweis von Inventurfehlbeständen ist dabei jedoch nicht möglich.

1)	01. 01. 00	a) Eröffnung des Kontos (171)	(171)	an	(980)	10.000 Euro
		b) Umbuchung des Anfangsbestands	(805)	an	(171)	10.000 Euro
2)	27. 02. 00	Materialkauf per Bank	(805)	an	(274)	30.000 Euro
	20. 05. 00	Verbrauch von Reparaturmaterial	*Die gesonderte Buchung des Verbrauchs erfolgt nicht. Verbrauchserfassung ist (sachlich) nicht möglich oder nicht gewollt.*			
3)	31. 12. 00	Aktivierung des Inventurendbestands	(171)	an	(805)	4.500 Euro
4)	a)	Abschluss des Kontos (805)	(982)	an	(805)	35.500 Euro

	AB:	10.000 Euro
+	Zukauf	30.000 Euro
–	Endbestand	4.500 Euro
=	**Verbrauch**	**35.500 Euro**

	b)	Abschluss des Kontos (171)	(989)	an	(171)	4.500 Euro

S (171)	H	S (805)	H
1a) (980): 10.000 Euro	1b) (805):10.000 Euro	1b) (171):10.000 Euro	3) (171): 4.500 Euro
3) (805): 4.500 Euro	4a) (989): 4.500 Euro	2) (274): 30.000 Euro	4b) (982): 35.500 Euro

3.2.4 Kostenübernahme durch die Versicherung

Nicht selten werden die Kosten zur Beseitigung von Schäden durch eine Versicherung übernommen.

Nachdem eingetretene **Schäden behoben** wurden, können, in Abhängigkeit von den bestehenden Versicherungsverträgen, die **Kosten** gegenüber der Versicherungsgesellschaft **geltend gemacht werden**.

Beispiel:
Durch einen Sturm wurden mehrere Dächer von Mietwohnobjekten des Unternehmens beschädigt. Die Kosten, die von der Firma „Dach und Fassade Leipzig GmbH" in Rechnung gestellt werden, betragen 21.000 Euro brutto und werden von der Versicherung übernommen.

Buchungen im Zusammenhang mit diesem Sachverhalt können sich wie folgt gestalten:

1. Nach **Schadensbehebung** erfolgt die **Rechnungslegung** durch die Fremdfirma. Aus Controllinggründen wird das Wohnungsunternehmen diese Kosten **nicht** auf dem Konto **(805) Instandhaltungskosten**, sondern auf einem gesonderten Aufwandskonto buchen. In der Ausbildung ist dafür das Konto **(8098) Versicherungsbelastung** vorgesehen. So wird es möglich, die von der Versicherung übernommenen Kosten von den eigentlichen Instandhaltungskosten abzugrenzen und eine Verzerrung in der Budgetüberwachung zu vermeiden.

(8098)	an	(4421)	21.000 Euro

2. Die nun vorliegende und verbuchte Rechnung wird an die Versicherung weitergereicht, es wird der Versicherung gegenüber eine Forderung aufgemacht, die auf dem Konto **(252) Schadensersatzansprüche gegenüber Versicherungen** zu verbuchen ist. Ihr stehen **(6698) Erträge aus Versicherungsentschädigungen** gegenüber.

(252)	an	(6698)	21.000 Euro

3. Die Versicherung überweist den geforderten Betrag per Bank.

(274)	an	(252)	21.000 Euro

4. Die Handwerkerrechnung wird durch Banküberweisung bezahlt.

(4421)	an	(274)	21.000 Euro

Übernimmt die Versicherung die entstandenen Kosten nur anteilig, da eine **Selbstbeteiligung** vereinbart wurde, ist wie bisher dargestellt zu buchen, wobei die geforderte Summe jedoch kleiner ist als die entstandenen Kosten. Die verbleibenden Kosten werden über das GuV-Konto erfolgswirksam.

Möglich ist jedoch auch, dass sich die **Versicherung** aufgrund einer konkreten Rechtslage **weigert**, den **geforderten Betrag in voller Höhe zu zahlen**. In diesem Fall sind die **Forderungen anteilig abzuschreiben**.

(855)	an	(252)

3.3 Modernisierungskosten

Das Wesen von Modernisierungsmaßnahmen wird durch § 555b BGB bestimmt. Hervorgehoben wird hier unter anderem, dass Modernisierungsmaßnahmen bauliche Veränderungen sind, durch die der Gebrauchswert der Mietsache nachhaltig erhöht wird, die allgemeinen Wohnverhältnisse auf Dauer verbessert werden und neuer Wohnraum geschaffen wird. Darüberhinausgehende Bestimmungen sollen an dieser Stelle zunächst vernachlässigt werden. Diese mietrechtlich geprägte Definition ist zunächst deshalb bedeutsam, weil in der Folge von **Modernisierungsmaßnahmen** Mieterhöhungen möglich sind.

> „Hat der Vermieter Modernisierungsmaßnahmen (...) durchgeführt, so kann er die jährliche **Miete um 11 Prozent** der für die Wohnung aufgewendeten Kosten **erhöhen.**"
> (2) Kosten, die für Erhaltungsmaßnahmen erforderlich gewesen wären, gehören nicht zu den aufgewendeten Kosten nach Absatz 1; sie sind, soweit erforderlich, durch Schätzung zu ermitteln."[17]

Hier jedoch stehen **Fragen der Finanzbuchhaltung** und nicht mietrechtliche Aspekte der Modernisierung **im Vordergrund** und somit ist die Behandlung von Modernisierungskosten aus der Sicht des Rechnungswesens zu erklären. Denn die Aussage, dass Modernisierungsmaßnahmen „den **Gebrauchswert** der Mietsache nachhaltig" erhöhende Maßnahmen sind, bedeutet nicht automatisch, dass sie auch immer „buchwerterhöhende Maßnahmen" sind.

[17] § 559 Abs. 1 und 2 BGB

Modernisierungsmaßnahmen verursachen Kosten, die in der Finanzbuchhaltung
- als (aktivierungspflichtige) nachträgliche **Herstellungsaufwendungen,** aber auch
- als (erfolgswirksame) **Erhaltungsaufwendungen**

zu erfassen sind.

Mit der **Abgrenzung dieser beiden Komponenten** haben sich ein BMF-Schreiben vom 18. 07. 2003[18], aber auch eine Reihe von Gremien befasst, deren Gegenstand die Rechnungslegung immobilienwirtschaftlicher Unternehmen ist.

3.3.1 Modernisierungskosten als nachträglicher Herstellungsaufwand

Zur Ermittlung von Modernisierungskosten, die zu nachträglichen Herstellungsaufwendungen führen, ist die handelsrechtliche Definition der Kategorie Herstellungskosten heranzuziehen.

Im Sinne des § 255 Abs. 2 HGB sind **Herstellungsmaßnahmen** Maßnahmen,
- in deren Folge etwas **Neues**, bisher nicht Vorhandenes geschaffen wird,
- Vermögensgegenstände eine **Erweiterung** oder
- eine über ihren ursprünglichen Zustand hinausgehende wesentliche **Verbesserung** erfahren.

Der damit verbundene Aufwand ist **Herstellungsaufwand**, der nicht erfolgswirksamer, sondern **aktivierungspflichtiger Aufwand** ist. Er wird über die jeweiligen Gebäudekosten gebucht.

Beispiel:
Im Zuge von Modernisierungsmaßnahmen wird **erstmals ein Aufzug** in ein Wohngebäude **eingebaut**. Die Kosten, die insgesamt 45.000 Euro betragen, sind zu aktivieren und demzufolge über das **Konto (00) Grundstücke und grundstücksgleiche Rechte mit Wohnbauten** zu buchen.

(00)	an	(4420)	45.000 Euro

Kriterien zur Bestimmung der Aktivierungsfähigkeit von Modernisierungskosten
Nach Auffassung der **Konferenz der Prüfungsdirektoren des GdW**[19] entstehen im Rahmen der Modernisierung nachträgliche Herstellungskosten in folgenden Fällen:

(1) Herstellung eines neuen Gebäudes

a) Technischer Vollverschleiß
Bauliche Maßnahmen an bestehenden Gebäuden führen zur „Herstellung eines neuen Gebäudes, wenn **wesentliche Teile so sehr abgenutzt waren, dass das Gebäude unbrauchbar** geworden ist **(technischer Vollverschleiß)** und unter Verwendung der noch nutzbaren Teile ein neues Gebäude hergestellt wird.[20]"

---

[18] Vgl. BMF-Schreiben vom 18.07.2003: Instandsetzung und Modernisierung von Gebäuden: Anschaffungskosten, Herstellungskosten und Erhaltungsaufwendungen. BStBl. I 2003, S. 386.
[19] Konferenz der Prüfungsdirektoren des GdW Bundesverband deutscher Wohnungs- und Immobilienunternehmen e.V.: GdW Standard. Modernisierung von Gebäuden – zur Abgrenzung von Herstellungskosten und Instandhaltungskosten (Erhaltungsaufwand). Stand März 2009. In: Kommentar zum Kontenrahmen der Wohnungswirtschaft. Hamburg 2010, S. 235 ff.
[20] Ebenda S. 238 f.

b) **Wirtschaftlicher Vollverschleiß**
Herstellungskosten entstehen auch dann an, wenn das **Gebäude in seiner bisherigen Funktion nicht mehr nutzbar** war (**wirtschaftlicher Vollverschleiß**) und baulich Maßnahmen zur **Änderung seiner Zweckbestimmung** durchgeführt werden (Umbau eines Gewerbeobjekts in ein Wohnhaus).[21]

In beiden Fällen entsteht de facto ein neues Gebäude mit einer neu zu bestimmenden Nutzungsdauer.

(2) Erweiterung des Gebäudes

„Eine **Erweiterung** eines Gebäudes ist gegeben, wenn bauliche Maßnahmen dazu dienen, das **Gebäude in seiner Substanz** zu **vermehren** (z. B. Aufstockung, Anbau, sonstige Vergrößerung der nutzbaren Fläche, nachträglicher Einbau bisher nicht vorhandener Bestandteile.“[22]

a) Vergrößerung der nutzbaren Fläche
Baumaßnahmen, die zu einer, wenn auch nur geringfügigen, Vergrößerung der Nutzfläche führen, verursachen Herstellungsaufwand. Das ist beispielsweise zu unterstellen, wenn
- zuvor nicht vorhandene Dachgauben eingebaut werden,
- Balkone oder Terrassen über die ganze Gebäudebreite angebaut werden oder
- wenn ein das Flachdach ersetzendes Satteldach errichtet wird und dadurch erstmals ausbaufähiger Dachraum geschaffen wird.

b) Vermehrung der Substanz

Ein Gebäude kann durch bauliche Maßnahmen in seiner **Substanz auch vermehrt** werden, **ohne dass zugleich seine nutzbare Fläche vergrößert** wird.

Das ist beispielsweise der Fall, wenn
- zusätzliche Trennwände eingesetzt werden und dadurch zusätzliche Nutzungsmöglichkeiten entstehen,
- Außentreppen errichtet werden,
- Alarmanlagen eingebaut werden,
- Sonnenmarkisen eingebaut werden,
- eine Treppe zum Spitzboden eingebaut wird sowie
- Kachelöfen oder Kamine eingebaut werden.

(3) Über den ursprünglichen Zustand hinausgehende wesentliche Verbesserung
Nach § 255 Abs. 2 HGB führen bauliche Maßnahmen, die eine über den **ursprünglichen Zustand** hinausgehende **wesentliche Verbesserung** des Gebäudes bewirken, zu aktivierungspflichtigen Herstellungskosten.

a) Ursprünglicher Zustand

Unter dem **ursprünglichen Zustand** des Gebäudes ist der **Zustand des Gebäudes zum Zeitpunkt seiner Herstellung oder Anschaffung** zu verstehen.

Um zu erkennen, ob es sich bei den Modernisierungskosten um nachträgliche Herstellungskosten oder Erhaltungsaufwand handelt, ist ein **Vergleich** des Zustands des Gebäudes, in dem es sich bei **Herstellung oder Anschaffung** befunden hat, mit dem Zustand, in den es durch die vorgenommenen **Modernisierungsarbeiten** versetzt worden ist, erforderlich.

[21] Vgl. Ebenda, S. 239
[22] Vgl. Ebenda, S. 240

b) Wesentliche Verbesserung

Von einer **wesentlichen Verbesserung des Gebäudes** und damit von Herstellungskosten ist auszugehen, wenn Instandsetzung und Modernisierung eines Gebäudes in ihrer Gesamtheit das **Nutzungspotenzial** des Gebäudes deutlich erhöhen und damit für die Zukunft erweiterte **Nutzungsmöglichkeiten** schaffen.

Das schließt ein:

- **Verlängerung der Nutzungsdauer**
  Eine Verbesserung der **Nutzungsmöglichkeiten** wird unterstellt, wenn die baulichen Maßnahmen eine **wesentliche Verlängerung der Nutzungsdauer** des Gebäudes ermöglichen. Dabei ist nicht nur die **technische**, sondern auch die **wirtschaftliche Nutzungsmöglichkeit** zu beachten.[23] Diese Voraussetzungen erfüllen in der Regel nur solche Maßnahmen, die die Lebensdauer bestimmende Substanz des Gebäudes, z. B. tragende Wände, Decken oder Fundament, verändern.
- **Erhöhung des Gebrauchswerts**

Der **Gebrauchswert** ist die **Nützlichkeit eines Dinges**, die Gesamtheit seiner Eigenschaften, die die Befriedigung menschlicher Bedürfnisse ermöglichen.

Und so ist unter dem **Gebrauchswert eines Gebäudes** dessen **Nutzungspotenzial** zu verstehen, das

- einerseits durch seine **Lage, Architektur**, vor allem aber auch durch **Anzahl und Größe der Räume** bestimmt wird, und
- andererseits durch die **Qualität der Ausstattung des Gebäudes** in seinen **vier zentralen Bereichen** (Heizung, Sanitär, Elektroinstallation und Fenster).

Eine **deutliche Gebrauchswerterhöhung** infolge baulicher Maßnahmen und damit die **Aktivierungsfähigkeit der daraus resultierenden Kosten** wird in der aktuellen Rechtsprechung unterstellt, wenn die „**Verbesserungen** in den oben genannten **zentralen Bereichen** der Ausstattung“ **wesentlich** sind.

„Von einer (solchen) **Wesentlichkeit** ist nur auszugehen, wenn (…) **drei der vier oben genannten zentralen Bereiche eine Standardänderung** erfahren“[24], also ein Wechsel von einem einfachen zu einem mittleren bzw. von einem mittleren zu einem anspruchsvollen Standard „bei drei der vier Bereiche“ stattfindet.

Finden solche **Standarderhöhungen** hingegen **nur in einem der vier Bereiche** statt, etwa bei den Fenstern, sind die damit verbundenen Aufwendungen erfolgswirksam zu verbuchende **Erhaltungsaufwendungen**.

Um die Entscheidungsfindung zu erleichtern, wurden für die Standardstufen der Ausstattungsmerkmale typische Kriterien erarbeitet, die hier – nur in einem Auszug – verdeutlicht werden sollen.[25]

[23] Vgl. Ebenda, S. 245
[24] Ebenda, S. 246
[25] Vgl. Ebenda, S. 248

Ausstattungsmerkmale	einfacher Standard	mittlerer Standard	anspruchsvoller Standard
Heizung	• Einzelöfen • elektrische Speicherheizung	• Mehrraum-Kachelofen • Zentralheizung mit Radiatoren	energetisch optimierte Zentralheizungen, z. B. mit Flachheizkörpern, Flächenheizungen
Sanitärausstattung	Einfach-Bad, z. B. mit freistehender Badewanne, Installation auf Putz	• Bad mit Handwaschbecken • Einbauwanne • Installation unter Putz	• Bad mit Einbauwanne und Einbaudusche • 1 bis 2 Handwaschbecken
Elektroinstallation/ Informationstechnik	• 1 Lichtauslass • 1 bis 2 Steckdosen pro Raum • Installation auf Putz	• 1 bis 2 Lichtauslässe • 2 bis 3 Steckdosen pro Raum • Installation unter Putz • Gemeinschaftsantenne mit Baumverkabelung	• aufwendige Elektroinstallation • informationstechnische Anlagen mit Sternverkabelung • Breitbandkabel oder Satellitenanlage
Fenster	• Einfachverglasung • Holzkastenfenster • Holzverbundfenster	• Kunststoffverbundfenster • Isolierverglasung	• Wärmeschutzverglasung • Schallschutzverglasung

3.3.2 Modernisierungskosten als Erhaltungsaufwand

Handelsrechtlich gibt es keine Legaldefinition der Kategorie „Erhaltungsaufwand“, sodass letztlich alle im Rahmen der Modernisierung und Instandsetzung anfallenden Kosten, die **nicht als Herstellungskosten identifiziert** werden können, im Zweifel als erfolgswirksamer Erhaltungsaufwand gelten.[26]

Beispiel:
Im Zuge von Modernisierungsmaßnahmen werden die vorhandenen einfachverglasten **Fenster durch Kunststoffverbundfenster** ersetzt. Die damit verbundenen Kosten (25.000 Euro) gelten als Erhaltungsaufwand und sind erfolgswirksam über das Konto **(805) Instandhaltungskosten** zu erfassen.

(805)	an	(4420)	25.000 Euro

[26] Vgl. Beck'scher Bilanz-Kommentar, Handelsbilanz – Steuerbilanz. München 2010, S. 651 RZ 390

Kriterien zur Bestimmung der Modernisierungskosten als Erhaltungsaufwand

Wird das „Gebäude als Ganzes **in ordnungsgemäßem Zustand** entsprechend seinem ursprünglichen Zustand **erhalten oder** dieser **in zeitgemäßer Form wiederhergestellt**", gelten die damit verbundenen Aufwendungen als Erhaltungsaufwand. „Dem Gebäude wird in diesem Fall (...) der **zeitgemäße Wohnkomfort wiedergegeben**, den es ursprünglich besessen, aber durch den technischen Fortschritt und die Veränderung der Lebensgewohnheiten verloren hat." [27]

Auch der Rechnungslegungstandard der Konferenz der Prüfungsdirektoren des GdW zur Modernisierung von Gebäuden unterstreicht, dass **Erhaltungsaufwand** vorliegt, „wenn der (im Rahmen von Modernisierungsmaßnahmen eingefügte) neue **Gebäudebestandteil oder die neue Anlage die Funktion des bisherigen Gebäudebestandteils für das Gebäude in vergleichbarer Weise erfüllen."** [28]

Einkommensteuerrechtlich ist geregelt, dass „Aufwendungen für **die Erneuerung von bereits vorhandenen Teilen, Einrichtungen oder Anlagen (...) regelmäßig Erhaltungsaufwand"** [29] darstellen.

Zu den Erhaltungsaufwendungen im Rahmen von Instandsetzung und Modernisierung führen unter anderem auch
- das Anbringen einer zusätzlichen Fassadenverkleidung (z. B. Eternitverkleidung oder Verkleidung mit Hartschaumplatten und Sichtklinker) zu Wärme- oder Schallschutzzwecken,
- die Umstellung einer Heizungsanlage von Einzelöfen auf eine Zentralheizung,
- der Ersatz eines Flachdaches durch ein Satteldach, wenn dadurch lediglich eine größere Raumhöhe geschaffen wird, ohne die nutzbare Fläche und damit die Nutzungsmöglichkeit zu erweitern, sowie
- das Vergrößern eines bereits vorhandenen Fensters.

3.3.3 Zusammentreffen von Herstellungsaufwand mit Erhaltungsaufwendungen

a) **Getrennte Erfassung von Herstellungs- und Erhaltungsaufwand**
Sind im Rahmen einer **umfassenden Instandsetzungs- und Modernisierungsmaßnahme** „sowohl Arbeiten zur Erweiterung des Gebäudes oder Maßnahmen, die über eine zeitgemäße substanzerhaltende Erneuerung hinausgehen, als auch Erhaltungsarbeiten durchgeführt worden, sind die hierauf jeweils entfallenden Aufwendungen grundsätzlich in **Herstellungskosten und Erhaltungsaufwendungen aufzuteilen**." [30]

b) **Zusammenfallen von Erhaltungs- und Herstellungsaufwand**
Aufwendungen für ein Bündel von Einzelmaßnahmen, die für sich genommen teils Herstellungskosten, teils Erhaltungsaufwendungen darstellen, **sind insgesamt als Herstellungskosten zu beurteilen, wenn sie in einem engen räumlichen, sachlichen und zeitlichen Zusammenhang stehen.**

- Ein „enger sachlicher Zusammenhang" liegt vor, wenn die einzelnen Baumaßnahmen **bautechnisch ineinandergreifen**, wenn also die „zu Herstellungsaufwand führenden Maßnahmen bautechnisch zwingend entweder die **Durchführung bestimmter Maßnahmen voraussetzen oder die Durchführung weiterer Maßnahmen erfordern.** [31]"

---

[27] BFM – Schreiben vom 18.07.2003, RZ 30
[28] Vgl. Rechnungslegungsstandard der Konferenz der Prüfungsdirektoren des GdW. Modernisierung von Gebäuden (...), a. a. O., S. 240
[29] R 21.1 Abs. 1 EStR
[30] Rechnungslegungsstandard der Konferenz der Prüfungsdirektoren des GdW. GdW Standard. Modernisierung von Gebäuden (...), a.a.O., S. 251
[31] Ebenda

- Ein „enger zeitlicher Zusammenhang" ist zu unterstellen, wenn die verschiedenartigen, sachlich aber zusammenhängenden baulichen Maßnahmen **zeitlich unmittelbar aufeinanderfolgend realisiert** werden.

In der Rechtsprechung wird dieser zeitliche Zusammenhang aber auch wesentlich weiter gefasst und auf **„Modernisierung in Raten"** verwiesen.

> Baumaßnahmen sind als wesentliche Verbesserung des Gebäudes und so als Maßnahmen zu verstehen, die zu aktivierungspflichtigen Herstellungskosten führen, „wenn dahinter ein **einheitliches Konzept** steht" und die „Baumaßnahmen innerhalb eines **Fünfjahreszeitraums** durchgeführt worden sind." [32]

3.3.4 Die buchmäßige Erfassung der Modernisierungskosten

Buchung von Herstellungskosten

Kosten von Modernisierungsmaßnahmen an Gebäuden, die ihrem Wesen nach **Herstellungsaufwand** darstellen, bewirken eine Buchwerterhöhung des Gebäudes, die auf den Gebäudekonten **(00) Grundstücke und grundstücksgleiche Rechte mit Wohnbauten** bzw. **(01) Grundstücke und grundstücksgleiche Rechte mit Geschäfts- und anderen Bauten** zu verbuchen sind.

Bei Rechnungseingang ist zu buchen:

(00) bzw. (01)	an	(4420)

Buchung von Erhaltungsaufwendungen

Modernisierungskosten, die zum Erhaltungsaufwand führen, sind auf das Konto **(805) Instandsetzungskosten** zu buchen.

Bei Rechnungseingang ist zu buchen:

(805)	an	(4420)

[32] Ebenda, S. 252

Prüfschema
Das nachfolgend abgebildete Prüfschema des GdW[33] ermöglicht sichere Entscheidungen bei der Behandlung der Kosten baulicher Maßnahmen. Führen die konkreten Maßnahmen zu keiner Aktivierungspflicht der Aufwendungen, sind diese erfolgswirksam zu buchen.

1

Liegt Herstellung vor (wird ein neues Gebäude geschaffen)?

ja → Aktivierungspflicht

2

Wurde die Wohnfläche vergrößert?

Wurde die Wohnfläche zwar nicht vergrößert, wurden aber bisher nicht vorhandene Bestandteile eingebaut, so dass die Gebäudesubstanz vermehrt wird?

ja → Aktivierungspflicht

3

Liegt eine über den ursprünglichen Zustand (das ist der Gebäudezustand beim Zugang in das Betriebsvermögen) hinausgehende wesentliche Verbesserung vor?

Eine solche liegt vor, bei

- wesentliche Verlängerung der Nutzungsdauer oder
- wesentlicher Erhöhung des Gebrauchswertes.

Die Wesentlichkeit ergibt sich aus dem Verhältnis zur Situation vor Beginn der Maßnahme.

ja → Aktivierungspflicht

4

Liegt eine einheitliche Baumaßnahme in dem Sinne vor, dass für sich genommen Herstellungs- und Erhaltungsmaßnahmen an einem Gebäude vorliegen, zwischen diesen aber ein enger räumlicher, zeitlicher und sachlicher Zusammenhang besteht, sodass die eine Maßnahme betreffend Aufwendungen insgesamt als Herstellungsaufwand zu qualifizieren sind?

Sachlicher Zusammenhang:	die Maßnahmen bedingen sich bautechnisch
Zeitlicher Zusammenhang:	ist auch dann gegeben, wenn sich die Maßnahmen planmäßig über mehrere, i. d. R. maximal 5, Geschäftsjahre erstrecken

ja → Aktivierung **aller** Kosten dieser Maßnahme

5

Liegt der Buchwert des Gebäudes nach der Aktivierung der Modernisierungskosten (Fälle 1 bis 4) dauerhaft über dem beizulegenden Wert des Mietwohngebäudes auf Grundlage eines Ertragswertverfahrens?

ja → außerplanmäßige Abschreibung nach § 253 Abs. 2 Satz 3 HGB auf den niedrigeren beizulegenden Wert

[33] Ebenda, S. 255

3.3.5 Bauabzugsteuer

Im Zusammenhang mit der Diskussion um bauliche Maßnahmen ist zwingend auf die Regelungen zur **Bauabzugsteuer** und zum **Steuerabzug beim Empfang von Bauleistungen an Bauwerken** nach §§ 48 bis 48d EStG zu verweisen.

Wesen der Bauabzugsteuer
Im Grundsatz regelt das Einkommensteuergesetz an zuvor bezeichneter Stelle, dass jeder unternehmerisch tätige **Auftraggeber von Bauleistungen (Leistungsempfänger) verpflichtet** ist, **einen Steuerabzug in Höhe von 15 %** des **Brutto-Rechnungsbetrages des Leistenden** vorzunehmen und an das zuständige Finanzamt abzuführen hat.

Beispiel:
Die Wohnungsbaugesellschaft hat die Modernisierung von Fenstern in einem ihrer Mietwohnobjekte durch eine Fensterbaufirma durchführen lassen. Der Auftragnehmer stellt nach Abschluss der Baumaßnahmen die Rechnung über 95.200 Euro inklusive Umsatzsteuer aus. Dem **Auftragnehmer/Leistenden** werden jedoch nur 85 % des Rechnungsbetrages gutgeschrieben, denn 15 % des Rechnungsbetrages muss der **Auftraggeber/Leistungsempfänger** einbehalten und an das Finanzamt abführen. Der Fensterbauer erhält also 80.920 Euro per Bankgutschrift, 14.280 Euro sind an das Finanzamt zu überweisen.

Buchungen

1. Eingangsrechnung – wegen der Wohnraumvermietung ist der Vorsteuerabzug ausgeschlossen:

(805)	an	(4420)	95.200 Euro

2. Begleichung der Rechnung unter Einbehalt der Bauabzugsteuer:

(4420)			95.200 Euro	(100 %)
	an	(274)	80.920 Euro	(85 %)
	an	(470)	14.280 Euro	(15 %)

3. Überweisung der Bauabzugsteuer an das Finanzamt:

(470)	an	(274)	14.280 Euro

Unter bestimmten Voraussetzungen kann das aufwendige Verfahren zur Anmeldung der Bauabzugsteuer, zur Abrechnung mit dem zuständigen Finanzamt und dem Auftragnehmer umgangen werden. Auf den Steuereinbehalt kann insbesondere dann verzichtet werden, wenn der Auftragnehmer eine **Freistellungsbescheinigung** vorweisen kann.

„**Auf Antrag des Leistenden hat das für ihn zuständige Finanzamt**, wenn der zu sichernde Steueranspruch nicht gefährdet erscheint und ein inländischer Empfangsbevollmächtigter bestellt ist, **eine Bescheinigung nach amtlich vorgeschriebenem Vordruck zu erteilen**, die den Leistungsempfänger von der Pflicht zum Steuerabzug befreit."
(§ 48b EStG)

Diese Regelung ist für die Wohnungsunternehmen äußerst bedeutsam, denn sie werden versuchen, Bauaufträge nur an Unternehmen zu vergeben, die eine solche Freistellungsbescheinigung vorweisen können.

Einzelregelungen zur Bauabzugsteuer

Bauabzugsteuer – Steuerabzug bei Bauleistungen nach § 48 EStG	
Bezugsgröße – Entgelt	Erbringt jemand eine Bauleistung für einen unternehmerisch tätigen Auftraggeber (Leistungsempfänger), ist dieser **Leistungsempfänger verpflichtet, von der Gegenleistung** (Entgelt zuzüglich Umsatzsteuer) einen **Steuerabzug in Höhe von 15 %** für Rechnung des Leistenden vorzunehmen. Die **Abzugsbeträge werden** durch das für den leistenden Bauunternehmer zuständige Finanzamt mit dessen **Steuerlast** (Lohnsteuer, Einkommen- und Körperschaftsteuer) **verrechnet**.
Bauleistung	Bauleistungen sind alle Leistungen, die der Herstellung, Instandsetzung, Instandhaltung, Änderung oder Beseitigung von Bauwerken dienen.
Freistellung vom Steuerabzug	Der Steuerabzug muss **nicht** vorgenommen werden, • wenn der Auftraggeber **Vermieter** ist und **nicht mehr als zwei Wohnungen** vermietet, • wenn das leistende Unternehmen eine gültige **Freistellungsbescheinigung** (§ 48b Abs. 1 Satz 1 EStG) vorlegt, • wenn die Gegenleistung im laufenden Kalenderjahr bestimmte **Bagatellgrenzen** voraussichtlich nicht übersteigen wird: 1. 15.000 Euro, wenn der Auftraggeber ausschließlich steuerfreie Vermietungsumsätze (§ 4 Nr. 12 Satz 1 UStG) erbringt, 2. 5.000 Euro in den übrigen Fällen.
Verfahren	Der Leistungsempfänger hat bis zum zehnten Tag nach Ablauf des Monats, in dem die Bezahlung der Rechnung erfolgt, eine **Anmeldung nach amtlich vorgeschriebenem Vordruck** abzugeben und den **Abzugsbetrag** an das für den Leistenden zuständige Finanzamt **abzuführen**. Der **Leistungsempfänger hat mit dem Leistenden** unter Angabe 1. des Namens und der Anschrift des Leistenden, 2. des Rechnungsbetrags, des Rechnungsdatums und des Zahlungstags, 3. der Höhe des Steuerabzugs und 4. des Finanzamts, bei dem der Abzugsbetrag angemeldet worden ist, über den Steuerabzug **abzurechnen**.

3.4 Verwaltungskosten (Sachaufwand)

Die **Leistungserstellung im Bereich Hausbewirtschaftung** ist mit Aufwendungen verbunden, für die im Kontenrahmen die **Klasse 8** vorgesehen ist. Es handelt sich dabei vor allem um die **(80) Aufwendungen für Hausbewirtschaftung, (83) Personalaufwand, (84) Abschreibungen, (87) Zinsen und ähnliche Aufwendungen** wie auch **(89) Steuern**. Von zentraler Bedeutung aber sind auch die Aufwendungen, die in der Kontengruppe **(85) Sonstige betriebliche Aufwendungen** erfasst werden. Hierzu gehört auch das Konto **(850) Sächliche Verwaltungsaufwendungen**.

Unter den **Sächlichen Verwaltungsaufwendungen (SVA)** sind alle **Aufwendungen** zu verstehen, die durch den **bürotechnischen Betrieb** verursacht werden und die mit der **Rechtsform des Unternehmens** zusammenhängen.

Verursacher	Systematik des Sächlichen Verwaltungsaufwands (SVA)
Geschäfts-gebäude	**Eigene Gebäude:** • Kosten, die bei zu vermietenden Objekten als Betriebs- oder • Instandhaltungskosten anfallen **Gemietete Gebäude:** • Mieten, Gebühren, Umlagen
Büroräume	• Raumpflege, Beleuchtung, Heizung
Büroeinrichtung	• Reparatur und Wartung der Büroeinrichtung (Büromöbel/-technik) • Sach- und Haftpflichtversicherungen
EDV-Technik	• Kosten für Inanspruchnahme von Leistungen fremder Rechenzentren • laufende Kosten für eigene EDV-Anlagen • Leasinggebühren/Anlagen-Miete
Bürobetrieb	• Büromaterial (Verbrauchsmaterialien wie Papier, Schreibmaterial, übriges Bürobedarfsmaterial) • Post- und Telekommunikationskosten
Fuhrpark	• Autobetriebskosten (ohne Kfz-Steuer) wie Kraftstoff, Öl, Wartung und Pflege, Reparatur, Kfz-Versicherung
Mitarbeiter	• Aufenthalts- und Fahrtkosten im Rahmen von Dienstreisen • Drucksachen, Zeitschriften, Bücher • Weiterbildungskosten • Stellenanzeigen, Kostenerstattungen an Bewerber • Abstandszahlungen für nicht beschäftigte Schwerbehinderte
Repräsentation	• Bewirtungskosten, Geschenke
Unternehmen	**Rechtsformbedingte Kosten:** • Kostenerstattung an Aufsichtsräte • Aufsichtsratsvergütungen • Kosten für Haupt-, General- oder Gesellschafterversammlung • Kosten der Offenlegung von Jahresabschlüssen **Übrige Unternehmenskosten:** • Aufwendungen für Unternehmenswerbung und Öffentlichkeitsarbeit • Gerichts- und Anwaltskosten • Prüfungs- und Beratungskosten • Verbands- und andere Beiträge • Kosten des Betriebsrates • Kosten des Zahlungsverkehrs

Diese Aufzählung macht deutlich, dass es sinnvoll ist, das Konto **(850) Sächliche Verwaltungsaufwendungen** entsprechend den betrieblichen Erfordernissen des Unternehmens zu unterteilen.[34]

Buchung

Bei Rechnungseingang ist neben dem Konto **(850) Sächliche Verwaltungsaufwendungen** auch das Konto **(4421) Verbindlichkeiten aus anderen Lieferungen und Leistungen** zu belasten.

1. Rechnungseingang:

(850)	an	(4421)

2. Rechnungsbegleichung:

(4421)	an	(274)

3.5 Kostenvorschüsse

Bei der Realisierung von Leistungsprozessen in der Hausbewirtschaftung werden nicht selten vom Wohnungsunternehmen Anzahlungen geleistet. Von besonderer Bedeutung ist dies im Zusammenhang mit **Miet- und Räumungsklagen**.

3.5.1 Abschluss der Vorgänge im laufenden Geschäftsjahr

Beispiel:
Das Wohnungsunternehmen führt mit einem Mieter einen Rechtsstreit um eine Mieterhöhung. An das Amtsgericht ist ein **Kostenvorschuss** in Höhe von 100 Euro per Bank zu zahlen.

1. Überweisung des Kostenvorschusses
Zunächst ist darauf zu verweisen, dass der Kontenrahmen der Wohnungswirtschaft ein Konto **(8091) Fremdkosten für Miet- und Räumungsklagen** vorsieht. Hier sind die **vom Unternehmen zu tragenden Gerichts-, Gerichtsvollzieher- und Anwaltsgebühren** einschließlich der damit zusammenhängenden Nebenkosten und Auslagen zu verbuchen. Ebenso sind hier Pauschal-Honorare für die Bearbeitung des Mahn- und Klagewesens durch Dritte zu erfassen.[35]

Da zum Zeitpunkt der Vorschusszahlung aber noch nicht klar ist, ob das Gericht zugunsten des Mieters oder des Vermieters entscheiden wird, ist es zunächst sinnvoll, die zu leistenden **Kostenvorschüsse** auf dem dafür vorgesehenen Konto **(250) Kostenvorschüsse (Gerichts- und Rechtsanwaltskosten)** zu erfassen und erst später, nach Abschluss des Verfahrens, aufwandswirksam zu verbuchen.

(250)	an	(274)	100 Euro

↓

[34] Vgl. hierzu auch Kommentar zum Kontenrahmen der Wohnungswirtschaft. Hamburg 2010, S. 180 ff.
[35] Vgl. Ebenda, S. 165

2. Beschlussfassung des Gerichts und Schlussrechnung
Nach Beschlussfassung geht dem Wohnungsunternehmen die Schlussrechnung des Gerichts zu. Diese ist mit der Aussage verbunden, wer die Kosten zu tragen hat – der Mieter und/oder der Vermieter.

Beispiel (Fortsetzung):
Es soll unterstellt werden, dass sich die **Gerichtskosten** insgesamt auf **200 Euro** belaufen, von denen der **Mieter 120 Euro**, der **Vermieter 80 Euro** zu tragen hat.

Nun besteht die Möglichkeit, die Kosten erfolgswirksam zu erfassen und dem Mieter bzw. Vermieter zuzuordnen. Kosten, die der Mieter zu tragen hat, werden als **(8099) Mieterbelastung**, Kosten, die das Unternehmen zu verantworten hat, sind auf dem Konto **(8091) Fremdkosten für Miet- und Räumungsklagen** gebucht.

(8099)			120 Euro
(8091)			80 Euro
	an	(4421)	200 Euro

3. Ausgleich der Rechnung gegenüber dem Gericht unter Beachtung der bereits geleisteten Vorauszahlung. Hier ist aber auch eine Nachzahlung in Höhe von 100 Euro erforderlich.

(4421)			200 Euro
	an	(250)	100 Euro
	an	(274)	100 Euro

4. Belastung des Mieters mit den durch das Gericht festgesetzten Kosten

(2000)	an	(607)	120 Euro

3.5.2 Abschluss der Vorgänge im Folgejahr

Die Arbeit mit dem Konto **(250) Kostenvorschüsse (Gerichts- und Rechtsanwaltskosten)** ist insbesondere auch aus der Sicht von Vorgängen bedeutsam, die sich über mehrere Geschäftsjahre erstrecken.

Beispiel:
Das Wohnungsunternehmen führt mit einem Mieter einen Rechtsstreit um ausstehende Mietforderungen und hat am **03. 12. 00** einen **Kostenvorschuss** in Höhe von 1.200 Euro an das Gericht zu zahlen. Es wird davon ausgegangen, dass eine **Entscheidung erst im Jahr (01)** gefällt werden wird.

1. Überweisung des Kostenvorschusses
Hier gilt: „Leistet ein Kaufmann Vorauszahlungen auf eine vom anderen Vertragsteil nach dem Bilanzstichtag **noch zu erbringende Lieferung oder sonstige Leistung, sind diese als ‚geleistete Anzahlungen'** (…) **zu aktivieren**. (…) Dies gilt nach der Rechtsprechung des BFH, BStB II 1995, 312, auch dann, wenn die Erfüllung des Gegenstandes **nicht zu einem aktivierungsfähigen Wirtschaftsgut führt**, sondern beispielsweise zu sofort abzugsfähigem"[36] Aufwand. ↓

[36] Horschitz, H./Groß, W./Fanck, B.: Bilanzsteuerrecht und Buchführung. Stuttgart 2010, S. 426

Bei Überweisung des Kostenvorschusses muss für dieses Beispiel also eine Aktivierung der Vorschusszahlung vorgenommen werden. Es ist zu buchen:

(250)	an	(274)	1.200 Euro

2. Beschlussfassung des Gerichts und Schlussrechnung in späteren Jahren

Unabhängig davon, wann das Gericht die Entscheidung über Lastenteilung (Mieter und/oder Vermieter) und Höhe der Gesamtkosten fällt,

- ist der Bescheid als **Eingangsrechnung** zu buchen,
- ist der **Rechnungsbetrag** unter Berücksichtigung der bereits geleisteten Vorschusszahlung **auszugleichen** und
- gegebenenfalls der **Mieter** mit einem entsprechenden Kostenanteil zu **belasten**.

Fall A:

Es soll unterstellt werden, dass sich die tatsächlichen **Gerichtskosten** auf **1.200 Euro** belaufen und vom **Vermieter** zu tragen sind.

Buchung der Eingangsrechnung

(8091)	an	(4421)	1.200 Euro

Ausgleich der Rechnung unter Berücksichtigung bereits geleisteter Vorauszahlungen

(4421)	an	(250)	1.200 Euro

Eine Belastung des Mieters findet **nicht** statt, da die Kosten **vollständig vom Unternehmen** zu tragen sind.

Fall B:

Es wird unterstellt, dass sich die tatsächlichen **Gerichtskosten** auf **1.200 Euro** belaufen und vom **Mieter** zu tragen sind.

Buchung der **Eingangsrechnung**

(8099)	an	(4421)	1.200 Euro

Ausgleich der Rechnung unter Berücksichtigung bereits geleisteter Vorauszahlungen

(4421)	an	(250)	1.200 Euro

Belastung des Mieters mit den festgesetzten Gerichtskosten

(2000)	an	(607)	1.200 Euro

Fall C:

Es wird unterstellt, dass sich die tatsächlichen **Gerichtskosten** auf **1.100 Euro** belaufen und in Höhe von 800 Euro **vom Mieter und** mit 300 Euro **vom Vermieter zu tragen** sind.

Buchung der Eingangsrechnung

(8099)			800 Euro
(8091)			300 Euro
	an	(4421)	1.100 Euro

Ausgleich der Rechnung unter Berücksichtigung bereits geleisteter Vorauszahlungen und Verbuchung der **Gutschrift** von 100 Euro

(4421)	an	(250)	1.100 Euro
(274)	an	(250)	100 Euro

Belastung des Mieters mit den festgesetzten Gerichtskosten

(2000)	an	(607)	120 Euro

3.6 Mietausfallwagnis

Das Mietausfallwagnis ist das Wagnis einer Ertragsminderung, die durch uneinbringliche Rückstände von Mieten, Pachten, Vergütungen und Zuschlägen oder durch Leerstand von Raum entsteht, der zur Vermietung bestimmt ist. Es soll auch die uneinbringlichen Kosten einer Rechtsverfolgung auf Zahlung oder Räumung abdecken. Es darf höchstens mit 2 vom Hundert der Erträge im Sinne des § 31 Abs. 1 Satz 1 der II. BV angesetzt werden. Soweit die Deckung von Ausfällen anders, namentlich durch einen Anspruch auf Erstattung gegenüber einem Dritten, gesichert ist, darf kein Mietausfallwagnis angesetzt werden (§ 29 II. BV).

Die Erfassung der Mietausfallwagnisse erfordert keine besonderen Buchungen. Das Ausfallwagnis ist bereits in der geforderten Grundmiete enthalten.

4 Darstellung der Betriebskostenabrechnung in der Finanzbuchhaltung

Der Inhalt der Kategorie Betriebskosten und die Zusammensetzung dieser Kosten werden – wie im vorangegangenen Abschnitt bereits vermittelt – in der Betriebskostenverordnung geregelt. Auch wurde bereits auf eine Vielzahl rechtlicher Regelungen verwiesen, die es im Umgang mit den Mietern zu beachten gilt. Nun aber steht die Abbildung der **Betriebskostenabrechnung in der Finanzbuchhaltung** im Mittelpunkt.

Das **zentrale Problem der Betriebskostenabrechnung** besteht darin, dass sich die damit verbundenen Prozesse grundsätzlich über zwei Geschäftsjahre erstrecken. Im Jahr (01) fallen Betriebskosten an, über die erst im Jahr (02) abgerechnet wird.

Zwischen der **Leistungserbringung** (Heizen, Gebäude reinigen, Grünanlagen pflegen) und der Kostenverursachung sowie dem **Verkauf dieser Leistung** (Abrechnung mit den Mietern) liegt stets ein **Bilanzstichtag**.

Deshalb vollzieht sich die Abbildung dieser Prozesse in der Finanzbuchhaltung im Wesentlichen über folgende Schritte:

1) Differenzierte **Erfassung** der im Geschäftsjahr (00) anfallenden Betriebskosten in der Finanzbuchhaltung
2) **Ermittlung** und **Bilanzierung** der für das Jahr (00) als umlagefähig erkennbaren und im Jahr (01) mit den Mietern abzurechnenden Betriebskosten
3) Abwicklung der **Einzelabrechnungen** im Folgejahr (01), wobei für jede Mietpartei die zu tragenden **Betriebskosten** und die darauf bereits geleisteten **Vorauszahlungen** ermittelt werden. Es zeigt sich, inwieweit die Vorauszahlungen mit den durch die Mieter verursachten Kosten übereinstimmen oder voneinander abweichen. Es ergeben sich somit **Nachforderungen** bzw. **Erstattungen** aus der Betriebskostenabrechnung. Im Rahmen dieser Einzelabrechnungen wird aber auch der **Umfang** der vom Unternehmen zu tragenden **leerstandbedingten Betriebskosten** deutlich.
4) Sind die Einzelabrechnungen abgeschlossen, erfolgt die eigentliche **Rechnungslegung gegenüber den Mietern**. Sie erhalten die Betriebskostenabrechnung.
5) In der Finanzbuchhaltung sind die im Vorjahr (00) aktivierten **(15) Noch nicht abgerechneten Betriebskosten** im Zuge von Bestandsverminderungen aufzulösen und die **(601) Erträge aus der Umlagenabrechnung** sind zu buchen, ebenso die **Nachforderungen** und Guthaben.[37]

4.1 Erfassung der Betriebskosten im Geschäftsjahr (00)

Grundlage für die Ermittlung der den Mietern im Jahr (01) in Rechnung zu stellenden Beträge aus der Betriebskostenabrechnung bilden die Zahlen der Finanzbuchhaltung. Dabei sind folgende Positionen zu berücksichtigen:

a) **Betriebskosten als Fremdkosten**
Die **Finanzbuchhaltung** muss die **ordnungsgemäße Erfassung** aller anfallenden Fremdkosten sichern. Sie hat gewissenhaft zu unterscheiden zwischen **Kosten, die den Charakter von Betriebskosten** haben, und denen, die **anderen Kostenkategorien** zuzuordnen sind. Dabei geht es nicht allein um die Einhaltung mietrechtlicher Regelungen (im Interesse einer rechtssicheren Betriebskostenabrechnung), sondern auch um die Schaffung von Voraussetzungen für ein controllingorientiertes, auswertungsbezogenes Rechnungswesen.

Die Problematik wird am Beispiel der „Straßenreinigungskosten“ deutlich, die gegebenenfalls sehr unterschiedlich zu verbuchen sind.

---

[37] Zur Erfassung von Betriebskosten und zur Umlagenabrechnung vgl. auch: Kommentar zum Kontenrahmen der Wohnungswirtschaft. Hamburg 2010, S. 216 ff.

„Kosten der Straßenreinigung“	
verursacht durch	**Buchung**
Mietobjekte	(8005) Kosten der Straßenreinigung
Verwaltungsgebäude/Gebäude von Regiebetrieben	(850) Sächlicher Verwaltungsaufwand
Unbebaute Grundstücke des Anlagevermögens	(852) Aufwendungen für unbebaute Grundstücke
Unbebaute Grundstücke des Umlaufvermögens	(819) Sonstige Aufwendungen für Verkaufsgrundstücke
Zum Verkauf bestimmte Eigentumsobjekte/Eigentumswohnungen	(815) Aufwendungen für Eigentumsobjekte während des Vorhaltezeitraums
Grundstücke des Anlage-/Umlaufvermögens während der Bauzeit	(707) (717) Baunebenkosten
(...)	(...)

Ebenso ist auf die **Unterscheidung** zwischen **ständig wiederkehrenden Kosten** und solchen, die aus **besonderen Anlässen** heraus entstehen, zu verweisen.

> Als umlagefähige Betriebskosten gelten nur Kosten, die **regelmäßig anfallen** und durch den **ordnungsgemäßen Gebrauch der Mietsache** verursacht wurden.

So gehören zwar Kosten der Hausreinigung im Regelfall zu den Betriebskosten. Ist jedoch nach einem Malereinsatz eine Grundreinigung des Treppenhauses erforderlich, sind diese Reinigungskosten nicht als Betriebskosten, sondern als Instandhaltungskosten zu betrachten. Eine richtige Kontierung ist also zwingend erforderlich.

b) Eigenleistungen im Betriebskostenbereich

Leistungen im Betriebskostenbereich können auch durch den **Einsatz eigener Mitarbeiter** (Hauswarte, Mitarbeiter in Regiebetrieben) erbracht werden.

- Die damit verbundenen Personalaufwendungen sind **keinesfalls** in den Betriebskostenkonten (etwa **(8009) Kosten der Gartenpflege** oder **(8007) Kosten der Gebäudereinigung)**, sondern stets als **(83) Personalaufwand** zu buchen.
- Und **auch nur ein Teil der Personalaufwendungen** ist **den umlagefähigen Betriebskosten zuzurechnen.** Nur Tätigkeiten im Betriebskostenbereich führen zu umlagefähigen Kosten. Ausgeschlossen sind so also Personalkosten, die durch Reparatur- und Verwaltungsarbeiten verursacht wurden.

> Der Vermieter ist verpflichtet, die Hauswartkosten aufzuteilen. Die Arbeitsanteile
> - im Betriebskostenbereich und
> - im Verwaltungs- und Reparaturbereich
>
> müssen ersichtlich sein.

Um eine möglichst **genaue Erfassung der Arbeitsbereiche** und der damit verbundenen **Arbeitszeiten** der Hauswarte zu gewährleisten, erweist es sich als sinnvoll,

- dass Hauswarte **Unterlagen führen**, aus denen ersichtlich ist, wie viel Zeit für diverse Betriebskostenleistungen aufgewendet wurde;
- **Schätzungen** entweder aus den so geführten **Unterlagen abzuleiten**, zumindest aber allgemeine **Schätzwerte** nach den örtlichen Gegebenheiten der Wohnanlage zu **differenzieren**;
- bei schriftlich herausgegebenen Dienstanweisungen auf eine genaue Beschreibung der Aufgaben zu achten.

Auf der Grundlage möglichst genauer Arbeitszeitstatistiken lässt sich der Zeitaufwand für den Betriebskostenbereich ermitteln. Die Gefahr der Unterbewertung, vor allem des Aufwands für die allgemeine Präsenz, für Kontrollgänge, Überwachungen und Bereitschaftsdienste, wird gemindert. Betriebswirtschaftlich lassen sich aus solchen Belegen auch die hohen Personal-Vorhaltekosten begründen.[38]

c) Grundsteuer und andere öffentliche Lasten

Dem Primärkostenprinzip folgend sind die Grundsteuern stets in der Kontengruppe (**89) Steuern** zu buchen. Als umlagefähig gilt jedoch auch hier nur der Teil der Grundsteuern, der den vermieteten Objekten zuzuordnen ist.

4.2 Ermittlung und Bilanzierung der umlagefähigen Betriebskosten

Bereits zum Bilanzstichtag des laufenden Geschäftsjahres (00) gilt es – unabhängig von der eigentlichen Abrechnung mit den Mietern – die in diesem Jahr angefallenen Betriebskosten als „fertige Leistungen" unter der Position **(15) Noch nicht abgerechnete Betriebskosten** zu bilanzieren.

4.2.1 Ermittlung der umlagefähigen Betriebskosten zum Bilanzstichtag des Jahres (00)

Im Geschäftsjahr (00) fällt eine Vielzahl von Betriebskosten an, die bereits zum Bilanzstichtag dieses Jahres (00) auf ihre Umlagefähigkeit zu prüfen und entsprechend zu bilanzieren sind. Bei der **Ermittlung** der (wahrscheinlich) umlagefähigen Betriebskosten ist dabei zu beachten, dass vor allem die durch **Wohnungsleerstand** und durch **eigengenutzte Räume** verursachten sowie **sonstige nicht umlagefähige Betriebskosten** unberücksichtigt bleiben müssen.

Beispiel:

Es soll unterstellt werden, dass die im Geschäftsjahr (00) angefallenen Betriebskosten der preisgebundenen **Wirtschaftseinheit Wiesenstraße 18** insgesamt 15.000 Euro betragen. Sie setzen sich zusammen aus:

	Kosten der Wärmeversorgung (8002)	5.500 Euro
+	Diverse kalte Betriebskosten (800)	8.500 Euro
+	Personalaufwand Hauswarte (83)	300 Euro
+	Grundsteuer (8910)	700 Euro
=	**Summe der Betriebskosten**	**15.000 Euro**

Da diese Wirtschaftseinheit nicht vollständig vermietet ist, lassen sich durch den **Leerstand** verursachte Kosten in einer **geschätzten Höhe von 600 Euro** nicht auf die Mieter umlegen.[39] Die tatsächlich umlagefähigen Betriebskosten betragen also lediglich 14.400 Euro. ↓

[38] Vgl. ebenda, S. 11 ff.

[39] In der Praxis ist es geboten, den Anteil der nicht umlagefähigen Betriebskosten zum Bilanzstichtag (00) vorsichtig zu schätzen, da deren exakte Bestimmung zu diesem Zeitpunkt noch nicht möglich ist.

	Kosten der Wärmeversorgung (8002)	5.500 Euro
+	Diverse kalte Betriebskosten (800)	8.500 Euro
+	Personalaufwand Hauswarte (83)	300 Euro
+	Grundsteuer (8910)	700 Euro
=	**Summe der Betriebskosten**	**15.000 Euro**
–	Nichtumlagefähige Kosten (Leerstand)	600 Euro
=	**Voraussichtlich umlagefähige Betriebskosten**	**14.400 Euro**

4.2.2 Bilanzierung der (15) Noch nicht abgerechneten Betriebskosten im Jahr (00)

Die Bilanzierung **(15) Noch nicht abgerechneter Betriebskosten** bewirkt zum einen, dass die bereits im Jahr (00) erbrachten, aber noch nicht „verkauften" Leistungen im Betriebskostenbereich auf der **Aktivseite der Bilanz** erscheinen.

Der Bilanzausweis dieser noch nicht abgerechneten Betriebskosten wird buchungstechnisch unter Verwendung des Kontos **(646) Bestandserhöhung bei noch nicht abgerechneten Betriebskosten** vorbereitet. Dieses Konto wirkt zum einen wie ein Ertragskonto und ist über das **Gewinn- und Verlustkonto (982)** abzuschließen. Zum anderen werden durch die Aktivierung aber auch die damit verbundenen **Aufwandsarten (8000) bis (804), (83)** und **(8910)** in der **Gewinn- und Verlustrechnung** neutralisiert.

Zu buchen ist:

(15)	Noch nicht abgerechnete Betriebskosten	an	(646)	Bestandsverminderung bei noch nicht abgerechneten Betriebskosten

Beispiel:
Die ermittelten umlagefähigen Betriebskosten in Höhe von 14.400 Euro sind über die Buchung

(15)	an	(646)	14.400 Euro

zu aktivieren.

Nach Abschluss der für diese Darstellung relevanten Bestands- und Erfolgskonten haben das **Gewinn- und Verlustkonto (GuV)** und das Schlussbilanzkonto (SBK) zum 31. 12. 01 folgendes Aussehen:

S	(982) GuV		H
(800):	8.500 Euro	(646):	14.400 Euro
(8002):	5.500 Euro		
(83):	300 Euro		
(8910):	700 Euro		

S	(989) SBK		H
(15):	14.400 Euro	(431):	14.160 Euro[40]

Im Gewinn- und Verlustkonto wird deutlich, dass von den insgesamt angefallenen Betriebskosten in Höhe von 15.000 Euro nur ein Teil aktiviert wurde. Der nicht zu aktivierende und damit nicht umlagefähige Kostenanteil wird nicht gesondert gebucht, sondern bleibt als Aufwand erfolgswirksam.

[40] Der Wert des Kontos (431) ergibt sich aus den in diesem Jahr (00) geleisteten Betriebskostenvorauszahlungen der Mieter.

Je größer der Betrag der nicht umlagefähigen Betriebskosten ist, desto größer ist die Belastung des Betriebsergebnisses des Unternehmens.

4.2.3 Abrechnung der Betriebskosten des Jahres (00) im Jahr (01)

Im Geschäftsjahr (01) erfolgt die eigentliche Betriebskostenabrechnung mit den Mietern. Dabei werden die umlagefähigen Betriebskosten des Jahres (00) mit den für das Jahr (00) geleisteten Betriebskostenvorauszahlungen verrechnet. In der Finanzbuchhaltung verbindet sich das mit folgenden Buchungsschritten:

(1) Auflösung des Kontos **(15) Noch nicht abgerechnete Betriebskosten**
Dieses Konto enthält die aktivierten umlagefähigen Betriebskosten des Jahres (00), die im Zuge der Umlagenabrechnung im Jahr (01) wieder zu Aufwand werden. Dazu wird eine Bestandsverminderung über die nachfolgende Buchung vorgenommen.

(648)	Bestandsverminderung bei noch nicht abgerechneten Betriebskosten	an	(15)	Noch nicht abgerechnete Betriebskosten

Beispiel:
Nach der Eröffnung des **Kontos (15)** im Jahr (01) erfolgt dessen Auflösung über die Buchung:

(648)	an	(15)	14.400 Euro

Das Konto **(648) Bestandsverminderung bei noch nicht abgerechneten Betriebskosten** stellt den Aufwand des Vorjahres dar und wird über das Gewinn- und Verlustkonto (982) abgeschlossen:

S (648)		H
(15):	14.400 Euro	

S (15)		H	
(980):	14.400 Euro	(648):	14.400 Euro

(2) Sollstellung der Forderungen aus der Umlagenabrechnung in Höhe der ermittelten tatsächlich umlagefähigen Betriebskosten
Diese Sollstellung ist mit dem eigentlichen „Verkauf" der Leistungen aus dem Betriebskostenbereich gleichzusetzen.

Dazu gilt es im Vorfeld die Höhe der tatsächlichen Forderungen aus der Umlagenabrechnung festzustellen.

- Sie hängt zum einen von den **tatsächlich umlagefähigen Betriebskosten** ab, wie sie sich aus den Einzelabrechnungen ergeben.
- Zum anderen ist zu prüfen, inwieweit ein **Umlageausfallwagnis (UAW)** in die Kalkulation der Einzelforderungen einzubeziehen ist.

„Das **Umlageausfallwagnis** ist das Wagnis einer Einnahmenminderung, die durch uneinbringliche Rückstände von Betriebskosten oder nicht umlegbare Betriebskosten infolge Leerstehens von Raum, der zur Vermietung bestimmt ist, einschließlich der uneinbringlichen Kosten einer Rechtsverfolgung auf Zahlung entsteht. Das Umlageausfallwagnis darf 2 vom Hundert der im Abrechnungszeitraum auf den Wohnraum entfallenden Betriebskosten nicht übersteigen."[41]

Dieses Umlageausfallwagnis darf nur bei öffentlich gefördertem Wohnraum angesetzt werden.

[41] § 25a Neubaumietenverordnung (NMV)

Buchung

(2002) Forderungen aus abgerechneten Umlagen	an	(601) Umlagen

Das **Konto (2002)** dient der Verrechnung der geforderten Beträge aus der Umlagenabrechnung mit den bereits geleisteten Vorauszahlungen, die auf dem Konto **(431) Anzahlungen auf unfertige Leistungen** ausgewiesen sind. Beide Konten werden im Zuge der Umlagenabrechnung mit den Mietern aufgelöst. Die **(601) Umsatzerlöse** sind über das **(982) Gewinn- und Verlustkonto** abzuschließen. Dort stehen sie den mit der Hausbewirtschaftung verbundenen **Betriebskosten** gegenüber.

Beispiel:
Die umlagefähigen Betriebskosten der **Wirtschaftseinheit Wiesenstraße 18** wurden zum 31. 12. 00 in einer Höhe von 14.400 Euro ermittelt und bilanziert. Sie bilden die Grundlage für die Ermittlung der endgültigen **(2002) Forderungen aus abgerechneten Umlagen** im Geschäftsjahr (01). Jedoch ist nun, da es sich um preisgebundenen Wohnraum handelt, das Umlageausfallwagnis (UAW) von 2 % hinzuzurechnen. Die Forderungen aus der Umlagenabrechnung betragen also insgesamt 14.688 Euro.

	Umlagefähige Betriebskosten	14.400 Euro
+	2 % UAW	288 Euro
=	**Forderungen aus der Umlagenabrechnung**	**14.688 Euro**

Buchung

(2002)	an	(601)	14.688 Euro

S	(2002) H	S	(601) H
(601): 14.688 Euro			(2002): 14.688 Euro

(3) Verrechnung der Forderungen aus abgerechneten Umlagen (2002) mit den Betriebskostenvorauszahlungen (431)
Die auf dem **Konto (431)** ausgewiesenen Betriebskostenvorauszahlungen sind zur Verrechnung auf das **Konto (2002)** umzubuchen.

(431) BKVZ	an	(2002)	Mietforderungen aus Umlagen

Beispiel:
Die Mietenbuchhaltung des Jahres (00) wies erhaltene **(431) Betriebskostenvorauszahlungen** von 14.160 Euro aus, die nun mit den **(2002) Forderungen aus abgerechneten Umlagen** zu verrechnen sind.

Buchung

(431)	an	(2002)	14.160 Euro

S	(2002) H	S	(431) H
(601): 14.688 Euro	(431): 14.160 Euro	(2002): 14.160 Euro	(980): 14.160 Euro

(4) Saldierung des Kontos (2002) und Abschluss über das Konto (2000)

Die Umbuchung der im Jahr (00) geleisteten Betriebskostenvorauszahlungen auf das **Konto (2002)** bewirkt zum einen, dass das **Konto (431)** aufgelöst ist. Zum anderen zeigt sich auf dem **Konto (2002)**, inwieweit die Betriebskostenvorauszahlungen mit den Forderungen aus der Umlagenabrechnung übereinstimmen. In der Finanzbuchhaltung müssen dazu die durch die Mietenbuchhaltung ermittelten Nachforderungen (NF) an die Mieter und Guthaben (GH) der Mieter aus der Umlagenabrechnung berücksichtigt werden.

Beispiel:

Objekt Wiesenstraße 18			
Mieter	Geleistete Vorauszahlungen	Forderungen aus Umlagenabrechnung	NF (+) GH (-)
A	2.160 Euro	2.500 Euro	340 Euro
B	2.400 Euro	2.680 Euro	280 Euro
C	3.600 Euro	3.408 Euro	-192 Euro
D	1.800 Euro	1.950 Euro	150 Euro
E	4.200 Euro	4.150 Euro	-50 Euro
	14.160 Euro	**14.688 Euro**	**528 Euro**

Die Beträge der Umlagenabrechnung finden Eingang in die Mieten-Soll-Listen und bilden die Grundlage für die Arbeiten der Finanzbuchhaltung.

Objekt Wiesenstraße 18 (Angaben in Euro)												
Mieter	Saldovortrag		Mieten		Umlagen			...	Zahlungen		Saldo	
	Soll	Haben	Soll-miete	Zu-schläge	Voraus-zahlungen	Abrechnung Nachford.	Abrechnung Guthaben	...	Aus-zahlung	Ein-zahlung	Soll	Haben
A	0	0	450	35	180	340		...	0	1.005	0	0
B	0	0	520	0	200	280		...	0	1.000	0	0
C	0		480	40	300		192	...	0	628	0	0
D		0	350	0	150	150		...	0	650	0	0
E	0	0	500	40	350		50	...	0	840	0	0
Summe	0	0	2.300	115	1.180	770	242	...	0	4.123	0	0

Von der Mietenbuchhaltung/Betriebskostenabrechnung erhält die Finanzbuchhaltung die Information darüber, dass die

- gesamten Nachforderungen aus der Umlagenabrechnung 770 Euro und die
- gesamten Guthaben aus der Umlagenabrechnung 242 Euro

betragen. Diese Werte bilden die Grundlage für die vorzunehmenden Buchungen.

Buchung der **Nachforderungen** aus der Umlagenabrechnung

(2000)	an	(2002)	770 Euro

Buchung der **Guthaben** aus der Umlagenabrechnung

(2002)	an	(2000)	242 Euro

S	(2002)	H
(601): 14.688 Euro		(431): 14.160 Euro
(2000): 242 Euro		(2000): 770 Euro
14.930 Euro		14.930 Euro

S	(2000)	H
(2002): 770 Euro		(2002): 242 Euro

Nachforderung aus der Umlagenabrechnung

Guthaben aus der Umlagenabrechnung

Von der Mietensollstellung zur Umlagenabrechnung

1. **Sollstellung der Miete** und Begleichung der Forderungen per Bank

(2000)	an	(600)
	an	(602)
	an	(431)
(274)	an	(2000)

2. **Erfassung** diverser Betriebskosten im Jahr (00)

(800)	an	(4421)
(83)	an	(47…)
(8910)	an	(470)

3. **Ermittlung** der tatsächlich angefallenen und umlagefähigen Betriebskosten und deren **Aktivierung** zum 31. 12. 00

(15)	an	(646)

4. Abschluss der relevanten Bestands- und Erfolgskonten zum Bilanzstichtag (00)

(600)	an	(982)
(602)	an	(982)
(646)	an	(982)
(982)	an	(800)
(982)	an	(83)
(982)	an	(8910)
(989)	an	(15)
(431)	an	(989)

5. Eröffnung der relevanten Bestandskonten zu Beginn des neuen Geschäftsjahres (01)

(15)	an	(980)
(980)	an	(431)

6. **Auflösung** der (15) Noch nicht abgerechneten Betriebskosten im Jahr (01)

(648)	an	(15)

7. **Sollstellung** der Forderungen aus der Umlagenabrechnung; die bisher ermittelten Betriebskosten sind gegebenenfalls um das Umlageausfallwagnis (UAW) von 2 % zu erhöhen

(2002)	an	(601)

8. **Verrechnung** der (431) Betriebskostenvorauszahlungen mit den (2002) Forderungen, **Abrechnung** mit den Mietern und Buchung der **Nachforderungen** und **Guthaben** aus der Umlagenabrechnung

Verrechnung:	(431)	an	(2002)
Nachforderungen:	(2000)	an	(2002)
Guthaben:	(2002)	an	(2000)

5 Mieterhöhungen (gemäß §§ 555a ff. BGB)

Die Möglichkeit zu einer Mieterhöhung hat der Vermieter nur, wenn diese vertraglich vereinbart oder gesetzlich erlaubt ist. Transparenter wäre es, wenn der Vermieter die Möglichkeit einer Mieterhöhung im Mietvertrag durch eine **Mietanpassungsklausel** vereinbart hat. Diese könnte wie folgt formuliert sein:

> „Der Vermieter ist berechtigt, unter Beachtung der für den Zeitpunkt der Mieterhöhung geltenden Gesetze, die Miete zu erhöhen.“

In den nachfolgenden Erläuterungen werden nur Wohnungen ohne Preisbindung, also die sogenannten preisfreien (freifinanzierten) Wohnungen, berücksichtigt. Bei preisgebundenen Wohnungen gelten die Vorschriften des Bundes bzw. der jeweiligen Länder. Auch die Richtlinien der jeweils genutzten Förderungen sind zu beachten.

5.1 „Freiwillige Mieterhöhung“ während des Mietverhältnisses (§ 557 BGB)

Vermieter und Mieter können durch eine **Mietabänderungsvereinbarung** gemäß § 557 Abs. 1 BGB eine Mieterhöhung vereinbaren. Es ist aber davon auszugehen, dass es Ihnen in der Praxis schwerfallen sollte, diese Vereinbarung mit Ihrem Mieter zu erzielen. Es gilt das Prinzip von Angebot und Annahme zwischen den Vertragsparteien.

Voraussetzungen einer Mietabänderungsvereinbarung	
Form	formfrei, Schriftform empfehlenswert
Wann	nach Abschluss des Mietvertrags
Erhöhungszeitpunkt	frei vereinbar
Höhe	Steigerung nur in Geldbeträgen, nicht in Prozent
Kappungsgrenze	keine
Begrenzung	§ 5 WiStG und § 291 StGB
Abstand zur letzten Mieterhöhung	unerheblich, keine Jahressperrfrist
Besonderheiten	• Eine Überlegungs- und Annahmefrist kann frei vereinbart werden, eine Annahmeerklärung ist notwendig. • Die Erhöhung der Miete selbst löst aber die Jahressperrfrist wieder aus.

5.2 Staffelmietvereinbarung (§ 557a BGB)

Bei einer Staffelmiete wird bereits bei Vertragsabschluss festgelegt, in welchem Umfang sich die Miete über einen bestimmten Zeitraum hinweg erhöht. Bei einer Staffelmietvereinbarung zwischen Vermieter und Mieter sind die folgenden Vorraussetzungen zu beachten:

Voraussetzungen einer Staffelmietvereinbarung	
Form	Schriftform i.S.v. § 126 BGB
Wann	bei Abschluss des Mietvertrags oder später
Erhöhungszeitpunkt	tritt automatisch ein
Höhe	• mindestens eine Steigerung, keine Höchstgrenze • Abstand zwischen den einzelnen Staffelungen mindestens ein Jahr • Ausweisung in einem Geldbetrag (z. B. ab dem 30. 06. 2012 auf 500 Euro)
Kappungsgrenze	keine
Begrenzung	§ 5 WiStG und § 291 StGB
Abstand zur letzten Mieterhöhung	Erhöhung in der Zukunft
Besonderheiten	• Mieterhöhungen nach den §§ 558 und 559 BGB sind gesetzlich ausgeschlossen • besonderer Kündigungsausschluss möglich, maximal vier Jahre

Zusätzlich kann ein Ausschluss des Mieters im Hinblick auf eine ordentliche Kündigung geregelt werden.

Bei einer Staffelmiete bedarf es keines Erhöhungsschreibens, da die Mietpreisentwicklung schon vertraglich festgeschrieben ist. In der Praxis hat es sich aber bewährt, dass dem Mieter ein Erinnerungsschreiben kurz vor dem Wirksamwerden des Staffelsprunges zugeht, damit dieser dies nicht vergisst.

Es liegt demnach bei Mieter und Vermieter, ob eine festgeschriebene oder eine gesetzlich mögliche Mietpreissteigerung gewollt ist.

5.3 Indexmietvereinbarung (§ 557b BGB)

Die Indexmiete ist an die Entwicklung des Lebenshaltungskostenindex (= Verbraucherpreisindex) gekoppelt. In der Wohnungswirtschaft hat die Indexmiete allerdings kaum Bedeutung. Auch hier muss die Miete mindestens 12 Monate unverändert bleiben. Anders als bei der Staffelmiete tritt die neue Miete jedoch nicht automatisch in Kraft. Sie muss durch den Vermieter verlangt werden. In der Erklärung muss die Indexsteigerung angegeben werden, die das Verhältnis zur Mietsteigerung angibt.

Voraussetzungen einer Indexmietvereinbarung	
Form	Schriftform für Vereinbarung im Mietvertrag (§ 557b Abs. 1 BGB); Textform für Geltendmachung (§ 557b Abs. 3 BGB)
Wann	Vereinbarung bei Mietvertragsabschluss oder als Nachvertragsvereinbarung
Erhöhungszeitpunkt	Erhöhung in der Zukunft, zu Beginn des übernächsten Monats nach Zugang der Erhöhungserklärung
Höhe	• Kopplung nur an einen einzigen Index möglich • bei deflationärer Entwicklung des Index muss der Vermieter auch die Miete senken

Kappungsgrenze	keine
Begrenzung	§ 5 WiStG oder § 291 StGB
Abstand zur letzten Mieterhöhung	Abstand zwischen den einzelnen Steigerungen mindestens ein Jahr
Besonderheiten	Mieterhöhungen nach den §§ 557a, 558 und 559 BGB sind gesetzlich ausgeschlossen, jedoch können gemäß § 555b Nr. 6 i.V.m. § 559 BGB die Kosten, die der Vermieter nicht zu vertreten hat, auf den Mieter umgelegt werden.

5.4 Mieterhöhung nach §§ 558 bis 558e BGB (Erhöhung bis an die ortsübliche Vergleichsmiete)

Bei dieser Erhöhung handelt es sich um eine zweiseitige Vertragsänderung. Dies spiegelt sich auch darin wider, dass der Mieter der Erhöhung zustimmen muss. Oft kommt es vor, dass Sie sich als Vermieter unterstellen lassen müssen, die Erhöhung nur aus Profitgier durchzuführen. Dabei gleichen Sie Ihre Bestandsmieten lediglich an die Ortsüblichkeit an. Eine Mieterhöhung nach § 558 BGB unterliegt jedoch einigen gesetzlichen Anforderungen:

Voraussetzungen einer Mieterhöhung bis an die ortsübliche Vergleichsmiete	
Form	Textform gemäß § 558a Satz 1 BGB
Wann	erstmals nach 15 Monaten ab Gebrauchsüberlassung oder letzter Mieterhöhung
Erhöhungszeitpunkt	Erhöhung in der Zukunft, zu Beginn des übernächsten Monats nach Zugang des Erhöhungsschreibens
Höhe	ortsübliche Vergleichsmiete darf nicht überschritten werden
Kappungsgrenze	20 % in drei Jahren bzw. in Sonderfällen 15 % (ggf. Länderregelung beachten – Mietrechtsreform 2013; § 558 Abs. 3 Satz 2)
Begrenzung	§ 5 WiStG oder § 291 StGB
Abstand zur letzten Mieterhöhung	Jahresfrist von mind. 12 Monaten + 3 Monate Überlegungsfrist (Zustimmungsfrist) = 15 Monate
Besonderheiten	• zustimmungsbedürftig durch Mieter • Klageerhebung innerhalb von 3 Monaten bei Nichtzustimmung • Sonderkündigungsrecht gemäß § 561 BGB

Bei dem Begriff der **ortsüblichen Vergleichsmiete** handelt es sich um einen unbestimmten Rechtsbegriff. Er bezieht sich auf die üblichen Entgelte, die in einer Gemeinde für Wohnraum vergleichbarer

- Art,
- Größe,
- Ausstattung,
- Beschaffenheit und
- Lage

in den letzten vier Jahre vereinbart oder geändert worden sind. Es handelt sich im heutigen Sinne um eine marktorientierte und modifizierte Durchschnittsmiete.

Ermittlung der ortsüblichen Vergleichsmiete
Es dürfen nur Mieten herangezogen werden, die in den letzten vier Jahren vereinbart oder geändert worden sind, d. h., der Mietpreis kann unter folgenden Voraussetzungen zustande gekommen sein:
- Neuabschluss eines Mietvertrags
- Mieterhöhung nach Modernisierung
- einvernehmliche Mieterhöhung (§ 557 BGB)
- Mieterhöhung durch Staffel- oder Indexvereinbarungen (§§ 557a, 557b BGB)
- Mieterhöhung im Rahmen der ortsüblichen Vergleichsmiete

5.4.1 Begründung des Erhöhungsverlangens

Das Mieterhöhungsverlangen unterliegt dem § 558a BGB. Der Vermieter hat den Mieter in Textform über sein Anliegen in Kenntnis zu setzen. Als Begründung verweist der Gesetzgeber auf die folgenden vier Möglichkeiten:
- Mietspiegel
- Auskunft aus einer Mietdatenbank
- Gutachten eines öffentlich bestellten und vereidigten Sachverständigen
- Benennung von mindestens drei vergleichbaren Wohnungen

5.4.2 Mietspiegel (einfacher und qualifizierter)

Bei einem **einfachen Mietspiegel (§ 558c BGB)** handelt es sich um eine Übersicht, die Auskunft über die ortsübliche Vergleichsmiete im freifinanzierten Wohnungsbau gibt. Seit dem 01. 09. 2001, im Zuge der damaligen Mietrechtsreform, hat der Gesetzgeber auch die Voraussetzung für die Erstellung eines qualifizierten Mietspiegels geschaffen.

Ein **qualifizierter Mietspiegel** ist im Gegensatz zum einfachen Mietspiegel ein nach wissenschaftlichen Grundsätzen erstellter und von der jeweiligen Gemeinde und den Interessenverbänden der Mieter und Vermieter anerkannter Mietspiegel (§ 558d BGB).

Es ist davon auszugehen, dass der Mietspiegel auch zukünftig bei Mieterhöhungen das Begründungsmittel schlechthin bleiben wird.

Folgende Verfahren der Mietspiegelerstellung sind anwendbar:
- Tabellenmietspiegel
- Regressionsmietspiegel
- kombiniertes Verfahren aus Tabellen- und Regressionsmietspiegel
- Auswertung von Mietdatenbanken

Aufbau eines Mietspiegels
Mietpreise sollten nach verschiedenen Kategorien ablesbar oder berechenbar sein. Somit kommt es auf die jeweilige Form eines Mietspiegels an. Die Grundlagen zur Preisfindung sind immer:
- Baualtersklasse und Baustil, z. B. Plattenbau oder Gründerzeithaus
- Lage der Wohnung auf die Umgebung bezogen
- Wohnungsgröße, Grundrisssituation
- Lage der Wohnung im Gebäude, Geschosslage, z. B. Erdgeschoss oder III. OG
- Ausstattung der Wohnung, z. B. Bad, Balkon, Heizung, Einbauschränke
- Modernisierungsstand

5.4.3 Auskunft aus einer Mietdatenbank

Eine Mietdatenbank muss entweder von der Gemeinde oder vom Interessenverband der Mieter gemeinsam mit dem Interessenverband der Vermieter geführt werden. In dieser Datenbank werden fortlaufende Mietdaten gesammelt.

5.4.4 Gutachten eines öffentlich bestellten und vereidigten Sachverständigen

Nur selten werden Mieterhöhungsverlangen von einem Sachverständigengutachten untermauert, da ein entsprechendes Gutachten sehr viel Geld kostet, das der Vermieter aus eigener Tasche bezahlen muss. Stützt der Vermieter sein Mieterhöhungsverlangen trotzdem auf ein Gutachten, dann muss dieses im vollen Wortlaut beigelegt sein und der Sachverständige selbstverständlich auch über hinreichende Qualifikationen verfügen. Wird eine gerichtliche Durchsetzung einer Mieterhöhung notwendig, wird im Zuge des gerichtlichen Verfahrens in der Regel ein Sachverständigengutachten erforderlich.

5.4.5 Benennung von mindestens drei vergleichbaren Wohnungen

Wichtig ist hier, dass die Wohnungen auch vergleichbar sind. Im Streitfall wird immer der (qualifizierte) Mietspiegel zurate gezogen. Vermietern wird gern vorgehalten, dass sie immer die teuersten und schon gar nicht vergleichbaren Wohnungen benennen. Letztlich ist es dem Vermieter überlassen, welcher Begründungsmittel er sich bedient. Doch sollte er immer davon ausgehen, dass, wenn an seinem Ort ein qualifizierter Mietspiegel vorhanden ist, er diesen auch verwenden oder zumindest den daraus resultierenden Wert benennen muss.

5.4.6 Zeitlicher Ablauf einer Erhöhung nach § 558 BGB

Nach Erhalt des Erhöhungsverlangens hat der Mieter zwei volle Monate zur Zustimmung Zeit. Es ist also unerheblich, ob er die Mieterhöhung zum 1., 15. oder 30. eines Monats erhält. Er darf die darauf folgenden beiden Monate überlegen, ob er der Erhöhung schriftlich zustimmt. Stimmt er zu, schuldet er die Miete ab dem dritten Monat. Dies ergibt sich aus § 558b Abs. 2 BGB.

Beispiel:
Der Zugang des Schreibens erfolgt am 7. Februar. Die Überlegungs- oder Zustimmungsfrist läuft bis zum 30. April. Nach der schriftlichen Zustimmung durch den Mieter ist die neue Miete ab dem 1. Mai fällig.

Stimmt der Mieter nicht zu, hat der Vermieter nach Ablauf der Überlegungsfrist drei Monate Zeit, auf Zustimmung zu klagen (558b Abs. 2 BGB). In unserem Beispiel bis zum 31. 07.

Der Gesetzgeber räumt dem Mieter aber für den Fall, dass er die erhöhte Miete nicht zahlen will bzw. kann, ein Sonderkündigungsrecht ein (§ 561 BGB). Die Mieterhöhung entfaltet dann keine Wirkung gegen ihn. Er muss aber aus der Wohnung ausziehen. In unserem Beispiel also bis zum 30. 06.

5.5 Mieterhöhung nach Modernisierung (§§ 555b, 559 bis 559b BGB)

Es gibt immer wieder Probleme, wenn der Vermieter seine Wohnungen modernisieren möchte. Dies geschieht nur aus dem Grund, die Wohnqualität zu erhöhen. Die Kehrseite der Medaille: Eine höhere Wohnqualität kostet meistens auch mehr Geld. Die Folge ist eine Erhöhung der Miete. Es soll nun kurz dargestellt werden, was eigentlich hinter dem Begriff „Modernisierung“ steckt und welche Spielregeln von Vermieter und Mieter eingehalten werden müssen.

Der Katalog der Modernisierungsmaßnahmen wurde durch das Mietrechtsänderungsgesetz 2013 neu geordnet und erweitert (zum 01.05.2013 in Kraft getreten).

Modernisierungsmaßnahmen sind gemäß § 555b BGB bauliche Veränderungen, durch welche

Maßnahmen	Beispiele
1. nachhaltig Endenergie in Bezug auf die Mietsache eingespart wird (energetische Modernisierung),	• Einsparung von Heizenergie, Wärmerückgewinnung • Wärmedämmung • Installation von Sonnen-/Windenergieanlagen • elektronische Einzelraumregelung
2. nicht erneuerbare Primärenergie nachhaltig eingespart oder das Klima nachhaltig geschützt wird (sofern nicht in 1. enthalten),	• Wassererwärmung durch Solarkollektoren • Photovoltaikanlagen, deren Strom in das Stromnetz eingespeist wird
3. der Wasserverbrauch nachhaltig reduziert wird,	• Installation von Wasserzählern
4. der Gebrauchswert der Mietsache nachhaltig erhöht wird,	• erstmalige Anbringung von Balkonen • Einbau einer Aufzugsanlage • Maßnahmen zur Verbesserung der Belüftung, Belichtung und des Schallschutzes • (z. B. Klimaanlagen, größere Fenster, Schallschutzfenster)
5. die allgemeinen Wohnverhältnisse auf Dauer verbessert werden,	• erstmaliger Einbau eines Aufzugs • Anlage und Ausbau von Gemeinschaftseinrichtungen (Spielplätze, Fahrradkeller, Müllboxen) • Veränderung des Wohnungszuschnitts • Einbau von Sicherheitsanlagen
6. Arbeiten durchzuführen sind, die der Vermieter nicht zu vertreten hat und die keine Erhaltungsmaßnahmen nach § 555a sind,	• Umstellung der Gasversorgung • Anschluss an die Kanalisation nach behördlicher Auflage • Erstinstallation von Rauchwarnmeldern
7. neuer Wohnraum geschaffen wird.	• Aus- und Umbaumaßnahmen innerhalb bestehender Gebäudeteile, z. B. Ausbau Dachgeschoss und Anbauten

Zur Modernisierung zählen auch die Kosten für Eigenleistungen des Vermieters in Höhe der Kosten eines durchschnittlichen Handwerksbetriebes (ohne Umsatzsteuer). Sollte zudem die Beschäftigung eines Architekten für die Modernisierungsmaßnahme erforderlich sein, gehören auch diese Kosten mit hinzu (Bau- und Baunebenkosten).

Nicht zur den Modernisierungsmaßnahmen zählen:

- Erschließungsbeiträge, die dem Vermieter durch die Kommune auferlegt werden, z. B. Anschluss an das öffentliche Kanalisationsnetz (Kosten, die **außerhalb** der Grundstücksgrenze anfallen)
- Kosten für Kapital und Kapitalbeschaffung
- Mietausfallkosten während der Modernisierungsdauer
- Kosten für Verwaltungsleistungen, z. B. Rechnungsprüfung
- Instandsetzungsanteil der durchgeführten Arbeiten

Ausnahmen	
Staffelmietvertrag	Eine zusätzliche Mieterhöhung wegen Modernisierung ist ausgeschlossen.
Indexmiete	Eine Modernisierungserhöhung ist nur aufgrund von baulichen Veränderungen möglich, die der Vermieter nicht zu vertreten hat.
Zeitmietvertrag	Eine Erhöhung ist nur möglich, wenn ein Erhöhungsrecht vereinbart wurde.

Hinweis auf die Form und Frist des Härteeinwands nach § 555d Abs. 3 Satz 1 BGB
Modernisierungsmaßnahmen des Vermieters sind nach § 555d BGB vom Mieter zu dulden, solange es keine besondere Härte für ihn oder seine Familie darstellen würde.

§ 555c Abs. 2 BGB gibt vor, dass der Vermieter den Mieter in der Modernisierungsankündigung auf die Form und die Ausschlussfrist des Härteeinwands nach § 555d Abs. 3 BGB hinzuweisen hat.

Die Härtefallprüfung wird gemäß der aktuellen Regelung in zwei Teile geteilt:
Der erste Teil prüft die „wirtschaftliche Härte“. Der Blick richtet sich dabei auf die voraussichtliche Mieterhöhung. Die aus der Mieterhöhung resultierende Härtefallregelung kommt nicht mehr bereits im Bereich der Duldung zum Tragen, sondern erst im Rahmen des Mieterhöhungsverfahrens.

Der zweite Teil der Härtefallregelung prüft die „personelle Härte“. Das Kriterium liegt hierbei in der Zumutbarkeit der Modernisierungsmaßnahmen. Besondere Härten wären dabei z. B.

- erheblicher Schmutz oder Lärm (vor allem bei älteren Personen),
- wenn Fenster und Türen im Winter ausgewechselt würden,
- die Veränderung des Zuschnitts der Wohnung als Folge der Maßnahme, z. B. das Kinderzimmer entfällt, da in dem Raum das neue Bad eingebaut wird,
- vorausgegangene Aufwendungen des Mieters, da dieser in der Vergangenheit selbst modernisiert hat oder
- Gefährdung von Leben und Gesundheit, z. B durch den Umbau des Bades muss eine 80-jährige kranke Rentnerin ein Ersatz-WC (Dixi) auf dem Hof nutzen.

Ablaufschema

Planung	**Planung der Modernisierungsmaßnahmen:** • Art und Kosten (Reparaturanteil herausrechnen) • Finanzierung • Einholung erforderlicher Genehmigungen • Überprüfung der vorhandenen Mietverträge auf eine Modernisierungserhöhung • Ersatzlösungen für Härtefälle einplanen • Aufwendungsersatz für den Mieter einplanen, z. B. Reinigungskosten **Empfehlung**: Vorgespräche mit den betroffenen Mietern führen • ggf. Anregungen der Mieter berücksichtigen • mögliche Härtefälle sondieren
Ankündigung	**Form:** an alle im Mietvertrag bezeichneten Mieter (Textform) **Frist:** drei Monate vor Beginn der Maßnahmen **Inhalt:** • Auflistung und Erläuterung aller geplanten Maßnahmen (Art und Umfang) • Beginn • voraussichtliche Dauer • die zu erwartende voraussichtliche Mieterhöhung • modernisierungsbedingte Betriebskostenerhöhungen bzw. neu dazukommende Betriebskosten • Hinweis auf Härteeinwendung und Sonderkündigungsrecht • Unterschrift aller Vermieter Zu empfehlen ist es, der Ankündigung eine ausdrückliche Einverständniserklärung beizulegen, die die Mieter unterzeichnen.
Durchführung	**Bei der Durchführung zu beachten:** • wird der Zeitpunkt des Modernisierungsbeginns überschritten, muss ggf. eine erneute Ankündigung erfolgen • bei Zutrittsverweigerung durch den Mieter muss eine einstweilige Verfügung erwirkt werden (nur bei Eilbedürftigkeit des Zugangs) • Duldungspflicht des Mieters ggf. gerichtlich geltend machen
Mieterhöhung	**Form:** an alle im Mietvertrag bezeichneten Mieter (Textform) **Bei der Mieterhöhung zu beachten:** • Abrechnung der durchgeführten Maßnahmen und Kosten unter Herausnahme von Reparaturarbeiten • Aufteilung der Kosten auf die einzelnen Wohnungen, Verteilermaßstab • Abzug von Förderungen • Angabe zum Erhöhungsbeginn • Hinweis auf Härteeinwendung

Bei Modernisierungen gilt es, einige weitere wichtige Spielregeln zu beachten:

- Der Vermieter muss beweisen, dass die Mitteilung an die Mieter ergangen ist (Einwurfprotokoll, das durch den Sachbearbeiter und den Hauswart unterzeichnet ist) oder in Problemfällen eine Zustellung durch den Gerichtsvollzieher erfolgt ist.
- Die Jahresmiete darf um maximal 11 % der aufgewendeten Kosten (für die Modernisierung) erhöht werden. Wurden verbilligte Darlehen in Anspruch genommen oder hat der Mieter Eigenleistungen erbracht, reduziert sich diese Höchstgrenze nach § 559a BGB.
- Bei Mieterhöhungen durch Modernisierungen greift die Kappungsgrenze von 20 % nicht. Der Vermieter kann hier kostendeckend arbeiten. Nur Mietwucher ist auch weiterhin nicht mit dem Hinweis auf die Kostendeckung zu rechtfertigen (mehr als 50 % der Vergleichsmiete). Das Prinzip der Wirtschaftlichkeit muss aber eingehalten werden. Eine Luxusmodernisierung muss der Mieter nicht dulden. Beim geförderten Wohnungsbau sind dahingegen die Kappungsgrenzen zu berücksichtigen. Es darf keine Mieterhöhung verlangt werden, wenn die Wohnungen nur in einen allgemein üblichen Zustand versetzt werden.
- Nach § 555e BGB (Sonderkündigungsrecht) kann der Mieter das Mietverhältnis bis zum Ende des Folgemonats kündigen.

Beispiel:
Die Modernisierungsankündigung geht dem Mieter am 21. August zu. Er kann bis zum Ende des zweiten darauffolgenden Monats (bis 31. Oktober) kündigen (sogenannte **Überlegungsfrist**). Die Wirkung der Kündigung tritt zum 31. Dezember ein.

Eine Ausnahme stellen Maßnahmen dar, die fast keinen Einfluss auf die Wohnung haben oder nur zu einer geringen Mieterhöhung führen.

Die Mieterhöhung gilt mit Beginn des dritten Monats, nachdem dem Mieter eine Erklärung über die endgültige Mieterhöhung zugegangen ist. Die Regelungen dazu finden Sie im § 559b BGB.

Wichtig:
Kündigt der Mieter, dürfen die Maßnahmen erst nach seinem Auszug durchgeführt werden.

Auswirkungen von Fehlern bei der Modernisierungsankündigung bzw. der Erhöhungserklärung

Fall 1: Bagatellmieterhöhung ohne Ankündigung

Mieter duldet Modernisierung bzw. wird zur Duldung verurteilt	Mieter hat keine Kenntnis von Modernisierung, aber duldet sie	Mieter widerspricht der Modernisierung
⇩	⇩	⇩
Mieterhöhung zu Beginn des dritten Monats nach Zugang der Erklärung	Mieterhöhung zu Beginn des dritten Monats nach Zugang der Erklärung	Mieterhöhung zu Beginn des dritten Monats nach Zugang der Erklärung

Fall 2: Vermieter unterlässt die Modernisierungsankündigung gemäß § 555c BGB völlig

Mieter hat Kenntnis von der Modernisierungsabsicht und duldet sie	Mieter hat keine Kenntnis von der Modernisierungsabsicht und duldet sie	Mieter widerspricht der Modernisierung
⇩	⇩	⇩
Mieterhöhung nach § 559 Abs. 2 BGB sechs Monate später	Mieterhöhung nach § 559 BGB nicht möglich	Mieterhöhung nach § 559 BGB nicht möglich

Fall 3: Die Ankündigung der Modernisierung ist fehlerhaft, enthält aber die Ankündigung zur Mieterhöhung

Mieter hat Kenntnis von der Modernisierungsabsicht und duldet sie	Mieter widerspricht der Modernisierung
⇩	⇩
Mieterhöhung zu Beginn des dritten Monats nach Zugang der Erklärung	Mieterhöhung nach § 559 BGB nicht möglich

Fall 4: Modernisierungsankündigung gemäß § 555c BGB erfolgt, aber die Ankündigung der Mieterhöhung fehlt

Mieter hat Kenntnis von der Modernisierungsabsicht und duldet sie	Mieter widerspricht der Modernisierung
⇩	⇩
Mieterhöhung nach § 559 b Abs. 2 BGB sechs Monate später	Mieterhöhung nach § 559 BGB nicht möglich

Fall 5: Tatsächliche Mieterhöhung fällt mehr als 10 % höher aus als angekündigt

Mieter duldet die Modernisierung
⇩
Mieterhöhung nach § 559 b Abs. 2 BGB sechs Monate später

Beispiel:

Der Vermieter möchte neue Fenster in eine Wohnung einbauen. Ein Teil der alten Fenster ist reparaturbedürftig. Die bisherige Nettomiete der Wohnung beträgt 4,00 Euro/m² monatlich für 70 m² Wohnfläche, somit 280,00 Euro/monatlich.

Gesamtkosten neue Fenster	3.000,00 Euro
– Reparaturkosten Fenster	1.300,00 Euro
Modernisierungskosten	**1.700,00 Euro**
Aufschlag auf die Jahresmiete (11 % der Mod.-Kosten) = jährliche Mieterhöhung	187,00 Euro
= monatliche Mieterhöhung (187,00 Euro : 12 Monate)	15,58 Euro
alte Miete monatlich	280,00 Euro
+ Mieterhöhung	15,58 Euro
neue Miete monatlich	**295,58 Euro**

➔

Der Zugang des Erhöhungsschreibens erfolgt am 5. April, der Erhöhungsbeginn ist somit der 1. Juli. Sollte die tatsächliche Modernisierungserhöhung gegenüber der Ankündigung um mehr als 10 % abweichen, dann verschiebt sich der Erhöhungszeitpunkt um sechs Monate und somit auf den 1. Januar des folgenden Jahres.

Wird das Sonderkündigungsrecht in Anspruch genommen, muss die Kündigung bis 30. 06. erfolgen. Die Wirkung tritt in diesem Fall zum 31. 08. ein.

5.6 Mieterhöhung wegen gestiegener Betriebskosten (§ 560 BGB)

Für den Fall, dass Steigerungen der Betriebskosten über eine Mieterhöhung an den Mieter weitergegeben werden sollen, ist die vereinbarte Form der Miete zu beachten. Bei einer Nettokaltmiete werden nach der Rechnungslegung durch den Vermieter die Vorauszahlungen auf angemessene Höhe heraufgesetzt oder abgesetzt. Dieses Recht steht auch dem Mieter zu. Die geänderte Vorauszahlung schuldet der Mieter mit Beginn des auf die Erklärung folgenden übernächsten Monats.

Voraussetzungen einer Mieterhöhung wegen gestiegener Betriebskosten	
Form	Textform
Wann	jederzeit, innerhalb von drei Monaten ab Kenntnis des Vermieters von der Erhöhung (§ 560 Abs. 2 Satz 2 BGB); (bei Betriebskostenpauschalen*)
Erhöhungszeitpunkt	mit Beginn des auf die Erklärung folgenden übernächsten Monats (bei Betriebskostenpauschalen*); nach einer Abrechnung bei Betriebskostenvorauszahlungen
Höhe	angemessene Höhe (§ 560 Abs. 4 BGB)
Kappungsgrenze	–
Begrenzung	Wirtschaftlichkeitsgebot
Sonderkündigungsrecht	keins
Besonderheiten	rückwirkend auf das der Erklärung vorangegangene Kalenderjahr

*nur, wenn eine entsprechende Erhöhungsklausel im Mietvertrag vereinbart wurde

Beispiel:
Zugang 15. Mai 2005 – neue Vorauszahlung mit dem 1. Juli 2005

Hinweis:

Bei einer vereinbarten Pauschale muss im Mietvertrag ein Erhöhungsvorbehalt geregelt sein.

Die **Mieterhöhungserklärung** bedarf der Textform und muss folgende Inhalte haben:
- Gegenüberstellung der bisherigen und der jetzt geltenden Beträge
- Betrag, um den die Gesamtsumme der Betriebskosten erhöht werden soll
- Verteilerschlüssel
- Grund der Erhöhung

6 Beendigung von Wohnraummietverhältnissen

Mietverhältnisse über Wohnraum können beendet werden durch

- einen Aufhebungsvertrag zwischen den Vertragsparteien,
- Kündigung einer der beiden Vertragsparteien oder
- den Bedingungseintritt, wie beispielsweise bei einem Zeitmietvertrag durch das Erreichen des vereinbarten Endpunktes (vgl. auch Lernfeld 4, Kapitel 1.3.9.1).

6.1 Aufhebungsvertrag

Aufhebungsverträge kennen Sie auch aus dem Arbeitsrecht. Durch sie ist es möglich, dass beide Vertragsparteien einen Vertrag ohne Einhaltung einer Frist gemeinsam beenden können. In der Praxis kann ein Aufhebungsvertrag beispielsweise bei der Trennung einer Lebensgemeinschaft oder Ehe zum Einsatz kommen. Der Vermieter kann den einen Partner aus dem Vertrag entlassen und mit dem anderen das Mietverhältnis fortsetzen. Der Aufhebungsvertrag sollte aus Beweisgründen immer schriftlich gefertigt und von allen im Mietvertrag genannten Parteien unterzeichnet werden.

6.2 Kündigung

Die Kündigung ist eine einseitige empfangsbedürftige Willenserklärung, die darauf ausgerichtete ist, einen bestehen Vertrag zu beenden. Das heißt, eine der Vertragsparteien erklärt das Mietverhältnis für beendet.

Zu unterscheiden sind:

- Die **fristlose** Kündigung – das Vertragsverhältnis ist mit dem Zugang der Erklärung sofort beendet.
- Die **ordentliche** Kündigung wie auch die **außerordentliche mit gesetzlicher Frist** – das Vertragsverhältnis endet mit Ablauf einer gesetzlichen oder vertraglichen Frist, welche mit Zugang der Erklärung zu laufen beginnt.

6.2.1 Fristlose Kündigung

Bei einer fristlosen Kündigung kommt es immer zu einer sofortigen Beendigung des Mietverhältnisses (ohne Einhaltung einer Frist). Für die fristlose Kündigung durch den Vermieter oder den Mieter muss ein wichtiger Grund vorliegen, der die Fortsetzung des Mietverhältnisses unzumutbar macht.

Fristlose Kündigung durch den Vermieter					
Kündigungsgrund	Kündigung des Vermieters wegen Vertragsverletzung nach § 543 Abs. 2 Nr. 1 BGB	Gefährdung der Mietsache	unbefugte Gebrauchsüberlassung an Dritte	Störung des Hausfriedens	sonstige wichtige Gründe
Fristen	keine Kündigungsfrist*	keine Kündigungsfrist*	keine Kündigungsfrist*	keine Kündigungsfrist*	keine Kündigungsfrist*

Voraus-setzung/ Begründung (Beispiel)	Zahlungs-verzug: • über zwei aufeinander-folgende Mo-natsmieten • über einen längeren Zeitraum mit einem Betrag in Höhe von zwei Mo-natsmieten	• ständige Wasserschä-den durch den Mieter verur-sacht • Lüftungs-verweigerung	• Über-lassung an Dritte • unerlaubte Unterver-mietung • unerlaub-ter Woh-nungstausch	nachhaltige Störung (mehrfach)	• Zweckent-fremdung • Bedrohung und Beleidi-gung von Vermieter oder anderen Mietern
Besonder-heiten	keine Abmahnung erforderlich	Abmahnung erforderlich	Abmahnung erforderlich	Abmahnung erforderlich	keine Abmahnung erforderlich

* sofort; mit angemessener Frist, damit der Mieter sich eine neue Unterbringung suchen kann, z. B. 14 Tage Räumungsfrist

Mit der Mietrechtsreform 2013 wurde ein neuer Kündigungsgrund in das BGB aufgenommen. Nach § 569 Abs. 2a BGB kann der Vermieter nun außerordentlich fristlos kündigen, wenn der Mieter mit einer Sicherheitsleistung nach § 551 BGB in Höhe eines Betrages in Verzug ist, der der zweifachen Monatsmiete entspricht. Eine Abhilfefrist oder eine Abmahnung ist hier nicht notwendig.

Fristlose Kündigung durch den Mieter				
Kündigungs-grund	Täuschung über Betriebskosten	Mietpreis-überhöhung	erhebliche Ge-fährdung der Ge-sundheit gemäß § 569 BGB	weitere Gründe
Fristen	keine Kündi-gungsfrist*	keine Kündi-gungsfrist*	keine Kündi-gungsfrist*	keine Kündi-gungsfrist*
Voraussetzung/ Begründung (Beispiele)	Überschreitung der tatsächlichen Betriebskosten von über 100 %	Mietwucher ge-mäß § 5 WiStG	• Winter ohne Heizung • starker Schäd-lingsbefall • massive Ruhestörung in der Nacht	• unerlaubtes Betreten durch den Vermieter • Prostitution im Haus • nachhaltige Störung des Hausfriedens
Besonderheiten	–	–	Frist zur Mängel-beseitigung not-wendig	–

* sofort; Mieter bestimmt den Zeitpunkt selbst, damit er sich eine neue Unterbringung suchen kann, z. B. 14 Tage Räumungsfrist

Die fristlose Kündigung muss nicht für sofort ausgesprochen werden. Der Mieter kann sich die Zeit für die Suche einer neuen Wohnung nehmen. Ein genauer Kündigungstermin muss aber angegeben werden.

6.2.2 Ordentliche Kündigung

Bei einer ordentlichen Kündigung handelt es sich um eine gesetzlich vorgesehene Beendigungsmöglichkeit eines Vertrags auf unbestimmte Zeit. Voraussetzung bei einer Kündigung durch den Vermieter ist immer, dass er ein berechtigtes Interesse an der Beendigung des Mietverhältnisses hat.

Ordentliche Kündigung durch den Vermieter				
Kündigungsgrund	Kündigung des Vermieters wegen Vertragsverletzung nach § 573 Abs. 2 Nr. 1 BGB	Kündigung wegen Eigenbedarfs nach § 573 Abs. 2 Nr. 2 BGB	Kündigung wegen anderweitiger wirtschaftlicher Verwertung nach § 573 Abs. 2 Nr. 3	Sonderkündigungsrecht zu einem Mietverhältnis in einem vom Vermieter selbst genutzten Gebäude mit zwei Wohnungen (§ 573a BGB)
Fristen	Ablauf des auf die Kündigung folgenden übernächsten Monats (3 Monate)	*	*	*
Voraussetzung/ Begründung (Beispiele)	• vertragswidriger Gebrauch • unerlaubte Untervermietung • Verletzung der Obhutspflicht • Sachbeschädigung • unpünktliche Mietzahlung	• Eigennutzung durch den Vermieter selbst • Nutzungsbedarf durch Haushaltsangehörige • Nutzungsbedarf durch Familienangehörige	• Abriss des Gebäudes • Zweckentfremdung	Eigenbedarf nach § 573 BGB
Besonderheiten	Abmahnung im Vorfeld notwendig (außer bei Zahlungsverzug)	• Nachweis muss erbracht werden • Eigenbedarf muss tatsächlich vollzogen werden	hohe Anforderungen an die Begründung	Eigenbedarf muss tatsächlich vorhanden sein und durchgeführt werden

* Die gesetzliche Kündigungsfrist verlängert sich um jeweils drei Monate (je nach Mietzeit, dann auf max. 12 Monate gemäß § 573c BGB).

1–5 Jahre Laufzeit = 3 Monate
nach 5 Jahren Überlassungsdauer = gesetzliche Frist + 3 Monate, d. h. 6 Monate insgesamt
nach 8 Jahren Überlassungsdauer = gesetzliche Frist + 6 Monate, d. h. 9 Monate insgesamt
bei Vertragsbeginn vor dem 01. 09. 2001 bis max. 12 Monate

Bei einer ordentlichen Kündigung durch den Mieter nach § 573c BGB muss kein erkennbarer Grund zur Beendigung des Mietverhältnisses durch den Mieter vorliegen.

Ordentliche Kündigung durch den Mieter	
Kündigungsgrund	Kündigung des Mieters nach § 573c BGB
Fristen	Ablauf des auf die Kündigung folgenden übernächsten Monats (3 Monate)
Voraussetzung/Begründung	–
Besonderheiten	Kündigungsgrund muss nicht genannt werden

Kündigung bei Eigenbedarf des Vermieters

Die Regelungen einer Kündigung wegen Eigenbedarfs sind dem § 573 Abs. 2 Nr. 2 BGB zu entnehmen. Eine entsprechende Kündigung durch den Vermieter ist nur möglich, wenn er die Räume als Wohnung für sich, seine Familienangehörigen oder Angehörige seines Haushalts benötigt. Der Eigenbedarf muss dabei immer durch den Vermieter bewiesen werden.

Familienangehörige und zum Haushalt gehörende Personen	
Personen, zu denen eine enge familiäre Bindung besteht	Hierbei handelt es sich um Personen, die dem Vermieter persönlich nahestehen und/oder bei denen er rechtlich oder zumindest moralisch zur Unterhaltsgewährung oder sonstigen Fürsorge verpflichtet ist, wie z. B. die Mutter und der Vater, die Tochter und der Sohn. Auch dazu zählen der Bruder und die Schwester, die Schwiegereltern, der Lebenspartner sowie die Enkelkinder. Darüber hinaus kann der Vermieter auch Eigenbedarf für eine nichteheliche Lebensgemeinschaft sowie den getrennt lebenden Ehegatten anmelden.
Personen, zu denen besonderer sozialer Kontakt besteht	Ausnahmsweise kann Eigenbedarf auch für Personen geltend gemacht werden, zu denen besondere soziale Kontakte bestehen. Dies können z. B. der Schwager und die Schwägerin, der Neffe und die Nichte, der Cousin und die Cousine, der Onkel und die Tante, der Stiefsohn und die Stieftochter sein. Allerdings ist die Rechtsprechung hier nicht einheitlich.
zum Haushalt gehörende Personen	Zu diesem Personenkreis gehören Hausangestellte und solche Personen, die der Vermieter bereits für dauernd in seinem Haushalt aufgenommen hat, wie z. B. Pflegepersonen und Bedarfspersonen.

Gesellschaften, wie GmbHs, AGs etc., können keinen Eigenbedarf geltend machen. Jedoch besteht hier die Möglichkeit, Betriebsbedarf als Kündigungsgrund zu benennen. Die Wohnung muss dann aus wichtigen betrieblichen Gründen einem Mitarbeiter zur Verfügung gestellt werden.

6.2.3 Außerordentliche fristgemäße Kündigung

Bei einer außerordentlichen fristgemäßen Kündigung handelt es sich um eine gesetzlich vorgesehene Beendigungsmöglichkeit eines Vertrags auf unbestimmte Zeit unter bestimmten Bedingungen.

Außerordentliche fristgemäße Kündigung durch den Vermieter			
Kündigungs-grund	Kündigung des Vermieters gegenüber dem Erben des Mieters gemäß § 564 BGB	Kündigung des Vermieters gegenüber dem Sonderrechtsnachfolger des verstorbenen Mieters gemäß § 563 Abs. 4 BGB	Kündigung bei mehr als 30-jähriger Mietdauer gemäß § 544 BGB
Fristen	innerhalb eines Monats nach Kenntnis-erlangung	Ablauf des auf die Kündigung folgenden übernächsten Monats (3 Monate)	Kündigung i. d. R. erst nach Ablauf der 30 Jahre möglich
Voraussetzung/ Begründung	Tod des Mieters	Tod des Mieters	–
Besonderheit	Kündigung muss an alle Erben gehen	–	ordentliche Kündigung während der Mietdauer ausgeschlossen

Außerordentliche fristgemäße Kündigung durch den Mieter				
Kündigungs-grund	Kündigung wegen Tod eines Mitmieters gemäß §§ 563a BGB	Kündigung durch Erben	Kündigung bei mehr als 30-jähriger Mietdauer gemäß § 544 BGB	Sonderkündigungsrecht nach Mieterhöhung gemäß § 561 BGB
Fristen	innerhalb eines Monats nach Kenntnis vom Tod des Mieters	innerhalb eines Monats nach Kenntnis vom Tod des Mieters	Ablauf des auf die Kündigung folgenden übernächsten Monats (3 Monate) ansonsten erst nach den 30 Jahren Laufzeit	Ablauf des auf die Kündigung folgenden übernächsten Monats (3 Monate)
Voraussetzung/ Begründung	Tod eines Mieters	Tod des Mieters	wenn der Kündigungsgrund nicht durch den Mieter beeinflussbar ist, z. B. notwendiger Umzug in ein Pflegeheim	Erhöhungsverlagen durch Modernisierung Anpassung an die ortsüblichen Vergleichsmieten
Besonderheit	Kündigung erfolgt durch den überlebenden Mitmieter	alle Erben müssen die Kündigung unterschreiben	ausführlich Begründung, keine zeitlich begrenzte Maßnahme	Überlegungsfrist des Mieter

Hierzu zählt ebenfalls die Kündigung durch den Mieter wegen Versagung der Untermietserlaubnis (§§ 540 und 553 BGB).

6.3 Kündigungserklärung

Die Kündigung eines Wohnraummietverhältnisses hat schriftlich zu erfolgen (§ 568 Abs. 1 BGB). Der Vermieter muss seinen Mieter außerdem über die Widerspruchsmöglichkeiten unterrichten (§ 568 Abs. 2 BGB). Widersprechen kann der Mieter jeder ordentlichen und außerordentlichen Kündigung mit gesetzlicher Frist. Dieses Recht des Mieters ist in § 574 BGB geregelt. Der Widerspruch muss spätestens zwei Monate vor Beendigung des Mietverhältnisses schriftlich beim Vermieter eingehen.

Bedeutet die Kündigung des Wohnraumes für den Mieter eine **soziale Härte**, so kann er sich darauf berufen. In diesem Fall muss der Mieter dem Vermieter allerdings umgehend, wenn dieser es verlangt, Auskunft über die Härte an sich geben. Härtegründe können beispielsweise sein:
- Niederkunft der Mieterin
- Krankheit des Mieters
- Mieter ist gerade im Examen
- Mieter würde sozial entwurzelt werden
- Mieter kann sich vor Ort nicht mit vergleichbarem Wohnraum angemessen versorgen

Aus dem Kündigungsschreiben muss eindeutig hervorgehen, dass das Vertragsverhältnis beendet werden soll. Eine Kündigung kann nicht unter Bedingungen gestellt werden (**bedingungsfeindlich**). Bei Personenmehrheiten, sowohl auf der Vermieter- als auch Mieterseite, gilt der Grundsatz: „Von allen an alle". Dies bedeutet, dass alle Mietvertragspartner die Kündigungserklärung unterzeichnen müssen bzw. empfangen müssen. Wird ein Dritter (z. B. ein Rechtsanwalt) mit der Kündigungserklärung beauftragt, muss dieser gemäß § 174 BGB eine Originalvollmacht beilegen.

Damit die Kündigung wirksam wird, muss sie dem Vertragspartner zugehen. Der Zugang ist durch den Kündigenden zu beweisen. Es empfiehlt sich daher, die Kündigung unter Zeugen in den Briefkasten des Vertragspartners einzuwerfen oder durch den Gerichtsvollzieher zustellen zu lassen. Nicht immer wird man eine Quittung bei der Übergabe der Kündigung durch den Mieter erhalten.

Eine wegen einer Mieterhöhung erfolgte Änderungskündigung durch den Vermieter hat der Gesetzgeber ausgeschlossen.

6.4 Kündigung von befristeten Mietverhältnissen (§ 542 BGB)

Wie bereits in Lernfeld 4 behandelt, können Vermieter und Mieter im Vertrag vereinbaren, dass das Mietverhältnis auf einen bestimmten Zeitraum begrenzt ist (Zeitmietvertrag gemäß § 575 BGB). Das Mietverhältnis endet mit dem Ablauf der vereinbarten Mietzeit. Weder Mieter noch Vermieter müssen eine Kündigung aussprechen. Der Vermieter sollte jedoch ca. drei Monate vor dem Auslaufen des Vertrags den Mieter auf die baldige Beendigung des Vertrags hinweisen. Bei dieser Gelegenheit kann auch ein neues Vertragsangebot unterbreitet werden.

Die vorzeitige Kündigung eines befristeten Mietverhältnisses ist immer dann möglich, wenn einem der Vertragspartner ein Sonderkündigungsrecht zusteht (außerordentliches befristetes Kündigungsrecht).

Weitere Kündigungsmöglichkeiten in Sonderfällen:
- möblierter Wohnraum in der Wohnung des Vermieters gemäß § 549 Abs. 2 Nr. 2 BGB (hier gelten die Kündigungsfristen nach § 573c Abs. 3 BGB)
- Mietverhältnisse zum vorübergehenden Gebrauch, z. B. Student- und Jugendwohnheime gemäß § 549 BGB

Die Regelungen bei der Umwandlung von Mietwohnungen in Wohnungseigentum werden im Lernfeld 9 (Wohnungseigentum begründen und verwalten) noch genauer behandelt.

Aufgaben

Aufgaben zu Kapitel 1

1 Für eine von Ihnen verwaltete Immobilie war im Vorjahr eine Grundsteuer von 1.350 Euro festgesetzt. Die Sollmieten betrugen 230.000 Euro. Die Mietausfälle, die Sie nicht zu vertreten hatten, betrugen 60.000 Euro. Für den Antrag auf Grundsteuererlass berechnen Sie heute die mögliche Minderung.

a) Wo beantragen Sie den Grundsteuererlass?

b) Berechnen Sie den Minderungsbetrag.

2 Betrachten Sie nachfolgende Tabelle und errechnen Sie die fehlenden Werte. Vernachlässigen Sie bei Ihren Berechnungen die Rundungsregeln des Finanzamtes und des Steueramtes der Gemeinde.

Einheitswert	Steuermesszahl	Hebesatz %	Grundsteuer
MFH 60.000 Euro		320	
ZFH		460	540 Euro
EFH 45.000 Euro		660	
GH 120.000 Euro		560	
MFH 80.000 Euro	3,5		1.260 Euro

MFH = Mehrfamilienhaus, ZFH = Zweifamilienhaus, EFH = Einfamilienhaus, GH = Geschäftshaus

3 Nennen Sie zehn Bestandteile der Schlussrechnung Ihres Frischwasserlieferanten.

4 Sie sind beauftragt, die Wasserkosten für eine kleine Einheit für das vergangene Jahr auf Ihre Wohnraummieter umzulegen. Im letzten Jahr zahlte Ihr Unternehmen insgesamt 1.350 Euro voraus. Die Schlussrechnung weist ein Guthaben von 37 Euro aus. Als Wasserverbrauch laut Hauptwasseruhr sind 40 m^3 angefallen. Die Summe der Mieterwasseruhren weist einen Verbrauch von 32 m^3 aus. Berechnen Sie die anteiligen Kosten für Ihren Mieter Mierbach, der einen Ablesewert von 12 m^3 verzeichnet hat.

5 Prüfen Sie die nachfolgenden Positionen auf die Umlegbarkeit im Zuge Ihrer Betriebskostenabrechnung auf Ihre Wohnraummieter. Begründen Sie Ihre Entscheidung.

a) Die Gewerbesteuer Ihres Unternehmens, das sich ausschließlich mit der Vermietung von Wohnraum beschäftigt.

b) Die Benzinkosten des Rasenmähers, der von Ihren Hausmeistern zur Gartenpflege eingesetzt wird.

c) Austausch der Leuchtmittel im Treppenhaus gegen Energiesparlampen, um Strom zu sparen.

d) Das Entfernen toter Äste der Bäume des Mietergartens, der ausschließlich von einem Mieter genutzt wird.

e) Die Reparatur der Klingelanlage in Höhe von 60 Euro – mit allen Ihren Mietern haben Sie die Kleinreparaturenklausel vereinbart.

6 Richtig oder falsch? Entscheiden Sie, ob die nachfolgen Aussagen richtig oder falsch sind. Versuchen Sie für die falschen Aussagen eine Begründung zu finden.

a) Die Umlage der Heizkosten erfolgt nach dem Abflussprinzip.

b) Mehrere Grundstücke können zu Abrechnungseinheiten zusammengefasst werden.

c) Die Auszahlung der Mieterguthaben wird fällig nach Ablauf der Prüffrist der Mieter.

d) Im öffentlich geförderten sozialen Wohnungsbau ist der Aufbau der Betriebskostenabrechnung in der II. BV geregelt.
e) Widerspricht der Mieter Ihrer Abrechnung nicht binnen eines Monats, verwirkt er sein Einsichtsrecht in die Abrechnungsunterlagen.
f) Eine Abrechnung ist im freifinanzierten Wohnraum erst nach 15 Monaten möglich.
g) Auf die Wohnraummieter können neben den Betriebskosten nach Betriebskostenverordnung auch 11 % Instandhaltungskosten umgelegt werden.
h) Bei Streitigkeiten ist das zuständige Verwaltungsgericht anzurufen.
i) Der Abrechnungszeitraum umfasst 12 Monate, das muss aber nicht das Kalenderjahr sein.
j) Mieter, die im Frühjahr ausgezogen sind, können auch mit den Laubbeseitigungskosten des Herbstes belastet werden.

7 Der Mieter Herr Meyer ist bei Ihnen in der Mietersprechstunde und möchte mit Ihnen über die vor zwei Wochen zugestellte Betriebskostenabrechnung sprechen.

a) Herr Meyer beschwert sich, dass die Betriebskostennachzahlung so hoch ist, und meint, er müsse die Nachzahlung nicht bezahlen, weil in seinem Mietvertrag eine Nettokaltmiete mit der anteiligen Lastentragung an den Betriebskosten nach Betriebskostenverordnung vereinbart ist, aber kein Betriebskostenvorschuss. Welche Aussage ist richtig?

1. Herr Meyer muss die Nachzahlung nicht bezahlen, weil kein Vorschuss vereinbart ist.
2. Herr Meyer braucht nicht zu bezahlen, weil er kein Geld hat.
3. Sie verzichten bei Irrtümern grundsätzlich auf die Nachzahlung.
4. Der Anspruch des Eigentümers ist verwirkt, weil der Mietvertrag ungenau ist.
5. Der Vermieter hat bei einer vereinbarten Nettokaltmiete den Anspruch auf Nachzahlung aus der Abrechnung.
6. Eine vereinbarte Nettokaltmiete ohne Vorschuss ist eine Bruttomiete.

b) Der Mieter Herr Meyer hat weitere Beschwerden über die ihm vorliegende Abrechnung. Suchen Sie sich einen Partner, der die Rolle des Mieters übernimmt. Dabei können Sie die unterschiedlichen Emotionen des Mieters variieren.

1. Die Position Grundsteuer ist Sache des Eigentümers. Herr Meyer will nicht zahlen, da schon für unbebaute Grundstücke Grundsteuer anfällt und nicht durch die Bewirtschaftung.
2. Die Wasserkosten sind nach m² der Wohnfläche verteilt, obwohl Herr Meyer schon mehrmals – auch schriftlich – mitgeteilt hat, dass er auf eigene Kosten eine Wasseruhr eingebaut hat. Er fordert eine Abrechnung nach Verbrauch.
3. Die Hauswartskosten bezahlt Herr Meyer nicht, da der Hausmeister ständig krank oder im Urlaub ist.
4. Den Hausstrom will Herr Meyer nicht bezahlen, weil er immer im Dunkeln zu seiner Wohnung im Parterre geht.
5. Den Aufzug will Herr Meyer nicht bezahlen, weil er im Parterre wohnt.
6. Die Müllentsorgungskosten will Herr Meyer nicht bezahlen, weil er seinen Müll auf dem Nachbargrundstück entsorgt.
7. Die vorsorgliche Schädlingsbekämpfung zahlt Herr Meyer nicht; er würde nur bei tatsächlichem Befall die Bekämpfung bezahlen.
8. Die Versicherung bezahlt Herr Meyer nicht, weil er selber schon eine Hausrat- und Haftpflichtversicherung hat.
9. Die von Ihnen angefertigten Kopien der Rechnungen, die Herr Meyer anforderte, will er nicht bezahlen, weil er Ihnen die Kopien beim Gespräch zurückgegeben hat.

8 Welche Mindestangaben nach dem Urteil des BGH muss eine Betriebskostenabrechnung enthalten?

9 Sie sitzen mit einem Eigentümer eines Mehrfamilienhauses zusammen, der zu bestimmten Betriebskostenpositionen einer noch zu erstellenden Abrechnung Fragen hat:

a) Warum sind die laufenden Verwalterkosten nicht in der Abrechnung vorgesehen?

b) Wie haben Sie den Anteil der Instandhaltungskosten im Hauswartslohn ermittelt?

c) Warum haben Sie nicht die Überziehungszinsen seiner Bank angesetzt, die angelaufen sind, da die Mieter unpünktlich zahlen?

10 Unter Position „Sonstiges“ möchte der Eigentümer folgende Kosten ansetzen:

a) Girokontogebühren

b) Müllschlucker

c) Glühbirnen auswechseln

d) Mahngebühren

Ist die Ansetzung der Kosten möglich, wenn dieses im Mietvertrag vereinbart ist?

11 Der Abteilungsleiter Betriebskostenabrechnung bittet Sie als neuen Mitarbeiter zu einem Gespräch über die von Ihnen erstmalig zu erstellenden Betriebskostenabrechnungen.

a) Er möchte gerne wissen, wie Sie die Abrechnungen vorbereiten und durchführen?

b) In dem Gespräch stellen Sie fest, dass seit Jahren ein Vollwartungsvertrag für den Aufzug mit abgerechnet wurde. Was tun Sie?

c) Der Abteilungsleiter teilt Ihnen mit, dass für die Aufzugskosten am Jahresende erstmalig ein Rabatt von der Aufzugswartungsfirma gewährt wurde. Was ist mit dem Rabatt zu tun?

d) Es stellt sich heraus, dass eine Abrechnung seit mehr als 12 Monaten nicht erstellt wurde. Der Abteilungsleiter fragt Sie, was zu tun ist.

12 Der Abteilungsleiter teilt Ihnen mehrere Sachverhalte mit, die Sie in der Abrechnung berücksichtigen sollen. Wie sind die Sachverhalte in der Abrechnung zu berücksichtigen?

a) Die Feuerversicherungsprämie ist wegen der Holzwerkstatt im Erdgeschoss um 2.000,00 Euro gestiegen.

b) Zwei Wohnungen waren über das gesamte Abrechnungsjahr nicht vermietet.

c) Ein Mieter hat seine Jahresmiete nicht bezahlt.

d) Ein Mieter hat eine Bruttomiete.

e) Ein anderer Mieter hat eine Pauschalmiete.

f) Mieter Knorrig hat eine Pauschalmiete, zahlt aber seit 10 Jahren immer die Betriebskostennachzahlung.

g) Während einer Baumaßnahme haben Sie Bauwasser entnommen.

h) Sie haben festgestellt, dass ein Mieter Hausstrom für seine Wohnung verwendet hat (Stromklau).

i) Weil der Servicevertrag mit dem Winterdienst nur bis zum Februar lief, mussten Sie im März zweimal selbst auf den Mietergrundstücken räumen.

j) Aufgrund eines Abrechnungsfehlers des Stromversorgers werden Ihnen nach der Rechnungslegung 60 Euro gutgeschrieben.

13 Der Abteilungsleiter bespricht mit Ihnen einige Probleme in einem Objekt, das Sie verwalten, im Zusammenhang mit der Heizkostenabrechnung. Geben Sie ihm Auskunft zu folgenden Fragen.

a) Welche Konsequenzen hat es, wenn aus Vereinfachungsgründen die Heizkosten nur nach der Nutzfläche abgerechnet werden?

b) Welche Maßnahmen können zur Einsparung von Heizenergie führen. Nennen Sie ihm mindestens drei.

c) Die Brennstoffkosten für die Erzeugung von Warmwasser in einer verbundenen Heizungsanlage können nicht separat ermittelt werden. Wie ist die Verfahrensweise?

14 Das von Ihnen zu verwaltende Grundstück hat eine Wohnfläche von 1.000 m². Diese verteilen sich auf 42 Wohnungen. Die Brennstoffkosten belaufen sich für das letzte Jahr auf 24.000 Euro. Die Summe der Einzelverbräuche der Mieter ergab 16.000 Euro. Ermitteln Sie die anteiligen Kosten für eine 85 m² große Wohnung, die im letzten Jahr 420 Euro verbraucht hat. Im Mietvertrag wurde vereinbart, dass der Flächenanteil mit 40 % berücksichtigt wird.

Aufgaben zu Kapitel 2

15 Bilden Sie zu den folgenden Sachverhalten die Buchungssätze.

1. Sollstellung der Pacht für ein Gewerbeobjekt (2.500 Euro)
2. Mietforderungen werden per Bank beglichen (30.000 Euro)
3. Sollstellung der Miete bei einer Grundmiete von 70.000 Euro und Betriebskostenvorauszahlungen über 50.000 Euro
4. Das Wohnungsunternehmen erhält eine Handwerkerrechnung über 370 Euro, die von einem Mieter zu verantworten ist
5. Zum Ende des Geschäftsjahres (00) sind vorausgezahlte Mieten als Verbindlichkeiten aus Vermietung zu erfassen (3.500 Euro)
6. Auf im September (00) abgeschriebene Forderungen gehen im Oktober (00) Zahlungen über 2.700 Euro ein; Bankgutschrift und Korrektur des Mietforderungskontos sind zu buchen
7. Eröffnung des Kontos Mietforderungen (23.000 Euro)
8. Für nicht vermietete Wohnungen sind Leerstandskorrekturen vorzunehmen; die zu berichtigende Grundmiete beträgt 1.800 Euro, die Betriebskostenvorauszahlungen sind mit 600 Euro zu korrigieren
9. Verbrauch von Reparaturmaterial zur Instandsetzung eines Mietobjektes (320 Euro)
10. Zum 31. 12. 00 ist das Konto Mietforderungen mit einem Sollsaldo abzuschließen (10.000 Euro)
11. Vom Land zu erwartende Zinszuschüsse für Mietobjekte sind zu buchen (23.000 Euro)
12. Uneinbringliche Mietforderungen sind abzuschreiben (3.600 Euro)
13. Zu Beginn des Geschäftsjahres (01) sind Mieterguthaben aus dem Vorjahr (00) zu verrechnen (2.300 Euro)
14. Mieter werden mit Reparaturkosten über 450 Euro belastet
15. Das Konto Mietforderungen ist zum 31. 12. 00 mit einem Sollsaldo von 3.000 Euro abzuschließen
16. Zum 31. 12. 00 weist das Konto Mietforderungen einen Habensaldo von 3.200 Euro auf; die erforderliche vorbereitende Abschlussbuchung ist vorzunehmen
17. Mängel an der Mietsache erfordern die Erfassung einer Erlösschmälerung über 150 Euro
18. Sollmieten werden mit den Erlösschmälerungen des Geschäftsjahres verrechnet (3.600 Euro)
19. Auf im Vorjahr (00) abgeschriebene Forderungen gehen Zahlungen per Bank ein (2.500 Euro); die Bankgutschrift und die Korrektur des Mietforderungskontos sind zu buchen

16 Nehmen Sie die folgenden Buchungen vor.

1. Buchen Sie die folgenden Sachverhalte. Beachten Sie dabei die:

I. Eröffnungsbuchungen

II. Buchungen der Geschäftsfälle

III. Vorbereitenden Abschlussbuchungen

IV. Abschlussbuchungen

Anfangsbestände
Grundstücke mit Wohnbauten (500.000 Euro)
Bankguthaben (25.000 Euro)
Eigenkapital (400.000 Euro)
Darlehen bei der Bank (125.000 Euro)

Geschäftsfälle
1. Sollstellung der Miete mit einer Grundmiete von 12.500 Euro und Betriebskostenvorauszahlungen über 3.500 Euro (Zuschläge werden nicht erhoben)
2. Mängel an der Mietsache erfordern die Buchung einer Erlösschmälerung (200 Euro)
3. Bankgutschrift zugunsten der Mietforderungen über 12.000 Euro, darin ist eine Mietvorauszahlung von 2.000 Euro enthalten

2. Buchen Sie wie bei der vorherigen Aufgabe.
Anfangsbestände
Grundstücke mit Wohnbauten 1.000.000 Euro, Betriebs- und Geschäftsausstattung 50.000 Euro, Mietforderungen 10.000 Euro, Bankguthaben 30.000 Euro, gezeichnetes Kapital 600.000 Euro, Darlehen 400.000 Euro, Verbindlichkeiten aus Vermietung 5.000 Euro, Verbindlichkeiten aus anderen Lieferungen und Leistungen 85.000 Euro

Geschäftsfälle
1. Verrechnung der vorausgezahlten Miete
2. Sollstellung der Miete mit Betriebskostenvorauszahlungen über 4.000 Euro und einer Grundmiete von 12.000 Euro
3. Bankgutschrift zur Begleichung von Mietforderungen über 3.000 Euro
4. Wegen einiger Mängel an den Mietsachen ist ein Mietausfall von 500 Euro zu erfassen
5. Bankgutschrift über 16.000 Euro zugunsten des Kontos Mietforderungen, darin sind 3.000 Euro Mietvorauszahlungen enthalten.

3. Buchen Sie in bekannter Weise.
Anfangsbestände
Grundstücke mit Wohnbauten 2.000.000 Euro, Betriebs- und Geschäftsausstattung 50.000 Euro, Mietforderungen 10.000 Euro, Bankguthaben 30.000 Euro, Stammkapital 500.000 Euro, Darlehen 1.500.000 Euro, Verbindlichkeiten aus anderen Lieferungen und Leistungen 70.000 Euro, Verbindlichkeiten aus Vermietung 20.000 Euro

Geschäftsfälle
1. Verrechnung der vorausgezahlten Miete
2. Sollstellung der Miete: Grundmiete (140.000 Euro) und BKVZ über 50.000 Euro
3. Eine Mietforderung über 500 Euro ist uneinbringlich und wird deshalb abgeschrieben
4. Bankgutschrift zum Ausgleich der Mietforderungen (120.000 Euro)
5. Wegen Leerstands ist die Mietforderung aus (2.) zu korrigieren, die Erlösschmälerung beträgt 10.000 Euro; die Korrektur der BKVZ beläuft sich auf 3.500 Euro
6. Mietminderungen erfordern die Buchung einer Erlösschmälerung von 500 Euro
7. Die Abschreibung der Mietforderung in (3.) erweist sich als verfrüht; es geht eine diesbezügliche Bankgutschrift ein
8. Bankgutschrift für Mieten über 40.000 Euro; darin sind 20.000 Euro Vorauszahlungen enthalten
9. Ein Mieter bittet um die Verlegung von elektrischen Anschlüssen aus persönlichem Interesse; das Wohnungsunternehmen lässt die Arbeit durchführen und belastet den Mieter mit den Kosten:

a) die Rechnung der Handwerker über 300 Euro geht ein
b) vom Mieter wird die Kostenerstattung gefordert
c) die Handwerkerrechnung wird durch das Wohnungsunternehmen per Bank beglichen

17 Interpretieren Sie die folgenden Buchungssätze.

	Buchungssatz	Geschäftsfallbeschreibung
1.	2000/600 /602 /431	
2.	440/2000	
3.	989/2000	
4.	271/606	
5.	850/274	
6.	855/2000	
7.	989/274	
8.	2000/855	
9.	609/2000	
10.	2000/440	
11.	05/4421	
12.	274/2000	
13.	4421/989	
14.	274/603	
15.	980/440	
16.	2003/605	
17.	600/609	
18.	600/982	
19.	980/431	
20.	83/271	
21.	410/274	
22.	840/00	
23.	872/274	
24.	8013/274	
25.	805/4420	
26.	8099/4421	
27.	8091/274	

18 Lösen Sie die folgenden Aufgaben.

1. Ordnen Sie zu, indem Sie die eingerahmten Kennziffern von vier der insgesamt acht Kontenklassen in die Kästchen bei den Kontengruppen eintragen.

	Kontenklassen
(1)	Zum Verkauf bestimmte Grundstücke und andere Vorräte (Kontenklasse 1)
(2)	Forderungen und sonstige Vermögensgegenstände/Wertpapiere/Flüssige Mittel und Bausparguthaben/Aktive Rechnungsabgrenzungsposten (Kontenklasse 2)
(3)	Eigenkapital/Rückstellungen (Kontenklasse 3)
(4)	Verbindlichkeiten/Passive Rechnungsabgrenzungsposten (Kontenklasse 4)
(5)	Leistungsverrechnung (Kontenklasse 5)
(6)	Erträge (Kontenklasse 6)
(7)	Bautätigkeit (Kontenklasse 7)
(8)	Aufwendungen (Kontenklasse 8)

Betriebskosten	
Verbindlichkeiten aus Lieferungen und Leistungen	
Umsatzerlöse aus der Hausbewirtschaftung	
Forderungen aus Vermietung	

2. Dem Bankkonto des Wohnungsunternehmens werden Mietzahlungen gutgeschrieben, die bereits mehrmals angemahnt wurden. Wie ist zu buchen?

(1)	Forderungen aus Vermietung (20)	an	Guthaben bei Kreditinstituten (274)
(2)	Sollmieten (600)	an	Guthaben bei Kreditinstituten (274)
(3)	Erlösschmälerungen (609)	an	Guthaben bei Kreditinstituten (274)
(4)	Guthaben bei Kreditinstituten (274)	an	Forderungen aus Vermietung (20)
(5)	Guthaben bei Kreditinstituten (274)	an	Sollmieten (600)
(6)	Guthaben bei Kreditinstituten (274)	an	Erlösschmälerungen (609)

3. Dem Bankkonto des Wohnungsunternehmens werden vom Sozialamt übernommene Mieten gutgeschrieben. Wie ist zu buchen?

(1)	Guthaben bei Kreditinstituten (274)	an	Forderungen aus Vermietung (20)
(2)	Guthaben bei Kreditinstituten (274)	an	Verbindlichkeiten aus Vermietung (440)
(3)	Guthaben bei Kreditinstituten (274)	an	Sollmieten (600)
(4)	Guthaben bei Kreditinstituten (274)	an	Miet-, Zins- und Aufwendungszuschüsse
(5)	Guthaben bei Kreditinstituten (274)	an	Erlöse aus Sondereinrichtungen (606)

4. Am Ende des laufenden Monats stellen Sie fest, dass Wohnungen mit einer Sollmiete von 2.400 Euro nicht vermietet waren. Welche Buchung ist erforderlich?

(1) Forderungen aus Vermietung (20)

(2) Sollmieten (600)

(3) Erlösschmälerungen (609)

(4) Andere Betriebskosten (804)

(5) Abschreibungen auf Vermögensgegenstände es Umlaufvermögens (843)

(6) Abschreibungen auf Finanzanlagen (860)

5. Der Mieter hat dem Vermieter die Sicherheitsleistung (Kaution) als Geldsumme bereitgestellt. Welche Aussage zur Verzinsung ist richtig?

(1) Der Vermieter hat dem Mieter für den hinterlegten Betrag keine Zinsen zu zahlen

(2) Der Vermieter hat den hinterlegten Betrag mit einem angemessenen Zinssatz zu verzinsen

(3) Der Vermieter hat den hinterlegten Betrag getrennt von seinem Vermögen anzulegen; den Zinssatz kann er frei bestimmen

(4) Der Vermieter hat den hinterlegten Betrag getrennt von seinem Vermögen anzulegen und mit dem Zinssatz für Spareinlagen mit zweijähriger Kündigungsfrist zu verzinsen

(5) Der Vermieter hat den hinterlegten Betrag getrennt von seinem Vermögen anzulegen und mit dem Zinssatz für Spareinlagen mit dreimonatiger Kündigungsfrist zu verzinsen

6. Am Jahresanfang sind geleistete Mietvorauszahlungen mit den Mieten für den laufenden Monat zu verrechnen. Wie ist zu buchen?

(1) Grundstücke und grundstücksgleiche Rechte mit Wohnbauten (00)

(2) Forderungen aus Vermietung (20)

(3) Sonstige Vermögensgegenstände (25)

(4) Verbindlichkeiten aus Vermietung (440)

(5) Sollmieten (600)

(6) Pachterlöse (605)

7. Bankeingang der dem Mieter in Rechnung gestellten Kosten für Beschädigung der Mietsache. Wie ist zu buchen?

(1) Forderungen aus Vermietung (20)

(2) Guthaben bei Kreditinstituten (274)

(3) Umlagen (601)

(4) Erträge aus Mieterbelastung (607)

(5) Kosten der baulichen Instandhaltung (8050)

(6) Kosten für Schönheitsreparaturen (8051)

8. Auf dem Bankkonto des Wohnungsunternehmens gehen rückständige Mieten ein. Wie ist zu buchen?

(1) Forderungen aus Vermietung (20)

(2) Guthaben bei Kreditinstituten (274)

(3) Verbindlichkeiten aus Vermietung (440)

(4) Sollmieten (600)

(5) Verschiedene sonstige Erträge (669)

(6) Abschreibungen auf Forderungen und Sonstige Vermögensgegenstände (855)

9. Bareinnahme der zentralen Wascheinrichtung. Wie ist zu buchen?

(1) Kassenbestand (271)

(2) Umlagen (601)

(3) Pachterlöse (605)

(4) Erlöse aus Sondereinrichtungen (606)

(5) Kosten des Betriebs maschineller Wascheinrichtungen (8017)

(6) Kosten der Instandhaltung für Gemeinschaftsanlagen und Folgeeinrichtungen (8053)

10. Welche Kostenart gehört zu den Kapitalkosten im Sinne der II. Berechnungsverordnung?

(1) Kapitalertragsteuer

(2) Abschreibungen

(3) Tilgung

(4) Gewerbekapitalsteuer

(5) Erbbauzins nach Bezug

(6) Nebenkosten des Geldverkehrs

Aufgaben zu Kapitel 3

19 Bilden Sie für die folgenden Geschäftsfälle die Buchungssätze unter Verwendung der entsprechenden Kontonummern.

1. Banküberweisung für Reparaturarbeiten am Fahrstuhl
2. Rechnungseingang von der Gartenbaufirma für die Pflege der Grünanlagen der Mietobjekte
3. Eingang einer Rechnung vom Klempner für die Behebung eines Schadens, die später vom Mieter zu begleichen ist
4. Eingangsrechnung für Heizöllieferung, die als Vorrat zu verbuchen ist
5. Banküberweisung für die Wartung der Aufzugsanlage in Mietobjekten (Rechnung noch nicht gebucht)
6. Bankgutschrift für Mietforderungen
7. Barzahlung von Löhnen an eigene Mitarbeiter für die Reinigung der Hauseingänge
8. Banküberweisung von Zinsen
9. Banküberweisung an die Druckerei für den Druck von Briefbögen (Rechnung noch nicht gebucht)
10. Banküberweisung für Rechtsschutzversicherung der Geschäftsleitung (Rechnung noch nicht gebucht)
11. Buchung der Mietausfälle wegen Leerstands (Grundmiete und BKVZ wurden gebucht)
12. Eingangsrechnung für Laboruntersuchungen des Trinkwassers, die Untersuchung wurde behördlich angeordnet und ist den Betriebskosten zuzuordnen
13. Belastung eines Mieters wegen der Verlegung elektrischer Leitungen
14. Barzahlung an betriebsfremde Reinigungskräfte für die Reinigung von Gemeinschaftsflächen der Miethäuser
15. Erfassung des Inventurfehlbestands an Reparaturmaterial
16. Barzahlung an die Heizungsfirma für Wartung und anteilige Kleinreparaturen der Heizung der Mietobjekte
17. Banküberweisung für Feuerversicherung der Miethäuser (Rechnung noch nicht gebucht)
18. Aufwandsnahe Erfassung der Eingangsrechnung für Reparaturmaterial, das für Mietobjekte verwendet werden soll
19. Banküberweisung für Gehälter
20. Barkauf von Desinfektionsmitteln für den Sandkasten der Kinder unserer Mietwohnhäuser (aufwandsnahe Erfassung)
21. Banküberweisung an die Klempnerfirma für Behebung eines Rohrbruchs im Mietobjekt (Rechnung noch nicht gebucht)
22. Barkauf von Büromöbeln
23. Eingangsrechnung für den Einbau zentraler Heizungsanlagen im Tausch gegen Ofeneinzelheizungen in Mietobjekten
24. Banküberweisung für Tilgung und Zinszahlung
25. Eingangsrechnung für Dachreparatur an einem Mietobjekt
26. Barkauf von Büromaterial
27. Banküberweisung für die Grundsteuer des Verwaltungsgebäudes und der Miethäuser
28. Banküberweisung an die Wasserwerke, Versorgung der Mietobjekte
29. Mietforderungen an einen Mieter wurden uneinbringlich und sind abzuschreiben
30. Verbrauch von Reparaturmaterial zur Reparatur der Sanitäranlagen in Mietwohnungen
31. Mieter machen Mietminderungen geltend
32. Eingangsrechnung für die Reparatur der Elektroleitungen des Verwaltungsgebäudes
33. Barzahlung einer Tankrechnung für den Pkw des Geschäftsführers

20 Nehmen Sie die folgenden Buchungen vor.

1. Buchen Sie von der Eröffnungsbilanz bis zur Schlussbilanz. Bilden Sie alle erforderlichen Buchungssätze.

Anfangsbestände

Grundstücke mit Wohnbauten 4.000.000 Euro, BGA 30.000 Euro, Heizmaterial 20.000 Euro, Mietforderungen 6.000 Euro, Forderungen aus anderen Lieferungen und Leistungen 3.500 Euro, Bankguthaben 60.000 Euro, Darlehen bei Kreditinstituten 2.500.000 Euro, Verbindlichkeiten aus Vermietung 1.500 Euro, Verbindlichkeiten aus anderen Lieferungen und Leistungen 20.000 Euro, gezeichnetes Kapital (?)

Geschäftsfälle

1. Verrechnung der Mietvorauszahlung 1.500 Euro
2. Sollstellung der Miete (90.000 Euro)
3. Eingangsrechnung über den Kauf von Heizöl (12.000 Euro)
4. Bankgutschrift für Mietzuschüsse (20.000 Euro)
5. Bankgutschrift für Mieten (83.000 Euro)
6. Forderungen an einen Mieter aus von ihm verursachten Reparaturkosten (300 Euro)
7. Banküberweisung an die Gartenbaufirma für die Pflege der Grünanlagen in der Wohnsiedlung (2.500 Euro)
8. Rechnungseingang von Handwerkern für diverse Reparaturen an den Miethäusern (130.000 Euro)
9. Rechnungsbegleichung für Geschäftsfall (3.) per Bank
10. Banküberweisung von Löhnen (15.000 Euro)
11. Banküberweisung vom Mieter aus Geschäftsfall (6.)
12. Mietforderungen über 300 Euro sind uneinbringlich
13. Mietminderungen über 900 Euro sind zu erfassen
14. Sollstellung der Miete (90.000 Euro)
15. Banklastschrift aus Geschäftsfall (8.)
16. Bankgutschrift für Mieten (80.000 Euro), darin sind 400 Euro Mietvorauszahlungen enthalten

Abschlussangabe

Die Mietenbuchhaltung teilt mit, dass die Mieterguthaben insgesamt 400 Euro betragen.

2. Buchen Sie von der Eröffnungsbilanz bis zur Schlussbilanz. Bilden Sie alle erforderlichen Buchungssätze.

Anfangsbestände

Grundstücke mit Wohnbauten 1.500.000 Euro, BGA 9.000 Euro, Forderungen aus Vermietung 4.000 Euro, Kasse 1.500 Euro, Bankguthaben 22.100 Euro, Hypothekenschulden 900.000 Euro, Verbindlichkeiten aus Vermietung 1.000 Euro, Verbindlichkeiten aus anderen Lieferungen und Leistungen 12.000 Euro, Stammkapital (?)

Geschäftsfälle

1. Verrechnung der vorausgezahlten Miete (1.000 Euro)
2. Sollstellung der Miete zum Monatsanfang (63.000 Euro)
3. Kauf von Heizmaterial (3.000 Euro) – aufwandsnahe Erfassung – auf Ziel
4. Barzahlung einer Reparaturrechnung für das Miethaus (150 Euro)
5. Bankgutschrift für Mieten (55.000 Euro)
6. Mieten sind uneinbringlich (1.500 Euro)
7. Barkauf von Büromaterial (250 Euro)
8. Banküberweisung für Straßenreinigungsgebühren (320 Euro)
9. Barzahlung von Fernsprechgebühren (154 Euro)

10. Banküberweisung der Annuität (Tilgung 1.500 Euro; Zinsen 600 Euro)
11. Rechnungseingang für Heizungsreparatur (220 Euro)
12. Begleichung der Rechnung aus Geschäftsfall (11.) durch Banküberweisung

Abschlussangaben

a) Abschreibungen auf das Grundstück mit Wohnbauten (1,25 % von den Gebäudekosten, die 1.200.000 Euro betrugen)

b) Abschreibung auf die Betriebs- und Geschäftsausstattung (10 % vom ursprünglichen Anschaffungswert über 9.000 Euro)

21 Beantworten Sie die folgenden Fragen.

1. Materialverbrauch für den Winterdienst an unternehmenseigenen Straßen und Wegen. Wie ist zu buchen?

(1) Grundstücke und grundstücksgleiche Rechte ohne Bauten (02)

(2) Andere Vorräte (17)

(3) Verbindlichkeiten aus anderen Lieferungen und Leistungen (4421)

(4) Kosten der Außenanlagen (705)

(5) Kosten der Straßenreinigung (8005)

(6) Kosten der Instandhaltung unternehmenseigener Straßen und Wege (8052)

2. Das Wohnungsunternehmen erhält die Prämienforderung für die verbundene Wohngebäudeversicherung einer seiner Wohnanlagen. Wie ist zu buchen?

(1) Gebäudekosten (001)

(2) Kassenbestand (271)

(3) Verbindlichkeiten aus Vermietung (440)

(4) Verbindlichkeiten aus anderen Lieferungen und Leistungen (4421)

(5) Gebühren und Zuschläge (602)

(6) Kosten für Sach- und Haftpflichtversicherung (8013)

3. Das Wohnungsunternehmen erhält die Rechnung für die Reparatur der Aufzugsanlage in einem seiner Wohngebäude. Wie ist zu buchen?

(1) Gebäudekosten (001)

(2) Guthaben bei Kreditinstituten (274)

(3) Verbindlichkeiten aus Bau- und Instandhaltungsleistungen (4420)

(4) Verbindlichkeiten aus anderen Lieferungen und Leistungen (4421)

(5) Kosten für Aufzugsanlagen (8004)

(6) Kosten der baulichen Instandhaltung (8050)

4. Wir überweisen nach Erhalt der Wasserrechnung für eine unserer Wohnanlagen den angeforderten Betrag per Bank. Wie ist zu buchen?

(1)	Umlagen (601)	an	Guthaben bei Kreditinstituten (274)
(2)	Verbindlichkeiten aus Vermietung (440)	an	Guthaben bei Kreditinstituten (274)
(3)	Kosten der Wasserversorgung (8000)	an	Guthaben bei Kreditinstituten (274)
(4)	Kosten der Entwässerung (8001)	an	Guthaben bei Kreditinstituten (274)
(5)	Kosten der Warmwasserversorgung (8003)	an	Guthaben bei Kreditinstituten (274)

5. Buchung des durch den Regiebetrieb verbrauchten Reparaturmaterials für eigene Mietwohnanlagen. Wie ist zu buchen?

(1) Bauvorbereitungskosten (070)

(2) Noch nicht abgerechnete Betreuungsleistungen (160)

(3) Reparaturmaterial und sonstige Materialvorräte (171)

(4) Kosten für fremde Hauswartleistungen (8014)

(5) Kosten der baulichen Instandhaltung (8050)

(6) Übrige Aufwendungen (859)

6. Das Wohnungsunternehmen bucht den bis zum Jahresende verbrauchten Anteil an Heizöl für sein eigenes Verwaltungsgebäude. Wie ist zu buchen?

(1) Heizmaterial (170)

(2) Umlagen (601)

(3) Bestandserhöhung bei noch nicht abgerechneten Betriebskosten (646)

(4) Bestandsminderung bei noch nicht abgerechneten Betriebskosten (648)

(5) Kosten der Beheizung (8002)

(6) Sächliche Verwaltungsaufwendungen (850)

7. In einem Wohngebäude des Anlagevermögens wird eine vorhandene Antenne durch eine neue ersetzt. Wie ist bei Eingang der Rechnung zu buchen?

(1) Grundstücke und grundstücksgleiche Rechte mit Wohnbauten (00)

(2) Guthaben bei Kreditinstituten (274)

(3) Verbindlichkeiten aus Bau- und Instandhaltungsleistungen (4420)

(4) Kosten des Geräts (704)

(5) Kosten des Bauwerks (713)

(6) Kosten der baulichen Instandhaltung (805)

8. Welche Aufwendungen werden nicht als Herstellungskosten aktiviert, sondern als Erhaltungsaufwand erfasst?

(1) Aufwendungen, durch die ein Vermögensgegenstand erweitert wird

(2) Aufwendungen, durch die ein Vermögensgegenstand wiederhergestellt wird

(3) Aufwendungen, durch die ein Vermögensgegenstand neu geschaffen wird

(4) Aufwendungen, durch die ein Vermögensgegenstand in seiner Wesensart geändert wird

(5) Aufwendungen, durch die ein Vermögensgegenstand zu zwei neuen Wirtschaftseinheiten wird

9. Ein Wohnungsunternehmen bewirtschaftet hauptsächlich den eigenen Wohnungsbestand. Das Unternehmen will einen Teil des Bestands modernisieren. Was fällt nicht unter den Begriff Modernisierung?

(1) Anbauten an bestehende Gebäude

(2) Maßnahmen zur Ausbesserung der Hauszugangswege

(3) Erstmaliger Einbau von Bädern in den Wohnungen

(4) Erstmaliger Einbau eines Aufzugs

(5) Ausbau der Dachgeschosse zu Wohnräumen

10. Wie ist am Jahresende der Heizölverbrauch für eine unserer Wohnanlagen zu buchen, wenn das Heizmaterial als Bestand geführt wurde?

(1) Noch nicht abgerechnete Beheizungs- und Warmwasserkosten (150)

(2) Heizmaterial (170)

(3) Forderungen aus Vermietung (20)

(4) Verbindlichkeiten aus anderen Lieferungen und Leistungen (4421)

(5) Kosten der Beheizung (8002)

(6) Fremdkosten für vom Unternehmen betriebene Gemeinschaftseinrichtungen (8092)

11. Ordnen Sie zu, indem Sie die eingerahmten Kennziffern von drei der insgesamt sechs Leistungen/Aufwendungen in die Kästchen bei den Bewirtschaftungskosten eintragen.

	Leistungen/Aufwendungen
(1)	Zahlung für Fremdzinsen
(2)	Zahlung an einen Fremdhandwerker für den Treppenhausanstrich
(3)	Zahlung für die Lieferung eines Schreibtischs
(4)	Zahlung an eine Gärtnerei für den Rasenschnitt
(5)	Zahlung der Tilgung für Fremdkapital
(6)	Bankbelastung für Kontoführungsgebühren

Bewirtschaftungskosten	
Verwaltungskosten	
Instandhaltungskosten	
Betriebskosten	

Aufgaben zu Kapitel 4

22 Vervollständigen Sie die folgende Aufgabe.
Nehmen Sie die erforderlichen Buchungen im Rahmen der Umlagenabrechnung in den Geschäftsjahren (00) und (01) vor. Der Betrachtung liegt ein Komplex von öffentlich geförderten Mietwohnungen zugrunde.

Geschäftsjahr (00)

1. Erfassung der im Geschäftsjahr (00) anfallenden Bewirtschaftungskosten

Nehmen Sie zu den folgenden Geschäftsfällen die Buchungen vor:

a) Eingangsrechnung über Wärmelieferung (740.000 Euro)
b) Eingangsrechnungen über diverse kalte Betriebskosten (710.000 Euro)
c) Eingangsrechnung über
   - Aufzugsreparatur (2.800 Euro) und
   - Wartung der Aufzugsanlagen (200 Euro)
d) Banküberweisung von Hauswartlöhnen (50.000 Euro)

2. Ermittlung der tatsächlich umlagefähigen Betriebskosten zum 31. 12. 00

Ermitteln Sie die Höhe der (voraussichtlich) im Jahr (01) mit den Mietern abzurechnenden, umlagefähigen Betriebskosten. Beachten Sie dabei auch, dass nur 70 % des Personalaufwands als Betriebskostenposition berücksichtigt werden können. Zudem wurden leerstandsbedingte Betriebskosten in Höhe von 80.200 Euro ermittelt.

a) Kosten der Wärmelieferung
b) Kalte Betriebskosten
c) Aufzug
d) Personalaufwand

Zwischensumme	Euro
abzüglich Leerstandskosten	Euro
Gesamtbetrag	Euro

Die in (00) angefallenen und in (01) abzurechnenden, umlagefähigen Betriebskosten betragen ____________ Euro.

3. Aktivierung der noch nicht abgerechneten Betriebskosten zum 31. 12. 00

Die Aktivierung der im ersten Schritt ermittelten tatsächlich umlagefähigen Betriebskosten ist hier zu buchen mit dem Wert von ____________ Euro.

BS:

Bei der **kontenmäßigen Darstellung** beachten Sie bitte, dass die in (00) geflossenen BKVZ insgesamt 1.350.000 Euro betrugen.

S	(8002)	H

S	(8004)	H

S	(800)	H

S	(8053)	H

S	(83)	H

S	(982)	H

S	(989)	H

Nachdem zum 31. 12. 00 alle erforderlichen Abschlussbuchungen und zu Beginn des Geschäftsjahres (01) alle erforderlichen Eröffnungsbuchungen vorgenommen wurden, sind weitere Schritte in der Umlagenabrechnung zu gehen. Voraussetzung ist, dass die Nebenbuchhaltung alle Einzelabrechnungen abgeschlossen hat.

4. Auflösung der Aktivposition (15) Noch nicht abgerechnete Betriebskosten

BS:

S	(15)	H
(908) 1.405.000 Euro		

S	(648)	H

5. Sollstellung der Forderungen aus der Umlagenabrechnung (FUA)

Die Forderungen aus der Umlagenabrechnung an die Mieter resultieren aus den im Vorjahr (00) aktivierten Betriebskosten. Zu beachten ist aber auch, dass die Feststellung der durch den Leerstand verursachten Kosten (Leerstandskosten) auf Schätzungen/ Erfahrungswerten beruhten und im Jahr der Abrechnung eventuell zu korrigieren sind. Für die Musterrechnung gilt, dass die Leerstandskosten im Jahr (00) um 50.000 Euro zu hoch veranschlagt wurden. Im Zusammenhang mit der Betriebskostenabrechnung für Objekte im öffentlich geförderten Wohnungsbau ist auch das Umlageausfallwagnis (2 %) zu berücksichtigen.

Ermittlung der Höhe der Forderung aus der Umlagenabrechnung:

Basis: Konto (15)	1.405.000,00 Euro
Leerstandskorrektur	Euro
Zwischensumme	**Euro**
2 % Umlageausfallwagnis (UAW)	Euro
Forderungen aus der Umlagenabrechnung	**Euro**

BS:

6. Abrechnung mit den Mietern

   Den so ermittelten, mit den Mietern abzurechnenden Betriebskosten des Jahres (00) in Höhe von ______________ Euro stehen in (00) bereits geleistete Betriebskosten-vorauszahlungen (BKVZ) in Höhe von ______________ Euro gegenüber.

Zugleich zeigen die Einzelabrechnungen,
- dass einige Mieter höhere Betriebskosten verursacht haben, als durch Vorauszahlungen abgedeckt sind, was zu **Nachforderungen (NF) von 189.100 Euro** führt, und
- dass sich für einzelne Mieter **Guthaben (GH)** in einer Höhe von insgesamt **55.000 Euro** ergeben.

(2002) FUA	Euro
(431) BKVZ	Euro
Zwischensumme	**Euro**
Nachforderungen aus Einzelabrechnungen	Euro
Guthaben aus Einzelabrechnungen	Euro
Saldo des Kontos (2002) FUA	**Euro**

Buchen Sie:
a) Verrechnungen (BKVZ)
b) Nachforderungen (NF)
c) Guthaben (GH)

S	(2002)	H	S	(431)	H

S	(982)	H	S	(2000)	H

23 Bilden Sie unter Verwendung der Kontonummern die Buchungssätze zu folgenden Geschäftsfällen.
1. Rechnungseingang für die Reparatur am Aufzug
2. Sollstellung der Umlagenforderung
3. Abschluss des Kontos „Noch nicht abgerechnete Betriebskosten (15)“ zum 31. 12.
4. Bestandsverminderung bei noch nicht abgerechneten Betriebskosten
5. Kauf von Reparaturmaterial auf Ziel (bestandsintensive Erfassung)
6. Buchung der Nachforderung an einzelne Mieter aus der Umlagenabrechnung
7. Bestandserhöhung bei noch nicht abgerechneten Betriebskosten
8. Rechnungseingang für die Instandsetzung der unternehmenseigenen Straßen
9. Abschreibung auf Forderungen an die Versicherung
10. Mieter begleichen die Nachforderungen aus der Umlagenabrechnung per Bank
11. Rechnungseingang für die Reparatur der Eingangstür zum Verwaltungsgebäude
12. Erfassung von Mieterguthaben zum Jahresende
13. Buchung der Erstattung von Beträgen aus der Umlagenabrechnung
14. Banküberweisung von IHK-Beiträgen

15. Bareinnahme von Geldern für die Nutzung der Sauna
16. Forderung der Erstattung von Beträgen durch die Versicherung
17. Erfassung einer Erlösschmälerung wegen Leerstands
18. Sollstellung der Zuschüsse an die öffentliche Hand
19. Rechnungseingang von der Baufirma für den Ausbau des Dachgeschosses
20. Uneinbringliche Mietforderungen werden abgeschrieben
21. Überweisung von Erstattungsbeträgen an die Mieter per Bank
22. Stornierung der Abschreibung auf Forderungen an die öffentliche Hand
23. Abschluss des Kontos Mietforderung zum Jahresende, das nur Guthaben der Mieter aus der Umlagenabrechnung enthält
24. Sollstellung von Pachtforderungen
25. Rechnungseingang von der Reparaturfirma für die Instandsetzung der Heizanlage im Regiebetrieb

24 1. Buchen Sie die Abrechnung der Betriebskosten frei finanzierter Objekte im Jahr (01). Das Konto (431) wurde mit einem Anfangsbestand von 120.000 Euro eröffnet. Das Konto (15) hat jeweils einen Anfangsbestand von:

a) (15): 120.000 Euro
b) (15): 100.000 Euro
c) (15): 150.000 Euro

2. Im Verlauf des Geschäftsjahres (00) wurden von den Mietern frei finanzierter Wohnungen Betriebskostenvorauszahlungen (431) in Höhe von 300.000 Euro geleistet. Sie sind im Folgejahr (01) mit den aktivierten noch nicht abgerechneten Betriebskosten (15) zu verrechnen. Diese noch nicht abgerechneten Betriebskosten (15) betragen:

a) 250.000 Euro,
b) 310.000 Euro,
c) 300.000 Euro,
d) 230.000 Euro, Einzelnachforderungen über 85.000 Euro bestehen (Ermitteln Sie die erforderlichen Erstattungen) sowie
e) 230.000 Euro, Erstattungen über 120.000 Euro sind zu leisten (Ermitteln Sie die erforderlichen Nachforderungen).

Nehmen Sie alle mit der Umlagenabrechnung im Jahr (01) erforderlichen Buchungen vor.

3. Buchen Sie die Geschäftsfälle (1.) bis (11.) des Jahres (00) und die Geschäftsfälle (12.) bis (14.) des Geschäftsjahres (01)

Geschäftsjahr (00)

1. Sollstellung der Miete (Sollmiete 300.000 Euro, Betriebskostenvorauszahlungen 250.000 Euro)
2. Bankgutschrift auf die Mietforderungen (550.000 Euro)
3. Eingangsrechnung für Heizkosten (120.000 Euro)
4. Eingangsrechnung für Gartenpflege der Mietgrundstücke (2.500 Euro)
5. Eingangsrechnung für Dachreparatur der Mietwohnhäuser (80.000 Euro)
6. Eingangsrechnung für die Fahrstuhlwartung (2.000 Euro)
7. Zinsen werden von der Bank abgebucht (500 Euro)
8. Eingangsrechnung für diverse andere Betriebskosten (120.000 Euro)
9. Die Verbindlichkeiten der Geschäftsfälle (3.) bis (6.) und (8.) werden per Bank beglichen
10. Ermittlung und Aktivierung der noch nicht abgerechneten Betriebskosten des Geschäftsjahres (00)
11. Abschluss der offenen Konten zum 31. 12. 00

Geschäftsjahr (01)

12. Eröffnung der Konten (274), (15) und (431) zum 01. 01. 01
13. Abrechnung der Betriebskosten des Geschäftsjahres (00) mit den Mietern; beachten Sie:
    - Auflösung des Kontos (15)
    - Sollstellung der Forderungen aus der Umlagenabrechnung (da preisgebundener Wohnungsbau inkl. UAW)
    - Verrechnung der Umlagenforderung (2002) mit den Betriebskostenvorauszahlungen (431)
    - Buchung der sich aus den Einzelabrechnungen ergebenden Nachforderungen (1.000 Euro) und Guthaben (1.610 Euro)
14. Alle Nachforderungen und Guthaben aus der Umlagenabrechnung werden per Bank beglichen

4. Buchen Sie alle erforderlichen Sachverhalte.

Anfangsbestände

Grundstücke mit Wohnbauten 2.500.000 Euro, unbebaute Grundstücke im Anlagevermögen 900.000 Euro, Betriebs- und Geschäftsausstattung 500.000 Euro, Vorräte an Reparaturmaterial 50.000 Euro, Forderungen aus Vermietung 25.000 Euro, Bankguthaben 30.000 Euro, Stammkapital 1.955.000 Euro, Darlehen bei Banken 2.000.000 Euro, Verbindlichkeiten aus Bau- und Instandhaltungskosten 30.000 Euro, Verbindlichkeiten aus anderen Lieferungen und Leistungen 20.000 Euro

Geschäftsfälle

1. Sollstellung der Miete mit einer Grundmiete (130.000 Euro) und Betriebskostenvorauszahlungen (100.000 Euro)
2. Eingangsrechnung für Büromaterial (700 Euro)
3. Eingangsrechnung für diverse Betriebskosten (99.000 Euro)
4. Eingangsrechnung für eine Fahrstuhlreparatur (870 Euro)
5. Gutschrift auf dem Bankkonto für Mieten (130.000 Euro)
6. Banküberweisung zur Begleichung der Eingangsrechnung aus Geschäftsfall (3)
7. Erfassung der Mietausfälle wegen Leerstands; die Erlösschmälerung beträgt 1.300 Euro, die erforderliche Korrektur der BKVZ 1.000 Euro
8. Sollstellung der Mietzuschüsse von der öffentlichen Hand (10.000 Euro)
9. Eingangsrechnungen der Geschäftsfälle (2.) und (4.) werden durch Banküberweisung beglichen
10. Bankgutschrift durch Mietzahlungen (50.000 Euro)
11. Bankeingang der Mietzuschüsse von der öffentlichen Hand (10.000 Euro)
12. Mieter machen Mietminderungen geltend (500 Euro)
13. Verbrauch von Reparaturmaterial (2.000 Euro)
14. Banküberweisung für Zinszahlungen (8.000 Euro) und Tilgung (2.000 Euro)
15. Bezahlung diverser Verwaltungskosten per Bank (20.000 Euro)
16. Banküberweisung für Gehälter (50.000 Euro)

Abschlussangabe

Die Abrechnung der Betriebskosten des Abschlussjahres erfolgt im Folgejahr. Ermitteln Sie die umlagefähigen Betriebskosten und aktivieren Sie diese.

25 Interpretieren Sie die folgenden Buchungssätze.

	Buchungssatz	Geschäftsfallbeschreibung
	Beispiel: 2000/600 /602 /431	Sollstellung der Miete am Monatsanfang
1.	2002/601	
2.	855/2000	
3.	431/2002	
4.	805/274	
5.	982/805	
6.	840/05	
7.	15/646	
8.	274/2000	
9.	440/2000	
10.	609/2000	
11.	2000/2002	
12.	252/6698	
13.	2000/440	
14.	274/666	
15.	805/44202	
16.	171/805	
17.	2002/2000	
18.	8002/44212	
19.	648/15	
20.	257/603	

26 Lösen Sie die folgenden Aufgaben.

1. In einem Mietwohnhaus sind die Wasserkosten nach den Wohnflächen zu verteilen. Während des Jahres entstanden Wasserkosten in Höhe von 4.200 Euro. Die einzelnen Wohnungen haben folgende Größen:

Wohnung A:	108 m^2
Wohnung B:	120 m^2
Wohnung C:	92 m^2
Wohnung D:	80 m^2

Wie viel Euro müssen für die Wohnung (A) nachgezahlt werden bzw. werden ihr gutgeschrieben, wenn monatlich 80 Euro als Vorauszahlung für die Wasserkosten entrichtet wurden?

2. Für welchen Zeitraum werden in der Regel die neben der Miete erhobenen Umlagen mit den Mietern abgerechnet?
(1) Für einen Monat
(2) Für 3 Monate
(3) Für 6 Monate
(4) Bei Kostenänderungen
(5) Für 12 Monate

3. Aktivierung der tatsächlich umlagefähigen Betriebskosten zum Jahresende
(1) Bestandsminderungen aus Veräußerungen (644)
(2) Bestandserhöhungen bei noch nicht abgerechneten Betriebskosten (646)
(3) Noch nicht abgerechnete Betriebskosten (15)
(4) Guthaben bei Kreditinstituten (274)
(5) Noch nicht abgerechnete Betreuungsleistungen (160)
(6) Mietforderungen aus Umlagen (2002)

4. Buchen Sie die Verrechnung der Betriebskostenvorauszahlungen mit den Forderungen aus der Umlagenabrechnung.
(1) Mietenkontokorrent-Sammelkonto (2000)
(2) Forderungen an das Finanzamt (253)
(3) Mietforderungen aus Umlagen (2002)
(4) Anzahlungen auf unfertige Leistungen (431)
(5) Guthaben bei Kreditinstituten (274)
(6) Erlösschmälerungen (609)

5. Das Wohnungsunternehmen erhält die Rechnung für die Wartung der Aufzugsanlagen im Verwaltungsgebäude.
(1) Guthaben bei Kreditinstituten (274)
(2) Sächliche Verwaltungskosten (850)
(3) Kosten für Aufzugsanlagen (8004)
(4) Verbindlichkeiten aus anderen Lieferungen und Leistungen (4421)
(5) Kosten der baulichen Instandhaltung (8050)
(6) Kosten der Instandhaltung für Gemeinschaftsanlagen und Folgeeinrichtungen (8053)

6. Sollstellung der Forderungen aus der Umlagenabrechnung
(1) Mietforderungen aus Umlagen (2002)
(2) Guthaben bei Kreditinstituten (274)
(3) (Sollmiete (600)
(4) Umlagen (601)
(5) Mietenkontokorrent-Sammelkonto (2000)
(6) (Forderung aus Verpachtung (2003)

7. Obwohl der Mietvertrag bereits zum 31. 12. 00 ausgelaufen ist, überweist der Mieter eine weitere Monatsmiete per Bank. Der überzahlte Betrag wird zurück überwiesen.
(1) Verschiedene sonstige Erträge (669)
(2) Erlösschmälerungen (609)
(3) Guthaben bei Kreditinstituten (274)
(4) Verbindlichkeiten aus Vermietung (440)
(5) Mietenkontokorrent-Sammelkonto (2000)
(6) Schlussbilanzkonto (989)

8. Aus der Umlageabrechnung vom 22. 12. 00 ergeben sich den Mietern zu erstattende Beträge. Da sie zum 31. 12. 00 noch nicht überwiesen wurden, sind sie umzubuchen und zu bilanzieren. Wie erfolgt die Umbuchung?
(1) Guthaben bei Kreditinstituten (274)
(2) Anzahlungen auf unfertige Leistungen (431)
(3) Mietenkontokorrent-Sammelkonto (2000)
(4) Mietforderungen aus Umlagen (2002)
(5) Verbindlichkeiten aus Vermietung (440)
(6) Jahresüberschuss/Jahresfehlbetrag (982)

Aufgaben zu Kapitel 5

27 Nennen Sie Rechtsquellen und Begründungen für Mieterhöhungen im preisgebundenen und preisfreien Wohnungsbau.

	öffentlich geförderter sozialer Wohnungsbau	preisfreier Wohnungsbau
Rechtsquelle		
Begründung		

28 Um wie viel Euro können Sie als Vermieter die Miete erhöhen, wenn Sie einem Mieter die Erlaubnis zur Untervermietung erteilen, oder können Sie die Miete dann gar nicht erhöhen?

29 Erklären Sie den Begriff „Kappungsgrenze“?

30 Sie erhöhen die Miete aufgrund gestiegener Betriebskosten. In einem Schreiben teilen Sie allen Mietern mit, dass sich dadurch nun auch prozentual die Kautionshöhe für die Wohnung erhöht, und fordern diesen Betrag von den Mietern nach. Müssen die Mieter zahlen?

31 Welche gesetzlichen Vorgaben müssen Sie beachten, wenn Sie die Miete nach § 558 BGB, also bis zur ortüblichen Vergleichsmiete, erhöhen wollen? Welche rechtliche Möglichkeit haben Sie, wenn sich der Mieter weigert, den Erhöhungsbetrag zu bezahlen?

32 Darf die vereinbarte Miete trotz aller gesetzlichen Auflagen und Beschränkungen die ortsübliche Vergleichsmiete um bis zu 50 % übersteigen?

33 Welcher Sonderfall tritt für den Mieter ein, wenn der tatsächliche Mieterhöhungsbetrag nach einer Modernisierung um mehr als 10 % über dem angekündigten Erhöhungsbetrag liegt? Wo ist dieser Sonderfall gesetzlich geregelt?

34 Sie stellen den Mietern nach Beendigung aller Modernisierungsarbeiten am 29. Mai das Mieterhöhungsverlangen zu, indem Sie von ihnen monatlich die gesetzlich definierten 11 % (§ 559 BGB) der für die Wohnung aufgewendeten Modernisierungskosten als Erhöhungsbetrag fordern. Ab wann müssen die Mieter den erhöhten Mietzins zahlen oder müssen die Mieter gar nicht zahlen?

35 Hat der Mieter nach einer Modernisierungsmieterhöhung ein Sonderkündigungsrecht? Wenn ja, wo ist dieses gesetzlich definiert?

36 Im Zusammenhang mit der Mieterhöhung nach § 558 BGB, also bis zur ortsüblichen Vergleichsmiete, taucht der Begriff Mietspiegel auf. Erklären Sie bitte den Unterschied zwischen einem einfachen und einem qualifizierten Mietspiegel.

37 Im preisgebundenen Wohnungsbau erfolgt eine Mieterhöhung nach einer baulichen Maßnahme. Welche Kosten können im Gegensatz zum preisfreien Wohnungsbau auf den Mieter umgelegt werden? Wie werden diese Kosten berechnet? Und muss vorher noch eine Institution der Mietänderung zustimmen?

38 Können Sie eine Bruttomiete aufgrund gestiegener Betriebskosten erhöhen und welche Ausnahme ist hierbei zu beachten?

39 Benennen Sie die Fristen für den Zugang sowie den Eintritt der Mieterhöhung im preisgebundenen Wohnungsbau und die Rechtsquelle, wo dies geregelt wird.

40 Ein Vermieter fordert von seinem Mieter eine Miete, welche ca. 70 % über der Marktmiete liegt. Welcher Straftatbestand liegt hier vor und wo wird dieser gesetzlich geregelt?

41 Nennen Sie sechs Möglichkeiten, die im öffentlich geförderten sozialen Wohnungsbau zu einer Änderung der Miete führen können.

42 Nennen Sie die formalen Anforderungen an ein Mieterhöhungsverlangen nach § 558 BGB als Erhöhung bis zur ortsüblichen Vergleichsmiete.

43 Sie schließen mit einem Mieter einen Mietvertrag ab, in welchem Sie mit ihm vereinbaren, dass die Miete in bestimmten Zeitabständen um einen vorher bestimmten Betrag erhöht wird. Wie nennt sich diese Art Mietvertrag und welche Besonderheiten sind bei dieser Vertragsart zu beachten? Wo wird diese Vertragsart gesetzlich geregelt?

44 Was versteht man unter dem Begriff „ordnungswidrige Mietpreisüberhöhung" und wo wird dieser Tatbestand gesetzlich geregelt?

45 Sie wollen als Mitarbeiter einer Hausverwaltung eine frei werdende Wohnung neu vermieten und in diesem Zuge die Miete für diese Wohnung an die gesetzlichen Möglichkeiten anpassen. Woran orientieren Sie sich?

1. Sie rufen bei anderen Verwaltungen an.
2. Sie erhöhen die Miete pauschal um 20 %, da Sie gehört haben, dass das bei einer Neuvermietung möglich ist.
3. Sie schauen im Immobilienteil der Zeitung nach, was andere Unternehmen im Moment so verlangen.
4. Sie orientieren sich an der ortsüblichen Vergleichsmiete.
5. Sie fragen den Mieter, wo seine Schmerzgrenze liegt.

46 Wann können Sie als Vermieter von gewerblichen Räumen die Miete durch eine einseitige Erklärung erhöhen?

1. Wenn ich mit der momentanen Miete nicht mehr über die Runden komme.
2. Die Miete liegt stark unter der ortsüblichen Miete für vergleichbare Gewerbeobjekte.
3. Aufgrund eines sehr hohen und überraschend eingetretenen Instandhaltungsaufwandes.
4. Durch eine im Mietvertrag vereinbarte Anpassungsklausel.
5. Durch den unerwartet hohen Anstieg des Lebenshaltungskostenindex.

47 In welchem Fall ist der Vermieter berechtigt, die Miete wegen gestiegener laufender Aufwendungen zu erhöhen?

1. Die jetzige Miete liegt unter der Wirtschaftlichkeitsgrenze.
2. Bei preisfreiem Wohnraum immer.
3. Bei preisgebundenem Wohnraum.
4. Die ortsübliche Vergleichsmiete wird nur unwesentlich überschritten.
5. Der Vermieter hat die gestiegenen Aufwendungen nicht selbst zu verschulden.

48 Welche Aussage zur Mieterhöhung im preisfreien Wohnungsbau ist falsch?

1. Eine Kündigung zum Zwecke der Mieterhöhung ist ausgeschlossen.
2. Der Vermieter kann die Betriebskosten rückwirkend bis zum Beginn des Kalenderjahres erhöhen, welches der Erklärung vorangeht.
3. Der Mieter hat nach einer Mieterhöhung nach § 559 BGB ein Sonderkündigungsrecht.
4. Der Vermieter kann nach § 559 BGB monatlich 11 % der umlagefähigen Kosten der Modernisierung in Form einer Mieterhöhung auf den Mieter umlegen.
5. Der Mieter muss einer Mieterhöhung nach § 558 BGB zustimmen.

49 Das Ehepaar Neumann ist Mieter einer Wohnung, beide haben den Mietvertrag unterschrieben. Nun erhält Herr Neumann einen Brief seines Vermieters, in dem ihm wegen Eigenbedarfs gekündigt wird. Welche Aussage ist in diesem Fall richtig?

1. Die Kündigung ist rechtens, da Herr Neumann als Familienvorstand auch für die Belange seiner Ehefrau zuständig ist.
2. Da die Kündigung nur an Herrn Neumann adressiert war, muss auch nur dieser die Wohnung verlassen.
3. Herr Neumann muss eine neue Kündigung bei seinem Vermieter beantragen, in der auch seiner Frau gekündigt wird.
4. Die Kündigung ist unwirksam, da sie nicht allen Vertragspartnern gegenüber ausgesprochen wurde.
5. Die Kündigung ist unwirksam, da dem Ehepaar Neumann keine Ausweichwohnung angeboten wurde.

Aufgaben zu Kapitel 6

50 Ein Ehepaar bewohnt gemeinsam eine Wohnung, dann verstirbt die Ehefrau. Wie ist die Rechtsfolge?

51 Ein Ehepaar hat gemeinsam einen Mietvertrag abgeschlossen. Doch dann wird das Gebäude verkauft. Nun verlangt der neue Eigentümer den Abschluss eines neuen Mietvertrags. Wie müssen die Mieter reagieren?

52 Was muss der Vermieter einer Sozialbauwohnung besonders beachten, wenn ein Mieter seinen Mietvertrag kündigt?

53 Erklären Sie, was bei der „Sozialklausel" Besonderes zu beachten ist.

54 Auf welche Kündigungsmöglichkeiten kann ein Vermieter zurückgreifen, wenn einer seiner Mieter die Miete permanent unpünktlich bezahlt?

55 Ein Mieter zahlt den Mieterhöhungsbetrag in Höhe von 75 Euro/Monat nicht. Die Ausgangsmiete beträgt 450 Euro/Monat und die Mieterhöhung erfüllt alle inhaltlichen Anforderungen nach § 558 BGB. Die Miete in Höhe von 450 Euro/Monat zahlt der Mieter weiterhin. Welche Schritte kann der Vermieter unternehmen, um an sein Geld zu kommen?

56 Da durch die Reform des Mietrechts das einfache Zeitmietverhältnis für Neuverträge unbrauchbar wurde, zeigen Sie bitte eine Möglichkeit auf, den Mieter trotzdem für eine bestimmte Zeit an den Vertrag zu binden, obwohl die Bedingungen für § 575 BGB nicht vorliegen.

57 Einem Mieter, der am 01. 09. 1982 in eine Eigentumswohnung zog, die im Februar 2000 verkauft wurde, wurde durch den neuen Eigentümer gekündigt, da dieser die Wohnung nun selber beziehen möchte. Beurteilen Sie, ob die Kündigung Erfolg hat.

58 Führen Sie drei Gründe auf, die den Mieter zur fristlosen, und drei Gründe, die den Mieter zur außerordentlichen Kündigung mit Frist berechtigen. Geben Sie auch die gesetzlichen Quellen an.

59 Nennen Sie drei Möglichkeiten, ein Mietverhältnis über Wohnräume zu beenden.

60 Wann kann hier wegen Zahlungsverzugs gekündigt werden? Begründen Sie Ihre Entscheidung.

Mietsoll: 800 Euro/Monat			
Zahlungsziel: 3. Werktag			
Monat	**Zahlung**	**Differenz**	**kumulierter Rückstand**
Januar	600 Euro	200 Euro	200 Euro
Februar	700 Euro	100 Euro	300 Euro
März	800 Euro	0 Euro	300 Euro
April	150 Euro	650 Euro	950 Euro
Mai	800 Euro	0 Euro	950 Euro
Juni	250 Euro	550 Euro	1.500 Euro
Juli	800 Euro	0 Euro	1.500 Euro
August	750 Euro	50 Euro	1.550 Euro
September	800 Euro	0 Euro	1.550 Euro
Oktober	700 Euro	100 Euro	1.650 Euro
November	800 Euro	0 Euro	1.650 Euro
Dezember	600 Euro	200 Euro	1.850 Euro

61 Wann kann hier wegen Zahlungsverzugs gekündigt werden? Begründen Sie Ihre Entscheidung.

Mietsoll: 800 Euro/Monat			
Zahlungsziel: 3. Werktag			
Monat	**Zahlung**	**Differenz**	**kumulierter Rückstand**
Januar	600 Euro	200 Euro	200 Euro
Februar	700 Euro	100 Euro	300 Euro
März	800 Euro	0 Euro	300 Euro
April	150 Euro	650 Euro	950 Euro
Mai	400 Euro	400 Euro	1.350 Euro
Juni	800 Euro	0 Euro	1.350 Euro
Juli	800 Euro	0 Euro	1.350 Euro
August	650 Euro	150 Euro	1.500 Euro
September	800 Euro	0 Euro	1.500 Euro
Oktober	700 Euro	100 Euro	1.600 Euro
November	800 Euro	0 Euro	1.600 Euro
Dezember	600 Euro	200 Euro	1.800 Euro

62 Der Vermieter kündigt dem Mieter seiner Einliegerwohnung fristgerecht. Die Kündigung geht dem Mieter am 2. Juni zu. Der Mieter bewohnte die Wohnung zu diesem Zeitpunkt bereits drei Jahre. Ist in diesem Fall eine besondere Vorschrift zu beachten? Wenn ja, welche und wann ist das Mietverhältnis nach diesem Sachverhalt beendet?

63 Welchen Sachverhalt betrifft § 545 BGB? Wie kann der Vermieter das Inkrafttreten dieses Paragrafen verhindern?

64 Kann der Vermieter einer Wohnung im öffentlich geförderten sozialen Wohnungsbau seinem Mieter wegen Zahlungsverzugs kündigen, obwohl er jeden Monat über die Miete auch ein Mietausfallwagnis erhält?

65 Steht dem Mieter ein Sonderkündigungsrecht zu, wenn der Vermieter ihm die Untermietererlaubnis versagt, nur weil er schlechte Erfahrungen mit der Person gemacht hat, an welche untervermietet werden soll?

66 Einer Ihrer Mieter neigte in der Vergangenheit dazu, seinen Müll immer wieder an nicht dafür vorgesehenen Stellen des Mieterhofes abzulegen, sodass Sie gezwungen waren, ihn abzumahnen. Er stellte sein Fehlverhalten daraufhin ein. Jetzt, ein dreiviertel Jahr später, fängt er wieder an, seinen Müll überall abzulegen, sodass Ihnen der Kragen platzt. Am liebsten möchten Sie ihm nun, so wie damals bereits angekündigt, den Mietvertrag kündigen. Wie sollten Sie in diesem Fall am besten vorgehen?

67 Ein Mieter bezieht am 01. 10. 1998 eine Wohnung, die zwei Jahre später in eine Eigentumswohnung umgewandelt wird. Nun macht der neue Eigentümer Eigenbedarf geltend. Besteht hier eine Kündigungssperrfrist?

68 Herr Hansen ist Mieter einer öffentlich geförderten Sozialbauwohnung, die er durch die Vorlage eines WBS zugesprochen bekam. Ein Jahr später lernte er zufällig eine nette Frau kennen, welche bei ihm einzog und von ihm geheiratet wurde. Aufgrund einer schweren Erkrankung segnete Herr Hansen kurz darauf das Zeitliche. Frau Hansen, die nie in den Mietvertrag aufgenommen worden war, lebt seitdem in der Angst, dass sie das gemeinsame Domizil nun räumen muss, da ihr Einkommen die Grenzen des § 9 Abs. 2 WoFG übersteigt. Können Sie Frau Hansen ihre Angst nehmen?

69 Einem Mieter, der am 01. 09. 1999 in eine Wohnung zog, die im November 1999 in eine Eigentumswohnung umgewandelt und noch im Dezember 1999 weiterverkauft wurde, soll nun vom neuen Eigentümer gekündigt werden. Besteht in diesem Fall eine Kündigungssperrfrist?

70 In einem Wohnraummietvertrag ist vereinbart worden, dass das Mietverhältnis mit einer Frist von drei Monaten gekündigt werden kann. Sie als Vermieter wollen das Mietverhältnis, welches mittlerweile 11 Jahre läuft, nun kündigen. Welche Kündigungsfrist müssen Sie einhalten?

1. 6 Monate
2. 3 Monate
3. 9 Monate
4. 12 Wochen
5. 12 Monate

71 Ihr Chef beauftragt Sie mit der Beschaffung von aktuellen Urteilen zum Thema „Kündigung unbefristeter Mietverträge". Wie kommen Sie schnell und günstig an diese Informationen heran?

1. Sie bestellen sich die aktuellsten Ausgaben bekannter Immobilienzeitschriften.
2. Sie rufen bei Ihrem zuständigen Amtsgericht an.
3. Sie beauftragen einen Rechtsanwalt mit der Zusammenstellung solcher Urteile.
4. Sie durchsuchen gezielt das Internet zu diesem Thema.
5. Sie schauen im BGB nach.

72 Welcher folgende Sachverhalt berechtigt den Vermieter zur fristlosen Kündigung?

1. Der Mieter betreibt trotz Untersagung des Vermieters ein Kleingewerbe in der Wohnung.
2. Trotz eines generellen Tierhaltungsverbots hält der Mieter einen Kampfhund.
3. Der Mieter ist mit einer Mietzahlung im Rückstand.
4. Trotz Abmahnung betreibt der Mieter ein Büro in der Wohnung.
5. Der Mieter schließt ständig sein Fahrrad im Treppenhaus an und verstellt dadurch zum Teil den Fluchtweg.

73 Beurteilen Sie, welche Kündigung unwirksam ist.

1. Der Vermieter einer Einliegerwohnung, der die andere Wohnung in diesem Zweifamilienhaus bewohnt, kündigt seinem Mieter überraschend ohne Angabe von Gründen mit der gesetzlichen Frist.
2. Der Vermieter kündigt einem seiner Mieter fristlos, weil der zum wiederholten Male nach 22.00 Uhr seine Musik ohrenbetäubend laut hatte.
3. Der Vermieter kündigt einem Mieter fristlos, weil der ihn als „Arschloch" titulierte und ihm für das nächste Treffen Prügel androhte.
4. Der Vermieter kündigt einem Mieter, weil der ständig nach seinen Kneipenbesuchen das Treppenhaus als Pissoir benutzt und auch die daraufhin ausgesprochenen Abmahnungen keine Besserung brachten.

74 Welche Aussage zur Kündigung wegen Zahlungsverzugs ist richtig?

1. Dem Mieter kann gekündigt werden, wenn er bei drei aufeinanderfolgenden Terminen mit der Miete oder einem nicht unerheblichen Teil der Miete in Verzug ist.
2. Dem Mieter muss ein Eigenverschulden für seinen Geldmangel nachgewiesen werden.
3. Die Kündigung ist nur so lange möglich, wie der Mieter im Verzug ist. Begleicht der Mieter den Rückstand, bevor die Kündigung erfolgt, so kann nicht mehr wegen Zahlungsverzugs gekündigt werden.
4. Es bedarf immer einer Abmahnung, um den Zahlungsverzug auszulösen.
5. Eine Betriebskostennachzahlung begründet eine Kündigung wegen Zahlungsverzugs.

Stichwortverzeichnis

Kontenrahmen der Wohnungswirtschaft

(Stand: Februar 2012)

Klasse 0
Anlagevermögen

00 Grundstücke und grundstücksgleiche Rechte mit Wohnbauten
000 Grundstückskosten
001 Gebäudekosten
002 Betriebsvorrichtungen
003 Garagen
004 Außenanlagen
005 Hof- und Wegbefestigungen

01 Grundstücke und grundstücksgleiche Rechte mit Geschäfts- und anderen Bauten
010 Grundstückskosten
011 Gebäudekosten
012 Betriebsvorrichtungen
013 Garagen
014 Außenanlagen
015 Hof- und Wegbefestigungen

02 Grundstücke und grundstücksgleiche Rechte ohne Bauten
020 noch nicht erschlossen
021 im Zustand der Erschließung (durch Dritte)
022 erschlossen (durch Dritte/erschlossen erworben)
025 im Zustand der Erschließung (eigene Erschließung)
026 erschlossen (eigene Erschließung)

03 Grundstücke mit Erbbaurechten Dritter sowie Bauten auf fremden Grundstücken
030 Grundstücke mit Erbbaurechten Dritter
031 Bauten auf fremden Grundstücken
0311 Gebäudekosten
0312 Betriebsvorrichtungen
0313 Garagen
0314 Außenanlagen
0315 Hof- und Wegbefestigungen

04 Technische Anlagen und Maschinen
040 Geringwertige Wirtschaftsgüter (§ 6 Abs. 2 und 2a EStG)
041 Sonstige Wirtschaftsgüter

05 Andere Anlagen, Betriebs- und Geschäftsausstattung
050 Geringwertige Wirtschaftsgüter (§ 6 Abs. 2 und 2a EStG)
051 Sonstige Wirtschaftsgüter

06 Anlagen im Bau (im GJ) gebaut

07 Bauvorbereitungskosten und geleistete Anzahlungen
070 Bauvorbereitungskosten
077 Geleistete Anzahlungen

08 Finanzanlagen
080 Anteile an verbundenen Unternehmen
081 Ausleihungen an verbundene Unternehmen
082 Beteiligungen
083 Ausleihungen an Unternehmen, mit denen ein Beteiligungsverhältnis besteht
084 Ausleihungen an Gesellschafter (GmbH)
085 Wertpapiere des Anlagevermögens
087 Sonstige Ausleihungen
089 Andere Finanzanlagen

09 Immaterielle Vermögensgegenstände
090 Selbst geschaffene gewerblich Schutzrechte und ähnliche Rechte
091 Entgeltlich erworbene Konzessionen, gewerbliche Schutzrechte und ähnliche Rechte und Werte sowie Lizenzen an solchen Rechten und Werten
092 Geschäfts- oder Firmenwert
093 Geleistete Anzahlungen

Klasse 1
Zum Verkauf bestimmte Grundstücke und andere Vorräte

10 Grundstücke und grundstücksgleiche Rechte ohne Bauten noch nicht erschlossen/durch Dritte erschlossen oder erschlossen erworben
100 noch nicht erschlossen
101 im Zustand der Erschließung (durch Dritte)
102 erschlossen erworben/durch Dritte erschlossen

11 Grundstücke und grundstücksgleiche Rechte ohne Bauten selbst erschlossen
110 im Zustand der Erschließung (eigene)
111 erschlossen/eigene Erschließung

12 Bauvorbereitungskosten

13 Grundstücke und grundstücksgleiche Rechte mit unfertigen Bauten

14 Grundstücke und grundstücksgleiche Rechte mit fertigen Bauten

15 Noch nicht abgerechnete Betriebskosten
150 Noch nicht abgerechnete Heizungs- und Warmwasserkosten
159 Noch nicht abgerechnete andere Betriebskosten

16 Andere unfertige Leistungen
160 Noch nicht abgerechnete Betreuungsleistungen
161 Unfertige Bauleistungen auf fremdem Grund und Boden
169 Andere unfertige Leistungen

17 Andere Vorräte
170 Heizmaterial
171 Reparaturmaterial und sonstige Materialvorräte

18 Geleistete Anzahlungen
180 Anzahlungen auf zum Verkauf bestimmte Grundstücke
181 Andere Anzahlungen

Klasse 2
Forderungen und Sonstige Vermögensgegenstände/Wertpapiere/Flüssige Mittel und Bausparguthaben/Aktive Rechnungsbegrenzungsposten

20 Forderungen aus Vermietung und Verpachtung
200 Forderungen aus Mieten, Gebühren und abgerechneten Umlagen und sonstigen Nebenleistungen
2000 Mietenkontokorrent-Sammelkonto
2001 Forderungen an ehemalige Mieter
2002 Mietforderungen aus abgerechneten Umlagen
2003 Forderung aus Verpackung
2004 Zweifelhafte Mietforderungen

21 Forderungen aus Verkauf von Grundstücken

22 Forderungen aus Betreuungstätigkeit

23 Forderungen aus anderen Lieferungen und Leistungen

24 Unternehmensrechtliche Sonderposten
240 Forderungen gegen verbundene Unternehmen
241 Forderungen gegen Unternehmen, mit denen ein Beteiligungsverhältnis besteht
242 Forderungen gegen Gesellschafter (GmbH)

25 Sonstige Vermögensgegenstände
250 Kostenvorschüsse (Gerichts- und Rechtsanwaltskosten)
251 Forderungen an Arbeitnehmer aus Lohn-, Gehalts- und Reisekostenvorschüssen
252 Schadenersatzansprüche gegenüber Versicherungen
253 Forderungen an das Finanzamt (Steuerüberzahlungen, Erstattungsansprüche) o Vorsteuer
254 Aufgelaufene Zinsen für Wertpapiere und Festgeldguthaben
255 Rückständige und aufgelaufene Darlehenszinsen
256 Rückständige und aufgelaufene Erbbauzinsen
257 Rückständige und aufgelaufene Aufwandssubventionen
258 Darlehensforderungen (soweit sie nicht unter Gruppenkonto 087 zu erfassen sind)
259 Andere Vermögensgegenstände

26 Wertpapiere
260 Anteile an verbundenen Unternehmen
261 Eigene Anteile
262 Sonstige Wertpapiere

27 Flüssige Mittel
270 Schecks
271 Kassenbestand
272 Bundesbankguthaben
274 Guthaben bei Kreditinstituten

28 Bausparguthaben

29 Aktive Rechnungsabgrenzungsposten, Aktive latente Steuern und Aktiver Unterschiedsbetrag aus der Vermögensverrechnung
290 Geldbeschaffungskosten
291 Andere Rechnungsabgrenzungsposten
295 Aktive latente Steuern
298 Aktiver Unterschiedsbetrag aus der Vermögensverrechnung

Klasse 3
Eigenkapital/Rückstellungen

30 Gezeichnetes Kapital
30 Grundkapital/Stammkapital
30 Geschäftsguthaben

31 Ausstehende Einlagen auf das gezeichnete Kapital
310 Grundkapital/Stammkapital
311 Eigene Anteile

32 Kapitalrücklagen

33 Gewinnrücklagen/Ergebnisrücklagen
330 Gesetzliche Rücklage
331 Rücklage für eigene Anteile
332 Gesellschaftsvertragliche/Satzungsmäßige Rücklage
333 Bauerneuerungsrücklage
334 Andere Gewinnrücklagen/Andere Ergebnisrücklagen
3340 Andere Gewinnrücklagen/Andere Ergebnisrücklagen
3341 Differenzbetrag Eigene Anteile
335 Sonderrücklage gem. § 27 Abs. 2 DMBilG

34 Ergebnis
340 Gewinnvortrag/Verlustvortrag
341 Jahresüberschuss/Jahresfehlbetrag
342 Bilanzgewinn/Bilanzverlust

35 Sonderposten/Steuerrechtliche Wertberichtigungen
350 – 353 Sonderposten mit Rücklageanteil
354 Sonderposten für Investitionszulag zum Anlagevermögen
355 – 359 Steuerrechtliche Wertberichtigungen

36 Rückstellungen für Pensionen und ähnliche Verpflichtungen

37 Steuerrückstellungen
370 Körperschaftssteuer
371 Gewerbesteuer
372 Solidaritätszuschlag
373 Sonstige Steuern

38 Rückstellungen für Bauinstandhaltu (§ 249 Abs. 2 HGB a.F.)

39 Sonstige Rückstellungen
390 Rückstellung für unterlassene Instandhaltung/Nachholung in den ersten drei Monaten (Pflichtrückstellung gem. § 249 Abs. 1 Satz 2 Ziff. 1 HGB)
391 Rückstellung für unterlassene Instandhaltung/Nachholung innerhalb des 4.–12. Monats (freiwillig Rückstellung gem. § 249 Abs. 1 Satz 3 HGB a.F.)
392 Rückstellung für Abraumbeseitigu
393 Rückstellung für drohende Verlust aus schwebenden Geschäften
394 Rückstellung für Gewährleistungsverpflichtungen
395 Rückstellung auf Kosten der Hausbewirtschaftung
396 Rückstellung für Abschluss-, Prüfungs- und Veröffentlichungskosten
397 Rückstellung für sonstige Verwaltungskoten (Urlaub, Jubiläum, Altersteilzeit)
398 Rückstellung für noch anfallende Kosten
399 Rückstellung für erbrachte Bauleistungen

Klasse 4
Verbindlichkeiten/Passive Rechnungsabgrenzungsposten

40 Anleihen und Spareinlagen
400 Anleihen
401 Spareinlagen
402 Verbindlichkeiten aus Sparbriefen

41 Verbindlichkeiten gegenüber Kreditinstituten
410 Objektfinanzierungsmittel für das Anlagevermögen
411 Objektfinanzierungsmittel für das Umlaufvermögen
412 Unternehmensfinanzierungsmittel
413 Grundstücksankaufkredite für das Anlagevermögen
414 Grundstücksankaufkredite für das Umlaufvermögen
415 Bauzwischenkredite für das Anlagevermögen
416 Bauzwischenkredite für das Umlaufvermögen
419 Sonstige Verbindlichkeiten gegenüber Kreditinstituten

42 Verbindlichkeiten gegenüber anderen Kreditgebern
420 Objektfinanzierungsmittel für das Anlagevermögen
421 Objektfinanzierungsmittel für das Umlaufvermögen
422 Unternehmensfinanzierungsmittel
423 Grundstückankaufkredite für das Anlagevermögen
424 Grundstückankaufkredite für das Umlaufvermögen
425 Bauzwischenkredite für das Anlagevermögen
426 Bauzwischenkredite für das Umlaufvermögen
429 Sonstige Verbindlichkeiten gegenüber anderen Kreditgebern

43 Erhaltene Anzahlungen
430 Anzahlungen auf Verkaufsgrundstücke
431 Anzahlungen auf unfertige Leistungen
439 Sonstige Anzahlungen

440 Verbindlichkeiten aus Vermietung

441 Verbindlichkeiten aus Betreuungstätigkeiten
442 Verbindlichkeiten aus Lieferungen und Leistungen
4420 Verbindlichkeiten aus Bau- und Instandhaltungsleistungen
4421 Verbindlichkeiten aus anderen Lieferungen und Leistungen

45 Verbindlichkeiten aus der Annahme gezogener Wechsel und der Ausstellung eigener Wechsel

46 Unternehmensrechtliche Sonderposten
460 Verbindlichkeiten gegenüber verbundenen Unternehmen
461 Verbindlichkeiten gegenüber Unternehmen, mit denen ein Beteiligungsverhältnis besteht
462 Verbindlichkeiten gegenüber Gesellschaftern (GmbH)

47 Sonstige Verbindlichkeiten
470 Verbindlichkeiten aus Steuern = Umsatzsteuer (bei GS z.B)
471 Verbindlichkeiten im Rahmen der sozialen Sicherheit
472 Verbindlichkeiten gegenüber Mitgliedern (eG)
473 Verbindlichkeiten aus Lohn und Gehalt
474 Verbindlichkeiten aus Vermögenswirksamen Leistungen
479 Andere Verbindlichkeiten

49 Passive Rechnungsabgrenzungsposten und Passive latente Steuern
490 Passive Rechnungsabgrenzungsposten
495 Passive latente Steuern

Klasse 5
Leistungsverrechnung

Freigehalten für eine Gliederung nach den betrieblichen Erfordernissen

Klasse 6
Erträge

60 Umsatzerlöse aus der Hausbewirtschaftung
600 Sollmieten
601 Umlagen
602 Gebühren und Zuschläge
603 Miet-, Zins- und Aufwendungszuschüsse
604 Erträge aus nicht passivierten Aufwendungsdarlehen
605 Pachterlöse
606 Erlöse aus Sondereinrichtungen
607 Erträge aus Mieterbelastung
609 Erlösschmälerungen

61 Umsatzerlöse aus Verkauf von Grundstücken
610 Umsatzerlöse aus dem Verkauf von bebauten Grundstücken
611 Umsatzerlöse aus dem Verkauf von unbebauten Grundstücken

62 Umsatzerlöse aus Betreuungstätigkeit
620 Umsatzerlöse aus Baubetreuung
621 Umsatzerlöse aus verwaltungsmäßiger Betreuung
629 Umsatzerlöse aus sonstiger Betreuungstätigkeit

63 Umsatzerlöse aus anderen Lieferungen und Leistungen

64 Erhöhung oder Verminderung des Bestandes an zum Verkauf bestimmten Grundstücken mit fertigen und unfertigen Bauten sowie unfertigen Leistungen

Bestandserhöhungen bei Verkaufsobjekten
640 Bestandserhöhung aus aktivierten Fremdkosten
641 Bestandserhöhung aus der Übernahme unbebauter Grundstücke in die Bebauung
642 Bestandserhöhung aus aktivierten eigenen Architekten- und Verwaltungsleistungen
6430 Bestandserhöhungen aus aktivierten Fremdzinsen
6431 Bestandserhöhungen aus sonstigen Aktivierungen
6432 Zuschreibungen

Bestandsverminderungen bei Verkaufsobjekten
644 Bestandsverminderungen aus Veräußerungen
645 Wertminderungen (soweit sie die im Unternehmen üblichen Abschreibungen nicht übersteigen)
645 Wertminderungen
6450 Wertminderungen
6452 Kostenerstattung für frühere Jahre

Bestandserhöhungen bei unfertigen Leistungen
646 Bestandserhöhungen bei noch nicht abgerechneten Betriebskosten
647 Bestandserhöhungen bei anderen unfertigen Leistungen

Bestandsverminderungen bei unfertigen Leistungen
648 Bestandsverminderungen bei noch nicht abgerechneten Betriebskosten
649 Bestandsverminderung bei anderen unfertigen Leistungen

65 Andere aktivierte Eigenleistungen
650 Aktivierte eigene Architekten- und Verwaltungsleistungen
659 Sonstige aktivierte Eigenleistungen
6590 Aktivierte Fremdzinsen
6591 Aktivierte Grundsteuer

66 Sonstige betriebliche Erträge
660 Erträge aus Anlageverkäufen
661 Erträge aus Zuschreibungen
662 Erträge aus der Auflösung von Rückstellungen
663 Eintrittsgelder und Bearbeitungsgebühren
664 Erträge aus Materialverkäufen
665 Erträge aus unbebauten Grundstücken
666 Erträge aus früheren Jahren
667 Erträge aus der Auflösung von Sonderposten/Steuerrechtliche Wertberichtigungen (§ 281 Abs. 2, Satz 2 HGB a.F.)
6670 – 6673 Erträge aus der Auflösung von Sonderposten mit Rücklageanteil
6674 Erträge aus der Auflösung von Sonderposten für Investitionszulagen zum Anlagevermögen
6675 – 6679 Erträge aus der Auflösung steuerrechtlicher Wertberichtigungen
668 Verbrauch der Rückstellungen für Bauinstandhaltung
669 Verschiedene sonstige Erlöse (soweit nicht außerordentlich)
6690 Zinszuschüsse
6691 Baukostenzuschüsse
6692 Instandhaltungskostenzuschüsse (Investitionszulagen)
6693 Erbbauzinsen
6694 Inanspruchnahme aus der Rückstellung für noch anfallende Kosten für verkaufte Grundstücke
6695 Zuwendungen
6698 Versicherungsentschädigungen und Entschädigungen für unterlassene Schönheitsreparaturen
6699 Schuldnachlässe, Erträge aus Kontenbereinigungen, Aufzinsbeträge, Erträge aus der zusätzlichen Teilentlastung nach § 6a AHG u. a.

67 Erträge aus Beteiligungen, aus anderen Wertpapieren und Ausleihungen des Finanzanlagevermögens
Erträge aus Beteiligungen
670 aus verbundenen Unternehmen
671 aus anderen Beteiligungen
672 Erträge aus Beteiligungen, mit denen Verträge über Gewinngemeinschaft, Gewinnabführung oder Teilgewinnabführung bestehen (§ 277 Abs. 3 Satz 2 HGB)
Erträge aus anderen Wertpapieren und Ausleihungen des Finanzanlagevermögens
673 Erträge aus Ausleihungen an verbundene Unternehmen
674 Erträge aus Ausleihungen an Unternehmen, mit denen ein Beteiligungsverhältnis besteht
675 Erträge aus Wertpapieren des Anlagevermögens
676 Erträge aus sonstigen Ausleihungen
677 Erträge aus anderen Finanzanlagen

68 Sonstige Zinsen und ähnliche Erträge
687 aus verbundenen Unternehmen
688 aus sonstigen Wertpapieren des Umlaufvermögens
689 Andere Zinsen und ähnliche Erträge

69 Außerordentliche Erträge

Klasse 7
Bautätigkeit

70 Bauten des Anlagevermögens
700 Kosten der Bauvorbereitung
701 Kosten des Baugrundstücks
702 Kosten der Erschließung
703 Kosten des Bauwerks
704 Kosten des Geräts
705 Kosten der Außenanlagen
706 Kosten für zusätzliche Maßnahmen
707 Baunebenkosten
709 Baukostenminderungen

71 Bauten des Umlaufvermögens
710 Kosten der Bauvorbereitung
711 Kosten des Baugrundstücks
712 Kosten der Erschließung
713 Kosten des Bauwerks
714 Kosten des Geräts
715 Kosten der Außenanlagen
716 Kosten für zusätzliche Maßnahmen
717 Baunebenkosten
719 Baukostenminderungen

72 Betreuungskosten
720 Kosten der Bauvorbereitung
721 Kosten des Baugrundstücks
722 Kosten der Erschließung
723 Kosten des Bauwerks
724 Kosten des Geräts
725 Kosten der Außenanlagen
726 Kosten für zusätzliche Maßnahmen
727 Baunebenkosten
729 Baukostenminderungen

Klasse 8
Aufwendungen

80 Aufwendungen für Hausbewirtschaftung
800 Betriebskosten
8000 Kosten der Wasserversorgung
8001 Kosten der Entwässerung
8002 Kosten der Beheizung
8003 Kosten der Warmwasserversorgung
8004 Kosten für Aufzugsanlagen
8005 Kosten der Straßenreinigung
8006 Kosten der Müllabfuhr
8007 Kosten der Hausreinigung
8008 Kosten der Ungezieferbekämpfung
8009 Kosten der Gartenpflege
8010 Kosten für Spielplätze
8011 Kosten der Beleuchtung
8012 Kosten für Schornsteinreinigung
8013 Kosten für Sach- und Haftpflichtversicherung
8014 Kosten für fremde Hauswartleistungen
8015 Kosten des Betriebs von Gemeinschaftsantennen
8016 Kosten des Betriebs der mit einem Breitbandkabelnetz verbundenen privaten Verteilanlagen
8017 Kosten des Betriebs der maschinellen Wascheinrichtungen
8019 Grundsteuer
802 Andere Betriebskosten
803 Andere Betriebskosten
804 Andere Betriebskosten
805 Instandhaltungskosten
8050 Kosten der baulichen Instandhaltung
8051 Kosten für Schönheitsreparaturen
8052 Kosten der Instandhaltung unternehmenseigener Straßen und Wege
8053 Kosten der Instandhaltung für Gemeinschaftsanlagen und Folgeeinrichtungen
806 Andere Instandhaltungskosten
807 Andere Instandhaltungskosten
808 Zuführung zur Rückstellung für unterlassene Instandhaltung
809 Andere Aufwendungen der Hausbewirtschaftung
8090 Pachtaufwendungen
8091 Kosten für Miet- und Räumungsklagen
8092 Fremdkosten für von Unternehmen betriebene Gemeinschaftseinrichtungen
8093 Erbbauzinsen
8094 Vertriebskosten
8098 Versicherungsbelastung
8099 Mieterbelastung

81 Aufwendungen für Verkaufsgrundstücke
810 Fremdkosten
811 Buchwert der in die Bebauung übernommenen unbebauten Grundstücke
812 Buchwert der verkaufen unbebauten Grundstücke
813 Buchwert bebaut erworbener Grundstücke
814 Zuführung zur Rückstellung für noch anfallende Kosten
815 Laufende Aufwendungen für Eigentumsobjekte während des Vorhaltezeitraums
817 Vertriebskosten
818 Abschreibungen auf Grundstücke und grundstücksgleiche Rechte ohne Bauten des Umlaufvermögens (noch nicht erschlossen, durch Dritte erschlossen oder erschlossen erworben) – übliche Abschreibungen
819 Sonstige Aufwendungen für Verkaufsgrundstücke

82 Aufwendungen für andere Lieferungen und Leistungen
820 Fremdkosten für die Baubetreuung
821 Fremdkosten für die Verwaltungsbetreuung
822 Kosten für die Geschäftsbesorgung durch Dritte
829 Aufwendungen für andere Sach- und Dienstleistungen

83 Personalaufwand
830 Löhne und Gehälter
831 Soziale Abgaben
832 Aufwendungen für Altersversorgung
833 Aufwendungen für Unterstützung
834 Vermögenswirksame Leistungen

84 Abschreibungen
840 auf immaterielle Vermögensgegenstände des Anlagevermögens und Sachanlagen

85 Sonstige betriebliche Aufwendungen
850 Sächliche Verwaltungsaufwendungen
8500 Büroaufwendungen und Sachversicherungen
85000 Post- und Telekommunikationskosten
85001 Büromaterial, Drucksachen, Zeitschriften, Bücher
85002 Raumkosten für Geschäftsräume
85003 Reparaturen und Wartung der Büroeinrichtung
85004 Sach- und Haftpflichtversicherung
8501 Fahr-, Reise- und Autobetriebskosten/Kommunikationskosten
85010 Fahr- und Reisekosten
85011 Autobetriebskosten
85015 Kosten für die Inanspruchnahme von Leistungen fremder Rechenzentren/Kosten für eigene EDV-Anlagen
8502 Bewirtung aus geschäftlichem Anlass (§ 4 Abs. 5 Nr. 2 EStG)
8503 Sonstige Bewirtungskosten
8504 Geschenke steuerlich abzugsfähig (§ 4 Abs. 5 Nr. 1 EStG)
8505 Geschenke steuerlich nicht abzugsfähig
8506 Kostenerstattungen an Aufsichtsräte (steuerlich voll abzugsfähig)
8507 Aufsichtsratsvergütungen (§ 10 Nr. 4 KStG)
8508 Übrige Unternehmenskosten
85080 Kosten der Haupt-, General- oder Gesellschafterversammlungen sowie Kosten der Offenlegung und Veröffentlichungen
85081 Gerichts- und Anwaltskosten
85082 Prüfungs- und Beratungskosten
85083 Verbands- und andere Beiträge
85084 Kosten des Betriebsrates
8509 Sonstige sächliche Verwaltungsaufwendungen
851 Freiwillige soziale Aufwendungen und Aufwendungen für Gemeinschaftspflege
852 Erbbauzins und andere Aufwendungen für unbebaute Grundstücke
853 Genossenschaftliche Rückvergütungen
854 Verluste aus dem Abgang von Gegenständen des Anlagevermögens
855 Abschreibungen auf Forderungen und sonstige Vermögensgegenstände
856 Spenden
857 Einstellung in steuerrechtliche Wertberichtigungen
8575 – 8579 Einstellung in steuerrechtliche Wertberichtigungen
859 Übrige Aufwendungen

86 Abschreibungen auf Finanzanlagen und auf Wertpapiere des Umlaufvermögens Abschreibungen auf
860 Finanzanlagen
868 Wertpapiere des Umlaufvermögens

87 Zinsen und ähnliche Aufwendungen Zinsen auf
870 Anleihen
871 Spareinlagen und Sparbriefe
872 Verbindlichkeiten gegenüber Kreditinstituten
873 Verbindlichkeiten gegenüber anderen Kreditgebern
874 übrige Verbindlichkeiten und andere Zinsaufwendungen
875 Abschreibungen auf Geldbeschaffungskosten/Disagio
876 Zinsen und ähnliche Aufwendungen für Verbindlichkeiten gegenüber verbundenen Unternehmen
879 Andere Zinsen und ähnliche Aufwendungen

880 Aufwendungen aus Verlustübernahmen

885 Außerordentliche Aufwendungen

890 Steuern vom Einkommen und vom Ertrag
8900 Körperschaftsteuer
8901 Kapitalertragsteuer
8902 Solidaritätszuschlag
8903 Gewerbeertragsteuer
8906 Latente Steuern (§ 274 Abs. 1 HGB)
8909 Steuererstattungen/-nachzahlung für frühere Jahre

891 Sonstige Steuern
8910 Grundsteuer
8911 Kraftfahrzeugsteuer
8919 Steuererstattungen/-nachzahlungen für frühere Jahre

895 Aufwendungen aus Gewinnabführungsvertrag

Klasse 9
Abschlusskonten sowie ergänzende und Verrechnungskosten für das Umsatzkostenverfahren

90 Herstellungskosten der zur Erziehung der Umsatzerlöse erbrachten Leistungen
901 Hausbewirtschaftung
Betriebskosten
Instandhaltungskosten
Andere Aufwendungen
Verwaltungskosten der Hausbewirtschaftung
Abschreibungen Sachanlagen
Zinsen und ähnliche Aufwendungen
902 Verkauf von Grundstücken (Umlaufvermögen)
Buchwert der verkauften Grundstücke
Sonstige Kosten
903 Betreuungstätigkeit
Fremdkosten
Verwaltungskosten
904 Andere Lieferungen und Leistungen
Fremdkosten
Verwaltungskosten

91 Vertriebskosten
Fremdkosten
Eigene Kosten

92 Allgemeine Verwaltungskosten
Fremdkosten
Eigene Kosten

93 Sonstige betriebliche Aufwendungen
Abschreibungen auf Bauvorbereitungskosten und Anzahlungen des Anlagevermögens
Abschreibungen auf Verkaufsgrundstücke und noch nicht abgerechnete Leistungen
Abschreibungen auf Forderungen
Erbbauzins und andere Aufwendungen für unbebaute Grundstücke
Kosten der Mitgliederbetreuung
Verluste aus dem Abgang von Gegenständen des Anlagevermögens
Andere betriebliche Aufwendungen

Verwaltungskosten – Verrechnungskonten

94 Personalkosten

95 Sächliche Kosten
Abschreibungen
Sonstige betriebliche Aufwendungen

96 Verrechnungskonten Aufwand
Hausbewirtschaftung
Betreuungstätigkeit
Andere Lieferungen und Leistungen
Vertriebskosten
Allgemeine Verwaltungskosten

97 Verrechnungskonten für Aktivierungen
Bauten des Anlagevermögens
Bauten des Umlaufvermögens
Unfertige Leistungen

98 Abschlusskonten
980 Eröffnungsbilanzkonten
981 Rohergebnis (nur für kleine und mittelgroße Unternehmen)
982 Jahresüberschuss/Jahresfehlbetrag
983 Entnahme aus Rücklagen
984 Einstellung in Rücklagen
989 Schlussbilanzkonten

Quelle:
Basierend auf: Kommentar zum Kontenrahmen der Wohnungswirtschaft. Herausgeber: GdW Bundesverband der Wohnungs- und Immobilienunternehmen e. V. Hammonia Verlag GmbH, Hamburg 2010.